本书系贵州省国学单列课题"王阳明心态思想研究"
（18GZGX04）结项成果

李承贵 著

王阳明心态思想研究

图书在版编目（CIP）数据

王阳明心态思想研究 / 李承贵著 . -- 北京 : 东方出版社，
2024.12--ISBN 978-7-5207-4217-7

Ⅰ. B248.25

中国国家版本馆 CIP 数据核字第 2024YZ3356 号

王阳明心态思想研究

WANG YANGMING XINTAI SIXIANG YANJIU

作　　者：	李承贵
策　　划：	张永俊
责任编辑：	张永俊　李　森
责任审校：	金学勇
出　　版：	东方出版社
发　　行：	人民东方出版传媒有限公司
地　　址：	北京市东城区朝阳门内大街 166 号
邮　　编：	100010
印　　刷：	北京联兴盛业印刷股份有限公司
版　　次：	2024 年 12 月第 1 版
印　　次：	2024 年 12 月第 1 次印刷
开　　本：	710 毫米 ×1000 毫米　1/16
印　　张：	28.5
字　　数：	476 千字
书　　号：	ISBN 978-7-5207-4217-7
定　　价：	88.00 元

发行电话：（010）85924663　85924644　85924641

版权所有，违者必究

如有印装质量问题，我社负责调换，请拨打电话：（010）85924602　85924603

目 录

导　言 /001

第一章　心态视域中的"心"观念 /021

第一节　"心"之性质、类型与特点 /021
一、"心"之性质 /022
二、"心"之类型 /027
三、"心"之特点 /034

第二节　"心"之结构 /041
一、心与知 /042
二、心与意 /054
三、心与情 /057
四、心与志 /062
五、"心"之系统结构 /068

第三节　"心"之功能 /071
一、对事物的主宰 /072
二、对身体的主宰 /075

三、对感官的主宰 / 079
　　四、对性情的主宰 / 082
　　五、"心"之自我主宰 / 087
　　六、"心无限量"之意蕴 / 091

第四节　心态治疗方法 / 096
　　一、自省术 / 096
　　二、制欲术 / 101
　　三、范导术 / 106
　　四、集义术 / 111
　　五、言善术 / 116

第二章　心态之为阳明心学课题 / 123

第一节　颓废与嬗变的时代 / 123
　　一、危机四伏与文化专制 / 123
　　二、礼制崩坏与民风衰薄 / 132

第二节　消极心态的危害与缘由 / 136
　　一、消极心态的危害 / 136
　　二、引发心态问题的缘由 / 144

第三节　思想传承与自我体验 / 150
　　一、思想传承 / 150
　　二、自我体验 / 154

第三章　心学的心态类型 / 162

第一节　心态的认知类型 / 162
　　一、认识自然界所引发的心态 / 163
　　二、认识社会所引发的心态 / 164
　　三、认识生命所引发的心态 / 166

四、认识"道"所引发的心态 / 168

第二节　*心态的情感类型* / 170
一、愉悦情感心态 / 170
二、悲伤情感心态 / 173
三、无奈情感心态 / 177

第三节　*心态的利欲类型* / 180
一、狭隘私利心态 / 181
二、大公无私心态 / 184

第四节　*心态的性质类型* / 188
一、积极心态 / 188
二、消极心态 / 194

第四章　心学的心态特点 / 200

第一节　*心态的微妙性* / 200
一、心态的难测性 / 201
二、心态的复杂性 / 203
三、心态的潜伏性 / 207

第二节　*心态的变易性* / 213
一、生命经历导致心态变化 / 214
二、意欲导致心态变化 / 218
三、情感导致心态变化 / 220
四、认知导致心态变化 / 224

第三节　*心态的一体性* / 230
一、心态的动静一体 / 230
二、心态的内外一体 / 235
三、心态的体用一体 / 239
四、心态的一多一体 / 244

第五章 心学的心态结构 /249

第一节 心之所发谓之意 /249
一、"意"出于心 /249
二、"意"对心体的影响 /251
三、诚"意"与正"心" /255

第二节 情是人心合有的 /259
一、"情"出于"心" /260
二、"情"对心体的影响 /262
三、心体如何理会性情 /265

第三节 志乃心之精神 /268
一、"志"出于"心" /268
二、"志"对"心"的影响 /270
三、由"心"立志 /273

第四节 知是心之虚灵明觉 /277
一、"知"在"心"中 /277
二、"知"是心之本体 /280
三、"心"如何运行"知" /287

第六章 心学的心态功能 /296

第一节 心态的反映功能 /296
一、心态反映生命状况 /297
二、心态反映社会状况 /300

第二节 心态的养生功能 /304
一、心态对肉体生命的养育 /304
二、心态对精神生命的调养 /307
三、心态对价值生命的滋养 /312

第三节　心态的主宰功能　/ 321

一、心态对"物"的主宰　/ 321

二、心态对"身"的主宰　/ 326

三、心态对"意"的主宰　/ 332

第七章　心学的心态分析　/ 343

第一节　与人相处的心态　/ 344

一、自咎心　/ 344

二、谦下心　/ 350

三、同理心　/ 355

第二节　面对色利的心态　/ 358

一、回避心　/ 359

二、自励心　/ 362

三、自慊心　/ 365

第三节　心态分析实践　/ 368

一、心理动机与心理过程　/ 368

二、心理环境与心理需要　/ 373

三、心理暗示与心理战术　/ 377

第八章　心学的心态疗法　/ 381

第一节　诚意疗法　/ 381

一、"诚意"之为工夫　/ 382

二、自省与明察　/ 383

三、存理与去私　/ 387

第二节　立志疗法　/ 390

一、立志以存善心　/ 390

二、立志以去异心　/ 393

三、立志以去邪心 / 395
四、如何立志？ / 397

第三节　言善疗法 / 400
一、扬人之美以美心 / 401
二、勿揭人短以护心 / 405
三、矮己抬人以安心 / 408

第四节　致知疗法 / 414
一、精察心态之微 / 415
二、清除心态之垢 / 418
三、养育心态之体 / 420

结　语 / 424

参考文献 / 440

后　记 / 444

导　言

但凡真正的学术课题，无不有其生发的缘由。这些缘由大致包括社会组织层面的需要与推动、学者心灵的敏锐觉悟、课题自身的魅力与价值、已有研究的启发和不足，王阳明心态思想之所以成为吾人关注的问题，正是这些缘由所致。

一、因缘际会聚焦阳明心学

陈寅恪先生说："华夏民族之文化，历数千载之演进，造极于赵宋之世。"（《邓广铭〈宋史职官志考正〉序》）"华夏民族文化造极于赵宋"，就儒学而言，可为标志者，便是新学、理学、心学、事功学等学派的兴起。进入20世纪，对这些学派的研究从未间断，按部就班地展开着，中间虽有起伏，但总体上比较平稳，可以说波澜不惊。直至1980—2020年世纪之交的四十年，迎来传统思想文化研究的新时期，其中前二十余年程朱理学受到更多的关注，学术上的研究也相对活跃，出版了许多程朱理学方面的著作，取得了丰硕的研究成果，极大地推进了理学的研究。但是，2005年前后，涟漪骤起，心学突然备受关注，它不仅成为专业领域中的显学，更成为全社会关注的文化思潮。那是怎样一种景观呢？就专业视角看，研究心学的成果触目皆是，与心学有关的会议轮番登场，研究心学的机构相继成立，探讨心学的课题纷纷立项，等等。就文化思潮角度看，"王阳明"成了人们嘴里的常客，王阳明的故事流传于街头巷尾，王阳明心学思想走进了人们的日常，王阳明的人格受到千万人膜拜，不管是达官贵人，还是平民小贩；不管是大学教授，还是厂房工人，人人都能背上几句王阳明的名言，阳明心学飞进了寻常百姓家。何以如此？这与特定的社会环境密切关联。改革开放以后,中国经济发展迅速,人民生活逐渐富裕,国家实力日益增强,社会呈现朝气蓬勃、百花争艳之繁荣景象,但是,物质财富的增长刺激了人内在自然性的发泄,自私自利价值观成为社会前进的窒碍,因此,如何解决人们心灵的迷惑,如何慰藉人们贫乏的心灵,如何正确理解物质财富,如何认识生命的价值,等等,急需有针对性的学术思想,阳明心学似乎正迎合了这样一个有多元需求的时代。

来自国家层面的推动。改革开放以来,党和政府非常重视传统文化的传承与复兴。江泽民同志指出,"五千年灿烂文化,始终是维系全体中国人的精神纽带"(江泽民《为促进祖国统一大业的完成而继续奋斗》,1995年1月30日)。胡锦涛同志强调,"建设优秀传统文化传承体系,弘扬中华优秀传统文化"(胡锦涛《在中国共产党第十八次全国代表大会上的报告》,2012年11月8日)。习近平总书记高度重视继承、弘扬优秀传统文化,不仅经常引经据典阐述各种道理,比如,在讲领导干部遵循组织纪律、要有行踪时引"游必有方"(《论语》);在强调人民是中国共产党执政的基础时引"天视自我民视,天听自我民听"(《尚书》);在强调两个国家要做真诚互信的、共同发展的、世代友好的好伙伴时引"兄弟同心,其利断金"(《周易》),而且对传统文化的特点和价值发表自己的看法,将中华优秀传统文化的时代价值概括为"讲仁爱、重民本、守诚信、崇正义、尚和合、求大同",指出中华优秀传统文化是中华民族的文化根脉,其蕴含的思想观念、人文精神、道德规范不仅是我们中国人思想和精神的内核,对解决人类问题也有重要价值;不仅阐述传统文化对于中华民族发展、复兴的伟大意义,强调中华优秀传统文化是中华文明的智慧结晶和精华所在,是中华民族的根和魂,是中华民族在世界文化激荡中站稳脚跟的根基,是中华民族生生不息、长盛不衰的文化基因,也是实现中华民族伟大复兴的精神力量,而且提出了许多重要的主张和策略,提出要善于把弘扬优秀传统文化和发展现实文化有机统一起来,紧密结合起来,在继承中发展,在发展中继承,要求中华优秀传统文化教育抓早抓小、久久为功、潜移默化、耳濡目染,以夯实传承中华优秀传统文化的根基,激活中华文化生命力。与此同时,中央政府持续出台了继承、普及、弘扬优秀传统文化政策。在这样的背景下,王阳明心学不能不受到关注。

习近平总书记在不同场合多次提及王阳明的"知行合一",指出阳明心学是中国传统文化的精华，也是增强中国人文化自信的切入点之一。2013年7月，习近平总书记在河北省调研指导党的群众路线教育实践活动时，强调以"知"促"行"、以"行"促"知"、知行合一。2014年1月，习近平总书记在党的群众路线教育实践活动第一批总结暨第二批部署会议上强调，"知"是基础、是前提，"行"是重点、是关键，必须以知促行、以行促知，做到知行合一。2014年5月4日，习近平总书记在考察北京大学时强调，加强道德修养、注重道德实践，善于明辨是非、善于决断选择，扎扎实实干事、踏踏实实做人，立志报效祖国、服务人民，于实处用力，从知行合一上下功夫。2014年5月24日，习近平总书记在上海考察时强调，培育和践行社会主义核心价值观，贵在坚持知行合一、坚持行胜于言。2015年11月，习近平主席在亚太经合组织第二十三次领导人非正式会议上提到"志不立，天下无可成之事"。2015年12月，习近平总书记在全国党校工作会议上，指出"党性教育是共产党人修身养性的必修课，也是共产党人的'心学'"。2016年1月，习近平总书记在第十八届中央纪律检查委员会第六次全体会议上，提到"身之主宰便是心"，只有在立根固本上下功夫，才能防止歪风邪气近身附体。2021年9月，习近平总书记在中央党校（国家行政学院）中青年干部培训班开班式上指出"刀要在石上磨、人要在事上练，不经风雨、不见世面是难以成大器的"。

意外降临的机缘。2016年4月，贵阳孔学堂响应时任省委书记陈敏尔的倡议，为从社会心态角度研究阳明心学，时任孔学堂党委书记徐圻筹备、组织了一次"阳明心学与当代社会心态问题"会议。参加者有心理学、社会学、哲学等学科领域的十余位专家，他们是张厚粲（北京师范大学）、谢立中（北京大学）、胡竹青（江西师范大学）、杨国荣（华东师范大学）、吴震（复旦大学）、钱明（浙江省社会科学院）、李桦（中山大学）、李承贵（南京大学）等。徐圻书记主持了会议，周之江副主任列席了会议。我在会上的发言分为以下几个部分：其一是"阳明心学与当代社会心态研究院"成立的意义。我认为研究院的成立对阳明心学的研究将产生极大的推动作用，可以拓展空间。由心态向度对阳明心学进行研究，意味着在未来的阳明心学、阳明后学等的研究中，都可寻找蕴含其中的关于心态发生、心态类型、心态问题解决方法等方面的内容，从而有助于发掘阳明心学的资源，进而拓展阳明学研究空间。此外，展开王阳明心态思想的研究，对当下社会心态现状的改善也会有所帮助、有所助益，具体地说，就是能够解读、解释、解决心态问题。其二是阳明学怎么样切入社会心态的问题。我在阅读王阳明与其朋友、学生的通信时，发现许多内容是关于那个时代的心态问题的忧虑、思考，以及解决的方法。比如当时社会上频频出现的骄傲心、好胜心、妒忌心、毁誉心等问题心态，王阳明在许多文献里都有所提及，同时也提出了解决心态问题的办法。办法丰富多样，但根本的办法只有一个，那就是"致良知"。可是，"致良知"也不是轻而易举的，而且，心态问题的解决仅仅靠"致良知"似乎是远远不够的。王阳明处理心态问题，或者用我们的话说，解释、解决心态的问题，我认为可归为三个层次：一是立德体。德体就是道心、本心，也就是"心即理"。二是立智本。即认为社会心态问题的解决要用良知，要去认识、发现、判断社会心态问题的特征与危害。三是立情体。什么叫情体？就是解决心态问题不能教条化、死板化，需要温润的、怀柔的、巧妙的情感方法。就王阳明来说，他解决社会心态的问题，注重情感交流、讲究心灵沟通。

  会上其他学者的发言给了我很大启发。比如，张厚粲教授提到，研究阳明心学，如何让各个学科，包括心理学参与进来，是很值得探讨的，也是很有意义的。心理学参与这项工作，既能把心学研究得更好一点，使它能够对人的修身养性、对提高人的品质和促进我们国家的和谐、富强发挥更大的作用，同时，也能促进心理学的发展。她认为阳明心学实际就是考虑到人都有良知，应该把这一点发挥起来，这是人类道德最基本的标准，就是本体，原生就有。好人、坏人不是开头就是好人、坏人，而在于后天的培养。她觉得对于发展阳明心学，心理学一定能做很多工作；反过来，阳明心学对心理学也能起到指引方向的作用。心理学不光要研究人如何学习、如何成长，也应该关注人怎么样保持自己的良知，应该关注怎么样致良知，知道善恶、有一定的道德标准，这样才能使个人更好发展，使社会更加和谐。张新民教授认为，心态问题非常重要，我们之所以讨论心态问题，是因为我们的心灵迷失了、心灵受污染了。王阳明的"心"是建立了一个心的世界，那是个立体的世界，不是一个平面的世界。为什么说是立体的世界？因为他的"心"是两边打通，即形上与形下打通。王阳明讲怎么样做到不动心？正心。正心就要正气，正气就要正志，正志就要正心，心不正气就竭，气竭后心态一定不好。那么人怎么会动心呢？因为"客气"，也就是外物诱发所致，外物就是盘算得失。张新民教授指出，王阳明的不动心，不是单一的生理的或心理的问题，而是生理、心理都包括，但它更是一个精神性、超越性的问题，在极其贫困和艰难时都保持乐观，那是一种存在的方式。因此，心态学后面一定还有形上的本体、人性和良知。吴震教授首先介绍了徐复观的相关观点："中国文化最基本的特性，可以说是'心的文化'，中国哲学可以称之为'心的哲学'"；"'心'是中国文化的基石，但从理论上来讲，在中国传统文化里有两重构造：一方面，它有积极的层面，另一方面，它也有消极的层面。'心'虽然是中国文化的基石，但很难从客观上规定'心'到底是什么。"接着吴震教授谈了自己对于"研究王阳明心态思想"的看法。从理论上看，研究"心"问题的时候，一定要把它放到中国传统文化中，放到一个长久的历史脉络中。在这个过程中，既要从阳明心学的立场出发，又不能局限于阳明心学，还要考虑它跟儒家传统文化的关系，甚至是跟道家文化、佛家文化的关系。从实践上看，心态问题的研究，心学问题的研究，不是为了研究"心"而研究"心"，就是说，"心"的问题不仅仅是个理论问题，更是个实践问题，应该通过"心"的问题的研究，告诉大家应该怎么做。阳明心学与当代社会心态研究院，除了研究"心"的问题，还应当加强礼仪问题的研究。"心"怎样治理、心态怎样平衡，要用礼仪规范它，要予以行动指导。可以说，正是孔学堂举办的这个会议，以及诸位专家的发言，促使我从心态角度思考阳明心学，意识到阳明心学中的心态思想是一个非常值得关注和研究的重要课题。

魅力四射的阳明心学。一种学说若没有丰富内涵、特殊价值与魅力，是不能风行起来的。巧的是，阳明心学不仅内容丰富，蕴含特殊价值，而且富有独特的魅力。这里先从三个方面略做介绍。首先，前辈学者关于阳明心学的研究，其中值得注意的是唐文治先生和贺麟先生。唐文治先生著有《论阳明学为今时救国之本》《阳明学术发微》等作品，他对阳明心学的心理学价值予以了肯定，认为阳明心学是救心之学，当时需要救的"心"有三：贪鄙心、昏昧心、间隔心，因贪鄙而昏昧，因昏昧而间隔，而"致良知"是治心的良药。[①] 唐文治关于阴暗心理的归纳、关于治疗心理心态问题的关节点、关于良知的性质及其心理治疗功能等方面的论述，都是极富启发性的。贺麟先生则写有著名的《知行合一新论》，对"知行合一"的心理内涵、性质、特点展开了深入的讨论，他认为王阳明的"知行合一"是一个极富心理学性质的命题。"知行合一"是统一活动的两面，知是心理活动，行是生理活

---

① 唐文治：《论阳明学为今时救国之本》，虞万里导读，张靖伟整理：《唐文治国学演讲录》，上海交通大学出版社2017年版，第133—134页。

动,二者是同时进行的,所以是合一的;"知行合一"的"知""行"也是表象和背景的关系,有时"知"是表象、"行"是背景,有时则相反,从而出现以"知"代"行"或以"行"代"知"的情况,而这与人的心理也有关;"知行合一"不是"知先行后、行主知从";等等。贺麟先生的这些讨论与观点既充满挑战又富有启发。总之,唐文治、贺麟两位先生的研究与观点让我意识到阳明心学中蕴含了丰富、深邃的心态思想的矿藏。

其次,在阅读相关文献时,王阳明两位重要弟子的言论特别引起我的注意。一位是钱德洪,当有人问他王阳明选择人才有什么诀窍时,钱德洪的回答是:"吾师用人,不专取其才,而先信其心。其心可托,其才自为我用。世人喜用人之才,而不察其心,其才止足以自利其身已矣,故无成功。"①黄宗羲的批语是:"愚谓此言是用才止诀也。然人之心地不明,如何察得人心术?"②钱德洪告诉提问之人,王阳明选拔人才时并非以才能为首选,而是先考察被选者的"心"。如果其"心"可靠,其才自可用;如果不明其"心",即便其才华横溢,也只能成就其个人之私,于事无补。如此看来,王阳明选人用人的前提,是对被选者的"心"的全面了解和把握。足见王阳明对"心态"的重视。黄宗羲所谓"人心地不明,不能观察到人心的样子",其意思应该是,王阳明之所以对人心有准确的把握,就在于他"心地明",即良知在心。人人有良知,但"百姓日用而不知",王阳明因"心地明"而通之、明之。另一位弟子是王畿。他说:"浸幽浸昌,浸微浸著,风动雷行,使天下靡然而从之,非其有得于人心之同然,安能舍彼取此,确然自信而不惑也哉?"③这句话所透露的意思是:王阳明之所以能够吸引天下学者风靡而至,且舍取自如而自信不惑,就在于能够"有得于人心之同然",也就是王阳明能够将内在于人们心中的良知加以点拨,使此"心"彼"心"贯通无碍。无疑,钱德洪、王畿的话明确地传递了这样的信息:王阳明非常善于抓住人的心理,在把握、疏导人的心理方面,技巧运用自如,似乎具有极高的造诣。我们知道,钱德洪、王畿都侍奉在王阳明身边多年,他们的观察、评价应该是极有参考价值的。这两位弟子的"无心"介绍引起了我极大的好奇与兴趣,促使我关注阳明心学中的心态思想。

---

① 《钱德洪语录诗文辑佚》,钱明编校整理:《徐爱 钱德洪 董沄集》,凤凰出版社2007年版,第140页。
② 《钱德洪语录诗文辑佚》,《徐爱 钱德洪 董沄集》,第140页。
③ (明)王畿:《阳明先生年谱序》,吴震编校整理:《王畿集》,凤凰出版社2007年版,第340页。

再次，五彩斑斓的心理学思想。我在阅读王阳明的书信、著述、奏疏、记序、公移、诗赋等文献时，几乎处处都能体验到王阳明对心理、心态问题的关注和重视。比如，他在《与杨仕德薛尚谦》中提到"破山中贼易，破心中贼难"。又如据《年谱》记载，王阳明问被擒匪首谢志珊"何得党类之众若此？"，谢志珊的回答是："平生见世上好汉，断不轻易放过；多方钩致之，或纵其酒，或助其急，待其相德，与之吐实，无不应矣。"①这个回答让王阳明极为诧异，并告诉弟子们说："吾儒一生求朋友之益，岂异是哉？"对于谢志珊的交友方式，王阳明深为认同，并要求弟子们认真体会。所谓"多方钩致之"，所谓"纵其酒"，所谓"助其急"，所谓"待其相德，与之吐实"，可谓"软硬兼施"，显示出丰富而高明的心理学技巧。王阳明对谢志珊回答的反应，表现出他对心理、心态问题的关注和重视。王阳明也注意从心理上鼓励学生或朋友，比如通过湛若水表扬方献夫："叔贤所进超卓，海内诸友实罕其俦。同处西樵，又资丽泽，所造可量乎！"②再如在书信中直接肯定、表扬陈杰："国英天资笃厚，加以静养日久，其所造当必大异于畴昔，惜无因一面叩之耳。"③王阳明注意将心理方法应用于实践，在《告谕浰头巢贼》中，为了劝说土匪投降，王阳明用尽了心理方法。比如他说："尔等亦多大家子弟，其间固有识达事势，颇知义理者。"这是通过肯定、称赞对方的身份、才识以消除对方低人一等的心理。又说："尔等以是加人，人其有不怨者乎？人同此心，尔宁独不知；乃必欲为此，其间想亦有不得已者，或是为官府所迫，或是为大户所侵，一时错起念头，误入其中，后遂不敢出。此等苦情，亦甚可悯。然亦皆由尔等悔悟不切。"这是通过分析对方成为土匪的各种无奈，以减轻对方的心理负担，并为对方的受降铺设台阶。又说："民吾同胞，尔等皆吾赤子，吾终不能抚恤尔等而至于杀尔，痛哉痛哉！兴言至此，不觉泪下。"这是以同胞之情表达剿杀土匪的不忍，所谓"兴言至此，不觉泪下"，若非顽石，土匪之心如何不会被感化呢？更为重要的是，王阳明提出了诸多心理、心态概念，如怠心、忽心、懆心、妒心、忿心、贪心、傲心等；也提出了治疗心理问题、心态问题的方法，如他说："诸君只要常常怀个'遁世无闷，不见是而无闷'之心，依此良知忍耐做去，不管人非笑，不管人毁谤，不管人

---

① 《年谱一》，吴光、钱明等编校：《王阳明全集》下，上海古籍出版社2017年版，第1376页。
② 《答甘泉》，《王阳明全集》上，第195页。
③ 《与陈国英》，《王阳明全集》上，第197页。

荣辱,任他功夫有进有退,我只是这致良知的主宰不息,久久自然有得力处,一切外事亦自能不动。"① 此外,他也探讨、揭示了心理、心态体系结构,如:"身之主宰便是心,心之所发便是意,意之本体便是知,意之所在便是物。"② 这种对身、心、意、知、物关系言简意赅的论述,体现出他对心理、心态结构的深刻见识。总之,在王阳明的著述中,不仅有关于心态特征的判断,而且有关于心态的分类;不仅有关于问题心态危害的揭示,而且有关于问题心态治疗方法的探讨,尤其是关于心态结构的分析,其心理、心态思想内容之丰富,理论之深邃,观点之独特,品质之卓越,深深吸引着我,欲罢不能。

二、亟待拓展的阳明心学研究

值得庆幸的是,学者们没有辜负时代的恩赐,没有辜负历史的机遇,没有辜负蕴含了丰富价值和散发独特魅力的阳明心学。学者们对阳明心学展开了广泛、持久、深入的研究。比如,阳明心学思想的研究,包括阳明心学义理结构、阳明心学体系层次、阳明心学特点、阳明哲学思想、阳明伦理思想、阳明政治思想、阳明美学思想、阳明教育思想、阳明经济思想、阳明军事思想、阳明心学范畴命题等;阳明后学的研究,包括浙东王学、江右王学、泰州学派、粤闽王学、北方王学、黔中王学等;阳明心学与其他学派关系的研究,包括心学与理学、心学与气学、心学与经学、心学与佛学、心学与道家的比较研究;阳明心学文献研究方面,包括王阳明年谱、《明儒学案》与阳明学、阳明后学文献等;近现代心学的研究,包括晚清思想家与心学、现代新儒家与心学、马克思主义与心学、西方哲学与心学等;域外阳明学研究方面,包括韩国阳明学、日本阳明学、欧洲阳明学、北美阳明学、俄罗斯阳明学等;学科向度的研究,包括哲学角度、政治学角度、伦理学角度、教育学角度、解释学角度、心理学角度等;阳明心学现代价值的研究,包括生态价值、廉政价值、经商价值、治理价值、处世价值等。可以说,近二十年来阳明心学的研究成果是极为丰富的,其深度、广度、厚度等都是前所未有的。这些研究成为阳明

---

① 《传习录下》,《王阳明全集》上,第115页。
② 《传习录上》,《王阳明全集》上,第6页。

心学研究向前推进的重要基础。尤其令我们振奋的是，在这种波澜壮阔的研究大潮中，从心理学角度研究阳明心学的成果也偶有问世。

关于阳明心学心理学性质的研究。所谓"心理学性质"，是指"心理学特性"，并不一定指具体的心理学思想内容或心理学原理。在梳理相关研究成果时，我发现有的研究只是对阳明心学中的观念、命题、概念等表现出的心理学性质予以揭示和呈现，认为阳明心学具有浓厚而鲜明的心理学性质。燕国材以心理学理论为参照，认为阳明心学蕴含着丰富且特殊的心理学思想。就"知虑心理思想"言，王阳明关于知行功能及其关系的论述是正确的，但他将知行合一于"良知"则是有问题的，而且把人的认识、情感、动机、行为混为一谈，也是不合乎心理学原理的。[①] 但王阳明的"良知"类似心理学中的智力潜能。[②] 就"情意心理思想"言，王阳明关于"立志"观念之心理学内涵表现为三个方面：一是立志的动力功能，二是立志的定向功能，三是立志的选择功能。而这与现代心理学关于动机的功能完全对应：动力功能，唤起从事某种活动的主体的活跃状态；定向功能，在各种情境中采取合适行动；选择功能，强化正确行动而摒弃错误行为。[③] 就"教育心理思想"言，王阳明对儿童心理发展的脉络进行了探讨，肯定潜能的存在，但知识、智能都是后天发展的结果。[④] 此外，王阳明对于学习的心理条件也提出了有价值的主张：其一是立志为学，其二是专心为学，其三是快乐学习，这都是典型的关于学习的心理条件的观点。[⑤] 王阳明心学中也蕴含了差异心理思想，一是智能差异，所谓"人的资质不同"；二是性格差异，所谓狂狷各从其所成。[⑥] 概言之，燕国材一方面发掘了阳明心学中类似或等同于心理学思想的内容，另一方面根据心理学理论对阳明心学的"心理学缺陷"进行了批评，从而说明阳明心学可以被认为是一种具有心理学性质的思想体系。耿宁指出，王阳明将所有心理活动都视为"良知之用"，良知不是一种推论，而是一种直觉，是"不待虑而知"的。[⑦] 而"致良知"如果没有任何私欲、物欲妨

---

① 燕国材：《中国心理学史》，浙江教育出版社1998年版，第445页。
② 燕国材：《中国心理学史》，第448页。
③ 燕国材：《中国心理学史》，第451页。
④ 燕国材：《中国心理学史》，第455页。
⑤ 燕国材：《中国心理学史》，第458—459页。
⑥ 燕国材：《中国心理学史》，第466—467页。
⑦ [瑞士]耿宁：《从"自知"的概念来了解王阳明的良知说》，《心的现象》，倪梁康等译，商务印书馆2012年版，第130页。

碍、遮蔽,那么这个心理活动的自知就没有什么是非好恶,因而良知的中心不是道德判断,而是自知。①耿宁认为,"心"的活动自然的程度与良知清晰程度成正比,"心"的活动越不自然,其自知就越模糊,反之,越清晰。但无论心理活动多么愚昧,也都是有良知的。因此,作为良知的自知属于心理活动的本质,如果有心理活动,就必然有自知。②关于王阳明的知、行,耿宁认为是心理活动的两个方面,既是一种意志或实践方面的自知,又是一个道德方面的评价,因而良知这种意志的自知包含一个对于这种意志的价值判断。③耿宁认为,王阳明的"良知"概念具有"双义性",即早期"善的能力和该能力的实现"与后期"对意念之道德品格的意识",并分析了这两种良知概念在心理学中的不同地位,即早期良知概念可以被看成后期良知概念的本体论前提,而后期良知概念成为王阳明建构学说的枢纽。④耿宁以心理学考察王阳明的良知,断定其为具有心理学意味的"自知",并且指出"心"的活动状态与"自知"的清晰程度成正比,认为"知""行"是心理活动的两面,而王阳明前后期良知的不同内涵在心理学中具有不同的地位。应该说,耿宁的分析是颇具特色和启发的。陈来指出,阳明心学中的心、知、物都由"意"来界定,"意"具有一种对对象的指向性质,构成了事物的意义;"心"之本体是至善、天理、良知等,"心"有"善"和"美"两种境界;"诚意"就是着实用意,即对"一念发动处"着力,去恶为善;"良知"与意念共同构成意识活动,对意念起着监督作用,是意念的判断原则;"心"之安与不安即"良知"作用的表现方式,因而心安与否在某种程度上可以作为检认"良知"的方法;阳明心学以"无我"为境界,不仅要排除一切紧张、压抑、烦躁等消极情绪,而且不应使任何意念情绪滞留于心,才能保持自由活泼的心境。⑤由陈来的分析和解释可以判断,心、知、物、意都是具有心理学性质的概念,都在阳明心学中扮演着特殊的角色,其关于"心"的境界、"良知"的功能等的论述均与心理学密切关联,而判定阳明心学的"无我"境界可以排除一切紧张、压抑、烦躁的情绪,则是明确肯定了阳明心学的心理学性质。

关于阳明心学中心理学理论的研究。阳明心学中有无类似心理学理论的内容?

---

① [瑞士]耿宁:《从"自知"的概念来了解王阳明的良知说》,《心的现象》,第132页。
② [瑞士]耿宁:《从"自知"的概念来了解王阳明的良知说》,《心的现象》,第133页。
③ [瑞士]耿宁:《从"自知"的概念来了解王阳明的良知说》,《心的现象》,第131页。
④ [瑞士]耿宁:《论王阳明"良知"概念的演变及其双义性》,《心的现象》,第170—187页。
⑤ 陈来:《有无之境——王阳明哲学的精神》,人民出版社1997年版,第3—9章。

有些学者认为是毋庸置疑的。他们以心理学原理或西方心理学理论为坐标,通过对阳明心学思想的深入分析、研究,认为阳明心学思想及其命题、范畴都不同程度地表现出与心理学理论类似甚至相同的内容。徐晓虹以西方现代心理学理论为参照,认为王阳明心学包含了丰富的心理学内涵,契合了心理学中人格理论、心理暗示、审美心理学、顿悟学习论等现代心理学主题。具体而言,其一,良知学说内容与心理学的人格理论契合。弗洛伊德的人格论认为,人格由本我、自我、超我三部分构成,本我遵循"快乐原则",是指潜意识中的本能、冲动与欲望;自我遵循"现实原则",介于外部世界与本我之间,自我的作用不仅是使个体意识到自身的认知能力,而且还使人为了适应现实而对本我加以压抑和约束;超我遵循"理想原则",是人格的社会性一面,是"道德化的自我",由"良心"和"自我理想"组成,超我的力量与作用是指导自我、限制本我。其二,心理学家罗森塔尔发现的"皮格马利翁效应",就是用实验的方法证明存在人际影响的暗示效应,而王阳明强调道德静修过程的心理暗示作用,从"心即理"到"致良知",就是运用心理暗示的方法进行人的道德教化。其三,"知行合一"理论包含了丰富的心理学意义:"知""行"是人格发展的基础上,两者相互作用、促进的合一性质,知与行是同一心理过程的两个方面,之间并没有一个进行先后判断的空间和过程,王阳明说"真知"在于能实行,对事物确实有认知并且有所行动,用心理学的观点解读就是,人的心理活动必然伴随着一定的行为,同时,人的行为也离不开一定的心理活动,只不过有时人的心理活动由于强度不大而使行动着的人自身难以觉察而已。其四,"岩中花树论"契合现代审美心理学,王阳明说"你未看此花时,此花与汝心同归于寂",可以这样解读:一切审美活动都源自人的心灵活动之结果,倘若没有人的心灵感悟,审美也就无从谈起。其五,"龙场悟道"符合格式塔顿悟学习理论,格式塔心理学派的观点是:学习的实质是知觉的重新组织,是一个有组织的整体,即完形,学习是借助对问题情境中各种事物间关系的突然领悟(顿悟)来实现的,通过顿悟学习获得的理解,可以避免多余的失误,不仅有助于学习的迁移,而且不容易遗忘,这一"顿悟学习"理论跟"龙场悟道"如出一辙。① 曾钟德以人本主义心理学考察王阳明心学,认为王阳明所提出的观点体现着人本思想:(1)人性本善,如《传习录》之

---

① 徐晓虹:《"阳明心学"之心理学辨析》,《宁波大学学报(教育科学版)》2016年第6期。

"既去恶念,便是善念";(2)人人平等,如《传习录》之"良知之在人心,不但圣贤,虽常人亦无不如此";(3)自我实现理论,如《传习录》之智愚"不是不可移,只是不肯移"。因此,阳明心学的心理学体系是以"心即理"为基础,以"知行合一"为核心,以"格物致知"为途径,以"顺其自然"为原则,以"博文约礼"为方法,以"盈科而进"为步骤,以人本思想为特点的人本主义心理学体系。曾钟德由此得出以下结论:认知是人对客观事物的反映;不同的认知是导致不同行为的原因;认知的异常是由于认知过程出现了问题,会产生异常的行为;良知(客观的认识)可以通过逐步的学习及思考的内化而获得;知识经验会对感知觉有影响作用;人性本善;自我价值实现的人生观;心理发展有阶段性的特点;顺其自然;梦是人本能意识的反映;等等。总之,阳明心学的心理学体系包含了认知心理学派、行为心理学派、人本主义心理学派、精神分析学派几大主流心理学派公认的理论观点,说明阳明心理学体系能客观地阐释心理学的规律。[①] 因此,王阳明心学对感觉、知觉、人性、行为、表象和想象、思维、态度、意志等系统的思考,可视为中国心理学的开端。卢奇飞等基于西方心理学人格理论对王阳明"知行合一"心理学内涵展开了独特的分析,他认为王阳明的"知行合一"包含了丰富的心理学意涵。其一,王阳明把良知作为"知行合一"的本体,本体的内在性决定了人格的发展方向是内向的,个体需要做的是去掉阻碍个人成长的因素,恢复本体,发挥自身本有的潜能,所以良知是一种潜在的心理结构,具有心理意义上的实在性,与深度心理学中的无意识概念相似,是人格的本质及人格得以完善的基础。其二,"知行合一"的"知"是以主体为中心的认知,是一种对主体本质的领悟、发现与体验,能够引发人的需要,进而自发产生"知"的心理效应即"行","行"并不强调外部行为表现,更不是虚假的、违心的行为,仍是主体真实的、自然的心理变化过程,包括动机、态度、人格变化等,它们反过来会深化"知"。其三,"知行合一"是关于人格发展的方法论,强调"知行合一"的下手处是"致知"。"致知"就是"致良知",有着恢复知行本体之意,所以做到"真知"自然会有"真行",如果没有"真行"的出现,肯定是没有做到"真知"。人格发展的动力来源是内在的,通过真正认知本体,能够摒除心中的杂念妄想,自然就廓然大公、根除私意,这是一个

---

① 曾钟德:《阳明心学的心理学体系》,《心理医生》2018年第5期。

心理的减法过程，也是一个心理的整合过程。从心理学上讲，意识通过对深层内心的领悟来激活心灵自身内在的调节力量与动力资源，从而消除阻碍心灵发展的一系列障碍，使得心灵能够自发、自然地发挥作用，心灵自然会产生转化，趋向心灵完整。这个过程中，意识不仅承担了对无意识进行领悟的角色，而且也肩负着主动探索的角色。其四，"知行合一"是人格的一种理想境界。从心理学的视角来看，做到"知行合一"的人格状态是：个体无意识内容得到充分意识化，意识对无意识有着直觉性的总体把握，从而能够与无意识和谐相处，无意识也不会形成对意识活动的阻碍，相应地，它会给意识以支持，这样，个体人格充分整合、高度协调一致，其所知能完全转化为所行，所行又印证其所知，知行互应，此时个体充分实现了自我，达到与自我与社会的和谐相处。个体内心的私欲被克服得越多，其"知行合一"机制也就更流畅，其人格发展就更完善，所以"知行合一"包含了人格发展渐进性的道理。①

关于阳明心学心理治疗方法的研究。在以心理学对阳明心学进行考察、分析的学术实践中，有些学者关注到阳明心学的心理治疗方法功能，认为阳明心学蕴含了丰富且有效的心理治疗方法，这些心理治疗方法有着特殊的价值。徐春林认为，作为心学的成熟形态，阳明心学具有显著的心灵治疗学意义。他指出，心灵问题不仅是阳明心学产生的"问题意识"，并贯穿着阳明心学的形成与发展，同时也是阳明心学的基本内容，阳明心学的心灵治疗方法是通过"意义赋予"的途径实现的，是典型的意义治疗法；这种意义治疗法是通过"心即理""致良知""知行合一"等思想来实现的："心即理"是塑造意义赋予的主体，"致良知"是意义赋予的过程，"知行合一"是意义生成的机制。② 余德慧认为，阳明心学几乎不把自我当作重点，而是将全部的精力放在本我上，心体、心即理、良知、天理几乎可以说是"存有"本身，所以心学的最高境界不是自我实现，而是"至乐"：将个体从有限的生存中解放到无限；认为心学所有的动力学涉及两个面向：一是如何消去社会习气，二是如何恢复本心，这两项任务使得心学的动力学充满精神分析的色彩；认为心学家的本心不见得是社会的监控者，而是社会原生之处的善，其地位甚至可以与欲我（Id）相当，却是一种可以无限上纲的光亮。两者都可以是潜意识的构成部分，而

---

① 卢奇飞、郝文卓：《心理学视域下王阳明的知行合一哲学思想探析》，《重庆科技学院学报》2012年第16期。
② 徐春林：《论阳明学的心灵治疗学意义》，《贵阳学院学报》2019年第3期。

心理分析强调的欲我是放肆与恣意的，必须透过自我的现实面考量与超我的监控而疏导克制，心学所强调的本心之善反而因为社会作为而暗淡，必须随时加以启蒙提携，所以心学从不出现"潜抑"或"压抑"等与精神分析相类似的概念，反而是以"扩大心体""立乎其大"为宗旨，要的是以心体笼罩全体，而不是精神分析所谓的"强健自我"。①

关于阳明心学心理教育智慧的研究。所谓"心理教育智慧"，是指阳明心学中蕴含的心理教育方面的思想和方法，包括心身关系、心物关系的处理，德育心理学，心理教育内容，心理教育过程，心理教育方式，心理教育目的等。刘兆吉认为，王阳明讨论了心和身、心和物的关系，并提出了许多有启示意义的观点，其中蕴含了丰富的心理学思想；但王阳明混淆了心和身、心和物的关系，否认物的存在，把认识过程和被认识的物混为一谈并归结为意，属于主观唯心主义心理学思想。从心理学角度看，王阳明的"知行合一"思想，错在把认识、情感和动机都看作行，实际是以不行为行，以旧知代替行、统率行，而且犯了唯心主义认识论的错误。王阳明的德育心理学思想体现在"致良知"思想中，在教育措施上也有不少具有实践意义的言论，这就是潜移默化的德育心理学思想，但也属于主观唯心主义的心理学思想。"致良知"就是由道德认知变为道德行为，经反复实践养成道德习惯，这种教育方法符合德育心理学原理。此外，王阳明非常重视儿童爱游戏的年龄特征，主张循循善诱，他反对死背章句、重智育轻德育和各种体罚，具有教育心理学价值。②刘兆吉肯定了王阳明对心物关系、心身关系的探讨及其心理学意义，分析了"致良知"所具有的潜移默化的德育心理学思想，揭示了王阳明的儿童教育方法具有心理学价值，但也批评王阳明混淆了心物关系、知行关系，属于主观唯心主义心理学思想。何德宽认为，阳明心学可以认为是"心理教育"（心育）思想。王阳明提出了心育理论和存心养性、存善去恶的心育法则。龙场悟道的心理学意义或曰心育思想的意义，显示了道德自我意识、价值观念、人格理想等内在心理素质在人的主体精神实现中的巨大作用；龙场悟道的心理教育的意蕴，在操作层面上，还体现在心育不能仅是空灵的顿悟、自省，心育必须在真实的物理情境中，或是在模拟的现实情境中，主体心理真实地"神入"、沉浸于具体的事情，这在一定程度

---

① 余德慧:《心学：中国本我心理学的开展》,《本土心理学研究》(台北) 第 15 期, 2001 年。
② 刘兆吉:《王守仁的心理学思想》,《西南师范学院学报》1984 年第 2 期。

上体现了现代心理教育的实践性原则,具有非常重要的现实意义。① 定义阳明心学为"心理教育思想",是非常有启发的判断,对阳明心学中的"心育理论"展开全面深入的发掘、分析,肯定其体现了现代心理教育的实践性原则,这些都是能启发我们三思的。汪水芳指出,运用心理暗示方法是阳明心学的一大特征,心理暗示在阳明心学体系中具有方法论的意义。王阳明运用心理暗示的手段,构建他的"心为本体"的哲学理论,"致良知"的修养工夫离不开心理暗示方法的运用。汪水芳认为,阳明心学对心理暗示的应用使其具有心理预防和治疗功能,因为暗示能对人的潜意识发生影响,从而无形地改变对象行为,达到改变行为和主观经验的目的,可以被视作一种治疗方法。汪水芳进一步指出,阳明心学是哲学与心理学不可分离的结合体,确切地说,阳明心学是哲学与心理学的混合物,所以研究阳明心学,尤其是想探索阳明心学影响力原因的人,不能不从哲学与心理学相结合的角度进行研究,单纯从哲学角度或是心理学角度进行研究,得出的结论都是片面的。② 汪水芳的这些讨论和判断无疑是有助于王阳明心理暗示思想研究的。王启康认为,王阳明非常喜欢用"体""用"关系分析人的心理生活,常常在极广泛的意义上使用心的"体"和"用"的概念。其中之一就是在心理生活的不同领域之间的关系上加以使用,把心中主导的、根本的东西当作"体",而把其余的受支配和被决定的东西当作"用",因而"体""用"的关系,也就是支配者与被支配者、决定者与被决定者之间的关系,而造成这一点的根本原因仍在于王阳明关于心理的基本观点,即不承认外在之理的存在和其作为内心之理的来源的作用。但新生的心理活动不只是由已形成的内部积贮所决定,因为生活在变化,人所接触的东西在不断更新,而这些新变化、新情况不能不对再发生的心理活动产生影响,从而增加、改变新的内容。因此,认为良知的新发(用)只是由已形成的良知的"体"所决定的,是不符合实际生活的。③ 王启康指出王阳明分析人的心理生活习惯用"体""用"关系,认为这与王阳明不承认心外之理的存在密切关联,但这种分析模式也存在固化的危险,因为人的心理活动刻刻都在变化,从而使这种"体""用"分析法的有限性突出地显

---

① 何德宽:《心理教育是阳明一生践履"成圣"的主线——王阳明心理教育思想初探》,《贵州民族学院学报》2003 年第 4 期。
② 汪水芳、张丛林:《心理暗示:王阳明心学的方法论》,《广西社会科学》2006 年第 3 期。
③ 王启康:《王阳明良知与致良知学说中的心理学问题》,《南京师大学报(社会科学版)》2012 年第 1 期。

示出来。

中国台湾学者也对阳明心学的心理、心态特点予以了关注。翁开诚以卡尔·罗杰斯（Carl Rogers）的人文心理学研究经历为参照，较为全面地发掘、梳理了阳明心学中的心理治疗思想，认为阳明心学对人文心理与治疗有特殊的启发。"心即理"的启发表现在可以摆脱心理治疗中的主客二分、摆脱实证化与数量化限制、摆脱治疗对象被作为研究客体，因为理想的人格正是体悟实践出"心即理"的境界，不但能感通于身边的亲友，而且能感通于完全陌生的他人，还可以感通于人之外的动物与生物，从而将自己与人类置于大自然中，体会到与大自然间的一体之感，以及自我与其他生物与无生物间是互为主体、互相参与和赞助的生机。就"万物一体"言，"明明德"与"亲民"，一是内含之体，一是外显之用，这就是说，一个自觉地努力去追求本然具有的光明德行的人，不但实现了自我，也同时觉悟到真正的自我乃是与天地万物为一体；而这种一体，在面对他所关心的万事万物时，自然会显露出一体之仁，也会自然地流露出对万物之亲爱与感通，这正是至高境界的"同理心"。有了此"同理心"，自然会超越自我中心，此即"万物一体"对于心理治疗的启示。就王阳明的"明明德""亲民"言，心理治疗必然企盼能发生改变，然而改变的责任与权利都属于每个人自己，治疗者没有责任与权利去改变他（她）的当事人，治疗者应该努力使自己成为一个自觉地追求自我实现的人，此即"明明德"，而治疗中的当事人要改变的责任与权利也在他（她）自己。因此，治疗者对当事人的任务不是改变当事人，这是"新民"的立场；而是真诚、尊重与感通于当事人，这是"亲民"的立场，因而王阳明"明明德"与"亲民"对于明确心理治疗的责任与权利具有启示意义。关于"格物致知"，王阳明说："然欲致其良知，亦岂影响恍惚而悬空无实之谓乎？是必实有其事矣，故致知必在于格物。物者，事也。凡意之所发必有其事，意所在之事谓之物。格者，正也，正其不正以归于正之谓也。正其不正者，去恶之谓也。归于正者，为善之谓也。"① 翁开诚认为，对于心理治疗工作而言，治疗者的行动就是"物"，就是"意之所在之事"；治疗工作中的"格物"，就是不但自觉地为所当为，而且纠正自己治疗行为中的所不当为，也就在这样不断的自律性道德行动中，成就了道德行动（治疗的应然理想行动／格

---

① 《大学问》，《王阳明全集》中，第 1071 页。

物），也在采取道德行为的自觉中，展开并发现了本然具有的道德良知（治疗的应然理想／致知），从而明确心理治疗的目标和纠正心理治疗中的不当行为。就"知行合一"言，王阳明在谈修身时，强调不可与正心分开；谈格物时，也强调不可与致知及诚意分开；反之亦然。引申到治疗工作中，为了明觉自己治疗的价值理论，必须在自己的治疗行动中去觉察，为了保证自己的治疗行动合乎自己的理想，也必须自觉自己行动背后所透显的应然道理。这不是先有了"知"之后，才去"行"，"知"是在自己生命经验行动中去知，"行"也是在觉察自己生命经验中去行。这是心学理想中一个人自我的生成，是人文取向治疗者的自我生成，也是人文取向治疗所期待于当事人的自我生成，此正是王阳明"知行合一"一体二面之意蕴。翁开诚总结说，心理治疗本质上是在追求"好"的人生的实现，并不是实证主义定义下的科学，而是伦理学和实践智慧；心理治疗的实践智慧，当由治疗行动中，甚至整个生命行动中，觉解而来；而这实践智慧的觉解越明白，在治疗行动，甚至整个人生的实践行动中，也会越坚实。因此，心理治疗是实践智慧，阳明心学正拥有这种智慧，阳明心学的引入可以充实心理治疗内容和改变心理治疗的性质。[1]可见，翁开诚对阳明心学的主要命题进行了心理治疗视角的解读，开掘了阳明心学深厚且独特的心理治疗意蕴，不仅丰富了心理治疗思想的内容，而且改变了心理治疗理论的方向，对于阳明心学的心理学思想的研究具有非常重要的意义。陈复提出了"心学心理学"（nousological psychology）概念，并认为阳明心学讲的良知虽然有自我义和自性义，但自我义是歧出，自性义则是主干，因此，心学心理学还可称作"自性心理学"。陈复将阳明心学置于"心学心理学"范畴讨论，主张扩充到中外全部知识领域有关自性的内容，展开跨领域的知识整合，整合的机制当然还是来自人对自性的认识与琢磨，意即透过厘清自性相关知识来进行自性涵养，并在生活里借由各类实践来映证涵养的确实程度。这些有关工夫论的讨论本来都属于心学关注的范畴。陈复同时指出心学心理学与传统阳明学脉络有个精微的歧异点，即传统阳明学对外在的知识抱持谨慎的态度，特别强调把握住良知的首要性，认为良知自会生出相应的知识与实践，不需要外在的知识来回塑生命，这就是王阳明主张"知行合一"的本意。但面对人类有关智能的知识资产已经极其丰富的事实，人类文明与中华文化如

---

[1] 翁开诚:《当 Carl Rogers 遇上了王阳明：心学对人文心理与治疗知行合一的启发》,《应用心理研究》（台北）第 23 期，2004 年。

果要继续开展,心学心理学的内涵就不应再有丝毫的反智主义倾向。心学心理学的侧重点在于对人心理的探索,冀图引领人由自我转出自性。这个探索过程就需要大量相关的知识来辅佐认识实际的经验,让人的思维精微化,才能让心理议题往内获得细密的厘清。①"心学心理学"是一个极富创意的命题,倡导将阳明心学的讨论扩充到全部知识领域是非常有远见的想法,认为心学心理学应该在对人的心理探索过程中引领人由自我转出自性,则是对心学心理学的任务的规定。

无疑,以往由心理学角度研究阳明心学的成果虽然不是特别丰硕,但也可谓内容广泛、观点新颖、成绩突出。由内容看,涉及阳明心学中的心理学理论、阳明心学中心理学智慧与西方心理学学派的理论的关系、阳明心学中心理治疗方法、阳明心学中的心理教育理论、阳明心学中的心理暗示思想、阳明心学主要命题(如"知行合一")的心理学内涵等;由观点看,阳明心学具有丰富且深刻的心理学理论与智慧,几乎涉及现代西方心理学所有学说内容,其心理治疗是意义治疗,它对于心理治疗由科学到人文转变具有重要意义。阳明心学作为本土心理学的代表,需要在科学知识方面表现开放的态度,它不仅蕴含德育心理学思想,也蕴含了心育心理学思想,而且不乏儿童心理教育思想,等等。当然,也有学者从心理学角度对阳明心学提出了批评。因此,以往由心理学角度研究阳明心学的成果是值得肯定的,对于继续这一方向的研究具有重要的学术基础意义。

不过,以往的研究仍然存在需要拓宽的范围和深化的空间。第一,以往研究较多地关注阳明心学基本命题的心理学内容或性质,主要对这些基本命题的心理学内涵进行了发掘,而较少关注这些主要命题以外的文献的心理学思想。而王阳明心学中的心理学思想几乎遍布所有王阳明文献,包括语录、书信、序记、奏疏、告谕、公移、诗赋等,都蕴含了丰富的有待发掘、整理、研究的心理学思想资源。第二,存在机械地以心理学原理比附阳明心学概念、命题、观念的现象,就是说,在以心理学理论分析、研究阳明心学的时候,个别学者简单地将阳明心学的某个命题与心理学的某个理论或原理进行比附,特别是与西方心理学理论进行比附,但由于有些比附非常牵强,以致得出肤浅甚至错误的结论,这是未来的研究应力求戒避的。第三,王阳明在心学教学、心学思考、学术交流实践中,自觉或不自觉地应用

---

① 陈复:《智慧咨询的理念与实作:阳明心学对心理咨询的启发》,《贵阳学院学报(社会科学版)》2019年第3期。

了独特的心理学方法,而且应用得非常成功,但以往的研究似乎关注、发掘、分析不够,比如书信或言谈中的心理暗示法,王阳明就应用得非常娴熟。第四,王阳明提出了许多类似心理学的命题和心理学概念,对心理或心态类型进行过概括,但以往的研究基本上没有注意。比如王阳明说:"或怠心生,责此志,即不怠;忽心生,责此志,即不忽;懆心生,责此志,即不懆;妒心生,责此志,即不妒;忿心生,责此志,即不忿;贪心生,责此志,即不贪;傲心生,责此志,即不傲;吝心生,责此志,即不吝。盖无一息而非立志责志之时,无一事而非立志责志之地。"① 这不仅提炼出诸多心理、心态现象,而且提出了化解方法。第五,王阳明提出的丰富的心理治疗方法,非常具体,虽然以往的研究有较多涉及,但仍需要进一步丰富之、深入之。第六,阳明心学中的心理学内容丰富且深刻,形成了独特的近似心理学的思想体系。王阳明说:"身之主宰便是心,心之所发便是意,意之本体便是知,意之所在便是物。"② 这段话在很大程度上隐含了心理学思想体系,但以往的研究并未予以足够重视,未能对阳明心学心理学理论体系予以系统的开掘和研究,这也是接下来的研究需要重视并付诸实践的。第七,阳明心学中心理学思想,并非空穴来风,而是有其悠久的历史传承的,王阳明之前的儒家、道家、佛家等都提出过丰富且具有特色的心理学思想和智慧,但以往的研究并没有关注王阳明心理学的思想史渊源,这无疑是需要疏通的。总之,王阳明心学的心态思想,不仅内容丰富而且理论深邃,有待全面、深入发掘、整理和研究。

① 《示弟立志说》,《王阳明全集》上,第290页。
② 《传习录上》,《王阳明全集》上,第6页。

第一章　心态视域中的"心"观念

"心"是中国哲学持久性关注的课题，无论哪个哲学学派、哪位哲学家，无不对"心"展开过思考。在旨意不同的论说中，哲学家们对"心"之功能、"心"之性质、"心"之特点、"心"之结构、"心"之治疗方法等问题，即心态问题保持着持续的关注并提出了许多有价值的观点。如《吕氏春秋》云："失民心而立功名者，未之曾有也。"（《吕氏春秋·顺民》）丧失民心而欲立功名是不可能的，因为民众心态的向背起决定作用，因此，"凡举事，必先审民心，然后可举"（《吕氏春秋·顺民》）。统治者无论办什么事，必须先了解民众心态，再做决定。

第一节　"心"之性质、类型与特点

《说文》曰："心，人心，土藏，在身之中，象形。""心"为心脏，心字是象形字，本义为心房。这个作为生理器官的"心"成为中国哲学中具有丰富内涵的概念。关于"心"之性质、类型与特点的界定与赋义，即可见证"心"内涵的丰富性。所谓"心"之性质，是指"心"的善恶性、正邪性；所谓"心"之类型，是指基于不同视角对"心"所进行的分类；所谓"心"之特点，是指"心"存在、运行、交往方面表现出来的特性。本节拟就中国哲学关于"心"之性质、类型与特点的主张进行归纳性陈述，并做扼要分析。

一、"心"之性质

所谓"心"之性质,是指"心"之正邪、善恶之性。"心"究竟是善,是恶,抑或善恶兼有?中国哲学对此展开过持续、广泛且深入的讨论,哲学家们仁智各见,给出了不同的答案。考之中国古代哲学文献,关于"心"之性质的界定主要有三种代表性观点,即善之心、恶之心、兼善恶之心。

1. 善之心。"心"之性质,是中国哲学史上长期争论的话题之一,其中一种主流观点认为"心"的性质为"善"。《诗经》云:"民有肃心,荓云不逮。"(《诗经·桑柔》)"肃心"即肃敬心,当为"心"之善性。在孔子思想中,"仁"是核心范畴,但"仁"也是"心",因而孔子实际上认定"心"的性质是善。孔子说:"仁有数,义有长短小大。中心憯怛,爱人之仁也。"(《礼记·表记》)就是说,"仁"有多少、长短、大小之分,"义"也有多少、长短、大小之别,对别人的不幸生恻隐之心,便是天生的同情心,也就是善。《韩诗外传》解释孔子"不知命,无以为君子"云:"言天之所生,皆有仁义礼智顺善之心。不知天之所以命生,则无仁义礼智顺善之心。无仁义礼智顺善之心,谓之小人。"[①] 所谓"仁义礼智顺善之心",即谓"心"之性质为善,因为小人也有"心",所以这里说无仁义礼智顺善之心,只能是指"心"的性质。孟子所谓"四心"说,明示"心"具有善的性质,孟子说:"恻隐之心,仁之端也;羞恶之心,义之端也;辞让之心,礼之端也;是非之心,智之端也。"(《孟子·公孙丑上》)虽然恻隐之心、羞恶之心、辞让之心、是非之心内涵有异,但孟子显然将其归为"善"。孟子也提到"恒心","无恒产而有恒心者,惟士为能"(《孟子·梁惠王上》)。"恒心"是指百姓对国王的拥戴之心,故亦宜归为善心。这些关于"心"之性质的论述,都可视为对心态的描述,但倾向于视心态的性质为善,即所谓"仁,人心也"(《孟子·告子上》)。《左传》中也有视"心"为善的论述:"武有仁人之心,是楚所以驾于晋也。"(《左传·昭公元年》)所谓"仁人",指有美好德行之人,所以"仁人之心"便是善心。《礼记》也认同"心"之性质为善:"苟无礼义、忠信、诚悫之心以莅之,虽固结之,民其不解乎?"(《礼记·檀弓下》)其中的礼义之心、忠信之心、真诚之心,皆由善言"心"。《礼

---

① (汉)韩婴撰,许维遹校释:《韩诗外传集释》卷六,中华书局1980年版,第219页。

记》又云:"虽有强力之容,肃敬之心,皆倦怠矣。"(《礼记·礼器》)所谓"肃敬之心",亦以善况"心"也。王充认为善心是善言的前提,"有善心,则有善言"①。即明确有"善心"。朱熹认为"忠"是实心,自然是善,"是就接物上见得。忠,只是实心,直是真实不伪。到应接事物,也只是推这个心去"②。此言"忠"是"实心"。朱熹认为普通人终日都在做不善的事,当他偶尔做小善之事,便是善心发现,"常人终日为不善,偶有一毫之善,此善心生也"③。这个说法表明,既存在"善心",也存在"恶心",所以"善""恶"只是心的性质。陆九渊认为"心"就是"理",而"理"是至善,所以"心"的性质是善。"人心至灵,此理至明,人皆有是心,心皆具是理。"④陆九渊也视"仁"为"心","仁,人心也,心之在人,是人之所以为人,而与禽兽草木异焉者也"⑤。从陆九渊将"寡欲"视为养护本心的工夫看,其所谓"心"之性质也是善,"夫所以害吾心者何也?欲也。欲之多,则心之存者必寡,欲之寡,则心之存者必多。故君子不患夫心之不存,而患夫欲之不寡,欲去则心自存矣"⑥。既然"善""恶"可存可不存,那就意味着"善""恶"只是"心"的一种属性。可见,中国哲学中出现过许多由"善"定义"心"的论述,足以证明存在一种视"心"之性质为"善"的观点。

2.**恶之心**。视"心"之性质为恶的观点也很普遍。《尚书》就明确指认邪恶之心,"汝克黜乃心,施实德于民,至于婚友,丕乃敢大言,汝有积德"(《尚书·盘庚上》)。所谓"克黜乃心",就是去除私心;所谓"实德",就是实惠的德行,所以"克黜乃心"之"心"自然是邪恶之心。《诗经》云:"维是褊心,是以为刺。"(《诗经·葛屦》)所谓"褊心",即狭隘之心。孔子曾提到"恶心","见君子则举之,见小人则退之。去汝恶心而忠与之"⑦。此是以"恶"言"心"。荀子则提到"奸心""诈心","劳知而不律先王谓之奸心"(《荀子·非十二子》)。用尽各种知识治理国家却不效法历代圣王的法度,荀子谓之"奸心"。《礼记》中也出现了许

---

① (汉)王充:《论衡·定贤篇》,黄晖:《论衡校释》,中华书局1990年版,第1119页。
② 《朱子语类》卷十六《大学三》,《朱子全书》第十四册,上海古籍出版社、安徽教育出版社2002年版,第551—552页。
③ 《朱子语类》卷十三《学七》,《朱子全书》第十四册,第398页。
④ (宋)陆九渊:《杂说》,钟哲点校:《陆九渊集》卷二十二,中华书局1980年版,第273页。
⑤ (宋)陆九渊:《学问求放心》,《陆九渊集》卷三十二,第373页。
⑥ (宋)陆九渊:《养心莫善于寡欲》,《陆九渊集》卷三十二,第380页。
⑦ 《孔子家语》,中华书局2015年版,第203页。

多涉及"心"之性质为"恶"的论述:"虽能言,不亦禽兽之心乎!"(《礼记·曲礼》)"禽兽之心"当为恶。"人化物也者,灭天理而穷人欲者也。于是有悖逆诈伪之心,有淫泆作乱之事。"(《礼记·乐记》)"悖逆诈伪"之心,自不能视为"善"。"心中斯须不和不乐,而鄙诈之心入之矣。外貌斯须不庄不敬,而易慢之心入之矣。"(《礼记·乐记》)其中"鄙诈之心、易慢之心"皆为恶。无疑,此列《礼记》论述,皆是由"恶"言"心"。《左传》中也存在许多由"恶"言"心"的论述。"子木有祸人之心。"(《左传·昭公元年》)"祸人之心"自是恶之心。"凡有血气,皆有争心。"(《左传·昭公十年》)"争心"之性质只能归为"邪恶"。董仲舒也言及"心"之性质,"有否心者,不可藉便执"①。所谓"否心",就是邪恶之心。王充则提及多种"邪恶之心",如"邪心","是故盗贼宿于秽草,邪心生于无道"②;如"贪心","锐意于道,遂无贪仕之心"③;如"贼心","帝都之市,屠杀牛羊,日以百数,刑人杀牲,皆有贼心,帝都之市,气不能寒"④。可见,王充也认为"心"有"邪恶"之性。"心"有邪恶之性,也为宋代多数理学家所主张。二程(程颢、程颐)认为,"心"之性质有邪恶的表现,"动容周旋中礼,而邪僻之心无自生矣";⑤"久阅事机,则机心生"⑥;"彼以邪心诡道为之,常怀欺人之意,何诚之有?"⑦这里提及的"邪僻之心、机心、邪心"当为恶。张载说:"化则无成心矣。成心者,意之谓与!"⑧"成心"即私意,故为"恶心"。胡宏提及淫心,"若以天命为恃,遇灾不惧,肆淫心而出暴政,未有不亡者也"⑨。朱熹也认为"心"有"恶"的一面,"后世人心奸诈之甚,感得奸诈之气,做得鬼也奸巧"⑩。"奸诈心"当为"恶之心"。陆九渊则重提《礼记》中的"鄙诈之心""慢易之心":"中心斯须不和不乐,而鄙诈之心入之,外

---

① (汉)董仲舒:《春秋繁露·必仁且智》,袁长江等校注:《董仲舒集》,学苑出版社2003年版,第202页。
② (汉)王充:《论衡·别通篇》,《论衡校释》,第595页。
③ (汉)王充:《论衡·状留篇》,《论衡校释》,第620页。
④ (汉)王充:《论衡·寒温篇》,《论衡校释》,第628页。
⑤ 《河南程氏文集》卷八,(宋)程颢、程颐著,王孝鱼点校:《二程集》第二册,中华书局1981年版,第578页。
⑥ 《河南程氏粹言》卷一,《二程集》第四册,第1220页。
⑦ 《河南程氏粹言》卷一,《二程集》第四册,第1176页。
⑧ (宋)张载:《正蒙·大心篇》,章锡琛点校:《张载集》,中华书局1978年版,第25页。
⑨ (宋)胡宏:《知言·阴阳》,吴仁华点校:《胡宏集》,中华书局1987年版,第8页。
⑩ 《朱子语类》卷三《鬼神》,《朱子全书》第十四册,第169页。

貌斯须不庄不敬,而慢易之心入之与。"① 可见,视"心"之性质为恶的论述也非常广泛,足以证明存在一种视"心"之性质为"恶"的观点。

3. 兼善恶之心。如上梳理表明,中国哲学对"心"之性质的判断,其实是相当不确定和模糊的,基于哲学家的经验和体察,"心"之善、恶性质各有呈现,无论是偏向善或是偏向恶,都不具有能说服所有人的力量,所以自然萌发了不同于二者的"心兼善恶"的观点。这种观点最早出现在《尚书》中,如"人心惟危,道心惟微,惟精惟一,允执厥中"(《尚书·大禹谟》)。按照通常的解释,"人心"是指有潜在危险的"心",而"道心"是指精微至圣之"心";精一于道心,执中而行,便可达微妙神奇的境界。以"危"喻"人心",暗示"人心"的"恶"倾向,以"微"喻"道心",则暗示"道心"的"善"倾向。更言之,"人心"有可能走向邪恶之"心",而"道心"则是固有之"善心"。因而这句话表明,《尚书》对"心"的性质已有觉悟,而且认为"心"在不同情境下会表现出人心、道心两种性质。孔子说:"故欲恶者,心之大端也。人藏其心,不可测度也。美恶皆在其心,不见其色也。欲一以穷之,舍礼何以哉!"(《礼记·礼运》)既然"美心""恶心"皆在"心"中,那自然可以认为"心"具有邪、正两个面向。佛教所谓"一心二门",说明佛教在"心"之性质上也是主张兼善恶的,如马鸣说:"依一心法,有二种门。云何为二?一者,心真如门;二者,心生灭门。是二种门,皆各总摄一切法。此义云何?以是二门不相离故。"② 所谓"真如门",便是道心,所谓"生灭门",便是人心,因而也是认为"心"兼善恶之性。另外,佛教的"一念无明法性心"也是这个意思。"无明"是万恶之源,"法性"是真如佛性,对应的就是人心、道心。可见,佛教中对"心"之性质的判断也有属于"心兼善恶"的案例。

程颐继承了《尚书》的划分法,认为"心"虽然只有一个,但呈现为人心、道心,"人心私欲,故危殆。道心天理,故精微"③。人心是私欲,所以危险,是需要警惕的心态;道心是天理,所以精微,是需要滋养的心态。胡宏也认为"心"只有一个,但这个"心"会表现为欲心、道心两种性质,"仁,人心也。心,一也。而

---

① (宋)陆九渊:《语录上》,《陆九渊集》卷三十四,第421页。
② (南朝梁)真谛译,高振农校释:《大乘起信论校释》,中华书局2016年版,第17页。
③ 《河南程氏遗书》卷二十四,《二程集》第一册,第312页。

有欲心焉,有道心焉"①。这里将"心"的性质分为"欲心"与"道心",但强调只有一个"心"。胡宏说:"有毁人败物之心者,小人也。操爱人成物之心者,义士也。"②这是以损人或利人为根据判断"心"之善恶,意味着"心"之性质可善可恶。朱熹则认为,凡人皆有人心、道心,人心生于血气,道心生于义理。有人问朱熹"心"有善恶否,朱熹的回答是:"心是动底物事,自然有善恶。且如恻隐是善也,见孺子入井而无恻隐之心,便是恶矣。"③这就是说,"心"是变动不居的物事,会有善的表现,也会有恶的表现,并举例说,恻隐即是善,但如果看见小孩掉进井里而不能生出恻隐之心,便是恶了。这就意味着,朱熹所谓"动",是指"心"在不同境遇下所表现出的善或恶,即"心"因为不同的境遇而呈现善或恶,也就是认为"心"既有善性,也有恶性,只是需要条件将它衬托出来。朱熹进一步指出,"心"有善恶是因为源头不同,"人自有人心、道心,一个生于血气,一个生于义理。饥寒痛痒,此人心也;恻隐、羞恶、是非、辞逊,此道心也。虽上智亦同。一则危殆而难安,一则微妙而难见"④。即是说,人心生于感知,道心生于义理,而且,凡人皆如此。这就意味着人心有两个面向,"心"并非绝对的恶,亦非绝对的善,但觉于人欲的"心"只能是恶。朱熹说:"此心之灵,其觉于理者,道心也;其觉于欲者,人心也。"⑤"心"觉于"理"为道心,觉于"欲"为人心。这再次说明,"心"只有一个,之所以有人心、道心之分,在于其所觉者的差别。因此,既然人心可以为善、可以为不善,那就等于说"心"具有双重性质。陆九渊也认同"心"有正邪,"此心若正,无不是福;此心若邪,无不是祸"⑥。而"心"之正、邪在于是否执中,"知所可畏而后能致力于中,知所可必而后能收效于中。夫大中之道,固人君之所当执也。然人心之危,罔念克念,为狂为圣,由是而分"⑦。这意味着"心"表现为两种性质,而执中是保持心善的前提。王阳明继承了前人的观点,也认为"心"只有一个,但"心"之性质表现为两种面向,即道心和人心。他说:"心一

---

① (宋)胡宏:《上光尧皇帝书》,《胡宏集》,第83页。
② (宋)胡宏:《知言·天命》,《胡宏集》,第3页。
③ 《朱子语类》卷五《性理二》,《朱子全书》第十四册,第220页。
④ 《朱子语类》卷六十二《中庸一》,《朱子全书》第十六册,第2013页。
⑤ 《朱子语类》卷六十二《中庸一》,《朱子全书》第十六册,第2013页。
⑥ (宋)陆九渊:《荆门军上元设厅皇极讲义》,《陆九渊集》卷二十三,第284页。
⑦ (宋)陆九渊:《人心惟危道心惟微惟精惟一允执厥中》,《陆九渊集》卷三十二,第378页。

也。未杂于人谓之道心,杂以人伪谓之人心。人心之得其正者即道心,道心之失其正者即人心,初非有二心也。"① 不是两个"心",但会表现出两种性质。王阳明又说:"只在汝心,循理便是善,动气便是恶。"② 既然循理便是善,动气则是恶,也就是循理之时"心"为善,动气之时"心"为恶,这意味着"心"兼善恶之性。可见,视"心"兼善恶之性的论述也极为常见,足以证明中国哲学中存在一种"心兼善恶之性"的观点。

总之,中国哲学关于"心"之性质的主张约有三种,即"善之心""恶之心""兼善恶之心"。需要注意的是,所谓善之心、恶之心、兼善恶之心,是指"心"的性质,不是指"心"本身,"心"只有一个,但这个"心"在性质上的客观表现,被不同思想家所认识,从而形成了由善言心、由恶言心、由兼善恶言心的三种不同的主张。

二、"心"之类型

所谓"心"之类型,缘于角度的差异实际上有不同的划分法。这里以心理学为依据,同时基于中国哲学史所提供的相关文献,对关于"心"之类型的论述展开发掘、分析和归纳。大致可分为以下几个类型:一是认知心,即作为认识能力的心;二是情绪心,即作为情绪表达形式的心,指心所发出的诸种心理的、情感的形式;三是思维心,即作为反映诸种心理活动的思维趋向,属于"心"的意念形式;四是意志心,即表达心之坚定趋向的勇气和精神。

1. 认知心。所谓"认知心",是指"心"在认识方面的性能。在中国哲学中,"心"通常被视为具有认识性能的器官。孔子说:"君子以心导耳目,立义以为勇;小人以耳目导心,不逊以为勇。"③ 所谓以"心"导耳目,说明"心"具有认知能力。《关尹子》云:"无一心,五识并驰,心不可一;无虚心,五行皆具,心不可虚;无静心,万化密移,心不可静。借能一,则二偶之;借能虚,则实备之;借能静,

---

① 《传习录上》,《王阳明全集》上,第8页。
② 《传习录上》,《王阳明全集》上,第34页。
③ 《孔子家语》,第120页。

则动摇之。"(《关尹子·鉴》)一般解释为：如果不能专一，人的视觉、听觉、嗅觉、味觉和触觉就会向外攀缘，那么内心永远做不到专一；如果不能回归虚灵，五行的变化就会浮现在面前，内心也会随之起舞，永远回不到虚灵无杂之状态；如果不能回归宁静，成千上万的念头就会在脑海里翻腾，内心永远不能真正安静下来。这里以专一、虚灵、寂静描述"心"的性能，即具备这些性能，"心"的认识能力就可以顺利呈现。荀子认为，"心"之所以能认识"道"，就在于"虚壹而静"："人何以知道？曰：心。心何以知？曰：虚壹而静。心未尝不臧也，然而有所谓虚；心未尝不两也，然而有所谓一；心未尝不动也，然而有所谓静。……虚壹而静，谓之大清明。"(《荀子·解蔽》)荀子对虚、壹、静三字进行了解释，所谓"虚"，是指不以过去的知识妨碍新的知识；所谓"壹"，是指不以单一知识伤害多样知识；所谓"静"，是指不以瞬息万变的活动影响接受新知识。因此，荀子的"虚壹而静"意味着"心"是具有认识能力的器官。《吕氏春秋》云："使其心可以知，不学，其知不若狂。"[①]"心"是能够认识事物及其规律的，但不努力学习，那么其"心"所知还不如狂乱无知。程颢提出"以万物为心"，就是通过认识万物及其"理"而形成"新知"，因而"心"皆有知，他认为"人心莫不有知，惟蔽于人欲，则亡天德也"[②]。"心"通过对事物及其"理"的认识，判断事之有无，二程指出："心所感通者，只是理也。知天下事有即有，无即无，无古今前后。"[③]张载则认为，大凡"心"所及便是"心"的认识成果，"知及仁守，只是心到处便谓之知，守者守其守知"[④]。而之所以出现千万个不同的"心"，是因为"心"静如水，照物无数，"心"因物而殊，非"心"本殊，"心"是静。张载说："心所以万殊者，感外物为不一也。"[⑤]心态多样性，乃是由于接触多样性外物造成的。这个道理胡宏说得清楚明白，"人心应万物，如水照万象。应物有诚妄，当其可之谓诚，失其宜之谓妄。物象有形影，实而可用之谓形，空而不可用之谓影"[⑥]。这就是说，"心"照物有诚妄，而诚妄

---

① （战国）吕不韦：《吕氏春秋·尊师》，王晓明注译：《吕氏春秋通诠》上，江西人民出版社2010年版，第85页。
② 《河南程氏遗书》卷十一，《二程集》第一册，第123页。
③ 《河南程氏遗书》卷二下，《二程集》第一册，第56页。
④ （宋）张载：《语录上》，《张载集》，第316页。
⑤ （宋）张载：《正蒙·太和篇》，《张载集》，第10页。
⑥ （宋）胡宏：《知言·大学》，《胡宏集》，第34页。

者在于物之宜否，"心"照物有形影，而形影者在于物之实空。概言之，"心"对万物的反映有深有浅、有真有伪，虽然都是"心"的反映和认识，但在反映和认识的过程中，因受到各种因素的影响，会出现千万个不同的"心"、千万种不同的认识。朱熹认为，"心"天生就有认知能力，"有知觉谓之心"[1]。而且，大凡人心，皆有认识能力，而且这种认识能力随着"理"的变化无穷，而表现出无限性。如朱熹说："盖人心至灵莫不有知，而天下之物莫不有理，惟于理有未穷，故其知有不尽也。"[2] 可见，"心"在中国哲学中经常被视为具有认识功能的器官，"心"即意味着认识，而且这种认识功能具有无限性。

2. 情绪心。所谓"情绪心"，是指"心"表现在心理情绪方面的性能。心理情绪错综复杂、变幻莫测，中国哲学非常关注心理情绪之状态。《诗经》云："言念君子，温其如玉。在其板屋，乱我心曲。"（《诗经·小戎》）意思是，言及君子，他的性情温和如玉；在他那简陋的木屋中，令我心绪纷乱，情思难宁。"心曲"乃心烦、心忧之情绪。《诗经》云："未见君子，忧心惙惙。亦既见止，亦既觏止，我心则说。"（《诗经·草虫》）没有见到那君子，我心忧思真凄切，如果我已见着他，如果我已偎着他，我的心中满是喜悦。此言忧心、悦心。"心悦"乃"心"喜悦之情绪。《史记·孔子世家》云："孔子知弟子有愠心。"[3] "愠"即恼怒、怨恨，谓怨恨之心理情绪。《吕氏春秋》云："大喜、大怒、大忧、大恐、大哀，五者接神则生害矣。"[4] 这里言及喜、怒、忧、恐、哀五种心理情绪。《礼记》云："乐者，音之所由生也，其本在人心之感于物也。是故其哀心感者，其声噍以杀；其乐心感者，其声啴以缓；其喜心感者，其声发以散；其怒心感者，其声粗以厉；其敬心感者，其声直以廉；其爱心感者，其声和以柔。六者非性也，感于物而后动。是故先王慎所以感之者。故礼以道其志，乐以和其声，政以一其行，刑以防其奸。礼、乐、刑、政，其极一也，所以同民心而出治道也。"（《礼记·乐记》）这里提及哀心、乐心、喜心、怒心、敬心、爱心六种心理，皆属不同情绪的表现。孟子曾提及怒心、怨心之情绪，"仁人之于弟也，不藏怒焉，不宿怨焉，亲爱之而已矣"（《孟子·万章

---

[1] 《朱子语类·拾遗》，《朱子全书》第十八册，第 4340 页。
[2] （宋）朱熹：《大学章句》，《四书章句集注》，中华书局 1983 年版，第 6—7 页。
[3] （汉）司马迁：《史记·孔子世家》，中华书局 1982 年版，第 1931 页。
[4] （战国）吕不韦：《吕氏春秋·尽数》，《吕氏春秋通诠》上，第 59 页。

上》)。荀子则提到多种心理情绪,"接之以声色、权利、忿怒、患险,而观其能无离守也"(《荀子·君道》)。所谓声色、权利、忿怒、患险等都是心理情绪的表现。荀子又说:"说、故、喜、怒、哀、乐、爱、恶、欲以心异。"(《荀子·正名》)这又将好、恶、喜、怒、哀、乐、说、故等心理情绪陈述了出来。

中国哲学关于心理情绪的观察与思考,秦以后并没有停息。《淮南子》云:"夫喜怒者,道之邪也;忧悲者,德之失也;好憎者,心之过也;嗜欲者,性之累也。人大怒破阴,大喜坠阳;薄气发喑,惊怖为狂;忧悲多恚,病乃成积;好憎繁多,祸乃相随。故心不忧乐,德之至也;通而不变,静之至也;嗜欲不载,虚之至也;无所好憎,平之至也;不与物散,粹之至也。能此五者,则通于神明。"① 这里提及喜怒、忧悲、好憎、嗜欲等心理情绪。王充说:"盖欲慰其恨心,止其猛涛也。"② "恨心"即怨恨之心理情绪。佛教中也有涉及心理情绪种类的论述,《坛经》云:"善知识,心中众生,所谓邪迷心、诳妄心、不善心、嫉妒心、恶毒心。如是等心,尽是众生,各须自性自度,是名真度。"③ 这里提及邪迷心、诳妄心、不善心、嫉妒心、恶毒心等五种心理情绪。朱熹著作中出现了较多的关于心理情绪的叙述:"敖惰,只是一般人所为得人厌弃,不起人敬畏之心。若把敖惰做不当有,则亲爱、敬畏等也不当有。"④ 此言敖惰之心理情绪。"若事未来,先有一个忿懥、好乐、恐惧、忧患之心在这里,及忿懥、好乐、恐惧、忧患之事到来,又以这心相与滚合,便失其正。"⑤ 此言忿懥、好乐、恐惧、忧患之心理情绪。朱熹还论及心理情绪与事物之关联,他说:"人心本是湛然虚明,事物之来,随感而应,自然见得高下轻重。事过便当依前恁地虚,方得。"⑥ 意思是说,忿懥、好乐、恐惧、忧患等心理情绪生发于相关事物之后,而非事物之先。可见,中国哲学关于"心"之情绪向度的论述也是丰富且深入的,"心"之情绪不仅是复杂多样的,而且有性质的不同。

3. 思维心。所谓"思维心",是指"心"的思维性能。在中国哲学中,"心"是

---

① (汉)刘安:《淮南子·原道训》,刘文典撰,冯逸、乔华点校:《淮南鸿烈集解》,中华书局1989年版,第35—36页。
② (汉)王充:《论衡·书虚篇》,《论衡校释》,第181页。
③ (唐)慧能:《坛经·第六品》,上海古籍出版社2016年版,第111页。
④ 《朱子语类》卷十六《大学三》,《朱子全书》第十四册,第539—540页。
⑤ 《朱子语类》卷十六《大学三》,《朱子全书》第十四册,第538页。
⑥ 《朱子语类》卷十六《大学三》,《朱子全书》第十四册,第538页。

所有思维活动的主体，思维运行、逻辑推理、意念穿梭等，都属于思维心活动。考之中国哲学史，涉及思维之心的论述也很常见。孔子说："饱食终日，无所用心，难矣哉！"（《论语·阳货》）意思是，整天吃得饱饱的，却不思考任何问题。所谓"用心"，即思维也。孟子说："心之官则思，思则得之，不思则不得也。此天之所与我者。"（《孟子·告子上》）所谓"心之官则思"，就是认为"心"具有思维功能。《淮南子》云："视而无形者不能思于心。"①所谓"不能思于心"，也就是认为"心"本是能思考的，不能思考者，是指那些肉眼看不见形象的事物，而肉眼能见事物是由于事物可被"心"思考。王安石将"心"与眼、耳的功能进行比较，认为"心"的功能就是思考，而且是天生如此，"目之能视，耳之能听，心之能思，皆天也"②。二程认为，虽然与事物接触是"心"之必然，但没有什么能阻止"心"之思维活动，"人心不能不交感万物，亦难为使之不思虑"③。所谓"思虑"，即思维也，故"心"具有思维性能。朱熹认为知觉运用乃"心"所为，"人之一身，知觉运用，莫非心之所为"④。因而"心"的职能就是思考，"心则能思，而以思为职。凡事物之来，心得其职，则得其理，而物不能蔽；失其职，则不得其理，而物来蔽之"⑤。思考则物不能遮蔽"心"。

在中国哲学史上，除了直接陈述"心"具有思维功能的文献外，也有涉及判断、思念等思维形式的文献。如范缜认为"心"具有思考、判断的性能，"是非之虑，心器所主"⑥。"心"即关于是非的思考和判断，如李翱说："心所以辨是非贤不肖之异也。"⑦也有涉及思念之心的论述，如《诗经》云："无思远人，劳心忉忉。"（《诗经·甫田》）"劳心"，苦苦思念之心。再如"青青子衿，悠悠我心。纵我不往，子宁不嗣音？"（《诗经·子衿》）青青的是你的衣领，悠悠的是我的思念；纵然我不曾去会你，难道你就此断音信？这里的"心"即思念活动。此外，还有关于思虑之心的论述，如陆九渊说："念虑之正不正，在顷刻之间。念虑之不正者，顷

---

① （汉）刘安：《淮南子·说林训》，《淮南鸿烈集解》，第582页。
② （宋）王安石：《老子注》卷下，《王安石全集》第四册，复旦大学出版社2016年版，第224页。
③ 《河南程氏遗书》卷十五，《二程集》第一册，第168—169页。
④ （宋）朱熹：《晦庵先生朱文公集》卷三十二，《朱子全书》第二十一册，第1419页。
⑤ （宋）朱熹：《孟子集注》卷十一，《四书章句集注》，第335页。
⑥ （南朝梁）范缜：《神灭论》，《梁书·范缜传》，中华书局1973年版，第668页。
⑦ （唐）李翱：《杂说上》，郝润华、杜学林校注：《李翱文集校注》卷五，中华书局2021年版，第69页。

刻而知之,即可以正。念虑之正者,顷刻而失之,即是不正。此事皆在其心。"① 还有关于谨慎规划之心的论述,如陆九渊说:"小心翼翼,昭事上帝,上帝临汝,无贰尔心,战战兢兢,那有闲管时候。"② 可见,在中国哲学中,也有许多关于"心"之思维向度的论述。

4. **意志心**。所谓"意志心",是指"心"对于某种目标的坚定、持久、不放弃等精神。中国哲学对于意志心也予以了极大关注。孔子认为,立志对一个人而言至关重要,如他说"十五有志于学",强调少年应该以问学为志向。《毛诗序》云:"诗者,志之所之也。在心为志。"③ 即谓诗言志,而"志"在于"诗"。《管子》云:"气意得而天下服,心意定而天下听。"(《管子·内业》)能使天下服从的"心意"只能是坚定、宏大、专一、持久的志向。孔子认为颜回以求仁为志,"回也,其心三月不违仁"(《论语·雍也》)。这就是说,"心"与"仁"不是一个东西,"心"是一种志向。孔子认为有以称霸为志向者,"昔者,齐桓霸心生于莒,勾践霸心生于会稽,晋文霸心生于骊氏。故居不幽则思不远,身不约则智不广。庸知而不遇之?"④ 孟子指出,但凡天降大任的人,首先就是使其立起以天下为己任的志向,"故天将降大任于是人也,必先苦其心志,劳其筋骨,饿其体肤,空乏其身,行拂乱其所为,所以动心忍性,曾益其所不能"(《孟子·告子下》)。一旦树立了志向,便能勇往直前、八风不动。贾谊认为开拓疆土、一统天下是一种雄心壮志,"秦孝公据崤函之固,拥雍州之地,君臣固守,以窥周室,有席卷天下、包举宇内、囊括四海之意,并吞八荒之心"⑤。所谓"席卷天下,包举宇内,囊括四海、并吞八方",就是以称霸天下为志向。嵇康以有没有"志"作为判断是人非人的标准,"人无志,非人也。但君子用心,所欲准行,自当量其善者,必拟议而后动。若志之所之,则口与心誓,守死无二"⑥。但"志"能够兑现的承诺,是"心"与"言"合一,所以是"心志"也。《鬼谷子》认为,"志"源于欲望的驱使,而"欲望"出于"心",因而"心"必须控制欲而使"志"盛且专,"志者,欲之使也。欲多则心散,心散

---

① (宋)陆九渊:《杂说》,《陆九渊集》卷二十二,第270页。
② (宋)陆九渊:《语录下》,《陆九渊集》卷三十五,第449页。
③ (汉)毛亨传,(汉)郑玄笺,(唐)陆德明音义,孔祥军点校:《毛诗传笺》,中华书局2018年版,第1页。
④ (汉)刘向:《说苑·杂言》,向宗鲁校证:《说苑校证》,中华书局1987年版,第421页。
⑤ (汉)贾谊:《过秦上》,吴云、李春台校注:《贾谊集校注》,天津古籍出版社2010年版,第3页。
⑥ (晋)嵇康:《家诫》,戴明扬校注:《嵇康集校注》卷十,中华书局2014年版,第544页。

则志衰，志衰则思不达。故心气一则欲不徨，欲不徨则志意不衰，志意不衰则思理达矣"①。朱熹认为，"志"就是"心"坚定的追求方向，而且持之以恒，"心之所之谓之志。此所谓学，即大学之道也。志乎此，则念念在此而为之不厌矣"②。如果以"仁"为志，就不会发生为恶之事，朱熹说："其心诚在于仁，则无为恶之事矣。"③陆九渊认为，有以国家、人民之事为志者，"心乎国，心乎民，而不为身计"④；也有以好善为志者，"人无好善之心便皆自私，有好善之心便无私，便人之有技若已有之"⑤；更有以求学为志者，"志于学矣，不为富贵贫贱患难动心，不为异端邪说摇夺，是下工夫；至三十，然后能立"⑥。朱熹的学生陈淳对于意志心也有论述，"如志于道，是心全向于道；志于学，是心全向于学。一直去讨要，必得这个物事，便是志"⑦。立下追求的目标，坚持不懈追求，此即是志。可见，在中国哲学看来，"心"有一个意志向度，意志向度的"心"代表着"心"的目标性、坚定性、持续性、专一性，是一种优秀的精神品质，从而与认知心、情绪心、思维心构成一个"心"的有机整体。

如上讨论表明，中国哲学虽然没有对"心"的类型进行自觉的解释和说明，但其所论，涉及认知心、情绪心、思维心、意志心等方面的内容十分鲜明。我们称之为类型，只是根据心理学的相关理论做了一个大致的划分，从而方便我们关于"心"的认识。"认知心"主要是指"心"的认识性能，在中国古代哲学中，"心"是一切认识活动的基础和展开，没有"心"，所有关于"认识"的讨论都是无法进行的。"情绪心"主要是指"心"的陈情性能，中国哲学认为，情感、情绪的呈现是"心"的基本性能，通过情感、情绪的变化认识和把握"心"，能够进一步认识情感、情绪与"心"的关系。"思维心"主要指"心"的思维、思辨、逻辑功能，中国哲学对"心"的思维、思辨、逻辑等功能也展开了考察和分析，揭示了"心"之思辨、思维性能及其特点，从而对"心"的认识更加全面。"意志心"主要指

---

① （战国）鬼谷子：《鬼谷子·本经阴符七篇》，江苏古籍出版社2002年版，第103页。
② （宋）朱熹：《论语集注》卷一，《四书章句集注》，第54页。
③ （宋）朱熹：《论语集注》卷二，《四书章句集注》，第70页。
④ （宋）陆九渊：《白鹿洞书院论语讲义》，《陆九渊集》卷二十三，第276页。
⑤ （宋）陆九渊：《语录下》，《陆九渊集》卷三十五，第465页。
⑥ （宋）陆九渊：《语录上》，《陆九渊集》卷三十四，第430页。
⑦ （宋）陈淳著，熊国桢、高流水点校：《北溪字义》卷上，中华书局1983年版，第15页。

"心"之目标性、坚定性、持续性特质,"心"不只是认识万物,不只是情感的吐露,不只是思维的驰骋,亦应该有自己的抱负和理想,这就是意志心。对中国哲学而言,意志心非常重要,是"心"之类型中最特殊的形式。需要说明的是,这四种"心"并未穷尽"心"的类型,特别是在中国哲学文献中经常遇到的"人心""民心"之类,这种"心"基本上是用于表达需要、欲望和价值诉求,自然是"心"之类型的一个部分,之所以没有单列出来,是因为"人心""民心"等既可归于"心"的情感,亦可归于"心"的志向,因而不再做单独考察。

三、"心"之特点

中国哲学对"心"之特点也予以了极大关注。在中国哲学的描述中,"心"是一种难于捕捉的神秘现象,如《诗经》云:"未见君子,我心伤悲。亦既见止,亦既觏止,我心则夷。"(《诗经·草虫》)这段话所描述的是"心"触景而生的微妙变化。再如《尚书》"道心惟微"之说,在中国哲学史上为"心"定了个基调,即"心"具有微妙性、神秘性、不可测性。荀子继承了这一观点,他说:"《道经》曰:'人心之危,道心之微。'危微之几,惟明君子而后能知之。"(《荀子·解蔽》)与《尚书》言"道心惟微"一样,荀子认为"心"是微妙的、神秘的,更重要的是,危、微转换之间,尤为微妙难测。那么"心"究竟是怎样"神秘"的呢?综合相关文献的论述,或可归纳为如下几个特点。

1. 无形无臭。"心"之神秘性表现之一,就是在形体上无形无状,在感觉上无声无臭,在空间上广袤无垠。就形体上看,"心"无形无状。朱熹认为,"心"无形无相,不可以长短来衡量:"物之轻重长短之差易见,心之轻重长短之差难见;物之差无害,心之差有害:故曰'心为甚'。……物易见,心无形。度物之轻重长短易,度心之轻重长短难。度物差了,只是一事差;心差了时,万事差,所以'心为甚'。"[①] 即是说,"物"之轻重长短,肉眼可见,而"心"无轻重长短,肉眼不可见,因此,测量"心"之轻重长短非常困难,若不能把握好"心",做任何事都

---

① 《朱子语类》卷五十一《孟子一》,《朱子全书》第十五册,第1687页。

难以成功。杨简认为,"心"无方体,无形无象,"心之精神,无方无体,至静而虚明,有变化而无营为"①。但是,静寂而能虚明照射,变化而不刻意作为。为什么"心无方体"?因为"心"不是血气,血气是"物"有体,可观可触,杨简说:"人心非血气,非形体,广大无际,变化无方,倏焉而视,又倏焉而听,倏焉而言,又倏焉而动,倏焉而至千里之外,又倏焉而穷九霄之上。不疾而速,不行而至,非神乎?"②"心"广大而无边际,变通而无方向,忽然可视,忽然可听,忽然在言,忽然在动,忽然在千里之外,忽然在九霄之上,不奔跑,速度却很快,不行走,却旋即来到眼前,不能不谓之神秘。

就感觉上看,"心"无声无臭。《诗经》云:"上天之载,无声无臭。仪刑文王,万邦作孚。"(《诗经·文王》)意思是说,上天意志难猜测,无声无息真渺茫;只有认真学文王,万国诸侯都敬仰。"上天的意志"即意志之心,以"无声无臭"形容"神秘性"也是没有问题的。《中庸》引用《诗经》云:"'德𬨎如毛',毛犹有伦。'上天之载,无声无臭。'"(《中庸》第三十三章)意思是说,德行轻如毫毛,但还是有物可比拟,而上天的意志,既没有声音也没有气味,是最高的境界!虽然这两段话中的"无声无臭"不是明确用来形容"心"的,但"上天的意志"的确配得上"无声无臭"。这样,"无声无臭"就成为形容人精神力量的常用词语。二程认为,"心"之微妙,即表现在"心"之无声无臭,"心之精微,至隐至妙,无声无臭"③,因而不可能从"心"那里获得颜色、声音、味道等感觉,"本心之微,非声色臭味之可得"④。杨简继承了先儒的思路,强调"心"的表现就是"无声无臭",他说:"夫子所可得而知者,以吾一心存焉耳。吾心所可得而知者,以吾之心即夫子之心也,以古今无二心也。文王之'不识不知',颜子之'如愚',子思之'无声无臭',孟子之'圣不可知',一辙也,以古今不容有二心也。"⑤

就空间上看,"心"广袤无垠。在中国哲学中,"心"之空间一般都视为宽阔的、广袤的、无际的。《管子》云:"大心而敢,宽气而广,其形安而不移。"(《管

---

① (宋)杨简:《申义堂记》,《慈湖先生遗书》卷二,董平校点:《杨简全集》第七册,浙江大学出版社2016年版,第1851页。
② (宋)杨简:《二陆先生祠堂记》,《慈湖先生遗书》卷二,《杨简全集》第七册,第1864页。
③ 《河南程氏经说》卷八,《二程集》第四册,第1164页。
④ 《河南程氏经说》卷八,《二程集》第四册,第1164页。
⑤ (宋)杨简:《家记五·论论语下》,《慈湖先生遗书》卷十一,《杨简全集》第八册,第2123—2124页。

子·内业》）就是说，"心"广阔无边、舒展宽裕，所以身体能够安稳而不为外物所移。所谓"心"宽广无际，即空间之性。二程认为，"心"宽才能尽天地万物之理，"圣人公心，尽天地万物之理，各当其分，故其道平直而易行"①。所谓"心宽"，就是"举偏补弊"之意，所以"心宽洪大"，二程说："古人谓心广，洪大无偏而不起之处。得见其人，亦可与语矣。"②所谓"偏而不起之处"，《汉书》云："先王之道必有偏而不起之处，故政有眊而不行，举其偏者以补其弊而已矣。"③此亦谓"心"广阔也。张载认为，只有"大其心"才能体认天下万物，如有遗漏，就是体察不全，亦即"心不大"，因此"心"无外，才合天心，所以"心"广阔无垠。他说："大其心则能体天下之物，物有未体，则心为有外。世人之心，止于闻见之狭。圣人尽性，不以见闻梏其心，其视天下无一物非我，孟子谓尽心则知性知天以此。天大无外，故有外之心不足以合天心。"④孟子所谓"尽心"，正是视天下万物一体，所以是廓然无碍之心。朱熹认为，"心"宽平就不会为私意所隔，"心"宽广就不会感到仓促紧迫，"心只是放宽平便大，不要先有一私意隔碍，便大。心大则自然不急迫。如有祸患之来，亦未须惊恐；或有所获，亦未要便欢喜在。少间亦未必，祸更转为福，福更转为祸"⑤。既然"心"之平宽、广大有助于转祸为福，因而"心"之空间自然是广袤无垠的。杨简认为"心"虚明无体，所以广袤无边，所以绵延不止，而且无动无静、无生无死，"此心虚明，无体象，广大无际量，日用云为，虚灵变化，实不曾动，不曾静，不曾生，不曾死"，⑥此正是"心"的空间特性。

2. 出入无时。"心"之神秘性表现之二，就是"心"之运行无固定时间、无固定轨迹，来无影去无踪。"出入无时"出自《孟子》："孔子曰：'操则存，舍则亡；出入无时，莫知其乡。'惟心之谓与？"（《孟子·告子上》）一般翻译是："孔子说过'抓紧它就有，放松就无；出出进进无定时，没人知它哪里住'，（孟子认为）这说的就是人心吧？"结合原文，这句话是就如何保护"牛山茂盛"讨论的结论，而"牛山茂盛"实际上是指"善心的保护"，因而孟子引孔子的话当然是就"心"而言

---

① 《河南程氏粹言》卷一，《二程集》第四册，第1181页。
② 《河南程氏粹言》卷一，《二程集》第四册，第1186页。
③ （汉）班固：《汉书·董仲舒传》，中华书局1962年版，第2518页。
④ （宋）张载：《正蒙·大心篇》，《张载集》，第24页。
⑤ 《朱子语类》卷九十五《程子之书一》，《朱子全书》第十七册，第3217页。
⑥ （宋）杨简：《慈湖先生遗书》卷三，《杨简全集》第七册，第1889—1890页。

的。由于孟子将这句话置于新的语境中，而且说"惟心之谓与"，因而完全可以认为"出入无时，莫知其乡"是对"心"运行状态的认识。也就是说，在孟子看来，时时贞定，"善心"便能保存，随意放弃，"善心"便会消失，因为"心"出入没有固定的时间，往来没有确定的方向。由此看来，"出入无时，莫知其乡"是对"心"运行状态的准确认识和生动描述。汉代扬雄也认为"心"微妙而神秘，只有圣人才能把控，他说："人心其神矣乎？操则存，舍则亡。能常操而存者，其惟圣人乎？"① 人心如神，变化无方，操而持之，则义存，舍而放之，则道亡，操而不舍则道义光大，但只有圣人能够操控运作神秘之"心"，说明"心"的确是"出入无时，莫知其乡"。扬雄认为，"心"的神秘性还表现在能够预测天地万物万事，他说："请问心。曰：'潜天而天，潜地而地。天地，神明而不测者也。心之潜也，犹将测之，况于人乎？况于事伦乎？'"②所谓"潜"，就是潜心研究。潜心研究天地，便知天地；潜心研究社会人事，便知社会人事，即"心"能认识一切物事。但还需要"操"，也就是运用，"心"的潜能在运用中才能发挥出来，不过只有圣人能做到，足见"心"之神秘且超能。但程颐认为"出入无时"不是孔子所言。

> 又问："孟子言心'出入无时'，如何？"曰："心本无出入，孟子只是据操舍言之。"伯温又问："人有逐物，是心逐之否？"曰："心则无出入矣，逐物是欲。"③

就是说，"心"无所谓"出入"，因而"出入无时"绝非孔子所言，而是孟子根据对"心"之操舍而提出，而且，追逐物的不是"心"，而是"欲"。程颐的意思是，"心"是本体、绝对至善，无有出入，出入者只是"欲"，所以程颐提到的"心"是道心，是"微"，只有人心才有出入，人心是"欲"，是"危"。因而从人心的角度看，程颐似乎又主张"心"之出入没有时间性，"此心之动，出入无时，何从而守之乎？求之于喜怒哀乐未发之际而已"④。虽然"心"出入无时，但仍然有

---

① （汉）扬雄：《法言·问神》，汪荣宝撰，陈仲夫点校：《法言义疏》，中华书局1987年版，第140页。
② （汉）扬雄：《法言·问神》，《法言义疏》，第140页。
③ 《河南程氏遗书》卷二十二上，《二程集》第一册，第297页。
④ 《与吕大临论中书》，《二程集》第二册，第608页。

捉住它的机会，那就是在喜、怒、哀、乐等情感没有萌发之际。朱熹认为，"心"之出入神出鬼没，无法捕捉。"人心之动，变态不一。所谓'五分天理，五分人欲'者，特以其善恶交战而言尔。有先发于天理者，有先发于人欲者，盖不可以一端尽也。"① 杨简将"心出入无时"做了更为细致的描述："人心非气血，非形体，广大无际，变化无方，倏焉而视，又倏焉而听，倏焉而言，又倏焉而动，倏焉而至千里之外，又倏焉而穷九霄之上。不疾而速，不行而至。非神乎？不与天地同乎？"② 在杨简看来，"心"之往来运行没有方向，忽然表现为视，忽然表现为听，忽然表现为言，忽然表现为动，忽然表现为静，忽然出现在千里之外，忽然出现在九霄之上，不奔跑，速度却很快，不行走，却能来到跟前，还有比这更神秘的吗？"心"的确是神乎其神矣！

3. 变幻莫测。"心"之神秘性表现之三，就是变化无常，不可测度。在中国哲学中，"心"的面向是时刻在变的，难于认识和捕捉"心"的面貌。圣人孔子都认为"心"不可捕捉。既然"心"不可测，那自然是因为"心"变得比光速还快，快得不是令人目不暇接，而是让人目瞪口呆。孔子说："所信者目也，而目犹不可信；所恃者心也，而心犹不足恃。"③ 就是说，知人之难在于知"心"，既然"心"不足信，说明"心"变幻莫测难于把握。《礼记》中记载的孔子的一段话，再次表明孔子认识到"心"的不可测度性："人藏其心，不可测度也。美恶皆在其心，不见其色也。"（《礼记·礼运》）所谓"人藏其心，不可测度"，所谓"美恶皆在其心，不见其色"，说明孔子认识到"心"的活动无形无影、神出鬼没，是难以触摸的。子产认为，人心好比人的脸面，千人千面，一时一面，"人心之不同如其面焉，吾岂敢谓子面如吾面乎？抑心所谓危，亦以告也"（《左传·襄公三十一年》）。既然人心如同人的面孔一样千变万化，认识和记住自然非常困难。

"心"之变幻莫测，关尹子的认识也很有代表性，他是这样描述"心"的："夜之所梦，或长于夜，心无时；生于齐者，心之所见皆齐国也，既而之宋、之楚、之晋、之梁，心之所存各异，心无方。"（《关尹子·鉴》）这是说，夜晚梦的物事之所以比夜晚还长（过去发现的事件），是因为"心"的记忆不受时间的限制；生长

---

① 《朱子语类·拾遗》，《朱子全书》第十八册，第 4339 页。
② （宋）杨简：《二陆先生祠堂记》，《慈湖先生遗书》卷二，《杨简全集》第七册，第 1864 页。
③ （战国）吕不韦：《吕氏春秋·任数》，《吕氏春秋通诠》下，第 474 页。

于齐国的人，梦中所出现的都是齐国的事物，但不久来到宋国、楚国、晋国、梁国，梦里出现的则是各种不同的人或事，这又说明"心"的记忆不受空间限制。因此，关尹子所认识的"心"之特点便是无时间、无方所。《吕氏春秋》也将人心描述为深不可测，"事随心，心随欲。欲无度者，其心无度；心无度者，则其所为不可知矣。人之心隐匿难见，渊深难测"①。人心之所以不可测，乃是由于人心被欲念所左右。在道教中，"心"也是神秘莫测的。张万福说："凡人从无始中来，有识在心，心识浮动，回易须臾，驷马过隙，比之迟也，云间迅电，亦非速也。心之善恶，反复无常，一切诸急，莫若心之疾也。心之难持，甚于虎豹，猴猿鹿马，皆易制也，一切之中，心难驭也。善能调御心者，其唯上圣之人乎？"②这是说，"心"的运行变化不可测，"心"之善恶变化无常，"心"之难于控制甚于虎豹。既然"心"的运行变幻莫测，而其性质之表现或善或恶，这就意味着"心"难于把捉。在杨简看来，"心"来无踪、去无影、变化无常，无迹可寻，"此心虚明，无体象，广大无际量，日用云为，虚灵变化，实不曾动，不曾静，不曾生，不曾死，而人谓之动，谓之静，谓之生，谓之死。昼夜常光明，起意则昏则非"③，所以是不可测的。杨简说："人心之妙，曲折万变，如四时之错行，如日月之代明，何可胜穷？何可形容？岂与夫费思力索，穷终身之力而茫然者同？"④对于神秘莫测的"心"，即便穷尽终生之力探求，也是难以成功的。

4. 虚明可鉴。"心"之神秘性表现之四，就是"心"虽"虚"而"明"，"心"如明镜，晶莹灿然，是非善恶无处隐身。《庄子》认为"心"是虚静的，"虚者，心斋也"（《庄子·人间世》）。这种虚静能照天地、映万物，"圣人之心静乎！天地之鉴也，万物之镜也"（《庄子·天道》）。既然"心"可以鉴天地、照万物，说明其有反映性能。荀子对"心"之明鉴性描述得细致而全面，"故人心譬如盘水，正错而勿动，则湛浊在下而清明在上，则足以见须眉而察理矣。微风过之，湛浊动乎下，清明乱于上，则不可以得大形之正也。心亦如是矣"（《荀子·解蔽》）。荀子将"心"比喻为盘子里的水，清澈透明，足以把人的胡子眉毛都照清楚，但如果混

---

① （战国）吕不韦：《吕氏春秋·观表》，《吕氏春秋通诠》下，第649页。
② （唐）张万福：《三洞众戒文》，《道藏》（影印本）第3册，文物出版社1988年版，第400页。
③ （宋）杨简：《慈湖先生遗书》卷三，《杨简全集》第七册，第1889—1890页。
④ （宋）杨简：《慈湖先生遗书》卷二，《杨简全集》第七册，第1857页。

浊物浮上来把水搞浑了，那就连人的全身都无法照出，"心"如盘中水，漂浮不定，踪影难觅。董仲舒似乎认识到"心"之虚静对于判别事象的意义，他说："故为君，虚心静处，聪听其响，明视其影，以行赏罚之象。"① 这是说，"心"既虚且静，则能分辨耳所闻、眼所视、鼻所嗅，从而进行赏罚。

至宋明，视"心"为虚明可鉴的观点得到了继承。程颐认为"心"具有虚无照察万物的性能，"心兮本虚，应物无迹"②。朱熹形象地说明了"心"之虚明可鉴的特点，他说："人心如一个镜，先未有一个影象，有事物来，方始照见妍丑。若先有一个影象在里，如何照得！人心本是湛然虚明，事物之来，随感而应，自然见得高下轻重。"③ "心"好比一面镜子，本无影像，物来才有影像，因而物妍像妍，物媸像媸，所以，"心"本湛然虚明而物来顺应。杨简则从三个方面阐述了"心"之虚明可鉴特性。其一，"心"如明鉴，无论美丑、洪纤、是非、利害，一览无遗："呜呼！孔子亦可谓善于发明道心之妙矣，亦大明白矣，而能领悟孔子之旨者有几？鉴未常有美恶，而亦未常无美恶；鉴未常有洪纤，而亦未常无洪纤；吾心未常有是非利害，而亦未常无是非利害。"④ "心"不仅可以照明美恶、大小、利害之异，而且可以融化丑、假、恶。其二，这种"心"人人皆有，不管如何变化，所谓动静、昼夜、生死等，但"心"之虚明都不会有任何改变，杨简说："人皆有是心，是心皆虚明无体，无体则无际畔，天地万物尽在吾虚明无体之中，变化万状，而吾虚明无体者常一也。百姓日用此虚明无体之妙，而不自知也。此虚明无体者，动如此，静如此，昼如此，夜如此，生如此，死如此。"⑤ 其三，"心"本无影像，物来应之，无物可逃，"人心至神至灵，虚明无体，如日如鉴，万物毕照，故日用平常不假思为，靡不中节，是为大道"⑥。即便不借思维，亦无不中节而为大道。

如上考察表明"心"具有神秘性，这种神秘性由多个方面展示出来，如形体上的无形无状、感觉上的无声无臭、空间上的广袤无垠、运行上的无影无踪、变化上

---

① （汉）董仲舒：《春秋繁露·保位权》，《董仲舒集》，第 151 页。
② 《河南程氏文集》卷八，《二程集》第二册，第 589 页。
③ 《朱子语类》卷十六《大学三》，《朱子全书》第十四册，第 538 页。
④ （宋）杨简：《绝四记》，《慈湖先生遗书》卷二，《杨简全集》第七册，第 1857 页。
⑤ （宋）杨简：《永堂记》，《慈湖先生遗书》卷二，《杨简全集》第七册，第 1880 页。
⑥ （宋）杨简：《家记三·论礼乐》，《慈湖先生遗书》卷九，《杨简全集》第八册，第 2070 页。

的变幻莫测、性能上的虚明可鉴等，中国哲学中的"心"真可谓深不可测！但需要注意的是，中国哲学中"心"并非神秘主义，"心"之所以圆融无碍，是因为"心"贯通人和物，而与民心一体；"心"之所以虚明可鉴，是因为"心"照彻万物，而明辨是非善恶，因此，中国哲学中的"心"并非虚无之心、抽象之心，而是充满生命关怀之心①。

第二节 "心"之结构

根据心理学定义，"作为精神（意识）的心，可以包括知、虑、情、欲、志、意、智、能、才、学等"②。而张载提出："合性与知觉，有心之名。"③就字面说，"性"与知觉的结合才有"心"。但朱熹指出这个说法有视"性"外有知觉之嫌："合性与知觉有心之名，则恐不能无病，便似性外别有一个知觉了。"④这才有王夫之的解释："秉太虚和气健顺相涵之实，而合五行之秀以成乎人之秉彝，此人之所以有性也。……人之有性，函之于心而感物以通，象著而数陈，名立而义起，习其故而心喻之，形也，神也，物也，三相遇而知觉乃发。故由性生知，以知知性，交涵于聚而有间之中，统于一心，由此言之则谓之心。"⑤这就是说，"性"源于大自然精华的凝集，即"形、神、物"三者的融合而生知觉，但无论是由"性"生的"知"，还是知性之"知"，皆由心主宰。由此可见，"心"之发生过程预示了它的复杂结构。在中国哲学史、心理学史中，知、虑、思、意、情、志等都是常见的用于表达知觉心理的范畴，而且存在交叉性。因此，这里拟选择知、意、情、志四个范畴与"心"的关系考察"心"的结构。

---

① 参见李承贵：《杨简"心政"理念及其实践》，《浙江社会科学》2014年第5期。
② 林崇德等主编：《心理学大辞典》下，上海教育出版社2003年版，第1386页。
③ （宋）张载：《正蒙·太和篇》，《张载集》，第9页。
④ 《朱子语类》卷五《性理二》，《朱子全书》第十四册，第227页。
⑤ （清）王夫之：《张子正蒙注》卷一《太和篇》，《船山全书》第十二册，岳麓书社1996年版，第33页。

一、心与知

"知"始见于商代甲骨文,古字形从"口"为形,"矢"为声。"知"字从"矢"字,段玉裁认为"矢"的意思是"识敏,故出于口者疾如矢也"(《说文解字注》)。"矢"是箭,箭射出极快,即谓能将知道、认识的事物像射箭一样脱口而出。"知"的本义指晓得、了解、识别,也指人的认识能力、智慧。在孟子那里,有所谓"良知","知"被赋予了"善"。那么,"知"与"心"是怎样的关系呢?

1. **"知"是"心"之所之**。在"心"与"知"谁主谁次问题上,中国哲学家大多持"心"主"知"次的观点,认为"知"发于"心"。荀子说:"凡以知,人之性也;可以知,物之理也。"(《荀子·解蔽》)即"知"是"心"之性能,被"知"者,则是事物之理。而且,"心"是所有意识活动的主宰,荀子说:"心者,形之君也,而神明之主也,出令而无所受令。"(《荀子·解蔽》)"神明"指人的精神和智慧,指所有心理活动,"心"出令而非受令者,显示了"心"的主宰地位。范缜也表达了"心"是"知"之主的意思,他说:"知即是虑,浅则为知,深则为虑。……是非之虑,心器所主。……五藏各有所司,无有能虑者,是以知心为虑本。"① 就是说,"知"与"虑"是一,前者浅、后者深,皆属"知",但都发自"心","心"是知、虑的根本。程颐认为,思虑发自"心"而思虑有善恶,他说:"心本善,发于思虑,则有善有不善。"② 朱熹则从"心"左右"知"的方向和角度说明"心"对"知"的主宰作用。朱熹说:"且要存得此心,不为私欲所胜,遇事每每着精神照管,不可随物流去,须要紧紧守着。若常存得此心,应事接物,虽不中不远。思虑纷扰于中,都是不能存此心。此心不存,合视处也不知视,合听处也不知听。"③ 可是,认识事物之理的"知"来自何处呢?有人问朱熹:心之发处是气否?朱熹的回答是:"也只是知觉。"④ 这就是说,"知"由"心"发出,朱熹又说:"知与意皆出于心。知是知觉处,意是发念处。"⑤ 即谓"知"与"意"同样出于"心",它们的差别是,"知"是知觉处,"意"是发念处。杨简提出一种"无知之知"的观点,不

---

① (南朝梁)范缜:《神灭论》,《梁书·范缜传》,第668页。
② 《河南程氏遗书》卷十八,《二程集》第一册,第204页。
③ 《朱子语类》卷六《性理三》,《朱子全书》第十四册,第255页。
④ 《朱子语类》卷五《性理二》,《朱子全书》第十四册,第219页。
⑤ 《朱子语类》卷十五《大学二》,《朱子全书》第十四册,第482页。

过,这种"无知之知",就是"心",是出于"心"的性能。他说:"圣人之真无知,非智识之所到,非知不知所能尽,一言以蔽之曰:心而已矣。"①虽然这种"无知之知"不为"知"与"不知"所范围,但仍然发自"心"。

2."知"之不同类型。如上所述,"知"生于"心",所以"知"是"心"之"知"。但由于发生的原因不同、内容不同等,使"知"呈现为不同表现形式。如《墨子》云:"知:闻、说、亲。"(《墨子·经上》)《经说上》解释说:"知:传授之,闻也;方不瘴,说也;身观焉,亲也。"(《墨子·经说上》)所谓"闻知",即耳听,属感官之知;所谓"说知",即论说,属理性之知;所谓"亲知",即体察,属于直觉之知。可见,墨家已初步觉悟到"知"的形式了。那么,在中国古代哲学中,究竟出现过哪些"知"的类型呢?

其一是感官之知。所谓"感官之知",是感官接触事物时在大脑中的反映,具有直接性、具体性、生动性等特点,是认识的来源。孔子说:"多闻阙疑,慎言其余,则寡尤;多见阙殆,慎行其余,则寡悔。"(《论语·为政》)"多闻多见",乃感官之知。《墨子》云:"天下之所以察知有与无之道者,必以众之耳目之实知有与亡为仪者也。"(《墨子·明鬼》)所谓"耳目之实",即感官之知。荀子说:"耳目鼻口形能各有接而不相能也,夫是之谓天官。"(《荀子·天论》)所谓"天官"之知,即感官之知。王充说:"不目见口问,不能尽知也。"(《论衡·实知篇》)认为不经由感官之知,无法全面认识事物。张载认为感官之知,由交物而得,他说:"见闻之知,乃物交而知,非德性所知。"②朱熹说:"耳目亦物也,不能思而交于外物,只管引将去。"③"不能思之耳目",自然是感官之知。无疑,以上所述皆为"感官之知"。

其二是理性之知。所谓"理性之知",是指借助抽象思维,在归纳感性材料基础上形成的关于事物内部联系、本质和规律的认识,具有间接性、抽象性、普遍性等特点。孔子说:"学而不思则罔,思而不学则殆。"(《论语·为政》)这里的"思"属于理性思维,故为理性之知。老子说:"不出户,知天下;不窥牖,见天道。"(《道德经》第四十七章)既然无须出门便能认识,只有借助理性思维才能推知和把

---

① (宋)杨简:《家记五·论论语下》,《慈湖先生遗书》卷十一,《杨简全集》第八册,第2129页。
② (宋)张载:《正蒙·大心篇》,《张载集》,第24页。
③ 《朱子语类》卷五十九《孟子九》,《朱子全书》第十六册,第1921页。

握,所以是理性之知。王充认为有"推类以见方来之知":"凡圣人见祸福也,亦揆端推类,原始见终,从闾巷论朝堂,由昭昭察冥冥。"(《论衡·实知篇》)此"推类"即理性之知也。朱熹说:"举一而三反,闻一而知十,乃学者用功之深、穷理之熟,然后能融会贯通。"①所谓"举一而三反,闻一而知十",就是由一个事件推论多个事件,自然是理性之知。可见,"理性之知"也是"知"的一种类型。

其三是直觉之知。所谓"直觉之知",是指用已获得的知识、经验以及本能为依据,但未经过分析推理的思维方式,具有本能性、直接性、迅捷性等特征。老子说:"涤除玄览,能无疵乎?"(《道德经》第十章)清除心中的杂污之物,本心光明,即可玄鉴是非善恶,纯正而直接,所以为直觉之知。《庄子》云:"无思无虑始知道。"(《庄子·知北游》)通常情况下,"无思无虑"岂能知"道"?那么靠什么知"道"?只有"坐忘":"堕肢体,黜聪明,离形去知,同于大通,此谓坐忘。"(《庄子·大宗师》)"坐忘"即忘却身体,抛弃感官,摆脱知识的束缚,与大道融通为一。僧肇说:"是以圣人虚其心而实其照,终日知而未尝知也。故能默耀韬光,虚心玄鉴,闭智塞聪,而独觉冥冥者矣。然则智有穷幽之鉴,而无知焉;神有应会之用,而无虑焉。神无虑,故能独王于世表;智无知,故能玄照于事外。智虽事外,未始无事;神虽世表,终日域中。所以俯仰顺化,应接无穷,无幽不察,而无照功。斯则无知之所知,圣神之所会也。"②为什么说"圣人无知却无所不知"?因为圣人以"智"与"神"为知,"神"虽然无思虑,却独称王于尘世之外,却又终日在世间;"智"虽然玄照于事外,却未曾无事,因而圣人之无知实际上应接无穷、无幽不察,所以无所不知。因此,僧肇的"无知之知",实际上就是一种直觉。杨简说:"圣人之真无知,非智识之所到,非知不知所能尽,一言以蔽之曰:心而已矣。此心非知非不知。"③既然知识不能接近,又不能用"知"或"不知"来界定,这种"真无知"只能是直觉之知。可见,直觉之知也是"知"的一种类型。

其四是德性之知。所谓"德性之知",是指内在于心、需要道德修养激发、超越经验知识的认识,如张载言"乃德盛仁熟之致,非智力能强"(《正蒙·神化篇》)。孟子的"良知"就是德性之知:"人之所不学而能者,其良能也;所不虑而

---

① (宋)朱熹:《答姜叔权》,《晦庵先生朱文公文集》卷五十二,《朱子全书》第二十二册,第2460页。
② (晋)僧肇:《般若无知论》,张春波校释:《肇论校释》,中华书局2017年版,第71—72页。
③ (宋)杨简:《家记五·论论语下》,《慈湖先生遗书》卷十一,《杨简全集》第八册,第2129页。

知者，其良知也。"(《孟子·尽心上》)张载也认为有德性之知，他说："诚明所知乃天德良知，非闻见小知而已。"① 所谓"天德良知"就是德性之知，德性之知与感官之知是不同的。程颐说："德性之知，不假闻见。"② 朱熹认为"德性之知"与"感官之知"一样，属于"知"的一种类型："闻见之知与德性之知，皆知也。"③ 陆九渊说："苟此心之存，则此理自明。当恻隐处自恻隐，当羞恶，当辞逊，是非在前，自能辨之。"④ 本心在此，任何道理明若天渊，恻隐、羞恶、是非自辨，故为德性之知也。杨简所谓"道心"，就是善体，但这种"道心"具有认识能力，所以是德性之知，"道心发用，寂然不动，虽无思无为而万物毕照，万理洞见"⑤。可见，"德性之知"也是"知"的一种类型。

既然"知"有四种类型，那么这四种类型的"知"存在怎样的差异呢？其一，不同类型的"知"之实行凭借的手段不同。"知"之所以表现为不同类型，原因之一就是实行"知"的过程中所凭借手段或方式不同，比如，感官之知凭借的是"静"或"昭"，理性之知凭借的是"理"，《吕氏春秋》云："凡耳之闻也藉于静，目之见也藉于昭，心之知也藉于理。"(《吕氏春秋·任教》)就是说，"耳之闻、目之见"凭借的是可感的具体的物象，而理性之知所凭借的是逻辑思辨。其二，不同类型的"知"之实行所探索的对象不同。比如，德性之知与感官之知所要认识的对象不同，程颐说："闻见之知，非德性之知。物交物则知之，非内也，今之所谓博物多能者是也。"⑥ 这就是说，"德性之知"与"闻见之知"认识、把握的对象是不同的，感官之知通过接触事物而获得，德性之知则能进入事物内部。其三，不同类型的"知"之实行程度的深浅之异。比如，感官之知的对象是形气之表，是现象，而理性之知的对象是微义，是本质。胡宏说："视万形，听万声，而兼辨之者，则人而已。睹形色而知其性，闻声音而达其义，通乎耳目之表、形器之外，非圣人则不能与于斯矣。"⑦ 这里所谓"视万形，听万声，而兼辨之"，属于感官之知，而"睹

---

① （宋）张载：《正蒙·诚明篇》，《张载集》，第20页。
② 《河南程氏遗书》卷二十五，《二程集》第一册，第317页。
③ 《朱子语类》卷六十四《中庸三》，《朱子全书》第十六册，第2101页。
④ （宋）陆九渊：《语录上》，《陆九渊集》卷三十四，第396页。
⑤ （宋）杨简：《杨氏易传》卷十九，《杨简全集》第一册，第352页。
⑥ 《河南程氏遗书》卷二十五，《二程集》第一册，第317页。
⑦ （宋）胡宏：《知言·往来》，《胡宏集》，第14页。

形色而知其性，闻声音而达其义，通乎耳目之表、形器之外"属于理性之知。其四，不同类型的"知"之实行所获结果不同。比如，感官之知与理性之知所获得的结果不同，李翱说："耳所以察声音大小清浊之异也，目所以采色朱紫白黑之异也，心所以辨是非贤不肖之异也。"① 就是说，耳朵可观察声音大小清浊之异，眼睛可辨别朱紫黑白之异，但不能判断是非、贤不肖，换言之，感官之知局限于表象，理性之知则能把握事物的本质。可见，理性之知与感官之知所获得的结果是不同的。

3. "知"之诸类型的相互影响。如上所论，"知"不仅出于"心"，而且表现为不同的类型和性能；而由于类型和性能的差异，所以不同的"知"必然相互影响，但无论哪种类型的"知"皆出于"心"，所以"心"对"知"的影响，便表现为不同类型的"知"之间的相互影响。其一，感官之知与理性之知的相互影响。一般而言，感官之知是一切知识的来源，理性之知则是知识抽象化、理论化的过程，因而在认识世界和知识的获得方面必然彼此影响着。荀子说："心有征知。征知，则缘耳而知声可也，缘目而知形可也。然而征知必将待天官之当簿其类，然后可也。"（《荀子·正名》）"心有征知"，即"心"有验证、辨别、分析感性材料的功能；"天官簿类"，即感官接触事物。因此，如果没有感官接触事物作为前提，那么"心"就无法发挥自己思辨分析的功能，即理性之知必须建立在对感性材料的分析、总结上，否则就不可能形成对事物的完整认识，因而理性之知也有助于感官之知的深化。张载则明确指出，如果没有感官之知，理性之知无从来源。他说："人病其以耳目见闻累其心而不务尽其心，故思尽其心者，必知心所从来而后能。"② 虽然感官之知可能连累理性之知，但理性之知的来源是感官之知，所以感官之知对理性之知具有基础意义。但理性之知能够规定、引导感官之知的方向，如朱熹说："然视听行动，亦是心向那里。若形体之行动心都不知，便是心不在。行动都没理会了，说甚未发。未发不是漠然全不省，亦常醒在这里，不恁地困。"③ 这就是说，理性之知无论隐显，都影响着感官之知的运行状况。

其二，感官之知与德性之知的相互影响。德性之知是关乎事象善恶的认知和判断，感官之知是关乎事象外部的认识，看起来毫无瓜葛，实则不然，二者的关系不

---

① 燕国材等主编：《中国心理学史资料选编》第二卷，人民教育出版社1990年版，第449页。
② （宋）张载：《正蒙·大心篇》，《张载集》，第25页。
③ 《朱子语类》卷五《性理二》，《朱子全书》第十四册，第220页。

仅密切，而且深深影响着彼此。孟子说："耳目之官不思，而蔽于物，物交物，则引之而已矣。心之官则思，思则得之，不思则不得也。此天之所与我者，先立乎其大者，则其小者弗能夺也。"（《孟子·告子上》）所谓"耳目之官蔽于物"，是指感官之知会被物蒙蔽；所谓"心之官则思"，是指德性之知，因为只有德性之知才能保护感官之知不被物欲所夺，也就是只要坚守以德性之知武装感官之知，感官之知就不会蔽于物。这就是德性之知对感官之知的积极影响。那么，感官之知对于德性有怎样的影响呢？张载说："圣人尽性，不以见闻梏其心，其视天下无一物非我，孟子谓尽心则知性知天以此。"① 这就是说，只要感官之知不限制德性之知，从而视天下万物一体，便能穷尽德性之知，以识善性知天德。也就是说，如果德性之知被感官之知所蒙蔽，那么德性之知就无法发挥自身的功能。因此，德性之知与感官之知也是相互影响着的。朱熹说："固当以尊德性为主，然于道问学亦不可不尽其力，要当使之有以交相滋益，互相发明，则自然该贯通达，而于道体之全无欠阙处矣。"② 这种影响具体表现为交相滋养、互相发明。

其三，感官之知与直觉之知的相互影响。直觉之知虽然超越经验，无须经由感官之知，但并不能离开知识和经验的积累；而感官之知似乎够不着直觉之知，但直觉之知也深刻影响着感官之知。二程认为，感官之知是直觉之知的基础："须是今日格一件，明日格一件，积习既多，然后脱然自有贯通处。"③ 只要日积月累地接触事物、用心观察，便有可能获得瞬间醒悟。朱熹也认为直觉之知离不开感官之知，"如今人理会学，须是有见闻，岂能舍此？先是于见闻上做工夫到，然后脱然贯通"④。就是说，之所以会出现脱然贯通的直觉之知，乃是因为有见闻之知为基础。朱熹说："'一以贯之'，固是以心鉴照万物而不遗。然也须'多学而识之'始得，未有不学而自能一贯者也。"⑤ 所谓"多学而识之"，便是感官之知，所谓"鉴照万物"，便是直觉之知，只有"多学而识之"，才能达到"一以贯之"的直觉之知的境界。不过，直觉之知也影响着感官之知。朱熹说："人之一心，湛然虚明，如鉴之空，如衡之平，以为一身之主者，固其真体之本然，而喜怒忧惧，随感而应，妍

---

① （宋）张载：《正蒙·大心篇》，《张载集》，第24页。
② （宋）朱熹：《玉山讲义》，《晦庵先生朱文公文集》卷七十四，《朱子全书》第二十四册，第3592页。
③ 《河南程氏遗书》卷十八，《二程集》第一册，第188页。
④ 《朱子语类》卷九十八《张子之书一》，《朱子全书》第十七册，第3311页。
⑤ 《朱子语类》卷四十五《论语二十七》，《朱子全书》第十五册，第1584页。

蚩俯仰，因物赋形者，亦其用之所不能无者也。故其未感之时，至虚至静，所谓鉴空衡平之体，虽鬼神有不得窥其际者，固无得失之可议；及其感物之际，而所应者，又皆中节，则其鉴空衡平之用，流行不滞，正大光明，是乃所以为天下之达道，亦何不得其正之有哉？"① 所谓"湛然虚明"即清明莹澈，好比镜子之空灵、衡器之平正，此即心之体；喜怒哀乐随感而顺应，美丑俯仰因物而呈现，此即心之用。心之"体"未发而至虚至静，所以为直觉之知；心之"用"感物而能中节，所以为感官之知。这就表明，直觉之知对感官之知的效果和性质都有直接影响。

其四，理性之知与德性之知的相互影响。实际上，德性之知在某种意义上就是理性和道德的结合，但二者仍然有所区别，理性之知是纯粹知识论概念，德性之知则是道德概念。不过，理性之知的特点是客观、公正，德性之知的特点是仁义、良善，从而具有相通性，所以彼此的影响表现为相互促进、相得益彰。德性之知决定着理性之知的正常发挥并获得积极结果，《管子》曰："心无他图，正心在中，万物得度。"（《管子·内业》）所谓"心别无所图，只一个公正之心在里面"，即"心"无私杂之念，如此才能正确地认识事物。反之，如果"心"充塞私杂之念，便无法正确地反映、认识事物。朱熹认为，人心、道心都是知觉，但人心生于形气之私，他说："夫心之虚灵知觉一而已矣，而以为有人心、道心之别者，何哉？盖以其或生于形气之私，或原于性命之正，而所以为知觉者不同。"② 按照朱熹的说法，"人心"（理性之知）生于形气之私，所以需要"道心"（道德之知）的浸润与纯化："必使道心常为一身之主，而人心每听命焉，则危者安，微者著，而动静云为自无过不及之差矣。"③ 强调"道心"的主宰地位，是为了使德性之知帮助理性之知存善去恶，朱熹说："道心则是义理之心，可以为人心之主宰，而人心据以为准者也。"④ 当然，理性之知对于德性之知也是知恩图报的。王充说："夫论不留精澄意，苟以外效立事是非，信闻见于外，不诠订于内，是用耳目论，不以心意议也。夫以耳目论，则以虚象为言，虚象效，则以实事为非。是故是非者不徒耳目，必开心意。"⑤ 就是说，如果论证问题只是根据表面现象来判断是非，只是依据外在的见闻，不用

---

① （宋）朱熹：《四书或问·大学或问》，《朱子全书》第六册，第534页。
② （宋）朱熹：《戊申封事》，《晦庵先生朱文公文集》卷十一，《朱子全书》第二十册，第591页。
③ （宋）朱熹：《戊申封事》，《晦庵先生朱文公文集》卷十一，《朱子全书》第二十册，第591页。
④ 《朱子语类》卷六十二《中庸一》，《朱子全书》第十六册，第2014页。
⑤ （汉）王充：《论衡·薄葬篇》，《论衡校释》，第962—963页。

"心"深入思考，不通过内心分析判断，这就是光凭耳目见闻论事；而光凭耳目见闻论事，就会导致凭虚假的现象说话，相信了虚假现象，就会把"真"当成"伪"，所以判断是非善恶（德性之知）不能只依靠感官之知，还需借助理性之知。

其五，理性之知与直觉之知的相互影响。直觉之知虽然不经过抽象思辨，但实际上与长期思辨习惯密切关联；理性之知虽然具有缜密、复杂等特点，但直觉之知在其中扮演着重要角色，因而直觉之知与理性之知也彼此影响着。首先，没有理性之知的积累，就不会形成直觉之知。二程说："夫积习既久，则脱然自有该贯。"①这个"积习"可以包括感官之知与理性之知，只有长期的理性知识的积累，才可能形成豁然贯通之知。朱熹也对此深信不疑，他说："我这里正要思量分别。能思量分别，方有豁然贯通之理。"②因此，要想实现直觉之知，必须自觉地积累理性知识，只有理性之知储备到一定程度，才有直觉之知，才会有顿悟出现。朱熹说："所谓豁然贯通处，则必真积之久，从容涵泳，优防纯熟，不期而自到，非强探力索可拟议以至耶？抑是既到豁然贯通地位，便是真知透彻。"③自然，直觉之知之于理性之知也是奉行"礼尚往来"的。《周易》云："古者包羲氏之王天下也，仰则观象于天，俯则观法于地，观鸟兽之文，与地之宜，近取诸身，远取诸物，于是始作八卦，以通神明之德，以类万物之情。"（《易传·系辞下》）所谓"观象于天、观法于地"，所谓"近取诸身，远取诸物"，为直觉之知，而"作八卦，以通神明之德，以类万物之情"，非理性之知不可，这是认为理性之知必须建立在直觉之知基础上。陆九渊也认识到直觉之知对理性之知的特殊意义，他说："学固不可以不思，然思之为道，贵切近而优游。切近则不失己，优游则不滞物。"④"思"即理性之知；"切近而优游"，"切近"即体知、"优游"即玩味，所以是"直觉之知"。因此，既然"思"以"切近优游"为贵，也就是强调直觉之知对于理性之知的重要作用。可见，理性之知与直觉之知也是相互欣赏、相互促进的。

其六，直觉之知与德性之知的相互影响。直觉之知虽然并不包含道德判断，但纯真、迅捷、本我，因而必然对德性之知产生影响；德性之知则以内在于心的善体

---

① 《河南程氏粹言》卷一，《二程集》第四册，第1191页。
② 《朱子语类》卷一百一十六《朱子十三》，《朱子全书》第十八册，第3671页。
③ （宋）朱熹：《答陈安卿》，《晦庵先生朱文公文集》卷五十七，《朱子全书》第二十三册，第2727页。
④ （宋）陆九渊：《与刘深父》，《陆九渊集》卷三，第34页。

作为认识、判断是非善恶的准则，所以二者不能不相互影响。朱熹说："人心便是饥而思食，寒而思衣底心。饥而思食后，思量当食与不当食，寒而思衣后，思量当着与不当着，这便是道心。"① 饥而思食、寒而思衣，无须借助感官之知、理性之知，乃当下即是之知，所以是直觉之知；而对饥而食后、寒而衣后当不当之判断，则是道心所为，所以"道心"是德性之知，足见德性之知对直觉之知的影响。不过，直觉之知也影响着德性之知，杨简说："然则圣人果有知乎？果无知乎？曰'无知'者，圣人之真知；而圣人知之，实无知也，如以为圣人之道实可以知之，则圣人之道乃不过知识耳，不过事物耳，而圣人之道乃非知识，非事物，则求圣人之道者，不可以知为止。然以圣人之道为可以知者，固未离于知；以圣人之道为不可知者，亦未离于知。惟其犹有不可知之知，非真无知也。圣人之真无知，非智识之所到，非知不知所能尽，一言以蔽之曰：心而已矣。"② 在杨简看来，圣人之道不是知识，不是事物，欲求圣人之道，不可止于知识。因而杨简所谓"无知之知"便是直觉之知。这个直觉之知的对象是圣人之道，圣人之道就是道心、本心，因而又可以视为德性之知。也就是说，德性之知可以被直觉之知把握而贯通。

如上讨论表明，"心"虽然是"知"的发出者，而且作为"心"之不同形式的"知"，究竟是感官之知、理性之知，还是直觉之知、德性之知，需要根据具体的语境确定。这些不同类型的"知"本质上都是"心"之形式，彼此互有影响，这种"互有影响"在某种意义上是"心"的自我调适。不同类型的"知"的内涵存在差别，因而功能不同而表现为彼此支援、相互完善。二程说："夫鉴之至明，则万物毕照，鉴之常也。而奚为使之不照乎？不能不与万物接，则有感必应。知见而不可屏，而思虑不可息也。欲无外诱之患，惟内有主而后可。主心者，主敬也。主敬者，主一也。"③ 这段话蕴含了直觉之知（鉴之至明、万物毕照）、感官之知（接物、知见）、理性之知（思虑）、德性之知（主心、主敬）。"鉴之至明"与万物接，则有感必应，就是认为直觉之知的应用，必然引发感官之知，而感官之知的开放，思虑就无休无止，想要直觉之知、感官之知、理性之知纯正无邪，必须内有所主，此"主"便是敬、便是一，便是道心，便是天理，所以是以德性之知主宰而熏陶之。

---

① 《朱子语类》卷七十八《尚书一》，《朱子全书》第十六册，第 2672 页。
② （宋）杨简：《家记五·论论语下》，《慈湖先生遗书》卷十一，《杨简全集》第八册，第 2129 页。
③ 《河南程氏粹言》卷一，《二程集》第四册，第 1191—1192 页。

因此，感性之知、理性之知、直觉之知交互作用的结果，便是大清明之境界，便是廓然大公之境界，如朱熹说："盖人心之灵莫不有知，而天下之物莫不有理，唯于理有未穷，故其知又不尽也，是以《大学》始教，必使学者即凡于天下之物，莫不因其已知之理而益穷之，以求至乎其极。至于用力之久，而一旦豁然贯通焉，则众物之表里精粗无不到，而吾心之全体大用无不明矣。"① 概言之，"心"一而"知"多，"知"乃"心"之发用流行，但"知"乃共显"心"之明智、同弘"心"之圣德。

4."心"对"知"的影响。既然对于诸种形式的"知"而言，"心"具有"原发"意义，那么，"知"必然受到"心"的影响，这就意味着，认识、把握"知"的不同性质，必须考察"心"对"知"影响之情形。

首先，"心"对感官之知的影响。"心"是"知"的发出者，但"心"发出"知"的时候即含有是非、善恶、正邪的价值取向，而有了价值取向的"心"对感官之知具有直接的影响。《管子》云："耳目者，视听之官也，心而无与于视听之事，则官得守其分矣。夫心有欲者，物过而目不见，声至而耳不闻也。"（《管子·心术上》）就是说，"心"如果不去干预视听的职守，感官之知就能尽到它们的本分；"心"如果有了私欲杂念，那么，物来眼不见，声绕耳不闻，因而必须去掉私欲，感官之知的功能才能正常地发挥。"心"对感官之知的影响，也表现在"心"主宰感官之知的方向上，如朱熹说："然视听行动，亦是心向那里。若形体之行动心都不知，便是心不在。行动都没理会了，说甚未发。未发不是漠然全不省，亦常醒在这里，不恁地困。"② "心"也可以巩固、完善、发扬感官之知的成果。张载说："若只以闻见为心，但恐小却心。今盈天地之间者皆物也，如只据己之闻见，所接几何，安能尽天下之物？……若便谓推类，以穷理为尽物，则是亦但据闻见上推类，却闻见安能尽物！今所言尽物，盖欲尽心耳。"③ 感官之知所获有限，而"心"能尽天下万物，所以感官之知与理性之知的效果不同。

其次，"心"对理性之知的影响。作为"知"之形式之一的理性之知自然发自"心"，那么，"心"对理性之知有怎样的影响呢？《吕氏春秋》云："故见贤者而不

---

① （宋）朱熹：《大学章句》，《四书章句集注》，第7页。
② 《朱子语类》卷五《性理二》，《朱子全书》第十四册，第220页。
③ （宋）张载：《语录下》，《张载集》，第333页。

耸,则不惕于心。不惕于心,则知之不深。"①意思是见到贤能之人不肃然起敬,就意味着心中没有戒惧,心若无戒惧,就不能准确认识贤人。换言之,"心"若不谨慎,"知"就不会深刻、全面,即强调"心"对于理性之知的强化意义。王符说:"所谓守者,心也。有度之士,情意精专,心思独睹,不驱于险埆之俗,不惑于众多之口;聪明悬绝,秉心塞渊,独立不惧,遁世无闷,心坚金石,志轻四海,故守其心而成其信。"②这里的情意精专、心思独睹、不驱于险埆之俗、不惑于众多之口等,皆为理性之知的特征,但无一不是"心"之所为,亦即只有坚守"心",理性之知才能得到实行。范缜则明确提出"心"是思虑的主宰——"问曰:'虑思无方,何以知是心器所主?'答曰:'心病则思乖,是以知心为虑本。'"③朱熹认为,思虑是"心"之职责,只有"心"发挥或履行自己的职责,思虑才能展开,才能清澈明晰。他说:"心则能思,而以思为职。凡事物之来,心得其职,则得其理,而物不能蔽;失其职,则不得其理,而物来蔽之。"④

其三,"心"对德性之知的影响。如上所言,孟子所谓良知便是德性之知,但良知在"心",因而所谓"求放心",乃是良知丧失于"心"外也,故"求放心",乃由"心"将丧失了的良知找回。这就意味着"心"对德性之知的意义之一就是持守良知。张载认为,德性之知不是来自感知的,所谓"德性所知,不萌于见闻",那么,这种德性之知与"心"是怎样的关系呢?张载说:"天资美不足为功,惟矫恶为善,矫惰为勤,方是为功。人必不能便无是心,须使思虑,但使常游心于义理之间。立本处以易简为是,接物处以时中为是,易简而天下之理得,时中则要博学素备。"⑤这就是说,天资美并不值得居功,只有变恶为善、改惰为勤,才值得肯定。而变恶为善、变惰为勤,必须依靠"心"的指挥与监督,从而做到立本以简易为先、接物以时中为要。也就是说,德性之知落实需要"心"的监督和维护。朱熹说:"未知立心,则或善或恶,故胡乱思量,惹得许多疑起;既知所立,则是此心

---

① (战国)吕不韦:《吕氏春秋·谨听》,《吕氏春秋通诠》上,第300—301页。
② (汉)王符:《潜夫论·交际》,《潜夫论·申鉴·中论·中说·颜氏家训》,辽宁教育出版社2001年版,第60页。
③ 参见燕国材主编:《中国心理学史资料选编》第二卷,人民教育出版社1990年版,第330页。
④ (宋)朱熹:《孟子集注》卷十一,《四书章句集注》,第335页。
⑤ (宋)张载:《经学理窟·气质》,《张载集》,第271页。

已立于善而无恶。"① 即是说，如果不知道挺立"心"的重要，那么就可能出现善或恶，就会胡思乱想，就会引起许多质疑，但如果知道挺立"心"的重要，那么就不会出现恶而只有善。这就是说，只要在"心"上做足功夫，便可以维护和彰显德性之知。

最后，"心"对直觉之知的影响。直觉之知发自"心"，因而"心"纯净无杂念，其直觉的功能才能正常发挥出来。《管子》曰："心无他图，正心在中，万物得度。"（《管子·内业》）所谓"心别无所图，只一个平正的心在里面"，就是指"心"无杂念，"心"无好恶，物来顺应，美丑自现，从而表现为直觉之知。荀子说："虚壹而静。……人生而有知，知而有志。志也者，臧也，然而有所谓虚，不以所已臧害所将受谓之虚。心生而有知，知而有异，异也者，同时兼知之。同时兼知之，两也，然而有所谓一，不以夫一害此一谓之壹。心，卧则梦，偷则自行，使之则谋。故心未尝不动也，然而有所谓静，不以梦剧乱知谓之静。"（《荀子·解蔽》）荀子所谓"虚壹而静"也反映了"心"对直觉之知的影响。"虚"是虚无畅通，"壹"是专心致志，"静"是寂静无动，皆是"心"之状态或性能的描述，是无碍的、专注的、静定的，可视为直觉之知，只有这种直觉之知才能认识或觉悟"道"。由于荀子所谓"道"是绝对准则，是圣人之道，圣人之道是感官之知、理性之知所不能把握的，所以这也表明"心"的品质对于直觉之知的落实具有前提意义。

总之，"心"对感官之知、理性之知、直觉之知、德性之知都有影响，而这种影响主要取决于"心"自身的品质。张载说："知之为用甚大，若知，则以下来都了。只为知包着心性识，知者一如心性之关辖然也。今学者正惟知心性识，不知如何，安可言知？知及仁守，只是心到处便谓之知，守者守其所知。知有所极而人知则有限，故所谓知及只言心到处。"② 为什么说"知"作用甚大？因为"知"包含了对心性的理解和把握，好比打开心性的钥匙。但如今的学者只有心性的知识，却不知如何使用"知"这把钥匙，怎么可以叫作"知"呢？"知及之，仁守之"，就是强调"心"之所及才是"知"，"心"之不及则不"知"也。因此，"心及"是根本。所谓"知"，只言"心"到处，"心"不到处，便非"知"也。"知"之所以作用极大，是因为"心"之所及，换言之，如果"心"未及，则不能算"知"。这就意味

---

① 《朱子语类》卷九十八，《朱子全书》第十七册，第 3322 页。
② （宋）张载：《张子语录上》，《张载集》，第 316 页。

着,"心"决定"知",而且是德性之知对一般"知"的影响,或者由道德纯化了的"知",才算是"知"。这里,张载实际上表达的就是"道心"对"知"的影响。可见,"心"之品质状况对诸种形式的"知"都会产生影响。在"心""知"关系上,虽然"心"对"知"的影响居于主导地位,但由于"知"离开"心"后而不与"心"有异,从而不能不对"心"产生影响。比如,"知"的过度就会对"心"产生影响。《管子》云:"凡心之形,过知失生。"(《管子·内业》)就是说,大凡"心"的形体,求知过多则失其生机。再如,感官之知对"心"的影响,张载说:"天之不御莫大于太虚,故必知廓之,莫究其极也。人病其以耳目见闻累其心而不务尽其心,故思尽其心者,必知心所从来而后能。"①在张载看来,没有耳闻目见,理性之知是无用武之地的,因此,虽然感官之知可能会导致对"心"的伤害,但"心"之知的来源是感官之知,所以,感官之知对理性之知具有基础性意义。

二、心与意

"意"字始见于西周金文。"意"的构形含义,一说是形声字,上部"音"表声,下部"心"表义,"意"最初之义是指心中有所思。古人不知人的思想在头脑中,认为在心中,所以从心。"意"的本义是指意向、心里的想法,也指愿望、意愿,也表示猜想、预料。古人认为人的意图发自心中,所以"意"又引申为心中、心上。这种"心意"如果保持一定时间,在心里形成固定的意识,便是"意志"。"心意"的外在表现有情绪、神态、情态等。"从心理学角度说,意识就是我们的觉知状态,包括我们对自身、对外界的环境事件以及自己与外界环境事件关系的觉知。"②那么,"意"与"心"是怎样的关系呢?在中国哲学中,"意"与"心"有着密切的关系,出现了许多"心"与"意"关系的论述。这里梳理、考察部分论述。由于在中国哲学史中,"意"与"思"常常被等同,所以这里的讨论也会涉及"思"。

1. **"意"出于"心"**。《管子》认为,"心"出意、出言、出形、出思、出知:"心之中又有心,意以先言。意然后形,形然后思,思然后知。"(《管子·心术下》)

---

① (宋)张载:《正蒙·大心篇》,《张载集》,第25页。
② 黄希庭、郑涌:《心理学导论》(第三版),人民教育出版社2015年版,第170页。

"心"之中又有"心",这个"心"中之"心"先生出意识,再说出话来,有了意识然后有具体的形象,有了具体形象就据以思考,经过思考才有了知识。就是说,"心"是决定性的存在,有无吉利之事,有无安全之感,都取决于"心"。"意"出于"心",然后依次是语言、形体、思虑、知识,这些都是由"意"而生,也就是由"心"而生。孟子认为,"意"或"思"是"心"的功能,他说:"心之官则思,思则得之,不思则不得也。"(《孟子·告子上》)思考、思虑、思索是"心"的功能,"心"发挥思考的功能,则能获其所获,否则一无所获。二程也认为"意"是"心"之所发——"(伯温)问:'凡运用处是心否?'曰:'是意也。'棣问:'意是心之所发否?'曰:'有心而后有意。'"[1]朱熹继承了孟子的观点,认为"思"是"心"的功能,他说:"'心之官则思',固是元有此思。只恃其有此,任他如何,却不得。须是去思,方得之;不思,则不得也。"[2]因此,朱熹认为:"知与意皆出于心。知是知觉处,意是发念处。"[3]"意"是"心"发念处,"知"是"心"知觉处,也就是说"知""意"是"心"的两种表现形式。朱熹说:"知与意皆从心出来。知则主于别识,意则主于营为。知近性,近体;意近情,近用。"[4]"心"是体,"意""知"都是发用。可见,在中国哲学中,"意"被视为出于"心"的一种观念形式。

2. "意"或善或恶。如上所论,"心"是"意"的发出者,"意"是"心"的一种形式,一种思维活动。那么,"意"是怎样的"形式"呢?中国哲学认为"意"有善恶是非。如《关尹子》认为,相对于"心"而言,"意"善变,而且表现或善或恶:"物生于土,终变于土,事生于意,终变于意。知夫惟意,则俄是之,俄非之,俄善之,俄恶之。意有变,心无变,意有觉,心无觉。惟一我心,则意者,尘往来尔,事者,欻起灭尔。吾心有大常者存。"(《关尹子·鉴》)知"道"唯有意,但"意"很活跃,此刻正确,转眼即为错误,忽而与人为善,忽而与人为恶。这就证明,"意"之为判断是非善恶的参照可以随时改变,是没有固定准则的,但"心"的本性是不会被随"意"改变的。这一方面说明"意"有善恶,另一方面说明"意"作为认知活动具有变动不居、难以捉摸的特性。朱熹认为,"意"或"思"必

---

[1] 《河南程氏遗书》卷二十二上,《二程集》第一册,第297页。
[2] 《朱子语类》卷五十九《孟子九》,《朱子全书》第十六册,第1921页。
[3] 《朱子语类》卷十五《大学二》,《朱子全书》第十四册,第482页。
[4] 《朱子语类》卷十五《大学二》,《朱子全书》第十四册,第489页。

须由"心"主宰,才不会出现邪思、恶虑,"心虽主于思,又须着思,方得其所思。若不思,则邪思杂虑便顺他做去,却害事"①。杨简认为,"心"纯善无邪,"意"起便生发昏恶,"人心本正,起而为意而后昏,不起不昏"②。他说:"此心本无过,动于意斯有过,意动于声色故有过,意动于货利故有过,意动于物我故有过。千失万过,皆由意动而生。"③"意"之所以有过,是因为接触声色、货利,是由于为物我所累。"意"起的确是"心"过失的原因,但"意"不可能不起,所以必有善恶。

3."心"如何息"意"？既然"意"可能遮蔽"心"之光芒,那就必须考虑如何对付"意"。董仲舒认为,"心"之所之便是"意","气从神而成,神从意而出。心之所之谓意,意劳者神扰,神扰者气少,气少者难久矣。故君子闲欲止恶以平意,平意以静神,静神以养气"④。在董仲舒看来,"气"由"神"而成,"气"是物质能量,这个物质能量从精神而出,精神从意念而出,而"意"出于"心"。但"意"若劳累,自然影响"神",致使"神"扰,"神"受扰则影响"气",因而"神"扰则"气"少,"气"少则生命很难长久。而"心"之所之是"意",即"心"的运行便是"意",因而"意"的表现又影响"心"。所以,防止"气"少,必须使"神"勿受干扰。"神"不受干扰,便要使"意"平和,"意"平和必须依靠"心"统率。这里仍然是以"心"为中心,进而是"意",再就是"神",最后是"气",由此展示了"心""意""神""气"的层次性:"心"是核心,"气"是表层。朱熹强调,"心"虽然主宰"意",但必须真正地"思",如果"心"不去认真地"思",光有主宰形式,并不能阻止"意"中的邪恶,他说:"心之官,固是主于思,然须是思方得。若不思,却倒把不是做是,是底却做不是。心虽主于思,又须着思,方得其所思。若不思,则邪思杂虑便顺他做去,却害事。"⑤陈淳对"心""意"进行了区分,认为"心"大"意"小,而且,"毋意"之意,是指私意,"诚意"之意,是指善意。他说:"以意比心,则心大意小。心以全体言,意只是就全体上发起一念虑处。'毋意'之意,是就私意说;'诚意'之意,是就好底意思说。人常言意思。

---

① 《朱子语类》卷五十九《孟子九》,《朱子全书》第十六册,第 1921 页。
② (宋)杨简:《诗解序》,《慈湖先生遗书》卷一,《杨简全集》第七册,第 1845 页。
③ (宋)杨简:《临安府学记》,《慈湖先生遗书》卷二,《杨简全集》第七册,第 1861 页。
④ (汉)董仲舒:《春秋繁露·循天之道》,《董仲舒集》,第 359 页。
⑤ 《朱子语类》卷五十九《孟子九》,《朱子全书》第十六册,第 1921 页。

思者，思也，思虑、念虑之类，皆意之属。"① 这就是说，"心"大于"意"，"心"是全体，"意"是"心"某个方面的表现，如毋意、诚意等，再如思虑、念虑等，都属"意"，因此，对于"心"而言，"意"之表现形式是多样的。这也说明，"心"是心理现象发生的总枢纽。杨简则将"意"之特点做了全面、深刻的揭示。他说："孟子曰：'恻隐之心，人皆有之；羞恶之心，人皆有之；恭敬之心，人皆有之；是非之心，人皆有之。仁义礼智，非由外铄，我固有之也。'何谓意？微起焉皆谓之意，微止焉皆谓之意。意之为状，不可胜穷，有利有害，有是有非，有进有退，有虚有实，有多有寡，有散有合，有依有违，有前有后，有上有下，有体有用，有本有末，有此有彼，有动有静，有今有古。若此之类，虽穷日之力，穷年之力，纵说横说，广说备说，不可得而尽。"② "意"不仅有善恶、正邪，而且神秘莫测，难于把握。不过，杨简主张消灭的"意"，是有害于"心"的私意，"心与意奚辨？是二者未始不一，蔽者自不一。一则为心，二则为意；直则为心，支则为意；通则为心，阻则为意"③。因此，为了阻止"私意"对"心"的伤害，杨简提出了一劳永逸的办法："孔子毋意，意毋则此心明矣。"④抑制"意"的发生，便可保证"心"的纯洁。自然，作为"私意"的"意"，是"心"的消极表现形式，自然需要抑制。可谁来抑制私意？当然还是"心"。

可见，"心"与"意"是同一的，"意"是"心"之所发，是"心"的代表。"心"是平静的、不动的，"意"代表"心"接触事物，表达"心"的意思，但"意"错综复杂，"意"有善恶，尤其是私意，会对"心"产生负面影响。因此，必须对"意"予以监视、引导和控制，而这个任务只能由"心"来完成。

三、心与情

"情"字最早字形见于《说文》中的小篆，从心，青声。小篆为左"心"、右"青"；汉代简帛文字或作左"心"、右"青"，或作上"青"、下"心"；隶楷文字

---

① （宋）陈淳：《北溪字义·意》，第17—18页。
② （宋）杨简：《绝四记》，《慈湖先生遗书》卷二，《杨简全集》第七册，第1856—1857页。
③ （宋）杨简：《绝四记》，《慈湖先生遗书》卷二，《杨简全集》第七册，第1857页。
④ （宋）杨简：《绝四记》，《慈湖先生遗书》卷二，《杨简全集》第七册，第1857页。

与小篆一脉相承，写作"情"。《说文》云："情，人之阴气有欲者。"（《说文解字》卷十）本义指感情、情绪，由感情引申为本性、情欲、情趣、情面、常情、实情等义，又由实情引申为情况、情形等。在中国哲学中，"情"与"心"关系非常密切，出现了许多对"心"与"情"关系的论述。这里梳理、考察部分论述，以观"心""情"关系具体之情形。

1. **"情"由"心"出**。"心""情"谁先谁后？《关尹子》较早对"心""情"关系展开了讨论："情生于心，心生于性。情波也，心流也，性水也。来干我者，如石火顷，以性受之，则心不生物浮浮然。"（《关尹子·鉴》）这就是说，"情"生于"心"，"心"生于"性"，心、情、性的关系是："性"是水，"心"是流，"情"是波，完全不可分，但"性"是根本，"心"是"性"的运行，"情"则是"心"运行时表现出的波浪。由此可见，"心"与"情"都以"性"为载体，是以"性"为基础的两种心理形式，但"心"与"性"更接近，"情"则是"心"的表现形式。如果说"性"是万物共有的特性，那么，"心"是"性"这种共有特性的运行，"情"则是"心"运行过程中具体而生动的表现。因而在这里，"心"先于"情"，但又是一体的关系。王充认为，仁爱、恩惠之情感，都发自"心"，他说："加衣恐主之寒，呼车恐君之危，仁惠之情，俱发于心。"① 二程认为，"心"之所发谓之"情"，好比水流，水是"心"，流是"情"，程颐说："若既发，则可谓之情，不可谓之心。譬如水，只谓之水，至于流而为派，或行于东，或行于西，却谓之流也。"② "心""情"关系是水和流的关系，即表明"情"出于"心"。朱熹指出，"性"是未动，"情"是已动，"性"是静，"情"是动，但"心"包含未动、已动。他说："性是未动，情是已动，心包得已动未动。盖心之未动则为性，已动则为情，所谓'心统性情'也。"③ "心"包含性、情，那么"情"只能出自"心"。朱熹说："性者，理也。性是体，情是用。性情皆出于心，故心能统之。……一心之中自有动静，静者性也，动者情也。"④ 无论是"体"的性，还是"用"的情，皆出于"心"，"心"中自有动静，动静者，性情也。如上讨论表明，无论是哪种形式的"情"，都出自"心"，"情"

---

① （汉）王充：《论衡·幸偶篇》，《论衡校释》，第41页。
② 《河南程氏遗书》卷十八，《二程集》第一册，第204页。
③ 《朱子语类》卷五《性理二》，《朱子全书》第十四册，第229页。
④ 《朱子语类》卷九十八《张子之书一》，《朱子全书》第十七册，第3304页。

总跳不出"心"的"魔掌"。需要注意的是,这里言"性"出于"心",不是原始要终意义上的,而是从"性"作为"心"的价值规定而言的。

2."情"是"心"之表现形式。"情"虽然出于"心",但"情"的表现形式却是五彩缤纷的。首先,"情"是"心"之"感"。《庄子》认为,心态受到情感因素的影响,"顺其心则喜,逆其心则怒"(《庄子·盗跖》)。什么东西顺其心?什么东西逆其心?有很多。反正,逆心则表现出负面的心态,顺心则表现出正面的心态。因此,由于"心"受到影响,在"情"或表现为"喜",或表现为"怒"。《礼记》云:"何谓人情,喜、怒、哀、惧、爱、恶、欲,七者弗学而能。"(《礼记·礼运》)"情"是发自人心的主观感受,是无须学习的。胡宏发现,虽然"心"主宰万物,但"情"的出现与表现形式与"心"密切关联着,他说:"夫心宰万物,顺之则喜,逆之则怒,感于死则哀,动于生则乐。欲之所起,情亦随之,心亦放焉。"① 就是说,顺"心"则生喜情,逆"心"则生怒情,面对死而生哀情,面对生而生乐情,也都是或顺"心"或逆"心"所致,从而表现出不同的"情",故"情"是"心"的多样性表现。在中国哲学中,"情"也常常用于指称德性,但这种德性是"心"的表现。朱熹说:"孟子言:'恻隐之心,仁之端也。'仁,性也;恻隐,情也,此是情上见得心。又曰'仁义礼智根于心',此是性上见得心。"② 就是说,孟子所谓"仁",是"性",所谓"恻隐",是"情",因而所谓"恻隐之心,仁之端",正是"由情见心",而所谓"仁义礼智根于心",正是"由性见心",因而可以说"心包性情",亦即"心统性情"。陈淳继承了朱熹的说法,视恻隐、羞恶为"情":"在心里面未发动底是性,事物触着便发动出来是情。寂然不动是性,感而遂通是情。……大概心是个物,贮此性,发出底便是情。孟子曰:'恻隐之心,仁之端也。羞恶之心,义之端也'云云。恻隐、羞恶等以情言,仁义等以性言。必又言心在其中者,所以统情性而为之主也。"③ 因而"情"是"心"之用。在中国哲学中,"情"还有"用"之义,即"情"是"心"的落实。朱熹说:"心兼体用而言。性是心之理,情是心之用。"④ "心"兼体用,而"情"是用,

---

① (宋)胡宏:《胡子知言疑义》,《胡宏集》,第332页。
② 《朱子语类》卷五《性理二》,《朱子全书》第十四册,第226页。
③ (宋)陈淳:《北溪字义·情》,第14页。
④ 《朱子语类》卷五《性理二》,《朱子全书》第十四册,第232页。

也就是认为"情"是"心"愿望的实践。而且,这种多面向的"情",表现出起灭无常、捉摸不透的特性,如朱熹说:"情却多般,或起或灭,然而头面却只一般。"①陈淳也认为"情"是"心"之用,而且属于"善"的性质,只不过"情"的释放需要有度。他说:"情者心之用,人之所不能无,不是个不好底物。但其所以为情者,各有个当然之则。"②可见,在中国哲学中,"情"是"心"之所发而且表现为多样的形式,而且是"心"的实践形式。作为"心"之用的"情",似乎背负着"造恶"的罪名,但荀悦认为不能让"情"独自承担"恶",他说:"凡情、意、心、志者,皆性动之别名也,'情见乎辞',是称情也。'言不尽意',是称意也。'中心好之',是称心也。'以制其志',是称志也。惟所宜各称其名而已,情何主恶之有?"③在荀悦看来,"情"与心、意、志一样,都是"性"之别名,而且,之所以为"意"或"情",都是根据对应的名实关系而定,因此,没有理由让"情"成为"恶"的代名词。荀悦的观念对于后世讨论心、性、情关系具有启发作用。

3."心"宰"情"之恶。"情"发自"心",无"情"无以见"心",足见"情"对"心"而言至关重要,但"情"发出后可能表现为邪恶。这样,如何管控、保护"情"便成为重要任务。《礼记》云:"故人情者,圣王之田也,修礼以耕之,陈义以种之,讲学以耨之,本仁以聚之,播乐以安之。"(《礼记·礼运》)"情"好比田地,只有用"礼"来耕耘,用陈说义理当作播种,用讲解教导当作除草,用施行仁爱当作收获,用备乐置酒当作农夫的犒劳,如此方能生长出茂盛的果树,才能收获丰厚的果实。李翱认为,"情"有善恶,"情"之昏便遮蔽"性",他说:"喜、怒、哀、惧、爱、恶、欲七者,皆情之所为也。情既昏,性斯匿矣。"④因而必须去除"情"。去除"情"的方式是"不思不虑",李翱说:"弗虑、弗思,情则不生;情既不生,乃为正思。正思者,无虑、无思也。"⑤"不思不虑"意味着"心"寂然不动,"心寂然不动,邪思自息,惟性明照,邪何所生?"⑥"心"寂

---

① 《朱子语类》卷七十二《易八》,《朱子全书》第十六册,第 2430 页。
② (宋)陈淳:《北溪字义·情》,第 14 页。
③ (汉)荀悦:《申鉴·杂言下》,黄省曾注,孙启治校补:《申鉴注校补》,中华书局 2012 年版,第 208 页。
④ (唐)李翱:《复性书》,《李翱文集校注》卷二,第 13 页。
⑤ (唐)李翱:《复性书》,《李翱文集校注》卷二,第 19 页。
⑥ (唐)李翱:《复性书》,《李翱文集校注》卷二,第 19 页。

然不动，故思虑停滞，自然邪恶不生，"性"自光明。程颐将"心"分本始态和发用态，本始态是"性"是善，发用态则是"情"，可善可恶，有善有不善。因此，"心"需要处理"情"转恶的问题。程颐说："情既炽而益荡，其性凿矣。是故觉者约其情使合于中，正其心，养其性，故曰性其情。"① 处理"情"之恶，必须约束"情"，使其合于中正，而要使"情"合于中正，又必须正心养性，"心"正才能"性"正，"性"正便可正"情"，因此，"心"处于最关键地位。朱熹也认为"情"有善恶，他说："性才发，便是情。情有善恶，性则全善。心又是一个包总性情底。"② 但"心"包性、情，"性"是仁义礼智，"情"是恻隐、羞恶、辞逊、是非，朱熹说："一身之中，浑然自有个主宰者，心也有仁义礼智，则是性；发为恻隐、羞恶、辞逊、是非，则是情。"③ 因而"心统性情"，就是以"心"主宰性情的养育和规范，朱熹说："心之全体湛然虚明，万理具足，无一毫私欲之间；其流行该遍，贯乎动静，而妙用又无不在焉。故以其未发而全体者言之，则性也；以其已发而妙用者言之，则情也。然'心统性情'，只就浑沦一物之中，指其已发、未发而为言尔；非是性是一个地头，心是一个地头，情又是一个地头，如此悬隔也。"④ 总之，"性""情"皆在"心"中，"性"是体，"情"是用，所以"心"可以主宰、统率性、情。朱熹说："性者，心之理；情者，性之动；心者，性情之主。"⑤ "性"是未发之情，"情"是已发之性，因而"性"是潜在的心理活动，"情"是现实的心理活动，但这两种心理活动，都在"心"中展开，因而"心"可以控制引导。

总之，在"心""情"关系上，"情"出于"心"，是"心"的表现形式，具有多样性、难测性的特点。"情"有善恶，"心"有责任和能力抑制"情"之恶，引导"情"向善。自然，"情"并非仅有善恶一面，也有非善恶一面，即"情"仅是人之心理情绪的表达，是喜、怒、哀、乐等心理，并无道德伦理上的善恶之分，所以"心"对这类"情"的调适，便是使之中和。

---

① 《河南程氏文集》卷八，《二程集》第二册，第577页。
② 《朱子语类》卷五《性理二》，《朱子全书》第十四册，第225页。
③ 《朱子语类》卷二十《朱子十三》，《朱子全书》第十四册，第690页。
④ 《朱子语类》卷五《性理二》，《朱子全书》第十四册，第230页。
⑤ 《朱子语类》卷五《性理二》，《朱子全书》第十四册，第224页。

四、心与志

如上分别讨论了"心"与"知""意""情"的关系,这里继续讨论"心"与"志"的关系。那么,"志"是什么?"志"字始见于春秋金文,金文的"志"字,下部的"心"字是形符,表示与人的心理和思想活动有关,上面的字形是"之"字,作声符,因而"志"属形声字,从心之声。"志"本义为意念、心意,引申为意向、意愿,又引申表示愿意做、决心做,再由意向引申为目标等。那么,"志"与"心"是怎样的关系呢?

1. 由"心"出"志"。在中国哲学中,"志"的含义较为明确。《说文解字》对"志"解释是:"志,意也。从心,之声。"这个解释明确将"志"界定为意念,并且指出"志"属于"心"之现象。那么,"志"是"心"怎样的现象呢?孔子说:"吾十有五而志于学。"(《论语·为政》)"苟志于仁矣,无恶也。"(《论语·里仁》)"士志于道,而耻恶衣恶食者,未足与议也。"(《论语·里仁》)所谓"志于学""志于仁""志于道",就是以"学""仁""道"为志向,坚持不懈、奋不顾身地去追求。《礼记》云:"诗,言其志也;歌,咏其声也;舞,动其容也。三者本于心,然后乐器从之。"(《礼记·乐记》)意思是:诗,表达他的志向;歌唱表达他的心声;舞,表达他的容止,三者都出于本心,故"志"出于"心"。董仲舒认为,礼之所以为"礼",就在于它的本质是"志",他说:"礼之所重者在其志,志敬而节具,则君子予之知礼。志和而音雅,则君子予之知乐。志哀而居约,则君子予之知丧。故曰:非虚加之,重志之谓也。"①所谓"志敬""志和""志哀",所强调的都是"礼"所应该专注于敬、和、哀,而与"礼"的形式结合,如此才能成为完整之"礼"。因此,董仲舒所言"志",也是专心笃定之意。朱熹心目中的"志",也有"专一"之意,他说:"心有所之,谓之志。志学,则其心专一向这个道理上去。"②在朱熹看来,"志"是"心"所到之处,但这种"到"表现为集中、专注。陈淳认为"志"含有去向、必定如此之意:"志有趋向、期必之意。心趋向那里去,期料要怎地,决然必欲得之,便是志。"③那么,"志"与"心"谁先谁后呢?既然

---

① 苏舆撰,钟哲点校:《春秋繁露义证》,中华书局 1992 年版,第 26 页。
② 《朱子语类》卷二十三《论语五》,《朱子全书》第十四册,第 808 页。
③ (宋)陈淳:《北溪字义·志》,第 16 页。

"志"是"心"之意愿,自然只能出于"心"。陆贾认为,"心"指向哪里,"志"就奔向哪里:"夫善恶不空作,祸福不滥生,唯心之所向,志之所行而已矣。"① 朱熹也认为"志"是"心"所到之处:"志者,心之所之。"② 朱熹还从字形结构解释"志",认为"志"从"心",是"心"之所之:"'志'是从'之',从'心',乃是心之所之。"③ 可以说,朱熹比较全面、深入地阐述了"心"与"志"的关系。陈淳继承了朱熹的观点,阐述得更加具体。他说:"志者,心之所之,之犹向也,谓心之正面全向那里去。如志于道,是心全向于道;志于学,是心全向于学。一直去求讨要,必得这个物事,便是志。若中间有作辍或退转底意,便不谓之志。"④ 按陈淳的解释,"志"具有专一、全心、恒久、向前等义,但出于"心"。总之,"志"是出自"心"的专注性、贞定性的心理活动。

2. "志"的形式与特点。"志"是意念、心情的强化,是意念的专一和坚定。但"志"的特点和形式表现为多样性。其一,"志"之清浊。荀子说:"志不免乎奸心。"(《荀子·仲尼》)就是认为"志"难免杂于私欲。王充认为,"志"并非纯洁无瑕,而是有清浊之分的,他说:"道虽同,同中有异;志虽合,合中有离。何则?道有精粗,志有清浊也。"⑤ "志"不仅有清浊,而且有善恶,王充说:"足蹈于地,迹有好丑;文集于礼,志有善恶。"⑥ 张载则认为"志"有公私之分,他说:"故谕人者,先其意而孙其志可也。盖志意两言,则志公而意私尔。"⑦ 在朱熹看来,"志"不仅有清浊、公私,还有刚柔之分:"志便清,意便浊;志便刚,意便柔;志便有立作意思,意便有潜窃意思。公自子细看,自见得。意,多是说私意;志,便说'匹夫不可夺志'。"⑧ "志"具有"公"的性质,"意"表现为私,"志"清、刚、阳,"意"浊、柔,"志"有立作之风,"意"则有潜窃之嫌。"志是公然主张要做底事,意是私地潜行间发处。志如伐,意如侵。"⑨ 朱熹通过与"意"的比较,较为全面地阐述

---

① (汉)陆贾:《新语·思务》,王利器:《新语校注》,中华书局2012年版,第173页。
② 《朱子语类》卷五《性理二》,《朱子全书》第十四册,第232页。
③ 《朱子语类》卷一《理气上》,《朱子全书》第十四册,第125页。
④ (宋)陈淳:《北溪字义·志》,第15页。
⑤ (汉)王充:《论衡·逢遇篇》,《论衡校释》,第3页。
⑥ (汉)王充:《论衡·佚文篇》,《论衡校释》,第869页。
⑦ (宋)张载:《正蒙·中正篇》,《张载集》,第32页。
⑧ 《朱子语类》卷九十八《张子之书一》,《朱子全书》第十七册,第3305页。
⑨ 《朱子语类》卷五《性理二》,《朱子全书》第十四册,第232页。

了"志""意"的异同,从而对"志"的特性有了更全面的认识。

其二,"志"之大小。"志"虽然必须立,但"志"也分大小。孔子认为,士的标志之一就是有"志",但也看以什么为"志",如果以留恋安逸为"志",也就不能算作士了,"士而怀居,不足以为士矣!"(《论语·宪问》)因为以留恋家室安逸为"志",只能是"小志",而以圣人之道为"志",则是"大志"。"朝闻道,夕死可矣。"(《论语·里仁》)《论语》中有一段孔子与学生讨论"志"的记载——"子曰:'盍各言尔志?'子路曰:'愿车马衣轻裘,与朋友共,敝之而无憾。'颜渊曰:'愿无伐善,无施劳。'子路曰:'愿闻子之志。'子曰:'老者安之,朋友信之,少者怀之。'"(《论语·公冶长》)其中透露的信息有:子路的志向是愿意拿出自己的车马、衣服、皮袍同朋友共同使用,用坏了也不抱怨;颜回的志向是不夸耀自己的长处,不表白自己的功劳;但与老师孔子的志向比较,学生们的志向还是显得"小气"了点,因为孔子的志向是:让年老的人安心,让朋友们信任,让年轻的子弟们得到关怀。荀子以"志"之所在区分大儒、小儒,他说:"志忍私然后能公,行忍情性然后能修,知而好问然后能才,公修而才,可谓小儒矣。志安公,行安修,知通统类,如是则可谓大儒矣。"(《荀子·儒效》)既然"志"于忍私是小儒,以安于公事为"志"是大儒,那么也可说"志忍私然后能公"只是小志,"志安公"才是大志。《史记》中记载陈胜起义事件,其中有:"庸者笑而应曰:'若为庸耕,何富贵也?'陈涉太息曰:'嗟乎,燕雀安知鸿鹄之志哉!'"[1]这段话表明"志"有所谓鸿鹄之志、燕雀之志,即有所谓大志、小志也。刘劭认为,可根据"心""志"大小比例判断人的品质,他说:"心小志大者,圣贤之伦也。心大志大者,豪杰之隽也。心大志小者,傲荡之类也。心小志小者,拘懦之人也。众人之察,或陋其心小,或壮其志大,是误于小大者也。"[2]何谓"心小"?何谓"志大"?"《诗》咏文王:'小心翼翼','不大声以色',小心心也;'王赫斯怒','以对于天下。'志大也。"[3]此处的"心"是指谨慎或疏忽心理,"志"是指勇气大小状态。圣贤为"心小志大",豪杰为"心大志大",傲荡为"心大志小",拘懦为"心小志小"。这种界定表明,"心"与"志"的不同性状可以并存,因此,"心""志"大小的好坏要根据具体情

---

[1] (汉)司马迁:《史记·陈涉世家》,第1949页。
[2] (三国魏)刘劭:《人物志·七缪》,王晓毅译注:《人物志译注》,中华书局2019年版,第207页。
[3] (三国魏)刘劭:《人物志·七缪》,《人物志译注》,第207页。

况而定。

其三,"志"之深浅。"志"作为一种心理形式,还表现为深浅之异。二程认为,人的志向可能有深浅之别,但所追求的方向是一致的。比如,都以圣人为志,但显然有些人的"志"立得深,终生不放弃,有些人的"志"立得浅,三五天就放弃了。孔子说:"回也,其心三月不违仁,其余则日月至焉而已矣。"(《论语·述而》)在孔子看来,颜回的心可以长时间不离开仁德,所以其志于仁深,其他的学生则只能在短时间内做到仁罢了,故志于仁浅。程颢说:"趣今之时,且当随其资而诱之,虽识有明暗,志有浅深,亦各有德焉,而尧、舜之道庶可驯致。"① 这是说,人的志向虽有深浅,但仍然可以根据各人之天资进行教育,或可逐渐达到尧舜之道。朱熹认为,"志"属于心之深处,比之知、意、情似乎更加深厚,这种深厚,就是一旦立志,便不顾一切地坚持,相反,如果立志了,却是三心二意、不痛不痒,只能说是"浅"。他说:"世间千歧万路,圣人为甚不向别路去,只向这一路来?志是心之深处,故医家谓志属肾。如今学者谁不为学,只是不可谓之'志于学'。如果能'志于学',则自住不得。'学而时习之',到得说后,自然一步趱一步去。如人当寒月,自然向有火处去;暑月,自然向有风处去。事君,便从敬上去;事亲,便从孝上去。虽中间有难行处,亦不惮其难,直做教彻。"② 所谓"志"向深,就是认定了一个方向后持续走下去,好比寒冬趋火处、炎夏朝风奔,也好比侍奉君主以敬、侍奉父母以孝,虽然中间会遭遇各种不可预测的困难,但只要坚持到底,便能圆满成功。

其四,"志"有同异。虽然都立"志",但所追求的理想不同,有人以圣人为"志",有人以小人为"志",有人以天理为"志",有人以私欲为"志",有人以科举为"志",有人以悠闲为"志",所以"志"有不同。荀子说:"故大巧在所不为,大智在所不虑。所志于天者,已其见象之可以期者矣;所志于地者,已其见宜之可以息者矣;所志于四时者,已其见数之可以事者矣;所志于阴阳者,已其见知之可以治者矣。官人守天而自为守道也。"(《荀子·天论》)既然有以"天"为志、以"地"为志、以"四时"为志、以"阴阳"为志之分,表明"志"有同异。程颢认为,即便是同样身份的人,其志向也未必相同,他说:"是时有同在台列者,志

---

① (宋)游酢:《书行状后》,《河南程氏遗书》附录,《二程集》第一册,第335页。
② 《朱子语类》卷二十三《论语五》,《朱子全书》第十四册,第808—809页。

未必同，然心慕其为人，尝语人曰：'他人之贤者，犹可得而议也。'"①但"志"不管大小，都不能轻易放弃，程颐说："志无大小，且莫说道，将第一等让与别人，且做第二等。才如此说，便是自弃，虽与不能居仁由义者差等不同，其自小一也。言学便以道为志，言人便以圣为志。自谓不能者，自贼者也；谓其君不能者，贼其君者也。"②程颐将"志"的对象限定为圣贤，也就是以纯美之事为"志"，所以说"志"不管大小，都不能放弃，这是从对"志"的坚持角度说的。陆九渊则认为，"志"之有无，"志"之同异，都是客观存在，但可以根据人的日常行为加以判断，他说："有有志，有无志，有同志，有异志。观鸡与彘，可以辨志，縶猿槛虎，可以论志。谨微不务小，志大坚强有力，沉重善思。"③"志"之同异，可以通过对鸡与猪的选择加以辨别。

3. "心"与"志"的相互影响。"志"出于"心"，因而"志"必然受"心"的影响，当然，"志"反过来也会影响"心"。那么"心"与"志"是如何相互影响的呢？无疑，在中国哲学史上，孟子关于"志""心"关系的讨论是值得关注的。他说："志壹则动气，气壹则动志也。今夫蹶者趋者，是气也，而反动其心。"（《孟子·公孙丑上》）这就是说，志向专注一贯就会使"气"运行，而意气专注一贯也会影响志向，因此，摔倒（不及）或奔跑（过）这两种"气"都必然影响"心"（志）的运行。由此可见，孟子将"心""志"视为一个东西，而都受"气"的影响。程颢继续了孟子的讨论，认为"人坚定其志"与"不暴乱其气"是两件事。程颢说："志帅气也。持定其志，无暴乱其气，两事也。志专一则动气，气专一则动志，然志动气为多。且若志专注在淫僻，岂不动气？气专在喜怒，岂不动志？故'蹶者趋者反动其心'。志者，心之所之也。"④就是说，"志"能统率"气"，但"坚定其志"与"不暴乱其气"是两回事，"志"专一则动"气"，"气"专一则动"志"；而且，如果"志"专注淫，必引发"气"动；如果"气"专注喜怒，必引发"志"动。摔倒与奔跑这两种"气"都会引发"心"动，是因为"志"是"心"之所之。不过，"志"对"气"的影响更为深刻和频繁。朱熹继续了"志""气"关系的讨

---

① （宋）游酢：《书行状后》，《河南程氏遗书》附录，《二程集》第一册，第335页。
② 《河南程氏遗书》卷十八，《二程集》第一册，第189页。
③ （宋）陆九渊：《杂著》，《陆九渊集》卷二十二，第272页。
④ 《河南程氏外书》卷二，《二程集》第二册，第362—363页。

论，但认为"志"居主导地位。他说："志最紧要，气亦不可缓，故曰：'志至焉，气次焉。''持其志，毋暴其气'，是两边做工夫。志，只是心之所向。而今欲做一件事，这便是志。持其志，便是养心，不是持志外别有个养心。"①就是说，"志"最紧要，但"气"也不可缓，"持志"与"无暴其气"是两种工夫，"志"是心之所向，所以持"志"就是养心。可见，基于"志"与"气"关系的讨论，孟子、程颢、朱熹都认为"志""气"存在相互影响的关系，但"志"更为关键，而"气"影响"志"，实际上是影响"心"，因为"志"出于"心"。

虽然"心""志"是一，但出于"心"的"志"仍然对"心"形成很大影响。其一，"立志"有助于"心"的舒坦平和。陆贾认为，"志"笃定，"心"则平和："志定心平，血脉乃强。"②二程认为，"志"是一种充沛的精气神，"志"统率"气"之时，便可使"心"稳定。二程说："若是气，体劳后须倦。若是志，怎生倦得？人只为气胜志，故多为气所使。如人少而勇，老而怯，少而廉，老而贪，此为气所使者也。若是志胜气时，志既一定，更不可易。"③虽然"志"与"气"互有胜场，但"志"胜"气"才是积极的。其二，"立志"有助于"心"的冷静。程颐说："心之燥者，不热而烦，不寒而栗，无所恶而怒，无所悦而喜，无所取而起。君子莫大于正其气，欲正其气，莫若正其志。其志既正，则虽热不烦，虽寒不栗，无所怒，无所喜，无所取，去就犹是，死生犹是，夫是之谓不动心。志顺故气不逆，气顺志将自正。志顺而气正，浩然之气也。"④就是说，心里烦躁的人，天气不热却会感到心烦，天气不冷却会战栗，没有遇到恶意却无故发怒，没有遇到高兴的事却无故欢喜，没有什么收获却高兴地跳起来。这都是"志"不立的结果。因此，君子亟须做没有比"正其气"更重要的事，而要想使"气"正，必须先正其"志"。如果"志"正了，即使遇到闷热也不会感到烦，遇到寒冷也不会战栗，不会无缘无故地发怒，也不会被任何事诱惑，不会去追求什么，也不会去计较个人得失，去留自由，死生自然，这就是"不动心"的境界。其三，"立志"有助于固定"心"的方向。朱熹说："人之为事，必先立志以为本，志不立则不能为得事。虽能立志，苟不能居敬

---

① 《朱子语类》卷五十二《孟子二》，《朱子全书》第十五册，第1705页。
② （汉）陆贾：《新语·怀虑》，《新语校注》，第139页。
③ 《河南程氏遗书》卷十八，《二程集》第一册，第190页。
④ 《河南程氏遗书》卷二十五，《二程集》第一册，第321页。

以持之，此心亦泛然而无主，悠悠终日，亦只是虚言。立志必须高出事物之表，而居敬则常存于事物之中，令此敬与事物皆不相违。言也须敬，动也须敬，坐也须敬，顷刻去他不得。"①"志"不立，"心"茫然无主，立志就是确立根本目标，就有了主心骨，就知道应该忙些什么。其四，"立志"有助于把持"心"不放纵。立志有助于防止邪心，从而美化风俗。《淮南子》云："诚决其善志，防其邪心，启其善道，塞其奸路，与同出一道，则民性可善，风俗可美也。"②朱熹认为，立志对"心"具有调适作用："许多言语，虽随处说得有浅深大小，然而下工夫只一般。如存其心与持其志，亦不甚争。存其心，语虽大，却宽；持其志，语虽小，却紧。只存其心，便收敛；只持其志，便内外肃然。又曰：'持其志，是心之方涨处便持着。'"③存心则宽，持其志则紧，只持其志的话，就会收敛，就会内外索然。因此，"心"对"志"具有调控作用，而"志"对"心"也有抑制膨胀之功。因此，只有培育健康的"志""心"及其关系，才会对生命产生积极意义，荀悦说："诚其心，正其志，实其事，定其分。心诚则神明应之，况于万民乎？志正则天地顺之，况于万民乎？"④正是这个道理。

可见，"心""志"关系是中国哲学持续关注的课题，并提出了许多富有启示的识见。"志"出于"心"、"志"是"心"的表现形式、"志"的特点、"志"与"心"的相互影响等，关于这些问题的讨论和观点，对于深入认识"志""心"关系的心理学价值，对于正确处理"心""志"关系，都是足资参考的。

五、"心"之系统结构

如上我们分别对"心"与"知"、"心"与"意"、"心"与"情"、"心"与"志"四对关系展开了考察，在此基础上，将进一步以"心"为中心对"心""知""意""情""志"五者关系的系统结构进行推论。第一，"心"是"知""意""情""志"四者的源泉和枢纽。这是中国哲学关于"心"之结构的基本观点。基于上述讨论不

---

① 《朱子语类》卷十八《大学五》，《朱子全书》第十四册，第 631—632 页。
② （汉）刘安：《淮南子·泰族训》，《淮南鸿烈集解》，第 680 页。
③ 《朱子语类》卷十二《学六》，《朱子全书》第十四册，第 363 页。
④ （汉）荀悦：《申鉴·杂言下》，《申鉴注校补》，第 182 页。

难发现，思想家们在许多问题上也许存在不同主张，但在一点上是高度一致的，即认为"知""意""情""志"皆出于"心"，是"心"的表现形式，是"心"的运行和落实，换言之，"知""意""情""志"构成了"心"，但"心"是体。朱熹关于"意""情""志"与"心"关系的对话，较为清晰地陈述了四者的关系——"问：'意者心之所发，与情性如何？'曰：'意也与情相近。'问：'志如何？'曰：'志也与情相近。只是心寂然不动，方发出，便唤做意。'"①即"意""志"皆与"情"相近，但都由"心"发出。

第二，"知""意""情""志"是"心"的不同形式。"知""意""情""志"皆出于"心"，"知"是认知形式，"意"是意念形式，"情"是情感形式，"志"是精神形式，皆为"心"的不同形式，从而反映了"心"表现形式的多样性、"心"性能的多样性。"知""意""情""志"不仅表现了"心"的多样性，而且自身各具特殊形式和特点，比如，"情"有喜、怒、哀、乐、欲等具体形式，而且，"知""意""情""志"皆有善恶、清浊之形式，从而构成了"心"的困境和所要解决的问题。

第三，"心"与"知""意""情""志"相互影响下的情境。"心"是统帅，无论"知""意""情""志"形式多少、性能多强，反作用多大，甚至神秘莫测，但都归于"心"，由"心"统辖，正如朱熹所说："心者，一身之主宰；意者，心之所发；情者，心之所动；志者，心之所之，比于情、意尤重。"②"心"是身之主宰，"意"是"心"之所发，"情"是"心"之所动，"志"是"心"之所之，但"志"对于"心"的意义重于"意"和"情"。不过，"知""意""情""志"虽然出于"心"，但对"心"都具有"反"作用，即对"心"必然产生积极的或消极的影响，从而使"心"必须表现为动态性。"心"只有将"知""意""情""志"等不同形式运用、管控好，才能使它们积极地服务自己。

第四，以"性"为中心的"心"之结构。虽然"知""意""情""志"皆出于"心"，但在中国哲学中，"心"也有它的根——"性"，因而中国哲学必然要涉及"性"与"心"，继而与"知""意""情""志"的关系。较早较系统讨论这个问题的是荀悦，他说："凡情、意、心、志者，皆性动之别名也，'情见乎辞'，是称情也。

---

① 《朱子语类》卷九十八《张子之书一》，《朱子全书》第十七册，第3305页。
② 《朱子语类》卷五《性理二》，《朱子全书》第十四册，第232页。

'言不尽意',是称意也。'中心好之',是称心也。'以制其志',是称志也。惟所宜各称其名而已。"① 即认为情、意、心、志都是"性"的别名,"性"是本,是静,情、意、心、志等是用,是动,只是根据其自身的特殊情况立一个名,实际上都是"性"之别名。按照这个观点,知、情、意、心、志是同一意涵的概念,且都以"性"为前提。陈淳虽然肯定"心"在"知""意""情""志"中的核心地位,但他并没有忽视"性"与心、意、情、志的关系。他说:"意者,心之所发也,有思量运用之义。大抵情者性之动,意者心之发。情是就心里面自然发动,改头换面出来底,正与性相对。意是心上发起一念,思量运用要怎地底。情动是全体上论,意是就起一念处论。合数者而观,才应接事物时,便都呈露在面前。且如一件事物来接著,在内主宰者是心;动出来或喜或怒是情;里面有个物,能动出来底是性;运用商量,要喜那人要怒那人是意;心向那所喜所怒之人是志;喜怒之中节处又是性中道理流出来,即其当然之则处是理;其所以当然之根原处是命。"② 在陈淳看来,主宰者是"心",发出来或喜或怒的是情,里面有个物能动出来的是"性",运用商量,或喜这人或怒那人的是"意","心"向那所喜所怒之人便是"志",喜怒之中节处是性中道理流出来,即其当然之则处便是"理"。陈淳的说法与朱熹没有什么大的差别。"心"是"意""情"的发动者,"志"是"心"之所向。差别是,"意"是思量运用,"情"是"心"的自然发动,而且与"性"相对,是"性"之动;"性"是将"心"中物发动出来的能量。因此,性、心、意、情、志、理是未尝分离的有机整体,而且秩序井然。

清初理学家张伯行注《近思录》时,对性、心、意、情、志、气六者的关系进行分析,他说:"性即天所赋之理,万物同出一原,非有我之得私,禀而受之而众理具足者也。心则一身之主宰,而凡物皆供其役使,受其管摄者也。意者,心方萌而发为意,尚在念虑之微。情者,心方触而动为情,则见于事物之际。志者,心之所向,比于情、意二者,又较着力矣。气者,即吾之血气从心运转,而充溢乎百体之间者也,比于五者,则属之形器而较为粗迹矣。凡此皆人生所自具,而心与性为尤要焉。是故养性端在存心,舍心即无以见性,而尽心由于知性,舍性亦无以见心。心一尽则知性知天,举凡意、情、志、气,莫不受治焉,此吾人一心所以统

---

① (汉)荀悦:《申鉴·杂言下》,《申鉴注校补》,第208页。
② (宋)陈淳:《北溪字义·意》,第17页。

摄乎性情，而意于此诚，志于此持，气于此养也。心之为用大矣哉！"①"性"是万物皆得，"心"是一身主宰，役使所有物，"意"是"心"之萌发，"情"是"心"之触动而见于事物之际，"志"是"心"之所向而力量重于"情""意"者，"气"乃人之血气，从"心"运转而充溢全身。以上皆人生自具，而"心"与"性"最为重要，因此，养"性"的根本在于存"心"，舍去了"心"即无以见"性"。尽"心"是由于知"性"，舍"性"亦无以见"心"，"心"一旦穷尽便能知"性"知"天"。举凡意、情、志、气莫不为"心"所治，即"吾心"所以统摄乎意、情、志、气。这样，"心"被视为最重要、最关键的枢纽。

总之，中国古代哲学对于"心"之结构，对"知""意""情""志"与"心"的关系，以及"知""意""情""志"之间的关系展开了广泛而深入的讨论，认为"意""志"同属"情"，"情"是基础，而"志"更为重要；"思""虑""智"属于"知"，但各有所重；但无论如何，皆为"心"之所发、所统率。"性"是万物本有，是内在于生命的规定性，"情"是"性"之已发，也就是说，"情""意""志""思""虑""智"等皆是"性"的外在表现，但"性"由"心"主导，而"性"也影响、规定着"心"。因此，在中国哲学中，"性"与"心"是一，"性"代表生命之静，"心"代表生命之动，从而构成了中国哲学视域中的"心"之系统结构。

第三节 "心"之功能

关于"心"之功能，中国哲学展开了持久、系统、深入的思考，从对宇宙万物的主宰到对身体的主宰，从对感官的引导、控制到自我调适、自我控制，"心"无所不能。以下考察中国哲学关于"心"之功能的认识。朱熹说"心，主宰之谓

---

① （清）张伯行：《续近思录》卷一《道体》，严佐之等主编：《近思录专辑》第五册，华东师范大学出版社2015年版，第23—24页。

也"①，那么，"心"究竟怎样发挥其主宰作用呢？

一、对事物的主宰

此处的"事物"是指身心之外的所有物质和事象。"心""物"关系是中国哲学关注的基本问题之一，而且，"事物"无论在"心"外，还是在"心"内，皆由"心"主宰。在中国哲学中，"事物"可由许多不同的名词代称，比如事、物、气等。这里就由"心"对事、物、气的主宰展开考察。

"气"在中国古代哲学中代表物质，大凡物质类的东西皆可归为"气"。那么，"气"与"心"是怎样的关系呢？"心"主宰"气"。《黄帝内经》云："百病生于气也。怒则气上，喜则气缓，悲则气消，恐则气下，寒则气收，炅则气泄，惊则气乱，劳则气耗，思则气结。"②虽然百病生于"气"，但"气"之所以出现问题，都与"心"有关，因为"怒、喜、悲、恐、寒、炅、惊、劳、思"无不是"心"的活动，换句话说，如果心理状态健康，那些疾病也就可以避免。董仲舒指出，天地之间，"气"虽然无处不在，但逃不过"心"的控制。他说："凡气从心。心，气之君也，何为而气不随也。是以天下之道者，皆言内心其本也。"③"气"在中国哲学中用于指称万物的始基，万物皆"气"，而"君"即主宰、统率之意。"心，气之君"，即谓"心"是"气"的主宰。《淮南子》也表达了"心主宰气"的观念："故头之圆也象天，足之方也象地。天有四时、五行、九解、三百六十六日，人亦有四支、五藏、九窍、三百六十六节。天有风雨寒暑，人亦有取与喜怒。故胆为云，肺为气，肝为风，肾为雨，脾为雷，以与天地相参也，而心为之主。"④但凡天地万物、四肢九窍、喜怒哀乐等皆为"心"所主宰。张栻指出，人的感官都附在"气"上，所以有形之物都是"气"，但主宰"气"的是"心"，因为"心"是形而上者。他说："口、耳、目丽乎气，故有形者皆得其同，而心则宰之者也，形而上者也。"⑤朱熹则认为，

---

① 《朱子语类》卷五《性理二》，《朱子全书》第十四册，第229页。
② 《黄帝内经·素问》，中华书局2010年版，第336页。
③ （汉）董仲舒：《春秋繁露·循天之道》，上海书店出版社2012年版，第189页。
④ （汉）刘安：《淮南子·精神训》，《淮南鸿烈集解》，第220—221页。
⑤ （宋）张栻：《孟子说》卷六，杨世文点校：《张栻集》第三册，中华书局2015年版，第548页。

"心"可以纠正"气"之偏失,"乾坤者一气,运于无心,不能无过不及之差。圣人有心以为之主,故无过不及之失"①。"气"运行之"过"或"不及","心"可正之而避免"过"或"不及"之失。刘因则认为,人是天地之心,天地无非是"气",所以"心"主宰"气"。他说:"夫人,天地之心也。心,固可以帅夫气,而物则气之所为也。"②可见,"气"虽然是宇宙万物之始基,但仍服从于"心"而为其主宰。

既然"心"主宰"气",那么作为"气"之殊相的"物",当然也由"心"主宰。"物"无论在"心"外"心"内,都是"心"的认识对象,也是"心"主宰的对象。孟子认为,万物皆为我所备,不在"心"外:"万物皆备于我矣。反身而诚,乐莫大焉。"(《孟子·尽心上》)既然万事万物及其道理都为"心"所掌握,如果求诸"心"并以诚相待,那么就没有比这更快乐的事了。因此,以"心"备万物及其道理为乐,是建立在"心"对万物的认识和把握基础上的。张载谓"人本无心,因物为心",就是认识到"物"对于"心"的决定性意义。没有"物",也就没有"心"。张载说:"人本无心,因物为心,若只以闻见为心,但恐小却心。"③人本无"心",由于"心"功能的发挥和所需要的内容都必须有刺激"心"的"物",所以"因物为心",就是强调"物"对于"心"的意义;而且不能只以"见闻"为"心","见闻"是感觉,这就表明张载认识到"心"与感觉的不同,主宰事物主要依赖理性之"心"。胡宏认为,"心"的功能就是周知天地、主宰万物:"心也者,知天地,宰万物,以成性者也。"④张栻也认为"心"是万物的主宰:"心也者,贯万事,统万理,而为万物之主宰者也。"⑤"心"贯通万事、统筹万理而为万物的主宰。魏了翁认为,"心"之所以伟大,就在于主宰万物的能力,他说:"大哉心乎,所以主天地而命万物也。"⑥同样,既然"气"为"心"主宰,那么作为"气"之殊相的"事"自然也为"心"主宰。张载说:"心弘则是,不弘则不是,心大则百物皆通,心小则百物皆病。"⑦"心"对"事"的主宰作用,也表现在"心"对事物消长的

---

① 《朱子语类》卷六十七《易三》,《朱子全书》第十六册,第2214页。
② (元)刘因:《何氏二鹤记》,《刘因集》卷十《遗文四》,人民出版社2017年版,第176页。
③ (宋)张载:《张子语录下》,《张载集》,第333页。
④ (宋)胡宏:《宋朱熹胡子知言疑义》,《胡宏集》,第328页。
⑤ (宋)张栻:《敬斋记》,《张栻集》第三册,第938页。
⑥ (宋)魏了翁:《奏论人心不能与天地相似者五》,《全宋文》第309册,上海辞书出版社2006年版,第81页。
⑦ (宋)张载:《经学理窟·气质》,《张载集》,第269页。

影响。胡宏也认为"心"能够主宰万事万物，他说："万物生于天，万事宰于心。"① 朱熹认为"心"不仅主宰万物万事，而且主宰万物万事的变化，"人心至灵，主宰万变，而非物所能宰"②。即谓宇宙万物万事的千变万化都在"心"中，皆由"心"掌控。

此外，"心"对言行也具有主宰性。王充说："何以观心？必以言。有善心，则有善言。以言而察行，有善言则有善行矣。言行无非，治家亲戚有伦，治国则尊卑有序。无善心者，白黑不分，善恶同伦，政治错乱，法度失平。故心善，无不善也；心不善，无能善。心善则能辩然否。然否之义定，心善之效明，虽贫贱困穷，功不成而效不立，犹为贤矣。故治不谋功，要所用者是；行不责效，期所为者正。正、是审明，则言不须繁，事不须多。……故人欲心辩，不欲口辩。心辩则言丑而不违，口辩则辞好而无成。"③"心"之状况可以由"言"考察，但"心"决定"言"之善恶，从而决定"行"之善恶。反之，如果"心"恶，则是非不分、白黑不明，法度错乱，因此，"心"主宰言行。朱熹认为，语言是否平、正、通、达，与"心"密切关联，如果"心"不纯乎"理"，那么，其所言必然表现出不平、不正、不通、不达，也就是会出现曲、邪、阻、穷之象。朱熹说："人之有言，皆本于心。其心明乎正理而无蔽，然后其言平正通达而无病；苟为不然，则必有是四者之病矣。即其言之病，而知其心之失，又知其害于政事之决然而不可易者如此。非心通于道，而无疑于天下之理，其孰能之？彼告子者，不得于言而不肯求之于心；至为义外之说，则自不免于四者之病，其何以知天下之言而无所疑哉？"④所有的"言"皆出于"心"，"心"明则"言"平、正、通、达，反之，则"言"曲、邪、阻、穷。所以，"心"必须通于"道"，使"言"出于"心"。可见，"心"对语言也具有决定性影响。

中国佛教也主张"心"对万事万物的主宰作用，慧思说："一切诸法依此心有，以心为体。"⑤一切诸法因"心"而有。希运说："诸佛与一切众生，唯是一心，更无别法。此心无始已来，不曾生不曾灭，不青不黄，无形无相，不属有无，不计新

---

① （宋）胡宏：《知言·修身》，《胡宏集》，第6页。
② （宋）朱熹：《答潘叔度》，《晦庵先生朱文公文集》卷四十六，《朱子全书》第二十二册，第2138页。
③ （汉）王充：《论衡·定贤篇》，《论衡校释》，第1119—1120页。
④ （宋）朱熹：《孟子集注》卷三，《四书章句集注》，第233页。
⑤ 《大乘止观法门》卷一，《南岳佛道著作选·佛教编》，岳麓书社2012年版，第56页。

旧，非长非短，非大非小，超过一切限量，名言踪迹对待，当体便是，动念即乖。犹如虚空，无有边际，不可测度。"①一切众生，只有一颗"心"，没有别的。这个"心"没有起点和终点，没有经历生成和毁灭，没有稚嫩和成熟，看不见摸不着也无法形容，不属于有或无的范畴，无法了解新或旧，不长也不短，不大也不小，超越一切数量、语言、痕迹、比较。当下就是，只要开始思考，就已经与"心"相违背，它像虚空一样，无边无际，无法测量。

总之，万事万物皆在"心"中，"心"是主宰，因而"心"可以疏通万有而使之正。杨万里说："万事之变方来，而变通之道先立。变在彼，变在此。得其道者，蛊可哲，懑可淑，眚可福，危可安，乱可治，致身圣贤而跻世泰和犹反手也。斯道何道也？中正而已矣。唯中为能中天下之不中，唯正为能正天下之不正。中正立而万变通。此二帝三王之圣治，孔子颜孟之圣学也。……然则学者将欲通变，于何求通？曰：道。于何求道？曰：中。于何求中？曰：正。于何求正？曰：易。于何求易？曰：心。"②万事万物之变，需先立变通之道，因而得"道"即可化解一切困境，使一切变得顺利。那么，"道"的内涵是什么呢？中正。因而学者的任务如果是求通变，亦就是求中正，而求中正，必须求《易》，而求解《易》者，心也。换言之，万物万事及其变通皆在《易》，而能理解、把握《易》道者，只有"心"。只要能够尽"心"，使"心"至灵至妙得以尽情释放，便可以参天地、格鬼神，虽远必到，虽秘必知，虽坚必贯，虽幽必通。陈淳说："心至灵至妙，可以为尧舜，参天地，格鬼神。虽万里之远，一念便到。虽千古人情事变之秘，一照便知。虽金石至坚，可贯。虽物类至微至幽，可通。"③可见，在中国哲学中，"心"主宰事物，这种主宰具体表现在把握性理、疏通脉络、左右方向等方面。

二、对身体的主宰

"心""身"一体，"心"在"身"中，无"身"则无"心"，而"心"动"身"

---

① 《黄檗山断际禅师传心法要》，《中国佛教思想选编·隋唐五代卷》，中华书局2014年版，第210页。
② （宋）杨万里撰，宋淑洁点校：《诚斋易传·序》，九州出版社2019年版。
③ （宋）陈淳：《北溪字义·心》，第13页。

动，无"心"则无"身"，所以，"心""身"关系不能不为中国哲学所关注。那么，"心""身"究竟是怎样的关系呢？简言之，"心"是"身"的主宰。那么，"心"又是怎样主宰"身"的呢？"身"包括身体、四肢、血脉等，这里就由"心"与身体、四肢、血脉三者的关系加以考察。

从与身体关系看，"心"是身体的主宰。孔子说："民以君为心，君以民为体。心庄则体舒，心肃则容敬。心好之，身必安之；君好之，民必欲之。心以体全，亦以体伤。"（《礼记·缁衣》）孔子将百姓比喻为"身"，将君主比喻为"心"，认为"心"庄重的时候身体会感觉舒适，"心"严肃的时候相貌会受人尊敬，"心"喜好什么，"身"便安于什么，因此，"心"既会因为身体健康而保全自己，亦会因为身体病痛而受伤害。"心"的状态直接影响着身体，"心"的好恶直接制约着身体，"心"的安危亦同样受到身体的影响，孔子实际上将"心"视为一种心理，这种心理直接影响并决定着身体，如果心理对身体的影响是积极的，那就证明心理是健康的，如果心理对身体的影响是消极的，那就证明心理是不健康的。所以，"心"之于"身"虽然是主导的一方，但这种主导的积极性表现，还需要"心"充分发挥自身的能力。荀子以"神""形"关系等同于"心""身"关系，认为人之身是"形"，人之心是"神"，而"形"一般由"神"主宰。荀子说："心者，形之君也，而神明之主也，出令而无所受令。"（《荀子·解蔽》）"形"即身体，"神明"指精神智慧，在荀子看来，"心"不仅是身体的主宰，也是精神智慧的主宰，"心"是发出命令而不被命令者。这就意味着，荀子不仅认识到"心"对"身"的决定作用，似乎也觉悟到"心"与其他精神活动的关系，而且"心"是所有精神活动的主宰，比如意识、感觉、梦等。所谓"出令而无所受令"，说明"心"具有绝对的主宰作用。《淮南子》云："故心者，形之主也；而神者，心之宝也。"[1] 即认为"心"是身体的主宰。这种主宰也由"心"的状态对身体的影响表现出来。《淮南子》云："心诚则支体亲刃，心疑则支体挠北。心不专一，则体不节动。"[2] 就是说，心诚，肢体与心脏就亲密；心疑，肢体则会背叛心脏；心不专一，躯体想灵活行动是不可能的。这一思想也被刘昼直接继承："心者，形之主也；神者，心之宝也。"[3]

---

[1] （汉）刘安：《淮南子·精神训》，《淮南鸿烈集解》，第 226 页。
[2] （汉）刘安：《淮南子·兵略训》，《淮南鸿烈集解》，第 503 页。
[3] （北齐）刘昼著，林琳译注：《刘子·清神》，中华书局 2022 年版，第 2 页。

邵雍也认为"心"是身的主宰,他说:"心为身本,家为国本,国为天下本。心能运身,苟心所不欲,身能行乎?"①他认为身体运行完全取决于"心"的控制。胡宏认为,"心"对"身"的主宰,好比人之于天地万物,人之于天地万物,有感必有反应;"心"之于身也是如此,身体有病痛,"心"必然有觉知。他说:"人之于天地,有感必应,犹心之于身,疾痛必知焉。"②也就是说,身体的任何变化都逃不脱"心"的监视,完全在"心"的控制之下,而"心"主宰的就是"身",正如朱熹所说:"心者,一身之主宰。"③而且,"心"具有知觉性能,所以还可应付万事万变,朱熹说:"心者,人之知觉主于身而应事物者也。"④因此,"心"不仅是"身"的主宰,且在主宰"身"的同时应对往来穿梭的物事。吴澄也认为"身"为"心"所主宰,他说:"我之所以为身,岂五脏六腑、四肢百骸之谓哉?身非身也,其所主者,心也。"⑤

从与四肢的关系看,"心"是四肢的主宰。九窍、四肢是身体的重要组成部分,既然"心"主宰身体,自然也主宰九窍、四肢。《管子》云:"心之在体,君之位也;九窍之有职,官之分也。心处其道,九窍循理。嗜欲充益,目不见色,耳不闻声。"(《管子·心术上》)"九窍"指人身上接触外物的九个孔,包括两眼、两耳、两鼻孔、口、前阴尿道和后阴肛门,都是身体与外界接触的通道。依《管子》,"心"与九窍的关系表现为:"心"是主动的,九窍是被动的;九窍各有其功能,而不能相代;"心"遵道而行,九窍循理而作;如果欲望膨胀,耳目都不能发挥其正常的功能。"心"的功能就是用虚静无为来管辖九窍,所以称为"君",所以"心"处于主宰地位。《淮南子》指出,人之四肢、九窍皆由"心"主宰:"心之于九窍四支也,不能一事焉,然而动静听视皆以为主者,不忘于欲利之也。"⑥"四肢"指两手两脚,九窍、四肢怎么运动,由"心"支配。九窍发挥其功能,也由"心"指使。但九窍,特别是眼、耳、鼻等感官有自己特殊的功能,虽然为"心"支配,但"心"不能代替它们的职能。这说明,《淮南子》认识到"心"的能力是有限的,"心"并不

---

① (宋)邵雍:《观物外篇下》,《邵雍集》,中华书局2010年版,第169页。
② (宋)胡宏:《知言·纷华》,《胡宏集》,第25页。
③ 《朱子语类》卷五《性理二》,《朱子全书》第十四册,第232页。
④ (宋)朱熹:《大禹谟解》,《晦庵先生朱文公文集》卷六十五,《朱子全书》第二十三册,第3180页。
⑤ (元)吴澄:《车舟说》,方旭东、朱洁点校:《吴澄集》第一册,中国社会科学出版社2021年版,第145页。
⑥ (汉)刘安:《淮南子·主术训》,《淮南鸿烈集解》,第309页。

能包办一切,从而将"心"的有限性揭示出来,这是心理学史上的重要进步。"心"虽然不能代替任何一"窍"而具体执行任务,但"心"可以影响"九窍"功能的正常发挥,"心"对九窍仍然具有主宰作用。陈淳认为,人之身体、四肢等皆为"心"主宰,他说:"心者,一身之主宰也,人之四肢运动,手持足履,与夫饥思食、渴思饮、夏思葛、冬思裘,皆是此心为之主宰。"① 也就是说,全身无处不为"心"所役使。

血脉是身体的重要组织或元素,从与血脉关系看,"心"是血脉的主宰。中国哲学认为,生命由"气"聚合而成,"气"聚则生,"气"散则死。生命的存在是因为血气贯通,但主宰血气的是"心"。"五脏"是心、肝、脾、肺、肾五个脏器的合称,而其他"四脏"与"心"的关系正是主宰与被主宰的关系。《淮南子》云:"夫心者,五藏之主也,所以制使四支,流行血气,驰骋于是非之境,而出入于百事之门户者也。是故不得于心而有经天下之气,是犹无耳而欲调钟鼓,无目而欲喜文章也,亦必不胜其任矣。"② 这就是说,"心"是五脏中的主宰,能御使四肢、流行血气,从而畅通于是非之境,出入于百事之门,所以,如果没有"心"的主宰,就好比没有耳朵却想调试钟鼓,没有眼睛却想阅读文章,是根本不可能的。医书《黄帝内经》说得直接明了:"心主身之血脉。"③ 血脉本质上就是"气","心"主宰着血脉,就是认为"心"对血气的运行具有引导作用。《淮南子》云:"故胆为云,肺为气,肝为风,肾为雨,脾为雷,以与天地相参也,而心为之主。"④ "心"主导胆、肺、肝、肾、脾等内脏之运行。血气当然属于"身"的范畴,但已不是外在的"形",而是内在的血脉。由"心""身"关系言,这当然是关于"心""身"关系认识的升华。

如上讨论表明,在中国哲学中,关于"心"对身之主宰作用已经形成了较为完整、较为正确的认识,身体之四肢、九窍、血脉等无不为"心"所监视和主宰,而且暗示了"心"如果不能对"身"进行主宰,那么"身"就可能出现负面行为,从而反证了"心"对身体主宰之客观性。方以智说:"心者,君主之官,神明出焉。

---

① (宋)陈淳:《北溪字义·心》,第11页。
② (汉)刘安:《淮南子·原道训》,《淮南鸿烈集解》,第35页。
③ 《黄帝内经·素问》,第373页。
④ (汉)刘安:《淮南子·精神训》,《淮南鸿烈集解》,第220—221页。

故立其君主，生道从矣。是故谨其门户，要其出入，迎其所可，却其不可。利害居先，情欲居后，而条理其中，寂历不乱。心治则身治矣，心治者国治矣。"①"心"是最高主宰，立"心"则创生之道随之，所以谨慎其门，严其出入，欢迎其可以接受者，拒绝其不可以接受者，优先处理利害之事，情欲之事则置后，并使其条理畅通，所以，"心"治则身治，"心"治则国治。

三、对感官的主宰

在中国哲学视域内，感官由"心"主宰，"心"左右感官活动，"心"的状况影响感官状况。如下做具体考察。

1. "心"决定感官功能的发挥。《大学》中对"心"与感官的关系有所讨论，认为"心"主宰、引导感官，"心"是感官发挥功能的决定者，感官若无"心"的作用，便不能正确发挥自己的功能。《大学》云："所谓修身在正其心者，身有所忿懥，则不得其正；有所恐惧，则不得其正；有所好乐，则不得其正；有所忧患，则不得其正。心不在焉，视而不见，听而不闻，食而不知其味。此谓修身在正其心。"（《大学》第八章）如果"心"不专注，或者对感官没有发挥引导、主宰作用，或者被私意、邪念所主宰，那么，即便眼睛看了也看不明白，即便耳朵听了也听不清楚，即便嘴巴吃了也不知其味。因此，"心"对于感官正确应用其功能，发挥着主宰作用。可见，《大学》的作者认识到"心"与感官之间的内在联系，感官功能的发挥取决于"心"。刘昼则认为，学习行为发自"心"，耳、目皆听从"心"的指挥，他说："学者出于心也，心为身之主，耳目候于心。若心不在学，则听讼不闻，视简不见。"②这就是说，感官之所以发挥自己的功能，乃是因为"心"的主宰，正如朱熹所说："耳目之视听，所以视听者即其心也。"③

2. "心"对五官的统率协调。"心"主宰感官也表现在对五官的主宰和协调上，《管子》曰："我心治，官乃治。我心安，官乃安。治之者心也，安之者心也。"

---

① （明）方以智：《物理小识》卷三，《方以智全书》第七册，黄山书社2019年版，第214—215页。
② （北齐）刘昼著，林琳译注：《刘子·专务》，第25页。
③ 《朱子语类》卷五《性理二》，《朱子全书》第十四册，第221页。

(《管子·内业》)既然,"心"安定五官才能安定、"心"安静五官才能安静,足见"心"对五官的强大统治力。荀子认为,"心"对五官具有协调作用:"耳目鼻口形能各有接而不相能也,夫是之谓天官。心居中虚,以治五官,夫是之谓天君。……圣人清其天君,正其天官,备其天养,顺其天政,养其天情,以全其天功。如是,则知其所为,知其所不为矣;则天地官而万物役矣。其行曲治,其养曲适,其生不伤,夫是之谓知天。"(《荀子·天论》)五官各有其能而不能互相替代,"心"安排五官发挥其能,也协调着彼此的关系,并指导五官如何保养自己。因此,没有"心"的引导,感官就无法发挥自己的功能。荀子说:"心不使焉,则白黑在前而目不见,雷鼓在侧而耳不闻。"(《荀子·解蔽》)"心"不发挥主宰作用,即便是白黑在前,眼睛也看不见;雷鼓在侧,耳朵也听不进;可见,"心"对感官的主宰作用。"心"对五官的统率协调也表现在使五官各得其所上。《淮南子》云:"重于滋味,淫于声色,发于喜怒,不顾后患者,邪气也。邪与正相伤,欲与性相害,不可两立。一置一废,故圣人损欲而从事于性。目好色,耳好声,口好味,接而说之。不知利害嗜欲也,食之不宁于体,听之不合于道,视之不便于性。三官交争,以义为制者,心也。割痤疽非不痛也,饮毒药非不苦也,然而为之者,便于身也。渴而饮水非不快也,饥而大飧非不澹也,然而弗为者,害于性也。此四者,耳目鼻口不知所取去,心为之制,各得其所。"① 就是说,食而不宁于体,听而不合于道,视而不便于性,就会发生冲突,协调冲突者只有"心"。对于割痤、饮毒之事却为之,对于渴而饮、饥而飧之事却不为,而耳、目、鼻、口无法予以判断,唯有"心"方能做出正确判断和合理安排。

3."心"决定感官对是非的判断。《郭店竹简》云:"耳目鼻口手足六者,心之役也。心曰唯,莫敢不唯;诺,莫敢不诺;进,莫敢不进;后,莫敢不后;深,莫敢不深;浅,莫敢不浅。和则同,同则善。"② 人的感官无不为"心"所驱使,"心"指挥做什么,感官没有不配合的,"心"认为是对的,感官不会认为是错的,"心"要求前进,感官不会后退。足见"心"对感官关于是非判断的影响。这种主宰作用也表现在"心"可以使感官免于私欲所役,这就是孟子所谓"大体"说。孟子认为,"心"是大体,感官是"小体","心"对于感官具有绝对的主宰作用。"耳

---

① (汉)刘安:《淮南子·诠言训》,《淮南鸿烈集解》,第 475—476 页。
② 《郭店竹简·五行》,刘钊:《郭店楚简校释》,福建人民出版社 2005 年版,第 72 页。

目之官不思，而蔽于物，物交物，则引之而已矣。心之官则思，思则得之，不思则不得也。此天之所与我者，先立乎其大者，则其小者弗能夺也。此为大人而已矣。"（《孟子·告子上》）对孟子而言，"心"之于感官，不仅主宰其功能的发挥，而且对感官的性质也具有决定性影响，感官被神色名利所诱惑而沉迷其中，只有"心"才能警醒以护其本性。

如上所述，"心"似乎对感官具有绝对的笼罩、主宰作用，但这种绝对性背后藏着一种隐患，那就是"心"如果出了问题，其对感官的正面主宰不仅会消失，甚至会对感官产生负面影响。张载说："人心病则耳目亦病。"① 就是说，"心"如果生病了，感官不仅不能正常发挥自己的功能，而且由于丧失了"心"的指引而迷失方向。陈淳认为，出现"心"不能主宰感官的情形，乃是因为邪气所侵袭。他说："如今心恙底人，只是此心为邪气所乘，内无主宰，所以日用间饮食动作皆失其常度，与平人异，理义都丧了，只空有个气，仅往来于脉息之间未绝耳。"② "心"为邪气所侵袭，其内在的善被遮蔽，那么其对感官的主宰作用便烟消云散，甚至生发消极作用。既然"心"病必导致感官病，这就从消极面说明了"心"对感官的主宰性影响，从而也提醒我们必须重视"心"的养护。

不难看出，在"心"与感官关系上，"心"居于主导地位，对感官具有主宰、引导的作用，感官功能的发挥、性质、效果等，都受"心"的影响，足见"心"的影响力之大。但"心"不能代替感官的作用，感官的功能不是"心"所能代替的，而且"心"必须是本心、道心，才有资格主宰、统率、引导感官。这就说明，中国古代哲学关于"心"与感官关系的认识达到了较高水平，因为这些结论是建立在对"心"的性质与功能、感官的性质与功能的认识和把握基础上的。也就是说，由关于"心"与感官关系的认识看，中国古代哲学不仅对"心"的性质、功能有较正确的认识，对感官的性质和功能及其与"心"的关系也有较正确的认识，从而为处理"心"与感官的关系提供了认识基础。

---

① （宋）张载：《张子语录上》，《张载集》，第314页。
② （宋）陈淳：《北溪字义·心》，第11页。

四、对性情的主宰

"性情"源自"心",由感官进出,由"心"主宰。然而,什么是"性"?什么是"情"?"心"何以能主宰"性""情"?先简要考察关于"性""情"的界定,继而考察"心"主宰"性""情"的论述。

1. 何谓性情?《易传》云:"利贞者,性情也。"(《易传·文言传》)干宝解释说:"(乾)以施化利万物之性,以纯一正万物之情。"① 这个解释表明,"性""情"是物所有,"利"不是"性",而是有益于性者,"贞"不是"情",而是有益于"情"者,从而说明"性""情"需要滋润和管理。《庄子》云:"文灭质,博溺心,然后民始惑乱,无以反其性情而复其初。"(《庄子·缮性》)即谓礼文泯灭了人之纯朴天性,博学淹没了人之纯真性情,这里也明确将"性""情"视为人或物所有,并表示由于惑乱遮蔽、污坏而使"性""情"不能回到其本来的样子。可见,这也蕴含了"性""情"需要养育和引导的意思。至荀子,"性情"需要有个主宰的思想就逐渐明朗了。荀子说:"性者,天之就也;情者,性之质也。"(《荀子·正名》)又说:"性之好恶喜怒哀乐谓之情。"(《荀子·正名》)这里已经将"性""情"进行区分,"性"是体,"情"是用,是"性"的外在表现。基于此,荀子提出了治理"性情"的方法和措施,他说:"古者圣王以人之性恶,以为偏险而不正,悖乱而不治,是以为之起礼义,制法度,以矫饰人之情性而正之,以扰化人之情性而导之也,始皆出于治,合于道者也。"(《荀子·性恶》)古代圣王认为人的本性偏邪险恶而不端正、叛逆作乱而不守序,因而需要建立礼义、制定法度以整治人的性情而端正之、以驯化人的性情而引导之,使人都能遵守秩序、合乎正确的道德原则。《礼记》则提出了根据"性情"制定礼义的观点:"本之情性,稽之度数,制之礼义。"(《礼记·乐记》)董仲舒同样对"性""情"进行了体用的区分,他说:"性者,生之质也;情者,人之欲也。"② 李翱继承、发展了荀子以降的主张,认为"性"是本,"情"是末,他说:"性者,天之命也,圣人得之而不惑者也;情者,性之动也,百姓溺之而不能知其本者也。"③ 王安石则认为"性""情"是一体,他说:"喜、

---

① 参见黄寿祺、张善文:《周易译注》,上海古籍出版社 2016 年版,第 16 页。
② (汉)班固:《汉书·董仲舒传》,第 2501 页。
③ (唐)李翱:《复性书》,《李翱文集校注》卷二,第 13 页。

怒、哀、乐、好、恶、欲未发于外而存于心，性也；喜、怒、哀、乐、好、恶、欲发于外而见于行，情也。性者情之本，情者性之用，故吾曰性、情一也。"①基于如上分析或可做如下推论：第一，性情是事物或生命生来而具有的，但"性"是本体，"情"是末用；第二，性情通常表述为喜、怒、哀、乐、好、恶、欲等感性欲望、情绪，但实际上就是"情"；第三，"性"善而"情"有善恶，所以必须对"性""情"区别进行管控和引导；第四，"性""情"属于不同的心理状态，所以对它们的管控、养护、引导的方式不同；第五，"性""情"皆出于"心"，所以最后皆由"心"主宰、统率和引导。因此，中国哲学中的"性""情"，大致可以确定为人的性格、习性、情感和欲望。就"心"主宰对象言，此处"性""情"主要指情感欲望。《吕氏春秋》云："身以盛心，心以盛智，智乎深藏而实莫得窥乎。"②认为身体负载着"心"，而"心"蕴含着"智"。也就是说，"心"不仅主宰身体，而且主导"智"。五官之情是人的禀性和气质、性格、脾气，是心理学的重要内容，也即心理。那么，作为心理现象的性情与"心"是怎样的关系？"心"又是如何主宰情感欲望的呢？

2. 对欲望的控制。如上所言，性情的基本形式是欲望，喜、怒、哀、乐、好、恶、欲等，都属于感性欲望。荀子认为，"心"可以控制人的欲望和行为，这种控制源于"心"的自觉意志力。他说："人之所欲生甚矣，人之所恶死甚矣；然而人有从生成死者，非不欲生而欲死也，不可以生而可以死也。故欲过之而动不及，心止之也。心之所可中理，则欲虽多，奚伤于治？欲不及而动过之，心使之也。心之所可失理，则欲虽寡，奚止于乱？故治乱在于心之所可，亡于情之所欲。不求之其所在，而求之其所亡，虽曰我得之，失之矣。"（《荀子·正名》）就是说，欲望超过了某种程度而行动没有达到相应的程度，这是因为"心"限止了行动；欲望没有达到某种程度而行动超过了对应的程度，这是因为"心"驱使了行动；"心"所认可的如果违背道理，那么欲望即使很少，也不能阻止国家的动乱。所以国家的安定与动乱取决于"心"所认可的是否合乎道理，而不在于人情的欲望是多是少。不从根源所在的地方去寻找原因，而是从没有关系的地方去找原因，虽然自称"我找到了原因"，其实是把它丢了。也就是说，"心"是欲望的主宰者，人对于生死的欲望，

---

① （宋）王安石：《临川先生文集·性情》，《王安石全集》第六册，第1218页。
② （战国）吕不韦：《吕氏春秋·君守》，《吕氏春秋通诠》，第466页。

取决于"心"。《吕氏春秋》云:"耳之情欲声,心不乐,五音在前弗听。目之情欲色,心弗乐,五色在前弗视。鼻之情欲芬香,心弗乐,芬香在前弗嗅。口之情欲滋味,心弗乐,五味在前弗食。欲之者,耳目鼻口也。乐之弗乐者,心也。心必和平然后乐,心必乐然后耳目鼻口有以欲之,故乐之务在于和心,和心在于行适。"① 即谓感官欲望的释放完全取决于"心"。五音、五色、五味皆人之自然之性,但这些自然之性正常地释放,则受到"心"的制约,因为"心"不愉悦,五音在前耳不能听,五色在前眼不能见,五味在前鼻不能闻,反之,"心"若愉悦,则眼、耳、鼻等皆能乐其所乐。可见,"心"的品质影响着感官欲望的状态,"心"主宰着感官欲望。

3.**对性情的养护**。如上所言,"性"是天性,是善,是体,"性"得于天固为善;"情"是用,是"性"的表现形式,可能转为恶,但"性""情"一体,所以这里从"养护"和"规范"分别考察"心"对性情的主宰。先从"养护"的角度考察"心"对性情的主宰。孟子所谓"立大体则小者不能夺",就是对"性"的保护。孟子说:"耳目之官不思,而蔽于物,物交物,则引之而已矣。心之官则思,思则得之,不思则不得也。此天之所与我者,先立乎其大者,则其小者弗能夺也。此为大人而已矣。"(《孟子·告子上》)孟子主张"性"善,但他认为,感官(小体)接触"物"时抵抗不了引诱,从而导致仁、义、礼、智被遮蔽,所以必须凸显"心"(良知)思虑、把控的功能,以使之得到养护。二程则认为,感官之用、男女之欲、喜怒哀乐等皆是"情",是"性"之表现,因而必须保护和养育,也就意味着保护了"性"。二程说:"耳闻目见,饮食男女之欲,喜怒哀乐之变,皆其性之自然。今其言曰:'必尽绝是,然后得天真。'吾多见其丧天真矣。学者戒之谨之,至于自信,然后彼不能乱矣。"② 张载从"性情一体"的角度阐述了养情、护性的必要,他说:"心统性情者也。有形则有体,有性则有情。发于性则见于情,发于情则见于色,以类而应也。"③ "心"统率性情,其具体表现为除恶去邪,"纤恶必除,善斯成性矣;察恶未尽,虽善必粗矣"④。朱熹指出,"心"主宰"性情",也表现为养"性"、

---

① (战国)吕不韦:《吕氏春秋·适音》,《吕氏春秋通诠》,第110页。
② 《河南程氏粹言》卷一,《二程集》第四册,第1180页。
③ (宋)张载:《性理拾遗》,《张载集》,第374页。
④ (宋)张载:《正蒙·诚明篇》,《张载集》,第23页。

护"情",他说:"恻隐、羞恶、辞让、是非,情也。仁、义、礼、智,性也。心,统性情者也。端,绪也。因其情之发,而性之本然可得而见,犹有物在中而绪见于外也。"① 仁、义、礼、智是"性",恻隐、羞恶、辞让、是非是"情","情"是"性"之表现,"情"中见"性",因而可养"性"以影响"情",亦可护"情"以影响"性"。陆九渊强调,"情"之善虽然在我,但必须时时刻刻注意涵养,"人精神在外,至死也劳攘,须收拾作主宰。收得精神在内时,当恻隐即恻隐,当羞恶即羞恶。谁欺得你?谁瞒得你?见得端的后,常涵养,是甚次第"②。恻隐、羞恶、辞让、是非之情,当然立足于自我判断,但最为重要的,还是要持续养护。

再从"规范"的角度考察"心"对性情的主宰。李翱说:"情者,性之邪也。知其为邪,邪本无有,心寂不动,邪思自息,惟性明照,邪何所生?如以情止情,是乃大情也。情互相止,其有已乎?"③ "情"是"性"之邪,"性"若正则"情"不邪,只有"心"能守住"性"之正,也只有"心"能抑制"情"之邪,因而规范性情尤为重要。荀子说:"生之所以然者谓之性;性之和所生,精合感应,不事而自然谓之性。性之好、恶、喜、怒、哀、乐谓之情。情然而心为之择谓之虑。心虑而能为之动谓之伪;虑积焉,能习焉,而后成谓之伪。"(《荀子·正名》)荀子认为,性情需要引导和节制,引导和节制依靠"虑",而"虑"是"心"的功能。朱熹认为,"情"之发用有正与不正,"心"的任务就是使"情"正,"情"正则为"性",所以"心"必须担负起主宰、规范性情的任务。他说:"心宰则情得正,率乎性之常,而不可以欲言矣。心不宰则情流而陷溺其性,专为人欲矣。"④ 关于"心"如何规范性情,朱熹还有一个详细的解释:"'心统性情者也'。寂然不动,而仁义礼智之理具焉。动处便是情。有言静处便是性,动处是心,如此,则是将一物分作两处了。心与性,不可以动静言。凡物有心而其中必虚,如饮食中鸡心猪心之属,切开可见。人心亦然。只这些虚处,便包藏许多道理,弥纶天地,该括古今。推广得来,盖天盖地,莫不由此,此所以为人心之妙欤。理在人心,是之谓性。性如心之田地,充此中虚,莫非是理而已。心是神明之舍,为一身之主宰。性便是许多

---

① (宋)朱熹:《孟子集注》卷三,《四书章句集注》,第238页。
② (宋)陆九渊:《语录下》,《陆九渊集》卷三十五,第454页。
③ (唐)李翱:《复性书》,《李翱文集校注》卷二,第19页。
④ (宋)朱熹:《答何俌》,《晦庵先生朱文公文集》卷六十四,《朱子全书》第二十三册,第3115—3116页。

道理，得之于天而具于心者。发于智识念虑处，皆是情，故曰'心统性情'也。"①首先，仁、义、礼、智是"性"，寂然不动，动便是"情"；"心""性"不以动静区分，因为"心""性"是一体；物皆有"心"而虚，此虚处包含道理；此道理包含古今寰宇，所以"心"微妙不可测；"心"之"理"便是"性"，"性"好比"心"之田地，"理"即充实此虚者；"心"为一身主宰，"性"是统贯诸理而具于"心"者，发于智识念虑为"情"。因此，只有"心"能够统率性情，即朱熹所言："性者，理也。性是体，情是用。性情皆出于心，故心能统之。"②"心"使"性"处其常而"情"得其正，即"心统性情"。由此看来，"心"统性、情，是因为"心"具有"理"。由于"性""情"皆出自"心"，所以"心"可主宰性情。而陈淳在朱熹的解释上有所推进，他说："如《大学》所谓忧患、好乐及亲爱、畏敬等，皆是情。情者心之用，人之所不能无，不是个不好底物。但其所以为情者，各有个当然之则。……合个当然之则，便是发而中节，便是其中性体流行，著见于此，即此便谓之达道。若不当然而然，则违其则，失其节，只是个私意人欲之行，是乃流于不善，遂成不好底物，非本来便不好也。"③谁来使"情"当其则呢？"心"也。陈淳说："心有体有用。具众理者其体，应万事者其用。寂然不动者其体，感而遂通者其用。体即所谓性，以其静者言也；用即所谓情，以其动者言也。"④许衡认为喜、怒、哀、乐、好、恶、欲等皆为"心"主宰，使之中正而不过便是当，反之，则是不当。他说："心是一身的主宰，心若主得正呵，身里行得不错了。若那心偏了呵，不合怒的便怒，不合喜的便喜，不合爱的便爱，不合怕的便怕。"⑤而喜、怒、哀、乐、好、恶、欲等当与不当，皆由"心"决定。

如上讨论表明，无论是作为本体的"性"，还是作为末用的"情"，皆出于"心"，而"心"具有辨识、主宰能力且为善体，所以能够统率"性""情"而使之适中平和。当然，"心统性情"成功的关键是"心"必须是毫无瑕疵的善体，如胡宏说："气主乎性，性主乎心。心纯，则性定而气正。气正，则动而不差。动而有

---

① 《朱子语类》卷九十八《张子之书一》，《朱子全书》第十七册，第3305页。
② 《朱子语类》卷九十八《张子之书一》，《朱子全书》第十七册，第3304页。
③ （宋）陈淳：《北溪字义·情》，第14页。
④ （宋）陈淳：《北溪字义·心》，第11—12页。
⑤ （元）许衡：《大学要略》，许红霞点校：《许衡集》第一册，中华书局2019年版，第116页。

差者，心未纯也。"① 如此，"心"才能真正实现对性情的主宰。

五、"心"之自我主宰

中国古代哲学关于"心"之功能的思考，最出彩的可能是对"心"自我主宰的认识。"心"虽然对事物、身体、感官、性情等表现出主宰功能，"心"无所不宰，但问题是，"心"由谁主宰呢？中国哲学的回答是："心"自我主宰。孔子说："仁远乎哉？我欲仁，斯仁至矣。"（《论语·述而》）所谓"我欲仁"，即认为"仁"与"不仁"完全取决于"心"，这表明孔子认识到"心"的自主性、自由性、自觉性。孟子说："尽其心者，知其性也。知其性，则知天矣。"（《孟子·尽心上》）这句话则启示人们去想象"心"之力量的无限性。那么，中国哲学中的"心"究竟是如何自我主宰的呢？又表现为怎样的特点呢？

1. 自洁自净。《管子》认为，如果"心"被堵塞、遮蔽了，就需要勤于疏通、擦拭，打扫干净："洁其宫，阙其门。宫者，谓心也。心也者，智之舍也，故曰宫。"（《管子·心术上》）"宫"是"心"，洁之者，就是清除"好过"之情，"门"是耳目，其功能是闻见。既然"心"需要洁净，那么，谁来承担这个任务呢？当然只有"心"自己。朱熹认为，"心"是一，"人心""道心"表征"心"正与不正。他说："夫谓人心之危者，人欲之萌也；道心之微者，天理之奥也。心则一也，以正不正而异其名耳。'惟精惟一'，则居其正而审其差者也，绌其异而反其同者也。能如是，则信执其中，而无过不及之偏矣，非以道为一心，人为一心，而又有一心以精一之也。夫谓'操而存'者，非以彼操此而存之也；'舍而亡'者，非以彼舍此而亡之也。心而自操，则亡者存；舍而不操，则存者亡耳。然其操之也，亦曰不使旦昼之所为得以梏亡其仁义之良心云尔，非块然兀坐以守其炯然不用之知觉而谓之操存也。"② "正"是道心，"不正"是人心，"不正"之人心危险，因为可能转为邪恶，因而以"道心"精一之，也就是操存，"心"之自我操存，便能预防人心转危而道心如故。因此，操而存，是心自操自存，不是"以彼操此而存"。可见，"心"的自

---

① （宋）胡宏：《知言·仲尼》，《胡宏集》，第16页。
② （宋）朱熹：《观心说》，《晦庵先生朱文公集》卷六十七，《朱子全书》第二十三册，第3278页。

我主宰表现于自洁自净上。

2. 自主自治。在中国哲学中,"心"之为与不为、怎样为,完全取决于"心"自己。《管子》认为,"心"具有高度的自主性、自觉性、自制力,"心以藏心,心之中又有心焉。彼心之心,音以先言。音然后形,形然后言,言然后使,使然后治"(《管子·内业》)。"彼心之心",即那个被"心"藏着的"心"如何活动呢?那个"心"里面的"心"生出意识,然后理解具体形象,进而通过语言表达,接着可以使唤调遣,进而管理事象。从意识的发生到事象的调换与管理,都由"心"主使,已充分说明了"心"的自主性。对荀子而言,"心"的主宰表现在完全的自主和自由。他说:"心者,形之君也,而神明之主也,出令而无所受令。自禁也,自使也,自夺也,自取也,自行也,自止也。故口可劫而使墨云,形可劫而使诎申,心不可劫而使易意,是之则受,非之则辞。故曰:心容,其择也无禁,必自现,其物也杂博,其情之至也不贰。"(《荀子·解蔽》)"心"是形体的君主,是精神的主宰,它发号施令而不是接受命令。具体表现为:心自己限制自己,自己使唤自己;心自己定夺,自己取舍,自己开始,自己停止;虽然嘴巴可以被迫沉默或说话,身体可以被迫弯曲或伸直,但不可以强迫"心"改变意志,它认定对的必须接受,认定错的断然拒绝。足见"心"是多么潇洒自由!当然,"心"之自主自由并非毫无限制的。程颐回答"心谁使之"时说:"以心使心则可,人心自由,便放去也。"① 这就是说,"心"必须由"心"管控,如果听由"心"自由放飞,就会放逸而失去。因此,"心"之自主自治并非绝对的无拘无束,而是有条件的,而提供这个条件的仍然是"心"。

3. 自制善恶。这里的"制"是制约、限制之意。善恶是客观的存在,好善恶恶是人之本性,而人对善恶的态度不能不由"心"表现出来。陆贾认为,善恶的发生根源于"心","心"欲善则善、欲恶则恶。他说:"夫善恶不空作,祸福不滥生,唯心之所向,志之所行而已矣。"② 因而"心"对善恶具有先天的控制力。荀悦则认为,无论哪个层级的"善"或"恶",都可由"心"控制。他说:"纯德无慝,其上善也。伏而不动,其次也。动而不行,行而不远,远而能复,又其次也。其下者,

---

① 《河南程氏遗书》卷十八,《二程集》第一册,第203页。
② (汉)陆贾:《新语·思务》,《新语校注》,第173页。

远而不近也。凡此皆人性也。制之者则心也。"①纯善而无邪恶，止住邪念而不妄动，有妄念而不行动，行动而不远离正道，远离正道而能及时回头，与正道愈来愈远而不自知等不同层级的善恶之象，都可由"心"控制。陈淳说："心之活处，是因气成便会活。其灵处，是因理与气合便会灵。所谓妙者，非是言至好，是言其不可测。忽然出，忽然入，无有定时；忽在此，忽在彼，亦无定处。操之便存在此，舍之便亡失了。故孔子曰：'操则存，舍则亡，出入无时，莫知其乡者，惟心之谓与？'存便是入，亡便是出。然出非是本体走出外去，只是邪念感物逐他去，而本然之正体遂不见了。入非是自外面已放底牵入来，只一念提撕警觉便在此。人须是有操存涵养之功，然后本体常卓然在中为之主宰，而无亡失之患。"②"心"如何制善恶？操存涵养。如何操存涵养？挺立"心"之本体也。"心"之止恶扬善功能在杨简那里被发挥到极致，他说："此心之明，无所不照。昭明如鉴，不假致察，美恶自明，洪纤自辨。故孔子曰：'不逆诈，不亿，不信'，抑亦先觉。夫不逆不亿而自觉者，光明之所照也，无以逆亿为也。"③本心在场，光明如鉴，美丑自现；本心在场，光明如镜，善恶莫辨，孔子所谓"不预先怀疑别人欺诈，不猜测别人不诚实"，乃"心"所为也。质言之，"心"之所以能判善恶之别、抑邪恶之萌，完全是"心"之善力使然。

4. 穷物尽理。中国哲学虽然认识到宇宙奥秘之无穷，但也坚信人的认知能力之无限。胡宏说："心也者，知天地，宰万物，以成性者也。"就是说，对天地的认知，对万物的主宰，以成就万物之性，"心"都可以做到。④朱熹也从认知能力上肯定了"心"的力量，他说："若尽心云者，则格物穷理，廓然贯通，而有以极夫心之所具之理也。存心云者，则敬以直内，义以方外，若前所谓精一、操存之道也。故尽其心而可以知性、知天，以其体之不蔽而有以究夫理之自然也。存心而可以养性、事天，以其体之不失而有以顺夫理之自然也。是岂以心尽心、以心存心，如两物之相持而不相舍哉！……大抵圣人之学，本心以穷理，而顺理以应物，如身使臂，如臂使指，其道夷而通，其居广而安，其理实而行自然。"⑤就是说，尽心而

---

① （汉）荀悦：《申鉴·杂言下》，《申鉴注校补》，第211—212页。
② （宋）陈淳：《北溪字义·心》，第12页。
③ （宋）杨简：《绝四记》，《慈湖先生遗书》卷二，《杨简全集》第七册，第1857页。
④ （宋）胡宏：《宋朱熹胡子知言疑义》，《胡宏集》，第328页。
⑤ （宋）朱熹：《观心说》，《晦庵先生朱文公文集》卷六十七，《朱子全书》第二十三册，第3278—3279页。

识理，存心而存道，因此，"尽心"不是两个心相持而不相离，而是通过发挥"心"的无限能量以认识万物之理，而是储存"心智"以顺乎万物之理，因而是知识论的无限量。因此，"尽心"就是掌握认识方法。朱熹说："尽心，就见处说，见理无所不尽，如格物、致知之意。然心无限量，如何尽得？物有多少，亦如何穷得尽？但到那贯通处，则才拈来便晓得，是为尽也。"① 这就是说，"尽心"也是一种方法，是把握要点的方法，掌握了方法，一通百通，也就"尽心"了。陈淳则乐观地认为，"心"无所不包，"心"蕴有无尽的能量，孟子所谓"尽心"，就是穷尽"心"之最大能量，他说："此心之量极大，万理无所不包，万事无所不统。古人每言学，必欲其博。孔子所以学不厌者，皆所以极尽乎此心无穷之量也。孟子所谓尽心者，须是尽得个极大无穷之量，无一理一物之或遗，方是真能尽得心。"② 穷知万物之理而无一遗漏，即谓"尽心"。可见，"心"在认知上的能力也被认为是无限量。

5. 统会万物。在中国哲学中，"心"之无限量，还表现在能够范围天地、统会万物上。《淮南子》认为，"心"统管一切，但"心"统管一切需要智慧，并非简单易使，因此，"心"因为权利而必须承担责任，成功是"心"，失败也是"心"。《淮南子》云："知人之性，其自养不勃；知事之制，其举错不惑。发一端，散无竟，周八极，总一管，谓之心。见本而知末，观指而睹归，执一而应万，握要而治详，谓之术。居智所为，行智所之，事智所秉，动智所由，谓之道。道者，置之前而不轾，错之后而不轩，内之寻常而不塞，布之天下而不窕。是故使人高贤称誉己者，心之力也；使人卑下诽谤己者，心之罪也。"③ "心"知晓人性，所以人能够自养不会出差错，"心"知晓事理，所以人出台举措不会紊乱。"心"从一个方向发出而影响无限，包容万象而总归于一。看到事物的本原就能推知事物的未来，看到事物的指向就能了解事物的归宿，把握事物的枢要就能将纷繁复杂的事物梳理得井井有条，这叫作"术"；静居时知道在做什么，行动时知道该去哪里，办事时知道所循原则，举动时知道来历缘由，这叫作"道"。而且，"使人高贤称誉己者"是"心"，"使人卑下诽谤己者"也是"心"。由此可知，"心"在《淮南子》中，不仅通晓人事之则和万物之理，而且能够在万事万物中找到最根本的方法以疏通驾驭之，从而表现

---

① 《朱子语类》卷六十《孟子十》，《朱子全书》第十六册，第 1935 页。
② （宋）陈淳：《北溪字义·心》，第 13 页。
③ （汉）刘安：《淮南子·人间训》，《淮南鸿烈集解》，第 586 页。

为统会万物万事之象。胡宏认为，天下没有比"心"更大的事物，"心"大而无限，但遗憾的是不能将"心"加以推扩。他说："天下莫大于心，患在不能推之尔。……不能推，故人物内外不能一也。"①"心"无限大而足以包容万物，但因隔阂而不能推扩，致使人、物内外分离。在杨简看来，"心"之无限足以范围天地，足以让万物尽性发育。他说："心无质体，无限量，而天地范围其中，万物发育其中矣。"②陈淳认为，"体"与天地一样大，是从"理"角度说的，贯通天地者只有"理"，"理"是造化的枢纽，但人是万物之灵，能"体"万物而总会于"心"。他说："所谓体与天地同其大者，以理言之耳。盖通天地间，惟一实然之理而已，为造化之枢纽，古今人物之所同得，但人为物之灵，极是体而全得之，总会于吾心，即所谓性。虽会在吾心，为我之性，而与天固未尝间。"③所谓"万物一体"，是建立在"理"贯通的基础上的，从"理"的角度看，理无内外、性无内外、心无内外，而"理"为"心"所把握，即统会于"心"。天地万物统会于"心"，"心"当然至大无外。吴澄认为，认识需要归纳，实践需要主宰，而归纳认识和主宰实践者都是"心"，他说："知必真知，行必力行，实矣，内矣。然知其所知，孰统会之？行其所行，孰主宰之？无所统会，非其要也；无所主宰，非其至也。孰为要？孰为至？心是已。"④这样，吴澄从认识的归纳和实践主宰两个方面说明了"心"之统会性质。

六、"心无限量"之意蕴

如上考察表明，"心"不仅主宰着万事万物，而且自我主宰，"心"可以"为所欲为"，是谓"心无限量"。程颐说："天下更无性外之物。若云有限量，除是性外有物始得。"⑤"性外无物"，意味着万物皆为心所主宰。因此，"心无限量"并不意味着"心"无拘无束、自由放任，而是有着丰富、深刻、特定的内涵。

1. "心无限量"是就一心言。"心无限量"并非"心"外另有一个"心"的运

---

① （宋）胡宏：《知言·纷华》，《胡宏集》，第 25 页。
② （宋）杨简：《家记七·论中庸》，《慈湖先生遗书》卷十三，《杨简全集》第八册，第 2161 页。
③ （宋）陈淳：《心体用说》，《北溪先生全集》第四门卷五，国家图书馆出版社 2021 年版，第 222 页。
④ （元）吴澄：《王学心字说》，《吴澄集》第一册，第 165—166 页。
⑤ 《河南程氏遗书》卷十八，《二程集》第一册，第 204 页。

作使然，而是"心"的自我主宰性、自由性、内在性、无限性。《管子》的"以心藏心"，是指作为人心（识神），它当中潜藏着、保藏着道心（元神），人心之中，还有道心在那里主持着，此与《尚书》"人心惟危，道心惟微；惟精惟一，允执厥中"（《尚书·大禹谟》）思想一致。程颐的"以心使心"，也不是认为有两个心，他说："心一也，有指体而言者，寂然不动是也；有指用而言者，感而遂通天下之故是也。"① 胡宏也强调"心"只有一个，但这个"心"表现为欲心、道心两种性质："仁，人心也。心，一也。而有欲心焉，有道心焉。"② 朱熹更为系统地阐述了"一心"的观点，他说："夫心者，人之所以主乎身者也，一而不二者也，为主而不为客者也，命物而不命于物者也。故以心观物，则物之理得。今复有物以反观乎心，则是此心之外复有一心而能管乎此心也。然则所谓心者，为一耶，为二耶？为主耶，为客耶？为命物者耶，为命于物者耶？此亦不待校而审其言之谬矣。"③ 就是说，"心"只有一个，因而主宰、约束"心"的只有"心"自己，是"心"的自我力量使然，从而排除了外在力量的影响。有人问"以心使心"是否有语病，朱熹回答："无病。其意只要此心有所主宰。"④ 即谓"以心使心"只是强调"心"的自我主宰。

2. "心无限量"是"性无内外"逻辑使然。中国哲学认为，天无内外，"理"贯通天地万物而为"性"，所以"理"无内外，"性"无内外，而"心"体天道、理、性而无遗，所以"心"无内外，所以"心"无限量。朱熹说："盖天者，理之自然，而人之所由以生者也；性者，理之全体，而人之所得以生者也；心则人之所以主身而具是理者也。天大无外，而性禀其全，故人之本心，其体廓然，亦无限量。"⑤ "理"就是"天"，作为"理"的"天"可以为人之生提供条件，故是"所以由生者"，"性"是"理"，是"理"之全体，所以成为人之生的根据，"心"则是人主宰身体而把握"理"者。因此，天虽大无外，但"性"与天合而无缝，所以具有"性"或"理"的"心"无限量。这样，朱熹用"理"贯通了天、性、心，因而天大无外，因而"性"无所不在，"理"无所不在，"心"自然也无所不在，所以"心"无限量。由此可知，"心无限量"，是建立在以"理"贯通天地万物基础上的，

---

① 《河南程氏粹言》卷一，《二程集》第四册，第1183页。
② （宋）胡宏：《上光尧皇帝书》，《胡宏集》，第83页。
③ （宋）朱熹：《观心说》，《晦庵先生朱文公文集》卷六十七，《朱子全书》第二十三册，第3278页。
④ 《朱子语类》卷九十六《程子之书二》，《朱子全书》第十七册，第3248页。
⑤ （宋）朱熹：《尽心说》，《晦庵先生朱文公文集》卷六十七，《朱子全书》第二十三册，第3273页。

也就是由这种本体论推演出能动论。

3."心无限量"须循"道"方能实现。既然"心"体"道"尽"理",才能无外,才是无遗漏之体,所以"心无限量",必须以遵循"理"或"道"为条件。事实上,"心无限量"需要循"道"的思想在孔子那里就已经出现,孔子说:"七十而从心所欲,不逾矩。"(《论语·为政》)虽然"从心所欲",但仍然"不能僭越规范"。程颐认为,物莫不有"性",所以无性外之物,循"性"则为"道",所以"道"外无物,"心"体"道"而无遗,所以"心"外无物,因而"尽心知性"便能以"道"贯通,"心"以"道"贯通万物,故无限量。他说:"天下无性外之物,以有限量之形气用之,不以其道,安能广大其心也?心则性也,在天为命,在人为性,所主为心,实一道也。通乎道,则何限量之有?必曰有限量,是性外有物乎?"① 因为万物贯通,所以"性"外无物,贯通者为"道",而"道"与"性"通,因而所谓"道",便是"性无内外",故言"心"循"道"便无限量。

4."心无限量"无所不宰。如上考察表明,"心"之妙用的"无限量"表现为多个向度,这里再做简要概括。一是化生万物,即认为"心"具有参赞天地之化育、开物成务的功能,如陈淳说:"心虽不过方寸大,然万化皆从此出,正是源头处。"② 二是无所不宰,即宇宙万物皆为"心"所主宰,如"气"、物事、身体、性情等,皆为"心"所主宰。三是范围天地,"心"广大无边,万物万象无不出于"心",所以万物为"心"所范围,万物为"心"所化育,无边际、无休止。如《管子》云:"灵气在心,一来一逝,其细无内,其大无外。"(《管子·内业》)朱熹说:"心广大后,方能体万物。盖心广大,则包得那万物过,故能体此。"③ 四是认识、把握大道,无物莫不有"性",循"性"而为"道",故"性"无内外,"道"无内外,"心"以知"道"而无内外,故能"以一知万"从而通于无限。朱熹说:"人能即事即物,穷究其理,至于一日会贯通彻而无所遗焉,则有以全其本心廓然之体,而吾之所以为性与天之所以为天者,皆不外乎此,而一以贯之矣。"④ "心无限量"表现在认知上不仅是无穷认识事物的能力,而且是把握万物之理。五是自善无息,

---

① 《河南程氏粹言》卷二,《二程集》第四册,第1252页。
② (宋)陈淳:《北溪字义·心》,第12页。
③ 《朱子语类》卷一百一《程子门人》,《朱子全书》第十七册,第3365页。
④ (宋)朱熹:《尽心说》,《晦庵先生朱文公文集》卷六十七,《朱子全书》第二十三册,第3273页。

"心"内具自善、传善的冲动、欲望和力量,自善不息,如孟子说:"凡有四端于我者,知皆扩而充之矣,若火之始然,泉之始达。苟能充之,足以保四海;苟不充之,不足以事父母。"(《孟子·公孙丑上》)"心"可将内在的善无限地推扩,以泽被寰宇。再如杨简说:"人心自善自正,自无邪,自广大,自神明,自无所不通。"①六是明鉴一切,"心"如明鉴,可照射所有万象而无遗漏,大小、美丑、善恶等一览无遗,无处可逃。如杨简说:"此心之明,无所不照。昭明如鉴,不假致察,美恶自明,洪纤自辨。"②因此,"心无限量"并非仅表现在推善、扩知可感的范围内,也表现在理性层面的自觉和超越层面的自信。杨简说:"此心非物,无形无限量,无终始,无古今,无时不然。故曰:无时不习。时习之习,非智非力。用智,智有时而竭;用力,力有时而息。不竭不息,至乐之域。"③也就是说,"心无限量"也表现为超越智力的"无知之知",只能用"心"去把握和主宰,正如杨简所言:"圣人之真无知,非智识之所到,非知不知所能尽,一言以蔽之曰:心而已矣。"④

5. "心无限量"以通民心为最高境界。"心无限量"的最高表现,或许是"通民心"。中国哲学认识到,民心之"心"是无限量的源泉。《淮南子》云:"所谓有天下者,非谓其履势位,受传籍,称尊号也;言运天下之力,而得天下之心。"⑤能够得天下并将天下治理好的人,根本原因是他的"心"与天下人的"心"贯通。就是说,能够拥有天下并运转天下的力量,是天下人之心,因而欲得天下者必须使自己的"心"与天下人的"心"相通,想天下人之所想、苦天下人之所苦,与天下人的心融为一片,天下人的心才能转化为治理者的力量,从而治理国家、平定天下。杨简更为清晰地阐述了"心"之无限量与民心的逻辑关联及其意义。他说:

> 天下之道二,善与不善而已矣。善者,天下之公道;不善者,非天下之公道。直者善道,为公,为民心之所服;枉者不善道,为不公,为民心之所不服。一开其端,其类咸应。於戏!直者,民心之所同然;枉者,非民心之所同

---

① (宋)杨简:《诗解序》,《慈湖先生遗书》卷一,《杨简全集》第七册,第1845页。
② (宋)杨简:《绝四记》,《慈湖先生遗书》卷二,《杨简全集》第七册,第1857页。
③ (宋)杨简:《家记四·论论语上》,《慈湖先生遗书》卷十,《杨简全集》第八册,第2075—2076页。
④ (宋)杨简:《家记五·论论语下》,《慈湖先生遗书》卷十一,《杨简全集》第八册,第2129页。
⑤ (汉)刘安:《淮南子·泰族训》,《淮南鸿烈集解》,第686页。

然。圣人得我心之所同然，举之于上，而天下之同然者应矣。此之谓要道。①

这段话的基本意思包括：第一，善即天下公道，不善即邪道。第二，直即善道，即公，枉即邪道，即不公；不公，则民心不服。也就是说，直心、善心、道心，与民心呼应。第三，直，乃民心所同然，圣人得我心之同然，即直、即公道；故天下上下有同然之心者必呼应。就是说，本心因为属于善，必得到天下人的呼应。这段话非常清晰地阐明了杨简"心"无形无相、无声无臭、圆融无碍之本质，就是本心与民心的贯通。这个特点或核心必须牢记，中国哲学注重"心"，言"心无限量"，不是抽象的概念，因为在中国哲学看来，"心无限量"最根本的特征，就是这个"心"成为"民心"，而不是抽象的思维活动或心理暗示。从这个意义上讲，中国哲学，特别是儒学，不能认为只有抽象概念、形而上，而没有具体行为、形而下，中国哲学的务实追求，就是亲民，因此，把"亲民"做到极致，这就是"心无限量"。

总之，在中国哲学中，"心"的性能是多样的，也是无限的，"心"不仅主宰万物万事，也主宰身体，不仅主宰感官，也主宰性情，而且，"心"具有自我主宰的功能。"心"的功能具有"无限量"特点，因而将所有问题归于"心"，希望在"心"中得到根本的解决。诚如朱熹所说："克己便是此心克之。公但看'为仁由己而由人乎哉'，非心而何？'言忠信，行笃敬，立则见其参于前，在舆则见其倚于衡'，这不是心，是甚么？凡此等皆心所为，但不必更着'心'字。所以夫子不言心，但只说在里，教人做。如喫饭须是口，写字须是手，更不用说口喫手写。"②在朱熹看来，但凡人之所为，无一不是"心"主宰。但是，"心"虽然具有主宰作用，也不能完全依赖"心"，因为"心"是主观的、随意的、难以控制的，所以又必须对"心"加以管控，进而演进为"以心治心"，即通过"心"的自我主宰、自我管理、自我监督，实现"心"的人性化诉求和理想。当然，这个"心"必须是道心，如朱熹所说："道心则是义理之心，可以为人心之主宰，而人心据以为准者也。"③

---

① （宋）杨简：《家记四·论论语上》，《慈湖先生遗书》卷十，《杨简全集》第八册，第2089页。
② 《朱子语类》卷九十九《张子书二》，《朱子全书》第十七册，第3338页。
③ 《朱子语类》卷六十二《中庸一》，《朱子全书》第十六册，第2014页。

第四节　心态治疗方法

如上讨论表明，中国哲学关于"心"之性质的判断约有三种代表性观点，一种是"善"，一种是"恶"，另一种是兼善恶。而对于性质为"恶"的心，也就是消极心态，中国哲学提出了丰富多样且极有效果的治疗方法。

一、自省术

所谓"自省术"，就是自我反省、自我评价、自我调适和自我纠正，即主体持续提醒自己：此心是否无私？有无过错？中国哲学认识到自我反省对保持心态平和、健康的独特意义，以之为重要的治疗、化解消极心态的方式。《管子》认为，治疗消极心态的关键在于使心安定、平和，"我心治，官乃治，我心安，官乃安。治之者心也，安之者心也"（《管子·内业》）。心安定、平和了，感官也就不会躁动不安，而使"心"安定、平和的主体是"心"自己。那么，"心"又是如何使"心"安定、平和的呢？依靠"心"所具有的自我反省、自我检讨的功能。

1. **自发式自省**。所谓"自发式自省"，是指发生在日常生活中的常规性反省，反省自己的念头是不是纯洁，检讨自己的言行是不是恰当。曾子曰："吾日三省吾身：为人谋而不忠乎？与朋友交而不信乎？传不习乎？"（《论语·学而》）《左传》云："今君德无乃犹有所阙，而以伐人，若之何？盍姑内省德乎？无阙而后动。"（《左传·僖公十九年》）这是说，如果君主的品德存在问题，那么攻打别国就可能失败，因而君主必须先自我反省。如果自己的品行为民众所诟病，就应该撤销攻打计划而完善自己的德行。当自己的品德被人民称赞时再行动不迟。所谓"内省德"，表达的就是时刻自我反省之意。《易传》云："山上有水，蹇；君子以反身修德。"（《易传·象传》）君子只有通过不断自我反省，反躬自问，寻找自己的不足，才能升华自己的品德。《中庸》云："君子戒慎乎其所不睹，恐惧乎其所不闻。莫见乎隐，莫显乎微，故君子慎其独也。"（《中庸》第一章）不管有无人看见，也不管有无人听到，都要警惕谨慎，勿使邪念有萌发的机会，从而保持心态平和健康。既然要求有人无人在场时都必须自省，也就是将自我反省视为日常习性，成为一种常规性修行工夫。

日常生活中免不了遭遇不开心的事或人，不可避免对心态产生消极影响，因而需要时刻保持反省和觉悟。《管子》云："凡心之刑（形），自充自盈，自生自成。其所以失之，必以忧乐喜怒欲利。能去忧乐喜怒欲利，心乃反济。彼心之情，利安以宁，勿烦勿乱，和乃自成。"（《管子·内业》）本来，"心"之成长自然充实、自然生成，之所以变得消极、阴暗、邪恶，是受到忧、乐、喜、怒、嗜欲和贪利的影响，因而只有消除忧、乐、喜、怒、嗜欲和贪利，"心"才能回归本来。"心"回归本来，就需要安定和宁静，保持不烦不乱，但这需要时刻自修、自省、自静，方能成功。《管子》云："中义守不忒，不以物乱官，不以官乱心，是谓中得。"（《管子·内业》）使内心守静而不生差错，不使外物扰乱五官，不使五官扰乱内心，这就是"心"时刻反省的结果。因此，就人而言，必须时刻警醒自己，保持心态阳光、健康、向善。荀子认为，博学固然重要，但若不天天反省，就无法避免犯错，他说："君子博学而日参省乎己，则知明而行无过矣。"（《荀子·劝学》）既要广泛地学习，又要时刻自我反省，才不会犯错。朱熹认为，想要"心"不被污坏，就必须时刻自我反省，将自我反省当作日常之事。他说："既能尽心、知性，则胸中已是莹白净洁。却只要时时省察，恐有污坏，故终之以存养之事。"[1] 杨简以自身经历强调了自发式反省对于保持良好心态的意义，他说："吾少时初不知己有过，但见他人有过。一日自念曰：'岂他人俱有过，而我独无也？'殆不然。乃反观内索，久之乃得一；既而又内观索，又得二三；已而又索，吾过恶乃如此其多？乃大惧，乃力改。"[2] 就是说，一个人只有一而再、再而三地自我反省，对自己的恶念加以监视、管控，才能保持心态的健康。王阳明认为，良知是人的道德自觉，具有先天的分辨善恶、正邪的能力，但必须时刻使良知清醒，以察觉、监督私意邪念。他说："良知发用之思，自然明白简易，良知亦自能知得。若是私意安排之思，自是纷纭劳扰，良知亦自会分别得。盖思之是非邪正，良知无有不自知者。"[3] 可见，日常生活中时刻对自己的意念和行为展开反省，检讨存不存在邪念，反思有没有过

---

[1]《朱子语类》卷六十《孟子十》，《朱子全书》第十六册，第1934页。
[2]（宋）杨简：《纪先训》，《慈湖先生遗书》卷十七，《杨简全集》第九册，第2232页。
[3]《传习录中》，《王阳明全集》上，第81页。

错，不管地点，无论时间，没有任何刻意，没有任何勉强，自然而然，这就是自发式反省。

2. 比较式自省。自发式反省要有成效，需要确立坐标以模仿，这样就有了比较式反省。所谓"比较式自省"，就是立一个坐标，使主体对着坐标反省自己，寻找自己的意念有没有出问题，如果有问题，原因在哪里。孔子非常注重比较式反省，他说过"见贤思齐焉，见不贤而内自省也"(《论语·里仁》)。遇见优秀的人，就向他学习；遇见落后的人，就反省自己有无类似缺点。因此，一个人如果能做到不断自省以完善自我，就没有什么可怕的，"内省不疚，夫何忧何惧？"(《论语·颜渊》)反省是为了挺立、凸显内在的善力，所以没有什么可惧的。荀子也提倡面对榜样进行反省，他说："见善，修然必以自存也；见不善，愀然必以自省也。善在身，介然必以自好也；不善在身，菑然必以自恶也。"(《荀子·修身》)面对善，必须严肃地自存之；面对不善，必须忧郁地加以反省。发现自己身上的优秀品质，就坚定不移地珍视它；发现自己身上的不良品行，就好比自己被伤害而感到悔恨，马上予以改正。《管子》认为，对待毁誉的办法就是挺立自己独立不阿的精神，做到处八风而不动。《管子》云："人言善亦勿听，人言恶亦勿听，持而待之，空然勿两之，淑然自清。无以旁言为事成，察而征之，无听辩，万物归之，美恶乃自见。"(《管子·白心》)人家表扬你，不轻易听信，人家忌妒你，也不轻易生厌，静观其变，虚心地抑制冲突，最终会寂然自明。不要把道听途说当成事实，要进行观察与考证，不要听信任何巧辩，把万事万物归并到一起，相互比较之下，美、恶自然呈现，进而养善以化恶，使心态清净。陆九渊指出，一个人要保持心态健康，从师友处学习是非常有效的办法。师友的优点，就吸收并发扬光大，师友的不足，就努力去除，从而使心态保持平和。他说："某自承父师之训，平日与朋友切磋，辄未尝少避为善之任。非敢一旦之决，信不逊之意，徒为无顾忌大言。诚以畴昔亲炙师友之次，实深切自反，灼见善非外铄，徒以交物有蔽，沦胥以亡，大发愧耻。自此鞭策驽蹇，不敢自弃。今契丈之贤，乃复犹豫于此，无乃反己未切，省己未深，见善未明，以不能自奋也。倘一旦幡然沛然，谁得而御。"[①]王阳明也主张比较式反省，他人的长处是学习的对象，他人的不足则是克服的内容，以他人作为反省参考，以

---

① (宋)陆九渊:《与诸葛受之》,《陆九渊集》卷三,第45页。

养成平和健康的心态。他说:"学须反己。若徒责人,只见得人不是,不见自己非。若能反己,方见自己有许多未尽处,奚暇责人。"①总之,比较式反省就是确立一个坐标,以之为镜,照察自己的心态与行为:以他人之善,衡己之有无,无则努力学习;以他人之恶,衡己之有无,有则立即消除,以保护、确立健康的心态。

3. 负疚式自省。日常反省要有效,也需要真切笃实,需要自我批评,这样就需要负疚式反省。所谓"负疚式自省",就是以罪恶感为前提,通过自我批评,检讨自己,既是对潜在的邪恶意识的反省,也是对已出现的邪恶行为的反省。孟子云:"万物皆备于我,反身而诚,乐莫大焉。"(《孟子·尽心上》)他主张对自我心理进行深刻反省,以能够自我反省为乐。孟子主张性善论,所谓"万物皆备于我",便是"吾心万善具足",能够反身向内体认此善,便是最大的乐事。"反身而诚"即向内反省的工夫,善是本有,但只有不断地反省,善心才熠然而长久。孟子云:"仁者如射:射者正己而后发;发而不中,不怨胜己者,反求诸己而已矣。"(《孟子·公孙丑上》)他认为,一个人如果厌恶战胜自己的人,平和这种心态最好的办法就是反省自己。人如能反省自己,从自己身上找问题,那么,不仅心态平正健康,还能得到天下人的支持,如孟子说:"爱人不亲,反其仁;治人不治,反其智;礼人不答,反其敬;行有不得者皆反求诸己,其身正而天下归之。"(《孟子·离娄上》)程颐认为自我检讨是改善心态的良法,他说:"孟子曰:'行有不得者,皆反求诸己',故遇艰蹇,必自省于身,有失而致之乎?是反身也。有所未善则改之,无歉于心则加勉,乃自修其德也。君子修德以俟时而已。"②深入挖掘内心的阴暗,才能使心态光明透亮。朱熹认识到,"心"如要摆脱私欲的影响,就必须时刻检讨有没有被"私欲"占据,如发现被"私欲"占据,务必立即清除。他说:"人心之公,每为私欲所蔽,所以更放不下。但常常以此两端体察,若见得时,自须猛省,急摆脱出来。"③如能做到时刻深切反省,则邪念自息,心自光明,"学者常用提省此心,使如日之升,则群邪自息。他本自光明广大,自家只着些子力去提省照管他,便了"④。陆九渊指出,如果"心"足够强大,声色利欲就无法侵入。但自身强大的

---

① 《传习录下》,《王阳明全集》上,第115页。
② 《周易程氏传》卷三,《二程集》第三册,第896页。
③ 《朱子语类》卷十三《学七》,《朱子全书》第十四册,第391页。
④ 《朱子语类》卷十二《学六》,《朱子全书》第十四册,第360页。

前提是"心"光明无邪,坦荡如日。他说:"……正坐拱手,收拾精神,自作主宰。万物皆备于我,有何久阙。"①这就要求人必须时刻自我检讨,从"罪恶在身"观念出发进行反省。陆九渊说"不过切己自反,改过迁善"②,就是不断地拷问自己,查找自己心上的问题,以去恶趋善。"道行道明,则耻尚得所,不行不明,则耻尚失所。耻得所者,本心也,耻失所者,非本心也。圣贤所贵乎耻者,得所耻者也。耻存则心存,耻亡则心亡。"③陆九渊强调以"耻"省"心"。所谓"耻",就是反省自我言行有无令自己羞耻之处,如果有,就立即改正。可见,以原罪的心理进行自我批评、自我检讨,从而彻底去除心中的阴暗、污浊、私意,也是一种重要的自我反省方式。

如上所述,中国哲学对于自我反省在消极心态治疗上的意义有着深刻的认知,所提出的反省方式大体上可归纳为自发式、比较式、负疚式三种。自发式反省,意味着自我反省出于主体自我完善的本能,将自我反省当作日常功课,要求时刻对"心"进行拷问,表现为常态性。比较式反省,意味着主体以优秀者作为反省自我心态的标尺,表现为模仿性。负疚式反省,意味着主体将自我反省内疚化、批判化、彻底化,不留任何死角,不抱一丝侥幸,以消除"心"中的私意、尘埃,表现为自罪性。总之,自我反省作为调整、完善心态的方式,大致包括发现、定性、去除三个环节,定性是最根本的,没有定性,反省则无目标、无效果。自我反省也是多层结构的心理活动,是"心"的自我调整与完善。心态健康状况取决于"心"的自我反省状况。朱熹说:"孟子云:'操则存,舍则亡。'人才一把捉,心便在这里。孟子云'求放心',已是说得缓了。心不待求,只警省处便见。"④他认为自我反省还必须具有强烈的时间意识,孟子"求放心"会错过化解邪念的最佳时机,而必须当机立断,在"警省处"处理。综合言之,反省术实际上是"心"的自我反省,也就是"以心治心"。由"心"主持自我反省,则意味着自我反省源自主体自善的愿力,同时意味着自我反省以清除邪念的彻底性,从而成为所有"返本复初"修为功夫的逻辑起点。因此,自省术是所有治疗消极心态方式的根本,这个根本一旦立起

---

① (宋)陆九渊:《语录下》,《陆九渊集》卷三十五,第455—456页。
② (宋)陆九渊:《语录上》,《陆九渊集》卷三十四,第400页。
③ (宋)陆九渊:《杂说》,《陆九渊集》卷二十二,第373页。
④ 《朱子语类》卷九《学三》,《朱子全书》第十四册,第302页。

来，并且足够牢固，那么对于其他治疗消极心态方式的推行也是十分有益的。

二、制欲术

"欲"本义是指想达到某种目的或得到某种东西，也指达到某种目的或得到某种东西的要求，由此又引申为需要。人活着必然有衣食住行等基本需求，衣食住行便是欲，所以"欲"是人须臾不可离者。不过，"欲"在中国哲学中似乎不太受欢迎，一言及"欲"，唯恐避之不及。何故如此呢？应该是缘于中国哲学对"欲"的认知。在中国哲学看来，"欲"是污染"心"的罪魁祸首，如"不见可欲，使民心不乱"（《道德经》第三章）；如"夫物之感人无穷，而人之好恶无节，则是物至而人化物也，人化物也者，灭天理而穷人欲者也"（《礼记·乐记》）；如"人生而有欲，欲而不得，则不能无求。求而无度量分界，则不能不争；争则乱，乱则穷"（《荀子·礼论》）。可见，中国哲学基本上将"欲"视为损害"心"的罪魁祸首，此即意味着，去除"欲"成了培养、保护健康心态的基本任务，于是便有了"制欲术"。

1. 寡欲。所谓"寡欲"，就是通过减少欲望以保持平和的心态。孟子将减少欲望视为养心的最佳办法。他说："养心莫善于寡欲。其为人也寡欲，虽有不存焉者，寡矣；其为人也多欲，虽有存焉者，寡矣。"（《孟子·尽心下》）孟子不仅提出了减少欲望有助于保护心态的主张，同时提出了多欲对善心伤害的问题。这就是说，欲之多寡对善心的保护表现出完全不同的效应。二程继承了孟子的"寡欲"观念，也认为减少欲望是养心的最佳方式："养心者，且须是教他寡欲，又差有功。"[①]减少欲望对于滋养心田具有特殊的作用。朱熹并不主张"无欲"，认为只要减少欲望，便可逐渐保存善心："未是说无，只减少，便可渐存得此心。"[②] 从中医哲学角度看，减少欲望也被视为养心的最佳办法，如孙思邈说："故善摄生者，常少思少念，少欲少事，少语少笑，少愁少乐，少喜少怒，少好少恶，行此十二少者，养性

[①]《河南程氏遗书》卷二上，《二程集》第一册，第31页。
[②]《朱子语类》卷六十一《孟子十一》，《朱子全书》第十六册，第1997页。

之都契也。"①善于保养生命的人，无不对欲望进行限制，生命得以保养完善，"心"自然也就被保养完善。相应地，孟子"多欲则所存必少"的观念也为后来思想家所继承。朱熹说："若事事贪，要这个，又要那个，未必便说到邪僻不好底物事，只是眼前底事，才多欲，便将本心都纷杂了。"②在朱熹看来，如果一个人什么都要，贪得无厌，虽然并不一定到邪僻程度，但对诸事的索求没完没了，照样会影响到"心"，使"心"杂乱。孙思邈则较全面地揭露了"多欲"的危害，他说："多思则神殆，多念则志散，多欲则志昏，多事则形劳，多语则气乏，多笑则脏伤，多愁则心慑，多乐则意溢，多喜则忘错昏乱，多怒则百脉不定，多好则专迷不理，多恶则憔悴无欢。此十二多不除，则营卫失度，血气妄行，丧生之本也。"③这里的思、念、欲、事、语、笑、愁、乐、喜、怒、好、恶，皆是欲，因此，必须去除此"十二多"。陆九渊继承了孟子"寡欲""多欲"对"心"不同影响的观点，他认为："欲之多，则心之存者必寡；欲之寡，则心之存者必多。欲去，则心自存矣。"④既然"欲去心存"，那么当欲望减少至所剩无几之时，余下的便全部是善心。因此，陆九渊要求人们持续减少欲望，"人心有病，须是剥落。剥落得一番即得一番清明，后随起来又剥落，又清明；须是剥落净尽才是"⑤。只有将"欲"减至最少，"心"才不会被伤害，才能呈现健康的状态。总之，中国哲学基于对寡欲、多欲与"心"关系的认识，提出了寡欲益"心"、多欲害"心"的识见。由于认识到多欲对"心"的伤害，寡欲对"心"具有保护养育作用，因而将"寡欲"视为存养善的基础，而视"多欲"为恶的根源，正如王廷相所言："贪欲者，众恶之本；寡欲者，众善之基。"⑥可见，寡欲的确是中国哲学所主张的保护、滋养健康心态的基本途径。

2. 去欲。所谓"去欲"，就是通过禁止、绝灭欲望达到对"心"的保护，是"寡欲"的极端形式。这种主张基于对欲之危害性的深切认识，认为只有将欲望除尽才能确保心态安全。老子云："五色令人目盲，五音令人耳聋，五味令人口爽，

---

① （唐）孙思邈：《备急千金要方》卷二十七《道林养性第二》，李景荣等校释：《备急千金要方校释》，人民卫生出版社 1998 年版，第 576 页。
② 《朱子语类》卷六十一《孟子十一》，《朱子全书》第十六册，第 1997 页。
③ （唐）孙思邈：《备急千金要方》卷二十七《道林养性第二》，《备急千金要方校释》，第 576 页。
④ （宋）陆九渊：《养心莫善于寡欲》，《陆九渊集》卷三十二，第 380 页。
⑤ （宋）陆九渊：《语录下》，《陆九渊集》卷三十五，第 458 页。
⑥ （明）王廷相：《慎言》卷五，王孝鱼点校：《王廷相集》第三册，中华书局 2009 年版，第 774 页。

驰骋畋猎，令人心发狂，难得之货，令人行妨。"(《道德经》第十二章)声、色、味等欲望不仅会伤害人的感官，而且会扰乱人心，因此主张去欲。程颐似乎赞同这种极端主张，他说："甚矣，欲之害人也！人为不善，欲诱之也。诱之而不知，则至于灭天理而不知反。故目则欲色，耳则欲声，鼻则欲香，口则欲味，体则欲安，此皆有以使之也。"① 那么，如何去欲呢？基于古代文献提供的信息，约有三种形式。一是绝缘式，就是将人与欲望隔离。老子云："不上贤，使民不争；不贵难得之货，使民不为盗；不见可欲，使心不乱。"(《道德经》第三章)不以欲为贵，不让人接触欲，让人看不见、闻不到、摸不着，而与欲隔绝。不能接触"欲"，就避免了被"欲"所诱惑，人心就不会泛起波澜。佛教的"清净心"就是真如本性，清净心如被情欲污染，便陷于生死轮回，不得解脱，因而需要通过修行克服情欲，去除污染，复归清静的本心，即解脱成佛。《坛经》云："善知识！于诸境上心不染，曰无念；于自念上常离诸境，不于境上生心。"② 佛教的办法也是使"心"与"诸境"隔离，从而达到"无念"状态。"无念"自然无欲，无欲则无私意、无邪心。显然，这种主张不是从根本上消灭"欲"，"欲"仍然故我，只是接触不到而已。二是限制式，即将"欲"限制在特定范围之内，比如限制在意念中。禅僧法融说："开目见相，心随境起。心外无境，境外无心。将心灭境，彼此由侵。心寂境如，不遣不拘。境随心灭，心随境无。两处不生，寂静虚明。"③ "境"即欲，通常情况下，"心"常为"欲"所诱，但本质上，"心"与"境"是一体的，因而能就"心"灭境，从而使"境"不复存在。如此"心""境"皆无，哪来私欲？这就是将"欲"限制在意念之中，以"心"控制"境"或"欲"的运行。因此，既要认识到"欲"是烦恼的根源，又要认识到由于"欲"而演绎出"去欲"的法门。天台僧人知礼说："欲是烦恼，是故说离；欲是法门，是故说住。即离即住，唯离唯住，离深住深，离极住极。"④ 知礼指出去欲的功夫就是即离即住。程颐将"欲"视为最恐惧的危害，认为只有"思"能限制欲的乱窜，他说："何以窒其欲？曰：思而已矣。觉莫要于

---

① 《河南程氏粹言》卷二，《二程集》第四册，第1260页。
② (唐)慧能：《坛经·定慧品》，赖永海主编：《佛道要籍》第三卷，中国青年出版社2000年版，第189页。
③ 《心铭》，《大正新修大正藏经》第51册，河北省佛教协会印行，2005年，第457页。
④ (宋)知礼述：《观音义疏记》卷二，《大正新修大正藏经》第34册，河北省佛教协会印行，2005年，第946页。

思,唯思为能窒欲。"① 人之所以为恶,都是由于"欲"的诱惑,沉没于感官欲望之中,导致天理丧失,程颐主张以理性去欲。可见,"限制式"是相对温和的主张,只是将"欲"限制在一定范围之内,而且是就特定群体而言的。三是剿灭式,即彻底将欲望清除。欲望害"心",难以监督、控制,因而出现了一种极端的主张——灭欲,就是不分青红皂白,凡"欲"必去,不做任何妥协,不留任何余地。荀子云:"圣人知心术之患,见蔽塞之祸,故无欲、无恶。"(《荀子·解蔽》)只有做到无欲、无恶,才可能养成健康的心态。理学家提倡"存天理,灭人欲",认为只有抑制甚至消灭欲望,人的心态才不会变得阴暗、消极。二程说:"克己之私既尽,一归于礼,此之谓得其本心。"② 也就是说,只有去除私欲,心态才能回到它本来的状态。朱熹认为,人欲是天理的天敌,必须彻底铲除,天理才能显现,人心才能恢复如初。他说:"人之一心,天理存,则人欲亡;人欲胜,则天理灭,未有天理人欲夹杂者。"③ 朱熹主张通过"居敬""穷理"的功夫去欲:"所谓功夫者,不过居敬穷理以修身也。……若能主敬以穷理,功夫到此,则德性常用,物欲不行,而仁流行矣。"④ 可见,"去欲"的确是中国哲学主张的化解消极心态的一种极端方式。《庄子》云:"弃名利,反之于心。"(《庄子·盗跖》)欲望清除,本心灿然,在本心、欲望之间进行取舍,欲望可以忽略不计。

3. **导欲**。"寡欲""去欲"都具有量化特征,是从数量上对"欲"加以限制,保护"心"的健康。但绝大多数中国哲学家认识到,彻底清除"欲"是不可能的,因为"欲"是生命所需,也是"心"之所养,而且,生命的个体化、特殊性要求满足欲望必然是多样的,这样,中国哲学中出现了一种比较理性、温和、适合人性的主张,这就是"导欲"。所谓"导欲",就是根据生命的不同情状对所需的"欲"进行引导和规范。"欲"虽为人之本有,但若任其泛滥,必致害于心。荀子说:"先王恶其乱也,故制礼义以分之,以养人之欲,给人之求。使欲必不穷乎物,物必不屈于欲。"(《荀子·礼论》)荀子认识到"欲"是天之所命于人者,是人之本有的自然性,是不可去除的,但这种自然性又不能任其泛滥、蔓延,否则必伤害身心,因

---

① 《河南程氏粹言》卷二,《二程集》第四册,第 1260 页。
② 《河南程氏粹言》卷一,《二程集》第四册,第 1199 页。
③ 《朱子语类》卷十三《学七》,《朱子全书》第十四册,第 388 页。
④ 《朱子语类》卷二十八《论语十》,《朱子全书》第十五册,第 1029 页。

此，必须对"欲"的获得和消耗进行规范和引导。罗钦顺认为"欲"是天生的，是不可禁抑的，但同样不可任其泛滥，他说："夫人之有欲，固出于天，盖有必然而不容已，且有当然不可易者。于其所不容已者而皆合乎当然之则，夫安往而非善乎？惟其恣情纵欲而不知反，斯为恶尔。"① 他主张对"欲"进行引导，让其保持在合理范围之内。那么，用什么来规范、引导"欲"呢？礼义制度。《吕氏春秋》云："天生人而使有贪有欲。欲有情，情有节。圣人修节以止欲，故不过行其情也。"（《吕氏春秋·情欲》）天之生人而使人有贪心、有欲望，欲望产生感情，感情必须有节度，圣人遵循节度以克制欲望，不会放纵自己的感情，修节以止欲。因此，人必须从尊重、爱惜生命出发，来引导、规范自己的情欲，保持健康的心态。向秀认为，人无不有自然之欲，此是天理，但如果任其泛滥，则必伤害人心，他说："夫人含五情而生，口思五味，目思五色，感而思室，饥而求食，自然之理也。但当节之以礼耳。"② 礼义制度的规范、引导，不仅可以范围人的言行、思虑，而且可以提升其品质。但礼义制度规范、引导"欲"必须适中，方能使"欲"对心态不造成伤害。朱熹认为，人的欲望是丰富多样的，既要满足人对"欲"的需求，又必须加以引导。他说："亲爱、贱恶、畏敬、哀矜、敖惰各自有当然之则，只不可偏。如人饥而食，只合当食，食才过些子，便是偏；渴而饮，饮才过些子，便是偏。如爱其人之善，若爱之过，则不知其恶，便是因其所重而陷于所偏；恶恶亦然。"③ 诸如亲爱、贱恶、畏敬、哀矜、敖惰等，皆是欲，只有"各合当然之则"，才不会伤害"心"，所以需要规范和引导。戴震认为"欲"是血气之自然，不可禁抑，但必须使之在合理范围之内，他说："天理者，节其欲而不穷人欲也。是故欲不可穷，非不可有；有而节之，使无过情，无不及情，可谓之非天理乎！"④ 只有使"欲"合节适中，才不会伤害"心"。

总之，基于对"欲"之危害程度认识的差异，中国哲学中出现了三种具体的"制欲术"，这就是寡欲、去欲、导欲。"寡欲"考虑到人欲的自然性，主张在数量上将"欲"控制在一定范围之内，以避免"欲"之泛滥对人心的伤害。"去欲"

---

① （明）罗钦顺著，阎韬点校：《困知记》卷下，中华书局2013年版，第36页。
② （晋）向秀：《难养生论》，卫绍生辑校：《〈竹林七贤集〉辑校》卷四《向秀集》，中州古籍出版社2018年版，第275页。
③ 《朱子语类》卷十六《大学三》，《朱子全书》第十四册，第544页。
④ （清）戴震：《孟子字义疏证》卷上，汤志钧校点：《戴震集》，上海古籍出版社1980年版，第276页。

将"欲"的危害极端化,视"欲"与良好心态为势不两立,主张绝灭欲望。这种主张虽然有轻重之异,却违背了生命本性,是不可取的。"导欲"是在肯定、满足"欲"的基础上,对"欲"进行规范、引导,使"欲"合乎中节,保持在合理范围之内,从而使"心"处于平和状态。因此,综合地看,"导欲"是合乎人性的模式。不过,这三种"制欲术"皆由"心"主宰,朱熹说:"盖人心至灵,有什么事不知,有什么事不晓,有什么道理不具在这里。何缘有不明?为是气禀之偏,又为物欲所乱。"① 就是说,灵明之心无事不知,无物不晓,对于"欲"的运行踪迹了如指掌。因此,究竟是去欲、寡欲,还是导欲,完全由"心"决定,也就是将规范、引导"欲"以不乱"心"的"神圣使命"托付给"心"本身,这是对人主体自觉的信任,也是对人"善在我"的激励。

三、范导术

所谓"范导术",就是借助礼乐方式对人的心理进行规范、引导和熏陶,从而使人心处于平和、中正状态。在中国哲学中,礼乐被视为重要的范导术,认为礼乐基于各自的功能、特点,能够对言谈举止进行规范引导、对"心"进行熏陶,从而使"心"处于平和、健康状态。那么,礼乐是如何发挥这种功能的呢?

1. **"礼"对"心"的范导**。"礼"之所以能对"心"起范导作用,与"礼"的产生源于"心"的需求密切关联。"礼"最初是宗教情感的表达方式,早期人类对自然万象的无知、恐惧和无助,促使他们产生了对自然万象的敬畏,为了表达期待天帝的帮助以驱逐恐惧和解决困境的愿望,便有了祭祀天或神的仪式,这就是"礼"。《礼记》云:"礼之初,始诸饮食。其燔黍捭豚,汙尊而抔饮,蒉桴而土鼓,犹若可以致其敬于鬼神。"(《礼记·礼运》)通过"礼"与天帝接通,人向天帝表达想法和诉求,可见"礼"反映的是原始宗教情感,"礼"源于"心"。"礼"是"心"的表现形式,是"心"的诉求,与"心"贯通,《礼记》云:"礼也者,合于天时,设于地财,顺于鬼神,合于人心,理万物者也。"(《礼记·礼器》)"礼"

---

① 《朱子语类》卷十四《大学一》,《朱子全书》第十四册,第436页。

源于"心",是"心"之愿望的表达,即意味着"礼"必然反过来影响"心"。孔子说:"夫礼,先王以承天之道,以治人之情。"(《礼记·礼运》)"礼"以治人情,而"情"是"心"的发用,因而治"情"也就是治"心"。

一般情况下,源于"心"的"礼"必然负载着"心"美好的期望,这种期望反馈于"心",自然能对"心"起到纯洁、善化作用。孔子认为,"心"是"欲"与"恶"的藏身之地,没有比"礼"更好的去欲除恶之方法。他说:"饮食男女,人之大欲存焉;死亡贫苦,人之大恶存焉。故欲恶者,心之大端也。人藏其心,不可测度也。美恶皆在其心,不见其色也,欲一以穷之,舍礼何以哉?"(《礼记·礼运》)欲、恶藏于"心",难以察觉其动静,但"礼"能够穷尽人欲、恶之情状,从而协调欲、恶之心。"礼"何以察知"心"之欲、恶呢?因为"心"中有事必显露于外,必表现为言行,言行合乎"礼"则为善,言行悖乎"礼"则为恶,因此可以对之进行规范、引导,使"心"平和、温善。孔子说:"夫民教之以德,齐之以礼,则民有格心。……故君民者,子以爱之,则民亲之,信以结之,则民不倍,恭以莅之,则民有孙心。"(《礼记·缁衣》)所谓"齐之以礼""恭以莅之",皆礼也,因而"格心"(归正之心)、"孙心"(顺从之心)皆由"礼"范导而成。更言之,"礼"的规范与教化有助于消极心态的化解,有助于良善心态的保护。

既然"礼"源于"心"之诉求,那么"礼"所内含的规范秩序应该合乎"心",所以遵循"礼"的秩序而为,即意味着对"心"中"障碍"的清扫和疏通。由自然性泛滥而造成运行中的障碍,导致"心"丧失本真,此时"礼"便可以发挥其疏通障碍的作用。荀子说:"凡治气、养心之术,莫径由礼。"(《荀子·修身》)大凡调理性情、修养身心,最直接的途径就是遵循"礼"而为。为什么说养"心"必须经由"礼"呢?荀子说:"凡用血气、志意、知虑,由礼则治通,不由礼则勃乱提僈。"(《荀子·修身》)他指出,人动用血气、意志、思虑的情况下,循"礼"而为,就能够表现得条理有序、顺畅通达。如果悖"礼"而为,必导致昏乱悖逆、松弛缓慢。这里的志意、知虑,皆"心"之形式,即谓遵循"礼","心"则有序顺畅,反之,则无序阻碍。可见,遵循"礼"不仅可以疏通心脉,还可以使"心"回归其本来。而且,"礼"可使心态平静、和乐。二程说:"礼者,人之规范。守礼所以立身也。

安礼而和乐,斯为盛德矣。"①"礼"是行为规范,遵守"礼"是人立身的根本,安于"礼"才能和乐,这是高尚的品德。所谓"盛德",也就是归于本心,如二程说:"克己之私既尽,一归于礼,此之谓得其本心。"②王夫之将"循礼"与"悖礼"的两种结果加以比较,认为遵循"礼"而为,则"心"康泰。他说:"有礼则心泰而行亨,无礼则心歉而行竞。"③循"礼",便能使人的内心世界和谐康泰,使人的行为通达顺利,不遵循"礼",则会导致人心出现矛盾与冲突。

此外,"礼"还有助于抑制消极心态萌发。源于"心"的"礼",所蕴含的元素主要是积极健康的,因而有助于抑制阴暗、消极心态的萌发。《礼记》云:"礼者,因人之情而为之节文,以为民坊者也。"(《礼记·坊记》)朱熹对"礼"在抵御邪恶之"心"方面的作用有深切认知,他说:"不庄不敬,则慢易之心入之矣!"④他认为,如果没有"礼"的规范约束,则会萌生轻慢之心,所谓"不庄重、不恭敬",即悖"礼"也。可见,"礼"之于"心",不仅可以使"心"良善化,而且可以疏通"心"之障碍,不仅可以使"心"平静和乐,回归本然,而且可以防止消极心态出现。因此,"礼"对"心"的范导作用是内在的,"礼"本质上是按照"心"的要求范导"心",因为只有"心"知道需要什么,"礼"是"心"用来解决自身问题的法宝之一。

2."乐"对"心"的范导。在中国哲学史中,"乐"是五声八音之总名,《礼记》云:"乐者,音之所由生也,其本在人心之感于物也。"(《礼记·乐记》)"乐"是"心""物"交感而生。由于"心"是主,"物"是客,因而亦可认为"乐"源于"心"。《礼记》云:"凡音之起,由人心生也。"(《礼记·乐记》)情感激荡,需要通过声音、肢体表达出来,此即"乐","乐"所表达的是"心"之意。"乐"是"心"感"物"而生,也就是说"乐"源于"心"之需,"乐"与"心"必然内在地贯通,可以对"心"产生影响。"乐"是诸艺术形式的总称,能够通过艺术形式及其内含的意蕴范导、熏陶"心",正如朱熹所说:"乐有五音六律,能通畅人心。"⑤不过,"乐"必须通过感官对"心"产生影响。王夫之说:"耳之于声,皆应感起物

---

① 《河南程氏粹言》卷一,《二程集》第四册,第1174页。
② 《河南程氏粹言》卷一,《二程集》第四册,第1199页。
③ (清)王夫之:《礼记章句》卷一,《船山全书》第四册,第19页。
④ 《朱子语类》卷八十七《礼四》,第2976—2077页。
⑤ 《朱子语类》卷三十五《论语十七》,《朱子全书》第十五册,第1298页。

之几,而声音之感,不待往取而自入,故感人心者莫深如乐。"① 就是说,"乐"之旋律通过感官进入人体,对"心"进行渗透、浸染,从而柔化、通畅人心。那么,"乐"是如何对心态产生影响的呢?

"乐"感化人心,首先表现为洁净人心。人皆有七情六欲等自然性,这种自然性如果不能规范、引导,必然污染、伤害人心。而"乐"的传播与表演,有助于抑制人自然性的泛滥,清除遮蔽"心"的尘埃、杂秽,使"心"洁净如初。《礼记》云:"先王耻其乱,故制雅颂之声以道之,使其声足乐而不流,使其文足论而不息,使其曲直、繁瘠、廉肉、节奏足以感动人之善心而已矣,不使放心邪气得接焉,是先王立乐之方也。"(《礼记·乐记》)即是说,要除去"心"中的污浊、邪乱,可用《雅》和《颂》进行引导,使人愉悦而不放纵、明晰而不隐晦,从而抑制邪恶之念,最终使人心平静和善良。朱熹说:"乐有五声十二律,更唱迭和,以为歌舞八音之节,可以养人之情性,而荡涤其邪秽,消融其查滓。"② 他认为,持续、广泛地表演、播送各种形式的"乐",能够融化"心"中的邪秽、渣滓,抑制鄙诈之心萌发。朱熹说:"心要平易,无艰深险阻,所以说:'不和不乐,则鄙诈之心入之矣!'"③ 既然"不和不乐"是鄙诈之心生发的诱因,那么"既和且乐"就可以作为抑制鄙诈之心的利器。

"乐"感化人心,也表现为使民心趋善。荀子认为,人心的感化,风俗的醇化,移风易俗,皆可由"乐"去完成。他说:"乐者,圣人之所乐也,而可以善民心,其感人深,其移风易俗。故先王导之以礼乐,而民和睦。"(《荀子·乐论》)先王为什么以"乐"规范、引导民众?因为"乐"可以感化人心,引导民众向善,从而风化社会,移风易俗。董仲舒也肯定"乐"善化民风民俗的功能,他说:"乐者,所以变民风,化民俗也;其变民也易,其化人也著。"④ 周敦颐对"乐"善化人心的认识似乎更为具体、深入,他说:"作乐以宣八风之气,以平天下之情。故乐声淡而不伤,和而不淫。入其耳,感其心,莫不淡且和焉。淡则欲心平,和则燥心释。"⑤ 在周敦颐看来,经过乐声的感染、渗透,"心"会淡定平和,淡则"心"不

---

① (清)王夫之:《礼记章句》卷十九,《船山全书》第四册,第922页。
② (宋)朱熹:《论语集注》卷四,《四书章句集注》,第105页。
③ 《朱子语类》卷八十七《礼四》,《朱子全书》第十七册,第2976—2977页。
④ (汉)董仲舒:《天人三策》,《董仲舒集》,第6页。
⑤ (宋)周敦颐:《乐上第十七》,《周子通书》,上海古籍出版社2008年版,第37页。

伤，和则"心"不淫，温良和善之心油然而生矣。

如果说"乐"对于"心"中尘埃的清除，对于"心"良善品质的养成，主要是出于性质角度的考察，那么，心理情绪诸如喜、怒、哀、乐等非善恶性质的心态问题，是否也可以通过"乐"调节呢？回答是肯定的。《管子》就认为"乐"不仅可以止怒，还能够去忧："止怒莫若诗，去忧莫若乐。"（《管子·内业》）朱熹认为，"乐"能通过激荡血气以抑制"小不善"萌发，他说："乐者，能动荡人之血气，使人有些小不善之意都着不得，便纯是天理，此所谓'成于乐'。"[1] 而且，"乐"的内容不同，影响"心"的结果也有异，王夫之说："君子乐乎正，故以雅乐为乐，小人乐乎淫，故以奸声为乐，盖习尚渐渍而情为之移也。然小人之乐，沉湎迷惑，失其本心之顺，欣极必厌，而奚乐哉！"[2] "乐"并非都代表"善"，只有君子之乐，才对养育良善心态具有积极意义，这就将关于"乐"化解消极心态的认识推向了更深层次。

总之，礼乐之所以有助于问题心态的化解，乃是因为礼乐源于"心"的需求，但"心"对礼乐的期待又有所差别，因而礼乐对"心"影响的形式不尽相同。礼乐都不直接接触"心"，而是通过感官进入身体，继而影响"心"。礼乐是内容和形式的统一，礼乐之所以能影响"心"，是因为礼乐所蕴含的内容与精神。人心之所以被感化，是因为礼乐所蕴含的积极的、正面的、健康的内容、精神和价值，即积极的内容与礼乐形式合一，从而以礼乐形式传播而影响"心"。礼乐出于"心"，而心态是多种多样的，有邪正之心、刚柔之心、喜怒之心等，因而礼乐正好满足不同类型的心态问题，这是礼乐对心态特殊性的关照，即礼乐根据心态的不同特点对不同心态进行范导，因而更加有效。《礼记》云："故乐也者，动于内者也；礼也者，动于外者也。乐极和，礼极顺。内和而外顺，则民瞻其颜色，而弗与争也；望其容貌，而民不生易慢焉。"（《礼记·乐记》）制礼作乐的重要任务之一，就是规范、引导"心"，诚如朱熹所说："只是这一心，更无他说。'兴于诗'，兴此心也；'立于礼'，立此心也；'成于乐'，成此心也。"[3]

---

[1] 《朱子语类》卷三十五《论语十七》，《朱子全书》第十五册，第1297页。
[2] （清）王夫之：《礼记章句》卷十九，《船山全书》第四册，第927页。
[3] 《朱子语类》卷三十五《论语十七》，《朱子全书》第十五册，第1298页。

四、集义术

何谓理义？朱熹说："理只是事物当然底道理；义是事之合宜处。"①"理"是当然的道理，"义"是事之合宜处，因而"理义"含公理、道义、适宜之意，扩展一点，亦包括蕴含公理、道义、适宜的义理文字。所谓"集义术"，即将理义作为滋补心态的营养、治疗的方法，或者使心态维持本来状态，或使心态由消极转为积极的方法。王阳明说："欲也者，非必声色货利外诱也，有心之私皆欲也。故循理焉，虽酬酢万变，皆静也。濂溪所谓'主静'，无欲之谓也，是谓集义者也。"②"集义"就是致良知，致良知就是主静，所以主静便可去欲，但只有理义才能主静，因为理义能够纯化、充盈"心"。中国哲学注重理义在养心方面的作用，提出了一些有价值的观念。

1.静心而不躁。中国哲学认为，理义具有"安心"的功能。"心"有躁动不安之时，躁动不安的"心"处于危险状态，容易出问题，所以需要使"心"镇定、冷静。董仲舒认为，如果不能以理义滋养，"心"便不会快乐，"心"无喜悦便会躁动不安。他说："天之生人也，使人生义与利。利以养其体，义以养其心。心不得义不能乐，体不得利不能安。义者，心之养也，利者，体之养也。体莫贵于心，故养莫重于义，义之养生人大于利。"③义与利都是用来滋养人的，利以养其体，义以养其心，如果心不能为义所养，就好比身体欠缺了利一样，因此，"心"缺失了理义便无可乐，无可乐便生窒碍，便空虚，自然就躁动不安了，"心"躁动不安就可能陷于邪僻，从而转为阴暗、消极心态，所以理义之养胜于利欲之养。二程说："君子之学，必先明诸心，知所养，然后力行以求至。……仁义忠信，不离乎心。造次必于是，颠沛必于是，出处语默必于是。久而弗失，则居之安。动容周旋中礼，而邪僻之心无自生矣。"④他们指出，"心"如不安，便会表现在言谈举止、待人接物上，从而可以针对性地贯注仁义忠信，以去除偏邪之念，使"心"安而不躁。胡宏则认为，如能以理义充实心，便能使躁动的心安静下来，他说："夫理，天命也，

---

① 《朱子语类》卷五十九《孟子九》，《朱子全书》第十六册，第1893页。
② 《答伦彦式》，《王阳明全集》上，第204页。
③ （汉）董仲舒：《春秋繁露·身之养重于义》，《董仲舒集》，第207页。
④ 《河南程氏文集》卷八，《二程集》第二册，第577页。

义,人心也。惟天命至微,惟人心好动。微则难知,动则易乱。欲著其微,欲静其动,则莫过乎学。"①对人而言,"理"是必须遵循的原则,"义"则具有无穷尽的用处,因此,人必须对理义有明确的认识和精准的把握,从而融理义于"心",以纯化"心",并监视和把握"心"之行踪,使"心"安而不躁。王阳明认为,心之本体本来就是不动的,但由于人的所作所为背离了义,"心"便躁动不安。他说:"心之本体原是不动的,只为所行有不合义,便动了。孟子不论心之动与不动,只是'集义',所行无不是义,此心自然无可动处。……孟子'集义'工夫,自是养得充满,并无馁歉;自是纵横自在,活泼泼地:此便是浩然之气。"②"心"躁动不安,怎么办? 王阳明引孟子"集义"说,认为孟子不谈心动不动的问题,只要求"集义",因为"集义"意味着理义贯注、充盈"心",意味着所作所为皆得义,养得充裕,纵横自在,哪来躁动不安呢? 王阳明说:"理无动者也,动即为欲,循理则虽酬酢万变而未尝动也;从欲则虽槁心一念而未尝静也。"③理义之所以能使"心"静而不噪,乃是因为"心"完全理义化了。

  2. 公心而不私。在中国哲学中,有一种观点认为心体本善,或者无善无恶,如孟子说:"仁义礼智,非由外铄我也,我固有之,弗思耳矣。"(《孟子·告子上》)如朱熹说:"初来本心都自好,少间多被利害遮蔽。如残贼之事,自反了恻隐之心,是自反其天理。"④但此善心需要养育,不然也会丢失或遮蔽。孟子说:"人有鸡犬放,则知求之;有放心而不知求。学问之道无他,求其放心而已矣。"(《孟子·告子上》)所谓"放心",指的是私利优先而使善心丢失或遮蔽,因而恢复"心"就必须转"私"为"公"。而贯注理义以使"心"转"私"为"公"是一个重要途径。因为以理义充实"心",私利就无法钻空子,就不可能污染"心"。孟子所谓"立大体",就属于养心的方式。荀子认为,"心"需要滋养才能保持健康,而滋养"心"的补品是诚、仁、义等。他说:"君子养心莫善于诚,致诚则无它事矣。惟仁之为守,惟义之为行。诚心守仁则形,形则神,神则能化矣。诚心行义则理,理则明,明则能变矣。变化代兴,谓之天德。"(《荀子·不苟》)诚、仁、义是儒家

---

① (宋)胡宏:《知言·义理》,《胡宏集》,第29页。
② 《传习录下》,《王阳明全集》上,第121页。
③ 《传习录中》,《王阳明全集》中,第72页。
④ 《朱子语类》卷九十七《程子之书三》,《朱子全书》第十七册,第3270页。

的理义，故荀子所强调的就是以理义养心。而实现了以理义养心，也就意味着善心被找回，就意味着筑起了杜绝邪恶污秽的坚实墙壁。朱熹也认为理义足以固本有之善，他说："本心陷溺之久，义理浸灌未透，且宜读书穷理常不间断，则物欲之心自不能胜，而本心之义理自安且固矣。"① 若是理义充溢"心"，邪恶之念则烟消云散，诚如二程所说："教人者，养其善心，则恶自消；治民者，导以敬逊，则争自止。"② 既然理义可以杜绝私欲的侵袭，可以使"心"平和明正，那么，人就该常习义理，以义理灌溉、滋润心，以养成健康的心态。朱熹说："学者须常存此心，渐将义理只管去灌溉。"③ 因而在道问学过程中积累理义，也是去私欲存公心的基本工夫，朱熹说："未知学问，此心浑为人欲。既知学问，则天理自然发见，而人欲渐渐消去者，固是好矣。然克得一层，又有一层。大者固不可有，而纤微尤要密察！"④ 私欲去除，公心灿然。

3. 悦心而不碍。 中国哲学认为，理义受人欢迎，讨人喜爱，具有使人愉悦的功能，人们欣然接受。孟子所谓"集义"，就是以理义悦心、养心，他说："其为气也，至大至刚，以直养而无害，则塞于天地之间。其为气也，配义与道；无是，馁也。是集义所生者，非义袭而取之也。"(《孟子·公孙丑上》)"气"之所以至大至刚，乃是因为"以正义培养"它而不用邪恶伤害它，所谓"以正义培养"，就是以道义浇灌、滋养。所谓"集义"，就是积善，就是行事合乎道义，就是以理义滋润"心"。孟子说："至于心，独无所同然乎？心之所同然者何也？谓理也，义也。圣人先得我心之所同然耳。故理义之悦我心，犹刍豢之悦我口。"(《孟子·告子上》)理义好比牛肉、羊肉等美味佳肴，令人喜悦，令人神往，令人留恋。孟子将理义比作味道鲜美、营养丰富的动物之肉！自然使人满心欢喜，自然有助于"心"的滋养，所以孟子说："以仁存心，以礼存心。"(《孟子·离娄下》)二程认为，仁义礼智不离于"心"，便是养心，就不会生邪僻之心。二程说："今之学者，惟有义理以养其心。若威仪辞让以养其体，文章物采以养其目，声音以养其耳，舞蹈以养其血脉，皆所未备。"⑤ 理义如同威仪辞让、文章物采、动听的声音、优美的舞姿，哪一

---

① 《朱子语类》卷十一《学五》，《朱子全书》第十四册，第332页。
② 《河南程氏粹言》卷一，《二程集》第四册，第1190页。
③ 《朱子语类》卷九《学三》，《朱子全书》第十四册，第305页。
④ 《朱子语类》卷十三《学七》，《朱子全书》第十四册，第390页。
⑤ 《河南程氏遗书》卷二上，《二程集》第一册，第21页。

样不令人爽心悦目呢？不过，理义的魅力显然主要不在于形式，更在于内容，这个内容就是"理义通天下之志之理"。张载说："所谓天理也者，能悦诸心，能通天下之志之理也。能使天下悦且通，则天下必归焉。"①而能"通天下之志之理"的理义，当然是人之本有，与人融为一体，朱熹说："理义是本有，自能悦心，在人如行慊于心。"②为人所本有的理义，贯通所有志趣、所有事理的理义，意味着与"心"融为一片，"心"有何理由不愉悦？相反，如果没有理义，或者不合理义，便会生发羞愧愤懑之心。朱熹说："今则终日无事，不成便废了理义！便无悦处！如读古人书，见其事合理义，思量古人行事，与吾今所思虑欲为之事，才见得合理义，则自悦；才见不合理义，自有羞愧愤闷之心。"③王阳明似乎对理义"悦心"的价值有着特殊的体验，他说："'说'是'理义之说我心'之'说'。人心本自说理义，如目本说色，耳本说声。惟为人欲所蔽所累，始有不说。今人欲日去，则理義日洽浃。安得不说？"④为什么要"存天理"？因为天理可以使"心"喜悦，所谓"理义悦我心"，就是"理义"有益于"心"，能给"心"以滋养。"心"中充满理义，"欲"自然散去，所以王阳明主张"心即理"、"心纯乎天理"，就是以"理义"养心，从而使"心"愉悦。戴震分析了"理义化心"与"非理义化心"的差别，强调了理义的重要性，他说："凡人行一事，有当于理义，其心气必畅然自得；悖于理义，心气必沮丧自失；以此见心之于理义，一同乎血气之于嗜欲，皆性使然耳。"⑤这就是说，悖理义，"心"必然堵塞不通，顺理义，"心"必然畅通无阻，因此，"心"对于理义的渴求，好比血气对欲望的痴迷。

4. 洁心而不污。理义的吸收内化，也能够洁净心中的尘埃、清扫心中的障蔽，使"心"晶莹剔透。如果"心"由于疏忽保养而被污染，怎么办？朱熹说："人心虚静，自然清明；才为物欲所蔽，便阴阴地黑暗了，此阴浊所以胜也。"⑥他主张以理义清洁之。《左传》云："心不则德义之经为顽。"（《左传·僖公二十四年》）"心"如果不效法道德仁义便会固化，而心一旦固化，便会陷于邪恶，因此，只有效法、

---

① （宋）张载：《正蒙·诚明篇》，《张载集》，第 23 页。
② 《朱子语类》卷一百一《程子门人》，《朱子全书》第十七册，第 3370 页。
③ 《朱子语类》卷一百一十八《朱子十五》，《朱子全书》第十八册，3725 页。
④ 《传习录上》，《王阳明全集》上，第 36—37 页。
⑤ （清）戴震：《孟子字义疏证》卷上，《戴震集》，第 272 页。
⑥ 《朱子语类》卷九十八《张子之书一》，《朱子全书》第十七册，第 3309 页。

融释理义，才能免于成为顽固、颓废的心态。因此，必须以德义为准则来规范、滋养"心"，从而冲洗蒙在"心"上的污垢，使之复初。邵雍认为，理义可以滋润身体，同样可以滋润"心"，他说："得天理者不独润身，亦能润心，不独润心，至于性命亦润。"①所谓天理，就是公理、道义。因此，以理义养"心"，仁义忠信不离于"心"，邪恶便无机可乘。张载说："知德者属厌而已，不以嗜欲累其心，不以小害大、末丧本焉尔"②"知德之人知足常乐而已"，正是因为"以理义润心"，使贪婪不牵累天性，从而不会因小失大，舍本求末。因此，"心"的性质完全由理义决定，朱熹说："人心之体，虚明知觉而已。但知觉从义理上去则为道心，知觉从利欲上去则为人心，此人心道心之别也。所谓利欲如口之于味、目之于色之类，非遽不好，但不从义理上去，则堕于人欲而不自知矣。"③既然理义足以改变"心"的性质，使知觉成为道心，那自然要努力以理义充实"心"；而以理义充实"心"，就必须努力学习理义、消化理义，如朱熹说："今只有义理在，且就义理上讲究。如分别得那是非邪正，到感慨处，必能兴起其善心，惩创其恶志，便是'兴于诗'之功。"④"心"一旦理义化，就可以去非除邪、惩创其恶，使"心"复其初。

可见，"集义术"主要表现在静心、公心、悦心、洁心等方面。"静心"谓理义可使"心"安静而不狂躁；"公心"谓理义可使"心"公正而无私；"悦心"谓理义可使"心"通畅而不窒碍；"洁心"谓理义可使"心"洁净不污浊。因此，"集义术"本质上就是充分利用理义的内容，通过熏陶、纯化而使心态平静、无私、愉悦、洁净，就好比五色养目、声音养耳一样，如朱熹说："五色养其目，声音养其耳，义理养其心，皆是养也。"⑤因而必须做到分秒不离理义。或许正因为如此，"心"之理义化，被视为至高无上的任务，如二程说："进学莫先乎致知，养心莫大乎理义。"⑥因此，必须积极地、时时刻刻地做到"理义悦我心"。当然，理义养心，并非有了理义便一劳永逸，而要持之以恒。朱熹说："人之于义理，若见得后，又有涵养底工夫，日日在这里面，便意思自好，理义也容易得见，正如雨蒸郁得成后底意思。

---

① （宋）邵雍：《皇极经世观物外篇衍义》卷八，《邵雍集》第三册，1415页。
② （宋）张载：《正蒙·诚明篇》，《张载集》，第22页。
③ （宋）朱熹：《答董叔重》，《晦庵先生朱文公文集》卷五十一，《朱子全书》第二十二册，第2361—2362页。
④ 《朱子语类》卷三十五《论语十七》，《朱子全书》第十五册，第1298页。
⑤ 《朱子语类》卷九十五《程子之书一》，《朱子全书》第十七册，第3228页。
⑥ 《河南程氏粹言》卷一，《二程集》第四册，第1188页。

若是都不去用力者，日间只恁悠悠，都不曾有涵养工夫。设或理会得些小道理，也滋润他不得，少间私欲起来，又间断去，正如亢旱不能得雨相似也。"①只有持续地以理义滋润，人心才能保持其平和纯洁。总之，理义之于心态滋养和保护，具有培元固本的意义，正如程颢所说："中心如自固，外物岂能迁。"②

五、言善术

中国哲学视宇宙万物为一生机体，物物贯通，而之所以贯通、之所以一体者，气也。孔子说："同声相应，同气相求；水流湿，火就燥；云从龙，风从虎。圣人作，而万物睹，本乎天者亲上，本乎地者亲下，则各从其类也。"（《易传·文言传》）同气相求，故物物感应，进而同类感应，进而善善感应、恶恶感应，如孔子说："君子居其室，出其言，善则千里之外应之，况其迩者乎？居其室，出其言，不善千里之外违之，况其迩乎？"（《易传·系辞上》）中国哲学倡导善善感应，二程就提出："仁则善气也，所感者亦善。"③善善感应有助于彼此的成长，所以在人际交往中，"言善"被认可和推崇。"言善"就是通过言语传递善意以感染人，使其心态向积极的方向转变和调整，此即"言善术"。分而言之，主要表现为如下几个方面。

1. **"言善"就是赠人如兰之语**。孔子说："王言如丝，其出如纶；王言如纶，其出如綍。故大人不倡游言。可言也，不可行，君子弗言也；可行也，不可言，君子弗行也。则民言不危行，而行不危言矣。"（《礼记·缁衣》）孔子认为，想让自己的话收到积极响应，就必须甜言蜜语，而不能装腔作势、毒语毒舌，可以说而不可做的事，不说，可以做而不可说的事，不做，这样，就能做到言论行为互不伤害。可见，孔子对言论的影响有非常深刻的洞察，他认识到善言之无穷力量和魅力，以及引发的积极反应。《易传》云："同心之言，其臭如兰。"（《易传·系辞上》）将善言喻为芬芳的兰草，其香四溢，人人都爱听良言善语。荀子说："与人善言，暖

---

① 《朱子语类》卷九《学三》，《朱子全书》第十四册，第300—301页。
② 《河南程氏遗书·附录》，《二程集》第一册，第328页。
③ 《河南程氏遗书》卷十八，《二程集》第一册，第224页。

于布帛；伤人以言，深于矛戟。"（《荀子·荣辱》）传友善之言给人，会令人备感温暖；而传恶意之言给人，则胜过兵器伤人。可见，"言善"的第一特质就是甜言蜜语，甘之如饴。

2. "言善"就是赞他人之善。《尚书》云："昧昧我思之，如有一介臣，断断猗无他技，其心休休焉，其如有容。人之有技，若己有之。人之彦圣，其心好之，不啻若自其口出。是能容之，以保我子孙黎民，亦职有利哉！人之有技，冒疾以恶之；人之彦圣而违之，俾不达。是不能容，以不能保我子孙黎民，亦曰殆哉！"（《尚书·秦誓》）心胸宽阔，能容人，是至关重要的品质，其具体表现是，别人拥有高超的本领，就好比自己拥有一样；别人拥有崇高的品德，就从内心肯定他、喜欢他，如同从他自己口中说出的一样。这样宽厚有容之人，定能保障子孙百姓享受太平幸福！相反，见本领高超就忌妒厌恶，见人品德高尚就竭力阻挠牵制，使人没有表现的机会。这样心胸狭窄、不能包容的人，怎么可能保障子孙百姓永享太平幸福呢！可见，"言善"就是对他人才能和品德的肯定，人之有技，犹己有之，人之有德，如己出之；从而将善心、善意传递给对方，使对方心情舒畅，而与你同心，并成为你的知己。荀子认为，世上无人不爱听甜言蜜语，所以君子都注意讲话的艺术。他说："凡人莫不好言其所善，而君子为甚。故赠人以言，重于金石珠玉；观人以言，美于黼黻文章；听人以言，乐于钟鼓琴瑟。故君子之于言无厌。"（《荀子·非相》）人人都喜欢谈论自己认可的好东西，君子尤其如此。君子赠人善言，觉得比赠送金石珠玉还要贵重，君子把善言给人看，觉得比辞藻华丽的文章还要好，君子把善言讲给人听，觉得比让人听乐器演奏还要快乐。所以君子不厌其烦地"言善"。一个人不断地从他人的言语中得到夸赞，其"心"不能不喜悦亮堂。

3. "言善"就是善归人、过归我。"言善"的另一表现形式，就是将善归人，将成就、功劳都归人，将过错归己。《礼记》云："善则称人，过则称己，则民不争；善则称人，过则称己，则怨益亡。……善则称人，过则称己，则民让善。……善则称君，过则称己，则民作忠。……善则称亲，过则称己，则民作孝。"（《礼记·坊记》）这就是说，如果人们都能做到"善归人、过归己"，就可以消除争夺之心、怨恨之心，而且能够养成彼此谦让的心态，拥有忠信之心、孝顺之心等良好品质。张载说："君子于天下，达善达不善，无物我之私。循理者共悦之，不循理者共改之。改之者，过虽在人如在己，不忘自讼；共悦者，善虽在己，盖取诸人而为，必以与人焉。善以天下，不善以天下，是谓达善达不善。"①所谓"达善""达不善"，非常清晰地表达了"善归人、过归己"的观念。就是说，如果人做到"无物我之私"，那么无论善还是不善，都能心平气和地对待：人有循理之善，便与之共同分享喜悦；人有不循理之恶，便与之共同改正。因此，"过"虽在人犹如己为，"善"虽在己而归于人。也就是说，善与不善，皆以天下大公为准则，如此"善归人、过归己"的博大胸怀、宏大气象，自然会感染人。朱熹说："善，不是自家独有，人皆有之。我习而自得，未能及人，虽说未乐。"②善，不应独自享有，与他人分享，才是真正的快乐。而且，一要做到"以善予人"，二要做到"以人善为己善"，朱熹解释说："舜之不迷，此恐不足以言之。善为说辞，则于德行或有所未至；善言德行，则所言皆其自己分上事也。此说得之。'善与人同'，以己之善推而与人同为之也。'舍己从人'，乐取诸人以为善，以人之善为己之善也。"③只有做到"以人之善为己之善"，才是"言善"，才能感染人而成就"善心"，舜之于象所为，即明此理也。

4."言善"就是不揭人短。"言善"，不仅要积极地传递善给人，还必须做到不言人恶。因为言人恶，会导致"言善"的成果化为泡影，前功尽弃。孔子深知不揭人恶的重要性，他说："躬自厚而薄责于人，则无怨矣。"（《论语·卫灵公》）如果做事出了问题，首先必须深刻检讨自己，而少指责别人，这是非常有效的处世方式。所以当子贡向孔子提出"子贡与颜回谁贤"的问题时，孔子机智地回答："弗如也，吾与女弗如也。"（《论语·公冶长》）也许孔子就是认为子贡不如颜回，但将"吾"搭进去，效果就超好。第一，老师我都不如颜回，说你子贡不如颜回应该没有什么不高兴的吧？站在子贡的角度想，老师都不如颜回，我还有什么好抱怨的呢？第二，即便子贡有想法：我比颜回强，他也不好意思说出来，因为他要这样说，就等于说自己比老师孔子还强；第三，这种心理暗示法，表明孔子对人的心理是有深入、准确研判的，以"牺牲自己"获得一个想要的结论。孟子则认为，想要揭人之短，就必须考虑到消极后果："言人之不善，当如后患何？"（《孟子·离娄下》）这表明孟子认识到"言人之短"可能给自己带来祸患，也就意味着言人之不

---

① （宋）张载：《正蒙·中正篇》，《张载集》，第29页。
② 《朱子语类》卷二十《论语二》，《朱子全书》第十四册，第678页。
③ （宋）朱熹：《答程允夫》，《晦庵先生朱文公文集》卷四十一，《朱子全书》第二十二册，第1877页。

善，不仅给对方带来烦恼，也必给自己带来不利，造成心态矛盾和冲突，因此，多言人之善，勿暴人之恶，无疑是有益于健康心态培育的。

5. "言善"就是明辨是非。"言善"也包括明辨是非，即"言善"意味着对是非的判断。"言善"并非和稀泥，并非没有原则，反而是是非分明。王充认为，如果缺乏善心，就会是非不分，颠倒黑白，善恶不辨。他说："无善心者，白黑不分，善恶同伦，政治错乱，法度失平。故心善，无不善也；心不善，无能善。心善则能辩然否。然否之义定，心善之效明，虽贫贱困穷，功不成而效不立，犹为贤矣。"① 这就是说，如果一个人能怀抱、挺立一颗善心，并将善心传播，那就能做到是非分明、善恶两清，不会因为贫富穷达而受影响。张载认为，善善、恶恶是相互感应的，善必有善呼应，恶必有恶呼应，从而辨明善恶。他说："鹤鸣而子和，言出之善者与！鹤鸣鱼潜，畏声闻之不臧者与！"② 鹤在树荫下鸣叫，其幼子也附和叫声，这说明鹤鸣为善，而当鹤在田野上鸣叫，鱼闻其声而潜伏水里，这说明鹤鸣为恶，所以，人应该努力言善，多传递善给人。张载说："象忧喜，舜亦忧喜，所过者化也，与人为善也，隐恶也，所觉者先也。"③ 根据文献记载，象一直想置兄长舜于死地，但都没有成功，而舜对象的恶行了然于心，所以"象忧亦忧、象喜亦喜"，完全将象的所为内化于心而包容之，这就是与人为善，而隐匿其恶，以至于最后象为舜的大善所感化，阴暗之"心"转变为光明之"心"。可见，"言善"即隐含了对是非的判断，是善恶的标尺。

总之，言善术也是中国哲学特别重视的一种治疗问题心态的方法。对中国哲学而言，"言善"的理论基础是万物一体的宇宙论和人心本善的心性论。万物一体的宇宙论主张物物感通、同类感应，进而善善贯通、善善感应；人心本善的人性论主张人有先天之善性，人皆有趋善之心理，因而"言善"必然会得到发自内心的呼应。因此，言善术是中国哲学基本观念的逻辑推论。中国哲学不仅阐明了言善术的理论根基，而且探讨了言善术的具体方式。首先必须保证所言是"善"的，即甜蜜的、柔和的、诱人的；其次是所言必须含有对人肯定、夸赞之意；再次是所言将善归人、将过归己；再再次是所言不揭他人之短，隐恶扬善；最后是所言能辨别

---

① （汉）王充：《论衡·定贤篇》，《论衡校释》，第1119—1120页。
② （宋）张载：《正蒙·乐器篇》，《张载集》，第57页。
③ （宋）张载：《正蒙·作者篇》，《张载集》，第38页。

是非。这样,言善术不仅表现出丰富性,而且有很强的针对性,从而在治疗问题心态方面获得积极效果。朱熹说:"以善及人而信从者众,则乐。"① 二程说:"自得而至于无我者,凡善言美行,无非所过之化。"② 就是说,言善术的积极意义并不限于个体心态,而且能扩展到社会心态。概言之,中国哲学对言善术的根据、内涵、特点以及治疗方式和效果等,都表现出深刻独特的识见。

基于治疗问题心态五种方式的提出过程,以及关于五种治疗问题心态方式内容的陈述,或可做如下推论:

其一,五种治疗问题心态方式的理论基础是中国哲学的基本理念。何以如此说?"自省术"意味着主体先天具有自善的自觉,而自善之自觉是建立在"人先天具有善性"这一中国哲学基本理念之上的;"制欲术"意味着保护善心以限制"欲"为前提,而"限制欲以保护善心"的理论基础是"以义求利"这一中国哲学基本理念;"集义术"意味着通过理义的熏陶使"心"得以纯洁、平和,而理义是正气,是气之精华,所以通过理义熏陶以纯洁"心"是建立在"立正气以养心"这一中国哲学基本理念之上的;"范导术"意味着以礼乐的感化使"心"中正平和,而以礼乐的感化使"心"中正平和是建立在"中和为大本达道"这一中国哲学基本理念之上的;"言善术"意味着通过传递善以感化人心而使之纯美祥和,而通过传递善以感化人心是建立在"物物相通,同气感应"这一中国哲学基本理念之上的。因此说,此五种治疗、化解问题心态的方法,其理论基础是中国哲学的基本理念,从而也就规定了治疗问题心态方法的中国特色。

其二,五种治疗问题心态的方式构成了一套有机互补的方法体系。如上讨论表明,自省术、制欲术、集义术、范导术、言善术等治疗、化解问题心态的方式,各具独特功能和价值。"自省术"要求自我检讨、自我反省,时刻对自我心理、动机等进行监视和照察,以及时把握心态的状况,从而抑制阴暗心态的发生;"制欲术"是通过对欲望的控制、规范和引导以保护心态不受污染和伤害,强调根据欲望的强弱、多寡采取针对性制欲措施,从而引导欲望合理地运行,使"心"处于平和状态;"集义术"是通过理义的熏染,使理义融入于"心"而使"心""纯乎天理",实现理义与心态融合而夯实心态健康的基础;"范导术"是通过礼乐的推行和播送,

---

① 《朱子语类》卷二十,《朱子全书》第十四册,第677页。
② 《河南程氏粹言》卷一,《二程集》第四册,第1189页。

"礼"以规范言行,"乐"以感化人心,使礼乐内含的营养成分转化到"心"中,从而使"心"处于中正平和状态;"言善术"是通过传递善以感染对方,使言语中的"善"浸入心并善化之,从而呈现乐观向上之心态。可见,五种治疗问题心态的方法各有其独特功能,各有其解决方式,各有其不同功效,从不同方面为治疗、化解问题心态发挥了作用,构成了功能多样、相互补充的治疗、化解问题心态的方法体系。

其三,五种治疗问题心态方式提出过程中所表现出的心理学启示。不难看出,中国哲学提出五种治疗问题心态方式的过程中,涉及诸多心理学问题。比如,关于问题心态的来源,既然需要控制欲望保护心态,说明"欲"与问题心态发生有关;既然理义有助于心态的滋养,说明理义对问题心态的治疗具有特殊的价值;既然礼乐的推行和播送对于心态的健康具有积极意义,说明礼乐与心理存在密切关系;既然言善有助于化解心态郁结,说明语言对于心理有着直接的影响。再如,心态问题出现后,可派上五种不同的治疗方式,说明心态问题错综复杂,既要有针对性,又要有综合性。特别需要关注的是,无论是自省术、制欲术、范导术、集义术,还是言善术,由谁来反省?由谁来制欲?由谁来范导?由谁来集义?由谁来言善?令人惊讶的是,中国哲学提出了探索性答案。荀子说:"人之所欲生甚矣,人之恶死甚矣;然而人有从生成死者,非不欲生而欲死也,不可以生而可以死也。故欲过之而动不及,心止之也。心之所可中理,则欲虽多,奚伤于治?欲不及而动过之,心使之也。"(《荀子·正名》)就是说,人的言行,皆由"心"主宰,这就是"以心治心"。那么"心"何以治理自己呢?"心"具有双层结构,"心以藏心,心之中又有心焉"(《管子·内业》)。人心(识神)之中潜藏着、保藏着道心(元神),这个元神就是"道心",朱熹说:"只是这一个心,知觉从耳目之欲上去,便是人心;知觉从义理上去,便是道心。"①"道心、人心,本只是一个物事,但所知觉不同。'惟精、惟一',是两截工夫;精,是辨别得这个物事;一,是辨别了,又须固守他。"②所谓"精一",就是以"道心"主宰"人心",使"人心"安定、平和。因此,中国哲学实际上将"心"分为双层结构,一为"道心",一为"人心",而"道心"是主持反省的"心",是能够使心态安定、平和的"心"。这种讨论蕴含的问题是:

---

① 《朱子语类》卷七十八《尚书一》,《朱子全书》第十六册,第 2663 页。
② 《朱子语类》卷七十八《尚书一》,《朱子全书》第十六册,第 2664 页。

"心"是否真正存在双层结构？双层结构的"人心""道心"为什么性质完全不同？"道心"为什么能处于主宰地位而使"心"处于平和状态？等等。可见，中国哲学提出治疗问题心态方式的同时，还触及诸多心理学的问题，从而引发了心理学方向的思考。

其四，五种治疗问题心态方式之于当代中国社会心态问题的意义。心态问题在当今中国社会仍然是重大课题，据相关文献统计，当今社会，人们的心态总体上是积极、乐观的，但仍然存在较为严峻的心态问题。比如，公共事务上的冷漠心态、职业观上的浮躁心态、人生观上的娱乐化心态、生活观上的厌世心态、价值观上的虚无心态，等等。这些问题心态的产生有着错综复杂的原因，所以需要综合多种方法加以诊治。而中国哲学提出的自省术、制欲术、范导术、集义术、言善术等方式，显然是有其独特且实际意义的。"自省术"要求人时刻反省自己的心态以监视其变化，从而防止问题心态的萌发；"制欲术"要求对私欲与公心的关系有合理的把握，从而防止私欲对心态的浸染；"范导术"通过"礼"对言行的规范和通过"乐"对"心"的感化，从而培育平和心态；"集义术"借助理义的浇灌和滋养，使"心"纯美刚强，从而抵御邪念的侵袭；"言善术"通过传递善以唤醒、激活内在善性，从而使"心"光明灿烂。可以说，中国哲学提出的五种治疗问题心态的方式，具体而合乎人情，如能加以宣传和推广，对当代中国社会中积极心态的护养和问题心态的改善都有其独特的价值。

第二章　心态之为阳明心学课题

人的心理状态，时好时坏，起伏不定，这是正常现象，但如果人的心态走向极端，社会心态普遍不健康，就会对生命和社会造成伤害。所以，心态是需要认真对待的重要课题。那么，心态何以成为王阳明心学的课题呢？首先是王阳明所处时代的社会心态恶化，其次是王阳明对消极心态危害的自觉，最后是儒学关于心态问题的智慧的启发。

第一节　颓废与嬗变的时代

任何思想的生发都离不开其社会历史环境，王阳明关注心态问题并由此形成的心态思想当然离不开相应的社会历史环境。如下基于相关文献，对王阳明所处的历史文化环境和社会状况予以简要介绍。

一、危机四伏与文化专制

王阳明所处的时代，适逢明朝由稳定向危机、衰败转变的时期。在这样一个特殊的时代，政治生态、经济秩序、思想文化等方面都表现出特殊的情势。如下即对这种特殊的情势进行概括性介绍。

农本固然，商末渐涨。王阳明所处的时代，封建社会的商品经济有了长足发展，资本主义经济开始萌芽，相应地，传统的自然经济逐渐被破坏。明王朝建立之初，经历战乱的中华大地，人烟稀少，土地荒芜，经济凋敝，百废待兴。为了使国家走向正轨，恢复社会活力，明朝政府制定新政策，采取了一系列措施，使经济逐步从战乱中恢复过来，并得到了发展。

首先是对土地制度进行改革，推行新的土地制度。比如，没收前朝官田和豪强地主的田地，划分为官田和民田，其中官田用于赏赐功臣或出租给平民，民田则免除或减轻赋税。再如，实行屯田制度与禄田制度。所谓屯田，是指为了安置流民、供给军粮、开发边疆而组织的垦荒活动。所谓禄田，是指为了补充官员俸禄而赐予的田地，拥有禄田者主要是公主、勋戚、诸王、大臣等，这些人可以经营或出租禄田，但不允许随意转让。另外，明朝政府还实行了永佃制度与自耕制度。永佃制度是指佃农在按要求交纳地租的前提下，可以永久租种田地，并且有权继承，也可转让田地使用权；自耕制度则是指农民自有或承领一定数量的田地，可以自己耕种，也可以雇他人耕种，由此农民对土地拥有了完全的支配权，也有了更多的经济自主性。此外，明朝政府还推行了一系列非常有效的措施，如"永不为奴"，即禁止地主以债务或其他方式剥夺农民的人身自由；如"永不加赋"，即规定每户每年只需缴纳一定数量的钱粮，不得随意增加；如"永不移徙"，即规定农民可以自由选择居住地，不受官府干涉；如"永不卖地"，即规定农民不能出卖自己的土地，以防止土地兼并。这些政策措施对稳定阶层关系、推动生产，都产生了积极影响。

明朝初期奉行"重本抑末"政策。朱元璋曾经说过："若有不务耕种，专事末作者，是为游民，则逮捕之。"而且，明朝承袭前朝旧制，对重要商品如盐、茶等实行专营制度。明朝法律规定，盐和茶必须由国家专卖，商人需要向官府交钱购买"盐引"和"茶引"。"引"是商人从事商业活动的凭证。这样，朝廷依靠国家权力，将有市场、利润大的商品垄断在自己手里，任意压缩民间商业的经营范围，从而极大地限制了民间商业的发展。不过，从明朝中期开始，商人地位逐步提高，经商取得成功被认为在价值上等同于读书有成，社会上出现了"亦贾亦儒""弃儒就贾"现象。商业的发达，不同地区生产的具有地方特色的商品进入市场交换，促使社会分工日益细密。随着商品经济的繁荣，各地逐步形成了按籍贯区分的商人集团，名为"商帮"，如徽州商帮、广东商帮、福建商帮、江西商帮、晋陕商帮、苏州商帮等，这些商帮以"会馆"为联系场所，互相支持，越做越大，极大地推动了明朝商业的发展。

明朝政府对手工业也非常重视。明朝前期有两类手工业生产组织，即官营和私营，官营手工业的生产规模非常大，常有数十万技术高超的工匠轮番劳动，而且行业多、分工细。明朝初期，政府制定了匠籍制度，就是将工匠分为轮番匠和住坐匠两种，前者每三年到京城服役三个月，后者固定做工，每月有三分之一的时间为官府做工，口粮由国家支给，其余三分之二的时间自由支配。这种形式使工匠有了较多的人身自由，从而提高了生产积极性。明朝的贸易呈现由紧到松的态势。明朝初期立法严禁海上贸易，如有违反者，轻则杖一百，重则处绞刑或斩刑。但永乐至嘉靖初期，海禁政策有所放松，海上的私人贸易迅速发展。矿冶业的政策非常严格，对非金属，允许自由采矿，官府征税；而金、银等贵金属矿，只能由官府经营，而且，那些与国计民生关系较大的铁、铜、铅、锡等矿藏，也必须得到官府的允许才能开采，如果有人私自开挖，则以"窃盗罪"论处。在税收政策方面，主要有田赋和商税。所谓田赋，就是先丈量天下土地，然后将数额列入"黄册"，也就是户口册，同时详细登记居民的丁口和产业情况，作为征税的依据。田赋还分夏税和秋税两种，官田亩税达到五升多，民田亩税则三升多，重租田更高，足足有八升多。有所谓商税，分为营业税和通过税，前者是三十税一的商税，后者是商品通过关口的关税。应该说，明朝前期的税收政策对于促进生产发展、繁荣经济具有积极意义。但到了明朝中期，由于赋役名目繁多，负担加重，人民纷纷逃亡，生产秩序遭到破坏。

明朝建立后，为发展经济，政府制定了一系列政策和措施，为经济发展和繁荣创造了一定的条件。但到了明朝中期，经济发展出现了新的变化。这些变化包括：第一，就商业经营模式而言，传统的单体自营经营模式逐渐向多种形式并存的经营模式转变，行会制度的商业组织形式得到了广泛的发展和应用；第二，就商品生产方面言，传统的手工业生产模式面临困境，而商业化生产逐渐得到了发展；第三，就商品流通而言，市场从以集市为主导逐渐向以城市为主导转变；第四，随着货币白银化和商品经济兴起，农业劳动者纷纷脱离土地的束缚，参与到商业经营中。这就是王阳明心学产生的社会经济背景——封建社会开始解体、商品经济初步发展而势头强劲。王阳明曾慨叹说："嗟乎！昔王道之大行也，分田制禄，四民皆有定制。

壮者修其孝弟忠信，老者衣帛食肉，不负戴于道路，死徙无出乡，出入相友，疾病相扶持，乌有耄耋之年而犹走衣食于道路者乎！周衰而王迹熄，民始有无恒产者。然其时圣学尚明，士虽贫困，犹有固穷之节；里闾族党，犹知有相恤之义。逮其后世，功利之说日浸以盛，不复知有明德亲民之实。士皆巧文博词以饰诈，相规以伪，相轧以利，外冠裳而内禽兽，而犹或自以为从事于圣贤之学。"① 在王阳明看来，经济萧条，民贫国弱，缘于人心败坏、邪说滋炽，人心败坏、邪说滋炽则圣人之学式微，因而复兴圣人之学便成为其神圣使命。

纲纪重振，危机四伏。明朝初年在政治上的第一件大事可能是废除丞相制度，由六部向皇帝直接负责，君权与相权合一，以加强皇帝的权力。明初政治体系本来实行行政权、军权、监察权三权制衡的体制，但后来监察权被废止，导致国家体制失衡。后来，由于皇帝无法处理所有的国家事务，洪武十五年开始增设殿阁大学士，作为皇帝的顾问，并逐渐形成内阁制度。后来内阁的地位逐渐升高，内阁首辅成为事实上的丞相，虽无丞相之名，但有丞相之实。另外，以都察院御史和六科给事中组成的言官队伍，虽然品位不高，但政治地位很高，对上，他们规谏皇帝，左右言路；对下，他们弹劾、纠察百司、百官，巡视、监察地方吏治等。言官的权力相当大，从皇帝到百官，从中央到地方各级部门，从国家大事到百姓生活，都属于言官的监察范围，威慑着百官安分守道、各司其职，甚至要求皇帝本人的所作所为也必须符合天道。此外，翰林院、六部、内阁的官员也多次成为诤谏刺劾的主力。这样，皇帝是权力的来源，既能给人权力，又能剥夺权力，而且掌握着每个人的生死，但皇帝的权力也受到了约束，所以明朝中期的许多皇帝为了权力也要和大臣们进行激烈的斗争。为了巩固中央集权，皇帝需要对国家的情况有全面的了解和掌控，因此"天子耳目之官"自然是不可或缺的。但后来的事实证明，朱元璋搞出的一批殿阁大学士，除了名字与丞相不同外，实际上和丞相并没有什么区别。具有讽刺意味的是，他们的权力要远远大于前朝的任何丞相，无论是国家大事，还是皇帝的私事，他们无孔不入、无事不管。明朝政治另一个重要特色是宦官专权。宣宗时期，杨士奇、杨荣、杨溥等"三杨"入阁，标志着明朝政治的重大变化，那就是宣宗批准内阁在奏章上以条旨陈述己见的"票拟"

---

① 《书林司训卷》，《王阳明全集》上，第 313—314 页。

制度，同时授予宦官机构"司礼监""批红"的权力。"票拟"制度虽然在一定程度上可以补救皇帝不愿面见阁臣的弊端，但由于内阁大臣与皇帝沟通完全依赖"司礼监"，从而开启了明朝宦官专权的大门。为了加强对全国臣民的监视，明朝皇帝先后设立特务机构锦衣卫、东厂和西厂，东厂和西厂由宦官统领，宦官的权势达到了无以复加的地步。

明朝政府在思想控制上，可以说是登峰造极。明朝自建立那一刻起，为了巩固政权，推行了一系列控制思想的措施。"文字狱"是中国古代控制思想的一种重要方式，如周厉王的"防民之口"、秦始皇的"焚书坑儒"、东汉的"党锢之祸"、北魏的"国史之狱"、北宋的"乌台诗案"等，莫不如此，明王朝不仅继承下来，而且将其手段发挥到极致。这里罗列部分案例以明之。被誉为"明代最伟大诗人"的高启，孤高耿介，厌烦朝政，不慕功名利禄，一次为苏州知府写《郡治上梁文》，竟招来杀身之祸。苏州府衙曾是朱元璋死敌张士诚的宫殿遗址，高启的文中又有"龙盘虎踞"一词，朱元璋知道后非常生气，竟以此为借口将高启腰斩，并且牵连了数十人。御史张尚礼曾作诗句："庭院深深昼漏清，闭门春草共愁生；梦中正得君王宠，却被黄鹂叫一声。"朱元璋认为这首诗是对宫闱的描写，进而断定这位小小的监察御史不安分，是犯上，于是将其阉割致死。兖州知府卢熊把"兖"错写成"衮"，被朱元璋视为不敬，赐死。中书詹希原给太学写匾额，不小心"门"字少写了最后一钩，被视为阻碍纳贤，赐死。甚至连僧人也不放过，僧人一初作诗"见说炎州进翠衣，罗网一日遍东西"，被怀疑是对明太祖刑法的抨击，赐死。而对一些怀念元朝的儒生，朱元璋采取杀害、抄家的办法，逼迫他们效忠，所谓"率土之滨，莫非王臣。寰中士大夫不为君用，是自外其教者，诛其身而没其家，不为之过"。但这也挑起了武将与文官之间的矛盾。朱元璋读《孟子》，当读到"民贵君轻"四个字时，勃然大怒，下令将孟子牌位撤出孔庙，删改《孟子》一书，只留下其喜好的三分之二。朱棣夺取政权后，不允许他人质疑其权力的合法性，当靖难之役和建文帝出走传闻被编成戏剧在民间传播时，朱棣勃然大怒，下令将这些剧本全部焚毁，并追杀作者和收藏者，牵连多人。

尽管明朝皇帝极力维护其政权，也取得了一些成效，但由于根本性矛盾一直存在，导致农民暴动连绵不断。这些根本性矛盾的外化就是政治黑暗腐败、土地兼并严重、阶级矛盾激烈。据统计，洪武年间发生过三十三起农民暴动，永乐年间爆发过十六起,正统年间爆发过十一起,景泰年间爆发过三起,成化年间爆发过十起,正德年间爆发过七起。其中以正统年间的叶宗留、邓茂七暴动,成化年间的荆襄流民暴动和正德年间的刘六、刘七暴动为三个高潮。这三个高潮间隔很短,明王朝刚平息一次暴动,紧接着又是一次新暴动,真可谓此起彼伏,而且范围遍及全国各地。参加暴动的人员成分复杂,涉及各个阶层,既有佃农、流民、矿工,也有渔民、炉主、粮长和生员,甚至一些中小地主也参与其中。这些农民暴动对明朝的统治产生了极大的负面影响。

明王朝建立后,在政治上推行了一系列政策和措施,使国家处于相对稳定和平时期,人民得以休养生息。但是,第一,政治权力高度集中,统治集团内部矛盾重重,错综复杂,暗潮涌动。第二,宦官专权,国家法律成为宦官集团的工具,为所欲为,行政不畅。第三,思想钳制极端严重,全方位地对人民言论、思想进行控制,并且产生消极效应,导致文人不敢针砭时事,反而兴起了歌功颂德的"台阁体"诗文,无情扼杀人民的创造性。而且,由于"寰中士夫不为君用,其罪者皆至抄札"的刑法禁束,即便是隐居的文人也噤若寒蝉,如"吴中三高士"之一的王宾以逃避征辟为荣,这就是当时文人的心态。第四,农民暴动频发,相继爆发的农民暴动,严重伤害了大明王朝的国体。而这种情势,王阳明似乎深有体会,也在他的认知之中,他说:"夫自古纪纲之不振,由于为君者垂拱宴安于上,而为臣者玩习懈弛于下。今朝廷出片纸以号召天下,而百司庶府莫不震栗悚惧,不可谓纪纲之不振,然而下之所以应其上者,不过簿书文墨之间,而无有于贞固忠诚之实,譬之一人之身,言貌动止,皆如其常,而神气恍然,若有不相摄者,则于险阻烦难,必有不任其劳矣,而何以成天下之亹亹哉?"①

文化复兴,思想专制。在思想文化方面,明朝政府也推出了一系列政策措施,促进了文化的发展,但封闭保守仍然是主流。其一是八股取士的推行。明朝继承了科举考试的传统,但也进行了一些改革。首先,儒家经典被规定为科举考试的唯一内容,而答案只能以程朱理学为标准,这样,程朱理学就"不幸"成为禁锢人民思想的工具。科举考试是读书人升官发财、光宗耀祖的主要途径,因而他们不得不服从科举考试的规定而逆来顺受。为了更好地使科举考试成为维护统治的工具,

---

① 《策五道》,《王阳明全集》中,第957页。

明朝统治者还对科举考试内容与方式进行了改革,最重要的措施就是推行"八股"取士。科举考试科目共分三场:第一场考经义,即"四书""五经";第二场考实用文体写作;第三场考时务策论,就是让考生对案例进行分析,类似应用文写作。因此,应付科举考试只要背好"四书""五经"就行了,题目只从这里面出;写文章的字数不能超过五百字。"八股文"分为破题、承题、起讲、入题、起股、中股、后股、束股等八股,而且规定后四个部分不能随意写,必须用排比对偶句,要求十分僵化,多写或少写一个字都不行,所以考生为了凑字数,只能一边写,一边乱编,以达到对偶的效果。这样的文章,文字表面上看起来十分齐整,但细看之下,内容干瘪,废话满篇。因此,八股考试选出的"人才"很多都是书呆子。王阳明说:"后世不知作圣之本是纯乎天理,却专去知识才能上求圣人。以为圣人无所不知,无所不能,我须是将圣人许多知识才能逐一理会始得。故不务去天理上着工夫,徒弊精竭力,从册子上钻研,名物上考索,形迹上比拟。知识愈广而人欲愈滋,才力愈多而天理愈蔽。"① 王阳明虽然不反对科举取士制度,但他显然对明朝科举考试的内容和形式颇有微词。

其二是程朱理学的复兴。明朝建立后,统治者为了论证其政权的合法性,为了维持政权的稳定,自觉地建立起相应的意识形态,而根据历史经验,最有效的意识形态便是儒家思想,特别是程朱理学。朱元璋自称"以理学开国",并认为"圣人之道,所以为万世法"。那么,明朝究竟采取了哪些措施来推行程朱理学呢?一是以儒家经典、程朱理学为教育内容。明朝的官方教育和科举考试内容都以儒家经典和程朱理学为主。明朝前期的官办学校如国子监或太学中的学生学习的内容,以"四书"、"五经"、《大明律令》等为主;而科举考试的内容皆不在儒家经典和程朱理学之外,以"四书""五经"为出题范围,其中"四书"必须以朱熹《四书章句集注》作为解释依据,考生只能对"四书""五经"中的某句话进行阐发,其所阐发的义理要以朱子之说为标准。王阳明说:"世之学者,章绘句琢以夸俗,诡心色取,相饰以伪,谓圣人之道劳苦无功,非复人之所可为,而徒取辩于言词之间。古之人有终身不能究者,今吾皆能言其略,自以为若是亦足矣,而圣人之学遂废。则今之所大患者,岂非记诵词章之习!而弊之所从来,无亦言之

---

① 《传习录上》,《王阳明全集》上,第32页。

太详、析之太精者之过欤！"① 在王阳明看来，程朱理学沉湎于经书，醉心于考据训诂，追求辞藻的华丽，好辩蹈虚，于世有害无益。二是广兴学校，传播儒家经典。朱元璋十分重视学校教育，所谓"天下兴学，以六艺为教"。明初及以后，无论是在中央设立国学，还是在地方设立府、州、县学，以及在民间设立社学，等等，都必须以讲授儒家经典为主。朱元璋则希望群臣能"以道事朕"，就是以儒学的政治理念辅佐他。此外，朱元璋亲力亲为，自觉地学习儒家经典，以为天下表率。朝廷还征召天下的大儒教育皇室儿孙，而各个藩王府内的长史等官员亦皆由儒生担任，如明初大儒宋濂、方孝孺等，他们都是程朱理学的信徒。三是编撰儒家经典，使程朱理学成为统一学者思想的标准。以明初钦定三部理学"大全"——《五经大全》(《周易传义大全》《书传大全》《诗经大全》《礼记集说大全》《春秋集说大全》)、《四书大全》(《论语》《孟子》《大学》《中庸》)和《性理大全》(内容为宋代理学著作与理学家的言论，相当于一部关于理学的百科全书)为标志，程朱理学成为官方认定的唯一正统之学，成为官方统一意识形态的理论工具，确立了程朱理学在学术、社会、政治等领域的独尊地位。而且，考试答题、言谈举止等都必须合乎朱子的解释或思想，正如清代朱彝尊所描述的："世之治举业者，以四书为先务，视六经为可缓；以言《诗》《易》，非朱子之传义弗敢道也；以言《礼》，非朱子之家礼弗敢行也；推是而言《尚书》言《春秋》，非朱子所授，则朱子所与也；道德之一，莫逾此时矣。……言不合朱子，率鸣鼓百面攻之。"② 这样，程朱理学成了那个时代的绝对真理。王阳明认为，学术乃天下之公器，不为某个人私有，更不应成为绝对准则，他说："夫道，天下之公道也。学，天下之公学也。非朱子可得而私也，非孔子可得而私也。天下之公也，公言之而已矣。"③ 总之，明初通过一系列的政策措施，迅速确立了程朱理学在国家和社会中的主流意识形态地位，成为一尊，薛瑄评价说："自考亭以还，斯道已大明，无烦著作，直须躬行耳。"④ 程朱理学逐渐沦为官方统一意识形态的工具而完全异化，不仅自身丧失了创造力，而且导致社会沉闷、毫无生气。王阳明说："天下所以不

---

① 《别湛甘泉序》，《王阳明全集》上，第257页。
② （清）朱彝尊：《曝书亭集》下，国学整理社1937年版，第434—435页。
③ 《答罗整庵少宰书》，《王阳明全集》上，第88页。
④ （清）张廷玉等：《明史·薛瑄传》，中华书局1974年版，第7229页。

治，只因文胜实衰，人出己见，新奇相高，以眩俗取誉，徒以乱天下之聪明，涂天下之耳目，使天下靡然争务修饰文词，以求知于世，而不复知有敦本尚实、反朴还淳之行。"①天下为什么不能得到良好的治理？就是因为人们务虚名轻实事，争出己见，沽名钓誉。

其三是书院的废建。书院萌芽于李唐时期，兴盛于赵宋王朝，是宋代各学派的思想根据地。明朝初期，由于加强思想控制，大兴文字狱，致使民间学术活动凋零，书院全面走向了衰落。大概是认识到书院自由的学风不利于明王朝的专制统治，明朝统治者不重视、不提倡、不鼓励书院教育，比如，白鹿洞书院毁于元末战火，直到1438年才重建，荒废达87年之久。事实上，明朝的书院已沦为名副其实的科举考试的"培训班"。不仅如此，明朝还大规模地打击书院教育。最直接的打击方式就是大力提倡科举，将科举与学校教育紧密结合起来，规定"科举必由学校"。这就促使读书人为了获得功名利禄，纷纷趋向官学，书院几乎无人问津，受到冷落。因此，书院在明朝前期一个相当长的时段内处于沉寂状态。不过，这一时期还是新建了一些书院，如洪武年间兴建的龙津书院，永乐年间兴建的坞溪书院，宣德年间兴建的崧台书院，正统年间兴建的桐墩书院，景泰年间兴建的位于浪穹的龙华书院，天顺年间兴建的龙溪书院等。当然，这些书院的规模都不大，也没什么名气，更没有什么大规模的教学活动，因而总体上未能改变明代前期书院沉寂之局面，但积极的方面是，保留了自由思想的种子。

概言之，明朝前期在政治上是集中的、稳定的，但同时隐藏着深刻的、不可调和的矛盾；在经济上是组织的、计划的，但到明朝中期，资本主义经济开始萌芽，市场经济逐步活跃起来，传统的经济模式开始走向解体；在文化上是单一的、僵化的，但种下了自由思想的种子，被压抑的思想随时都可能爆发。这就是酝酿王阳明心学的时代大势。王阳明说："今天下波颓风靡，为日已久，何异于病革临绝之时。"②山雨欲来风满楼，这不仅表现了王阳明的淑世情怀，也反映出他对世势的敏锐嗅觉。

---

① 《传习录上》，《王阳明全集》上，第9页。
② 《答储柴墟二》，《王阳明全集》中，第897页。

二、礼制崩坏与民风衰薄

王阳明所处的时代，社会风气、人们的心态是怎样的情状呢？考之历史文献，关于王阳明所处时代的社会风气状况有丰富、翔实、生动的记载，这里罗列部分文献以供考察、分析。

奢靡之风盛行。在物质资料消费上，中国传统社会中的主流习俗是崇尚节俭，但到了明朝中期，淳朴之风成为历史，奢靡之风盛行。在穿着上，本来朝廷对服装有严格的等级规定，但这种禁令在明朝中后期荡然无存，人们不管有无条件，无不以追求奢侈为风尚。《松窗梦语》记载："人皆志于尊崇富侈，不复知有明禁，群相蹈之。如翡翠珠冠、龙凤服饰，惟皇后、王妃始得为服；命妇礼冠四品以上用金事件，五品以下用抹金银事件；衣大袖衫，五品以上用纻丝绫罗，六品以下用绫罗缎绢；皆有限制。今男子服锦绮，女子饰金珠，是皆僭拟无涯，逾国家之禁者也。"① 如温州的富家子弟，"旧时男女俱尚布衣，今富家子弟多以服饰炫耀，逮舆隶亦穿绸缎，侈靡甚矣"②。人们的着装已经不再是简单的粗麻布衣，有点经济条件的人都毫无顾忌地穿着绫罗绸缎。而且，在吃、用方面也都极度奢侈，而且相互斗富："窃照近年民俗，日事奢侈，富贵之族，食禄之家，穷奢极巧，骄肆无度，至有一服器价值千金，一筵宴用费万钱，军民僧道皆得以服锦绣服，金线之靴，倡优下贱皆得以用宝石首饰，金织衣袍。床帏屋壁拟于宫阙，饮食器皿督以金玉，惟事斗丽而夸多。"③ 这种奢侈之风并非仅流行于上层阶级，而是上行下效，无论贵贱，皆追逐奢靡："近来风俗尚侈，无论贵贱，服饰概用织金宝石，饮宴皆簇盘糖缠，上下仿效，习以成风。"④ 全国上下，攀比斗富，追逐奢侈，淳朴之风散尽，侈靡之风涌起，百姓皆舍本逐末："今也散淳朴之风，成侈靡之俗，是以百姓就本寡而趋末众。"⑤

逐利之气漫溢。人们不仅追求奢侈生活，而且追逐利益，因为奢侈的生活要

---

① （明）张瀚撰，萧国亮点校：《松窗梦语》卷七《风俗纪》，上海古籍出版社1986年版，第123页。
② （明）汤日昭、王光蕴纂修：《温州府志》卷二，《四库全书存目丛书·史部》第二百一十册，齐鲁书社1996年版，第516页。
③ 《申明僭用服饰器用并捉究制造人匠问罪例》，（明）戴金编：《皇明条法事类纂》上册，东京大学附属图书馆馆藏钞本，东京古典研究会1966年影印版，第546页。
④ 《明宪宗实录》卷八十六，"中央研究院"历史语言研究所1962年版，第1676—1677页。
⑤ （明）张瀚撰，萧国亮点校：《松窗梦语》卷四《百工纪》，第68页。

以金钱为基础。儒家讲究以义求利,但明朝中期以后逐利成风,看到从商能够获得更多金钱,人们纷纷弃本从末。何良俊说:"去农而为乡官家人者,已十倍于前矣……去农而蚕食于宫府者,五倍于前矣。"① 人们之所以改行,就是冲着金钱利益而去,"昔日逐末之人尚少,今去农而改业为工商者三倍于前矣。昔日原无游手之人,今去农而游手趁食者又什之二三。大抵以十分百姓言之,已六七分去农矣"②。从商也的确可以使自己快速富裕起来,所谓"市民一充商役,每每是万金之产"③。不过,也不是所有人都能通过经商致富,有的人幻想着一夜暴富,好逸恶劳。有所谓"市井贫贱妇人,百事不为,群集讲话,衣饰是尚,口腹为恣,甚者裂衣毁裳以易果饼,有身贫肚不贫之说"④。在这种背景下,民众完全丧失了敬业精神,大臣商辂评论道:"士大夫不安其位,商贾不安于途,庶民不安于业,若不亟去,天下安危未可知也。"⑤ 士商农无一安分于自己的职业,整天想入非非,梦想发财做官,不劳而获。总之,改行成风,弃本从末,唯利是图,是当时人们职业观的写照。

礼义秩序荡然。与追逐奢侈生活、追求金钱利益相伴,人们对于礼仪秩序日益麻木。儒家讲究礼仪秩序,遵守礼仪规范。但是,由于人生观、价值观完全改变,民众对限制其追逐奢侈生活、追求荣华富贵的礼仪制度,根本无视,肆意妄为。有人丢弃家业,聚众抢劫,"亡弃家业,倾里巷而出,数百为群,阗门要索,要索不遂,肆行劫夺"⑥。儒家讲究道德,行事必须遵循基本道德规范,但此时的人们争权夺利,狡诈欺骗,不讲信用——"寻至正德末、嘉靖初,则稍异矣:出贾既多,土田不重。操资交捷,起落不常。能者方成,拙者乃毁。东家已富,西家自贫。高下失均,锱铢共竞。互相凌夺,各自张皇。于是诈伪萌矣,讦争起矣,芬华染矣,靡汰臻矣。"⑦ 舍本逐末,投资损益无常,能成拙毁,东富西穷,高下失位,残酷竞争、抢夺,心无所系,陷入无序混乱的深渊。至于婚嫁礼仪,亦荡然无存,"取富室之女,骄奢淫佚,颇僻自用,动笑夫家之贫,务逞华靡,穷极奉养,以图胜人一切。

---

① (明)何良俊:《四友斋丛说》卷十三《史九》,中华书局1959年版,第112页。
② (明)何良俊:《四友斋丛说》卷十三《史九》,第112页。
③ 《明世宗实录》卷四百五十七,"中央研究院"历史语言研究所1962年版,第7737页。
④ (明)吕坤:《实政录》卷二,王国轩、王秀梅整理:《吕坤全集》中,中华书局2008年版,第949页。
⑤ (清)张廷玉等:《明史·商辂传》,第4690页。
⑥ (明)何良俊:《四友斋丛说》卷十三《史九》,第109页。
⑦ (明)张涛、谢陛纂修:《歙志·风土》,明万历三十七年刻本。

孝公姑，睦妯娌，敬师友，惠臧获者，概未有闻"①。目睹如此状况，著名思想家陈献章说："人具七尺之躯，除了此心此理，便无可贵。浑是一包脓血，裹一大块骨头。饥能食，渴能饮，能着衣服，能行淫欲。贫贱而思富贵，富贵而贪权势。忿而争，忧而悲，穷则滥，乐则淫。凡百所为，一信气血，老死而后已。则命之曰'禽兽'可也。"②将人比喻成禽兽，认为人除了此心此理，就是一个大脓包，何以如此说？因为在陈献章看来，那时的人都是以感性欲望为满足，是能吃能喝能衣能淫等感性动物，而且，贫贱就思富贵，富贵就贪权势，所有行为，顺自然之性，老死而已。陈献章的这段话，将他那个时代的人心世相描绘得淋漓尽致。

为人处世虚妄。在这个时代，颓废腐化的风气也反映在人们的为人处世上，为人做事投机取巧，言谈举止圆滑狡诈，大臣李梦阳说："今人不喜人言，见人张拱深揖，口呐呐不吐词，则目为老成；又不喜人直，遇事圆巧而委曲，则以为善处。是以转相则效，翕然风靡。为士者口无公是非，后进承讹踵弊，不复知有言行之实矣。"③在当时，没有人愿意讲真话，都愿意唯唯诺诺，以此为老成持重；无人喜欢直率真诚，而个个圆滑乖巧，且争相效仿，而知识分子没有公私观念，后进者承讹踵弊，不知言行一致之事。对人物事件无是非观念，颠倒黑白，善恶不辨。儒家的是非观念是十分明确的，但在王阳明所处的时代，是非观念丧失，陈献章批评道："如何百年内，能者无一个？书生处场屋，势若疾风柁；不悟进为退，反言勇者懦。"④这段话反映的是，其一是百年无才俊，其二是读书人沉迷于科举，其三是不懂以进为退的人，却嘲笑勇敢者是懦夫。整个社会礼崩乐坏，善恶不分，腐败成风，刑罚废弃，万马齐喑，江河日下。刑部主事李中说："今大权未收，储位未建，义子未革，纪纲日弛，风俗日壤，小人日进，君子日退，士气日靡，言路日闭，名器日轻，贿赂日行，礼乐日废，刑罚日滥，民财日殚，军政日弊。"⑤总之，当时的明朝社会呈现的景象是：上流阶层穷奢极欲，中间阶层放纵声色，市井平民相互

---

① （明）谢肇淛撰，张秉国校笺：《五杂组》卷十三，山东人民出版社 2018 年版，第 441 页。
② （明）陈献章著，孙通海点校：《陈献章集》卷一《禽兽说》，中华书局 1987 年版，第 61 页。
③ （明）李梦阳：《空同子集》卷三十九，《四库提要著录丛书·集部》第四十册，北京出版社 2010 年版，第 468 页。
④ （明）陈献章：《景易读书潮连赋此勖之》，黎业明编校：《陈献章全集》中，上海古籍出版社 2019 年版，第 423 页。
⑤ （清）张廷玉等：《明史·李中传》，第 5362 页。

攀比、追逐享受,由上而下形成了一种嗜华丽、摆阔气、慕虚荣、好享受的颓废景象。这就是王阳明所处的"坏时代",他评论说:"天下之患,莫大于风俗之颓靡而不觉。夫风俗之颓靡而不觉也,譬之潦水之赴壑,浸淫泛滥,其始若无所患,而既其末也,奔驰溃决,忽焉不终朝而就竭。是以甲兵虽强,土地虽广,财赋虽盛,边境虽宁,而天下之治,终不可为,则风俗之颓靡,实有以致之。"①

复兴之道在心。王阳明是一位极具强烈现实关怀的思想家,在他的著述中,多次出现关于社会风气的描述,如"世之学者,如入百戏之场,欢谑跳踉,骋奇斗巧,献笑争妍者,四面而竞出,前瞻后盼,应接不遑,而耳目眩瞀,精神恍惑,日夜遨游,淹息其间,如病狂丧心之人,莫自知其家业之所归。时君世主亦皆昏迷颠倒于其说,而终身从事于无用之虚文,莫自知其所谓。间有觉其空疏谬妄,支离牵滞,而卓然自奋,欲以见诸行事之实者,极其所抵,亦不过为富强功利五霸之事业而止"②。明代中期,世人玩世不恭、争强好斗、纸醉金迷、堕落颓废之心态跃然纸上。这些描述,除了表现王阳明的痛心疾首外,更重要的是表达了他"挽狂澜于既倒,扶大厦之将倾"的雄心。王阳明对当时的社会情状感到忧虑,他将所处时代描述为"波颓风靡""病革临绝",这是多么无奈和绝望!他指出,国家之所以"病革临绝",是因为人们唯私唯我,各有其心,"天下所以不治,只因文胜实衰,人出己见,新奇相高,以眩俗取誉,徒以乱天下之聪明,涂天下之耳目,使天下靡然争务修饰文词,以求知于世,而不复知有敦本尚实、反朴还淳之行"③。所谓"文胜实衰、人出己见、新奇相高、以眩俗取誉",不都是私利之心吗?王阳明还将自己所处的时代与"王道"时代进行对比,他指出自己所在的"当世","士皆巧文博词以饰诈,相规以伪,相轧以利,外冠裳而内禽兽",由此也激发了他的责任感,他希望能通过自己的努力重现"三代"之气象,"订正格物解释之谬",以正人心、息邪说。

如上陈述的普通民众的心态、知识分子的心态、官员的心态,构成了明朝中期的社会心态版图,王阳明所面对的就是如此令人沮丧的社会心态。他说:"心犹水

---

① 《策五道》,《王阳明全集》中,第 954 页。
② 《传习录中》,《王阳明全集》上,第 63 页。
③ 《传习录上》,《王阳明全集》上,第 9 页。

也,污入之而流浊;犹鉴也,垢积之而光昧。"①他指出"心体"本善,光亮透明,只是由于利欲的遮蔽和陋习的伤害而形成邪恶"心态",导致本善之"心"不能发用流行,无法润泽万物。因此,必须将"心态"作为一个重大课题予以关注,治疗问题心态,社会才得以清明,民心才得以复苏,大明朝才能复兴。他认为,学术不明是世风衰薄的根源:"今夫天下之不治,由于士风之衰薄。而士风之衰薄,由于学术之不明。学术之不明,由于无豪杰之士者为之倡焉耳。"②因此,必须昌明学术,而昌明学术必须有豪杰之士。

第二节 消极心态的危害与缘由

心态之所以成为阳明心学的课题,不仅与王阳明所面对的社会风气有关,亦与王阳明对消极心态的危害与产生原因的认识有关。消极心态的危害使王阳明认识到研究心态问题的紧迫性,而消极心态产生的原因是王阳明化解消极心态的钥匙。因此,本节拟对王阳明关于消极心态危害和产生原因的认识进行考察。

一、消极心态的危害

王阳明对消极心态的危害有着清醒的认识,这是他系统、深入思考心态问题的重要前提。

1. 错乱言行。消极或负面心态会导致人言行错乱。在这一方面,王阳明似乎有许多可靠的"证据"。他以射箭为例说明心态对言行的影响:"君子之学,求以得之于其心,故君子之于射,以存其心也。是故慄于其心者其动妄,荡于其心者其视浮,歉于其心者其气馁,忽于其心者其貌惰,傲于其心者其色矜,五者,心之不存

---

① 《别黄宗贤归天台序》,《王阳明全集》上,第260页。
② 《送别省吾林都宪序》,《王阳明全集》中,第975页。

也。不存也者，不学也。君子之学于射，以存其心也。是故心端则体正，心敬则容肃；心平则气舒，心专则视审，心通故时而理，心纯故让而恪，心宏故胜而不张、负而不弛。七者备而君子之德成。君子无所不用其学也，于射见之矣。"① 他指出，焦躁之心导致行动慌乱，放荡之心导致目光恍惚，愧疚之心导致勇气丧失，轻忽之心导致容貌懈怠，骄傲之心导致神情傲慢。相反，心态端正则形体端正，心态钦敬则面容庄重，心态平和则气息舒坦，心态专注则目光坚定，心态通畅则行为守时循理，心态纯洁则谦让而守规，心态宽则获胜而不张扬、失败而不气馁。

再以科举考试为例，有些人由于将中举登第看得太重，以致无法客观冷静地读书为学。王阳明说："只要良知真切，虽做举业，不为心累；纵有累亦易觉，克之而已。且如读书时，良知知得强记之心不是，即克去之；有欲速之心不是，即克去之；有夸多斗靡之心不是，即克去之。如此，亦只是终日与圣贤印对，是个纯乎天理之心。任他读书，亦只是调摄此心而已，何累之有？"② 这就是说，如果心态健康，良知在心，做任何事都不会心累；即便累也容易觉察，即克之而已；以良知发觉各种不健康的心态，并去之，怎么可能有心累？若果良知在心，千事万为只是一事，怎么可能累人？强记之心、欲速之心、夸多斗靡之心等都会影响人的行为。而如果拥有健康心态，就不会有身心之累。再如心态偏而不正、过而不宜会影响情感、情绪的流露。王阳明说："大抵七情所感，多只是过，少不及者。才过便非心之本体，必须调停适中始得。就如父母之丧。人子岂不欲一哭便死，方快于心？然却曰'毁不灭性'。非圣人强制之也，天理本体自有分限，不可过也。人但要识得心体，自然增减分毫不得。"③ 父母关爱孩子，这是天性，但如果孩子罹患疾病，为父母者如何处之？依王阳明的意思，天理有其分寸，虽然无法抑制痛苦，但过了头有违天理，过了头就不是心之本体。他将悲伤之分寸提到心之本体的高度，就是认为解决心态问题，不仅是方法论的问题，更是本体的问题，需要从根本上解决之。如果心态健康，就可以使情感表达合乎情理，不会出现偏颇的行为。可见，消极的心态会导致人的言行错乱无序。

2. **蒙蔽聪明**。耳目正常发挥其功能即为聪明。王阳明认为，心态对人耳目功能

---

① 《观德亭记》，《王阳明全集》上，第 274—275 页。
② 《传习录下》，《王阳明全集》上，第 114 页。
③ 《传习录上》，《王阳明全集》上，第 19—20 页。

的发挥有直接影响,健康心态令人耳聪目明,阴暗心态则可能导致耳目闭塞。比如,沉湎利欲之心就会影响耳目功能的发挥。王阳明说:"盖吾之耳而非良知,则不能以听矣,又何有于聪?目而非良知,则不能以视矣,又何有于明?心而非良知,则不能以思与觉矣,又何有于睿知?……故凡慕富贵,忧贫贱,欣戚得丧,爱憎取舍之类,皆足以蔽吾聪明睿知之体,而窒吾渊泉时出之用。若此者,如明目之中而翳之以尘沙,聪耳之中而塞之以木楔也。"① 就是说,良知在心,便拥有无意富贵、无意贫贱、无意得失、无意爱憎之心态,因而不会影响耳目之聪明,但如果丧失了良知,被"慕富贵、忧贫贱、患得失、尚爱憎"之心所占据,则耳不能听、眼不能视,从而使耳目不能正常发挥其功能。再如,盲从之心也会影响耳目功能的正常发挥,王阳明说:"原静气弱多病,但遗弃声名,清心寡欲,一意圣贤,如前所谓'真我'之说。不宜轻信异道,徒自惑乱聪明,弊精劳神,废靡岁月。久而不返,将遂为病狂丧心之人不难矣。"② 这是提醒弟子,如果听信异端邪说,心杂欲多,就会惑乱聪明,荒度岁月。而好胜之心则会导致耳目的淆乱和闭塞。王阳明说:"天下所以不治,只因文盛实衰,人出己见。新奇相高,以眩俗取誉。徒以乱天下之聪明,涂天下之耳目,使天下靡然争务修饰文词,以求知于世。"③ 就是说,如果有人满肚子好斗争胜之心,不择手段地追求功名利禄,那么其耳目将会被蒙蔽而丧失功能。总之,消极心态会使人耳目蒙蔽,聪明尽失,因此,想要恢复耳目聪明,必须恢复健康心态。"讽诵之际,务令专心一志,口诵心惟,字字句句,绅绎反复,抑扬其音节,宽虚其心意。久则义礼浃洽,聪明日开矣。"④ 只有专心如一、宽心如海,才能使耳目正常发挥其功能,从而顺利地显发其聪明。

3. **阻碍成功**。人活在世上,都希望家庭、事业、爱情等能如心所愿,但在王阳明看来,如果一个人心态不健康,那么其人生道路上必然荆棘丛生,此即所谓"阻碍成功"。王阳明在与朋友交流、教育晚辈、指导学生等生活实践中,分析了负面心态对人生的影响。他认为,一个人如果浮躁而不自省,知过不改,要想获得成功是不可能的,他说:"吾近来实见此学有用力处,但为平日习染深痼,克治欠勇,

---

① 《答南元善》,《王阳明全集》上,第235页。
② 《与陆原静》,《王阳明全集》上,第209页。
③ 《传习录上》,《王阳明全集》上,第9页。
④ 《传习录下》,《王阳明全集》上,第101页。

故切切预为弟辈言之。毋使亦如吾之习染既深,而后克治之难也。"①一个充溢着放荡之心的人,必将一事无成,他举例说:"昔在张时敏先生时,令叔在学,聪明盖一时,然而竟无所成者,荡心害之也。去高明而就污下,念虑之间,顾岂不易哉!斯诚往事之鉴,虽吾子质美而淳,万无是事,然亦不可以不慎也。"②人如果远离高明而追逐污下,毫无理想,得过且过,不思向上,必一事无成。一个被虚伪之心控制的人,他所从事的任何事业都会受到负面影响,王阳明说:"盖所谓憸人者,行伪而坚,而有以饰其诈,言非而辩,而有以乱其真者也,不有以远之,将以妨吾之政矣;必也严防以塞其倖入之路,慎选以杜其躁进之门,勿使得以戕吾民,坏吾事,而扰吾法焉。"③憸人,即虚伪之人。王阳明认为,憸人的特点就是有了虚伪之行还去伪装、有了错误言论还去狡辩以乱真,在言行上毫无诚信可言,言不可而行亦污,因而必须堵塞虚伪者的入仕之道。一个被偏执之心、欺骗之心控制的人,不仅做任何事情都不可能成功,还会使自己遭受伤害,王阳明说:"世之儒者,各就其一偏之见,而又饰之以比拟仿像之功,文之以章句假借之训,其为习熟既足以自信,而条目又足以自安,此其所以诳己诳人,终身没溺而不悟焉耳!然其毫厘之差,而乃致千里之谬。非诚有求为圣人之志而从事于惟精惟一之学者,莫能得其受病之源而发其神奸之所由伏也。"④因此,只有真正信奉并践行"万物一体"之人,才能实现齐家治国平天下之大业,"故立志而圣,则圣矣;立志而贤,则贤矣。志不立,如无舵之舟,无衔之马,漂荡奔逸,终亦何所底乎?"⑤

4. 引发争端。引发争端的原因多样而复杂,王阳明认为消极心态是一个重要原因。消极心态会导致人人相争相轧,破坏和谐的人际关系。比如功利之心,王阳明指出:"盖至于今,功利之毒沦浃于人之心髓,而习以成性也几千年矣。相矜以知,相轧以势,相争以利,相高以技能,相取以声誉。其出而仕也,理钱谷者则欲兼夫兵刑,典礼乐者又欲与于铨轴,处郡县则思藩臬之高,居台谏则望宰执之要。"⑥在功利之心的驱使下,有人炫耀卖弄,有人仗势排挤,有人争权夺利,有人沽名钓

---

① 《寄诸弟》,《王阳明全集》上,第 193 页。
② 《与徐仲仁》,《王阳明全集》中,第 1084 页。
③ 《继自今立政其勿以憸人其惟吉士》,《王阳明全集》中,第 933 页。
④ 《寄邹谦之四》,《王阳明全集》上,第 229 页。
⑤ 《教条示龙场诸生·立志》,《王阳明全集》中,第 1073 页。
⑥ 《传习录中》,《王阳明全集》上,第 63 页。

誉，等等。在官场，主管钱粮的还想兼管军事和司法，主管礼乐的则想插手官员选拔，身为郡县官的则梦想提升为藩司臬司，身为御史的却盯着宰相要职，等等，无不是私心作祟。如果人人充斥功利之心，整个社会势必陷于无休无止的纷争之中。人人都是独立的存在，但又都紧密联系，休戚相关，因而每个人必须协调好自己与他人的关系，如果执着己私，以自我为中心，那么，纷争在所难免。王阳明说："后世良知之学不明，天下之人用其私智以相比轧，是以人各有心，而偏琐僻陋之见，狡伪阴邪之术，至于不可胜说；外假仁义之名，而内以行其自私自利之实，诡辞以阿俗，矫行以干誉；损人之善而袭以为己长，讦人之私而窃以为己直，忿以相胜而犹谓之徇义，险以相倾而犹谓之疾恶，妒贤忌能而犹自以为公是非，恣情纵欲而犹自以为同好恶，相陵相贼，自其一家骨肉之亲，已不能无尔我胜负之意，彼此藩篱之形，而况于天下之大，民物之众，又何能一体而视之？则无怪于纷纷籍籍，而祸乱相寻于无穷矣。"① 这种争夺花样百出、刀光剑影，以假话迎俗，以矫情谋誉，将他人之功据为己有，暴露他人的隐私，争相倾轧，陷害他人，嫉贤妒能，肆意纵欲，哪怕是骨肉之亲，也要比个高下！足见，私己之心对人际关系的伤害之深之大。因此，想要避免偏琐僻陋之见、狡伪阴邪之术、亲情骨肉相残之象，就必须去除自私自利之心。王阳明说："小人之心既已分隔隘陋矣，而其一体之仁犹能不昧若此者，是其未动于欲，而未蔽于私之时也。及其动于欲，蔽于私，而利害相攻，忿怒相激，则将戕物圮类，无所不为，其甚至有骨肉相残者，而一体之仁亡矣。是故苟无私欲之蔽，则虽小人之心，而其一体之仁犹大人也；一有私欲之蔽，则虽大人之心，而其分隔隘陋犹小人矣。故夫为大人之学者，亦惟去其私欲之蔽，以自明其明德，复其天地万物一体之本然而已耳，非能于本体之外而有所增益之也。"② 小人之心虽已被分隔而狭隘简陋，但其"一体之仁"犹能微露光明，就是因为还没有被欲所动、被私所蔽，而若被私欲所蔽，就是大人之心也难以显发其"一体之仁"，反而导致利害相攻，忿怒相激，甚至骨肉相残。

5. 致害学术。负面心态会导致学术晦暗而丧失公心。王阳明说："夫是非同异，每起于人持胜心、便旧习而是己见。故胜心旧习之为患，贤者不免焉。"③ 这种

---

① 《传习录中》，《王阳明全集》上，第 90 页。
② 《大学问》，《王阳明全集》中，第 1066—1067 页。
③ 《象山文集序》，《王阳明全集》上，第 274 页。

好胜之心使学术混乱不明，造成学者无所适从。"凡今学术之不明，使后学无所适从，徒以致人之多言者，皆吾党自相求胜之罪也。"① 他以对朱熹理学的态度为例，说明自己对朱子理学秉持客观公正的态度："平生于朱子之说如神明蓍龟，一旦与之背驰，心诚有所未忍，故不得已而为此。'知我者，谓我心忧；不知我者，谓我何求。'盖不忍抵牾朱子者，其本心也；不得已而与之抵牾者，道固如是，不直则道不见也。执事所谓'决与朱子异'者，仆敢自欺其心哉？"② 王阳明表示，他批评朱子学说绝不是出于私意，而是"道"之使然。因此，他异于朱子者、同于朱子者概不隐瞒："君子之学，岂有心于同异？惟其是而已。……吾于晦庵之论有异者，非是求异；其同者，自不害其为同也。"③ 因而王阳明对朱子学说的评论只能更加明晰，而非昏暗不明。好胜之心也会影响学术判断力，王阳明说："后世学术之不明，非为后人聪明识见之不及古人，大抵多由胜心为患，不能取善相下。明明其说之已是矣，而又务为一说以高之，是以其说愈多而惑人愈甚。"④ 他举例说："夫禅之说，弃人伦，遗物理，而要其归极，不可以为天下国家。苟陆氏之学而果若是也，乃所以为禅也。今禅之说与陆氏之说，其书具存，学者苟取而观之，其是非同异，当有不待于辩说者。而顾一倡群和，剿说雷同，如矮人之观场，莫知悲笑之所自，岂非贵耳贱目，不得于言而勿求诸心者之过欤！夫是非同异，每起于人持胜心、便旧习而是己见。故胜心旧习之为患，贤者不免焉。"⑤ 好胜之心害人，让人无法做出正确的判断。"求胜则是动于气也。动于气，则于义理之正何啻千里，而又何是非之论乎！凡论古人得失，决不可以意度而悬断之。"⑥ 故此，王阳明特别强调全面了解、真实把握、公正评判对于学术争鸣的意义。"仆尝以为君子论事当先去其有我之私，一动于有我，则此心已陷于邪僻，虽所论尽合于理，既已亡其本矣。"⑦ 王阳明认为，学术研究中争强好胜的心态，还会引发党同伐异，自立门户。他说："若只要自立门户，外假卫道之名，而内行求胜之实，不顾正学之因此而益

---

① 《寄邹谦之五》，《王阳明全集》上，第 230 页。
② 《答罗整庵少宰书》，《王阳明全集》上，第 88 页。
③ 《答友人问》，《王阳明全集》上，第 233 页。
④ 《寄邹谦之五》，《王阳明全集》上，第 230 页。
⑤ 《象山文集序》，《王阳明全集》上，第 274 页。
⑥ 《答徐成之》，《王阳明全集》中，第 888 页。
⑦ 《答徐成之二》，《王阳明全集》中，第 889 页。

荒，人心之因此而愈惑，党同伐异，覆短争长，而惟以成其自私自利之谋，仁者之心有所不忍也！……盖今时讲学者，大抵多犯此症，在鄙人亦或有所未免，然不敢不痛自克治也。"①在学术研究中，即便道理已说得很清楚，但某些人为了证明自己的高明，偏要提出所谓新学说，结果越说越繁，使学者更加糊涂。根源就是不能相互取善、甘居人下的"好胜"之心。如果"好胜"之心不去，人人自立门户，党同伐异，以私己为目标，学术只能每况愈下。王阳明说："今日风俗益偷，人心日以沦溺，苟欲自立，违俗拂众，指摘非笑纷然而起，势所必至；亦多由所养未深，高自标榜所至。学者便不当自立门户，以招谤速毁；亦不当故避非毁，同流合污。"②因此，只有自觉地建立健康心态，才有助于学术的发展和进步。王阳明说："世之学者，承沿其举业词章之习以荒秽戕伐其心，既与圣人尽心之学相背而驰，日骛日远，莫知其所抵极矣。有以心性之说而招之来归者，则顾骇以为禅，而反仇雠视之，不亦大可哀乎！夫不自知其为非而以非人者，是旧习之为蔽，而未可遽以为罪也。有知其非者矣，貌然视人之非而不以告人者，自私者也。既告之矣，既知之矣，而犹冥然不以自反者，自弃者也。"③王阳明认为，心态与学术存在密切关系：心态健康，有助于学术发展，有助于学术争鸣；心态不健康，有害于学术发展，阻碍学术争鸣。

6. 破坏伦理。宋代儒者认为，对佛家教规的遵守，意味着对儒家伦理秩序的破坏。王阳明则认为，负面的、不健康的心态，也会导致伦理的支离破碎。他指出，如果有人持"目空一切"的骄傲心态，那就意味着他不能居人之下，意味着为人子必不能孝、为人弟必不能悌、为人臣必不能忠，直至导致伦理的颠覆。傲心、胜心就是罪魁祸首，他说："今人病痛，大段只是傲。千罪百恶，皆从傲上来。傲则自高自是，不肯屈下人。故为子而傲，必不能孝；为弟而傲，必不能弟；为臣而傲，必不能忠。象之不仁，丹朱之不肖，皆只是一'傲'字，便结果了一生，做个极恶大罪的人，更无解救得处。汝曹为学，先要除此病根，方才有地步可进。"④在王阳明看来，傲是一种极负面的心态，傲则不孝、不悌、不忠，其祸害

---

① 《寄邹谦之五》，《王阳明全集》上，第230—231页。
② 《书顾维贤卷》，《王阳明全集》上，第306页。
③ 《重修山阴县学记》，《王阳明全集》上，第287页。
④ 《书正宪扇》，《王阳明全集》上，第311页。

难以估量,他说:"是故以之为子则非孝,以之为臣则非忠。流毒扇祸,生民之乱,尚未知所抵极。"① 父子、夫妇、君臣、朋友等,这些基本的人伦关系,对儒家而言是非常重要的,也是基础性的,如果一个人的心态出了问题,心高气傲,就可能不把这些人伦关系放在眼里。因此,王阳明认为,傲慢必然导致对伦理秩序的伤害。消极心态除了导致伦理支离破碎,还影响美德的彰显,掩善盖恶。他说:"夫君子之学,求以变化其气质焉尔。气质之难变者,以客气之为患,而不能以屈下于人,遂至自是自欺,饰非长敖,卒归于凶顽鄙倍。故凡世之为子而不能孝,为弟而不能敬,为臣而不能忠者,其始皆起于不能屈下,而客气之为患耳。敬惟理是从,而不难于屈下,则客气消而天理行。非天下之大勇,不足以与于此!"② 王阳明甚至认为,人之恶无论大小,都缘于好胜之心、骄傲之心。"人之恶行,虽有大小,皆由胜心出,胜心一坚,则不复有改过徙义之功矣。"③ 既然消极心态对于伦理道德会造成伤害,那就应该培育、建构平和健康的心态,王阳明说:"夫吾之所谓真吾者,良知之谓也。父而慈焉,子而孝焉,吾良知所好也;不慈不孝焉,斯恶之矣。言而忠信焉,行而笃敬焉,吾良知所好也;不忠信焉,不笃敬焉,斯恶之矣。故夫名利物欲之好,私吾之好也,天下之所恶也;良知之好,真吾之好也,天下之所同好也。是故从私吾之好,则天下之人皆恶之矣,将心劳日拙而忧苦终身,是之谓物之役。从真吾之好,则天下之人皆好之矣,将家、国、天下,无所处而不当;富贵、贫贱、患难、夷狄,无入而不自得;斯之谓能从吾之所好也矣。"④ 可见,王阳明不仅分析了消极心态对伦理道德的伤害,而且提出了培育健康心态的必要性。

如上讨论表明,消极心态将导致言行的错乱、耳目的蒙蔽、事业的失败、社群的争斗、学术的堕落和伦理的破坏,从而使消极心态由"恶念"转为"恶行"。因此,基于对心态复杂性,特别是消极心态危害性的认识,阳明心学不能不将心态问题作为一个非常重要的课题。

---

① 《寄邹谦之三》,《王阳明全集》上,第 228 页。
② 《从吾道人记》,《王阳明全集》上,第 278 页。
③ 《语录》,《王阳明全集》下,第 1305 页。
④ 《从吾道人记》,《王阳明全集》上,第 278—279 页。

二、引发心态问题的缘由

消极心态的产生是有原因的，寻找引发消极心态的缘由，将有助于化解消极心态。那么，王阳明对于引发消极心态的缘由有着怎样的认识呢？他说："心一也，未杂于人谓之道心，杂以人伪谓之人心。人心之得其正者即道心，道心之失其正者即人心，初非有二心也。"① 这就是说，心态变化是因为"杂以人伪"，所谓"人伪"又包括那些因素呢？基于对王阳明文献的研读，我们发觉"人伪"大致包括"私欲""私智""私意"。

1. 私欲。如前所论，利欲是导致心态消极的重要原因。王阳明继承了这一观点。他说："人心是天、渊。心之本体无所不该，原是一个天。只为私欲障碍，则天之本体失了。心之理无穷尽，原是一个渊。只为私欲窒塞，则渊之本体失了。如今念念致良知，将此障碍窒塞一齐去尽，则本体已复，便是天、渊了。"② "心"本是透明的、深邃的、慈祥的、阳光的"天、渊"，由于私欲私利的侵袭才变得污浊、浅薄、狰狞、阴暗，因而必须去除私利私欲以回到心之本体。那么，私欲是怎样影响心之本体的呢？

人为什么有盲目自信之心？为什么有放荡之心？因为"有己""有私"，王阳明说："世之学者执其自私自利之心，而自任以为为己；漭焉入于隳堕断灭之中，而自任以为无我者，吾见亦多矣。"③ 由于学者执其私欲而陷于断灭之相，致其学蜕变成"为人之学"（取悦他人）而不自知，却自信其学纯粹无匹。人为什么生相争相斗之心？因为功利侵入心髓，"盖至于今，功利之毒沦浃于人之心髓而习以成性也几千年矣。相矜以知，相轧以势，相争以利，相高以技能，相取以声誉"④。这是功利之心对心态的影响。

人为什么有"修身养性"之心？这是私欲私利所致。王阳明解释说："圣人致知之功至诚无息，其良知之体皦如明镜，略无纤翳。妍媸之来，随物见形，而明镜曾无留染。所谓'情顺万事而无情'也。……病疟之人，疟虽未发，而病根自在，

---

① 《传习录上》，《王阳明全集》上，第8页。
② 《传习录下》，《王阳明全集》上，第109页。
③ 《书王嘉秀请益卷》，《王阳明全集》上，第303页。
④ 《传习录中》，《王阳明全集》上，第63页。

则亦安可以其疟之未发而遂忘其服药调理之功乎？若必待疟发而后服药调理，则既晚矣。致知之功，无间于有事、无事，而岂论于病之已发、未发邪？大抵原静所疑，前后虽若不一，然皆起于自私自利，将迎意必之为祟。此根一去，则前后所疑，自将冰消雾释，有不待于问辨者矣。"①王阳明提醒他人，圣人致知的功夫无时不在、无处不在，从无间断，人们之所以有"病发方服药"的心态，正缘于其私利私欲。

人为什么有"闲思杂虑"之心？也是好色、好利、好名等私欲所致。有学生问为什么"闲思杂虑"也算"私欲"？王阳明回答："毕竟从好色、好利、好名等根上起，自寻其根便见。如汝心中决知是无有做劫盗的思虑，何也？以汝元无是心也。汝若于货色名利等心，一切皆如不做劫盗之心一般，都消灭了，光光只是心之本体，看有甚闲思虑？"②他认为，人之所以有"闲思杂虑"之心，是因为其执着于"好色、好利、好名"等私欲私利，这是"闲思杂虑"的根。如果人心中没有抢劫偷盗的念头，只有"心之本体"，哪有"闲思杂虑"的时间？正是私欲私利促成了"闲思杂虑"之心的萌生。总之，"心"之本体廓然大公、晶莹剔透、往来无碍，发用流行而泽润万物，只是因为私欲私利的遮蔽与侵袭，才生出诸种消极"心态"。

人为什么生淡漠之心？因为汲汲于私利。王阳明说："天下之人心，其始亦非有异于圣人也，特其间于有我之私，隔于物欲之蔽，大者以小，通者以塞，人各有心，至有视其父子兄弟如仇雠者。"③因此，消极心态生发的原因之一，就是私欲侵占了心之领空。"天理人欲，其精微必时时用力省察克治，方日渐有见。如今一说话之间，虽只讲天理。不知心中倏忽之间已有多少私欲。"④虽然嘴里讲的是天理，但心被私欲充斥，"心"一旦被私欲控制，"心"之光明即被遮蔽而转为阴暗，从而导致消极心态的形成。"盖心之本体自是广大底，人不能'尽精微'，则便为私欲所蔽，有不胜其小者矣。"⑤

既然私欲是引发负面心态的缘由，那么，君子之学的任务就是使"心"重新明亮起来，而使"心"重新明亮的方式就是去除私欲。王阳明说："君子之学以明其心。其心本无昧也，而欲为之蔽，习为之害。故去蔽与害而明复，匪自外得也。心

---

① 《传习录中》，《王阳明全集》上，第79—80页。
② 《传习录上》，《王阳明全集》上，第25页。
③ 《传习录中》，《王阳明全集》上，第61页。
④ 《传习录上》，《王阳明全集》上，第28页。
⑤ 《传习录下》，《王阳明全集》上，第138页。

犹水也，污入之而流浊；犹鉴也，垢积之而光昧。"①去除了私欲，"心"如水净、如镜明。

2. 私智。《管子》云："吏多私智者其法乱。"（《管子·禁藏》）"私智"就是一心经营自己而与公义对立，所以会导致法度混乱。不过，这里的"私智"，主要是认识上的偏见、短视、昏昧、别有用心等，即短小之智、偏狭之智、昏昧之智、邪恶之智。王阳明认识到，人生发消极心态与其"偏私"的认知能力、认知性质有关。

人之所以出现狂傲之心、自鸣得意之心，乃是因为认识视野受到限制，王阳明说："今学者于道，如管中窥天，少有所见，即自足自是，傲然居之不疑。"②认识广度、深度受到限制，就如井底之蛙，孤陋寡闻，极易盲目自信。见识局限于一隅，也会导致盲目自信，狂妄自大。"世之儒者，各就其一偏之见，而又饰之以比拟仿像之功，文之以章句假借之训，其为习熟既足以自信，而条目又足以自安，此其所以诳己诳人，终身没溺而不悟焉耳！然其毫厘之差，而乃致千里之谬。"③认识偏于一隅，处事没有全局的视野，也会导致骄傲之心、刻薄之心、浅陋之心等消极心态。王阳明说："君子之行，顺乎理而已，无所事乎矫。然有气质之偏焉。偏于柔者矫之以刚，然或失则傲；偏于慈者矫之以毅，然或失则刻；偏于奢者矫之以俭，然或失则陋。凡矫而无节则过，过则复为偏。故君子之论学也，不曰'矫'而曰'克'。克以胜其私，私胜而理复，无过不及矣。"④就人之性情言，心理的偏颇、固执会导致负面心态的出现，这里提及的骄傲心、尖刻心、鄙陋心等，都与私智有关。但王阳明认为，唯有克制才能去私，才能彻底使心态平和，因为"矫"也可夹带私智。阴险狡诈之心的萌发，也是由于偏私的识见。"后世良知之学不明，天下之人用其私智以相比轧，是以人各有心，而偏琐僻陋之见，狡伪阴邪之术，至于不可胜说。"⑤

王阳明认为，心体本善，私智用于心外，便会混淆是非，导致"心"纵横驰骋、四分五裂。他说："人惟不知至善之在吾心，而用其私智以求之于外，是以昧

---

① 《别黄宗贤归天台序》，《王阳明全集》上，第260页。
② 《书石川卷》，《王阳明全集》上，第300页。
③ 《寄邹谦之四》，《王阳明全集》上，第229页。
④ 《矫亭说》，《王阳明全集》上，第293页。
⑤ 《传习录中》，《王阳明全集》上，第90页。

其是非之则，至于横骛决裂，人欲肆而天理亡，明德亲民之学大乱于天下。故止至善之于明德亲民也，犹之规矩之于方圆也，尺度之于长短也，权衡之于轻重也。"①如果"心"被昏昧、放逸、非僻、邪妄所充塞，那么，心之本体将被遮蔽，心态表现为阴暗消极，王阳明说："夫心之本体，即天理也。天理之昭明灵觉，所谓良知也。君子之戒慎恐惧，惟恐其昭明灵觉者或有所昏昧放逸，流于非僻邪妄而失其本体之正耳。"②如果所论全合"理"，但存在有我之私，则会使"心"陷于邪僻而丧失本心，王阳明说："曾为吾兄而亦有是言耶？仆尝以为君子论事当先去其有我之私，一动于有我，则此心已陷于邪僻，虽所论尽合于理，既已亡其本矣。"③而与世隔绝，思虑偏于虚静，必养成空寂之心，王阳明说："君子养心之学，亦何以异于是！元道自量其受病之深浅，气血之强弱，自可如其所云者而斟酌为之，亦自无伤。且专欲绝世故，屏思虑，偏于虚静，则恐既已养成空寂之性，虽欲勿流于空寂，不可得矣。"④总之，人在认知上陷于私智，各种消极心态可能纷纷上演，如愚弄之心、狡诈之心、诬蔑之心、奸诈之心等，王阳明说："夫默有四伪：疑而不知问，蔽而不知辩，冥然以自罔，谓之默之愚；以不言饰人者，谓之默之狡；虑人之觇其长短也，掩覆以为默，谓之默之诬；深为之情，厚为之貌，渊毒阱狠，自托于默以售其奸者，谓之默之贼；夫是之谓四伪。"⑤因此，去私智，也就成为恢复健康心态的基本任务之一。

3. **私意**。这里的私意，是指心理上的问题，人有了私心杂念，必然表现为心态形式，这些心理活动会导致心态的变化。王阳明对于人的心理变化有着细微的观察和思考。他认为，只要着一私意，便会导致消极心态出现。他说："忿懥几件，人心怎能无得，只是不可有耳！凡人忿懥着了一分意思，便怒得过当，非廓然大公之体了。故'有所忿懥'，便不得其正也。如今于凡忿懥等件，只是个物来顺应，不要着一分意思，便心体廓然大公，得其本体之正了。且如出外见人相斗，其不是的，我心亦怒。然虽怒，却此心廓然，不曾动些子气。如今怒人，亦

---

① 《亲民堂记》，《王阳明全集》上，第280页。
② 《答舒国用》，《王阳明全集》上，第212页。
③ 《答徐成之二》，《王阳明全集》中，第889页。
④ 《与刘元道》，《王阳明全集》上，第213页。
⑤ 《梁仲用默斋说》，《王阳明全集》上，第288页。

得如此，方才是正。"①这是对《大学》中关于"私意"影响"心"的引申，认为"忿懥""恐惧""好乐""忧患"等心理活动，会导致心态不正，即只要稍微有一点私意萌发，心体便不能"廓然大公"。王阳明说："至善之发见，是而是焉，非而非焉，固吾心天然自有之则，而不容有所拟议加损于其间也。有所拟议加损于其间，则是私意小智，而非至善之谓矣。"②所谓"拟议"，常用于代指行动之前的计划、筹划，如《易传》云："拟之而后言，议之而后动，拟议以成其变化。"（《易传·系辞上》）王阳明将"拟议"释为私意，是正确的。他在《大学问》中复述了这一思想："至善之发现，是而是焉，非而非焉，轻重厚薄，随感随应，变动不居，而亦莫不自有天然之中，是乃民彝物则之极，而不容少有议拟增损于其间也。少有拟议增损于其间，则是私意小智，而非至善之谓矣。"③看来，私意的确有害于心态。良知是心之本体，如果有人在良知上算计，便会自觉不安，因为私意触动了心体，王阳明指出："其间权量轻重，稍有私意于良知，便自不安。凡认贼作子者，缘不知在良知上用功，是以有此。若只在良知上体认，所谓'虽不中，不远矣'。"④

王阳明认为，良知在前，善恶自辨，良知本宁静，所谓"求宁静"，也是私意的表现。他说："欲求宁静，欲念无生，此正是自私自利、将迎意必之病，是以念愈生而愈不宁静。良知只是一个良知，而善恶自辨，更有何善何恶可思！良知之体本自宁静，今却又添一个求宁静，本自生生，今却又添一个欲无生，非独圣门致知之功不如此，虽佛氏之学亦未如此将迎意必也。"⑤即便佛教，也不会如此求静求生，所以是私意。王阳明认为，人们之间的交往之所以受阻，主要是私意作祟，他说："喻及交际之难，此殆谬于私意。君子与人，惟义所在，厚薄轻重，己无所私焉，此所以为简易之道。世人之心，杂于计较，毁誉得丧交于中，而眩其当然之则，是以处之愈周，计之愈悉，而行之愈难。"⑥私意横于心，心态自然不畅也。喜怒哀乐

---

① 《传习录下》，《王阳明全集》上，第112页。
② 《亲民堂记》，《王阳明全集》上，第280页。
③ 《大学问》，《王阳明全集》中，第1067页。
④ 《与王公弼》，《王阳明全集》上，第239页。
⑤ 《传习录中》，《王阳明全集》上，第76页。
⑥ 《答储柴墟》，《王阳明全集》中，第893页。

本中和，是心之本体，但如果夹带了私意，则喜怒哀乐便出现过头或不及，从而影响心态，"喜怒哀乐本体自是中和的。才自家着些意思，便过不及，便是私"①。哪怕是改正错误的"矫"之行为，都不免带有主观、固执，主观、固执便是私意，"矫犹未免于意必也，意必亦私也"②。

办案人员之所以出现消极心态，是因为他们被私意所左右。王阳明说："我何尝教尔离了簿书讼狱悬空去讲学？尔既有官司之事，便从官司的事上为学，才是真格物。如问一词讼，不可因其应对无状，起个怒心；不可因他言语圆转，生个喜心；不可恶其嘱托，加意治之；不可因其请求，屈意从之；不可因自己事务烦冗，随意苟且断之；不可因旁人谮毁罗织，随人意思处之；这许多意思皆私，只尔自知，须精细省察克治，惟恐此心有一毫偏倚，杜人是非，这便是格物致知。簿书讼狱之间，无非实学。若离了事物为学，却是着空。"③但凡消极心态，都源于私意，因此，必须警惕私意，克制私意，王阳明说："今时人多言人之非毁亦当顾恤，此皆随俗习非之久，相沿其说，莫知以为非。不知里许尽是私意，为害不小，不可以不察也。"④而去私意，必须"尽精微"，"故能细微曲折，无所不尽，则私意不足以蔽之，自无许多障碍遮隔处，如何广大不致？"⑤

概言之，消极心态之所以生发，一是由于利欲上的无厌，二是由于认知上的障蔽，三是由于心理上的疾病。这三者虽然表现为殊相，但本质上都是"私"，即执着自我，诚如陆九渊所说："愚不肖者之蔽在于物欲，贤者智者之蔽在于意见，高下污洁虽不同，其为蔽理溺心而不得其正，则一也。"⑥所谓物欲，即欲望之私；所谓意见，即认知之私；事实上还应加上心理之私（心理疾病），三者"合伙"酿造"蔽理溺心"之祸害。如果说消极心态的危害警示了诊治、化解的必要性，那么对消极心态产生原因的揭示则明确了化解消极心态的方向。

---

① 《传习录上》，《王阳明全集》上，第22页。
② 《矫亭说》，《王阳明全集》上，第293页。
③ 《传习录下》，《王阳明全集》上，第107—108页。
④ 《书顾维贤卷》，《王阳明全集》上，第306页。
⑤ 《传习录下》，《王阳明全集》上，第138页。
⑥ （宋）陆九渊：《与邓文范》，《陆九渊集》卷一，第11页。

第三节　思想传承与自我体验

如上所论，中国哲学，特别是儒学，对于心理、心态问题予以了持续的关注，提出了许多重要观点。对于王阳明而言，一方面，儒家重视心态问题的传统，激发了他关注心态问题的灵感，成为他思考心态问题的重要起点；另一方面，王阳明本人跌宕起伏的生命经历，也让他切身感悟到心态问题的复杂性和重要性。

一、思想传承

在第一章的讨论中，我们已经对中国哲学中关于心态的主要观点进行了梳理和论述。这里再从王阳明心态思想之传承的角度予以简要陈述。考之王阳明以前的哲学史，许多哲学家都对心态表达过看法，这些看法和观点都成为王阳明思考心态问题的借鉴。

《道德经》云："不见可欲，使民心不乱。"（《道德经》第三章）这是强调"心"的纷乱缘于欲望，主张不要暴露可欲之物。《大学》提出"诚意正心"，《中庸》主张"慎独"，都表现出对心态问题的关注。孟子注意到不健康心态的危害，他说："生于其心，害于其政；发于其政，害于其事。圣人复起，必从吾言矣。"（《孟子·公孙丑上》）孟子认为如果统治者内心生出诐、淫、邪、遁等恶念，就会伤害政令，进而通过政令伤害事务。他还注意到人心向背的重要性，认为为民做善事，便得民心，反之，便失民心。孟子说："桀纣之失天下也，失其民也；失其民者，失其心也。得天下有道：得其民，斯得天下矣；得其民有道：得其心，斯得民矣；得其心有道：所欲与之聚之，所恶勿施，尔也。"（《孟子·离娄上》）他还提出了治疗问题心态的主张："我亦欲正人心，息邪说，距诐行，放淫辞，以承三圣者；岂好辩哉？予不得已也。能言距杨墨者，圣人之徒也。"（《孟子·滕文公下》）孟子认识到端正人心，与消灭邪恶学说、排斥淫邪的言辞、拒绝偏颇不正的行为一样重要，足见他对"心"的重视。《庄子》云："若一志，无听之以耳而听之以心；无听之以心而听之以气。听止于耳，心止于符。"（《庄子·人间世》）就是说，心志纯一，排除杂念，听而不闻，心守虚寂，使外界声音对耳朵毫无影响，心停止与外界事物的接触。

就《周易》对"心"的关注深度而言，它在某种意义上是研究心态问题的经典。《易传》云："《易》与天地准，故能弥纶天地之道。仰以观于天文，俯以察于地理，是故知幽明之故。原始反终，故知死生之说。"（《易传·系辞上》）《周易》的思考涵括了宇宙中所有的"道"，天文地理、幽明生死无所不知，自然包括心态问题。《易传》云："昔者，圣人之作易也，幽赞神明而生蓍，参天两地而倚数，观变于阴阳而立卦，发挥于刚柔而生爻，和顺于道德而理于义；穷理尽性以至于命。"（《易传·说卦传》）因为研究神明而创立蓍法，因为研究天三地二而确立数，因为研究阴阳而创立卦画，因为研究刚柔而创立爻，从而和顺于宇宙的所有规律而使"行"或"事"适宜，穷究事物之理、尽究事物之性，以把握事物的奥秘和规律。既然《易》是用来研究探讨宇宙中万象的学说，那么，人心自然在《周易》研究的范围之内。《易传》云："圣人设卦观象，系辞焉而明吉凶，刚柔相推而生变化。是故，吉凶者，失得之象也。悔吝者，忧虞之象也。变化者，进退之象也。刚柔者，昼夜之象也。六爻之动，三极之道也。是故，君子所居而安者，易之序也。所乐而玩者，爻之辞也。是故，君子居则观其象，而玩其辞；动则观其变，而玩其占。是故自天佑之，吉无不利。"（《易传·系辞上》）吉凶失得、悔吝忧虞、变化进退、刚柔昼夜等，哪件不是"心"的反应？而且，所谓"圣人感人心而天下和平"，所谓"二人同心，其利断金；同心之言，其臭如兰"，所谓"圣人以此洗心，退藏于密，吉凶与民同患"，等等，都表明《周易》对"心"的特点和功能有较深刻的理解。

荀子对于心态问题尤其重视，他说："兼服天下之心：高上尊贵，不以骄人；聪明圣知，不以穷人；齐给速通，不争先人；刚毅勇敢，不以伤人；不知则问，不能则学，虽能必让，然后为德。遇君则修臣下之义，遇乡则修长幼之义，遇长则修子弟之义，遇友则修礼节辞让之义，遇贱而少者，则修告导宽容之义。无不爱也，无不敬也，无与人争也，恢然如天地之苞万物。如是，则贤者贵之，不肖者亲之；如是，而不服者，则可谓讹怪狡猾之人矣，虽则子弟之中，刑及之而宜。"（《荀子·非十二子》）荀子所肯定的"兼服天下之心"，表现为诸多具体的心态：即便自己高贵，也不生骄傲之心；即便自己聪明，也不嘲笑愚笨之人；即便自己动作敏捷迅速，也不能抢在人先；坚强果断勇敢，但不以此伤害别人。逢遇君主则尽臣下之礼，遇见乡人则尽长幼之义，遇见年长者则尽子弟之义，遇见朋友则尽礼节辞让之义，遇到身份低而年纪轻的人，作为长辈，应当先修养自己，进而采取劝导、宽容年轻人这种最适宜的行为方式。无不爱，无不敬，无与人争，恢然如天地之苞万物。可见，这段话包含了多么丰富的心态思想。

葛洪认为人的欲望虽然不可绝灭，但绝不可任其肆意妄为，"心之所欲，不可恣也"（《抱朴子·酒诫》）。到了宋代，理学家开始将圣人之学界定为心学。邵雍说："欲得心常明，无过用至诚。"①所谓自觉其心，就是从追逐外物的生命倾向中回复到内心之中。又说："眼前伎俩人皆晓，心上工夫世莫知。"②邵雍还明确地提出"心学"概念，他说："心一而不分，则能应万物。此君子所以虚心而不动也。"③又说："先天学，心法也。故《图》皆自中起，万化万事，生乎心也。"④周敦颐认为，追求富贵、远离贫贱是所有人的本能，但实现这个目标不能不择手段，他说："夫富贵，人所爱也，颜子不爱不求，而乐乎贫者，独何心哉？天地间有至贵至爱可求而异乎彼者，见其大而忘其小焉尔！见其大则心泰，心泰则无不足，无不足则富贵贫贱处之一也。处之一，则能化而齐，故颜子亚圣。"⑤他告诉世人使自己的"心"通泰，就不会被富贵贫贱所左右。

二程认为"心"对于人的生存非常重要，心坏，一切坏，心好，一切好。程颐说："凡学之道，正其心，养其性而已。中正而诚，则圣矣。君子之学，必先明诸心，知所养，然后力行以求至，所谓至明而诚也。故学必尽其心，尽其心，则知其性，知其性，反而诚之，圣人也。故《洪范》曰：'思曰睿，睿作圣。'诚之之道，在乎信道笃。信道笃则行之果，行之果则守之固。仁义忠信，不离乎心，造次必于是，颠沛必于是，出处语默必于是。久而弗失，则居之安，动容周旋中礼，而邪僻之心无自生矣。"⑥就是说，"心"正是做圣人的前提，为仁、行义、尽忠、诚信都

---

① （宋）邵雍：《伊川击壤集》卷十六，郭彧、于天宝点校：《邵雍全集》第四册，上海古籍出版社2021年版，第334页。
② （宋）邵雍：《伊川击壤集》卷十九，《邵雍全集》第四册，第400页。
③ （宋）邵雍：《皇极经世》卷十二，《邵雍全集》第三册，1220页。
④ （宋）邵雍：《皇极经世》卷十二，《邵雍全集》第三册，第1228页。
⑤ （宋）周敦颐：《颜子第二十三》，《周子通书》，第38页。
⑥ 《河南程氏外书》，《二程集》第二册，第577—578页。

不离"心",所以,为学必须明心、尽心,从而使出、处、语、默安于礼,而邪僻之心不能生。张载指出,"心"是根本,不能为了满足感官的嗜好而丧失根本,他说:"知德者属厌而已,不以嗜欲累其心,不以小害大、末丧本焉尔。"① 所以不能以私欲累"心",不能以感官欲望害"心"。"成心忘然后可与进于道。化则无成心矣。成心者,意之谓与!无成心者,时中而已矣。"② 所谓"成心",就是私意,意味着心态不健康,必须去除"成心",而去除"成心",所有言行必须时刻中节。

胡宏认为,有一种毁人败物之心,有这种心的人是小人,另一种是爱人成物之心,有这种心的人是义士,因此,必须去除毁人败物之心,而养育爱人成物之心。他说:"有毁人、败物之心者,小人也,操爱人成物之心者,义士也。"③ 朱熹认为,"心"不分已发未发,无处不是"心",邪僻是心,正善也是心,"心无间于已发未发。彻头彻尾都是,那处截做已发未发!如放僻邪侈,此心亦在,不可谓非心"④。朱熹认为,"心"有纯驳善恶,因而需要认识"心"、把握"心"。陆九渊将以往关于心学的论述定性为心学,并从本体、工夫两方面确立了心学的方向和内容。他说:"人心有病,须是剥落。剥落得一番,即一番清明。后随起来,又剥落,又清明。须是剥落得净尽方是。"⑤ 本心固善,所以要守,意有善恶,所以要去私。而王阳明以象山心学为正宗而传承之,他说:"圣人之学,心学也。尧、舜、禹之相授受曰:'人心惟危,道心惟微,惟精惟一,允执厥中'。此心学之源也。……自是而后,有象山陆氏,虽其纯粹和平若不逮于二子,而简易直截,真有以接孟子之传。其议论开阖,时有异者,乃其气质意见之殊,而要其学之必求诸心,则一而已。故吾尝断以陆氏之学,孟氏之学也。"⑥ 这样,以心态为重要探讨内容的心学便宣告隆重登场了。

可见,自先秦以降,儒家一直关注心态问题,"心"成为儒家圣人之学的标志。儒家是否关切"心态"问题,是否以解决心态问题为任务,等等,对王阳明而言不是问题。因为只有证明圣人之学是心学,才能使心学获得道统上的合法性,只有说

---

① (宋)张载:《正蒙·诚明篇》,《张载集》,第 22 页。
② (宋)张载:《正蒙·大心篇》,《张载集》,第 25 页。
③ (宋)胡宏:《知言·天命》卷一,王立新校点:《胡宏著作两种》,岳麓书社 2008 年版,第 11 页。
④ 《朱子语类》卷五《性理二》,《朱子全书》第十四册,第 220 页。
⑤ (宋)陆九渊:《语录下》,《陆九渊集》卷三十五,第 458 页。
⑥ 《象山文集序》,《王阳明全集》上,第 273—274 页。

明"心态"问题是圣人之学的内在课题，才能名正言顺地利用儒学资源来处理心态问题。无疑，王阳明非常睿智地处理了这个问题。

二、自我体验

王阳明对于"心"的觉悟，除了受前人"心"观念熏陶外，更重要的是他的亲身体验。如上所言，王阳明所处时代，"心"已腐烂不堪，这是时代给他的深刻印记。而在王阳明生命经历中，其对"心"的感受十分深切。王阳明曾说："心之精微，口莫能述，亦岂笔端所能尽已！"① 心态之复杂微妙，既非语言所能表达清楚，亦非文字所能陈述明晰，足见王阳明已体验到"心"的神秘莫测。如下通过连续性案例以呈现王阳明对于心态的特殊体验。

1488年。一次，王阳明练习书法，但他练习书法并非为了把字写好，而是"炼心"，他体验到任何事都用"心"去学去做，自然有好的结果。《年谱》云："先生尝示学者曰：'吾始学书，对模古帖，止得字形。后举笔不轻落纸，凝思静虑，拟形于心，久之始通其法。……既非要字好，又何学也？乃知古人随时随事只在心上学，此心精明，字好亦在其中矣。'"② 虽然"官署中蓄纸数箧，先生日取学书，比归，数箧皆空，书法大进"，但17岁的王阳明并非因为书法大进而喜悦，而是觉悟到"心"的重要。"拟形于心，久之始通其法"，而且，随时随事只在"心"上学，此心精明，字好便在其中矣。由此可见，王阳明由练习书法体悟到"心"专注的重要性。

1492年。王阳明科举考试落榜，《年谱》云："明年春，会试下第，缙绅知者咸来慰谕。宰相李西涯戏曰：'汝今岁不第，来科必为状元，试作来科状元赋。'先生悬笔立就。诸老惊曰：'天才！天才！'退有忌者曰：'此子取上第，目中无我辈矣。'及丙辰会试，果为忌者所抑。同舍有以不第为耻者，先生慰之曰：'世以不得第为耻，吾以不得第动心为耻。'"③ 好一个"以不得第动心为耻"！为了取得功

---

① 《答王天宇二》，《王阳明全集》上，第185页。
② 《年谱一》，《王阳明全集》下，第1347—1348页。
③ 《年谱一》，《王阳明全集》下，第1349页。

名，成千上万的人操碎了心，挤破了头，王阳明却轻飘飘地说出"以不得第动心为耻"，20 岁的王阳明就已不把功名利禄当回事了。此时，他已认识到外物对"心"的诱惑，但同时也能做到不为所动。

1499 年。王阳明写了一篇论"君子中立"的文章，其中说道："君子之立也可谓中矣，又何以见其不倚邪？譬之物焉，有所凭则易以立，无所恃则易以倚，吾之所立者中，则或前或后无可恃之人，或左或右无可凭之物。以外诱言之，则声色之私有以眩吾中，货利之私有以撼吾中，苟吾力不足以胜之，其不至于颠仆者寡矣；以己私言之，则辨或倚于私辨而非中，智倚于私智而非中，苟吾之力不足自胜，其不至于欹侧者亦寡矣。故中立固难，立而不倚尤难。"① 所谓"中立"，就是不偏不倚，但君子之能不偏不倚在于"心"，"心"若不能中正，哪来身形的中立？哪来言行的中立？因此，王阳明强调只有抵抗住声色之诱、货利之私等外在诱惑，使之不能眩吾中、撼吾中，方能中立矣。可见，所谓"君子中立"，最终还是要守"心"而已。

1508 年。王阳明说："道一而已矣，宁有两耶？有两之心，是心之不一也，是殆本源之未立与？恐为外物所牵，亦以是耳。程子曰：'苟以外物为外牵，己而从之，是以己性为有内外也。'又曰：'自私，则不能以有为为应迹；用智，则不能以明觉为自然。今以恶外物之心而求照无物之地，是反镜而索照也。'又曰：'君子之学，莫若扩然而大公，物来而顺应。'由是言之，心迹之不可判而两之也，明矣。"② 如果"心"不专一，则本源未立，本源未立，则被外物牵引并顺从外物，则是承认性有内外，因此，自私、用智，都是以"心"为二所致，而君子之学，所追求的境界是廓然无垠，物来顺应。因此，"心"必须专一贞定，方能抵御心外之物的干扰。

1509 年。王阳明说："近世士夫亦有稍知求道者，皆因实德未成而先揭标榜，以来世俗之谤，是以往往隳堕无立，反为斯道之梗。诸友宜以是为鉴，刊落声华，务于切己处着实用力。"③ 他指出虽然有些学者懂得一点求道的意义，但因急于求成而自我标榜，以致引来世俗之非议，成了传播道的障碍，他提醒学生要引以为戒，不能急于求成，更不能四处标榜，要有从容、谦卑的心态。

---

① 《君子中立而不倚》，束景南等辑编：《王阳明全集补编》，上海古籍出版社 2018 年版，第 84—85 页。
② 《答懋贞少参》，《王阳明全集补编》，第 110 页。
③ 《与辰中诸生》，《王阳明全集》上，第 162 页。

1510 年。王阳明说:"圣人之心如明镜,纤翳自无所容,自不消磨刮。若常人之心,如斑垢驳蚀之镜,须痛刮磨一番,尽去驳蚀,然后纤尘即见,才拂便去,亦不消费力。到此已是识得仁体矣。"① 王阳明与黄绾、应良等论学时提到圣人之心、常人之心,并提出了养治这两种"心"的方法。他认为圣人之心微尘不容,无须磨刮,而常人之心只有彻底刮磨,才能见得仁体。

1512 年。王阳明在写给湛若水的信中云:"世之学者,章绘句琢以夸俗,诡心色取,相饰以伪,谓圣人之道劳苦无功,非复人之所可为,而徒取辩于言辞之间,古之人有终身不能究者,今吾皆能言其略,自以为若是亦足矣,而圣人之学遂废。"② 王阳明对当世学人的心态表达了忧心和不满,认为虚伪之心、浮夸之心、诡计之心等充斥学界,导致学术停滞、圣学废弃。他对学界出现的消极心态极为关注且担忧。

1514 年。王阳明说:"今学者于先儒之说苟有未合,不妨致思。思之而终有不同,固亦未为甚害,但不当因此而遂加非毁,则其为罪大矣。同志中往往似有此病,故特及之。程先生云:'贤且学他是处,未须论他不是处。'此言最可以自警。见贤思齐焉,见不贤而内自省,则不至于责人已甚,而自治严矣。议论好胜,亦是今时学者大病。今学者于道,如管中窥天,少有所见,即自足自是,傲然居之不疑。与人言论,不待其辞之终而已先怀轻忽非笑之意,訑訑之声音颜色,拒人于千里之外。不知有道者从旁视之,方为之竦息汗颜,若无所容。而彼悍然不顾,略无省觉,斯亦可哀也已!近时同辈中往往亦有是病者,相见时可出此以警励之。"③ 他指出了几种错误心态,一是不了解情况而随意诋毁他人,二是因争强好胜而轻视他人,三是怀傲慢之心而嘲笑他人,而正确的心态是,未敢尽以为是,未敢尽以为非,虚怀若谷。如此,才不会以道听途说为真、以自立门户为志。

1515 年。王阳明说:"是故于父,子尽吾心之仁;于君,臣尽吾心之义。言吾心之忠信,行吾心之笃敬。惩心忿,窒心欲,迁心善,改心过;处事接物,无所往而非求尽吾心以自慊也。譬之植焉,心其根也;学也者,其培拥之者也,灌溉

---

① 《年谱一》,《王阳明全集》下,第 1358 页。
② 《别湛甘泉序》,《王阳明全集》上,第 257 页。
③ 《书石川卷》,《王阳明全集》上,第 300 页。

之者也，扶植而删锄之者也，无非有事于根焉耳矣。"① 这里揭示了忿心、欲心、善心、过心等几种心态，并且提出了"尽吾心以自慊"的治疗之法，主张从根本上解决心态问题。

1517年。《年谱》记载了一篇王阳明剿匪"抚谕"，这里摘录一段："是时漳寇虽平，而乐昌、龙川诸贼巢尚多啸聚，将用兵剿之，先犒以牛酒银布，复谕之曰：'人之所共耻者，莫过于身被为盗贼之名；人心之所共愤者，莫过于身遭劫掠之苦。今使有人骂尔等为盗，尔必愤然而怒；又使人焚尔室庐，劫尔财货，掠尔妻女，尔必怀恨切骨，宁死必报。尔等以是加人，人其有不怨者乎？人同此心，尔宁独不知？乃必欲为此，其间想亦有不得已者。或是为官府所迫，或是为大户所侵，一时错起念头，误入其中，后遂不敢出。此等苦情，亦甚可悯。然亦皆由尔等悔悟不切耳。'"② 这是一段包含了丰富心态思想的文字。首先，设定耻是人所厌，做匪贼是人所厌，提醒招抚对象想想是否还要继续做匪？其次，他说每个人都有父母妻子，如果有人抢劫（山贼）自己的家室，会作何感想呢？最后，落草为寇之人，大多数都是情不得已，为情所迫；所以，这些人都是值得同情，也都是可以回头的。而之所以不愿回头，是因为自我悔过不深切。王阳明充分利用了人的心理特点以劝说山贼，虽然并不一定有效，但他对心态现象的认识十分了得。

1518年。《年谱》记载，王阳明向弟子薛侃提及曾在写给杨骥的信中说"破山中贼易，破心中贼难"。与薛侃书曰："即日已抵龙南，明日入巢，四路皆如期并进，贼有必破之势矣。向在横水，尝寄书仕德云：'破山中贼易，破心中贼难。'区区剪除鼠窃，何足为异？若诸贤扫荡心腹之寇，以收廓清平定之功，此诚大丈夫不世之伟绩。数日来，谅已得必胜之策，奏捷有期矣，何喜如之！"③ 信中王阳明抑制不住剿匪胜利的喜悦，从而认识到"破山中贼易"，但要从"心"上解决山中贼的问题，是非常艰难的。王阳明由剿匪的经历，体验到治"心"的重要。对王阳明而言，既有"山中贼"，又有"心中贼"，而根据他的亲身经历，"山中贼"容易解决，"心中贼"则难以清除。因为"心中贼"看不见、摸不着，无影无踪，萌生时间也无法把握。所以王阳明将破"心中贼"视为大丈夫不世之伟绩（这与孟子将致力于

---

① 《紫阳书院集序》，《王阳明全集》上，第267页。
② 《年谱一》，《王阳明全集》下，第1372—1373页。
③ 《年谱一》，《王阳明全集》下，第1377页。

"正人心"视为圣人之徒是一个意思),这反过来也说明心理建设对王阳明来说非常重要。孙中山先生因为革命失败,而感悟"知难行易",就是发现不能从观念上解决问题,不能从"心"中确立认知和信念,那么行动是很难展开的,即使展开也将失败。因此,王阳明言破"心中贼"难,实际上是提出了心理建设的任务,问题心态治疗难而重要。

1519年。王阳明说:"古人之学,切实为己,不徒事于讲说。书札往来,终不若面语之能尽,且易使人溺情于文辞,崇浮气而长胜心。求其说之无病,而不知其心病之已多矣。此近世之通患,贤知者不免焉,不可以不察也。"① 他认为,古人为学都崇尚实用,而不好讲说,如今许多人却好讲说,以致沉湎于文辞之中而"崇浮气而长胜心",此即需要克服的心病。

1521年。王阳明说:"诗文之习,儒者虽亦不废,孔子所谓'有德者必有言'也。若着意安排组织,未有不起于胜心者,先辈号为有志斯道,而亦复如是,亦只是习心未除耳。仕鸣既知致知之说,此等处自当一勘而破,瞒他些子不得也。"② 他认为儒者虽然不废诗文,但都是基于"有德者必有言"原则,不会为了哗众取宠而醉心于辞藻的华丽。如果刻意组织安排,必萌生好胜之心,王阳明提醒他人研习圣人之学时,不要生出好胜之心、自傲之心。

1522年。王阳明说:"仆尝以为君子论事当先去其有我之私,一动于有我,则此心已陷于邪僻,虽所论尽合于理,既已亡其本矣。"③ 在王阳明看来,人们论事如果动了私意,其心便已陷于邪僻,因此,即便所论合乎理路,但丧失根本。这是强调对私心的警惕,一旦有了私心,规划无论多么完美、事业无论多么成功,都将丧失它的意义。

1523年。《年谱》记载:邹守益、薛侃、黄宗明、马明衡、王艮等侍,因言谤议日炽。先生曰:"诸君且言其故。"有言先生势位隆盛,是以忌嫉谤;有言先生学日明,为宋儒争异同,则以学术谤;有言天下从游者众,与其进不保其往,又以身谤。先生曰:"三言者诚皆有之,特吾自知诸君论未及耳。"请问。"吾自南京已前,尚有乡愿意思。在今只信良知真是真非处,更无掩藏回护,才做得狂者。使天

----

① 《答方叔贤》,《王阳明全集》上,第196页。
② 《与杨仕鸣》,《王阳明全集》上,第207页。
③ 《答徐成之二》,《王阳明全集》中,第889页。

下尽说我行不掩言，吾亦只依良知行。"请问乡愿狂者之辨。曰："乡愿以忠信廉洁见取于君子，以同流合污无忤于小人，故非之无举，刺之无刺。然究其心，乃知忠信廉洁所以媚君子也，同流合污所以媚小人也，其心已破坏矣，故不可与入尧、舜之道。狂者志存古人，一切纷嚣俗染，举不足以累其心，真有凤凰翔于千仞之意，一克念即圣人矣。惟不克念，故阔略事情，而行常不掩。惟其不掩，故心尚未坏而庶可与裁。"①王阳明与弟子们讨论自己遭到毁谤的原因，弟子们的答案他都不满意。他自己的体验是，在南都以前他属于乡愿之人，有浓厚的乡愿气息，所以没有人妒忌，后来舍去乡愿了，转变为猖狂之人，反而被人忌妒。所谓猖狂之人，是只要"信良知真是真非处"，"信手行去"，便是做得"狂者"的胸次。王阳明自己感觉很自豪，做自己，心不累。由王阳明的话语中能感觉到，他对乡愿心态是不屑的，虽然拥有乡愿心态不被人毁谤；他对猖狂心态是欣赏的，虽然因为猖狂而被人毁谤，却引以为豪。这是因为，乡愿以忠信廉洁见取于君子，其实是献媚君子；以同流合污无逆于小人，其实是讨好小人，所以其心已坏；而猖狂之士，一切纷嚣俗染皆不足以累其心，一克念即圣人，其心未坏而可期。总之，狂者以真为尚，自信本心，没有矫饰，不为外在的毁誉所左右。狂者不仅拒绝沉沦于世俗化过程，且敢于向世俗挑战，呈现顶天立地的气象。"乡愿"，表现的是一种献媚讨好毫无原则的心态；"猖狂之士"，表现的是一种独立自信、超越万有的心态。

1524年。《年谱》记载王阳明与南大吉对话——（南大吉）曰："身过可勉，心过奈何？"先生曰："昔镜未开，可得藏垢；今镜明矣，一尘之落，自难住脚。此正人圣之机也，勉之！"②南大吉问王阳明，"心"有了过错该怎么办？王阳明告诉南大吉，良知未觉时，满身污垢，良知觉悟后，微小的尘埃不能立脚。这里谈及防治过失之心的办法。

1525年。《年谱》记载王阳明为学者聚会定立规矩，其中提道："相会之时，尤须虚心逊志，相亲相敬。大抵朋友之交，以相下为益，或议论未合，要在从容涵育，相感以成；不得动气求胜，长傲遂非，务在默而成之，不言而信。其或矜己之长，攻人之短，粗心浮气，矫以沽名，讦以为道，挟胜心而行愤嫉，以讥诮族败群

---

① 《年谱三》，《王阳明全集》下，第1420—1421页。
② 《年谱三》，《王阳明全集》下，第1423页。

为志，则虽日讲时习于此，亦无益矣。"① 王阳明告诫会聚于门下的求学者，第一要谦逊，第二要低调，第三要去傲，第四不揭人之短，第五不能沽名钓誉，第六不能有好胜之心，第七不能有嫉妒之心，等等。总之，王阳明希望求学者怀着健康、阳光的心态与师友切磋交流。

1526 年。王阳明说："后世良知之学不明，天下之人用其私智以相比轧，是以人各有心，而偏琐僻陋之见，狡伪阴邪之术，至于不可胜说；外假仁义之名，而内以行私利之实，诡词以阿俗，矫行以干誉，掩人之善而袭以为己长。讦人之私而窃以为己直，忿以相胜而犹谓之徇义，险以相倾而犹谓之疾恶，妒贤嫉能而犹自以为公是非；恣情纵欲而犹自以为同好恶。"② 这是对当时社会风俗的批评，他罗列了假仁义以行私利、虚伪迎俗、矫情以追求荣誉、掩人之善、暴露他人隐私、好斗好胜、妒贤嫉能、恣情纵欲等负面心态，表达了他的愤怒和忧虑之情。

1528 年。《年谱》记载王阳明在广西剿匪时撰写的《抚新民》，其中曰："始观论议，似亦区画经久之计；徐考成功，终亦支吾目前之计。盖用兵之法，伐谋为先；处夷之道，攻心为上。今各瑶征剿之后，有司即宜诚心抚恤，以安其心。若不服其心，而徒欲久留湖兵，多调狼卒，凭藉兵力，以威劫把持，谓为可久之计，则亦末矣。殊不知远来客兵，怨愤不肯为用，一也。供馈之需，稍不满意，求索訾詈，将无抵极，二也。就居民间，骚扰浊乱，易生仇隙，三也。困顿日久，资财耗竭，适以自弊，四也。欲借此以卫民，而反为民增一苦；欲借此以防贼，而反为吾招一寇，其可行乎？"③ 他提出了攻心、安心、复心等概念，剿匪第一要义是攻心，而攻心必须建立在安心基础上，安心必须表现为具体的措施，最后才能使其心服。这表明，至去世之前，王阳明仍然将处理心态问题视为解决社会问题的重要方式。

如上文献表明，王阳明自始至终都对心态给予了关注，他不仅总结了消极心态的种类，分析了诸多影响心态的因素，还揭示了心态的特点，提出了养护心态的方法，等等，可以说，心态是王阳明一生的关切，是阳明心学的核心。正因为王阳明认识到先辈对"心"的重视，正因为王阳明对心态问题的亲自经历，才将圣人之学定义为心学。他说："夫圣人之学，心学也，学以求尽其心而已。尧、舜、禹之相

---

① 《年谱三》，《王阳明全集》下，第 1428 页。
② 《传习录中》，《王阳明全集》上，第 90 页。
③ 《年谱三》，《王阳明全集》下，第 1453 页。

授受曰：'人心惟危，道心惟微，惟精惟一，允执厥中。'道心者，率性之谓，而未杂于人。无声无臭，至微而显，诚之源也。人心，则杂于人而危矣，伪之端矣。"①这里继续强调"十六字心诀"之心学源头地位，对"道心"与"人心"的内涵做了解释与规定，并明确了"人心"作为心学难题的性质，而"人心"是杂于人者，因而心学的任务是"求尽其心"，即充分显发"道心"以抑制"人心"。王阳明说："君子之学，心学也。心，性也；性，天也。圣人之心，纯乎天理，故无事于学。下是，则心有不存而汩其性，丧其天矣，故必学以存其心。学以存其心者，何求哉？求诸其心而已矣。求诸其心何为哉？谨守其心而已矣。"②由于"本心"不存而使天性遭到伤害，因而君子之学的任务就是使人们"存心"。所谓"存心"就是反身向内，就是谨守其"心"以扬善抑恶，恒为"道心"。总之，"明其心""求其心""守其心"，目的都是将丧失的"善性"恢复，使"心"光明以回归"道心"，从而呈现健康的"心态"。

概言之，"心态"问题的社会现实关切反映了阳明心学的经世特质，"心态"问题的认识论原因分析反映了阳明心学的哲学品格，"心态"问题的圣人之学定位反映了阳明心学的道统诉求，"心态"问题的君子之学担当反映了阳明心学的人文情怀，如此，"心态"问题便顺理成章地成为阳明心学所面对且必须提出解决对策的课题。王阳明说："惟古为学，在求放心。心苟或放，学乃徒勤。勿忧文辞之不富，惟虑此心之未纯；勿忧名誉之不显，惟虑此心之或湮。斯须不敬鄙慢入，造次不谨放僻成。"③"心"如丧失，学以寻找，无忧文字之不富，只有本心之不纯，"心"纯与否，是心学所操心的根本问题。可见，"心态"问题不仅是基于社会现实的思考，还是对人心是非善恶原因的认识论追问。对王阳明而言，儒家圣人之学，亦是关于心理心态的学问。

---

① 《重修山阴县学记》，《王阳明全集》上，第286页。
② 《谨斋说》，《王阳明全集》上，第293—294页。
③ 《铭一首》，《王阳明全集》中，第1137页。

第三章　心学的心态类型

所谓心态，就是心理状态。心理状态既表现为暂时性，又表现出稳定性，是心理和个体心理特征统一的表现。由于心理状态在不同的心理活动阶段和活动领域有不同的表现形式，从而造成心理状态在内容与形式上的差异，这种在内容与形式上的差异就决定了不同的心态类型。这里尝试从认知、情感、利欲等角度考察阳明心学中的心态类型。

第一节　心态的认知类型

"认知"是指人获得和应用知识的过程，是人最基本的心理过程，它包括感觉、知觉、记忆、思维、想象和语言等形式，这种获得知识和应用知识的过程对人的心理会产生影响，使心理表现为不同的状态，即为"认知心态类型"。而关于"事象"的认知状况直接影响着心理状态，王阳明说："今学者于道，如管中窥天，少有所见，即自足自是，傲然居之不疑。"[①] 他指出，如果一个人坐井观天，将"井"内的知识等同于宇宙世界的知识，那就可能萌发自足自满的心态。在阳明心学中，认知的"事象"涉及自然、社会、生死、道或良知等，如下考察由对这些"事象"的认知所引发的心理状态。

---

① 《书石川卷》,《王阳明全集》上，第300页。

一、认识自然界所引发的心态

作为思想大师的王阳明，亦钟情于山水，经常畅游山川尽情欣赏美景而陶醉其中，他曾作诗道："平生山水已成癖，历深探隐忘饥疲"，"谈我平生无一好，独于泉石尚多求"。而在认识、欣赏自然美景的同时，王阳明时而好奇、时而赞叹、时而愉悦，真实心态流露无遗。在王阳明的诗作中，因认识、欣赏自然景观而引发的各种心态跃然纸上。比如："林下春晴风渐和，高崖残雪已无多。游丝冉冉花枝静，青壁迢迢白鸟过。忽向山中怀旧侣，几从洞口梦烟萝。客衣尘土终须换，好与湖边长芰荷。"[①]"林下春晴风渐和，高崖残雪已无多"，描写的是雨后春天的景象，风和日丽，残雪消融，春意盎然，表达了王阳明对春天美景的赞叹。"游丝冉冉花枝静，青壁迢迢白鸟过"，花枝无声，静谧安详，迢迢青壁，白鸟飞过，从而将春天的静谧和生机描绘得栩栩如生，表达了王阳明对春天气息的向往和喜爱。"忽向山中怀旧侣，几从洞口梦烟萝"，突然想念起过往在此一同游山玩水的朋友，往事如烟，烟雾缭绕，或隐或现，表达的是对伴游旧友的思念之情。"客衣尘土终须换，好与湖边长芰荷"，"芰荷"象征着清新和美好，这是说作者想换掉客衣，摆脱俗尘，而与湖边的芰荷为伴，表达了王阳明回归自然、享受清闲生活的心态。

再如："城里夕阳城外雪，相将十里异阴晴。也知造物曾何意？底事人心苦未平！柏府楼台衔倒影，茅茨松竹泻寒声。布衾莫谩愁僵卧，积素还多达曙明。"[②]"城里夕阳城外雪，相将十里异阴晴"，城里城外气候迥异、阴晴交错，如此写景反映的或许是王阳明内心的矛盾：既想为国效力，又对朝廷的腐败黑暗不满。"也知造物曾何意？底事人心苦未平"，对伟大造物主表示疑惑，为什么要让天下动荡不安、人民苦难不已？表达了王阳明对人生无奈的心理。"柏府楼台衔倒影，茅茨松竹泻寒声"，柏府的楼台倒映在水中，寂静而清幽，茅茨与松竹在寒风中发出刺耳的沙沙声，凄凉而萧索，王阳明孤冷的心境显露无遗。"布衾莫谩愁僵卧，积素还多达曙明"，虽然睡在简陋的床上僵硬不动，但即便时间漫长也要耐心等待天亮，表达了王阳明对未来的希望和信心。

王阳明曾与好友游历安徽滁州，他在给黄绾的信中分享了游览滁州山水的心

[①] 《春晴》，《王阳明全集》中，第779页。
[②] 《次韵陆金宪元日喜晴》，《王阳明全集》中，第782页。

情:"滁阳之行,相从者亦二三子,兼复山水清远,胜事闲旷,诚有足乐者。"① 滁州这个地方山清水秀,清波流远,风光旖旎,悠闲放达,足以令王阳明心旷神怡、流连忘返!可见,王阳明不仅对大自然怀有好奇、赞叹等心态,而且通过对自然景观的描写,也抒发着内心的孤寂、喜好、厌恶、悲观、乐观、喜悦、忧愁等心态,而这与王阳明对自然景观的认识和欣赏密切关联。

二、认识社会所引发的心态

相比于自然界,对社会的认知更容易造成人们不同的心理状态。王阳明说:"世之儒者,各就其一偏之见,而又饰之以比拟仿像之功,文之以章句假借之训,其为习熟既足以自信,而条目又足以自安,此其所以诳己诳人,终身没溺而不悟焉耳!"②"虚妄之心"可能导致以修辞比拟、章句假借文饰、阻碍对"圣人之道"的觉悟等消极事象,而拥有"虚妄之心"的人却自以为"得道",这种欺己诳人而不能自觉的心态,正是对社会"事象"认识的偏颇所致。王阳明虽然钟情于山水,但更倾心于人情世界,社会万象无时不在其关切之中,而对各种社会现象的认知和理解,直接引发了他多样的心态。在学绝道丧、风俗颓废的时代,如何对待"掉进大海"的人?他说:"学绝道丧,俗之陷溺,如人在大海波涛中,且须援之登岸,然后可授之衣而与之食。若以衣食投之波涛中,是适重其溺,彼将不以为德而反以为尤矣。故凡居今之时,且须随机导引,因事启沃,宽心平气以薰陶之,俟其感发兴起,而后开之以其说,是故为力易而收效溥。不然,将有扞格不胜之患,而且为君子爱人之累。"③ 这里所谓"掉进大海"之人,是指那些媚俗、愚昧、无赖、狂傲之人,面对这类人,应持怎样的心态呢?王阳明认为如果一味投衣食给这种人,就会拒他们于千里之外,因为这样的心态和行为只会使这种人"溺水"的情况变得更为糟糕。积极的做法是,根据时机对这种人进行引导,依照事例竭诚启发,心平气和地教育,直至他们有了感触,再以圣人之学开导之,这样才能事半功倍。反

---

① 《与黄宗贤二》,《王阳明全集》上,第 169 页。
② 《寄邹谦之四》,《王阳明全集》上,第 229 页。
③ 《寄李道夫》,《王阳明全集》上,第 185—186 页。

之，则会导致彼此格格不入之困，且遭受君子爱人之累。这里的社会事象是"人陷大海"，实际上是指那些品质粗劣之人，王阳明所表现的心态不是无原则地输送爱心，而是根据实际情况予以帮助，顺应对方的特点心平气和地予以指导。

在明代，书生金榜题名，紧跟着便是荣华富贵的到来，自然是一件令人欣喜之事。王阳明虽然对科举有些微词，但对于好友的金榜题名，仍然是"喜不自胜"。他说："闻诸友皆登第，喜不自胜。非为诸友今日喜，为野夫异日山中得良伴喜也。入仕之始，意况未免摇动。如絮在风中，若非黏泥贴网，恐自张主未得。不知诸友却如何？想平时工夫，亦须有得力处耳。野夫失脚落渡船，未知何时得到彼岸。"① 王阳明获悉蔡宗兖、许相卿、季本、薛侃、陆澄等学友金榜题名，欣喜异常，但面对当时的官场，却认为自己是"野夫失脚落渡船，未知何时得到彼岸"，表现的是一种无奈的心态。学术群体中的人也是良莠不齐的，有些人好高骛远，有些人骄傲自大，有些人妒贤嫉能，有些人自以为是，有些人标新立异。那么，王阳明对此是怎样一种心态呢？他说："朋友之来问者，皆相爱者也，何敢以不尽吾所见！正期体之于心，务期真有所见，其孰是孰非而身发明之，庶有益于斯道也。若徒入耳出口，互相标立门户，以为能学，则非某之初心，其所以见罪之者至矣。近闻同志中亦有类此者，切须戒勉，乃为无负！孔子云：'默而识之，学而不厌'，斯乃深望于同志者也。"② 王阳明将朋友请教于他视为朋友之间关爱的表现，而且是有益于圣人之道的事，所以应该尽己所知和盘托出，但如果有人只满足于口耳之学，而且标新立异，以为自己天下第一，这与王阳明的初心相悖，他深恶痛绝，要求同志中有类似毛病者必须诫勉，且保持"默识"心态。王阳明认为，人的是非毁誉如水之湿、火之热，是掩藏不了的，因而无须争辩，如果无其事而辩，犹如诽谤自己，如果有其事而辩，则是增加自己的恶和对方的怒。他说："人之是非毁誉，如水之湿，如火之热，久之必见，岂能终掩其实者？故有其事，不可辩也；无其事，不必辩也。无其事而辩之，是自谤也；有其事而辩之，是益增己之恶而甚人之怒也；皆非所以自修而平物也。"③ 因此，应该以不争辩的方式止息诽谤。而对于争辩，则主张反省自己，"默而成之"："尝闻昔人之教矣，况今何止于是！四方英杰以讲学异

---

① 《与希颜台仲明德尚谦原静》，《王阳明全集》上，第188页。
② 《书石川卷》，《王阳明全集》上，第300—301页。
③ 《答伍汝真金宪》，《王阳明全集补编》，第204页。

同之故,议论方兴,吾侪可胜辩乎?惟当反求诸己,苟其言而是欤,吾斯尚有所未信欤,则当务求其是,不得辄是己而非人也。使其言而非欤,吾斯既已自信欤,则当益致其践履之实,以务求于自慊,所谓'默而成之,不言而信'者也。"①在王阳明看来,争辩不仅不能解决问题,反而越辩越模糊,引发更加激烈的争端,最好的方式是反省自己,是则是之,非则改之。不争强好胜、实事求是、低调谦卑,不能不说,王阳明对于"辩论"的认识深刻而准确,尽显智慧。质言之,对社会中"事象"认识的程度与差异引发了王阳明的不同心态和不同处理方式,这说明个体心态的出现与个体对于社会"事象"的理解状况是密切关联的。

三、认识生命所引发的心态

生命不仅有生老病死,而且有光明晦暗,不仅有辉煌,也会有失败,因而人对生死的认知不能不影响其心态。王阳明是个理想主义者,怀有伟大抱负,但又体弱多病,做事总是力不从心,因而在面对生死时,常常表现出不同的心态。他认为,人的寿命长短都是天命,人只要做好自己就问心无愧:"若曰死生夭寿皆有定命,吾但一心于为善,修吾之身,以俟天命而已。"②那么,王阳明对生命的体悟是如何影响其心态的呢?光阴似箭,生命短暂,每个人应该珍惜光阴,努力进取,使自己生命因不断完善而精彩。王阳明说:"岁月不待,再过数年,精神益弊,虽欲勉进而有所不能,则将终于无成。皆吾所以势有不容已也。但老祖而下,意皆不悦,今亦岂能决然行之?徒付之浩叹而已!"③因此,当生命遭遇困境时,也必须牢记初心,奋勇向前。王阳明说:"某之居此,盖瘴疠蛊毒之与处,魑魅魍魉之与游,日有三死焉。然而居之泰然,未尝以动其中者,诚知生死之有命,不以一朝之患而忘其终身之忧也。太府苟欲加害,而在我诚有以取之,则不可谓无憾;使吾无有以取之而横罹焉,则亦瘴疠而已尔,蛊毒而已尔,魑魅魍魉而已尔,吾岂以是而动吾心哉!"④这是王阳明身处贵州龙场时的情境:与瘴疠蛊毒相处,与魑魅魍魉共游,同

---

① 《与陆原静二》,《王阳明全集》上,第209—210页。
② 《传习录中》,《王阳明全集》上,第49页。
③ 《寄诸用明》,《王阳明全集》上,第166页。
④ 《答毛宪副》,《王阳明全集》中,第883页。

时伴有当地长官的侵害，时刻面临着死亡之威胁。但王阳明处之泰然，从未把生死放在心中，因为他不会因一朝一夕之患而忘记终身志向；而对于长官的诬陷迫害，王阳明的态度是，如果的确有罪，他坦然接受；如果无中生有，就好比毒蛇妖怪而已，怎么可能令他动心，让他害怕？

王阳明为什么能够持守公义至上、无惧生死的心态？因为他认识到天下国家大于个人，他认识到个人的生死之所以有价值，在于与天下国家融为一体。王阳明认为，生命的长短枯荣、千姿百态，犹如昼夜，乃自然之象，而最终都归于尘土，因此，生有何喜，死又有何悲呢？他说："死也者，人之所不免。名也者，人之所不可期。虽修短枯荣，变态万状，而终必归于一尽。君子亦曰：'朝闻道，夕死可矣。'视若夜旦。其生也，奚以喜？其死也，奚以悲乎？其视不义之物，若将浼己，又肯从而奔趋之乎？而彼认为己有，变而弗能舍，因以沉酗于其间者，近不出三四年，或八九年，远及一二十年，固已化为尘埃，荡为沙泥矣。而君子之独存者，乃弥久而益辉。"① 在王阳明看来，追逐不义之物而沉湎其中，其短不过数年，其长不过几十年，最后都化为尘埃泥沙，而如果君子存良知于心，便能历久而生辉。因此，执着生死的人是由于没能真正认识生死的本质，王阳明说："学问功夫，于一切声利嗜好俱能脱落殆尽，尚有一种生死念头毫发挂带，便于全体有未融释处。人于生死念头，本从生身命根上带来，故不易去。若于此处见得破，透得过，此心全体方是流行无碍，方是尽性至命之学。"② 就是说，一旦对生死的本质有了正确的认识，就可以超越生死，不会被生死所困。王阳明说："及谪贵州三年，百难备尝，然后能有所见，始信孟氏'生于忧患'之言非欺我也。尝以为'君子素其位而行，不愿乎其外。素富贵，行乎富贵；素贫贱，行乎贫贱；素患难，行乎患难；故无入而不自得'。"③ 所谓"不被生死所困"，就是做自己目前的职位所要求的事，无非分之想，富贵身行富贵事，贫贱身行贫贱事，身处患难，安于患难，这样就不会被外物所纠缠所左右，就能达到无论在何处都能心情舒畅的心态。可见，由于王阳明对生命本质的认识深刻而透彻，所以不会为生命的各种状态所左右，而能以一种坦然的心态面对生死问题。其悲观，是生命未能实现其价值，而非生命的夭亡；其

---

① 《箴一首》，《王阳明全集》中，第1138页。
② 《传习录下》，《王阳明全集》上，第123页。
③ 《与王纯甫》，《王阳明全集》上，第173页。

乐观，是生命得到了升华，而非生命的漫长；其爱惜，是生命诚可贵，而非生命的肉体享受；等等。因此，王阳明面对生死所表现出的淡然、坦然、泰然的心态，乃是基于其对生死本质的认识。

四、认识"道"所引发的心态

王阳明以"成圣"为终生目标，而"识道"或"悟良知"是成圣的前提，所以他非常重视对"道"或良知的认识、理解和觉悟。而认识、理解和觉悟"道"或良知的过程会受各种因素的影响，也必然影响到王阳明的心理状态。如果说王阳明对于自然、社会、生命等的认识和理解所引发的心态还比较平和的话，那么对于"道"或良知的觉悟所引发的心态则是相当敏感的。王阳明认为，即便圣人也不可能将"道"之全体完全传述于人，需要每个人自己用心去觉悟："道之全体，圣人亦难以语人，须是学者自修自悟。颜子'虽欲从之，末由也已'，即文王'望道未见'意。望道未见乃是真见。"① 正由于"道"之难识难悟，所以"识道"或"悟良知"的情形必然引发人的不同心态。王阳明对"道"抱有敬畏之心和谦卑之心："某之于道，虽亦略有所见，未敢尽以为是也。"② 即便对圣人之道略有所见，也不认为自己对"道"的那份略有所知都是对的。但他又认为，只要坚持不懈地去学习、去行动，还是可以认识圣人之道并企及圣人境界的。但如果认为圣人之道难以理解便不去努力，那就会出现另外一种消极心态："圣人之道若大路，虽有跛鳖，行而不已，未有不至。而世之君子顾以为圣人之异于人，若彼其甚远也，其为功亦必若彼其甚难也，而浅易若此，岂其可及乎！则从而求之艰深恍惚，溺于支离，骛于虚高，率以为圣人之道必不可至，而甘于其质之所便，日以沦于污下。有从而求之者，竞相嗤讪，曰狂诞不自量者也。"③ 就是说，那些对"道"的特性认识不清的人，会使自己陷于恍惚、支离、虚高之状，以致诳诞自大。

"良知"是阳明心学的核心，对于良知的认识和觉悟，王阳明的兴奋之情是无

---

① 《传习录上》，《王阳明全集》上，第27页。
② 《书石川卷》，《王阳明全集》上，第300页。
③ 《别梁日孚序》，《王阳明全集》上，第269页。

法抑制的:"缘此两字,人人所自有,故虽至愚下品,一提便省觉。若致其极,虽圣人天地不能无憾,故说此两字穷劫不能尽。"① 因为良知人人皆有,即便是最愚笨之人,也能一点拨就悟。如果说在良知上做到极致,即便圣人和天地,也不能没有遗憾,所以良知的意义无法穷尽。因此,一个人如果信得良知,便能志存高远,心胸豁达、豪放而不被琐事所扰,王阳明说:"我今信得这良知真是真非,信手行去,更不着些覆藏。我今才做得个狂者的胸次,使天下之人都说我行不掩言也罢。"② 如果认得良知亲切,无论做什么事都不会引发劳累之心:"只要良知真切,虽做举业,不为心累;纵有累亦易觉,克之而已。……任他读书,亦只是调摄此心而已,何累之有?"③ 不仅不会令人身心疲惫,反而能调适自己的心态。如果识得良知之知,便能怀有谦卑之心:"只此自知之明,便是良知。致此良知以求自慊,便是致知矣。殊慰殊慰!"④ 值得注意的是,人觉悟良知的迟速、深浅不同,引发的心理状态也不同。王阳明说:"赖天之灵,偶有悟于良知之学,然后悔其向之所为者,固包藏祸机,作伪于外,而心劳日拙者也。十余年来,虽痛自洗剔创艾,而病根深痼,萌蘖时生。所幸良知在我,操得其要,譬犹舟之得舵,虽惊风巨浪颠沛不无,尚犹得免于倾覆者也。"⑤ 深刻觉悟了良知,然后才会忏悔自己过往所为。从前的心态是"包藏祸机,作伪于外,心劳日拙";深刻觉悟良知之后,则能把握生命方向,好比舟游惊风巨浪之大海,虽颠沛而不覆。可见,王阳明关于圣人之道或良知的认知和觉悟,确实对其心态产生了影响,而他关于圣人之道或良知认识或觉悟的深浅、圆缺,所引发的心理状态则表现为多样性,诸如敬畏心态、虔诚心态、兴奋心态、谦卑心态、豪放心态、自信心态、狂傲心态等,这就说明,在王阳明这里,对"道"或良知的认识与觉悟的状况,的确会引发不同心理状态。

如上考察表明,对于自然界、社会、生死、圣人之道或良知的认识和觉悟的状况,必然会引发不同心态,我们将这种主要由认知原因所引发的心态称为"认知心态类型"。

---

① 《寄邹谦之三》,《王阳明全集》上,第 228 页。
② 《传习录下》,《王阳明全集》上,第 132 页。
③ 《传习录下》,《王阳明全集》上,第 114 页。
④ 《与王公弼》,《王阳明全集》上,第 220 页。
⑤ 《寄邹谦之四》,《王阳明全集》上,第 229 页。

第二节　心态的情感类型

依据心理学原理,"情感"是人对客观事物能否满足自身需要而产生的态度体验,或者说是生活现象与人心的相互作用下产生的感受。因此,"情感心态"可以认为是由情感引发的心理意识和心理状态。孔子说:"唯仁者能好人,能恶人。"(《论语·里仁》)拥有"仁"的情感,便知道如何喜好人、厌恶人,即引发喜好、厌恶的心态。而情感的变化,必然引发多样的心态。《管子》云:"凡心之刑,自充自盈,自生自成。其所以失之,必以忧乐喜怒欲利。"(《管子·内业》)心态之所以变化而多样,或显或隐,乃是受到喜怒哀乐等情感的影响。那么,在阳明心学中,心态的情感类型有怎样的表现呢?

一、愉悦情感心态

所谓"愉悦情感心态",是指由愉悦情感引发的心态现象。在王阳明的著述中,愉悦情感心态随处可见,由于引发愉悦情感的事象千差万别,所以表现出来的愉悦情感心态也十分丰富。

以师友的担当精神为喜乐。传承、弘扬圣人之道,是王阳明责无旁贷而引以为豪的志业,因而对于同志或他人在这方面表现出的担当意识和努力作为,他自然是欣喜的。他在给席书的信中说:"向承教札及《鸣冤录》,读之见别后学力所到,卓然斯道之任,庶几乎天下非之而不顾,非独与世之附和雷同从人非笑者相去万万而已。喜幸何极!"[①]席书是王阳明的患难之交,且与他志同道合,对于席书不遗余力、无惧生死地传播圣人之道的大义,王阳明"喜幸何极",表现出喜悦的心情。南大吉因为支持王阳明心学而被迫辞官,但他写给王阳明的信中不仅表达了继续弘扬圣人之道的坚定信心,而且表现出无视荣辱、毁誉的高尚品质。对此,王阳明表示:"近得中途寄来书,读之恍然如接颜色。勤勤恳恳,惟以得闻道为喜,急

---

① 《与席元山》,《王阳明全集》上,第 201 页。

问学为事，恐卒不得为圣人为忧，亹亹千数百言，略无一字及于得丧荣辱之间，此非真有朝闻夕死之志者，未易以涉斯境也。浣慰何如！诸生递观传诵，相与叹仰歆服，因而兴起者多矣。"①他不仅赞赏了南大吉的虔诚与品质，而且表达了欣慰之情。当学生黄弘纲将邹守益政教勤恳、开诱后学、以圣人之道为己任的事迹告知阳明后，王阳明写信给邹守益说："正之归，备谈政教之善，勤勤恳恳，开诱来学，毅然以斯道为己任，其为喜幸如何可言！"②"喜幸如何可言"，王阳明的喜悦之情无以言表。

以师友会讲为喜乐。对于会讲以宣传圣人之道，王阳明从来都是乐见的。当听闻江西有百余名弟子、朋友聚集在一起会讲时，王阳明说："诸友始为惜阴之会，当时惟恐只成虚语。迩来乃闻远近豪杰闻风而至者以百数，此可以见良知之同然，而斯道大明之几，于此亦可以卜之矣。喜慰可胜言耶！"③一句"喜慰可胜言耶"，淋漓尽致地展现了王阳明的喜悦心态。湛若水是王阳明最亲密的志同道合的友人之一，王阳明对于有朝一日能与湛若水同处一地切磋交流、共进圣人之道非常期待。他在书信中说："甘泉近有书来，已卜居萧山之湘湖，去阳明洞方数十里耳。书屋亦将落成，闻之喜极。诚得良友相聚会，共进此道，人间更复有何乐！区区在外之荣辱得丧，又足挂之齿牙间哉？"④王阳明得知好友湛若水已居住在离阳明洞仅数十里的萧山湘湖，而且书屋即将建成，这让他高兴得久久不能平静；而且，有了书屋，师友们就能够聚集会讲，共同致力于昌明圣人之道，这才是人间最大乐事！黄绾非常崇拜王阳明，是王阳明地地道道的"迷弟"，但王阳明对黄绾似乎也存在一种精神的依赖，非常期待与黄绾相聚的时光，而且盼望着面对面地切磋。他说："宗贤之思，靡日不切！又得草堂报，益使人神魂飞越，若不能一日留此也，如何如何！去冬解册吏到，承欲与原忠来访，此诚千里命驾矣，喜慰之极！日切瞻望，然又自度鄙劣，不足以承此。曰仁入夏当道越中来此，其时得与共载，何乐如之！"⑤"宗贤之思，靡日不切"！"喜慰之极！日切瞻望"，"其时得与共载，何乐如之"，这几句话已将王阳明会面黄绾的急切、兴奋之情描述得栩栩如生。王阳明

---

① 《答南元善》，《王阳明全集》上，第234页。
② 《寄邹谦之四》，《王阳明全集》上，第228页。
③ 《寄安福诸同志》，《王阳明全集》上，第248页。
④ 《与王纯甫》，《王阳明全集》上，第174页。
⑤ 《与黄宗贤四》，《王阳明全集》上，第170页。

的确醉心于好友聚会、切磋圣人之道，与此相比，其他都不值一提。

以师友的进步为喜乐。王阳明向来以人之喜为己喜、以人之乐为己乐。他远赴广西平叛，疲惫不堪，但当听说远在万里之外的钱德洪、王畿工夫日进、日勤不懈，学问一日千里，以及得知老家余姚、绍兴的同志会讲日盛时，喜不自禁他说："德洪、汝中书来，见近日工夫之有进，足为喜慰！而余姚、绍兴诸同志，又能相聚会讲切，奋发兴起，日勤不懈。吾道之昌，真有火然泉达之机矣。喜幸当何如哉！喜幸当何如哉！"①金榜题名是明代所有学子的梦想，当听闻几位学生成功登第时，王阳明表示："何处非道，何处非学，岂必山林中耶？希颜、尚谦、清伯登第，闻之喜而不寐。"②他因学生的成功而兴奋得难以入眠。而当他听闻妻弟诸用明学问进步神速时，更是心花怒放："得书，足知迩来学力之长，甚喜！"③

以师友的支持为喜乐。阳明心学一直受人质疑，甚至被视为异端邪说，对那些理解、支持和赞扬其心学的朋友，王阳明自然是心存感激和欣慰的。比如李道夫，王阳明说："鄙人之见，自谓于此颇有发明。而闻者往往诋以为异，独执事倾心相信，确然不疑，其为喜慰，何啻空谷之足音！"④按照王阳明的说法，当他自认为自己的学问有所创新时，随之而来的却是质疑与嘲讽，只有李道夫信奉其说而不疑。这对阳明而言是多么难得的精神鼓励、多么深厚的情感慰藉！王阳明感到的"喜慰"不亚于在寂旷山谷里听到人的脚步声。再如王荩，王阳明说："仆已无所可用于世，顾其心痛圣学之不明，是以人心陷溺至此，思守先圣之遗训，与海内之同志者讲求切劘之，庶亦少资于后学，不徒生于圣明之朝。然蔽惑既久，人是其非，其能虚心以相听者鲜矣。若执事之德盛礼恭而与人为善，此诚仆所愿效其愚者，然又邑里隔绝，无因握手一叙，其为倾渴又如何可言耶！虽然，目击而道存，仆见执事之书，既已知执事之心，虽在千万里外，当有不言而信者。"⑤即便到了1524年，阳明心学仍然遭人误解、质疑、忌妒，但也有理解和支持者，王荩就是其中之一。王荩与人为善，读其书而见其心，因而即便在千里之外，也能心心相印。我们从含蓄的文字中也能读到王阳明的喜悦。

---

① 《与钱德洪王汝中三》，《王阳明全集》上，第250页。
② 《与黄诚甫》，《王阳明全集》上，第182页。
③ 《寄诸用明》，《王阳明全集》上，第166页。
④ 《寄李道夫》，《王阳明全集》上，第185页。
⑤ 《答王虎庵中丞》，《王阳明全集》中，第907页。

可见，王阳明因愉悦情感而引发的心态现象常有出现，虽然"事象"有异，但喜悦是一样的。这些"事象"传递给王阳明的是积极向上的价值，乃人心所好，所以是人们共同接受的行为，所以对阳明情感的影响而表现为积极的心态。王阳明说："若夫君子之为善，则仰不愧，俯不怍；明无人非，幽无鬼责；优优荡荡，心逸日休；宗族称其孝，乡党称其弟；言而人莫不信，行而人莫不悦。所谓无入而不自得也，亦何乐如之！"① 就是说，君子做善事，上无愧于天，下不怍于人，明里无人非议，暗里无鬼指责，宽和闲适，雍容自得，心地坦然，无忧无虑；宗族里的人赞其孝，乡里的人称其悌，他的话无人不信，他的行为无人不悦。人间何乐甚于此乎？这就是由事而情、由情而出的心态。

二、悲伤情感心态

依据心理学原理，悲伤是发生在个体身上的情绪，是由分离、丧失和失败引起的情绪反应。悲伤虽然是由分离、失落和丧失等外部因素所引发，但受到个体评价标准、人格特质等差异因素的影响，同样的事件或情境能否引发悲伤以及所引发的悲伤强度、持续时间是有差异的。这里的"悲伤情感心态"，是指由分离、丧失和失败等事件引发的悲伤情绪的心态形式。如上所述，王阳明的心态虽然总体上表现得积极向上，但由于他对国家和亲友都怀有深沉、真切的爱，因而当国家出现灾难、社会发生动乱、亲友遇到不幸之时，他的悲伤心态便会情不自禁地流露出来。

对某些人参加科举考试动机不纯、心术不正感到悲伤。王阳明说："嗟乎！今之时，孰有所谓师云乎哉！今之习技艺者则有师，习举业求声利者则有师，彼诚知技艺之可以得衣食，举业之可以得声利，而希美官爵也。自非诚知己之性分，有急于衣食官爵者，孰肯从而求师哉！夫技艺之不习，不过乏衣食；举业之不习，不过无官爵；己之性分有所蔽悖，是不得为人矣。人顾明彼而暗此也，可不大哀乎！"② 王阳明指出，为了学习技艺有人急切地寻找老师，为了通过科举考试也有人急切地寻找老师，因为他们知道技艺的学习有助于获得衣食，举业的成功则可获得功名利

---

① 《为善最乐文》，《王阳明全集》中，第1019页。
② 《答储柴墟二》，《王阳明全集》中，第896页。

禄。如果不能获得衣食或官爵，谁还会愿意急切地寻找老师呢？但是，不去学习技术工艺，只不过失去护养生计的手段；不去准备科举考试，只不过失去进入仕途的机会；而自己的本性天分如果被蒙蔽悖逆，那就连做人都成问题了。然而，还是有人一味追求功名利禄却不在意自己的道德修养，这是多么令人悲伤的事啊！

面对陌生人的不幸遭遇，王阳明悲从心出。他的一篇叫作《瘗旅文》的文章，记载了这样一个事件：

> 维正德四年秋月三日，有吏目云自京来者，不知其名氏。携一子一仆，将之任，过龙场，投宿土苗家。予从篱落间望见之，阴雨昏黑，欲就问讯北来事，不果。明早遣人觇之，已行矣。薄午有人自蜈蚣坡来，云一老人死坡下，傍两人哭之哀。予曰："此必吏目死矣。伤哉！"薄暮复有人来，云："城下死者二人，傍一人坐叹。"询其状，则其子又死矣。明日复有人来，云："见坡下积尸三焉。"则其仆又死矣。①

正德四年秋，有一位自称从京城来的吏目，带着儿子和仆人在赴任途中路过龙场，寄宿于当地的一户苗族人家。王阳明本想去他那里打听一下北方的消息，但由于天气恶劣而没有成行。第二天早晨，王阳明派人去看望他们，那几个人却已经离开了。接近中午时，有一个从蜈蚣坡来的人说："一个老人死在山坡下，旁边有两人哭得十分悲痛。"王阳明叹道："这一定是那吏目死了，真令人伤心啊！"傍晚又有人来说："山坡下死了两个人，有一个人在旁边哭泣。"被告知是吏目的儿子死了。第三天又有人来说："看见坡上堆着三具尸体。"那个仆人也死了。对此，王阳明表现了怎样的心态呢？他慨叹道："呜呼痛哉！纵不尔瘗，幽崖之狐成群，阴壑之虺如车轮，亦必能葬尔于腹，不致久暴露尔。尔既已无知，然吾何能违心乎？自吾去父母乡国而来此，二年矣，历瘴毒而苟能自全，以吾未尝一日之戚戚也。今悲伤若此，是吾为尔者重，而自为者轻也，吾不宜复为尔悲矣。"②王阳明对三人尸体无人收殓而被狐狸、毒蛇果腹感到悲伤，王阳明忧伤自己离开父母、家乡两载而幸运地活了下来！此情此景让王阳明情不自禁地为三人写了两首歌，这里引其中一

---

① 《瘗旅文》，《王阳明全集》中，第1048页。
② 《瘗旅文》，《王阳明全集》中，第1049页。

首,歌词云:"与尔皆乡土之离兮,蛮之人言语不相知兮。性命不可期,吾苟死于兹兮,率尔子仆,来从予兮。吾与尔遨以嬉兮,骖紫彪而乘文螭兮,登望故乡而嘘唏兮。吾苟获生归兮,尔子尔仆,尚尔随兮,无以无侣悲兮!道傍之冢累累兮,多中土之流离兮,相与呼啸而徘徊兮。飡风饮露,无尔饥兮。朝友麋鹿,暮猿与栖兮。尔安尔居兮,无为厉于兹墟兮!"① 大意是,我与你同是离乡背井的苦命人啊,与这里的蛮人很难沟通啊,前程暗淡,人生无望;假使我也死在这地方,请带着你的儿子和你的仆人紧紧相从。我们结伴遨游同嬉戏,其乐也无穷!驾驭紫色虎,乘坐五彩龙,登高望故乡,放声叹息长悲恸。假使我有幸能生还啊,你还有儿子仆人陪伴,无须悲切哀痛。看看道旁累累枯冢,中原的游魂全卧其中,与他们一起呼啸,一起从容散步。以清风为餐,以甘露为饮,不要担心饥饿腹空。早晨以麋鹿为友,晚间与猿猴栖洞宿。可以安心分居墓中,不要变成厉鬼到村寨乱逛凶啊!读此文字,谁能不被王阳明带进他的同情、悲伤、苦痛之心境?

面对老百姓遭受自然灾害的苦痛,王阳明的悲悯之情油然而生。一次,江西暴发严重自然灾害,目睹江西百姓的困苦,他说:"江西之民困苦已极,其间情状,计已传闻,无俟复喋。今骚求既未有艾,钱粮又不得免,其变可立待。去岁首为控奏,既未蒙旨,继为申请,又不得达,今兹事穷势极,只得冒罪复请。伏望悯地方之涂炭,为朝廷深忧远虑,得与速免,以救燃眉,幸甚幸甚!"② 这种悲悯心态的具体表现,就是反复向朝廷提出申请,对江西灾民予以救济。

王阳明非常重视亲情和友情,他的著述中无数次提及要对长辈尽孝。叔父易直先生王衮去世后,王阳明悲痛地写道:"呜呼!先生之道,谅易平直。内笃于孝友,外孚于忠实;不戚戚于穷,不欣欣于得。剪彻崖幅,于物无忤;于于施施,率意任真,而亦不干于礼。艺学积行,将施于邦;六举于乡,竟弗一获以死,呜呼伤哉!"③ 王衮非常了得,道德高尚,才华横溢,毁誉不易,独立自尊,风化乡邦,功不可没。这些品质正为王阳明所推崇,因此叔父的去世让王阳明更加痛心。席书是王阳明的知己,在王阳明人生落魄之际,席书给予了他极为重要的帮助,当听闻席书逝世,其悲痛之情难以形容。他祭文中写道:"闻公之讣,不能奔哭;千里设位,

---

① 《瘗旅文》,《王阳明全集》中,第1049页。
② 《与王晋溪司马》,《王阳明全集》中,第1111页。
③ 《易直先生墓志》,《王阳明全集》中,第1021页。

一恸割心。自今以往，进吾不能有益于君国，退将益修吾学，期终不负知己之报而已矣。呜呼痛哉！言有尽而意无穷，呜呼痛哉！"①所谓"奔哭、割心"，所谓"言有尽而意无穷"，所谓"呜呼痛哉！"，还有比这些文字更能表达王阳明悲痛之情的吗？

王阳明是个大孝子，对于自己不能陪伴在祖母、父亲身边尽孝，经常自责。他曾写信给王琼说："始恳疏乞归，以祖母鞠育之恩，思一面为诀。后竟牵滞兵戈，不及一见，卒抱终天之痛。今老父衰疾，又复日亟；而地方已幸无事，何惜一举手投足之劳，而不以曲全之乎？"②足见其拳拳尽孝之心以及不能完成心愿的悲伤之情。他多次表达未能尽孝祖母、父亲的惭愧之情，如他在给皇帝的奏疏中说："臣以父老祖丧，屡疏乞休，未蒙怜准。近者奉命扶疾赴闽，意图了事，即从此地冒罪逃归。……臣思祖母自幼鞠育之恩，不及一面为诀，每一号恸，割裂昏殒，日加尪瘵，仅存残喘。……臣父衰老日甚，近因祖丧，哭泣过节，见亦病卧苦庐。"③当忠孝发生冲突时，王阳明最终的选择是"忠"，而这种选择让他经常遭受忠孝不能两全的心理折磨。

王阳明的心学虽然从学者众，但也不乏批评者和质疑者，对于来自不同方向的批评和质疑，王阳明的师友、学生都会与批评者争辩，王阳明对此的心态是怎样的呢？他说："不肖志虽切于求学，而质本迂狂疏谬，招尤速谤，自其所宜。近者复闻二三君子以不肖之故，相与愤争力辩于铄金销骨之地，至于冲锋冒刃而弗顾，仆何以当此哉！二三君子之心，岂不如青天白日，谁得而瑕疵之者！顾仆自反，亦何敢自谓无愧！"④王阳明主张反省自己，认为是自己给师友带来了麻烦，同时对师友为了自己与人争论而受到伤害感到自责。

总之，在王阳明心学中，悲伤情感心态出现得非常频繁，而悲伤情感心态是由令人悲伤的事件引发的，由于令人悲伤的事件程度有异，所以引发的悲伤情感心态也不尽相同。

---

① 《祭元山席尚书文》，《王阳明全集》中，第1060页。
② 《年谱二》，《王阳明全集》下，第1399页。
③ 《乞便道省葬疏》，《王阳明全集》上，第437页。
④ 《与郑启范侍御》，《王阳明全集》中，第911页。

三、无奈情感心态

所谓"无奈",是指出于某种原因而无计可施,即没有任何办法实现主体所追求的意图。"无奈情感心态"是指遭遇情感上难有办法化解的问题而引发的心理状态。王阳明亦无法避免糟心之事发生,自然会出现因情感上的无奈而引发的心态。

王阳明有一位叫傅凤的学生,因经常听他讲课而有所觉悟,就想从事圣人之学。但由于父母老迈贫穷,还有个眼盲有智力缺陷的异母弟弟,因而自己根本无力供养,便开始从事记诵辞章之学,希望由此求得一官半职的俸禄。但因为过于着急,夜以继日地学习,结果染上重病,几乎死去。最后求教于王阳明。阳明想:"哎!这个孩子真是可怜呀!他的志向发自对父母的至诚之孝,但他的行为已陷入不孝却不自知。"傅凤知道王阳明的看法后惴惴不安,便来请教:"双亲年迈家贫无人奉养,我如果不去考取功名求得俸禄,这还算孝顺吗?"王阳明回复说:"当然不能算是孝顺。但是,为了求取功名导致积劳成疾,伤害了自己的身体,这还能算尽孝吗?"傅凤说:"这不算是孝顺。"王阳明又问:"你以损害身体为代价拼命读书求取功名,能得到功名吗?"傅凤回答说:"身体都没了,哪还有什么功名俸禄。"王阳明说:"那你怎么才能免于不孝呢?"傅凤于是痛哭流涕,极为懊悔,问道:"那到底怎样做才能免于不孝呢?"王阳明说:"全心地保护你的精气,不要让自己的身体遭受伤害,端正情绪,不要辱没自己的父母;坚守本分,不要为利害得失而担心;信奉天命,不要因外物而残害自己的心性。这样就可以免于不孝啦。"后来,傅凤的父亲听说他病得非常严重,便赶来探视,随后将他带回家。王阳明最后慨叹道:"予怜凤之志而不能成也,哀凤之贫而不能赈也,悯凤之去而不能留也。"[①]无奈之心态溢于言表!

王阳明将师友共处切磋视为共明圣人之学的重要方式,他非常珍惜师友共处的机会。当他的学生黄绾要离开时,他说:"宗贤于我,自为童子,即知弃去举业,励志圣贤之学。循世儒之说而穷之,愈勤而益难,非宗贤之罪也。学之难易失得也有原,吾尝为宗贤言之。宗贤于吾言,犹渴而饮,无弗入也,每见其溢于面。今既豁然,吾党之良,莫有及者。谢病去,不忍予别而需予言。夫言之而莫予听,倡之

[①] 《与傅生凤》,《王阳明全集》上,第301—302页。

而莫予和,自今失吾助矣!吾则忍于宗贤之别而容无言乎?"①黄绾不仅是王阳明的学生,也是王阳明志同道合的朋友,所以对能与黄绾长期相处而非常期待,不承想黄绾却要离开他回浙江老家,这让王阳明深感无奈。一句"吾则忍于宗贤之别而容无言乎?",道出了王阳明的无奈之心。

王阳明平定朱宸濠叛乱过程中,有一大批将帅、士兵为国牺牲,朝廷应该论功奖赏,但直至八年之后,牺牲或立功的将帅、士兵都没有得到抚恤和奖赏,令王阳明备感无力和无奈。他说:"江西功次固不足道,但已八年余矣,尚尔查勘未息,致使效忠赴义之士废产失业,身死道途。纵使江西之功尽出冒滥,独不可比于都、湖、浙之赏乎?此事终须一白。但今日言之,又若有挟而要者。奈何奈何!"②想仗义执言,又担心被认为有要挟朝廷之嫌,"奈何奈何!"道出了王阳明的心酸、不满和无奈。

王道是王阳明早年的学生,根据王阳明书信中的信息,起初二人关系非常友好。但后来王道不仅不跟随王阳明学习,反而到处攻击、嘲讽、诽谤阳明心学。王阳明对此是怎样的一种心态呢?他在给黄绾的信中说道:"旬日间复有相知自北京来,备传纯甫所论。仆窃疑有浮薄之徒,幸吾党间隙,鼓弄交构,增饰其间,未必尽出于纯甫之口。仆非矫为此说,实是故人情厚,不忍以此相疑耳。仆平日之厚纯甫,本非私厚;纵纯甫今日薄我,当亦非私薄。然则仆未尝厚纯甫,纯甫未尝薄仆也,亦何所容心于其间哉!往往见世俗朋友易生嫌隙,以为彼盖苟合于外,而非有性分之契,是以如此,私窃叹悯。自谓吾党数人,纵使散处敌国仇家,当亦断不至是。不谓今日亦有此等议论,此亦惟宜自反自责而已。孟子云:'爱人不亲反其仁,行有不得者,皆反求诸己。'自非履涉亲切,应未识斯言味永而意恳也。"③从上述字句中不难体会到,王阳明首先把王道对他的攻击和嘲讽解释为受他人的鼓弄、挑拨,而不忍怀疑王道;其次认为自己当初与王道的友好关系,并非出于私人之情,而是出于公心;再次认为即便是二人分处于敌对阵营,也不至于如此薄情、绝情;最后还强调要从自己身上找原因,也许是自己做得不够好。而其中的"不忍以此相疑耳""私窃叹悯"等都反映了王阳明的无奈之心态。所谓"行有不得者",既是

---

① 《别黄宗贤归天台序》,《王阳明全集》上,第 260 页。
② 《与黄宗贤二》,《王阳明全集》中,第 914 页。
③ 《与黄宗贤五》,《王阳明全集》上,第 170—171 页。

给王道台阶下,又是表达自己的无奈。

王阳明并不反对进入仕途,但当他对仕途有了"经历"之后,常常表现出对仕途的无奈心态。他说:"人在仕途,比之退处山林时,其工夫之难十倍,非得良友时时警发砥砺,则其平日之所志向,鲜有不潜移默夺,弛然日就于颓靡者。"① 虽然强调了师友鼓励对于仕途的意义,但如果得不到良师益友的鼓励、提醒,必然迅速陷于颓废。王阳明又说:"仕途如烂泥坑,勿入其中,鲜易复出。吾人便是失脚样子,不可不鉴也。"② 将仕途比作烂泥,认为一旦陷于其中,便难以自拔,王阳明自己就是犯这种错的例子。可以说,王阳明对仕途的"经历",换来的是无可奈何的心态。

与志同道合的朋友会面是一件令人神往的事情,但如果由于某种原因而无法会面,必增添一份无奈的心理。席书是王阳明的知己同道,王阳明偶然发现二人有一个见面叙旧的机会,兴奋得不能自已。但上天给他们开了个玩笑,致使王阳明"怅怏而去",他在给席书的信中说道:"向承教札及《鸣冤录》,读之见别后学力所到,卓然斯道之任,庶几乎天下非之而不顾,非独与世之附和雷同从人非笑者相去万万而已。喜幸何极!中间乃有须面论者,但恨无因一会。近闻内台之擢,决知必从铅山取道,而仆亦有归省之便,庶得停舟途次,为信宿之谈,使人候于分水,乃未有前驱之报。驻信城者五日,怅怏而去。天之不假缘也,可如何哉!"③ 无奈之情跃然纸上。还有一次本来可与徐守诚会面,也是由于机缘不巧,最终未能谋面,王阳明只能"徒增悒怏":"汝华相见于逆旅,闻成之启居甚悉;然无因一面,徒增悒怏。"④ 无奈之心溢于言表。

人与人相处,既会给人带来方便或益处,也可能给人带来麻烦和困惑,当给他人带来麻烦时该是怎样的心态呢?王阳明说:"某不孝不忠,延祸先人,酷罚未敷,致兹多口,亦其宜然。乃劳贤者触冒忌讳,为之辩雪,雅承道谊之爱,深切恳至,甚非不肖孤之所敢望也。"⑤ 他认为,自己的行为给师友们带来了麻烦和祸害,致使师友为他背书或挨骂,他对此深深自责,觉得对不起师友们。王阳明自幼体弱多

---

① 《与黄宗贤》,《王阳明全集》上,第 244 页。
② 《与黄宗贤七》,《王阳明全集》上,第 172 页。
③ 《与席元山》,《王阳明全集》上,第 201 页。
④ 《答徐成之》,《王阳明全集》上,第 163 页。
⑤ 《与陆原静二》,《王阳明全集》上,第 209 页。

病，身体一直不是很好，而这种身体状况常常给他带来不便，对此，他也是无可奈何。他说："自入广来，精神顿衰。虽因病患侵凌，水土不服，要亦中年以后之人，其势亦自然至此，以是怀归之念日切。诚恐坐废日月，上无益于国家，下无以发明此学，竟成虚度此生耳，奈何奈何！"① 他对因身体状况影响为国家效劳深感无奈。不难看出，当王阳明面对那些依靠自己能力或知识无法解决的情感问题时，也会表现出无奈的情感心态。

如上考察表明，情感的确是引发心态的因素，当人的情感处于愉悦状态时，其心态表现为乐观；当人的情感处于悲伤状态时，其心态表现为悲观；当人的情感处于左右为难状态时，其心态表现为无奈；如此便形成了所谓"情感心态类型"。

第三节 心态的利欲类型

"利欲"，一般解释为对私利的欲望，属于个人不正当的欲望。这个解释并不全面，第一，"利"并非仅指私利，也包括合法、合理的利益；第二，对利益的欲求是人生而就有的；因此，"利欲"的正确含义应该是人追求利益的欲望。而人追求利欲，或为自己，或为他人，或为群体，从而或因追求利欲动机和目标的差异，或因对利欲的主张差异而表现出不同的心理状态，是为"利欲心态"。王阳明说："心一也，未杂于人谓之道心，杂以人伪谓之人心。人心之得其正者即道心，道心之失其正者即人心，初非有二心也。"② 只有一个心，道心是"未杂于人"者，人心则是"杂以人伪"者，人心得其正者即道心，道心失其正者为人心。这里的人心、道心可视为两种心态，"未杂于人"即无私心态，"杂以人伪"即有私心态，这句话实际上表达了"利欲"影响心态的意思。在阳明心学中，关于利欲引发不同心态的论述频繁出现。

---

① 《与黄宗贤五》，《王阳明全集》中，第917页。
② 《传习录上》，《王阳明全集》上，第8页。

一、狭隘私利心态

王阳明说:"'率性之谓道'便是'道心'。但着些人的意思在,便是'人心'。'道心'本是无声无臭,故曰'微'。依着'人心'行去,便有许多不安稳处,故曰'惟危'。"①意思是说,只要夹杂私意,即为人心,而依人心作为,便会导致心理状态的起伏不定,所以是危险的。那么,由私利引发心态的具体情形如何呢?

沉湎私欲,心态会走偏,无法"得其正",就不可能是廓然大公之心了。王阳明说:"凡人忿懥着了一分意思,便怒得过当,非廓然大公之体了。故'有所忿懥',便不得其正也。"②所谓"不得其正",其表现是多种多样的:醉心私欲必导致傲慢、不尊重人的心态,"与人言论,不待其辞之终而已先怀轻忽非笑之意,訑訑之声音颜色,拒人于千里之外。不知有道者从旁视之,方为之竦息汗颜,若无所容。而彼悍然不顾,略无省觉,斯亦可哀也已"③。如果一个人沉迷于私利私欲,一切以自己为中心,那么与他人交流时,他就会表现出不耐烦、不恭敬,甚至蔑视、嘲讽对方的心态。可悲的是,这种人还不能自觉。醉心私欲会导致相互攻击、相互仇恨的心态,王阳明说:"小人之心既已分隔隘陋矣,而其一体之仁犹能不昧若此者,是其未动于欲,而未蔽于私之时也。及其动于欲,蔽于私,而利害相攻,忿怒相激,则将戕物圮类,无所不为,其甚至有骨肉相残者,而一体之仁亡矣。"④如果人心被私欲私利占据,满脑子都是自己,不给他人留任何空间,那么利益冲突发生时,就必然争权夺利、相互伤害,甚至骨肉相残,从而表现出肆无忌惮、为所欲为的心态。醉心私欲会导致无自知之明、自我感觉良好的心态,王阳明说:"君子之学,为己之学也。为己故必克己,克己则无己。无己者,无我也。世之学者执其自私自利之心,而自任以为为己;溺焉入于隳堕断灭之中,而自任以为无我者,吾见亦多矣。"⑤就是说,君子之学乃为己之学,为己就是克己,克己就是无己、无我。因此,如果有学者沉迷私欲,私欲优先于一切,那么,他实际上怀着自私自利之心,却宣称是为己;实

---

① 《传习录下》,《王阳明全集》上,第 116 页。
② 《传习录下》,《王阳明全集》上,第 112 页。
③ 《书石川卷》,《王阳明全集》上,第 300 页。
④ 《大学问》,《王阳明全集》中,第 1066 页。
⑤ 《书王嘉秀请益卷》,《王阳明全集》上,第 303 页。

际上陷于失败绝灭，却宣称是无我，从而表现出无知之心态。醉心私欲会导致傲慢、虚伪心态，王阳明说："盖至于今，功利之毒沦浃于人之心髓而习以成性也几千年矣。……记诵之广，适以长其敖也；知识之多，适以行其恶也；闻见之博，适以肆其辨也；辞章之富，适以饰其伪也。"①醉心私欲，就会把记诵的特长当作骄傲的凭借，把丰富的知识当成作恶的手段，把广博的闻见当作诡辩的资本，把辞章的富丽当作掩盖虚伪的工具，等等，这些消极心态都拜私欲所赐。醉心私欲会导致算计之心、仇恨之心，王阳明说："天下之人心，其始亦非有异于圣人也，特其间于有我之私，隔于物欲之蔽，大者以小，通者以塞，人各有心，至有视其父子兄弟如仇雠者。"②就是说，普通人的心态与圣人的心态本无异，之所以出现差异，在于普通人被私欲控制，从而萌发算计之心、仇恨之心。而且，这种情况集中表现在人际交往中，王阳明说："喻及交际之难，此殆谬于私意。君子与人，惟义所在，厚薄轻重，己无所私焉，此所以为简易之道。世人之心，杂于计较，毁誉得丧交于中，而眩其当然之则，是以处之愈周，计之愈悉，而行之愈难。"③就是说，如果人心被私意占据，就会整天沉迷得失、算计他人，以获得最大利益。

醉心私欲会引发好胜、贪婪、欺瞒等心态。好名而致好高之心，好利而致贪婪之心，好色而致欺诈之心，所谓好名、好利、好色，皆醉心私欲也。王阳明说："世之人从其名之好也，而竞以相高；从其利之好也，而贪以相取；从其心意耳目之好也，而诈以相欺；亦皆自以为从吾所好矣。而岂知吾之所谓真吾者乎！夫吾之所谓真吾者，良知之谓也。"④患得患失心态，正是心中私欲所致，王阳明说："凡处得有善有未善，及有困顿失次之患者，皆是牵于毁誉得丧，不能实致其良知耳。若能实致其良知，然后见得平日所谓善者未必是善，所谓未善者，却恐正是牵于毁誉得丧，自贼其良知者也。"⑤虚伪、忌妒、好胜心态，也是醉心私欲所致，王阳明说："后世良知之学不明，天下之人用其私智以相比轧，是以人各有心，……外假仁义

---

① 《传习录中》，《王阳明全集》上，第63页。
② 《传习录中》，《王阳明全集》上，第61页。
③ 《答储柴墟》，《王阳明全集》中，第893页。
④ 《从吾道人记》，《王阳明全集》上，第278页。
⑤ 《传习录中》，《王阳明全集》上，第67页。

之名，而内以行其自私自利之实，诡辞以阿俗，矫行以干誉，损人之善而袭以为己长，讦人之私而窃以为己直，忿以相胜而犹谓之徇义，险以相倾而犹谓之疾恶，妒贤忌能而犹自以为公是非，恣情纵欲而犹自以为同好恶。"① 人们因为追逐私欲私利而相互倾轧、相互欺骗，使人各生其心，具体表现有：外假仁义之名、内行私利的心态，以狡辩手段迎合世俗的心态，以伪装行为沽名钓誉的心态，以贬损他人高扬自己的心态，以攻击别人隐私显示自己正直的心态，把为了泄愤而争强好胜之行为说成为正义献身的心态，用险诈手段倾轧他人却说成疾恶如仇的心态，将妒忌贤能装扮成公正明辨是非的心态，将恣情纵欲说成与世人和光同尘的心态，等等，不一而足。

总之，沉湎私欲会导致心态失衡，令人焦躁不安，给人带来痛苦，王阳明说："君子乐得其道，小人乐得其欲。然小人之得其欲也，吾亦但见其苦而已耳。'五色令人目盲，五声令人耳聋，五味令人口爽，驰骋畋猎，令人心发狂。'营营戚戚，忧患终身，心劳而日拙，欲纵恶积，以亡其生，乌在其为乐也乎？"② 就是说，如果小人只以私欲私利为乐，那么当私欲私利不能得到满足的时候，就会表现出烦躁不安的心态。因此，但凡消极心态，都与私欲脱不了关系，必须时刻警惕私欲的萌发，将其抑制在萌发之前或萌发之际。王阳明提醒说："今时人多言人之非毁亦当顾恤，此皆随俗习非之久，相沿其说，莫知以为非。不知里许尽是私意，为害不小，不可以不察也。"③

如上考察表明，对私欲的执着与沉湎必然引发消极心态出现。私欲私利是人获得生存利益上的一种偏执，如果心被这种偏执主宰，其表现出的心态必然是消极的。王阳明认为，人生而有良知，偏执心态的产生是由于私欲对良知的遮蔽，因而化解消极心态必须清除私欲，而消灭私欲必须诉诸良知的光明。他说："人孰无根，良知即是天植灵根，自生生不息；但着了私累，把此根戕贼蔽塞，不得发生耳。"④ 只要良知璀璨，私欲便烟消云散，心态也就阳光明亮。

---

① 《传习录中》，《王阳明全集》上，第 90 页。
② 《为善最乐文》，《王阳明全集》中，第 1019 页。
③ 《书顾维贤卷》，《王阳明全集》上，第 306 页。
④ 《传习录下》，《王阳明全集》上，第 115 页。

二、大公无私心态

如上所言,"利欲"不仅表现为"私"的向度,也表现为"公"的向度,与私欲私利引发的负面心态不同,公欲公利引发的是积极的、健康的心态。所谓公欲公利,是指以他人、群体、国家、人类优先于个人的义利观。王阳明说:"此心无私欲之蔽,即是天理。"①所以"天理"在心,即大公无私在心。也就是说,利欲的大公无私必生发心理上的廓然大公心态。何以如此呢?

大公无私可生发超越功名利禄之心态。人活在社会中,难免遭遇嘲笑、毁谤,那该怎么办?王阳明说:"诸君只要常常怀个'遁世无闷,不见是而无闷'之心,依此良知忍耐做去,不管人非笑,不管人毁谤,不管人荣辱,任他功夫有进有退,我只是这致良知的主宰不息,久久自然有得力处,一切外事亦自能不动。"②依照良知去行事,便能养成"遁世无闷,不见是而无闷"之心态,便能做到无视他人的嘲笑、毁谤和侮辱。而在阳明心学中,良知便是天理,便是大公,因而依良知做去,便是以公为心,公义在心则刚正,所以能超越毁誉、荣辱、非笑而不被它们困扰。可见,具备超越功名利禄的心态是因为确立了大公无私观念。因此,只要崇尚公义,那些猥琐、淫秽、邪僻的心态就难以出现。王阳明说:"若平日能集义,则浩然之气至大至公,充塞天地,自然富贵不能淫,贫贱不能移,威武不能屈;自然能知人之言,而凡诐淫邪遁之词皆无所施于前矣。"③"集义"是要求依照道义行事,道义即大公,所以"集义"便意味着大公无私,大公无私,所以心地广阔,无有障碍,就不会被富贵、贫贱、威武等所左右。

大公无私可生发平和心态。人要使自己心态平和、适宜,就必须具备大公无私的观念。王阳明说:"使受罪者得以伸其情,而获伸者亦有所不得辞其责,则有以尽夫事理之公,即夫人心之安,而可以俟圣人于百世矣。"④办案人员在执行公务时,能做到公正不偏,就能心安理得,反之,如果杂有私意,那就不得安宁,日日忧心自责。生气发怒是人之常情,但发怒是否恰当则与人的公私关系观密切关联,如果

---

① 《传习录上》,《王阳明全集》上,第 3 页。
② 《传习录下》,《王阳明全集》上,第 115 页。
③ 《答董沄萝石》,《王阳明全集》上,第 221 页。
④ 《答徐成之》,《王阳明全集》中,第 888 页。

公义至上、大公无私，那么当你遇上该怒之人之事，就不会随便发怒。王阳明说："如今于凡忿懥等件，只是个物来顺应，不要着一分意思，便心体廓然大公，得其本体之正了。且如出外见人相斗，其不是的，我心亦怒。然虽怒，却此心廓然，不曾动些子气。如今怒人，亦得如此，方才是正。"① 由于公义在心，便能物来顺应，从而平和地怒、文明地怒、优雅地怒，表现为一种从容心态。

大公无私可生发谦卑心态。在王阳明看来，一个人如果具有了大公无私观念，就能做到无我，而"无我"意味着将自己放在彻底无视的状态，表现在人际关系上就是虚怀若谷的谦卑心态。他说："诸君常要体此人心本是天然之理，精精明明，无纤介染着，只是一无我而已；胸中切不可有，有即傲也。古先圣人许多好处，也只是无我而已，无我自能谦。谦者众善之基，傲者众恶之魁。"② 公义意味着无私，无私则处处从他人角度着想，人若"无我"，以公为上，便能生谦卑之心态。因而不为私意隔离，平等待人，就能表现出谦卑心态。

大公无私可生发平易坦然之心态。王阳明认为，人的行为之所以平易率直，就在于去除了私意，就在于天理在心："心固一也，吾惟求诸吾心而已。求诸心而皆出乎天理之公焉，斯其行之简易，所以为约也已。"③ 没有了私意，就没有了隔阂，其心态犹如太虚，物来物往，自由畅通。王阳明说："夫惟有道之士，真有以见其良知之昭明灵觉，圆融洞澈，廓然与太虚同体。太虚之中，何物不有？而无一物能与太虚之障碍。"④ 因此，去私欲，则无障碍、无窒塞，则如无边无际的天、渊，也就回到本体。王阳明说："人心是天、渊。心之本体无所不该，原是一个天。只为私欲障碍，则天之本体失了。心之理无穷尽，原是一个渊。只为私欲窒塞，则渊之本体失了。如今念念致良知，将此障碍窒塞一齐去尽，则本体已复，便是天、渊了。"⑤

大公无私可生发物来顺应之心态。去私意私欲存天理，也就是致良知。致良知便可去除私欲，私欲清除，则能八风不动。王阳明说："仁者以万物为体，不能一体，只是己私未忘。全得仁体，则天下皆归于吾仁，就是'八荒皆在我闼'意，天

---

① 《传习录下》，《王阳明全集》上，第112页。
② 《传习录下》，《王阳明全集》上，第125页。
③ 《约斋说》，《王阳明全集》上，第291页。
④ 《传习录中》，《王阳明全集》上，第79—80页。
⑤ 《传习录下》，《王阳明全集》上，第109页。

下皆与，其仁亦在其中。如'在邦无怨，在家无怨'，亦只是自家不怨，如'不怨天，不尤人'之意；然家邦无怨，于我亦在其中，但所重不在此。"① 所谓"全得仁体"，就是万物一体之仁充实饱满，则心如太虚，万物往来自由，哪来的埋怨心态呢？即便生活中遭遇误解也会自行烟消云散。王阳明说："居常无所见，惟当利害，经变故，遭屈辱，平时愤怒者到此能不愤怒，忧惶失措者到此能不忧惶失措，始是能有得力处，亦便是用力处。天下事虽万变，吾所以应之不出乎喜怒哀乐四者。"② 就是说，如果天理在心，那么面对利害、得失时，就能够冷静、理性地表达自己的态度，就能做到当喜则喜、当怒则怒、当乐则乐、当哀则哀，不会表现出任何过激与冲动，从而保持物来顺应之心态。

大公无私可使身心之气流畅，从而生发舒畅的心态。王阳明认为大公无私观念的存在，对人体血气的运行会产生积极影响。他说："盖其心学纯明，而有以全其万物一体之仁，故其精神流贯，志气通达，而无有乎人己之分，物我之间。譬之一人之身，目视、耳听、手持、足行，以济一身之用。目不耻其无聪，而耳之所涉，目必营焉；足不耻其无执，而手之所探，足必前焉；盖其元气充周，血脉条畅，是以痒疴呼吸，感触神应，有不言而喻之妙。"③ 人具备了"万物一体"之大公无私观念，就能使整个身体处于畅通、和谐、生机、向上的状态。

大公无私可使人处于和谐有序的社会关系之中，从而生发"无入而不自得"的心态。王阳明说："夫名利物欲之好，私吾之好也，天下之所恶也；良知之好，真吾之好也，天下之所同好也。……从真吾之好，则天下之人皆好之矣，将家、国、天下，无所处而不当；富贵、贫贱、患难、夷狄，无入而不自得；斯之谓能从吾之所好也矣。"④ 这里的"真吾"与"私吾"对应，"私吾"之好是名利物欲，"真吾"之好是良知，也即天下人所同好。既然"真吾"之好是良知之好，那么遵循"真吾"之好，就是遵循良知之好，也就是遵循道义、公义，便能产生"家、国、天下永远在上"的心态，就能生发不被"富贵、贫贱、患难、夷狄"左右的心态。

为什么公义、公意可以生发健康心态？因为公义、公意是良知，是天理，是本

---

① 《传习录下》，《王阳明全集》上，第125页。
② 《与王纯甫》，《王阳明全集》上，第173—174页。
③ 《传习录中》，《王阳明全集》上，第62页。
④ 《从吾道人记》，《王阳明全集》上，第279页。

体,是万善之源,公义、公意在心,便会形成一种化解私欲、私意的力量,从而彻底阻碍私意、私欲对心态的消极影响,形成一种超越境界。王阳明说:"仁人之心,以天地万物为一体,欣合和畅,原无间隔。来书谓'人之生理,本自和畅,本无不乐,但为客气物欲搅此和畅之气,始有间断不乐'是也。时习者,求复此心之本体也。悦则本体渐复矣。朋来则本体之欣合和畅,充周无间。本体之欣合和畅,本来如是,初未尝有所增也。就使无朋来而天下莫我知焉,亦未尝有所减也。"①为什么说人之生理本自"欣合和畅"?因为"欣合和畅"就是"乐","乐"是心之本体,而心之本体是良知。换言之,没有良知这个本体,哪来的"乐"?哪来的"欣合和畅"之心态?既然坚守良知、天理、公义、道义才能引发积极的心态,那么,人们应该努力去除私欲,回到万物一体之本然,回到心之本体。王阳明说:"故夫为大人之学者,亦惟去其私欲之蔽,以明其明德,复其天地万物一体之本然而已耳。非能于本体之外而有所增益之也。"②如此,去私存公方能"身任天下",去私存公缘于"万物一体",因而"身任天下"为心之本体所有,非来自外也。

总之,面对利欲,人既会表现出因私己而萌发的心态,也会表现出因奉公而萌发的心态。如果私欲占据人心,那么心之本体就被遮蔽,导致心虑错乱、心志迷失、心念昏暗,表现出来的心态自然消极阴暗邪僻;如果公理占据人心,那么心之本体明朗,就会使人心虑顺畅、心志明晰、心念光明,表现出来的心态自然积极灿烂正善。因此,君子应自觉地去私存公,以培养平和纯洁健康之心态。王阳明说:"世之君子惟务致其良知,则自能公是非,同好恶,视人犹己,视国犹家,而以天地万物为一体,求天下无治,不可得矣。"③只有致力于实践良知,才能公正地辨别是非、好恶,表现出视人如己、视国如家的心态。张岱年对"万物一体"在培育健康心态方面的意义也有所认识和肯定,他说:"万物一体的境界,自也有好处,让人心境扩大,让人不为目前的小烦苦所缚所困,让人充满好生的仁意。"④"万物一体"何以能让心境扩大?因为其中有仁义、道义、公义,当一个人心中的己、私消失之后,其心态无不廓然平和。

---

① 《与黄勉之二》,《王阳明全集》上,第216页。
② 《大学问》,《王阳明全集》中,第1066—1067页。
③ 《传习录中》,《王阳明全集》上,第90页。
④ 张岱年:《辟"万物一体"》,《张岱年全集》第一卷,河北人民出版社1996年版,第82页。

第四节　心态的性质类型

所谓"性质类型心态",是指根据心态影响人或物事的不同性质进行分类。由于心态必然对人的行为或物事产生影响,这种影响有时表现为积极性,有时表现为消极性,前者谓之"积极心态",后者谓之"消极心态"。王阳明心学中,涉及性质心态的论述非常丰富。

一、积极心态

积极心态是指对人的言行或物事产生积极影响的心态,其基本特征是乐观、自信、阳光、健康。王阳明的人生虽然跌宕起伏,但他的心态总体上是积极的。在王阳明文献中,积极阳光心态出现的频率是非常高的。

淡泊名利的心态。儒家对功名利禄不仅不反对,而且主张努力去追求,所谓立功、立德、立言,但对于如何追求功名利禄却是有要求的,所谓"不义而富且贵,于我如浮云"。王阳明继承了这一思想,不拒绝功名利禄,但表现出的心态是顺其自然,不勉强、不刻意。王阳明的弟子南大吉,在绍兴做知府期间积极宣传阳明心学,遭到朝廷免官,功名受损。但南大吉表现出来的气概和品质,令王阳明极为赞赏,他说:"夫惟有道之士,真有以见其良知之昭明灵觉,圆融洞澈,廓然与太虚而同体。太虚之中,何物不有?而无一物能为太虚之障碍。盖吾良知之体,本自聪明睿知,本自宽裕温柔,本自发强刚毅,本自斋庄中正文理密察,本自溥博渊泉而时出之,本无富贵之可慕,本无贫贱之可忧,本无得丧之可欣戚,爱憎之可取舍。……故凡有道之士,其于慕富贵,忧贫贱,欣戚得丧而取舍爱憎也,若洗目中之尘而拔耳中之楔。其于富贵、贫贱、得丧、爱憎之相值,若飘风浮霭之往来变化于太虚,而太虚之体,固常廓然其无碍也。"[①]就是说,只有觉悟良知的智慧且以良知为乐,才能达到洞彻圆融、廓然与太虚同体之境界,在这种太虚境界之中,万物

---

① 《答南元善》,《王阳明全集》上,第235页。

往来自由，没有任何障碍，所以无所谓富贵，无所谓贫贱，无所谓得丧，无所谓爱憎，从而能做到：对待功名利禄好比是吹拂眼中的灰尘、拔去耳中的木楔，不仅没有任何犹豫，甚至是件令人愉快的事儿。因此，只要能觉悟良知本体，便心如太虚，物来顺应，"如'素富贵行乎富贵，素患难行乎患难'，皆是'不器'，此惟养得心体正者能之"①。而南大吉便是在功名利禄面前顺其自然的"有道之士"。

毁誉进德的心态。人生中难免被人嘲讽、诋毁，特别是你有了成就之后，你的存在对他人是一种威胁，或者你做事过程中出现了一些问题，都避免不了被人嘲笑、诋毁、讽刺。那么，如何对待这种情况呢？王阳明认为，嘴长在别人身上，毁誉是无法控制的，"毁谤自外来的，虽圣人如何免得？人只贵于自修，若自己实实落落是个圣贤，纵然人都毁他，也说他不着。却若浮云掩日，如何损得日的光明？若自己是个象恭色庄、不坚不介的，纵然没一个人说他，他的恶意终须一日发露。所以孟子说：'有求全之毁，有不虞之誉。'毁誉在外的，安能避得，只要自修何如尔"②。由于诋毁、赞誉都出于他人之口，任何人都没有办法避免被别人赞美或者诋毁，所以只有做好自己，自修自谨，光明磊落，庄严肃穆。而要做到不患得患失，独立自守，就必须致良知。王阳明说："凡处得有善有未善，及有困顿失次之患者，皆是牵于毁誉得丧，不能实致其良知耳。若能实致其良知，然后见得平日所谓善者未必是善，所谓未善者，却恐正是牵于毁誉得丧，自贼其良知者也。"③如果能真正将良知付诸自己的言行，他人的赞誉或诋毁，都无法进入你的心中。而最高的境界，不仅是超越毁誉、荣辱，而且将他人的诋毁或侮辱作为激励自己前进的动力。王阳明说："君子之学，务求在己而已。毁誉荣辱之来，非独不以动其心，且资之以为切磋砥砺之地。故君子无入而不自得，正以其无入而非学也。若夫闻誉而喜，闻毁而戚，则将惶惶于外，惟日之不足矣，其何以为君子！"④这就是君子之学的追求，不仅不会动心于毁誉荣辱，而且将毁誉荣辱作为磨砺自己的机遇。这就是心学毁誉进德之心态。

自信勿求人之心态。误解就是对人或事物的认识和了解不正确，王阳明同样无

---

① 《传习录上》，《王阳明全集》上，第24页。
② 《传习录下》，《王阳明全集》上，第117—118页。
③ 《传习录中》，《王阳明全集》上，第67页。
④ 《答友人》，《王阳明全集》上，第231页。

法避免被人误解。那么，面对误解，王阳明是怎样做的呢？王阳明曾以孔子为例来说明问题，他说："昔者孔子之在当时，有议其为谄者，有讥其为佞者，有毁其未贤，诋其为不知礼，而侮之以为东家丘者，有嫉而沮之者，有恶而欲杀之者，晨门、荷蒉之徒，皆当时之贤士，且曰'是知其不可而为之者欤？''鄙哉！硁硁乎！莫己知也，斯已而已矣。'虽子路在升堂之列，尚不能无疑于其所见，不悦于其所欲往，而且以之为迂，则当时之不信夫子者，岂特十之二三而已乎？然而夫子汲汲遑遑，若求亡子于道路，而不暇于暖席者，宁以蕲人之知我、信我而已哉？盖其天地万物一体之仁，疾痛迫切，虽欲已之而自有所不容已，故其言曰：'吾非斯人之徒与而谁与？''欲洁其身而乱大伦。''果哉，未之难矣！'呜呼！此非诚以天地万物为一体者，孰能以知夫子之心乎？若其'遁世无闷'、'乐天知命'者，则固'无入而不自得'、'道并行而不相悖'也。"①孔子在世之时，有人认为孔子是奉承献媚之人、巧言善辩之人，有人攻击孔子未能达到贤者的境界，有人诋毁孔子不懂礼，还有人因为不了解孔子的学问，称孔子为"东家丘"，有人忌妒而阻止孔子，有人讨厌而企图谋杀他。就是当时的贤士也都评价孔子是"知其不可而为之"，认为孔子固执而不自量力。即便是孔子学生的子路对孔子的某些言行也不能理解，反而指责自己的老师迂腐。可见，从普通百姓到贤士，从陌生人到自己的学生，误解孔子者何其多！孔子该怎么办呢？难道孔子要祈求那些人理解他吗？根本不需要！为什么？因为孔子的所作所为源于内心所求，想停止也无法停止，拯救这个世界舍我其谁，不能岁月静好，只想过自己清静的生活，而容忍国家的伦理关系紊乱，这不就是真正以天地万物为一体的人吗？那些人谁能理解孔子的心呢？孔子能"遁世无闷""乐天知命"，因其本就具备"无入而不自得"之心啊！王阳明又何尝不是以孔子的遭遇勉励自己呢？他说："仆诚赖天之灵，偶有见于良知之学，以为必由此而后天下可得而治。是以每念斯民之陷溺，则为之戚然痛心，忘其身之不肖，而思以此救之，亦不自知其量者。天下之人见其若是，遂相与非笑而诋斥之，以为是病狂丧心之人耳。呜呼，是奚足恤哉！吾方疾痛之切体，而暇计人之非笑乎？……故夫揖让谈笑于溺人之旁而不知救，此惟行路之人，无亲戚骨肉之情者能之，然已谓之无恻隐之心，非人矣；若夫在父子兄弟之爱者，则固未有不痛心疾首，狂奔尽

---

① 《传习录中》，《王阳明全集》上，第91—92页。

气,匍匐而拯之,彼将陷溺之祸有不顾,而况于病狂丧心之讥乎?而又况于蕲人信与不信乎?"① 在王阳明看来,那些误解和讥笑根本不值得理会。为什么?因为那些讥笑赤身裸体、扳悬崖下深渊救人的所谓士者,是已丧失恻隐之心的人。如果一个人对自己的父子兄弟有爱,怎么可能看到他们溺于深渊而不施救呢?而为了拯救父子兄弟根本不在乎自己的生命,又怎么会惧怕那些丧心病狂的讥讽呢?又怎么会祈求人家的理解呢?这就是自信其所为而"无入不自得"。

生死自然的心态。死亡是生命的规律,有生必有死,但求生的本能使人面对死亡时仍然表现出恐惧和不舍。因此,如何对待死亡也成了人们需要具备的智慧。王阳明对于死亡也有其特殊的主张。他说:"死也者,人之所不免。名也者,人之所不可期。虽修短枯荣,变态万状,而终必归于一尽。君子亦曰:'朝闻道,夕死可矣。'视若夜旦。其生也奚以喜?其死也奚以悲乎?其视不义之物,若将浼己,又肯从而奔趋之乎?而彼认为己有,变而弗能舍,因以沉酣于其间者,近不出三四年,或八九年,远及一二十年,固已化为尘埃,荡为沙泥矣。而君子之独存者,乃弥久而益辉。呜呼!彼龟鹤之长年,蜉蝣亦何自而知之乎?"② 王阳明认为,死亡是每个人无法逃避的,孔子说"朝闻道,夕死可矣",就是将生死视为日夜更替之自然,无所谓悲喜,不可眷恋。不义之物污染身心,难道要奋不顾身地追求吗?而那些追求并占为己有的人,或者三四年,或者二十年,也化为尘埃或沙泥,又有什么可留恋的呢?但是,君子所独有的良知,则是弥久而益辉,那些蜉蝣怎么能理解龟鹤长寿的意义呢?因而王阳明反对执着于生死,为生死所困。那么,人何以将死看得很重呢?因为没有认识到生死的本质。王阳明指出:"只为世上人都把生身命子看得太重,不问当死不当死,定要宛转委曲保全,以此把天理却丢去了。忍心害理,何者不为?若违了天理,便与禽兽无异,便偷生在世上百千年,也不过做了千百年的禽兽。学者要于此等处看得明白。比干、龙逢只为他看得分明,所以能成就得他的仁。"③ 就是说,只有成就仁义、成就良知,才是最值得的死、最美的死,觉悟天理或良知,便能用"大死"融释"小死",可见,人之所以总有一种生死念头,就在于未明"天理分限",也就是全体未有融释,便不是尽性至命之学。王阳

---

① 《传习录中》,《王阳明全集》上,第91页。
② 《祭刘仁徵主事》,《王阳明全集》中,第1141页。
③ 《传习录下》,《王阳明全集》上,第117页。

明说:"人于生死念头,本从生身命根上带来,故不易去。若于此处见得破,透得过,此心全体方是流行无碍,方是尽性至命之学。"① 如果对生死见得破、看得透,也就是"全体融释"。至此,生死好比日夜,如果良知在心,无一刻间断,哪还有什么生死? 就像王阳明所说:"汝能知昼? 懵懵而兴,蠢蠢而食,行不著,习不察,终日昏昏,只是梦昼。惟'息有养,瞬有存'。此心惺惺明明,天理无一念间断,才是能知昼。这便是天德,便是通乎昼夜之道而知,更有甚么死生?"②

过改即善的心态。生活中,每个人都可能犯错误,"人谁无过? 过而能改,善莫大焉"(《左传·宣公二年》)。子贡说:"君子之过也,如日月之食焉。过也人皆见之,更也人皆仰之。"(《论语·子张》)那么,王阳明如何对待过错? 他继承了先贤对于过错的看法,认为人皆有过,关键在能改也。他指出:"夫过者,自大贤所不免,然不害其卒为大贤者,为其能改也。故不贵于无过,而贵于能改过。……诸生试内省,万一有近于是者,固亦不可以不痛自悔咎。然亦不当以此自歉,遂馁于改过从善之心。但能一旦脱然洗涤旧染,虽昔为寇盗,今日不害为君子矣。若曰吾昔已如此,今虽改过而从善,将人不信我,且无赎于前过,反怀羞涩凝沮,而甘心于污浊终焉,则吾亦绝望尔矣。"③ 人之高贵,在于能改正错误,大家可以想想自己平日的言行是否有过错,如果有,也都是偶尔发生。若能立即反省,改过从善,则仍然是个君子。即便过去做过贼寇,只要能够洗心革面,也不妨碍再为君子。因此,对待过失或错误,不应揪住不放,这不合乎心学理念。王阳明说:"本心之明,皎如白日,无有有过而不自知者,但患不能改耳。一念改过,当时即得本心。人孰无过? 改之为贵。"④ 就是说,对于过错有两种情形:一种是自己认识到过错,不会因为过错而丧失自身信念,或自暴自弃;一种是能改正,这个很重要,有些人认识到自己的过错,但不能改正,甚至错上加错,这就不是健康的心态了。但自觉过错与改正过错,都归于心中的良知。

宽以待人的心态。人生活在社会网络中,必须与人相处,而人必然存在缺点或问题,这些缺点或问题对人的生活产生影响,那应该持怎样的心态? 王阳明心

---

① 《传习录下》,《王阳明全集》上,第125页。
② 《传习录上》,《王阳明全集》上,第42页。
③ 《教条示龙场诸生·改过》,《王阳明全集》中,第1074页。
④ 《寄诸弟》,《王阳明全集》上,第193页。

学的态度这样的：首先是宽以待人，严于律己。如果朋友犯错，不能老是指责批评，而应以宽容的心态鼓励劝说："大凡朋友，须箴规指摘处少，诱掖奖劝意多，方是。……与朋友论学，须委曲谦下，宽以居之。"① 与其指责别人的错误，不如反省自己，如果致力于反省自己，哪有闲暇指责别人？王阳明以"舜对待象"的例子说道："学须反己。若徒责人，只见得人不是，不见自己非。若能反己，方见自己有许多未尽处，奚暇责人？"② 其次是不鄙视他人。朋友来请教问题，必有粗浅之异，但不能怀鄙薄之心，更不能在朋友面前炫耀自己的优秀："凡朋友问难，纵有浅近粗疏，或露才扬己，皆是病发。当因其病而药之可也，不可便怀鄙薄之心，非君子与人为善之心矣。"③ 炫耀自己的优秀，鄙视朋友，不仅会打击朋友的上进之心，而且会引发朋友的反感。再次是不能预先揣测他人会欺诈自己，也不能凭空猜测他人不诚信，而应以真诚、友善之心来看待他人："'不逆不臆而先觉'，此孔子因当时人专以逆诈臆不信为心，而自陷于诈与不信，又有不逆不臆者，然不知致良知之功，而往往又为人所欺诈，故有是言。非教人以是存心而专欲先觉人之诈与不信也。"④ 王阳明认为，"不逆、不臆而先觉"，并非教人存"先觉人之诈和不诚"之心，如果是这样，那只是后世猜忌险薄的人所为。由于"不逆、不臆"而被人所欺侮者，亦不能认为是首善，最纯的善只能是致良知。因为致良知，必然以宽宏大量的心善待他人，而不会设想他人如何坏。如果朋友之间出现了误会，甚至矛盾，正确的方式是忠诚地告诉他，友善地引导他，使其乐于接受并自愿改正。王阳明说："责善，朋友之道，然须忠告而善道之。悉其忠爱，致其婉曲，使彼闻之而可从，绎之而可改，有所感而无所怒，乃为善耳。若先暴白其过恶，痛毁极底，使无所容，彼将发其愧耻愤恨之心，虽欲降以相从，而势有所不能，是激之而使为恶矣。故凡讦人之短、攻发人之阴私以沽直者，皆不可以言责善。虽然，我以是而施于人不可也，人以是而加诸我，凡攻我之失者皆我师也，安可以不乐受而心感之乎？"⑤ 如果随意暴露朋友的过错，尖酸刻薄，使朋友无地自容，那只会导致朋友的愤恨，激怒对方增加对自己的恶意。因此，揭人短处，暴人隐私，故作正直以猎取名誉，

---

① 《传习录下》，《王阳明全集》上，第106页。
② 《传习录下》，《王阳明全集》上，第115页。
③ 《传习录下》，《王阳明全集》上，第115页。
④ 《传习录中》，《王阳明全集》上，第83页。
⑤ 《教条示龙场诸生·责善》，《王阳明全集》中，第1074—1075页。

都是必须抛弃的消极心态。

可见，面对诸多事象，王阳明都表现出积极、健康的心态。其于功名利禄，是淡泊无意；其于赞美或毁谤，是不予计较；其于误解，是不祈求理解，唯做好自己；其于死亡，视生死如昼夜，淡然处之；其于过错，如日月之缺，过改即善；其于朋友或他人，宽以待之，不怀恶意；其于诸种事件，以良知视之，依情处之；等等。这些心态都是对应事象的正面表现，有益于事象朝健康方向发展，也有益于心态健康。

二、消极心态

消极心态是指对人的言行或物事具有消极影响的心态，其表现形式为悲观、自卑、阴暗、颓废。心态消极的人喜欢抱怨，容易被困难和挫折击垮，也往往会选择逃避问题，把责任推给他人，而不积极地去面对和解决问题。因此，消极心态总是令人感到沮丧和无助，从而阻碍人的成长，也影响社会的发展。王阳明对天下百姓怀有深沉的爱，他对消极心态的关注更为集中、讨论更为深入。

浮躁心态。浮躁是指不能冷静考虑事情的来龙去脉、不能认真预想事件后果而鲁莽行事的心态。王阳明说："彼既先横不信之念，莫肯虚心讲究，加以吾侪议论之间或为胜心浮气所乘，未免过为矫激，则固宜其非笑而骇惑矣。此吾侪之责，未可专以罪彼为也。"[①] 就是说，如果有人先摆出绝对正确的观念，不能虚心讲说，而听者又被浮躁之心充塞，不能虚心学习、接受，两者都意气用事，谁也不冷静下来思考彼此，争持不下，最后谁也说服不了谁，以致问题未能顺利解决。徐守诚与王舆庵各为自己信奉的学说展开了辩论，徐崇尚朱子学，王则信奉陆象山心学，二人争得不可开交。王阳明了解情况后，批评二人皆动于气，不能冷静地讲道理，所以表现得浮躁、鲁莽。他说："今二兄之论，乃若出于求胜者。求胜则是动于气也。动于气，则于义理之正何啻千里，而又何是非之论乎！凡论古人得失，决不可以意度而悬断之。"[②] 王阳明认为二人都没有认真学习朱、陆的学问，而是意气用事，自

---

① 《与陆原静二》，《王阳明全集》上，第210页。
② 《答徐成之》，《王阳明全集》中，第888页。

然无法做出正确的评判，因而必须戒除浮躁心态。

忌妒心态。忌妒是指对别人的优秀和成就感到不痛快或愤恨的心态。王阳明对这种心态持批评态度："群僚百司各怀谗嫉党比之心，此则腹心之祸，大为可忧者。"① 如果朝廷百官都怀有忌妒之心，此是皇帝腹心之患，王阳明对此深感忧虑，他说："彼奸妒憸人号称士类者，乃独谗疾排构无所不至，曾细民之不若，亦独何哉！亦独何哉！"② 那些怀有忌妒之心的人，为非作歹、无恶不作，还不如普通老百姓。林俊遭到小人的忌妒，被迫退出庙堂，但王阳明宽慰他说天下有识之士都为之打抱不平："执事中遭谗嫉，退处丘园，天下之士，凡有知识，莫不为之扼腕不平，思一致其勤惓。"③ 王阳明认为，怀有忌妒之心的人都是将自己置于不仁之地："古之人所以能见人之善若己有之，见人之不善则恻然若己推而纳诸沟中者，亦仁而已矣。今见善而妒其胜己，见不善而疾视轻蔑不复比数者，无乃自陷于不仁之甚而弗之觉者邪？夫可欲之谓善，人之秉彝，好是懿德，故凡见恶于人者，必其在己有未善也。瑞凤祥麟，人争快睹；虎狼蛇蝎，见者持挺刃而向之矣。夫虎狼蛇蝎，未必有害人之心，而见之必恶，为其有虎狼蛇蝎之形也。"④ 不能容忍他人之善，心胸狭窄，见善便忌妒，见不善而轻侮，使自己陷于不仁不义之境，这就是忌妒心态。

放荡心态。放荡，是指放纵轻浮、恣意任性、无拘无束的心态。王阳明说："荡于其心者其视浮。"⑤ "君子之所谓洒落者，非旷荡放逸，纵情肆意之谓也，乃其心体不累于欲，无入而不自得之谓耳。"⑥ 洒落是指心体不为利欲所累，无论何时、无论何事，不管困难，不管失败，都能自如应对，而不是旷荡不羁、放逸无限、纵情任性、肆意胡为。王阳明认为，老庄之学将"礼"视为道德的衰败、道义的丧失，表明其已陷于荒凉虚无之境："故老庄之徒，外礼以言性，而谓礼为道德之衰，仁义之失，既已堕于空虚浒荡。"⑦ 而一个人如果不立志，就好比没有舵的船，没有马嚼子的马，必漂荡无边，奔逸无止："志不立，如无舵之舟，无衔之马，漂荡奔逸，

---

① 《与黄宗贤二》，《王阳明全集》中，第914页。
② 《答南元善二》，《王阳明全集》上，第236页。
③ 《与林见素》，《王阳明全集》中，第1114页。
④ 《书王嘉秀请益卷》，《王阳明全集》上，第302—303页。
⑤ 《观德亭记》，《王阳明全集》上，第274页。
⑥ 《答舒国用》，《王阳明全集》上，第212页。
⑦ 《礼记纂言序》，《王阳明全集》上，第272页。

终亦何所底乎?"①因此,如果不对放荡之心加以引导和限制,必然给人的身心和事业带来危害。王阳明举例说:"昔在张时敏先生时,令叔在学,聪明盖一时,然而竟无所成者,荡心害之也。去高明而就污下,念虑之间,顾岂不易哉!斯诚往事之鉴,虽吾子质美而淳,万无是事,然亦不可以不慎也。"②"放荡之心"会使人远离高明而追逐污下,丧失理想,得过且过,不思向上,不念向善,而且肆意妄为没有拘束。如此任心放荡,必一无所成。

骄傲心态。骄傲,是指人对自身地位或成就的炫耀,自以为是、自我膨胀、自视高人一等的心态。王阳明将骄傲视为万恶之源:"今人病痛,大段只是傲。千罪百恶,皆从傲上来。"③在教导学生时,他曾以自己为例说道:"某平日亦每有傲视行辈、轻忽世故之心,后虽稍知惩创,亦惟支持抵塞于外而已。"④他说自己年轻时也很狂妄,看不起前辈,轻视同辈,甚至还不知道改正。"人生大病,只是一傲字。为子而傲必不孝,为臣而傲必不忠,为父而傲必不慈,为友而傲必不信。故象与丹朱俱不肖,亦只一傲字,便结果了此生。诸君常要体此人心本是天然之理,精精明明,无纤介染着,只是一无我而已;胸中切不可有,有即傲也。古先圣人许多好处,也只是无我而已,无我自能谦。谦者众善之基,傲者众恶之魁。"⑤在王阳明看来,人最大的毛病就是骄傲自大。一个人骄傲了,自以为是,就看不起别人,就不把别人放在眼里,所以儿子如果骄傲就不会尽孝,臣子如果骄傲就不会尽忠,父亲如果骄傲就不会慈爱,朋友如果骄傲就不会讲信用。历史上的象和丹朱之所以不成器,就是因为狂傲自大。他强调,骄傲心态是人生中最大的毛病,这种心态会导致对伦理道德的无视。只有"无我"才是消除骄傲心态的有效方法,因为"无我"可使人谦卑,谦卑就会尊重所有人,所以说谦卑是万善的基础。

好胜心态。好胜,是指一个人在各方面都想超过他人,并沉迷于与他人争强的心态。好胜心态在王阳明这里是没有市场的,他说:"后世学术之不明,非为后人聪明识见之不及古人,大抵多由胜心为患,不能取善相下。明明其说之已是矣,而又务为一说以高之,是以其说愈多而惑人愈甚。凡今学术之不明,使后学无所适

---

① 《教条示龙场诸生·立志》,《王阳明全集》中,第 1073 页。
② 《与徐仲仁》,《王阳明全集》中,第 1084 页。
③ 《书正宪扇》,《王阳明全集》上,第 311 页。
④ 《与王纯甫》,《王阳明全集》上,第 173 页。
⑤ 《传习录下》,《王阳明全集》上,第 142 页。

从，徒以致人之多言者，皆吾党自相求胜之罪也。"① 好胜之心就是不能取善相下，同一个道理，人家明明说得很对了，有人却执意提出比这更"高明"的说法，并以此为乐，当今学术昏暗不清，就在于这种争强好胜的人太多。争强好胜之心态也表现在许多细节上："今人多以言语不能屈服得人为耻，意气不能陵轧得人为耻，愤怒嗜欲不能直意任情得为耻，殊不知此数病者，皆是蔽塞自己良知之事，正君子之所宜深耻者。今乃反以不能蔽塞自己良知为耻，正是耻非其所当耻，而不知耻其所当耻也。"② 以言语上不能使人屈服为耻，以意气上不能陵轧人为耻，以愤怒嗜欲不能直意任情为耻，之所以会有这样的心态，王阳明认为是由于没有觉悟良知，没有觉悟良知而引发好胜之心态，才是真正的耻辱。

好名心态。好名，是指不顾实际追求名誉、虚名的心态。王阳明曾感叹："世间知学的人，只有这些病痛打不破，就不是善与人同。"这个病痛是什么呢？学生欧阳德回答说："这病痛只是个好高不能忘己尔。"③ 王阳明非常认同学生的回答，他说："家贫亲老，岂可不求禄仕？求禄仕而不工举业，却是不尽人事而徒责天命，无是理矣。但能立志坚定，随事尽道，不以得失动念，则虽勉习举业，亦自无妨圣贤之学。若是原无求为圣贤之志，虽不业举，日谈道德，亦只成就得务外好高之病而已。"④ 人们投身科举以求官位是无可厚非的，不过，如果为人做事不踏实，不立圣贤之志，却空谈道德，也只是务虚好高而已。而学术之所以晦暗不明，正由于当世君子夸夸其谈而无实际作为，汲汲于名而不务实事。王阳明说："自学术之不明，世之君子以名为实。凡今之所谓务乎其实，皆其务乎其名者也，可无察乎！尧卿之行，人皆以为高矣；才，人皆以为美矣；学，人皆以为博矣。是可以无察乎！自喜于一节者，不足兴进于全德之地；求免于乡人者，不可以语于圣贤之途。气浮者，其志不确；心粗者，其造不深；外夸者，其中日陋。"⑤ 他表扬王元凯行为卓越，才华横溢，学识渊博，且日进其德；那些气浮心粗之人，没有明确牢靠的志向，造诣肤浅，外强中干，皆好名所致也。

虚诳心态。虚诳，是指欺骗、欺瞒、讹诈之心态。王阳明在与王苋的信函中，

---

① 《寄邹谦之五》，《王阳明全集》上，第 230 页。
② 《与黄宗贤》，《王阳明全集》上，第 245 页。
③ 《传习录下》，《王阳明全集》上，第 130 页。
④ 《寄闻人邦英邦正》，《王阳明全集》上，第 189 页。
⑤ 《赠王尧卿》，《王阳明全集》上，第 255—256 页。

曾批评士大夫虚诳浅薄："近世士夫之相与，类多虚文弥诳而实意衰薄，外和中妒，徇私败公，是以风俗日恶而世道愈降。"① 虚诳心态盛行导致风俗日益颓坏。国家之所以祸患不断，就在于虚诳之心盛行于世。王阳明说："后世大患，全是士夫以虚文相诳，略不知有诚心实意。流积成风，虽有忠信之质，亦且迷溺其间，不自知觉。"② 虚诳之心盛行，人们毫无诚意，尔虞我诈。其具体情形是："世之儒者，各就其一偏之见，而又饰之以比拟仿像之功，文之以章句假借之训，其为习熟既足以自信，而条目又足以自安，此其所以诳己诳人，终身没溺而不悟焉耳！"③ 即以修辞比拟、章句假借以文饰、阻碍对"圣人之道"的觉悟，却自以为得"道"，如此欺骗自己、欺骗他人而不能自觉。

如上所及浮躁心态、忌妒心态、放荡心态、骄傲心态、争胜心态、好名心态、虚诳心态等消极心态，都遭到了王阳明的鄙视和批评。王阳明认为消极心态之所以出现，主要在于良知的缺失，而良知的缺失则是由于私欲的遮蔽，从而暗示了化解消极心态的方向与方法。

阳明心学中涉及的心态丰富多样，王阳明著述中出现过几次集中的陈述，从而更为完整、清晰地呈现出心态的形式与类型。其一，"惩心忿，窒心欲，迁心善，改心过；处事接物，无所往而非求尽吾心以自慊也"④。其中涉及愤怒心态、贪婪心态、善良心态、过失心态等。其二，"君子之学，求以得之于其心，故君子之于射以存其心也。是故慄于其心者其动妄；荡于其心者其视浮；歉于其心者其气馁；忽于其心者其貌惰；傲于其心者其色矜；五者，心之不存也。不存也者，不学也。君子之学于射，以存其心也。是故心端则体正；心敬则容肃；心平则气舒；心专则视审；心通故时而理；心纯故让而恪；心宏故胜而不张，负而不弛；七者备而君子之德成"⑤。这里涉及烦躁心态、放纵心态、歉愧心态、轻视心态、傲慢心态等，此为消极心态；又及端恭心态、诚敬心态、平和心态、专一心态、通畅心态、纯洁心态、宏大心态等，此为积极心态。其三，"或怠心生，责此志，即不怠；忽心生，责此志，即不忽；慄心生，责此志，即不慄；妒心生，责此志，即不妒；忿心生，

---

① 《答王鏊庵中丞》，《王阳明全集》中，第 907 页。
② 《寄邹谦之三》，《王阳明全集》上，第 228 页。
③ 《寄邹谦之四》，《王阳明全集》上，第 229 页。
④ 《紫阳书院集序》，《王阳明全集》上，第 267 页。
⑤ 《观德亭记》，《王阳明全集》上，第 274—275 页。

责此志，即不忿；贪心生，责此志，即不贪；傲心生，责此志，即不傲；吝心生，责此志，即不吝"①。其中涉及松懈心态、轻视心态、焦躁心态、忌妒心态、怨恨心态、贪婪心态、骄傲心态、吝啬心态等。综合来看，在阳明心学中，几乎所有的心态形式和类型都受到了关注。

---

① 《示弟立志说》，《王阳明全集》上，第 290 页。

第四章　心学的心态特点

本书第一章简要地介绍了先秦至南宋关于"心"之特点的论述与主张，上一章则概述了阳明心学所及心态类型。以往关于"心"之特点的论述和主张成为王阳明讨论心态特点的知识基础，而关于心态类型的多样性认识，成为王阳明进一步讨论心态特点的开端。阳明心学所及心态特点大致包括微妙性、变易性、一体性等。如下展开具体的考察和分析。

第一节　心态的微妙性

所谓微妙性，是指心态的复杂性、神秘性、难测性。认为"心"有微妙性是中国哲学的一个基本主张，如"人心惟危，道心惟微，惟精惟一，允执厥中"（《尚书·大禹谟》）。王阳明继承了这种观点，他说："'道心'本是无声无臭，故曰'微'。依着'人心'行去，便有许多不安稳处，故曰'惟危'。"① 这是说，"道心"者，人听不到它的声音、嗅不到它的味道，所以微妙；"人心"是"道心"夹杂了意念，所以依"人心"行动，便会有危险。这里的"精微"是指道心，"危险"是指人心，但道心、人心是一心，所以王阳明认为："心之精微，口莫能述，亦岂笔

---

① 《传习录下》，《王阳明全集》上，第116页。

端所能尽已！"① 心态之微妙、之复杂，既非口能述清，亦非笔能述明。那么，心态的微妙性究竟有怎样的表现呢？

一、心态的难测性

这是从心态运行角度考察其微妙性。《孟子》中的"出入无时，莫知其乡"（《孟子·告子上》）所描述的就是心态运行的变化莫测。王阳明继承了这一思想，他说："知人心之不可测，良用慨叹。山鬼伎俩有穷，老僧一空无际，以是自处而已。"② 即认为人的心态运行是不可预测的，因而强调做好自己是上策。在阳明心学中，有许多关于心态难测性的描述。

1. 心态转变的瞬间性。王阳明认为，心态运行从未停息过："人心自是不息底，虽在睡梦，此心亦是流动。如天地之化，本无一心之停，然其化生万物各得其所，却亦自静也。"③ 即使在睡梦中，心态仍运行不已，犹如天地造化，从来就没有一刻停息。但即便运行不已、变化多样，其呈现给感官的表现却风平浪静、纹丝不动，足见心态运行的神秘性。就心态本体看，心态的微妙性表现为无形无状，若隐若现。王阳明说："道无方体，不可执着。却拘滞于文义上求道，远矣。如今人只说天，其实何尝见天？谓日、月、风、雷即天，不可；谓人、物、草、木不是天，亦不可。道即是天。若识得时，何莫而非道？人但各以其一隅之见认定，以为道止如此，所以不同。若解向里寻求，见得自己心体，即无时无处不是此道。亘古亘今，无终无始。更有甚同异？心即道，道即天。知心则知道、知天。"④ 在阳明心学中，"道"是本心，是良知，是心态本体，作为心态本体的"道"，肉眼看不见，手脚触不到，因为它无方体，无形影；虽然看不见、摸不着，但无时无处不在。就转变的速度看，这个道体瞬间完成，无从把握。王阳明说："勿忧文辞之不富，惟虑此心之未纯；勿忧名誉之不显，惟虑此心之或湮。"⑤ 心态当下纯洁、转眼污浊，其

---

① 《答王天宇二》，《王阳明全集》上，第185页。
② 《与黄宗贤书一》，《王阳明全集补编》，第200页。
③ 《传习录拾遗》，《王阳明全集》下，第1294页。
④ 《传习录上》，《王阳明全集》上，第24页。
⑤ 《铭一首》，《王阳明全集》中，第1137页。

转换速度之快令人称奇，人还没反应过来，转变已经完成。因而王阳明建议人们不要担心文辞不富、名誉不显，只需谨守心态之纯洁即可。再从志向的易变性来看心态的微妙性。"志"是心态体系中的一个重要层次，表示心态持续专一，但这种专一精神也是变化的，比如早晨立志做航海家，中午可能更换为飞行员，到了晚上则又换成了科学家，最后也可能对任何志向都毫无兴趣了。王阳明说："故朋友之间，有志者甚可喜；然志之难立而易坠也，则亦深可惧也。"① 由此可知，"志"作为心态的一个重要层次或元素，其或闪或隐的特点，进一步说明了心态转换的瞬间性。

2. **心态的相互猜疑性**。心态的微妙性也表现在相互猜疑上。受到诸种因素的影响，不同个体的心态之间存在相互猜疑性，彼此不信任。即便是亲密无间的知己，彼此仍然会相互猜疑而不能心照不宣，王阳明对此深有所感。他对王道非常客气、宽容，但不接受王道对自己的心学堕于空虚的怀疑，因为这种怀疑在王阳明看来是与实际情形相悖的。他说："纯甫之心，殆亦疑我之或堕于空虚也，故假是说以发我之蔽。吾亦非不知纯甫此意，其实不然也。"② 人若生了怀疑之心，就可能发生不测之事变，所以必须做好准备。王阳明说："况此交通之人，今或多居禁近，分布联络，若存此等形迹，恐彼心怀疑惧，将生意外不测之变。"③ 他人的怀疑是否存在很难把握，因而自己必须相信自己，王阳明说："今执事之见疑于人，其有其无，某皆不得而知。纵或有之，亦何伤于执事之自信乎？"④ 朋友中有对心学半信半疑的，那是因为这些人未能真正理解心学的精髓，王阳明说："朋友之中，亦渐有三数辈笃信不回。其疑信相半，顾瞻不定者，多以旧说沉痼，且有得失毁誉之虞，未能专心致志以听，亦坐相处不久，或交臂而别，无从与之细说耳。"⑤ 总之，人与人之间，哪怕是再亲密的关系，都难免相互猜疑，而且很难把握这种猜疑，足见心态之微妙。可见，王阳明对心态的猜疑性有深切的认知，从而为他提出化解问题心态的方法奠定了意识基础。

3. **心态的难以捕捉性**。这里主要从语言表述和实践捕捉两个方面来看。从语言表述看心态的微妙性，是说语言很难对心态的微妙性、复杂性进行准确的描述或形

---

① 《与戴子良》，《王阳明全集》上，第180页。
② 《与王纯甫二》，《王阳明全集》上，第175页。
③ 《辨诛遗奸正大法以清朝列疏》，《王阳明全集》中，第1124页。
④ 《答友人》，《王阳明全集》上，第231—232页。
⑤ 《与席元山》，《王阳明全集》上，第202页。

容。王阳明说:"心之精微,口不能言,下学上达之妙,在当人自知。不言者,非不言也,难言也。存诸心者,不待存也,乃自得也,此之谓默识。"① 心态精微到无法用语言表述,其上达下学交替之妙,只在于心态主体之觉悟。所谓不言,不是不想言,而是难以言。所谓存诸心,实际上无须存,因为只在自得之间,即在默识之中。既然心态的下学上达交替之妙,只在于自得、默识,自然是微不可言。从实践捕捉看心态的微妙性,是说从实践上难以捕捉心态的轨迹。王阳明说:"教人为学,不可执一偏。初学时心猿意马,拴缚不定。其所思虑多是人欲一边,故且教之静坐、息思虑。久之,俟其心意稍定,只悬空静守,如槁木死灰,亦无用。须教他省察克治。省察克治之功,则无时而可间,如去盗贼,须有个扫除廓清之意。无事时,将好色、好货、好名等私欲逐一追究搜寻出来,定要拔去病根,永不复起,方始为快。常如猫之捕鼠,一眼看着,一耳听着,才有一念萌动,即与克去,斩钉截铁,不可姑容与他方便,不可窝藏,不可放他出路,方是真实用功,方能扫除廓清。"② 就是说,心态或静或动、或虚或实、或萎或鲜,漂浮不定,哪怕是时刻省、察、克、治,专心致志,全神贯注,也无能为力。既然像猫捕老鼠那样全神贯注地捕捉心态之变化都不一定能成功,足见心态多么微妙!

二、心态的复杂性

所谓心态的复杂性,主要是就心态内容而言,具体是指心理活动在内容上表现为多样性、互渗性、繁杂性,从而表现为神秘性和微妙性。第三章提到的认知心态、情感心态、利欲心态、性质心态等,已经让我们领略到心态的多样性,这里进一步通过心态的内容考察其多样性与复杂性。一般而言,在阳明心学中,心态是由意、情、志、知等形式组成的,"知"在阳明心学中多数情况下属于心态之本体,其复杂性、微妙性放在下节讨论,这里只从意、情、志三者来考察心态的复杂性。

1. 就意念看心态内容的复杂性。"意"发于"心",作为心态形式的意念是丰富多样的。按照王阳明的说法,意念是心接触事物而产生的,"凡应物起念处,皆

---

① 《语录》,《王阳明全集补编》,第306页。
② 《传习录上》,《王阳明全集》上,第18页。

谓之意。意则有是有非"①。事物的多样性、变化性，必然导致意念的多样性、不可推测，从而出现不同形式的"意"，如善念、恶念。王阳明说："善念存时，即是天理。此念即善，更思何善？此念非恶，更去何恶？此念如树之根芽。"②如生死念头之意念，"学问功夫，于一切声利、嗜好俱能脱落殆尽，尚有一种生死念头毫发挂带，便于全体有未融释处"③。如好善、恶恶之意念，"善能实实的好，是无念不善矣；恶能实实的恶，是无念及恶矣"④。而且，意念会随着环境条件的不同而发生变化，"如问一词讼，不可因其应对无状，起个怒心；不可因他言语圆转，生个喜心；不可恶其嘱托，加意治之；不可因其请求，屈意从之；不可因自己事务烦冗，随意苟且断之；不可因旁人潜毁罗织，随人意思处之；这许多意思皆私，只尔自知，须精细省察克治，惟恐此心有一毫偏倚，杜人是非，这便是格物致知"⑤。怒意、喜意、故意、屈意、随意，环境条件不同，意念便呈现出不同的内容。可见，在阳明心学中，"意"之内容并非单一的，而是表现为多样性。而与"意"同义的"思"，也具有多样性特点。王阳明说："良知发用之思，自然明白简易，良知亦自能知得。若是私意安排之思，自是纷纭劳扰，良知亦自会分别得。盖思之是非邪正，良知无有不自知者。"⑥其中提到良知发用之思和私意安排之思。

2. 就情感看心态内容的复杂性。"情"是"心"之所发，内容也表现为多样性、复杂性。王阳明说："喜、怒、哀、惧、爱、恶、欲，谓之七情。七者俱是人心合有的。但要认得良知明白。比如日光，亦不可指着方所。"⑦"情"出于"心"，也是心态之形式；作为心态形式的"情"又表现为喜、怒、哀、惧、爱、恶、欲等具体形式，之所以表现为不同形式，乃是由其各自的内容所规定，即喜情、怒情、哀情、惧情、爱情、恶情、欲情是不同的。"七情顺其自然之流行，皆是良知之用，不可分别善恶，但不可有所着；七情有着，俱谓之欲，俱为良知之蔽；然才有着时，良知亦自会觉，觉即蔽去，复其体矣！"⑧这里王阳明继续提到喜、怒、哀、惧、

---

① 《答魏师说》，《王阳明全集》上，第242页。
② 《传习录上》，《王阳明全集》上，第22页。
③ 《传习录下》，《王阳明全集》上，第123页。
④ 《传习录下》，《王阳明全集》上，第110页。
⑤ 《传习录下》，《王阳明全集》上，第108页。
⑥ 《传习录中》，《王阳明全集》上，第81页。
⑦ 《传习录下》，《王阳明全集》上，第126页。
⑧ 《传习录下》，《王阳明全集》上，第126页。

爱、恶、欲等七情，并指出七情的自然流露或释放，都是良知的发用流行，无分善恶。但如果对"情"有了执着，便是私欲，便成为良知的遮蔽。这就是说，在一定条件下，"情"这种心态的内容也是会发生变化的。因此，情感心态的内容也是丰富、复杂、多变的。

3. 就立志看心态内容的复杂性。"志"发于"心"，也具有多样性和复杂性。从心理学上讲，"志"是人对实现某种目的或理想所表现的自觉、持续、专注的心理活动。在阳明心学中，立志这种心理活动的内容是丰富的、复杂的。王阳明说："求圣人之学而弗成者，殆以志之弗立欤！天下之人，志轮而轮焉，志裁而裁焉，志巫医而巫医焉，志其事而弗成者，吾未之见也。轮、裁、巫医遍天下，求圣人之学者间数百年而弗一二见，为其事之难欤？亦其志之难欤？弗志其事而能有成者，吾亦未之见也。"① 他指出，人只要立志从事某种职业，无论是木匠、裁缝，抑或是医生，都有可能成功，从这个角度来看，"志"的内容具有多样性。而且，"志"之性质也存在差异，有正邪之志、强弱之志、大小之志，等等。王阳明说："君子之于射也，内志正，外体直，持弓矢审固，而后可以言中。"② 所谓"内志正"，是指心中的志向正直、健康。如此，身体才能站得挺拔，弓箭才能握得牢固。"志"有善恶之分，"其或奸贪畏缩志行卑污者，黜罚亦有明条，当爵亦不敢同恶"③。"志"还有强弱之别，"总是志未切。志切，目视耳听皆在此，安有认不真的道理？'是非之心，人皆有之'，不假外求。讲求亦只是体当自心所见"④。所谓"志未切"，是指"志"有笃切、轻浮之别。由上可知，"志"的内容的确具有丰富性、多样性。

4. 就内容看心态的交叉性。在王阳明心学中，心态内容的多样性、微妙性也表现为交叉性、互渗性。所谓交叉性、互渗性，是指意、情、志、知等心态的基本形式存在交叉、互渗。首先看意念与良知的交叉。王阳明说："心者，身之主也，而心之虚灵明觉，即所谓本然之良知也。其虚灵明觉之良知，应感而动者，谓之意。有知而后有意，无知则无意矣。知非意之体乎？"⑤ 这就是说，良知是心态的虚灵明觉，意念是良知的应感而动，意念在良知中而由良知主宰，但意念会遮蔽良

---

① 《赠林以吉归省序》，《王阳明全集》上，第 253—254 页。
② 《观德亭记》，《王阳明全集》上，第 274 页。
③ 《钦奉敕谕通行》，《王阳明全集》中，第 689 页。
④ 《传习录上》，《王阳明全集》上，第 30—31 页。
⑤ 《传习录中》，《王阳明全集》上，第 53 页。

知,"意必之见流注潜伏,盖有反为良知之障蔽而不自知觉者矣"①。再如,意念与知和志,王阳明说:"善念发而知之,而充之;恶念发而知之,而遏之。知与充与遏者,志也。天聪明也。圣人只有此。学者当存此。"②这是说,意念的萌发,无论善恶,良知都能察知,从而遏制恶的意念、充盈善的意念,这都是"志"的功能。意念的萌发,良知能够察知,所以意念的本体是良知,"志"能对意念进行遏阻或充盈,因为"志"实际上是意念的专注形式,所以二者是互渗的。而"志"之所以能遏制恶念、充盈善念,乃是因为遵循良知而为。王阳明说:"能不忘乎此,久则自然心中凝聚,犹道家所谓结圣胎也。此天理之念常存,驯至于美大圣神,亦只从此一念存养扩充去耳。"③所以"志"与良知也是互渗的。在阳明心学中,意念、志向、良知是密切关联且相互影响的,王阳明说:"你真有圣人之志,良知上更无不尽;良知上留得些子别念挂带,便非必为圣人之志矣。"④以成为圣人为志,那么良知之善便能用之不尽,但如果良知处仍出现私意私念,便不是以成为圣人为志了。再从"志"自身内涵的交叉、互渗看。在阳明心学中,"志"的内涵体现得并不十分清晰,而是多层的、交叉的、互渗的。一是"志"的内容具有不确定性,随时可以互换,王阳明说:"夫立志亦不易矣。孔子,圣人也,犹曰:'吾十有五而志于学。三十而立。'立者,志立也。虽至于'不逾矩',亦志之不逾矩也。志岂可易而视哉! ……盖无一息而非立志责志之时,无一事而非立志责志之地。故责志之功,其于去人欲,有如烈火之燎毛,太阳一出,而魍魉潜消也。"⑤他以孔子为例来说明人生不同阶段所立之志是不同的。二是"志"之工夫与目标的等同性,但又与目标存在距离。在阳明心学中,"志"不仅是专一之工夫,也是一种目标。"只念念要存天理,即是立志"⑥,这是将工夫与目标合二为一,但事实上,所立之"志"与其最终实现并不能完全等同。三是"志"有笃切与轻浮之分,但"志"之笃切与轻浮也是可以互换的,其笃其轻表现出难以把握之特点。王阳明说:"已立志为君子,自当从事于学。凡学之不勤,必其志之尚未笃也。从吾游者,不以聪慧警捷为高,而

---

① 《答季明德》,《王阳明全集》上,第 238 页。
② 《传习录上》,《王阳明全集》上,第 25 页。
③ 《传习录上》,《王阳明全集》上,第 13 页。
④ 《传习录下》,《王阳明全集》上,第 119 页。
⑤ 《示弟立志说》,《王阳明全集》上,第 290 页。
⑥ 《传习录上》,《王阳明全集》上,第 13 页。

以勤确谦抑为上。"① 学之不勤是由于立志未笃，也就是立志轻浮，就此而言，立志之笃切与轻浮，是可以转换的，如果你学得勤奋谦虚，你的"志"便是笃，反之则是浮。

概言之，在阳明心学中，心态诸形式的交互存在，构成了阳明心学的心态义理体系。而这种体系所表现出的微妙性和神秘性，是值得进一步探讨的课题。

三、心态的潜伏性

所谓心态的潜伏性，主要是指心态发挥功用时表现出无声无臭，不可感、不可知的情形。《诗经》云："上天之载，无声无臭。"（《诗经·文王》）上天化生万物，没有声音，也没有气味，神秘莫测。二程则借"无声无臭"描述"心"："心之精微，至隐至妙，无声无臭。"② 荀子认为天道造化万物的特点是"不见其事而见其功"，凸显其神秘。在阳明心学中，心态的功用也表现出"不见其事而见其功"的特点，具有神秘性。

1. 由意念的功用看。意念功能之潜伏性，指看不见、摸不着，王阳明说："虽或特见妙诣，开发之益一时不无，而意必之见流注潜伏，盖有反为良知之障蔽而不自知觉者矣。"③ 所谓"意必之见流注潜伏"，是指臆测、武断之心态川流不息且潜伏不彰，即便是良知也难以观察，因而意念之"功用"表现为对良知的遮蔽。为什么臆测之心态、武断之心态常常潜伏不显，甚至遮蔽良知而不自觉？因为意念的运行瞬息万变，就意念发动而言，虽然发自心态本体，但由于发动后接触物事而走向心态本体的对立面，从而成为良知关注的对象。王阳明说："盖心之本体本无不正，自其意念发动，而后有不正。故欲正其心者，必就其意念之所发而正之，凡其发一念而善也，好之真如好好色；发一念而恶也，恶之真如恶恶臭；则意无不诚，而心可正矣。然意之所发，有善有恶，不有以明其善恶之分，亦将真妄错杂，虽欲诚之，不可得而诚矣。"④ 意念发动后的性质，既有与心态本体保持一致的情形，此

---

① 《教条示龙场诸生·勤学》，《王阳明全集》中，第 1073 页。
② 《河南程氏经说》卷八，《二程集》第四册，第 1164 页。
③ 《答季明德》，《王阳明全集》上，第 238 页。
④ 《大学问》，《王阳明全集》中，第 1070 页。

时为善念，也有与心态本体相悖的情形，此时为恶念。如果不能明辨意念的是非善恶，则必然混淆是非善恶，即便想诚意，也做不到。就意念状态而言，瞬息而变，善恶交替，善念萌发则为善人，恶念萌发则为恶人，一念之间定善恶，似乎还没反应过来，善恶已经交换无数次了。王阳明说："尔等父老子弟毋念新民之旧恶而不与其善，彼一念而善，即善人矣；毋自恃为良民而不修其身，尔一念而恶，即恶人矣；人之善恶，由于一念之间。"① 意念如此变幻莫测，必须在恶念萌发之前就将其抑制。王阳明说："必欲此心纯乎天理，而无一毫人欲之私，非防于未萌之先，而克于方萌之际不能也。"② 那么，如何能将"未萌"的意念抑制呢？一方面以良知监视、察知："能安，则凡一念之发，一事之感，其为至善乎？其非至善乎？吾心之良知自有以详审精察之，而能虑矣。能虑则择之无不精，处之无不当，而至善于是乎可得矣。"③ 另一方面视意念为实践，从而重视善念的推行和恶念的遏制："今人学问，只因知行分作两件，故有一念发动，虽是不善，然却未曾行，便不去禁止。我今说个'知行合一'，正要人晓得一念发动处便即是行了。发动处有不善，就将这不善的念克倒了。须要彻根彻底，不使那一念不善潜伏在胸中。"④ 如此，方能将神出鬼没的意念予以合理安置，勿使之任性胡来。总之，意念发用为善恶，意念善恶之交替，意念的隐而不显，意念对良知的遮蔽，良知察知意念的性质与行踪，所以意念与良知是一体，意念中有良知，这意味着心态系统中的层次性。这些都表现了意念的微妙性。

2. 由情感的功用看。如果说从"意"的内容考察其微妙性属于"静"的角度，那么由"情"之功用考察其微妙性，则属于"动"的角度。"情"之微妙性是如何由"动"的角度呈现的呢？其一，"情"之感通敏捷性。"情"是心态感情的流露，是人心接触（感）事象而产生的喜怒哀乐之情感；但这种情感的发生非常迅速、敏捷。王阳明说："夫喜怒哀乐，情也。既曰不可，谓未发矣。喜怒哀乐之未发，则是指其本体而言，性也。……程子云'心，一也。有指体而言者，寂然不动是也；有指用而言者，感而遂通是也。'斯言既无以加矣。"⑤ 王阳明借用程颐的话表达自

---

① 《南赣乡约》，《王阳明全集》中，第 665 页。
② 《传习录中》，《王阳明全集》上，第 74—75 页。
③ 《大学问》，《王阳明全集》中，第 1068 页。
④ 《传习录下》，《王阳明全集》上，第 109—110 页。
⑤ 《答汪石潭内翰》，《王阳明全集》上，第 165 页。

己对"性体情用"的看法,指出寂然不动者是"性",感而遂通者是"情"。由于"情"因感而发,而"感物遂通",此"通"瞬息万变,"未应不是先,已应不是后",无从捉摸,神不可测,所以是"感而遂通之妙矣"。其二,"情"之发用的无常性。情感作为心态的一种形式,表达人在感情方面的偏好、喜怒,而这种情感的发作是无法预料的,表现出突发性、微妙性。王阳明说:"性之本体原是无善无恶的,发用上也原是可以为善,可以为不善的,其流弊也原是一定善一定恶的。譬如眼,有喜时的眼,有怒时的眼,直视就是看的眼,微视就是觑的眼。总而言之,只是这个眼。若见得怒时眼,就说未尝有喜的眼,见得看时眼,就说未尝有觑的眼,皆是执定,就知是错。"① 作为心态之"用"的情,变化多端,如眼睛或喜或怒,或直视或微视,因而也表现出微妙性。其三,"情"之发用的等差性。"情"之微妙性也表现为发用的等差性、具体性。王阳明继承了儒家"爱有差等"的思想,注重情感的发用上的等差性、亲疏性,他说:"禽兽与草木同是爱的,把草木去养禽兽,又忍得?人与禽兽同是爱的,宰禽兽以养亲与供祭祀、燕宾客,心又忍得?"② "情"不仅表现为等差性,也表现为具体性:"然爱之本体固可谓之仁,但亦有爱得是与不是者,须爱得是方是爱之本体,方可谓之仁。若只知博爱而不论是与不是,亦便有差处。吾尝谓博字不若公字为尽。"③ 关爱之情,自然是伟大的,王阳明提倡仁爱,但"爱"是有对象的,不是随便地爱、随意地爱,对所有人都需要有爱,但对所有人的爱不是等同的,比如对敌人、仇人、恶人就不能予以同样的爱。可见,阳明心学又非常注重"爱"的具体性。概言之,情感的释放是有等级的、是具体的,从而表现出微妙性。

3. 由意志的功用看。王阳明认为,意志具有非常强大的功能,不仅可以坚定持续,而且可以决定事业成败,但意志的功用也具有神秘性。意志作为一种心态形式,其功用是看不见的,而且有时强有时弱,甚至会突然丧失,这些都给意志的功用蒙上了神秘性的面纱。

其一,"志"蕴含了无限的能量,无难不克,无坚不摧。王阳明说:"持此不懈,即吾立志之说矣。'源泉混混,不舍昼夜,盈科而后进。放乎四海,有本者如是。'

---

① 《传习录下》,《王阳明全集》上,第130—131页。
② 《传习录下》,《王阳明全集》上,第122页。
③ 《传习录下》,《王阳明全集》上,第122页。

立志者，其本也。有有志而无成者矣，未有无志而能有成者也。"①在王阳明看来，"志"蕴含了无穷的能量，立志是成就一切的根本，无志，则什么都无从谈起。"志不立，天下无可成之事，虽百工技艺，未有不本于志者。今学者旷废隳惰，玩岁愒时，而百无所成，皆由于志之未立耳。故立志而圣，则圣矣；立志而贤，则贤矣。志不立，如无舵之舟，无衔之马，漂荡奔逸，终亦何所底乎？"②立志，可以确立人生努力的方向，不立志，犹如茫茫大海上的一叶扁舟，不知所向。"故责志之功，其于去人欲，有如烈火之燎毛，太阳一出，而魍魉潜消也。"③立志笃切，便能去除人欲，就好比熊熊烈火燃烧毛发一样，好比太阳驱散魍魉一样，干干净净。

其二，"志"可以凝心聚力，消除差异。王阳明认为，立志可以消除诸种差异，将不同的人聚集在一起。他说："至共向往直前，以求必得乎此之志，则有不约而契、不求而合者。其间所见，时或不能无小异，然吾兄既不屑屑于仆，而仆亦不以汲汲于兄者。正以志向既同，如两人同适京都，虽所由之途间有迂直，知其异日之归终同耳。"④他指出，走不同道路的人若能拥有共同的志向，便会在心灵上产生强烈的感应和契合，那么他们之间的其他差异都会因为共同的志向而消除。立志可以消除千里之远的隔阂，使处于不同地方的人们聚集在一起："苟心同志协，工夫不懈，虽隔千里，不异几席，又何必朝夕相与一堂之上而为后快耶？"⑤只要志向一致，并不需要整天共处一室，厮混在一起，相反，如果志趣不相投，也只是同床异梦。立志可以化解人身上的所有细小差异，使不同性情的人们聚集在一起："学绝道丧之余，苟有兴起向慕于是学者，皆可以为同志，不必铢称寸度而求其尽合于此，以之待人可也。"⑥只要人们朝着共同的志向而努力，就不会计较存在于彼此间的细微差别。总之，在王阳明看来，"志"具有神奇的力量，它可以化解隔阂，贯通人心，将不同的人聚集在一起，使他们为共同的目标奋斗。这就是"志"之功用的微妙性和神秘性。

其三，"志"也可能稍纵即逝，从手指中间溜走。"志"本身具有持续性、专一

---

① 《寄闻人邦英邦正三》，《王阳明全集》上，第190页。
② 《教条示龙场诸生·立志》，《王阳明全集》中，第1073页。
③ 《示弟立志说》，《王阳明全集》上，第290页。
④ 《答甘泉》，《王阳明全集》上，第194—195页。
⑤ 《与郭善甫》，《王阳明全集》中，第1095页。
⑥ 《寄邹谦之四》，《王阳明全集》上，第229页。

性特点，但一方面，"志"之立非常艰难，另一方面，"志"之失却非常迅速。王阳明认为，立"志"非常不易，但受环境影响，"志"也容易丧失。他说："夫久溺于流俗，而骤语以求圣人之事，其始也必将有自馁而不敢当；已而旧习牵焉，又必有自眩而不能决；已而外议夺焉，又必有自沮而或以懈。"① 这就是说，人如果多年沉溺于恶劣环境中，突然告诉他要以成为圣人为志向，那么，开始时肯定会觉得自己不可能成为圣人，过一段时间之后，又会被自身固有习气所牵绊和迷惑而无法向前，最后则可能由于别人对他的议论而灰心丧气，完全懈怠。这里提到了导致"志"丧失的三个因素，一是自己信心不足，二是为不良习气所困，三是受他人议论影响。就王阳明自己而言，他早年的雄心壮志，或成为圣人，或弘扬圣人之学，但到晚年，这种志向已经衰弱了，他说："区区两年来血气亦渐衰，无复用世之志。"② 特别是感觉身体越来越差的时候，王阳明对年轻时的宏伟抱负和志向，再也没有年轻时的激情了，原因是"血气亦渐衰"。可见，"志"作为心态形式之一，其功用是全方位的、巨大的、神奇的。立志能使人成功，能聚集人心，坚定人的精神，从而成为化解一切障碍的神秘力量；但立志本身并无恒定性，"志"的交替、变化、丢失等都是经常发生的。因此，王阳明强调立志不能向恶劣环境妥协，"志勿惰于因循"③，而要求人们时时刻刻与"志"一体、以"志"为命，"盖无一息而非立志责志之时，无一事而非立志责志之地"④。

4. 由心态之本体看。在阳明心学中，良知的功用表现在发用流行上，而良知的发用流行是看不见、摸不着的，表现为神秘性。王阳明曾明确宣示良知的奇妙性，他说："夫良知，一也，以其妙用而言谓之神，以其流行而言谓之气，以其凝聚而言谓之精，安可以形象方所求哉？"⑤ 良知，从它的奇妙功用而言谓之神秘，从它的流行而言谓之气化，从它的凝集而言谓之精气，"无形象方所可求"，此为微妙性。其中提到的"妙用谓之神"，也就是良知发用的神秘性。那么，良知发用的神秘性究竟有怎样的表现呢？其一，心态之本体良知即是微妙的。王阳明说："所谓心者，非今一团血肉之具也，乃指其至灵至明、能作能知者也，此所谓'良知'也。然而

---

① 《赠林以吉归省序》，《王阳明全集》上，第 254 页。
② 《与夏敦夫》，《王阳明全集》上，第 200 页。
③ 《铭一首》，《王阳明全集》中，第 1137 页。
④ 《示弟立志说》，《王阳明全集》上，第 290 页。
⑤ 《传习录中》，《王阳明全集》上，第 70 页。

无声无臭，无方无体，此所谓'道心惟微'也。"① 良知至灵至明、能知能作，已经很神秘了，而无声无臭、无方无体，更将"微妙"的特点暴露无遗。王阳明还以《周易》之特性形容良知，他说："良知即是《易》，'其为道也屡迁，变动不居，周流六虚，上下无常，刚柔相易，不可为典要，惟变所适。'此知如何捉摸得？见得透时便是圣人。"② 这是说良知并非静止的，而是变化的、永不停息的，周流在六个爻位之间，上下交替无常，刚爻与柔爻变易不止，没有常规可循，变动不居便是它的规律。其二，良知具有无限造化之性能。在王阳明看来，良知造化的能力是无穷的，可以创造出宇宙中的一切："良知是造化的精灵。这些精灵，生天生地，成鬼成帝，皆从此出，真是与物无对。人若复得他完完全全，无少亏欠，自不觉手舞足蹈，不知天地间更有何乐可代？"③ 良知是造化的精灵，可以创造天地，可以成就鬼帝，无物可与良知比拟，良知万能且至美至善。而且，良知可应对事物的千变万化："盖天下之事虽千变万化，至于不可穷诘，而但惟致此事亲从兄、一念真诚恻怛之良知以应之，则更无有遗缺渗漏者。"④ 良知对物事的应变，毫无遗漏。其三，良知无物不照、无事不知。良知发用的神秘性也表现在照察功能上，王阳明认为，良知的照察功能具有全面性、持续性、无遗漏性。他说："是故不欺则良知无所伪而诚，诚则明矣；自信则良知无所惑而明，明则诚矣。明诚相生，是故良知常觉常照。常觉常照，则如明镜之悬，而物之来者自不能遁其妍媸矣。何者？不欺而诚则无所容其欺，苟有欺焉，而觉矣；自信而明则无所容其不信，苟不信焉，而觉矣。是谓易以知险，简以知阻，子思所谓'至诚如神，可以前知'者也。"⑤ 良知即真诚无伪，良知诚，则明；自信良知，就不会被迷惑，良知明，则诚。明诚相生，所以良知常觉常照。良知的常觉常照，好比高悬的明镜，物之往来则美丑自留。而"诚"无妄、无欺、无私、无瑕、无邪，人人之诚，坦坦荡荡，人天之诚，清清白白，因为至诚如神，所以精微。良知照察功能的神秘性，也表现在前知性。因为耻于欺骗，便不能容忍欺骗，即便有欺骗，也能察觉；因为自信之明，便不能容忍无信，即便有无信，也能察觉。这就是"易以知险，简以知阻"，亦即子思所谓"至诚如

---

① 《语录》，《王阳明全集补编》，第283页。
② 《传习录下》，《王阳明全集》上，第142页。
③ 《传习录下》，《王阳明全集》上，第119页。
④ 《传习录中》，《王阳明全集》上，第96页。
⑤ 《传习录中》，《王阳明全集》上，第84页。

神,可以前知"之意。这是从良知的功能解释其微妙性。《易》云"德行恒易以知险。……德行恒简以知阻",乾、坤之德皆恒,所以专一,专一才知险知阻,也就是"诚"。因此,"至诚如神,可以前知",是指心不为私心杂念所迷惑,达到大清明的境界,所以能认识世间万物的本质,从而预知事件的吉凶祸福、兴亡盛衰。引这两段文献,无非想强调良知无所不为之功能。也就是说,良知作为心之本体,其所谓微妙,乃在于其神奇的功能。其四,良知发用的灵活性、应变性。王阳明说:"固是事事要如此,须是识得个头脑乃可。义即是良知,晓得良知是个头脑,方无执着。且如受人馈送,也有今日当受的,他日不当受的;也有今日不当受的,他日当受的。你若执着了今日当受的,便一切受去。执着了今日不当受的,便一切不受去。便是'适''莫'。便不是良知的本体。如何唤得做义?"[①]用"义"定义良知,意味着良知是与时俱变的。比如接受他人的馈赠,是有讲究的,什么时候该收,什么时候该拒,必须根据境遇做出决定。

如上考察表明,无论意念的流露,还是情感的表达,无论是立志的执行,抑或良知的发用,都显示了心态的微妙性。但不管如何神秘,如何微妙,如何不可测,仍然难逃被监视、被控制的命运。王阳明说:"谨守其心者,无声之中而常若闻焉,无形之中而常若睹焉。故倾耳而听之,惟恐其或缪也;注目而视之,惟恐其或逸也。是故至微而显,至隐而见,善恶之萌而纤毫莫遁,由其能谨也。"[②]只要以良知谨慎护守心态,无论如何神秘微妙,概无须多虑也。

第二节 心态的变易性

心态的变易性主要讨论心态的变化。"变易"就是变化、改变。《周易》谓"刚柔相推而生变化"(《易传·系辞上》),即指变易根源于刚柔的矛盾,由变化而生

---

① 《传习录下》,《王阳明全集》上,第116页。
② 《谨斋说》,《王阳明全集》上,第294页。

万象。这就意味着，变易的根源是阴阳矛盾。那么，对心态而言，其变易自然也源于"阴阳矛盾"。诚如第三章所述，有所谓认知心态、情感心态、利欲心态，也就是说，心态的变易可能由于知识、情感、利欲等因素而发生变化；而心则寄付于生命，所以生命的变化也必然引起心态的变化。王阳明认为，心态接于事物而生变化，而事物是多姿多彩且瞬息万变的，"一一世事，如狂风骤雨中落叶，倏忽之间，宁复可定所耶！"①这样看来，心态的变化是各种因素综合所致。客观事物虽然会引发心态变化，但对王阳明而言，心态变化的根源主要还在主体自身，主体的生命、知识、利欲、情感等都会导致心态的变化，本节即从生命、欲利、情感、知识等四个方面考察心态的变易性。

一、生命经历导致心态变化

王阳明认为，心态随着年龄的增长会发生变化，"人方少时，精神意气既足鼓舞，而身家之累尚未切心，故用力颇易。迨其渐长，世累日深，而精神意气亦日渐以减，然能汲汲奋志于学，则犹尚可有为。至于四十五十，即如下山之日，渐以微灭，不复可挽矣"②。年少时，血气方刚，心态自由奔放；步入中年后，精神意气逐渐减弱，心态日渐沉稳；进入老年，则暮气沉沉，不再有年轻时的朝气，心态开始收敛沉寂。

考察生命经历导致心态变化，王阳明本人就是活生生的案例。他常常提及早年被贬谪贵州龙场对其心态的影响："某平日亦每有傲视行辈、轻忽世故之心，后虽稍知惩创，亦惟支持抵塞于外而已。及谪贵州三年，百难备尝，然后能有所见，始信孟氏'生于忧患'之言非欺我也。尝以为'君子素其位而行，不愿乎其外。素富贵，行乎富贵；素贫贱，行乎贫贱；素患难，行乎患难；故无入而不自得'。"③被贬谪贵州之前，王阳明一直怀有傲慢看待同辈、轻蔑忽视世俗人情的心态，但经历贬谪之后，就转变为"素富贵，行乎富贵"之自然而然的心态。这种变化正是由于

---

① 《答甘泉》，《王阳明全集》上，第195页。
② 《寄诸弟》，《王阳明全集》上，第193页。
③ 《与王纯甫》，《王阳明全集》上，第173页。

他的人生发生了重大变故：从一个前途光明的青年官员转变为被贬谪边远地区的驿丞。而对朱熹理学的看法，也与被贬谪龙场的经历有关，他说："守仁早岁业举，溺志辞章之习。既乃稍知从事正学，而苦于众说之纷挠疲癃，茫无可入，因求诸老、释，欣然有会于心，以为圣人之学在此矣！然于孔子之教间相出入，而措之日用，往往缺漏无归。依违往返，且信且疑。其后谪官龙场，居夷处困，动心忍性之余，恍若有悟。体验探求，再更寒暑，证诸'五经''四子'，沛然若决江河而放之海也。然后叹圣人之道坦如大路。"① 早年无所觉悟，跟随大流努力准备科举考试，溺于辞章之学，稍微明晓一点事理后，又被各种学说所困扰，不知所之，甚至被佛老之学所迷，不能分辨圣人之学、佛老之学，在被贬谪贵州龙场之后，历经千难万险，才慢慢体悟到圣人之学的伟大，同时对朱子理学的不足也有所觉悟。可见，心态的变化与人的生命觉悟也是密切关联的。觉悟与否、觉悟层次的高低都会影响人的心态。

  平定朱宸濠叛乱后，王阳明的心态也发生了变化。比如朝廷对于平叛将士的奖赏，一拖再拖，迟迟不能落实，使王阳明内心万分煎熬，他说："江西功次固不足道，但已八年余矣，尚尔查勘未息，致使效忠赴义之士废产失业，身死道途。纵使江西之功尽出冒滥，独不可比于都、湖、浙之赏乎？此事终须一白。但今日言之，又若有挟而要者。奈何奈何！"② 这是表达对朝廷处事的不满。而各种嘲讽、诋毁，甚至谋杀，则使王阳明对良知的体验更加深切："自经宸濠、忠、泰之变，益信良知真足以忘患难，出生死，所谓考三王，建天地，质鬼神，俟后圣，无弗同者。乃遗书邹守益曰：'近来信得致信得致良知三字，真圣门正法眼藏。往年尚疑未尽，今自多事以来，只此良知无不具足。譬之操舟得舵，平澜浅濑，无不如意，虽遇颠风逆浪，舵柄在手，可免没溺之患矣。'"③ "某于此良知之说，从百死千难中得来，非是容易见得到此。……不得已与人一口说尽。只恐学者得之容易，把作一种光景玩弄，不实落用功，负此知耳。"④ 王阳明对自己心态的变化还有更为具体的描述，如"若某之不肖，盖亦尝陷溺于其间者几年，侘傺然既自以为是矣。赖天之灵，偶

---

① 《朱子晚年定论》，《王阳明全集》上，第 144—145 页。
② 《与黄宗贤二》，《王阳明全集》中，第 914 页。
③ 《年谱二》，《王阳明全集》下，第 1411—1412 页。
④ 《传习录拾遗》，《王阳明全集》下，第 1290 页。

有悟于良知之学，然后悔其向之所为者，固包藏祸机，作伪于外，而心劳日拙者也。十余年来，虽痛自洗剔创艾，而病根深痼，萌蘖时生。所幸良知在我，操得其要，譬犹舟之得舵，虽惊风巨浪颠沛不无，尚犹得免于倾覆者也"①。王阳明说自己觉悟良知之前，也陷于"诳己诳人"之心态，觉悟良知之后，虽然许多毛病没有根除，但能够做到不被任何诱惑所左右。这种心态的变化，与其在平定朱宸濠叛乱中的经历是密切关联的。王阳明去世前曾云："此心光明，亦复何言？"这句话蕴含了丰富的信息。从心态角度讲，就是王阳明强调自己一生坦坦荡荡，对得住自己，无须多言一字。但从中也能感受到他的无奈和愧疚的心态。王阳明确实是一个生命状况影响心态变化的生动案例。

由对生命的执念程度看心态变化。王阳明认为，生命对所有人而言只有一次，人对生命不可能没有执念，而一旦有了执念，其心态就会被生命的状况所影响。他说："学问功夫，于一切声利、嗜好，俱能脱落殆尽，尚有一种生死念头毫发挂带，便于全体有未融释处。人于生死念头，本从生身命根上带来，故不易去。若于此处见得破，透得过，此心全体方是流行无碍，方是尽性至命之学。"② 就是说，人对生的执着、死的恐惧是与生俱来的，是根深蒂固的，但若能看透生死，视生死为自然，那么人的心态就能超越生死而不被影响。除了从自然生命角度考察心态变化外，王阳明也注意到生命遭遇对心态的影响。一次，弟子们讨论为什么王阳明平定朱宸濠叛乱之后，诽谤他的人反而更多了。王阳明并不认可学生们的解释，他自己解释说："我在南都已前，尚有些子乡愿的意思在。我今信得这良知真是真非。信手行去，更不着些覆藏。我今才做得个狂者的胸次，使天下之人都说我行不掩言也罢。"③ 南都以前，其心态表现为"乡愿"形式，平定叛乱后，觉悟良知，则是"狂者胸次"。即觉悟了良知，随人说去。以前做人还有遮掩，如今做人坦荡，因此招来毁谤。王阳明的心态从"乡愿"到"狂者胸次"，与其人生遭遇密切关联。

王阳明曾对自己在南赣平定山贼的事功有过评价，他说："某自征赣以来，朝廷使我日以杀人为事，心岂割忍？但事势至此。譬之既病之人，且须治其外邪，方可扶回元气，病后施药，犹胜立视其死故耳。可惜平生精神，俱用在此等没紧要事

---

① 《寄邹谦之四》，《王阳明全集》上，第229页。
② 《传习录下》，《王阳明全集》上，第123页。
③ 《传习录下》，《王阳明全集》上，第132页。

上去了。"① 不难感受到，对于杀人，王阳明有深切反思，他心如刀绞，而且评价自己一生精神用在"没紧要事"上，足见他不认为自己的生命历程有多么辉煌而值得歌颂，反而是留给了自己极大的遗憾。这正说明生命状况会给人的心态带来深刻影响。

广义的生命还包括价值立场和生命素质，而王阳明也注意到价值立场对于心态变化的影响。他说："虽然，昔之君子，盖有举世非之而不顾，千百世非之而不顾者，亦求其是而已矣。岂以一时毁誉而动其心邪！惟其在我者有未尽，则亦安可遂以人言为尽非？伊川、晦庵之在当时，尚不免于诋毁斥逐，况在吾辈行有所未至，则夫人之诋毁斥逐，正其宜耳。"② 一个人只要坚定自己的信念，就不会被毁誉所动摇，其心态也不会轻易改变。换言之，一个人如果不能坚定自己的信念，那么他的心态就不知所之。王阳明还注意到人的素养和品质对其心态的影响。他说："谦则虚，虚则无不容，是故受而不溢，德斯聚矣；默则慎，慎则无不密，是故积而愈坚，诚斯立矣。彼少得而自盈者，不知谦者也；少见而自炫者，不知默者也。自盈者吾必恶之，自炫者吾必耻之。而人有不我恶者乎？有不我耻者乎？故君子之观人而必自省也。其谦默乎！"③ 这里谈及谦卑沉默的品质对心态的影响。王阳明认为，人只有做到谦虚，才能虚怀若谷，虚怀若谷才能包容万物，才能持续地吸收善而不会溢出；人只有做到慎言，才会更加慎重，慎重便能特别细致，如此学识方能不断积累而基础牢固。如果一个人刚有一点体悟就自我满足，此为不谦；刚长点见识就炫耀，此为不默。自我满足的人，会遭人讨厌；自我炫耀的人，会被人疏远。包容万物的心态必源于谦虚品质，诚实谨慎的心态必源于沉默品质。

总之，心态的变化与人的肉体生命状况、生命的遭遇、生命的觉悟等存在密切关系。王阳明说："人在仕途，比之退处山林时，其工夫之难十倍，非得良友时时警发砥砺，则其平日之所志向，鲜有不潜移默夺，弛然日就于颓靡者。"④ 他明确指出，人的心态会潜移默夺。

---

① （明）钱德洪：《平濠记》，《徐爱 钱德洪 董沄集》，第236页。
② 《与陆原静二》，《王阳明全集》上，第210—211页。
③ 《书杨思元卷》，《王阳明全集》上，第304页。
④ 《与黄宗贤》，《王阳明全集》上，第244页。

二、意欲导致心态变化

"意欲"指人对某种事物在思想上的欲望，或想做某事。"意欲"有公私、正邪之别，意欲偏向私利会导致消极心态，偏向公义公利会生发积极心态，也就是说，意欲会对心态的变化产生影响。如下做具体的考察和分析。

其一，意欲导致心态转为消极。实际上，意欲也是心理活动，但这种心理活动具有鲜明的正邪或善恶趋向，能够引起心态的变化。在王阳明看来，只要有了"意"，心态就会有所表现。心态本身就是"意"，为什么说有了"意"就改变了呢？道心是健康心态，人心虽不能说是非健康心态，但人心危险，所以"意"才是导致心态变化的原因。王阳明说："'率性之为道'便是'道心'。但着些人的意思在，便是'人心'。"① 也就是说，道心与人心的互换，是私意影响的结果。王阳明认为，如果一个人能够以公义为意欲，那其心态必表现为广袤，反之，则必转为狭隘。他说："是故苟无私欲之蔽，则虽小人之心，而其一体之仁犹大人也；一有私欲之蔽，则虽大人之心，而其分隔隘陋犹小人矣。"② 因此，能否拥有万物一体的心态，主要看有无"私意"，"及其动于欲，蔽于私，而利害相攻，忿怒相激，则将戕物圮类，无所不为，其甚至有骨肉相残者，而一体之仁亡矣"③。如果无私欲，那么即便是小人之心，照样拥有万物一体的心态，但如果怀有私意，那么即便是大人之心，也只能是小人的心态。如果不能建立万物一体的心态，人的意欲就会完全被私充满，其心态将变得消极，陷于"利害相攻，毁誉相制，得失相形，荣辱相缠，是非相倾，顾瞻牵滞，纷纭舛戾"④之境。可见，万物一体之心态，与意欲存在密切关联，意欲从私则为消极心态，意欲从公则为积极心态。

其二，意欲导致心态失去中和。心态之中和是人人原有的，常人心态之所以表现不出中和之状，就是由于受到私意、私欲的影响，王阳明说："中和是人人原有的。岂可谓无？但常人之心既有所昏蔽，则其本体虽亦时时发见，终是暂明暂灭，非其全体大用矣。无所不中，然后谓之'大本'。无所不和，然后谓之'达道'。

---

① 《传习录下》，《王阳明全集》上，第 116 页。
② 《大学问》，《王阳明全集》中，第 1066 页。
③ 《大学问》，《王阳明全集》中，第 1066 页。
④ 《约斋说》，《王阳明全集》上，第 291 页。

惟天下之至诚，然后能立天下之'大本'。"① 也就是说，中和是本有，之所以不中和，是因为常人之心陷于昏蔽，心态昏蔽是由于私欲，因而只有存天理去人欲，才能做到无偏倚。无偏倚就是心体干干净净、晶莹剔透。具体如喜怒哀乐，本来也是中和的，但有了私意，就可能导致喜怒哀乐要么过头、要么不及，影响心态臻及中和，"喜怒哀乐本体自是中和的。才自家着些意思，便过不及，便是私"②。因此，只要着一私意，便会导致消极心态出现，"忿懥几件，人心怎能无得，只是不可有耳！凡人忿懥着了一分意思，便怒得过当，非廓然大公之体了。故'有所忿懥'，便不得其正也。如今于凡忿懥等件，只是个物来顺应，不要着一分意思，便心体廓然大公，得其本体之正了。且如出外见人相斗，其不是的，我心亦怒。然虽怒，却此心廓然，不曾动些子气。如今怒人，亦得如此，方才是正"③。这是对《大学》关于"私意"影响"心"的观点的引申，认为"忿懥""恐惧""好乐""忧患"等心理活动会导致心态不正。

好善恶恶之心态之所以变化，在于好善恶恶夹杂了私意私欲，王阳明说："如一念虽知好善恶恶，然不知不觉，又夹杂去了。才有夹杂，便不是好善如好好色、恶恶如恶恶臭的心。善能实实的好，是无一念不善矣；恶能实实的恶，是无念及恶矣。如何不是圣人？故圣人之学，只是一诚而已。"④ 好恶无私，才是真好恶，才是诚，才是中和心态。哪怕是改正错误的"矫"之行为，如果带有主观、固执，即着了私意，就会导致心态的变化，"矫犹未免于意必也，意必亦私也"⑤。总之，心态之所以不能中和，乃是受私意、私欲的影响，因而需要去私去蔽。

其三，意欲促使心态转为良善。意欲有公私之别，公正的、合乎道义的意欲，能够促使心态转向积极。王阳明说："虽未相着，然平日好色、好利、好名之心，原未尝无；既未尝无，即谓之有；既谓之有，则亦不可谓无偏倚。譬之病疟之人，虽有时不发，而病根原不曾除，则亦不得谓之无病之人矣。须是平日好色、好利、好名等项一应私心，扫除荡涤，无复纤毫留滞，而此心全体廓然，纯是天理，方可

---

① 《传习录上》，《王阳明全集》上，第 26 页。
② 《传习录上》，《王阳明全集》上，第 22 页。
③ 《传习录下》，《王阳明全集》上，第 112 页。
④ 《传习录下》，《王阳明全集》上，第 110—111 页。
⑤ 《矫亭说》，《王阳明全集》上，第 293 页。

谓之喜怒哀乐'未发之中',方是天下之'大本'。"① 在王阳明看来,人的好色、好利、好名之心平日里虽然潜而不显,但这是"心"有偏倚的表现,"心"有了偏倚,便非天理。若要此"心"回到天理,就必须将私心彻底扫荡而无纤毫留滞,直至全体廓然。人之所以不能自觉、信奉万物一体,就在于私意私欲,王阳明说:"圣贤只是为己之学,重功夫不重效验。仁者以万物为体,不能一体,只是己私未忘。全得仁体,则天下皆归于吾仁,就是'八荒皆在我闼意',天下皆与其仁亦在其中。如'在邦无怨,在家无怨',亦只是自家不怨,如'不怨天,不尤人'之意。然家邦无怨于我亦在其中,但所重不在此。"② 如果去除了私意私欲,人心态就会回到本体,就是良知,就能以万物为一体。王阳明说:"性无不善,故知无不良。良知即是未发之中,即是廓然大公,寂然不动之本体,人人之所同具者也。但不能不昏蔽于物欲,故须学以去其昏蔽,然于良知之本体,初不能有加于毫末也。知无不良,而中、寂、大公未能全者,是昏蔽之未尽去,而存之未纯耳。"③ 去私才能大公。廓然大公,是人之心体,但昏蔽于私欲,所以需要去除昏蔽。因此,王阳明提倡人们要毫不犹豫地去除私意私欲:"故夫为大人之学者,亦惟去其私欲之蔽,以自明其明德,复其天地万物一体之本然而已耳;非能于本体之外而有所增益之也。"④

如上分析表明,心态的变化与意欲的性质密切关联,意欲属于私,那么心态必然是消极的;意欲属于公,那么心态必然是积极的,同时意欲的公私之分,也将心态分为中和与不中和两种情况。因此,心态的变化深受意欲的影响。

三、情感导致心态变化

"情感"是主体对客观事物能否满足自身需要而产生的态度体验,而客观事物的丰富性和多样性造成了态度体验的差异,这种态度体验包括情感的内容、情感的深浅、情感的智愚、情感的质量等。如下即从情感的内容、情感的深浅、情感的智愚、情感的质量四个方面来考察心态的变化特性。

---

① 《传习录上》,《王阳明全集》上,第 27 页。
② 《传习录下》,《王阳明全集》上,第 125 页。
③ 《传习录中》,《王阳明全集》上,第 71 页。
④ 《大学问》,《王阳明全集》中,第 1066—1067 页。

1. 情感的内容导致心态的变化。情感的内容极为丰富，但情感表达方式的差异会造成不同的结果，也就是会导致不同的心态出现。王阳明以前辈对晚辈的关爱为例，指出前辈没有不希望晚辈德才兼备的，但前辈的鼓励爱护必须把握好度，不能引起晚辈的反感，如果引起晚辈的反感，甚至反目成仇，那就得不偿失了。他说："前辈之于后进，无不欲其入于善，则其规切砥励之间，亦容有直情过当者，却恐后学未易承当得起。既不我德，反以我为仇者，有矣，往往无益而有损。故莫若且就其力量之所可及者诱掖奖劝之。"① 前辈对于晚辈的关爱之情必须注意分寸，要尽可能顺应晚辈的实际情形鼓励他，如此才能将其心态往好的方面引导。如何激发边疆战士的斗志，使其投身于战场而将生死置之度外，最好的方式就是全面、彻底地暴露能够激起他们愤怒的残暴行径。王阳明说："何谓敷恩以激怒？臣闻杀敌者，怒也。今师方失利，士气消沮。三边之戍，其死亡者非其父母子弟，则其宗族亲戚也。今诚抚其疮痍，问其疾苦，恤其孤寡，振其空乏，其死者皆无怨尤，则生者自宜感动。然后简其强壮，宣以国恩，喻以虏仇，明以天伦，激以大义；悬赏以鼓其勇，暴恶以深其怒。痛心疾首，日夜淬砺，务与之俱杀父兄之仇，以报朝廷之德。则我之兵势日张，士气日奋，而区区丑虏有不足破者矣。"② 王阳明从情感上寻找突破口。在他看来，对活着的人而言，战死在战场上的要么是父亲，要么是兄弟，要么是其他亲属，所以一方面通过暴露敌人的残暴行径，激发将士的斗志；另一方面通过安抚伤痛，问候疾苦，照顾孤儿寡母，为将士们解除后顾之忧，那么他们就会振奋精神，奔赴前线勇猛杀敌。

2. 情感的深浅导致心态的变化。儒家讲亲亲仁民爱物，显示了在情感上的亲疏厚薄之观念。一般而言，情感如果表现出深浅、厚薄之异，就会引发心态的变化：情感深厚，心态稳定；情感浅薄，心态易变；情感复杂，心态交错。王阳明非常关注情感深浅对心态变化的影响。王道是王阳明早期的一位弟子，但由于各方面的原因，他最后与王阳明分道扬镳。按照王阳明的表述，早年二人建立了深厚的情感，1512 年，王阳明在与王道的信中说："有人自武城来，云纯甫始到家，尊翁颇不喜，归计尚多抵牾。始闻而惋然，已而复大喜。久之，又有人自南都来者，云'纯甫已莅任，上下多不相能'。始闻而惋然，已而复大喜。吾之惋然者，世俗

---
① 《与杨仕鸣二》，《王阳明全集》上，第 208 页。
② 《陈言边务疏》，《王阳明全集》上，第 320 页。

之私情；所为大喜者，纯甫当自知之，吾安能小不忍于纯甫，不使动心忍性，以大其所就乎？"①字里行间流露出对王道的喜爱。即便王道不在身边，王阳明仍挂念着他，并写信给对方说："近日相与讲学者，宗贤之外，亦复数人，每相聚辄叹纯甫之高明。今复遭时磨励若此，其进益不可量，纯甫勉之！"②据此可知，他对王道的心态是非常积极、热情的。但后来，二人感情逐渐淡漠，王阳明对王道的心态也完全改变。1514年，王阳明写信给王道说："屡得汪叔宪书，又两得纯甫书，备悉相念之厚，感愧多矣！近又见与曰仁书，贬损益至，三复赧然。夫趋向同而论学或异，不害其为同也；论学同而趋向或异，不害其为异也。不能积诚反躬而徒腾口说，此仆往年之罪，纯甫何尤乎？因便布此区区，临楮倾念无已。"③他在信中表达了对王道的不满和失望。后来他在写给黄绾的信中谈及他对王道态度的变化："及纯甫事，恳恳不一而足，足知朋友忠爱之至。世衰俗降，友朋中虽平日最所爱敬者，亦多改头换面，持两端之说，以希俗取容，意思殊为衰飒可悯。"④他和王道不再是无话不谈、志同道合的朋友，反而成了思想上的敌人，原来的亲密感情荡然无存，这不能不令人唏嘘。

3. 情感的智愚导致心态的变化。所谓情感的"智"，是指将情感控制在合理状态；情感的"愚"，则是指不能将情感控制在合理状态，或过或不及。王阳明认为，情感的最佳状态是中和，也就是"天理"。如果情感违背了天理，就是不明智，就是愚蠢。这种"愚"的情感对人的心态必然产生消极影响。比如，王阳明听闻学生陆澄因为儿子病危而痛不欲生，就开导说："此时正宜用功。若此时放过，闲时讲学何用？人正要在此等时磨炼。父之爱子，自是至情，然天理亦自有个中和处。过即是私意。人于此处多认做天理当忧，则一向忧苦，不知己是'有所忧患，不得其正'。大抵七情所感，多只是过，少不及者。才过便非心之本体，必须调停适中始得。就如父母之丧，人子岂不欲一哭便死，方快于心？然却曰'毁不灭性'，非圣人强制之也。天理本体自有分限，不可过也。人但要识得心体，自然增减分毫不得。"⑤王阳明认为，陆澄遭遇的正是体现其工夫的最佳时机，如果这个时候表现不

---

① 《与王纯甫》，《王阳明全集》上，第173页。
② 《与王纯甫》，《王阳明全集》上，第173页。
③ 《与王纯甫四》，《王阳明全集》上，第176页。
④ 《与黄宗贤五》，《王阳明全集》上，第170页。
⑤ 《传习录上》，《王阳明全集》上，第19—20页。

出来，那平时的讲学都是白费工夫。那这是怎样的工夫呢？王阳明指出，于父而言，爱子之情乃自然之理，没有一个做父亲的不深爱自己的儿女，但天理是有分寸的，这个分寸就是中和之态。如果违背天理，即因为孩子而使自己身体遭受伤害，那就不合天理，也就是陷于"私意"了。一般人都觉得为自己的儿女而悲伤是天理，以致忧苦至深而伤害身体，却不知这已是"心有忧患而身不得其正"了。通常的情况是，情感的发泄都比较容易"过度"而少有"不及"，而"过度"就不是心之本体了。因此，必须将情感控制在不过不及的中和状态，用孔子的话就是"毁不灭性"，就是强调悲伤也是有天理分限，并非悲伤得越厉害越值得称赞。在王阳明的观念中，一个人无论对孩子或对父母的逝世，悲痛是天理，但悲痛过度甚至伤害自己的身体，便违背了天理。也就是说，亲人之间因为感情而表现悲伤心态是正常的，但这种悲伤心态要有分寸，这个分寸达到中和，就是天理，也就是以不伤害自己的身体为根据，这才是有智慧的情感。而所谓"天理"，也就是心之体，即良知。良知或天理是心态之本体，因此，要求情感发泄合乎天理，就是要求心态之用合乎心态之体，是心态内部的自我调适。可见，王阳明对于情感影响心态有着深入的思考，情感的智愚决定着心态变化的方向。但由于情感也是心态的表现形式，因而按照心学逻辑，最终决定情感的还是心态本体，也就是天理或良知。

4. 情感的质量导致心态的变化。情感的质量，是指情感的积极性或消极性，情感的积极性必然生发积极心态，情感的消极性必然导致消极心态，因而情感质量的优劣必然导致心态的变化。王阳明与他的学生们结下了深厚的情感，但对学生的喜爱之心并非仅仅因为情感的内容、情感的亲疏、情感的智愚，也因为情感的性质。他说："已立志为君子，自当从事于学。凡学之不勤，必其志之尚未笃也。从吾游者，不以聪慧警捷为高，而以勤确谦抑为上。诸生试观侪辈之中，苟有虚而为盈，无而为有，讳己之不能，忌人之有善，自矜自是，大言欺人者，使其人资禀虽甚超迈，侪辈之中，有弗疾恶之者乎？有弗鄙贱之者乎？彼固将以欺人，人果遂为所欺，有弗窃笑之者乎？苟有谦默自持，无能自处，笃志力行，勤学好问，称人之善，而咎己之失，从人之长，而明己之短，忠信乐易，表里一致者，使其人资禀虽甚鲁钝，侪辈之中，有弗称慕之者乎？彼固以无能自处，而不求上人，人果遂以彼为无能，有弗敬尚之者乎？"①这就是说，虽然与学生或求学者结下了深厚情感，但值不值得王阳明爱护、尊敬，则要看这些人的品质如何。如果某个人以虚为实，以无为有，隐瞒自己的无能，忌妒他人的美善，自以为是，以假大空之言欺骗他人，即便他们资质禀异，我们中间有不厌恶这种人的吗？有不鄙视这种人的吗？有不嘲笑这种人的吗？相反，如果某个人谦虚自律，以没有能力的心态自持，笃定践行，勤奋学习，虚心好问，赞美他人的美善，反思自己的不足，学习他人的长处，暴露自己的短处，对人忠诚讲信用，乐观和蔼且平易近人，表里一致，即便这个人资禀笨拙，我们中间有不称赞、羡慕这种人的吗？有不尊敬这种人的吗？概言之，一个人的品质优秀，自然引得他人的欣赏和赞美，即生发积极心态；相反，一个人的品质拙劣，必然引起他人的厌恶和摈弃，即生发消极心态。可见，王阳明非常重视感情性质对于心态的影响，如果某个人的品质非常优秀，那么对他所形成的情感基本上都是积极的，而由这种情感释放出来的对此人的心态，基本上也是热情友好的。可见，积极情感会促发阳光积极心态的出现，而消极情感必导致阴暗消极心态的来临。

如上即是对王阳明关于情感影响心态的认识的简要考察，王阳明不仅认识到情感的不同内容对心态的影响，也认识到情感的厚薄对心态的影响，更认识到情感的智愚对心态的影响，从而意味着，想要认识心态变化的规律，想要培育积极健康的心态，就必须对情感及其规律做精深和准确的把握。

四、认知导致心态变化

这里的"认知"，主要是指人类从社会实践中获得的认识和经验的总和，它包括对他人、对事物、对学说、对善恶、对良知，以及自我的认识和觉悟等。王阳明曾将"知"分为三个层次，而且认为这三个层次的"知"所萌发的心态完全不同。他说："圣人之知如青天之日，贤人如浮云天日，愚人如阴霾天日，虽有昏明不同，其能辨黑白则一。虽昏黑夜里，亦影影见得黑白，就是日之余光未尽处；困学功

---

① 《教条示龙场诸生·勤学》，《王阳明全集》中，第 1073—1074 页。

夫，亦只从这点明处精察去耳。"① 如果是圣人之知，那就是"青天之日"之心态；如果是贤人之知，那就是"浮云天日"之心态；如果是愚人之知，那就是"阴霾天日"之心态。就此而言，认知或知识对心态的变化确有直接影响。

1. 掌握知识的多寡对心态的影响。王阳明认为，一个人对某种学说的认识程度与是否正确，决定着此人对该学说的心态差异。有人对朱子理学抱有偏见，贬得一无是处，是因为他对朱子理学没有全面的、正确的认识和理解。同理，有人对陆九渊心学抱有偏见，贬得一无是处，也是由于对陆九渊心学没有全面的、正确的认识和理解，王阳明说："舆庵是象山，而谓其'专以尊德性为主'，今观《象山文集》所载，未尝不教其徒读书穷理。……吾兄是晦庵，而谓其'专以道问学为事'。然晦庵之言，曰'居敬穷理'，曰'非存心无以致知'，……是其为言虽未尽莹，亦何尝不以尊德性为事？而又乌在其为支离者乎？"② 王阳明点出了徐守诚、王舆庵二人意气用事，片面否定朱子理学或陆九渊心学的原因。他指出："二兄之所信而是者既未尽其所以是，则其所疑而非者亦岂必尽其所以非乎？然而二兄往复之辩不能一反焉，此仆之所以疑其或出于求胜也。"③ 所谓"未尽所以是""未尽所以非"，是指对朱子理学和陆九渊心学未能完全、正确地认识和理解。再如有人诋毁陆九渊心学为禅学，王阳明认为这也是没有全面认识、正确理解陆九渊心学所致："今禅之说与陆氏之说，其书具存，学者苟取而观之，其是非同异，当有不待于辩说者。而顾一倡群和，剿说雷同，如矮人之观场，莫知悲笑之所自，岂非贵耳贱目，不得于言而勿求诸心者之过欤！夫是非同异，每起于人持胜心、便旧习而是己见。故胜心旧习之为患，贤者不免焉。"④ 禅宗的特征是抛弃人伦物理，无助于治理天下国家，但翻开陆九渊的著作，全面了解其心学的观点，就知道他的学说与禅宗完全异趣，因而王阳明批评那些诋毁陆九渊心学为禅学的人是"矮人观场"。可见，认识一个事物或事象是否全面、正确，确实会对心态产生影响。王阳明说："警敏者病于浅陋，是故浮而不能实。"⑤ 机警敏锐的人仗着自己的优点，往往会流于浅陋，所以表现出浮夸、自以为是之心态；相反，如果一个人知识丰富、厚实，那在心态上的

---

① 《传习录下》，《王阳明全集》上，第126页。
② 《答徐成之二》，《王阳明全集》中，第890页。
③ 《答徐成之二》，《王阳明全集》中，第890—891页。
④ 《象山文集序》，《王阳明全集》上，第274页。
⑤ 《书杨思元卷》，《王阳明全集》上，第304页。

表现就是自谦实在。

2. 认知的正误对心态的影响。在王阳明看来，人不仅会因为其认识的多寡、整缺影响自己的心态，还会因为其认识的正确与否影响自己的心态。王阳明曾对学生们说：你们当初对心学的了解和认识还很肤浅甚至错误的时候，不是也曾怀疑、嘲笑、讽刺我的心学吗？但经过长期的接触、学习，你们终于能全面、正确地认识、理解我的心学主张，所以就转变了心态，对我的心学主张不仅喜爱，而且信奉。他说："是非之心，人皆有之，彼其但蔽于积习，故于吾说卒未易解。就如诸君初闻鄙说时，其间宁无非笑诋毁之者？久而释然以悟，甚至反有激为过当之论者矣。又安知今日相诋之力，不为异时相信之深者乎！"① 可见，对一种学说心态的改变，与全面、正确认识、理解此学说是密切关联的。王阳明认为，林俊②不被人理解的委屈，就与人们对他的了解不全面、不正确有关。他说："执事孝友之行，渊博之学，俊伟之才，正大之气，忠贞之节。……其后执事德益盛，望益隆，功业益显，地益远，某企仰益切，虽欲忘其薄劣，一至君子之庭，以濡咳唾之余，又益不可得矣。执事中遭谗嫉，退处丘园，天下之士，凡有知识，莫不为之扼腕不平，思一致其勤倦。而况某素切向慕者，当如何中为心？"③ 在王阳明的印象中，林俊具有博学、俊伟、光明、忠贞等优异品质，他对林俊的为人处世、德行品质等非常了解，天下人如果能像王阳明那样了解林俊，就不会出现妒忌、诋毁林俊的心态了。

王阳明还认识到，一个人如果缺乏自我认知，没有自知之明，也就是不能对自己的能力、性情、品质等做全面、准确的评估，那么其心态容易滑向消极方面。王道对自己的能力非常自信，甚至自傲，目空一切，对此，王阳明评价说："纯甫之自是，盖其心尚有所惑而然，亦非自知其非而又故为自是以要我者，吾何可以遂已？"④ 王阳明指出了王道产生自以为是、唯我独尊心态的原因。同理，如果一个人能正确地、客观地认识自己，对自己的优缺点非常清楚，那么他基本上不会生发

---

① 《与陆原静二》，《王阳明全集》上，第211页。
② 林俊（1452—1527年），字待用，号见素，福建兴化府莆田人，王阳明小时候与他是邻居，所谓"某自弱冠从家君于京师，幸接比邻，又或与令弟相往复，其时固已熟闻习见，心悦而诚服矣"（《与林见素》，《王阳明全集》中，第1114页）。
③ 《与林见素》，《王阳明全集》中，第1114页。
④ 《与王纯甫二》，《王阳明全集》上，第174页。

目空一切的傲慢心态。孔子说"知之为知之，不知为不知，是知也"(《论语·为政》)，就是提醒人们对自己要时刻保持清醒、客观的认识，让自己保持谦和低调的心态。

3. 认知的深浅对心态的影响。王阳明认为，感性认识，比较容易导致急躁冒进的心态；而理性认识，比较容易生发安静沉稳的心态。他说："至于'多闻多见'，乃孔子因子张之务外好高，徒欲以多闻多见为学，而不能求诸其心，以阙疑殆，此其言行所以不免于尤悔，而所谓见闻者，适以资其务外好高而已。盖所以救子张多闻多见之病，而非以是教之为学也。"①他认为孔子之所以批评子贡而褒奖颜回，是因为子贡所知主要是见闻之知，也就是感性认识，这种认知容易使人急躁冒进、好高骛远。而理性之知可以使心态达到中和之境。在阳明心学中，"天理"也是客观、自然的道理，即理性认识，依"天理"而为，就能使自己的心态进入中和之态。王阳明说："喜怒哀乐，发皆中节谓和。哀亦有和焉，发于至诚，而无所乖戾之谓也。夫过情，非和也；动气，非和也；有意必于其间，非和也。孺子终日啼而不嗌，和之至也。知此，则知居丧之学，固无所异于平居之学矣。闻吾子近日有过毁之忧，辄敢以是奉告，幸图其所谓大孝者可也。"②所谓"孺子终日啼而不嗌"，是指刚出生的孩子即便终日啼哭，他的眼睛不肿、嗓子不哑，这是"天理"。如果连"天理"都不能认识和理解，就会违背实际情况，从而面对悲痛之事时不能理性地处理，导致心态躁动不安，反之，则能使心态沉稳安静。因此，能否以理性之知处理心态问题必然导致两种结果："人收敛警醒，则气便清，心自明；才惰慢，便心事散乱，精神昏愦，书愈难读，理愈难穷矣。"③依理性认识，则气清心明，反之，则心事散乱、精神昏愦。

4. 良知对心态变化的影响。如果说知识的多寡、正误、深浅对心态变化的影响，只是从一般性知识的角度讨论知识对心态的影响，那么良知对心态的影响，则是专门从德性之知探讨良知对心态的影响。良知是心态之本体，它既是一种知识，又是一种德性，而且与心态共处一室。那么，王阳明是如何看待良

---

① 《传习录上》，《王阳明全集》上，第 57 页。
② 《与许台仲书》，《王阳明全集》中，第 1114 页。
③ 《语录》，《王阳明全集补编》，第 265 页。

知对心态影响的呢？在他看来，觉悟良知，便能诚意，便能心态平和。"知是心之本体。心自然会知：见父自然知孝，见兄自然知弟，见孺子入井，自然知恻隐。此便是良知，不假外求。若良知之发，更无私意障碍，即所谓'充其恻隐之心。而仁不可胜用矣'。然在常人不能无私意障碍，所以须用致知格物之功。胜私复理，即心之良知更无障碍，得以充塞流行，便是致其知。知致则意诚。"①但如果不能觉悟良知，心态必然乖谬，"毫厘千里之谬，不于吾心良知一念之微而察之，亦将何所用其学乎？是不以规矩而欲定天下之方圆，不以尺度而欲尽天下之长短。吾见其乖张谬戾，日劳而无成也已"②。心态乖谬，就是茫茫荡荡无所主，王阳明指出："良知愈思愈精明，若不精思，漫然随事应去，良知便粗了。若只着在事上茫茫荡荡去思教做'远虑'，便不免有毁誉、得丧、人欲搀入其中，就是'将迎'了。"③良知对心态变化的影响非常直接，觉悟得越透彻、越精细，心态就越健康，反之，心态就越消极。因此，以良知认得立命之原，那么其心态便会畅通平和、欣悦喜欢，从而表现出健康、阳光的形象。王阳明说："只将此学字头脑处指掇得透彻，使人洞然知得是自己生身立命之原，不假外求，如木之有根，畅茂条达，自有所不容已，则所谓悦乐不愠者，皆不待言而喻。"④这样就不会被任何"气"所左右，从而成为圣人意义上的心态，"学者信得良知过，不为气所乱，便常做个羲皇已上人"⑤。相反，如果不能从良知上体认、扩充去认识那些未知的世界，心态就会变得狭隘、固执、偏激、邪恶，而且会盲目地追逐高远且空洞的目标，做那些不合实际的事情。王阳明说："不知就自己心地良知良能上体认扩充，却去求知其所不知，求能其所不能，一味只是希高慕大；不知自己是桀、纣心地。动辄要做尧、舜事业。如何做得？终年碌碌，至于老死。竟不知成就了个甚么，可哀也已。"⑥最后只能落得个失败的下场。

值得注意的是，王阳明认识到德性之知对于感官之知的主导意义，并由此彰显

---

① 《传习录上》，《王阳明全集》上，第7页。
② 《传习录中》，《王阳明全集》上，第56页。
③ 《传习录下》，《王阳明全集》上，第125页。
④ 《寄邹谦之三》，《王阳明全集》上，第227—228页。
⑤ 《传习录下》，《王阳明全集》上，第131页。
⑥ 《传习录上》，《王阳明全集》上，第36页。

德性之知对于心态的影响。他说:"夫以见闻之知为次,则所谓知之上者果安所指乎?是可以窥圣门致知用力之地矣。夫子谓子贡曰:'赐也,汝以予为多学而识之者欤?非也,予一以贯之。'使诚在于'多学而识',则夫子胡乃谬为是说,以欺子贡者邪?'一以贯之',非致其良知而何?"①王阳明首先强调孔门"见闻之知上仍有知"之说,便为"致知用力"留下了空间,因而"一以贯之"便是使"诚"贯注"多学而识",故是良知也。此即德性之知层面所及之心态。就是说,阳明心学中的"知",有一种最高的"知"是良知:"'致知'云者,非若后儒所谓充广其知识之谓也,致吾心之良知焉耳。"②这意味着,在阳明心学中讨论知识对心态的影响,最核心的就是良知对心态的影响。

可见,王阳明关于人的认知对心态的影响有着全面、深入的思考,就一般知识而言,知识的多寡、正误、深浅等特性对心态有着直接的影响,知识丰富,容易培育健康心态,相反,则是消极心态;知识正确,是健康心态的前提,知识错误,必引发消极心态;知识深厚,心态谦卑,知识浮浅,心态狂傲。王阳明也认识到自知对心态的影响,人有自知之明,心态会表现得平和、健康,如果没有自知之明,不能正确认识自己,那么其心态必然消极。最重要的,由于阳明心学中的"知",主要是道德之知,亦即良知,因而也就是在良知或道德之知层面讨论与心态的关系。由于良知是心态的本体,所以对于心态的变化具有决定意义。总之,在阳明心学中,人的认识对于心态的形成具有重要作用,特别是关于良知的体认和觉悟,会直接影响心态的变化。

如上考察表明,心态存在丰富且复杂的变易性,而这种变易性与生命状况、意欲状况、情感状况和知识状况密切关联。这就意味着,我们可以通过对生命状况、意欲状况、情感状况、知识状况与心态之关系的研究,实现对心态变易性及其特点的把握。这种讨论也表明,就王阳明心学而言,其本身就是一个心态体系,生命、意欲、情感、知识(良知)是构成阳明心学心态体系的基本要素,它们在交合互动中形成的丰富多彩的变易性,共同奏出激荡澎湃的心态乐章。

---

① 《传习录下》,《王阳明全集》上,第58页。
② 《大学问》,《王阳明全集》中,第1070页。

第三节 心态的一体性

这是阳明心学关于心态特点最具特色的观念。在王阳明看来，心态不仅具有神秘性、变易性，而且具有一体性。那么，何谓"心态一体性"呢？王阳明说："体即良知之体，用即良知之用，宁复有超然于体用之外者乎？"[①]这就是说，良知兼备"体""用"，而无有超越"体""用"之外者，所以是一体。由于良知是心态之本体，亦是心态之末用，所以心态必表现出一体性。如下具体考察"一体性"如何为心态之特性。

一、心态的动静一体

心态既是心理活动状态，那么其基本特征即是变动不已。但王阳明认为，心态也有静止的一面，是动与静的统一。他说："心，无动静者也。其静也者，以言其体也；其动也者，以言其用也。故君子之学，无间于动静。"[②]所谓"无动静"，也就是动亦静、静亦动，动静一体。那么，心态的动静一体是怎样表现的呢？

1. 心态动静皆功夫，所以一体。《易传》云："贞固足以干事。"（《易传·文言传》）即谓坚正、执定能够成就大事。《大学》云："知止而后有定，定而后能静，静而后能安。"（《大学》第一章）懂得止于至善，才能确立明确的志向；确立了明确的志向，心才能安静而不妄动。可见，贞即专一，定即固定，贞定即专一笃定之修行功夫。在王阳明看来，作为修行功夫的贞定，并非只有寂静、慎独形式，也有运动、交换形式，因而没有时间性，即无论何时何地都在贞定，都在慎独，所以说"静"是贞定，"动"也是贞定。如果说动静是由时间组合成的，那当然是一体。王阳明说："理无动者也。'常知、常存、常主于理'，即'不睹不闻，无思无为'之谓也。'不睹不闻，无思无为'，非槁木死灰之谓也。睹、闻、思、为一于理，而未尝有所睹、闻、思、为，即是动而未尝动也。所谓'动亦定，静

---

① 《传习录上》，《王阳明全集》上，第71页。
② 《答伦彦式》，《王阳明全集》上，第203页。

亦定',体用一原者也。"① 就是说,无论动静,都常知、常存、常主于"理",从这个意义上讲,动时专注于"理",静时也专注于"理",因而动也是"定",静也是"定",所以动静一体。作为修行功夫的"定",与心态本体良知、天理为一,"定者心之本体,天理也。动静所遇之时也"②。由于动静皆"定","定"只是存天理,所以动静一体。因而静时、动时是一体。王阳明说:"无欲故静,是'静亦定,动亦定'的'定'字,主其本体也;戒惧之念是活泼泼地,此是天机不息处,所谓'维天之命,于穆不已'。一息便是死,非本体之念即是私念。"③ 无欲是"定"的内涵,所以动也是定、静也是定,所以"定"是心态之本体,也就是良知。既然"定"是本体,也就是良知,是生生不息之源,自然也是活泼泼的,因而动静也一体于"定"。所以王阳明说:"静未尝不动,动未尝不静。戒谨恐惧即是念,何分动静?"④ 从本体意义上说,静未尝动,动未尝静,戒慎恐惧皆功夫,无分动静。作为一种专注修行的功夫,动静皆"定"而专注一事,动需要"定",静也需要"定",而"定"的目标都是"理",如王阳明说:"集义故能无祇悔(大悔),所谓动亦定,静亦定者也。"⑤ 既然无论动静皆在"集义",而"集义"也就是专注于"理",所以说动也定、静也定,所以是一体。因此,无论就功夫言,抑或就形式言,动静都是一体。所以王阳明说:"功夫一贯,何须更起念头?人须在事上磨练做功夫乃有益,若只好静,遇事便乱,终无长进。那静时功夫亦差,似收敛而实放溺也。"⑥ 既然动静皆"定",既然动静皆"集义",因而就没有必要好静或刻意求静,如果刻意求静,就是分心态本体为二,就是分动静为二,如此,心态便会丧失生机,而生命亦必枯萎。

2. 心态动静皆照物,所以一体。阳明心学中有所谓"照心""妄心",言"心"是妄心,谓心杂乱、妄动;言"心"是照心,谓心澄澈清明,可以照物。王阳明认为,无论妄心、照心皆照物,所以动静一体。何以如此说?良知之照无隐无显。王阳明说:"良知者,心之本体,即前所谓恒照者也。心之本体,无起无不起。虽妄

---

① 《传习录中》,《王阳明全集》上,第71页。
② 《传习录上》,《王阳明全集》上,第19页。
③ 《传习录下》,《王阳明全集》上,第104页。
④ 《传习录下》,《王阳明全集》上,第103页。
⑤ 《答伦彦式》,《王阳明全集》上,第203页。
⑥ 《传习录下》,《王阳明全集》上,第104页。

念之发，而良知未尝不在，但人不知存，则有时而或放耳。虽昏塞之极，而良知未尝不明，但人不知察，则有时而或蔽耳。虽有时而或放，其体实未尝不在也，存之而已耳；虽有时而或蔽，其体实未尝不明也，察之而已耳。若谓良知亦有起处，则是有时而不在也，非其本体之谓矣。"① 王阳明认为，心之本体良知，就是永恒的光明，因而无所谓显隐动静，即便妄念发动，恒照（良知）常在。即便妄念发动，良知未尝不在，只是由于人不能认识到良知常在，从而偶尔丢失；即便完全昏塞，良知未曾不明，只是由于人不能认识到良知的常明，导致偶尔昏蔽。因此，无论偶尔丢失，还是偶尔昏蔽，心态本体良知未尝不在、未尝不明。因此，如果说良知或照心时隐时显、时起时息，那就是裂良知为二，便不是本体了。既然良知照物无时不在、无处不明，故无动静，如有动静之分，则非恒照也。良知之照，无有动静，所以一体。王阳明说："'照心非动'者，以其发于本体明觉之自然，而未尝有所动也。有所动即妄矣。'妄心亦照'者，以其本体明觉之自然者，未尝不在于其中，但有所动耳。无所动即照矣。无妄无照，非以妄为照，以照为妄也。照心为照，妄心为妄，是犹有妄有照也。有妄有照则犹贰也，贰则息矣。无妄无照则不贰，不贰则不息矣。"② 所谓"照心非动"，是指照心发自心态本体之明觉，乃自然而然而未曾动，如果有所动，便是有私意，一有私意便是妄心；所谓"妄心亦照"，是指本体良知未曾不在妄心之中，以对妄心进行监督。因此，良知无所动即照察。因此，言无妄心无照心，不是以妄心为照心，而是以照心为妄心，以照心去除妄心。如果以照心为照、妄心为妄，则仍然是有妄心有照心而二分之，如此则息灭无物矣。只有无妄无照便是一，照心妄心不二则生生不息。既然照心乃心态本体之明觉，非动者也，妄心乃本体之明觉在其中，有所动而不能动也，因而照心固然照物，而妄心未曾不照物也，而最终乃良知（照心）照物也，所以动静皆照物，所以动静一体也。因而王阳明说："夫妄心则动也，照心非动也；恒照则恒动恒静，天地之所以恒久而不已也。照心固照也，妄心亦照也；其为物不贰，则其生物不息，有刻暂停则息矣，非至诚无息之学矣。"③ 因此，照心非动，便是良知非动，妄心躁动，便是人心躁动。但是，天地万物之所以生生不已，在于良知永恒地照耀万物、滋养万

---

① 《传习录中》，《王阳明全集》上，第69页。
② 《传习录中》，《王阳明全集》上，第74页。
③ 《传习录中》，《王阳明全集》上，第69页。

物，无论动静，因而照心固然恒照，妄心亦不能不照，这是因为照心明察妄心活动从而去除遮蔽照心的雾霾使之恢复到本心。由此言之，照心、妄心皆为永恒创生万物之明，无分动静，所以是一体。

3. 心态动静皆存理，所以一体。心态动静之所以一体，是因为无论心态是动还是静，所贯注的都是"理"，所存念的也是"理"。王阳明说："故求静之心即动也，恶动之心非静也，是之谓动亦动，静亦动，将迎起伏，相寻于无穷矣。故循理之谓静，从欲之谓动。欲也者，非必声色货利外诱也，有心之私皆欲也。故循理焉，虽酬酢万变，皆静也。濂溪所谓'主静'，无欲之谓也，是谓集义者也。从欲焉，虽心斋坐忘，亦动也。告子之强制，正助之谓也，是外义者也。"①"理"是良知、是本心，"欲"是利欲、是私欲，心态遵循"理"而为便是静，顺从"欲"而为则是动。心态遵循"理"，即便应对万物的无常变化，也能保持寂静；心态顺从"欲"，即便清除杂念、使心态虚静纯一，也还是躁动。这就是说，心态的动静都贯注了"理"，才能是一体。此外，三更时分心态的动静是不是一体呢？王阳明说："动、静只是一个。那三更时分，空空静静的，只是存天理，即是如今应事接物的心，如今应事接物的心，亦是循此理，便是那三更时分空空静静的心。故动、静只是一个，分别不得。"②在王阳明看来，即便是三更时分，动静也是一体，因为三更时分，心所存念的仍然是天理。因此，心态动时、静时所系念的是一个目标，解决的是一个问题，这就是存天理、灭人欲。王阳明说："只要去人欲，存天理，方是功夫。静时念念去人欲、存天理，动时念念去人欲、存天理。不管宁静不宁静。若靠那宁静，不惟渐有喜静厌动之弊，中间许多病痛，只是潜伏在，终不能绝去，遇事依旧滋长。以循理为主，何尝不宁静；以宁静为主，未必能循理。"③既然静时存天理，动时也存天理，便无所谓动静之分，所以动静一体也。心态动静皆应寂，而应寂皆所以一体。心态面对物事，或者主动迎合而为应，或者静默不理而为寂。但王阳明认为，静是寂，也是应，动是应，也是寂，所以是一体。他说："其静也，常觉而未尝无也，故常应；其动也，常定而未尝有

---

① 《答伦彦式》，《王阳明全集》上，第204页。
② 《传习录下》，《王阳明全集》上，第111页。
③ 《传习录上》，《王阳明全集》上，第15—16页。

也，故常寂；常应常寂，动静皆有事焉，是之谓集义。"①心态之于物事，或应接，或无感，乃两种完全不同的方式，为什么是一体呢？在王阳明看来，心态不管是寂静，还是应动，都在积累善德，即"集义"，这是常应常寂必有之事。既然无论是寂静，还是应动，心态都在"集义"，当然可以说动静一体。此即心态动静一体也。

　　心态有动静，但动静是一体。从功夫、照物、循理等角度看，都说明心态的动静是一体，因此王阳明总结说："未发之中，即良知也，无前后内外，而浑然一体者也。有事、无事可以言动、静，而良知无分于有事、无事也；寂然、感通可以言动、静，而良知无分于寂然、感通也。动、静者，所遇之时；心之本体，固无分于动、静也。理无动者也，动即为欲。循理则虽酬酢万变，而未尝动也。从欲则虽槁心一念，而未尝静也；'动中有静，静中有动'，又何疑乎？有事而感通，固可以言动，然而寂然者未尝有增也。无事而寂然，固可以言静，然而感通者未尝有减也。'动而无动，静而无静'，又何疑乎？无前后内外而浑然一体，则至诚有息之疑，不待解矣。未发在已发之中，而已发之中未尝别有未发者在；已发在未发之中，而未发之中未尝别有已发者存，是未尝无动静，而不可以动静分者也。"②这就是说，有事、无事，可动、静言，但良知无分于有事、无事；寂然、感通，可动、静言，但良知无分于寂然、感通也，因此，心态之动、静是一体。良知即心之本体，无分于动、静，"理"无所谓动，遵循"理"，即便应千变万化，未尝动也；心动即为欲，从欲虽槁心一念，也未尝静也，因此，动中有静、静中有动，动静一体也。既然心态的动静是一体，那么刻意追求"静"，自然更不宁静，"是有意于求宁静，是以愈不宁静耳"③，反而是对心态的伤害："心一而已。静，其体也，而复求静根焉，是挠其体也；动，其用也，而惧其易动焉，是废其用也。"④可见，王阳明实际上认为，只要心态本体天理或良知在，心态无论动静，皆可归为"静"，所以是一体。

---

① 《答伦彦式》，《王阳明全集》上，第203页。
② 《传习录中》，《王阳明全集》上，第72页。
③ 《传习录中》，《王阳明全集》上，第69页。
④ 《答伦彦式》，《王阳明全集》上，第203—204页。

二、心态的内外一体

阳明心学的基本主张之一,就是"心外无物,心外无事,心外无理",万物万化皆在"心",而且作为心态之本体的良知或本心,纯粹至善,无有增损,所以"心无内外"。既然"心无内外",自然是内外一体。那么,心态内外一体的具体情形是怎样的呢?

1. "性"无内外,所以心态无内外。在中国哲学中,"心"相对于"性"而言,是晚生者,而且,"心"是"性"长期进化的产物,如朱熹说:"人有是性,则即有是形,有是形,则即有是心。"①"心"无内外,源于"性无内外"。王阳明继承了这一观念,他说:"性一而已:自其形体也谓之天,主宰也谓之帝,流行也谓之命,赋于人也谓之性,主于身也谓之心。心之发也,遇父便谓之孝,遇君便谓之忠,自此以往,名至于无穷,只一性而已。犹人一而已:对父谓之子,对子谓之父,自此以往,至于无穷,只一人而已。人只要在性上用功,看得一性字分明,即万理灿然。"②这段话中出现了两个"性",一个是作为万物皆有的"性",另一个是"赋与者",宇宙中的天、帝、命、心等,皆因"性"而有,此"性"乃万物所以然之根据,天、帝、命、心皆是"性"之殊相;而"心"是"性"的认知形式或观念形式,"心"之所发无论是忠还是孝,或者其他形式,不过"性"而已,所以"心"无内外。万物因"性"而有,"理"自然不在"性"外,"天下无性外之理,无性外之物"③。由于"性"是"心"之本体,因而无须外"心"求"理",王阳明说:"夫物理不外于吾心,外吾心而求物理,无物理矣;遗物理而求吾心,吾心又何物邪?心之体,性也,性即理也。故有孝亲之心,即有孝之理,无孝亲之心,即无孝之理矣。"④"心""理""性"三者是"一",所以"心无内外"。如果向外求理,则是认为"性"外有理,这是不可能的,因为"理"不可能在"性"外,用心于外,便与"性无内外"相悖。王阳明说:"夫谓学必资于外求,是以己性为有外也,是义外也,用智者也;谓反观内省为求之于内,是以己性为有内也,是有我也,自私者

---

① (宋)朱熹:《乐记动静说》,《晦庵先生朱文公文集》卷六十七,《朱子全书》第二十三册,第3263页。
② 《传习录上》,《王阳明全集》上,第17—18页。
③ 《传习录中》,《王阳明全集》上,第87页。
④ 《传习录中》,《王阳明全集》上,第48页。

也：是皆不知性之无内外也。"① 由于"性"是物自身，所以无内外，所以"心无内外"。既然"心无内外"，万物皆在"心"中，因而学无须向外，如果求学于"心"外，便是有私，有了私意，便是不知"性无内外"。因此，"心无内外"是"性无内外"的内在逻辑。

2. 以万物为一体，所以心态无内外。在阳明心学中，心态之所以无内外，之所以内外一体，还在于其"万物一体"的观念。湛若水说："性者，天地万物一体者也。浑然宇宙，其气同也。心也者，体天地万物而不遗者也。"② "心"体察天地万物而无遗漏，从而与天地万物为一体。王阳明认同这个观点，他说："盖圣人之学无人己，无内外，一天地万物以为心。"③ 那么，如何"一天地万物以为心"？其一，万物万事概不在"心"外，王阳明说："夫在物为理，处物为义，在性为善，因所指而异其名，实皆吾之心也。心外无物，心外无事，心外无理，心外无义，心外无善。吾心之处事物，纯乎理而无人伪之杂，谓之善，非在事物有定所之可求也。处物为义，是吾心之得其宜也，义非在外可袭而取也。"④ 在物而言，谓之理，处物而言，谓之义，在性而言，谓之善，因所指而异其名，但本质上都是"心"。王阳明进一步指出，"心"面对事物时无私欲之杂，即是善，而非从事物中求得善；"义"是指"心"面对事物时处于适宜的状态，而非从事物之外可以获得，因而善、义都不在心外。物、事、理、义、善等都不在"心"外，心态的内外就是一体。再者，"万物一体"之"仁"，不仅贯通万物，亦贯通生命之气与神，从而无人己、无物我之分。王阳明说："盖其心学纯明，而有以全其万物一体之仁，故其精神流贯，志气通达，而无有乎人己之分，物我之间。譬之一人之身，目视、耳听、手持、足行，以济一身之用。"⑤ "仁"即道心、本心，乃心态之本体，所以心态内外一体也。

3. 从"格物"功夫看，心态内外一体。"格物"是儒家的基本功夫，而"格物"功夫在阳明心学中表现为内外一体。王阳明说："'格物'者，《大学》之实下

---

① 《传习录中》，《王阳明全集》上，第86页。
② （明）湛若水：《心性书·心性图说》，《湛若水全集》第四册，上海古籍出版社2020年版，第101页。
③ 《重修山阴县学记》，《王阳明全集》上，第287页。
④ 《与王纯甫二》，《王阳明全集》上，第175页。
⑤ 《传习录中》，《王阳明全集》上，第62页。

手处,彻首彻尾,自始学至圣人,只此功夫而已。非但入门之际有此一段也。"①那么,"格物"功夫如何体现心态的内外一体呢?从"格物"的内容看,心态内外一体。王阳明说:"故格物者,格其心之物也,格其意之物也,格其知之物也;正心者,正其物之心也;诚意者,诚其物之意也;致知者,致其物之知也:此岂有内外彼此之分哉?"②所谓"格物",就是研究自己内心的事物,研究自己意念中的事物,研究自己知晓的事物。而"正心",就是端正待物之心;"诚意",就是纯洁接物之意;"致知",就是在从事的事务中体现良知。因此,"格物"作为修行功夫,其目标是一致的。而"正心""诚意""致知"统一于"格物",所以"格物"作为一种修行功夫是无内外之分的。但"格物"功夫的内容是"心",所以"心无内外"也。此外,"格物"功夫作为一种修行过程,也是体用相即、动静互渗的,无所谓内外,所以是一体。王阳明说:"心何尝有内外?即如惟浚,今在此讲论,又岂有一心在内照管?这听讲说时专敬,即是那静坐时心。功夫一贯,何须更起念头?人须在事上磨炼做功夫乃有益,若只好静,遇事便乱,终无长进。那静时功夫亦差,似收敛,而实放溺也。"③王阳明举例说,如听人讲论,难道有一个听讲之心,另有一个静坐之心?显然不可以,而是在事上不分动静地磨炼,一以贯之,才能成功,所以没有内外。相反,如果刻意求静,必致内外两分,功夫必放纵沉溺。因此,针对将功夫分内外的观点,王阳明提出了批评:"后在洪都,复与于中、国裳论内外之说,渠皆云:'物自有内外,但要内外并着功夫,不可有间耳。'以质先生。曰:'功夫不离本体;本体原无内外。只为后来做功夫的分了内外,失其本体了。如今正要讲明功夫不要有内外,乃是本体功夫。'"④在王阳明看来,即便认为功夫"内外并着功夫",也是错误的,因为本体即是功夫,功夫即是本体,所以无内外,此即所谓:"'性之德也,合内外之道也。'此可以知'格物'之学矣。"⑤

4.良知贯通内外,所以心态内外一体。在阳明心学中,良知是心之本体:"夫心之本体,即天理也。天理之昭明灵觉,所谓良知也。"⑥那么,如何由良知理解心

---

① 《传习录中》,《王阳明全集》上,第86页。
② 《传习录中》,《王阳明全集》上,第86页。
③ 《传习录下》,《王阳明全集》上,第104页。
④ 《传习录下》,《王阳明全集》上,第104页。
⑤ 《传习录中》,《王阳明全集》上,第86页。
⑥ 《答舒国用》,《王阳明全集》上,第212页。

态内外一体呢？首先，良知造化万物，万物乃良知发用流行，所以无内外，所以是一体。王阳明说："良知之虚便是天之太虚，良知之无便是太虚之无形，日、月、风、雷、山川、民、物，凡有貌象形色，皆在太虚无形中发用流行。未尝作得天的障碍。圣人只是顺其良知之发用，天地万物俱在我良知的发用流行中，何尝又有一物起于良知之外能作得障碍？"①宇宙万物万象是良知的发用流行，所以良知充塞宇宙，处处皆良知，无物不良知，所以无内外也。良知是心态之本体，所以心态无内外也。其次，良知乃心态之善体，这个善体贯通内外，所以一体。王阳明说："未发之中，即良知也，无前后内外，而浑然一体者也。"②良知浑然一体，无内外，而良知是心之本体，所以心态无内外。因此，出乎心体所为，乃自然而然，无一丝勉强。王阳明说："出乎心体，非有所为而为之者，自然之谓也。敬畏之功无间于动静，是所谓'敬以直内，义以方外'也。敬义立而天道达，则不疑其所行矣。"③因而心态畅通而无碍。最后，良知作为心态之明觉，存在于心态所有形式之中，照彻一切，不分内外，所以一体。良知的明觉、良知的照耀是永恒没有停息的，王阳明说："良知者，心之本体，即前所谓恒照者也。"④在心态迎送事物过程中，良知不曾出现任何昏暗之时，"此只认良知未真，尚有内外之间。我这里功夫，不由人急心认得。良知头脑是当去朴实用功，自会透彻。到此便是内外两忘，又何心事不合一"⑤。认得良知真切，为什么会内外两忘？因为良知是心态本体，良知觉悟，所有差别泯然，所以无内外。

总之，王阳明从"性无内外""万物一体""功夫无间""良知贯通"等不同角度阐述了心态何以内外一体，分析了心态内外一体之表现。心态内外一体，所以不能分为内外，若心态被分内外，便不复为有机整体而支离破碎。因此，能自觉内外一体者，便是最高智慧之人："利根之人，直从本原上悟入。人心本体原是明莹无滞的，原是个未发之中。利根之人一悟本体，即是功夫，人己内外一齐俱透了。"⑥

---

① 《传习录下》，《王阳明全集》上，第121页。
② 《传习录中》，《王阳明全集》上，第72页。
③ 《答舒国用》，《王阳明全集》上，第213页。
④ 《传习录中》，《王阳明全集》上，第69页。
⑤ 《传习录下》，《王阳明全集》上，第119页。
⑥ 《传习录下》，《王阳明全集》上，第133页。

三、心态的体用一体

在阳明心学中，心态有体用，天理、良知是心态之体，是本，良知或天理的发用是末。既然是体用关系，心态的体用应该是一体的。王阳明说："夫木之干谓之本，木之梢谓之末，惟其一物也，是以谓之本末。若曰两物，则既为两物矣，又何可以言本末乎？"① 那么，心态体用之一体有怎样的表现呢？

1. 从情性关系看心态的体用一体。"性"是心之体，"情"是心之用，这是儒家的基本观念，如王安石说："性、情，一也。……喜、怒、哀、乐、好、恶、欲未发于外而存于心，性也；喜、怒、哀、乐、好、恶、欲发于外而见于行，情也。性者情之本，情者性之用。故吾曰性情一也。"② 再如朱熹说："性情一物，其所以分，只是未发已发之不同耳。"③ 王阳明继承了前人的观点，他提出："性即未发之情，情即已发之性。"④ 作为未发的"性"与作为已发的"情"是一体的，王阳明说："夫喜怒哀乐，情也。既曰不可，谓未发矣。喜怒哀乐之未发，则是指其本体而言，性也。……喜怒哀乐之与思与知觉，皆心之所发。心统性情。性，心体也；情，心用也。"⑤ 性、情皆为"心"之所发，且为"心"所统率，所以为一体也。而且，"情"之流行，乃"性"（良知）之发用，所以无分体用。王阳明说："喜、怒、哀、惧、爱、恶、欲，谓之七情。七者俱是人心合有的。……七情顺其自然之流行，皆是良知之用，不可分别善恶，但不可有所着；七情有着，俱谓之欲，俱为良知之蔽；然才有着时，良知亦自会觉，觉即蔽去，复其体矣！此处能勘得破，方是简易透彻功夫。"⑥ 因此，"情"无论表现为怎样的形式，"性"（良知）都能把控它，或察知其运行，或掌握其正邪，或抑制其善恶。也就是说，"情"虽然由"心"而发，但"性"与之如影随形，故为一体也。王阳明认为，作为"情"的孝、忠、信等，皆发自"心"，是"心"中的"理"或"性"之条理，因而没有"心"外之"性"，没有"心"外之"理"，也没有"性"外之"心"、"理"外之"心"，所以"性""情"

---

① 《大学问》，《王阳明全集》中，第 1069 页。
② （宋）王安石：《性情》，《王安石全集》第六册，第 1218 页。
③ （宋）朱熹：《答何叔京》，《晦庵先生朱文公文集》卷四十，《朱子全书》第二十二册，第 1830 页。
④ 《与黄勉之二》，《王阳明全集》上，第 217 页。
⑤ 《答汪石潭内翰》，《王阳明全集》上，第 165 页。
⑥ 《传习录下》，《王阳明全集》上，第 126 页。

一体。王阳明说:"心之体,性也,性即理也。天下宁有心外之性?宁有性外之理乎?宁有理外之心乎?外心以求理,此告子'义外'之说也。……则端庄静一亦所以穷理,而学问思辨亦所以养心,非谓养心之时无有所谓理,而穷理之时无有所谓心也。"① 王阳明又说:"心之体,性也,性即理也。故有孝亲之心,即有孝亲之理;无孝亲之心,即无孝亲之理矣。有忠君之心,即有忠君之理;无忠君之心,即无忠君之理矣。理岂外于吾心邪?"② 由于"理"就是孝、忠、信等"情",既然"性""理"无二,而"性"是"心"之体,所以"性""情"一体,所以心态之体用一体,所以穷理便是养心、养心亦是穷理。概言之,心态之体与心态之用本为一体,诚如王阳明所说:"盖良知虽不滞于喜、怒、忧、惧,而喜、怒、忧、惧亦不外于良知也。"③ 喜、怒、忧、惧乃良知之用,故谓心态之体与心态之用为一体也。

2. 从寂感关系看心态的体用一体。"寂感"概念出自《周易》:"无思也,无为也,寂然不动,感而遂通天下之故。"(《易传·系辞上》)无思无为、寂然不动,即诚,诚则感而通天下。"无思无为、寂然不动"与"感而遂通",其执行主体只有"心",所以"寂感"乃陈述"心"之活动。至宋儒,将"寂"与"感"分为体用说,如二程说:"心,一也,有指体而言者,寂然不动是也;有指用而言者,感而遂通天下之故是也。"④ 是可谓心态之"寂"与心态之"感"。那么,寂、感是怎样的关系呢?王阳明认为是"一体"关系。首先,有"寂"才有"感"。"寂"是体,"感"是用,有"寂"才有"感","知此则知'未发之中','寂然不动'之体,而有'发而中节'之和,'感而遂通'之妙矣"⑤。如果觉悟到了"良知动静皆在",那就能理解"寂然不动"(良知)之体、"感而遂通"之妙,因为二者是一体贯通。因此,"寂""感"无先后,"人之本体,常常是寂然不动的,常常是感而遂通的。未应不是先,已应不是后"⑥。没有回应不是先,已经回应不是后,因为是一体。其次,有怎样的"寂",便有怎样的"感"。"寂"是体,"感"是用,体由用显,"寂"决定"感"的形式,"感"显示"寂"的存在。王阳明说:"光光只是心之本体,看

---

① 《书诸阳伯卷》,《王阳明全集》上,第308—309页。
② 《传习录中》,《王阳明全集》上,第48页。
③ 《传习录中》,《王阳明全集》上,第73页。
④ 《河南程氏粹言》卷一,《二程集》第四册,第1183页。
⑤ 《传习录中》,《王阳明全集》上,第73页。
⑥ 《传习录下》,《王阳明全集》上,第139页。

有甚闲思虑？此便是'寂然不动'，便是'未发之中'，便是'廓然大公'。自然'感而遂通'，自然'发而中节'，自然'物来顺应'。"①感通固然是动，但寂然未尝有增，无事固然是静，但感通未曾有减，所以内外一体也。王阳明说："有事而感通，固可以言动，然而寂然者未尝有增也。无事而寂然，固可以言静，然而感通者未尝有减也。'动而无动，静而无静'，又何疑乎？无前后内外而浑然一体，则至诚有息之疑，不待解矣。"②最后，寂中有感，感中有寂。王阳明盛赞二程"心有指体而言者，寂然不动是也；有指用而言者，感而遂通"之语，他说："斯言既无以加矣，执事姑求之体用之说。夫体用一源也，知体之所以为用，则知用之所以为体者矣。虽然，体微而难知也，用显而易见也。"③他认为"寂"为体、"感"为用是至理。由于"体用一源"，所以"寂""感"一体。而且，"寂"是天理，"感"也是天理，因而学者无论践行怎样的功夫，不过是恢复天理这个本体而已："天理原自寂然不动，原自感而遂通，学者用功虽千思万虑，只是要复他本来体用而已，不是以私意去安排思索出来。"④既然"寂然不动，感而遂通"皆是天理的本有属性，所以说"寂""感"互渗，彼此互有，是一体。

3. 从善恶关系看心态的体用一体。 儒家认为，就未发状态言，"心"与"性"一体时，无善恶；就已发状态言，"心"兼善恶，故王阳明认同朱熹所言："心是动底物事，自然有善恶。且如恻隐是善也，见孺子入井而无恻隐之心，便是恶矣。"⑤所谓"恶"，是"善"被遮蔽，或者是过、不及。具体言之，一是心本善，只有善，没有恶。王阳明说："然不知心之本体原无一物，一向着意去好善恶恶，便又多了这分意思，便不是廓然大公。《书》所谓'无有作好作恶'，方是本体。所以说'有所忿懥好乐则不得其正'。正心只是诚意工夫里面体当自家心体，常要鉴空衡平，这便是未发之中。"⑥"心"之本体原无一物，本真而诚，所以善；只是超过了本性的规定，或没有达到本性的要求，才表现为恶，王阳明说："至善者，心之本体。本体上才过当些子，便是恶了；不是有一个善，却又有一个恶来相对

---

① 《传习录上》，《王阳明全集》上，第25页。
② 《传习录中》，《王阳明全集》上，第72页。
③ 《答汪石潭内翰》，《王阳明全集》上，第165页。
④ 《传习录中》，《王阳明全集》上，第66页。
⑤ 《性理二》，《朱子语类》卷五，《朱子全书》第十四册，第220页。
⑥ 《传习录上》，《王阳明全集》上，第39页。

也。故善恶只是一物。"① 二是从恶的产生看，恶是善被遮蔽。王阳明认为，本无所谓"恶"，是由于道心被遮蔽，或被私意、客气侵袭，才出现"恶"。他说："只在汝心。循理便是善，动气便是恶。"② "动气"为恶。"动气"，道心便转为人心，就埋下了转为恶的种子，王阳明说："心一也，未杂于人谓之道心，杂以人伪谓之人心。人心之得其正者即道心，道心之失其正者即人心，初非有二心也。"③ 心态之本体无善无恶，刻意去好善恶恶，便与心之本体不契合了。由于心态之体用是一体，心态之体出了问题，其用必然出问题。所谓本体出了问题，就是本体过当，这个时候会有恶念出现。三是从去除恶的方式看。王阳明说："性之本体，原是无善无恶的，发用上也原是可以为善，可以为不善的，其流弊也原是一定善一定恶的。"④ 既然"恶"是因为"善"被遮蔽，那么去除那遮蔽之物即可回到善，"既去恶念，便是善念，便复心之本体矣。譬如日光，被云来遮蔽，云去，光已复矣。若恶念既去，又要存个善念，即是日光之中添燃一灯"⑤。既然去除了遮蔽之物便回到了本体，那么"善""恶"自是一体。王阳明说："善恶皆天理。谓之恶者本非恶，但于本性上过与不及之间耳。"⑥ 善、恶皆性，其实本无善恶，因为至善是心之本体，过或不及，才有善恶。既然使过或不及回到中正，便是回到善，那么善恶自然是一体。心态之本体无恶，恶是本体的过或不及，而致良知可使心态回归中和，恶自散去，所以心态的体用是一体。

4. 从良知发用流行看心态之体用一体。 良知是心态之本体，但良知必须发用流行，那么，良知的发用流行与本体是否一体呢？回答是肯定的。首先，良知发用表现为情、意、念、思等形式，但良知是其本体，所以是体用一体，良知也是心态，良知所发皆以良知为体，因而体用一体。情、意、念、思皆良知所发，但良知是其体。王阳明说："心者身之主也，而心之虚灵明觉，即所谓本然之良知也。其虚灵明觉之良知，应感而动者谓之意。有知而后有意，无知则无意矣。知非意之

---

① 《传习录下》，《王阳明全集》上，第110页。
② 《传习录上》，《王阳明全集》上，第34页。
③ 《传习录上》，《王阳明全集》上，第8页。
④ 《传习录下》，《王阳明全集》上，第130—131页。
⑤ 《传习录下》，《王阳明全集》上，第112—113页。
⑥ 《传习录下》，《王阳明全集》上，第110页。

体乎？"①此谓良知是体，意是用。王阳明又说："良知是天理之昭明灵觉处，故良知即是天理，思是良知之发用。若是良知发用之思，则所思莫非天理矣。"②此谓良知是体，意、思乃良知发用，犹如一棵树，良知是根，意、念是枝叶，故为一体也。其次，良知作为体，拥有精察明觉之性能，这种性能表现在知善知恶上，表现在察知心态全过程上。王阳明说："良知发用之思，自然明白简易，良知亦自能知得。若是私意安排之思，自是纷纭劳扰，良知亦自会分别得。盖思之是非邪正，良知无有不自知者。"③即言意或思之任何迹象，良知无有不知、无有不察。王阳明又说："凡一念之发，一事之感，其为至善乎？其非至善乎？吾心之良知自有以详审精察之，而能虑矣。能虑则择之无不精，处之无不当，而至善于是乎可得矣。"④意念的一动一静，良知了如指掌。如此，思虑、意念因为良知的明觉精察而与良知保持一致，所以一体。良知的知觉性能还具有永恒性，是能够永恒照耀万物的本体。王阳明说："心之本体，无起无不起。虽妄念之发，而良知未尝不在，但人不知存，则有时而或放耳。虽昏塞之极，而良知未尝不明，但人不知察，则有时而或蔽耳。虽有时而或放，其体实未尝不在也，存之而已耳；虽有时而或蔽，其体实未尝不明也，察之而已耳。若谓真知亦有起处，则是有时而不在也，非其本体之谓矣。"⑤心态本体良知能够全面地、无死角地照察其发用流行，"用"之所及便见"体"，所以是体用一体，所以是心态的体用一体。其三，良知是至善，无私意，所以体用一体。良知是心体，这个心体无丝毫人欲之杂，从本到末、从体到用，皆为至善，所以是一体。王阳明说："知得自以为得之非宜，只此便是良知矣。民之秉彝也，故好是懿德。又多着一分意思不得。多着一分意思，便是私矣。"⑥因而良知在心，但凡声色、名利、毁誉等都不能影响，而能拥有超越一切的平和心态，哪怕夹杂一分私意，皆非良知本身。因此，自信良知在心，便无所谓本末、体用，王阳明说："知无不良，而中、寂、大公未能全者，是昏蔽之未尽去，而存之未纯耳。体即良知之

---

① 《传习录中》，《王阳明全集》上，第53页。
② 《传习录中》，《王阳明全集》上，第81页。
③ 《传习录中》，《王阳明全集》上，第82页。
④ 《大学问》，《王阳明全集》中，第1068页。
⑤ 《传习录中》，《王阳明全集》上，第69页。
⑥ 《答董沄萝石》，《王阳明全集》上，第221页。

体，用即良知之用，宁复有超然于体用之外者乎？"①既然良知能超越一切，哪还有什么体、用之分呢？故体、用一体。正如王阳明所说："凡作事不能谋始与有轻忽苟且之弊者，亦皆致知之心未能诚一，亦是见得良知未透彻。若见得透彻，即体面事势中，莫非良知之妙用。除却体面事势之外，亦别无良知矣。岂得又为体面所局，事势所格？即已动于私意，非复良知之本然矣。"②

总之，性情是心态之体用，而性情是一体，寂感是心态之体用，而寂感是一体，善恶是心态之体用，而善恶是一体，良知发用是心态之体用，而良知之体与良知之用是一体，因此，心态的体用一体也。

四、心态的一多一体

在阳明心学中，心态的一体性，不仅表现在动静一体、内外一体、体用一体等方面，还表现在一多的一体上。王阳明说："理也者，心之条理也。是理也，发之于亲则为孝，发之于君则为忠，发之于朋友则为信。千变万化，至不可穷竭，而莫非发于吾之一心。"③虽然"心"之理发而为多，但"多"无不出一"心"，故为一体。如下从不同角度考察心态"一""多"一体之情形。

1. 由"心"的表现看，心态的一多为一体。在阳明心学中，"心"通常被认为是万善的源头，而且因所指而异其名。王阳明说："心一而已，以其全体恻怛而言谓之仁，以其得宜而言谓之义，以其条理而言谓之理。"④"心"只有一个，表现为恻隐则为仁，表现为适宜则为义，表现为条理则为理，但都是"心"，这说明，无论是形式上，还是内容上，所显示的都是"一"与"多"的关系。这就是"因所指而异其名"。王阳明说："夫在物为理，处物为义，在性为善，因所指而异其名，实皆吾之心也。"⑤从作为心态之本体的良知看，也表现为"一多的一体"，王阳明说："夫良知一也，以其妙用而言谓之神，以其流行而言谓之气，以其凝聚而言谓之精，

---

① 《传习录中》，《王阳明全集》上，第71页。
② 《答魏师说》，《王阳明全集》上，第242页。
③ 《书诸阳伯卷》，《王阳明全集》上，第308页。
④ 《传习录中》，《王阳明全集》上，第48页。
⑤ 《与王纯甫二》，《王阳明全集》上，第175页。

安可以形象方所求哉？"① 这就是说，良知只有一个，但良知的妙用可谓"神"、良知的流行可谓"气"、良知的凝集可谓"精"，从而表现出多样性、丰富性。无论是内容还是形式，心态都表现出"一"与"多"的统一，因此说心态的"一"与"多"是一体。

  2. 从"心"的发用对象看，心态的一多为一体。在阳明心学中，"心"必然发用流行，但其发用流行会因对象的不同而表现出差异，王阳明说："一于道心，则存之无不中，而发之无不和。是故率是道心而发之于父子也无不亲；发之于君臣也无不义；发之于夫妇、长幼、朋友也无不别、无不序、无不信：是谓中节之和，天下之达道也。"② 专注于"道心"，则所存必中、所发必和，因而所发父子必亲、所发君臣必义、所发夫妇必别、所发长幼必序、所发朋友必信，从而形成天下之达道。这里的亲、义、别、序、信，皆"心"之所发，所以是"一"与"多"之别也。而作为心态本体的良知，其发用虽如万箭齐发，但终归是"一"，王阳明说："夫良知者，即所谓'是非之心，人皆有之'，不待学而有，不待虑而得者也。人孰无是良知乎？独有不能致之耳。自圣人以至于愚人，自一人之心，以达于四海之远，自千古之前以至于万代之后，无有不同。"③ 就是说，心之本体良知的发用流行，在空间上可达四海，在时间上可贯古今，但仍然是那个良知。王阳明说："天地万物俱在我良知的发用流行中，何尝又有一物起于良知之外能作得障碍？"④ 所以良知之外无有物。质言之，心之良知虽然发用流行而表现为丰富多彩的事物或德性，但都在良知之内，因而所呈现的"一"与"多"关系，正是一体。

  3. 从"心"与感官关系看，心态的一多为一体。在阳明心学中，"心"与五官的关系是常被讨论的问题，那么，王阳明对此有怎样的认识呢？他说："人君端拱清穆，六卿分职，天下乃治。心统五官，亦要如此。今眼要视时，心便逐在色上；耳要听时，心便逐在声上。如人君要选官时，便自去坐在吏部；要调军时，便自去坐在兵部。如此，岂惟失却君体？六卿亦皆不得其职。"⑤ 这里将"心"比喻为人君，五官比喻为六卿，而眼、耳的功能若要正常发挥，都取决于"心"，好比人君选官

---

① 《传习录中》，《王阳明全集》上，第70页。
② 《重修山阴县学记》，《王阳明全集》上，第286页。
③ 《书朱守乾卷》，《王阳明全集》上，第311页。
④ 《传习录下》，《王阳明全集》上，第121页。
⑤ 《传习录上》，《王阳明全集》上，第25页。

必须到吏部、调军必须到兵部，才能选到合适的、有用的，可见，五官必由"心"统管而归"一"。因此，没有"心"就没有五官的功用，"心"与五官是有机的统一体。王阳明说："耳、目、口、鼻、四肢，身也，非心安能视、听、言、动？心欲视、听、言、动，无耳、目、口、鼻、四肢亦不能。故无心则无身，无身则无心。但指其充塞处言之谓之身，指其主宰处言之谓之心，指心之发动处谓之意，指意之灵明处谓之知，指意之涉着处谓之物：只是一件。"① 而作为具有"主宰"地位的"心"，所发或为"意"，或为"知"，或为"物"，但本质上是一心，所以，"心"与五官之关系所明示的正是一多一体。

4. 从良知化生万物看，心态的一多为一体。 阳明心学认为"心"生万物，王阳明说："良知是造化的精灵。这些精灵，生天生地，成鬼成帝，皆从此出，真是与物无对。"② 良知是心态本体，这里说良知造化万物，即谓心态化生万物。那么，心之良知与万物是怎样的关系呢？王阳明说："圣人何能拘得死格，大要出于良知同，便各为说何害？且如一园竹，只要同此枝节，便是大同。若拘定枝枝节节，都要高下大小一样，便非造化妙手矣。汝辈只要去培养良知。良知同，更不妨有异处。汝辈若不肯用功，连笋也不曾抽得，何处去论枝节？"③ 好比一院子的竹子，高矮、大小、美丑不同，但这正是良知造化的奇妙之作，满园的竹子呈现不同的风采，乃是因为竹种有差。这就是说，竹子的"一"与"多"的关系正是良知与万物的关系，也就是统一性与多样性的关系。对王阳明而言，万物虽为良知造化，但良知造化的万物并非千篇一律，而是活泼的、个性的、多样的，如果整齐划一、贫乏单调，那怎么叫"妙手"呢？因此，良知造化是多样性与一元性的统一，而且是机动的统一。万物皆由"心"造，因而"心外无物"，王阳明说："心外无物。如吾心发一念孝亲，即孝亲便是物。"④ 万物皆"心"，所以"心"与万物一体，即心态的一多是一体。

5. 从"心"的多变性看，心态的一多为一体。 诚如上述，王阳明对心态的变易性有精准的察觉，但他认为，心态无论怎样多变，无论变好变坏，都仍然是"心"。

---

① 《传习录下》，《王阳明全集》上，第 103 页。
② 《传习录下》，《王阳明全集》上，第 119 页。
③ 《传习录下》，《王阳明全集》上，第 127 页。
④ 《传习录上》，《王阳明全集》上，第 28 页。

王阳明说："夫默有四伪：疑而不知问，蔽而不知辩，冥然以自罔，谓之默之愚；以不言钳人者，谓之默之狡；虑人之觇其长短也，掩覆以为默，谓之默之诬；深为之情，厚为之貌，渊毒阱狠，自托于默以售其奸者，谓之默之贼；夫是之谓四伪。又有八诚焉：孔子曰：'君子耻其言而过其行。古者言之不出，耻躬之不逮也。'故诚知耻，而后知默。又曰：'君子欲讷于言而敏于行。'夫诚敏于行，而后欲默矣。仁者言也讱，非以为默而默存焉。又曰：'默而识之'，是故必有所识也，终日不违如愚者也。'默而成之'，是故必有所成也，退而省其私，亦足以发者也。故善默者莫如颜子。'暗然而日章'，默之积也。'不言而信'，而默之道成矣。'天何言哉？四时行焉，万物生焉。'而默之道至矣。非圣人其孰能与于此哉！夫是之谓八诚。"[①]

心态之默是心理状态的一种形式，但王阳明发现，即便是"心之默态"，也能察觉其中的"伪"：第一种是有疑惑而不求教者，被蒙蔽而不知争辩者，恍惚而自欺者，这叫作默之愚态；第二种是用沉默不语诱取他人者，即不真诚、内心狡猾，这叫作默之不狡态；第三种是忧心他人窥视自己的长短，而以沉默遮掩者，这叫作默之诬态；第四种是表面上情深貌善，内心却毒辣无比，还用沉默推售自己的奸诈，这叫作默之贼态。不仅如此，"心之默态"，还表现为八种"诚态"：第一，以言多行少为耻；第二，言谨而行敏，再表现沉默；第三，言迟缓，不为默而默存；第四，默默地记住所学的知识，表现却如愚者；第五，默默地行动，必有所成，退而自我反省而有所觉悟，此是颜回之默；第六，深藏不露而日久自然彰显，此默之累积；第七，不言而取信于人，至此默道始成；第八，天地不言，四时行、万物生，此是默之最高境界。从心理学角度看，沉默是指当需要求助的人进行自我探索并且需要回答问题的时候，求助的人出现停止探索和回答的现象，从而阻碍了咨询的顺利进行。沉默也是个体对于心理咨询最积极的、最主动的抵抗。王阳明将"沉默"分为"伪"与"诚"两种形式，表明其认识到沉默背后的内容，进一步对"伪默"与"诚默"的具体形式展开分析，从而揭示了沉默这一心理活动的复杂性。而它的意义在于，有助于人们正确认识沉默这种心态形式，从而在生活中采取有效的方式来调整心态。虽然沉默有"伪""诚"之分，而且"伪默""诚默"各分诸多具体形式，但都是心理活动，都出于"心"，所以体现的是"一"与"多"的统一，是心

[①] 《梁仲用默斋说》，《王阳明全集》上，第288页。

态的"一"与"多"的统一体。

可见，对阳明心学而言，"心"是作为本体的存在，宇宙万物皆为"心"所生；"心"也是作为道德本体的存在，人文世界中的事象也为"心"所主宰。因此，无论万事万物，抑或正邪善恶，皆与"心"为一。万事万物虽然"多"，但终归是"一"，而且，"多"无论如何变化，最终都逃不脱"心"的范围。

总之，在阳明心学中，心态的动静、内外、体用、一多都表现为有机的一体，这种一体性，进一步展示了阳明心学的内在结构，是一个运行不息且井然有序的精神体系，但这个精神体系的枢纽是"心"。王阳明说："至宋周、程二子，始复追寻孔、颜之宗，而有'无极而太极'，'定之以仁义中正而主静'之说；'动亦定，静亦定，无内外，无将迎'之论，庶几精一之旨矣。"[①] 可以说，王阳明心学关于心态动静一体、内外一体、体用一体、一多一体的思想正是周敦颐重新开启的儒家"精一"之学的发展和升华。

[①] 《象山文集序》，《王阳明全集》上，第273页。

第五章　心学的心态结构

根据心理学原理，"心"包括意、知、情、志等心理现象，这些都是"心"的表现形式，但各有其独立内容，而且运行方式和表现状态存在差异，从而表现为复杂的心态结构。阳明心学继承了此前关于"心"与意、知、情、志关系的基本观点，在心学的视域内展开了新的探索和讨论，使"心"与意、"心"与知、"心"与情、"心"与志关系的论述与观点具有了心学特色。

第一节　心之所发谓之意

"心"与"意"是阳明心学中两个关系非常密切的范畴，所谓"心之所发谓之意"，王阳明对"心"与"意"的关系做了较为广泛、深入的讨论，蕴含了丰富的心理学思想内容。

一、"意"出于心

王阳明继承了前贤的观点，认为"意"出自"心"。那么，王阳明是如何阐述"意"出自"心"的呢？

感官欲求是"意"，而感官欲求发自"心"，"意"是"心"的欲求表现形式，

"心"表现为各种欲求,如欲食、欲衣、欲住、欲爱等。既然"意"是"心"欲求的表现,那么"意"出自"心"便毫无疑问。王阳明说:"夫人必有欲食之心,然后知食。欲食之心即是意,即是行之始矣。"①作为欲求之心的"意",是行动的开始,因而必须关注"意"的状态。王阳明认为,与有觉知能力的良知比较,"意"是应物起念处:"意与良知当分别明白。凡应物起念处,皆谓之意。意则有是有非,能知得意之是与非者,则谓之良知。"②即是说,"心"感应物而生起的念头都是"意",这种念头必然会表现出"是"与"非"或"善"与"恶",而能够认识和判断念头是与非的是"良知",也就是心之本体。既然"意"是"心"感物而起的念头,那么"意"自然源于"心"。

由"意见"的产生受"心"状态的影响看。王阳明发现,如果"心"是混乱模糊的,是不通畅的,那么在这种情况下,想畅通地理解文字意理,是非常困难的,只会产生意必固我。既然由于"心"不通畅而生意见,那就是说,"意见"是由不通畅的"心"生发出来的,恰好说明"意"出自"心"。王阳明说:"只要解心。心明白,书自然融会。若心上不通,只要书上文义通,却自生意见。"③在王阳明看来,"心通"与"文义通"是两个层次,"心"通是根本,"心"通,文义便通,"心"阻,文义便阻,这就将道心与文义完全联系在一起。道心决定着文义。但实际上,文义通与道心通并不是必然联系的,许多人通文义,但道心不一定通,许多人道心通,但不一定通文义。因此,王阳明这种由道心决定文义的观点需要落实到具体的情境中才能更好地理解。

王阳明认为,良知是心之虚灵明觉,良知感物而动即是"意"。良知正是心之本体,故可推出心之本体感物而动即是意,因而"意"出于"心"。王阳明说:"心者身之主也,而心之虚灵明觉,即所谓本然之良知也。其虚灵明觉之良知,应感而动者,谓之意。有知而后有意,无知则无意矣。"④心是身之主宰,良知是心之虚灵明觉,良知应感而动者是"意","知"在前,"意"在后,无知则无意。良知是意之本体,意之用即事、即物。既然有良知才有"意"、无良知则无"意",而良知

---

① 《传习录中》,《王阳明全集》上,第47页。
② 《答魏师说》,《王阳明全集》上,第242页。
③ 《传习录下》,《王阳明全集》上,第107页。
④ 《传习录中》,《王阳明全集》上,第53页。

是心之本体，所以说"意"发自"心"。王阳明认为，心之本体没有不正的，但所发出的意念可能不正，"盖心之本体本无不正，自其意念发动，而后有不正"[1]。这就是说，不管是正的意念还是邪的意念，皆是"心"之所发。

可见，"意"是欲求之心，是应物起念，意见缘于"心"之不通畅，良知感应物而动，善或恶的意念皆出于"心"，这些说法角度不一，但无不说明"意"出于"心"。"身之主宰便是心，心之所发便是意。"[2] 概言之，"意"虽然有多种形式的呈现，但无论哪种形式的意念都出于"心"。

二、"意"对心体的影响

王阳明认为，"意"虽然发自"心"，但发出后会接触事物，或感应事物，在感应事物的过程中，便会出现善恶，从而反过来对"心"产生影响。王阳明更多地是从"意"与心之本体的关系讨论"意"对"心"的影响。那么，"意"是怎样影响"心"或"心之本体"的呢？王阳明论述"意"对"心"的表现，都是以"着意"展开讨论，即"着意"了，便是私，便是恶，便消极地影响心体。

王阳明认为，人对自己过错的承认是本有之德，但如果对自己的这种"善行"仍然存在"想法"，那么这种想法便是私意，从而影响"心"。他说："知得自以为得之非宜，只此便是良知矣。民之秉彝也，故好是懿德。又多着一分意思不得。多着一分意思，便是私矣。"[3] 就是说，一个人无论所得是什么，如果自觉到所得不合道义，这就是良知。比如，作为商人的你比较成功，但也自觉到有些钱赚得是不合道义的，这是良知发现，但如果你又觉得自己的这种良知自觉并不需要那么认真，这就是私意，这种私意便是对良知自觉的伤害，从而影响到心之本体。

"养生"是中国传统哲学的重要思想，特别是道家、佛教，尤其重视"养生"。但在王阳明看来，"养生"二字就是"意"，属于刻意为之，便是私，便不可能真正养心。他说："今日'养生以清心寡欲为要'，只养生二字，便是自私自利、将迎意

---

[1] 《大学问》，《王阳明全集》中，第1070页。
[2] 《传习录上》，《王阳明全集》上，第6页。
[3] 《答董沄萝石》，《王阳明全集》上，第221页。

必之根。有此病根潜伏于中，宜其有'灭于东而生于西'，'引犬上堂而逐之'之患也。"①心体本善则欲去，"养生"意味着心体不纯，所以通过"养生"以清心寡欲便是多余，便是私意，便是自私自利。因此，那边心未清、欲未去，这边又添一份私意，必然对心体产生伤害。

王阳明认为，"勿忘勿助"也是着意的表现，对心体也是有害的——"近岁来山中讲学者，往往多说'勿忘勿助'工夫甚难。问之则云：'才着意便是助，才不着意便是忘，所以甚难。'区区因问之云：'忘是忘个甚么？助是助个甚么？'其人默然无对，始请问。区区因与说我此间讲学，却只说个'必有事焉'，不说'勿忘勿助'。"②"勿忘勿助"出自《孟子》："必有事焉，而勿正，心勿忘，勿助长也。"（《孟子·公孙丑上》）意思是"一定要培养它，却不刻意扶持它；时刻惦记它，却不刻意助它成长"。王阳明认为"忘""助"都是多余的，"忘""助"都属于"着意"，因而对"心"不仅无益，反而有害。

对王阳明而言，"不得已""弘毅"都属于"意"，都是多余的，因而对"心"有害，影响心体。这是因为，"不得已"出于内心勉强，而"弘毅"是刻意为之，所以都不属于循理的行为，不是自然而然的行为。他说："但云'既不可以弃去，又不可以减轻；既不可以住歇，又不可以不至'，则是犹有不得已之意也。不得已之意与自有不能已者，尚隔一层。程子云：'知之而至，则循理为乐，不循理为不乐。'自有不能已者，循理为乐者也。非真能知性者未易及此。知性则知仁矣。仁，人心也。心体本自弘毅，不弘者蔽之也，不毅者累之也。故烛理明则私欲自不能蔽累；私欲不能蔽累，则自无不弘毅矣。弘非有所扩而大之也，毅非有所作而强之也，盖本分之内，不加毫末焉。曾子'弘毅'之说，为学者言，故曰'不可以不弘毅'，此曾子穷理之本，真见仁体而后有是言。学者徒知不可不弘毅，不知穷理，而惟扩而大之以为弘，作而强之以为毅，是亦出于一时意气之私，其去仁道尚远也。"③真正"知性"，也就是"循理"，循理即乐，自然而然，便不会出现"不得已之意"。这就是说，"知性"对于去"意"去私，非常根本。所以又谓"烛理"。私欲即意念，心体本弘毅，烛理明则私意不能蔽累。王阳明认为，凡是刻意为之都是

---

① 《传习录中》，《王阳明全集》上，第75页。
② 《传习录中》，《王阳明全集》上，第93页。
③ 《答王虎谷》，《王阳明全集》上，第167页。

"意",都是"私",真能知性,便是循理,循理则无私欲之累,无私欲之累则弘毅。知性,需要心去知,循理也需要心,而心为自己所发之"意"所累,从而需要去私欲、去意,而去私欲、去意,需要穷理,需要知性,知性才能穷理,如此,便又回到"心"。按照王阳明的说法,意是心之所发,私欲是意触物而生,理是心之本体,即良知,因此,对于心之所发之意出的问题,王阳明的主张是循理、明理,也就是使心体之光发射出来,使心体恢复,以去意去欲。其实还是由"心"自我解决。

王阳明认为,"安排"也是意,安排、思索都是私意,有私意,便会导致心之本体的丧失。他说:"心之本体即是天理,天理只是一个,更有何可思虑得?天理原自寂然不动,原自感而遂通,学者用功虽千思万虑,只是要复他本体而已,不是以私意去安排思索出来;……若以私意去安排思索,便是用智自私矣。"① 为学就是恢复心之本体,如果为学过程中,夹有私意杂念,如安排、思索等,都必然导致无法恢复心之本体。

好好色,恶恶臭,是天理,但如果执着好善恶恶,便是刻意好善恶恶。

> 守衡问:"《大学》工夫只是诚意,诚意工夫只是格物。修、齐、治、平,只诚意尽矣。又有'正心之功,有所忿懥好乐则不得其正',何也?"先生曰:"此要自思得之,知此则知未发之中矣。"守衡再三请。曰:"为学工夫有浅深。初时若不着实用意去好善恶恶,如何能为善去恶?这着实用意,便是诚意。然不知心之本体原无一物,一向着意去好善恶恶,便又多了这分意思,便不是廓然大公。《书》所谓'无有作好作恶',方是本体。所以说'有所忿懥好乐则不得其正'。正心只是诚意工夫里面体当自家心体,常要鉴空衡平,这便是未发之中。"②

在王阳明看来,开始着实去恶好善,即是诚意;但心之本体本无一物,却着意好善去恶,便是多了一份意。因为无有作善作恶才是本体,而忿懥好乐皆是"作好作恶",所以是心体不得其正。可见,正心在诚意功夫中,心之本体本无一物,着意去好善恶恶,则不是心之本体。

---

① 《传习录中》,《王阳明全集》上,第65—66页。
② 《传习录上》,《王阳明全集》上,第39页。

王阳明认为,刻意去花草,也是着意;刻意作好恶,更是着意。这些都有害于心之本体。他说:"不作好恶,非是全无好恶,却是无知觉的人。谓之不作者,只是好恶一循于理,不去又着一分意思,如此,即是不曾好恶一般。"曰:"去草如何是一循于理,不着意思?"曰:"草有妨碍,理亦宜去。去之而已。偶未即去,亦不累心。若着了一分意思,即心体便有贻累,便有许多动气处。"①为什么"作好作恶"有害心之本体?心之本体,天理自然,好恶是天理自然,由于"作好作恶"是刻意为之,所以有违天理自然,所以有害心体。只有不着一分意思,不曾好作恶,才是心体。为什么说去除花草有害心体?如果庭院中的草或道路上的花草,影响到人的正常生活,那么除去它们是自然而然之事,但如果整天想着去除这些花草,则是私意,必导致心累。就是说,除去那些妨碍人们正常生活的草,是天理,但是,如果为了除去这些花草,而整天挂在心中,念念去此花草,成为一种心结,便是私意,自然是对本体的损害。

王阳明还以簿书讼狱为例,阐明"意"对本心的危害。他认为,断案必须凭良知,不能意气用事,否则会影响断案,还会影响到心之本体。他说:"我何尝教尔离了簿书讼狱,悬空去讲学?尔既有官司之事,便从官司的事上为学,才是真格物。如问一词讼,不可因其应对无状,起个怒心;不可因他言语圆转,生个喜心;不可恶其嘱托,加意治之;不可因其请求,屈意从之;不可因自己事务烦冗,随意苟且断之;不可因旁人谮毁罗织,随人意思处之:这许多意思皆私,只尔自知,须精细省察克治,惟恐此心有一毫偏倚,枉人是非,这便是格物致知。簿书讼狱之间,无非实学。若离了事物为学,却是着空。"②法官主审案子,不能因为原告、被告任何一方的发言出现违礼的行为,就憎恶他;不能因为任何一方的措辞婉转周密就偏向他;不能因为讨厌任何一方的请托,就故意整治他;不能因为任何一方的哀求,就屈意宽容他;不能因为自己工作繁忙,就草率结案;不能因为旁人的诋毁罗织,就按照这个人的意思去处理。如上所述都是办案过程中私心杂念的表现,只有办案者自己知道,必须仔细反省体察克治,消除这些私意,才能公正办案,才合乎心之本体,这就是格物致知。

王阳明认为,过度思虑、过度思念、过度思考,也是私意之表现,皆外于良知

---

① 《传习录上》,《王阳明全集》上,第 33 页。
② 《传习录下》,《王阳明全集》上,第 107—108 页。

而与心体不合。他说："'过思亦是暴气'，此语说得亦是。若遂欲截然不思，却是因噎而废食者也。来书谓'思而外于良知，乃谓之过，若念念在良知上体认，即终日终夜以思，亦不为过。不外良知，即是何思何虑'，此语甚得鄙意。孔子所谓'吾尝终日不食，终夜不寝以思，无益，不如学也'者，圣人未必然，乃是指出徒思而不学之病以诲人耳。若徒思而不学，安得不谓之过思与！"①因此，"思"只要念念良知，无论什么"思"都没问题，都不会伤害本体，因为良知就是心之本体。

王阳明认为，顺性而为即是"道"，但如果在这个过程中萌发了私心杂念，便是人心，便与道心相抵触，所以出现许多不安稳处。他说："'率性之为道'，便是'道心'。但着些人的意思在，便是'人心'。'道心'本是无声无臭，故曰'微'。依着'人心'行去，便有许多不安稳处，故曰'惟危'。"②因此，想要维护心之本体——道心，就必须防止在顺性而为的过程中出现私意。

在王阳明看来，心之本体是中和的，"意"之所以对心之本体构成危害，在于"意"破坏了中和状态，因此，"意"实际上对情、心之本体都构成了伤害。他说："喜怒哀乐本体自是中和的。才自家着些意思，便过不及，便是私。"③这句话涉及情、心之本体、意三者的关系。情是中和的，就是心之本体，意之本体是良知，所以也是中和的，但如果着意了，便是私，便影响情、心之中和状态。因此，"意"在阳明心学中，是对心之本体构成危害的根源，所以必须"毋意"。

三、诚"意"与正"心"

出于"心"的"意"有善恶，可能对"心"产生消极影响，所以，恢复心体就必须诚意，即所谓"正心必诚意"。这样，诚意就成为关键。可是，诚意由谁完成？当然是主体，是人。人怎样诚意？发挥主体精神，也就是正"心"。因为"心"不仅具有认知功能，还是良知的渊薮。那么，"心"如何诚意呢？

首先，需要"诚"的两种"意"。王阳明认为，善恶只在"心"，循理便是善，

---

① 《与黄勉之二》，《王阳明全集》上，第218—219页。
② 《传习录下》，《王阳明全集》上，第116页。
③ 《传习录上》，《王阳明全集》上，第22页。

动气便是恶。何谓动气？比如好好色，恶恶臭，便是天理，本来如此，即心之本体，但如果着意了，即是动气，便偏离了心之本体，而且，即便是循天理了，也不得着意。如此看，着意也分两种情况，一是直接动气，不循理；二是在循理的过程中着意，这两种着意都会影响心之本体。对"心"而言，本无私意作好作恶，但如果着意了，便不再是心之本体。按理说，循理便是善，动气便是恶，但如果循理过程中着些意思，也不得其中，也不是廓然大公，也不是心之本体。因此，"意"有两层，一是动气之意，一是循理过程中所着之意，但都属于"心"。

曰："然则善恶全不在物。"曰"只在汝心。循理便是善，动气便是恶"。曰："毕竟抑无善恶。"曰："在心如此。在物亦然，世儒惟不知此，舍心逐物。将格物之学错看了。终日驰求于外，只做得个义袭而取。终身行不著，习不察。"曰："如好好色，如恶恶臭，则如何？"曰："此正是一循于理。是天理合如此，本无私意作好作恶。"曰："'如好好色，如恶恶臭'。安得非意？"曰："却是诚意。不是私意。诚意只是循天理。虽是循天理，亦着不得一分意。故有所忿懥好乐，则不得其正。须是廓然大公，方是心之本体。知此即知未发之中。"①

这段话大概表达了王阳明对于善恶的看法。动于气才有善恶，所以意有善恶，也就是意动于气，不动于气便是善。但又不是全无好恶，不作好不作恶，是因为循于理。"意"是心之所发，有善有恶，所谓"着意"，是执着私心，本来心之本体所发是善，但动于气，即不为善了，即所发之意在性质上发生了变化，这是一种需要"诚"的意。即便是心之体所发，皆是天理，但这个过程中，如果萌发了私心杂念，也会改变"意"的性质，从而影响心之本体，所以也是一种需要"诚"的"意"。概言之，需要"诚"的"意"，王阳明将其分为两类，一是指心之本体所发之"意"在性质上的改变，二是指在遵循天理时所萌发的"意"。

其次，诚"意"必须先判断善恶。"意"有善恶，而且"意"之善恶表现得隐秘、复杂，那么，必须对"意"之善恶进行判断，王阳明说："然意之所发有

---

① 《传习录上》，《王阳明全集》上，第34页。

善有恶，不有以明其善恶之分，亦将真妄错杂，虽欲诚之，不可得而诚矣。"①因而诚"意"的前提是对"意"之善恶的判断，这个判断者就是心之本体——良知。王阳明说："依得良知，即无有不是矣。所疑拘于体面，格于事势等患，皆是致良知之心未能诚切专一。若能诚切专一，自无此也。凡作事不能谋始与有轻忽苟且之弊者，亦皆致知之心未能诚一，亦是见得良知未透彻。若见得透彻，即体面事势中，莫非良知之妙用。除却体面事势之外，亦别无良知矣。岂得又为体面所局，事势所格？即已动于私意，非复良知之本然矣。今时同志中，虽皆知得良知无所不在，一涉酬应，便又将人情物理与良知看作两事，此诚不可以不察也。"②起念谓意，知得意之是非谓良知。这就是说，"意"这种心理活动，是"心"萌发的念头。良知是心之本体，作为心之本体的良知，能够察知"意"之是非。如果不能察知"意"之是非，是由于良知之心未能专一。王阳明将"心"视为意念与认知，意念发出后有是非善恶，本体之良知能够判断，心中有一个坐标，心又无时不在活动，心中那个坐标时刻监督"心"的活动，"心"一面是监督者，另一面是被监督者。所以，在王阳明这里，"心"是一种由多种心理活动构成的复杂的精神体系。也就是说，"意"发出后有善恶，但"意"是动机，是一种难于捉摸的心理。靠什么来辨认、监督"意"呢？良知！王阳明说："意念之发，吾心之良知既知其为善矣，使其不能诚有以好之，而复背而去之，则是以善为恶，而自昧其知善之良知矣。意念之所发，吾之良知既知其为不善矣，使其不能诚有以恶之，而复蹈而为之，则是以恶为善，而自昧其知恶之良知矣。若是，则虽曰知之，犹不知也，意其可得而诚乎？今于良知之善恶者，无不诚好而诚恶之，则不自欺其良知而意可诚也已。"③心之良知能够准确判断"意"之善恶，"意"发出之后，性质有所改变，没有遵循心之本体指引的方向作为，良知对此一清二楚，明明白白。为什么说"别善恶"只能寄希望于致良知？如果良知知善而不好之却背离之，知不善而不恶之反蹈之，则是昧着良知。这样的话，"意"就不可能"诚"，所以必须依靠致良知。良知知善恶，是由"心"决定的，良知不是外于"心"的独立存在，而"意"之善恶，是心所发，因而从心之结构

---

① 《大学问》，《王阳明全集》中，第1070页。
② 《答魏师说》，《王阳明全集》上，第242页。
③ 《大学问》，《王阳明全集》中，第1070—1071页。

看，这反映了心态内部的复杂运动。

既然良知能够判断"意"之善恶，那么如何诚"意"呢？王阳明说："《大学》之要，诚意而已矣。诚意之功，格物而已矣。诚意之极，止至善而已矣。止至善之则，致知而已矣。正心，复其体也；修身，著其用也。以言乎己，谓之明德；以言乎人，谓之亲民；以言乎天地之间，则备矣。是故至善也者，心之本体也。动而后有不善，而本体之知，未尝不知也。意者，其动也。物者，其事也。至其本体之知，而动无不善。然非即其事而格之，则亦无以致其知。故致知者，诚意之本也。格物者，致知之实也。物格则知致意诚，而有以复其本体，是之谓止至善。圣人惧人之求之于外也，而反覆其辞。旧本析而圣人之意亡矣。是故不务于诚意而徒以格物者，谓之支；不事于格物而徒以诚意者，谓之虚；不本于致知而徒以格物诚意者，谓之妄。支与虚与妄，其于至善也远矣。合之以敬而益缀，补之以传而益离。吾惧学之日远于至善也，去分章而复旧本，傍为之什，以引其义。庶几复见圣人之心，而求之者有其要。噫！乃若致知，则存乎心；悟致知焉，尽矣。"① 正心必须诚意，"意"是心之所发而有善恶，所以要诚意；诚意必须由良知监督，依照良知所知善而为之、所知恶而去之，就是格物，如此格物，便是致良知，便是回到心之本体。这是王阳明所谓诚意、正心的脉络。在王阳明看来，没有诚意的格物是支离，没有格物的诚意是虚无，不以致良知为根本的格物、诚意，皆是虚妄。总之，诚意是因为"意"有善恶，影响心之本体，良知能够发现觉悟"意"之善恶，格物依照良知的明示去意之恶，从而回到心之本体，这就是致良知。格物是正其不正以归于正，这个正，既包括正意念，也包括致良知于万事万物。在这个"诚意"系统中，致知是认识环节，格物是实践环节，正心是目标，而致知是心之本体的觉知。王阳明认为"心外无物，心外无事，心外无理"，所以格物也基本上是观念上的工夫，也即是"心"上的工夫，如此也就回到心之本体了。这样，诚意的"主体"就消解了。王阳明说："盖身、心、意、知、物者，是其工夫所用之条理，虽亦各有其所，而其实只是一物。格、致、诚、正、修者，是其条理所用之工夫，虽亦皆有其名，而其实只是一事。何谓身？心之形体运用之谓也。何谓心？身之灵明主宰之谓也。何谓修身？为善而去恶之谓也。吾身自

---

① 《大学古本序》，《王阳明全集》上，第 270—271 页。

能为善而去恶乎？必其灵明主宰者欲为善而去恶。"① 依靠"心"去恶护善，这个"心"是灵明主宰，是良知，是善体。王阳明说："然后其形体运用者始能为善而去恶也。故欲修其身者，必在于先正其心也。然心之本体则性也。性无不善，则心之本体本无不正也。何从而用其正之之功乎？盖心之本体本无不正，自其意念发动，而后有不正。故欲正其心者，必就其意念之所发而正之，凡其发一念而善也，好之真如好好色；发一念而恶也，恶之真如恶恶臭；则意无不诚，而心可正矣。"②"意"是心之所发，正心先诚意，明意之善恶，良知以明意。如此，便诚意正心，便恢复心之本体了。可见，正是依靠"心之灵明"的运行，去邪除恶而使"意"诚。

总之，王阳明论及"心"与"意"关系的内容包括："意"出自"心"，无论何种形式的"意"，无不发自"心"；这个发自"心"的意，是"心"与物事接触的中介，正是在接触物事的过程中，"意"出现善恶，从而需要"诚意"；"诚意"的工夫是格物，而其中必须能够辨识"意"之善恶，能够辨识"意"之善恶的是良知；依照良知所知"意"之善而为之，依照良知所知"意"之恶而去之，从而恢复心之本体。在这个环节中，"心"具有绝对主宰地位，当然，这个"心"之善体，是道心，是良知，是天理，即心之本体。

第二节 情是人心合有的

"情"是儒家思想中的重要范畴，也是阳明心学中的重要范畴，王阳明虽然没有对"情"与"心"的关系进行专文论述，但在他的著作中涉及"心""情"关系的讨论也很常见。本节即对王阳明关于"心""情"关系的主张做一梳理和分析。

---

① 《大学问》，《王阳明全集》中，第 1069 页。
② 《大学问》，《王阳明全集》中，第 1069—1070 页。

一、"情"出于"心"

王阳明是一个重"情"之人，经常以侍奉祖母、父亲为由而请求朝廷恩准留家尽孝，他曾写信给王琼说："始恳疏乞归，以祖母鞠育之恩，思一面为诀。后竟牵滞兵戈，不及一见，卒抱终天之痛。今老父衰疾，又复日亟，而地方已幸无事，何惜一举手投足之劳，而不以曲全之乎？"①足见其眷眷尽孝之心。他也多次在奏疏中表达未能尽孝祖母、父亲的遗憾之情："臣以父老祖丧，屡疏乞休，未蒙怜准。近者奉命扶疾赴闽，意图了事，即从此地冒罪逃归。……臣思祖母自幼鞠育之恩，不及一面为诀，每一号恸，割裂昏殒，日加尪瘠，仅存残喘。……臣父衰老日甚，近因祖丧，哭泣过节，见亦病卧苦庐。"②无疑，这种孝亲之情都是王阳明内心情感的流露。那么，王阳明是否认为"情"出于"心"呢？回答是肯定的。

王阳明认为，"情"虽然是多样的，但无一不出于"心"，无不为"心"所发，他说："喜、怒、哀、惧、爱、恶、欲，谓之七情。七者俱是人心合有的。"③就已发未发看，"性"是未发之情，"情"是已发之性，但都发自"心"。王阳明说："夫喜怒哀乐，情也。既曰不可，谓未发矣。喜怒哀乐之未发，则是指其本体而言，性也。斯言自子思，非程子而始有。执事既不以为然，则当自子思《中庸》始矣。喜怒哀乐之与思与知觉，皆心之所发。心统性情。性，心体也；情，心用也。程子云'心，一也。有指体而言者，寂然不动是也；有指用而言者，感而遂通是也。'斯言既无以加矣。"④既论未发、已发，都发自"心"，"情"当然也发自"心"；既然"心"之体用在一心，那么"情"必出于"心"。王阳明认为，"情"有真切不真切之分，好好色，恶恶臭，是真切之情，也是良知："人于寻常好恶，或亦有不真切处，惟是好好色，恶恶臭，则皆是发于真心，自求快足，曾无纤假者。"⑤好恶之情发于真心，"心"诚则好恶无失，该好便好，该恶便恶，皆出于"心"也。由"心"对不同"情"的忍受看，"情"出于"心"，王阳明说："禽兽与草木同是爱的，把草木去养禽兽，又忍得；人与禽兽同是爱的，宰禽兽以养亲与供祭祀、燕宾客，心

---

① 《年谱二》，《王阳明全集》下，第1399页。
② 《乞便道省葬疏》，《王阳明全集》上，第437页。
③ 《传习录下》，《王阳明全集》上，第126页。
④ 《答汪石潭内翰》，《王阳明全集》上，第165页。
⑤ 《与黄勉之二》，《王阳明全集》上，第218页。

又忍得。"① 对于禽兽草木，人都持一种爱心，但爱禽兽甚于草木，"心"能够接受；对于人与禽兽，人都持一种爱心，但爱人甚于爱禽兽，"心"也能坦然接受。既然对于"爱"这种情感及其变化，都由"心"来判断，都由"心"决定，自然意味着"爱"出自"心"，而且是"道理如此"。

王阳明认为，好乐、忿懥、忧患，恐惧等"情"，顺其自然，不着一分意思，便是心之本体。他说："如今于凡忿懥等件，只是个物来顺应，不要着一分意思，便心体廓然大公，得其本体之正了。且如出外见人相斗，其不是的，我心亦怒：然虽怒，却此心廓然，不曾动些子气。如今怒人，亦得如此，方才是正。"② 看见两人斗殴，对错的一方，你心生怒，虽然怒，但不动气，而合乎"理"。就是说，喜、怒、忧、乐、惧等情感，该如何即如何，便是心本体之正；如果不该喜者而喜，不该怒者而怒，不该乐者而乐，不该忧者而忧，不该惧者而惧，则是心体不正。既然喜、怒、忧、乐、惧等情感之运行状态，都关联着心之本体，或者最终都决定于心之本体，那么，当然可以说"情"出自"心"。

从喜、怒、忧、惧之情不外于良知看，"情"发自"心"。陆澄曾请教王阳明说："尝试于心，喜、怒、忧、惧之感发也，虽动气之极，而吾心良知一觉，即罔然消阻，或遏于初，或制于中，或悔于后。然则良知常若居优闲无事之地而为之主，于喜、怒、忧、惧若不与焉者，何欤？"③ 王阳明是怎样回应的呢？他说："知此，则知未发之中、寂然不动之体，而有发而中节之和、感而遂通之妙矣。然谓'良知常若居于优闲无事之地'，语尚有病。盖良知虽不滞于喜、怒、忧、惧，而喜、怒、忧、惧亦不外于良知也。"④ 王阳明认为，陆澄所说良知对"情"的引导、控制是对的，即良知对情感的整个过程都具有监视、规范作用，但指出"良知常若居优闲无事之地"的认识是错误的，因为良知无时不在、无处不在。既然良知无时无刻不贯注于情感之中，而良知是心之本体，因而"情"必出自"心"。

从《诗》《礼》《春秋》所记内容看，也表明"情"出自"心"。王阳明说："《诗》也者，志吾心之歌咏性情者也；《礼》也者，志吾心之条理节文者也；《乐》

---

① 《传习录下》，《王阳明全集》上，第 122 页。
② 《传习录下》，《王阳明全集》上，第 112 页。
③ 《传习录中》，《王阳明全集》上，第 73 页。
④ 《传习录中》，《王阳明全集》上，第 73 页。

也者，志吾心之欣喜和平者也。……求之吾心之歌咏性情而时发焉，所以尊《诗》也；求之吾心之条理节文而时著焉，所以尊《礼》也；求之吾心之欣喜和平而时生焉，所以尊《乐》也。"① 既然《诗》所记是"心之歌咏性情"，《礼》所记是"心之条理节文"，《乐》所记是"心之欣喜和平者"，那么，"心之歌咏性情者""心之条理节文者""心之欣喜和平者"无不出自"心"，故"情"出自"心"也。

二、"情"对心体的影响

王阳明认为，"情"虽然出自"心"，但"情"对"心"的影响是巨大的，这种影响从不同方面展示出来。从"爱"合不合理看。"爱"这种感情，爱好人，爱善人，爱光明正大之人，等等，都可以说"爱得是"，但如果爱坏人，爱恶人，爱阴险狡诈之人，则可以说"爱得不是"。由于"不是"与心之本体相悖，所以会对心体造成伤害。王阳明说："然爱之本体固可谓之仁，但亦有爱得是与不是者，须爱得是方是爱之本体，方可谓之仁。若只知博爱而不论是与不是，亦便有差处。吾尝谓博字不若公字为尽。大抵训释字义，亦只是得其大概，若其精微奥蕴，在人思而自得，非言语所能喻。后人多有泥文着相，专在字眼上穿求，却是心从法华转也。"② "爱得不是"，也就是把恶当作善、把私当作公，而心体是善，是大公，所以"爱得不是"，必对心之本体产生伤害。这里讲爱人不能滥爱，要爱那些值得爱的对象。如果爱的对象是不应该去爱的，那么这种爱就是私，其品质为劣，从而对心体产生消极影响。因此，"爱得是"才叫仁，博不如以"公"字，即"爱"是以公义为根据，也就是"爱得是"。这段话表明，作为"情"的爱，也需要界定，并非所有爱都是可以肯定的，只有出于"公"的爱，才是值得肯定的，因此，"情"有针对性。

王阳明认为，虚假之情也有害于心之本体。"情"有真切不真切之分。好好色，恶恶臭，是良知，无欺瞒。他说："人于寻常好恶，或亦有不真切处，惟是好好色，恶恶臭，则皆是发于真心，自求快足，曾无纤假者。《大学》是就人人好恶真切易

---

① 《稽山书院尊经阁记》，《王阳明全集》上，第284页。
② 《与黄勉之二》，《王阳明全集》上，第217页。

见处，指示人以好善恶恶之诚当如是耳，亦只是形容一诚字。今若又于好色字上生如许意见，却未免有执指为月之病。"[1] 好恶之情发于真心，诚则好恶无失，伪则致害心体。"情"有过或不及之情形，都有害于心之本体。因此，还是要识得心体。所谓识得心体，就是依天理而为，遵循天命自然，不能刻意，不能违背天理。这就是说，"情"有中和处，天理便得中和处，良知就是中和处，便是心之本体，因而"情"如果不在中和处，过或不及，都必对"心"产生消极影响。

在给许相卿的信中，王阳明再次谈到"情"之过对"心"的伤害。他说："吾子累然忧服之中，顾劳垂念至勤，贤即以书币远及，其何以当！其何以当！道不可须臾而间，故学不须臾而间，居丧亦学也。而丧者以荒迷自居，言不能无荒迷尔，学则不至于荒迷，故曰：'丧事不敢不勉。'宁戚之说，为流俗忘本者言也。喜怒哀乐，发皆中节谓和。哀亦有和焉，发于至诚，而无所乖戾之谓也。"[2] 这里谈到居丧之事。居丧是失去所爱之人的一种自然反应。与逝者的关系越亲密，逝者对本人来说越重要，那么痛苦会越深。王阳明认为，居丧以表达对逝去亲人的悲伤之情，是天理，但正因为是天理，才不能过度。喜怒哀乐皆有其分寸，哀伤之分寸出于心诚，毫无别扭。如果悲伤过度、动于气、着些意，都不是"和"，比如小孩终日哭啼而不窒塞，便是"和"之最高境界。王阳明听闻许相卿居丧而悲痛过度，有伤害生命的危险，才与他交流"毁不灭性"的道理。不难看出，在王阳明看来，失去亲人的悲伤之情，是完全可以理解的，但任何"情"都有它的"度"，这就是儒家崇尚的"中和"，这就是天理，也是心之本体，因此，悲伤之情过度，自然是对心之本体的伤害。

王阳明也注意到，不同形式的"情"，对"心"的影响会有所不同，所以必须认识到"情"的多样性。他说："性之本体原是无善无恶的，发用上也原是可以为善，可以为不善的，其流弊也原是一定善一定恶的。譬如眼，有喜时的眼，有怒时的眼，直视就是看的眼，微视就是觑的眼。总而言之，只是这个眼。若见得怒时眼，就说未尝有喜的眼，见得看时眼，就说未尝有觑的眼，皆是执定，就知是错。孟子说性，直从源头上说来，亦是说个大概如此。荀子性恶之说，是从流弊上

---

[1] 《与黄勉之二》，《王阳明全集》上，第 218 页。
[2] 《与许台仲书》，《王阳明全集》中，第 1113—1114 页。

来，也未可尽说他不是，只是见得未精耳。众人则失了心之本体。"① 就是说，"性"是一，"情"是多，好比眼睛，高兴时的眼、生气时的眼、直视的眼、微视的眼，都是一个眼，因此，不能见到喜时的眼，就说没有怒时的眼，若是这样，便是执着，便是错。普通人说性为什么失了心之本体？因为普通人不能正确认识"情"与"性"的关系，也就是不能明白"情"的多样性是心之本体的不同表现，而将某种"情"视为唯一，从而割裂了"情"与心之本体的关系，自然会对心之本体造成伤害。

王阳明也认识到"情"的厚薄性，不能厚薄地用"情"，对心之本体也是有害的。他说："惟是道理自有厚薄。比如身是一体，把手足捍头目，岂是偏要薄手足，其道理合如此。……至亲与路人同是爱的，如箪食豆羹，得则生，不得则死，不能两全，宁救至亲，不救路人，心又忍得。这是道理合该如此。及至吾身与至亲，更不得分别彼此厚薄。盖以仁民爱物，皆从此出；此处可忍，更无所不忍矣。《大学》所谓厚薄，是良知上自然的条理，不可逾越，此便谓之义；顺这个条理，便谓之礼；知此条理，便谓之智；终始是这个条理，便谓之信。"② 在王阳明看来，万物虽然一体，但人、动物、植物、瓦石等还是有差别的，这是天理，人不可能一视同仁，而是有差等地"爱"。因此，如果没有差等地"爱"，爱瓦石甚于爱植物，爱植物甚于爱动物，爱动物甚于爱人，那么，天理就被颠覆，就不复存在，就是对心之本体的伤害。

总之，如果"情"用之不当，如果"情"不真切，如果"情"表达过度，如果不能正确认识和处理"情"之一与多的关系，都会造成对心之本体的伤害，而要避免这种情况发生，就必须使"情"时刻保持中和。因此，"情"之最高境界便是中和。王阳明说："除了人情事变，则无事矣。喜怒哀乐非人情乎？自视听言动以至富贵贫贱患难死生，皆事变也。事变亦只在人情里。其要只在致中和。致中和只在谨独。"③ 而"情"无私意便是中和，"喜怒哀乐本体自是中和的。才自家着些意思，便过不及，便是私"④，所以去私意即回到心之本体。

---

① 《传习录下》，《王阳明全集》上，第130—131页。
② 《传习录下》，《王阳明全集》上，第122—123页。
③ 《传习录上》，《王阳明全集》上，第17页。
④ 《传习录上》，《王阳明全集》上，第22页。

三、心体如何理会性情

"情"出自"心",但也反作用于"心",而且由于"情"有正邪善恶,因而一方面要维护"情"之正善,另一方面则要抑制"情"之邪恶,这就是"心"的任务。王阳明说:"夫我则不暇,公且先去理会自己性情,须能尽人之性,然后能尽物之性。"① 这是建议他人(梁焯)管理好自己的性情。那么,"心"如何调适"情"使之合乎心之本体呢?

无疑,"心"要对"情"进行引导和规范,首先必须能够准确认识和把握"情"之正邪、善恶。王阳明说:"比如日光,亦不可指着方所;一隙通明,皆是日光所在;虽云雾四塞,太虚中色象可辨,亦是日光不灭处,不可以云能蔽日,教天不要生云。七情顺其自然之流行,皆是良知之用,不可分别善恶,但不可有所着;七情有着,俱谓之欲,俱为良知之蔽;然才有着时,良知亦自会觉,觉即蔽去,复其体矣!此处能勘得破,方是简易透彻功夫。"② 这就是说,喜、怒、哀、惧、爱、恶、欲七情,自心发出而自然流行,皆为良知之用,无分善恶,但执着于"情"的时候,便转变为"欲"而遮蔽良知之光,不过,就在着"情"的同时,良知能够察觉到,而良知觉知时也就意味着"欲"的消失,从而回到心之本体。

王阳明认为,不执着,不起意,可生道心,就是对"情"的调适。他说:"圣人致知之功至诚无息,其良知之体皦如明镜,略无纤翳。妍媸之来,随物见形,而明镜曾无留染,所谓'情顺万事而无情'也。'无所住而生其心',佛氏曾有是言,未为非也。明镜之应物,妍者妍,媸者媸,一照而皆真,即是生其心处。妍者妍,媸者媸,一过而不留,即是无所住处。病疟之喻,既已见其精切,则此节所问可以释然。病瘧之人,疟虽未发,而病根自在,则亦安可以其疟之未发而遂忘其服药调理之功乎?若必待虐发而后服药调理,则既晚矣。致知之功,无间于有事无事,而岂论于病之已发、未发邪?大抵原静所疑,前后虽若不一,然皆起于自私自利,迎意必之为祟。此根一去,则前后所疑自将冰消雾释,有不待于问辨者矣。"③ 所谓"情顺万事而无情",是说喜怒哀乐当发则发、发则中和,此即情顺万事,喜怒哀

---

① 《传习录上》,《王阳明全集》上,第39页。
② 《传习录下》,《王阳明全集》上,第126页。
③ 《传习录中》,《王阳明全集》上,第79—80页。

乐不执着，不滞留于心，不遮蔽良知，这是无情；所谓"无所住而生其心"，是说不执着、无妄念，就是真我，就是本心，在佛教，就是佛。王阳明引用这两句话是想表明，"情"是良知的发用流行，并非天生"恶"，但着于"情"、沉迷于"情"，则违背其作为良知发用的本色，从而伤害心之本体。因此，处理"情"必须具有"从心所欲而不逾矩"的原则，当爱则爱、当恨则恨、当怒则怒、当喜则喜，当乐则乐、当忧则忧，这个"当"就是合乎天理。

从对"乐"的认识看"心"如何统"情"。王阳明认为，"乐"是心之本体，是人之生理，本来和畅，本无不乐，但由于"客气"的影响，"乐"会失去其本性。他说："乐是心之本体，虽不同于七情之乐，而亦不外于七情之乐。虽则圣贤别有真乐，而亦常人之所同有。但常人有之而不自知，反自求许多忧苦，自加迷弃。虽在忧苦迷弃之中，而此乐又未尝不存。但一念开明，反身而诚，则即此而在矣。"① "乐"是心之本体，作为心之本体的"乐"并不在七情之外。这意味着"乐"有两个层次，一是本体之乐，一是末用之乐。圣贤之乐，常人也有，但常人不自知，所以反求忧苦。常人不能认识到"乐"是心之本体，所以陷于忧苦迷弃。之所以如此，乃是因为"客气"所侵。王阳明说："来书谓'人之生理，本自和畅，本无不乐，但为客气物欲搅此和畅之气，始有间断不乐'是也。时习者，求复此心之本体也。悦则本体渐复矣。朋来则本体之欣合和畅，充周无间。本体之欣合和畅，本来如是，初未尝有所增也。就使无朋来而天下莫我知焉，亦未尝有所减也。来书云'无间断'意思亦是。圣人亦只是至诚无息而已，其工夫只是时习。时习之要，只是谨独。谨独即是致良知。良知即是乐之本体。"② 就是说，虽然"乐"是心之本体，本无不乐，但受客气侵害，导致"乐"支离破碎，因而需要"时习"工夫。"时习"就是谨独，就是恢复心之本体的工夫，而谨独便是致良知。概言之，"乐"是天然之情，是天理，是心之本体，但由于私欲侵袭，影响到"乐"的性质，从而影响心之本体，因此，必须去除私意以从忧苦迷弃中醒悟，而去私欲需要持续地践行良知，也就是致良知，从而回到心之本体。

在觉知"情"之善恶、正邪基础上，通过不执着、不起意、时习、谨独等工

---

① 《传习录中》，《王阳明全集》上，第79页。
② 《与黄勉之》，《王阳明全集》上，第216—217页。

夫，以使"情"正，回到天理之"情"。自然，"情"发于"心"，不执着、不起意、时习、谨独等，也需"心"指挥。因此，对于"情"之状态，还需"心"把握。王阳明说："夫喜怒哀乐，情也。既曰不可，谓未发矣。喜怒哀乐之未发，则是指其本体而言，性也。……夫体用一源也，知体之所以为用，则知用之所以为体者矣。虽然，体微而难知也，用显而易见也。执事之云不亦宜乎？夫谓'自朝至暮，未尝有寂然不动之时'者，是见其用而不得其所谓体也。君子之于学也，因用以求其体。凡程子所谓'既思即是已发，既有知觉，既是动'者。皆为求中于喜怒哀乐未发之时者言也，非谓其无未发者也。朱子于未发之说，其始亦尝疑之，今其集中所与南轩论难辩析者，盖往复数十而后决，其说则今之《中庸注疏》是也，其于此亦非苟矣。独其所谓'自戒惧而约之，以至于至静之中；自谨独而精之，以至于应物之处'者，亦若过于剖析。而后之读者遂以分为两节，而疑其别有寂然不动、静而存养之时，不知常存戒慎恐惧之心，则其工夫未始有一息之间，非必自其不睹不闻而存养也。"① 王阳明引用程颐的"心，一也。有指体而言者，寂然不动是也；有指用而言者，感而遂通是也"②，指出只有一个心，就其体而言是"性"，就其用而言是"情"，作为"体"的"情"，也就是"性"，特点是寂然不动；作为"用"的"情"，是心之发用，特点是"感而遂通"。也就是说，表现为"用"的"情"，是流动运行的，正是在这种流动运行过程中，"情"可能出现与"性"不相符的情形，这个时候就需要对"情"进行监视和规范。那么，如何监视和规范呢？王阳明认同朱熹的"心统性情"说，但对所谓"自戒惧而约之，以至于至静之中；自谨独而精之，以至于应物之处"，批评其"过于剖析"，令后学分为两节，而认同"应物之外别有寂然不动、静而存养"的工夫，因为在王阳明看来，只要"常存戒慎恐惧之心，其工夫则未始有一息停止，并不需要不睹不闻而存养"。换言之，在王阳明看来，心之虚灵明觉无时不在，良知即在喜、怒、哀、惧、爱、恶、欲七情之中，只要良知醒而不昧，即"心"之本体与末用一体，亦即"心统性情"也。

---

① 《答汪石潭内翰》，《王阳明全集》上，第 165 页。
② 《河南程氏文集》卷九，《二程集》第二册，第 609 页。

第三节　志乃心之精神

与意、情一样，"志"也出于"心"。"志"是阳明心学的重要范畴和观念，王阳明对"志"尤为重视，认为"志"是成就事业的根本，"立志"是解决所有问题的前提。那么，在阳明心学中，"心"与"志"关系的具体情形是怎样的呢？

一、"志"出于"心"

朱熹认为，"志"是"心"之所之，也就是说，"志"出于"心"。王阳明继承了这一观点，而且从多个角度加以说明。从为学的志向看，"志"是为学之心的表现："故立志者，为学之心也；为学者，立志之事也。"① 立志为学出于为学之心，所以"志"出于"心"。从立志必须与"心"一致看，"志"出于"心"。王阳明认为，学习先觉的志向，必须以"专心"为前提，否则不可能做到真正以先觉为师。他说："夫所谓正诸先觉者，既以其人为先觉而师之矣，则当专心致志，惟先觉之为听。言有不合，不得弃置，必从而思之；思之不得，又从而辩之；务求了释，不敢辄生疑惑。故《记》曰：'师严，然后道尊；道尊，然后民知敬学。'苟无尊崇笃信之心，则必有轻忽慢易之意。言之而听之不审，犹不听也；听之而思之不慎，犹不思也；是则虽曰师之，犹不师也。"② 就是说，不能随便对先觉生疑，一旦生疑，就不会以先觉为志，因此要求先确立"尊崇笃信之心"，有了这个心，就不会生"轻忽慢易之意"，就会建立起"以学习先觉为追求"的志向。因此，"志"生于"心"。

由"志同道合"看，"志"出于"心"。王阳明说："自古圣贤因时立教，虽若不同，其用功大指无或少异。《书》谓'惟精惟一'，《易》谓'敬以直内，义以方外'，孔子谓'格致诚正，博文约礼'，曾子谓'忠恕'，子思谓'尊德性而道问学'，孟子谓'集义养气，求其放心'，虽若人自为说，有不可强同者，而求其

---

① 《书朱守谐卷》，《王阳明全集》上，第307页。
② 《示弟立志说》，《王阳明全集》上，第289页。

要领归宿，合若符契。何者？夫道一而已。道同则心同，心同则学同。其卒不同者，皆邪说也。"① 王阳明认为，先贤陈述"道"的方式虽然不同，但"道"只有一个，如果共同信奉一个"道"，那就是"心"同，而"心"同则"学"同，"学"不同，乃是因为志于邪学。既然"学"同决定于"心"同，这就意味着以学为志之"志"，必出于"心"。王阳明指出，"志"之所以不能笃，还是"心"的问题，"心"有不纯，即二心，"志"自然不能笃。他说："天宇自谓'有志而不能笃'，不知所谓志者果何如？其不能笃者又谁也？谓'圣贤之学能静，可以制动'，不知若何而能静？静与动有二心乎？谓'临政行事之际，把捉摸拟，强之使归于道，固亦卒有所未能，然造次颠沛必于是'者，不知如何其为功？谓'开卷有得，接贤人君子便自触发'，不知所触发者何物？又'赖二事而后触发'，则二事之外所作何务？当是之时，所谓志者果何在也？凡此数语，非天宇实用其力不能有。然亦足以见讲学之未明，故尚有此耳。"② "有志不能笃"，就在于有"二心"，因为"二心"，所以将动静、事功分离。既然"志"不能笃定是因为"心"之杂，这就意味着"志"出于"心"。

从"心"之状态影响立志看，"志"也出于"心"。王阳明说："林以吉将求圣人之事，过予而论学。予曰：'子盖论子之志乎？志定矣，而后学可得而论。子闽也，将闽是求；而予言子以越之道路，弗之听也。予越也，将越是求；而子言予以闽之道路，弗之听也。夫久溺于流俗，而骤语以求圣人之事，其始也必将有自馁而不敢当；已而旧习牵焉，又必有自眩而不能决；已而外议夺焉，又必有自沮而或以懈。夫馁而求有以胜之，眩而求有以信之，沮而求有以进之，吾见立志之难能也已。"③ 王阳明指出，立志常常受到外在因素的影响而难以完成。所谓"外在因素"实际上是"心"动荡变易。"志"之立受制于"心"的相状，因而"志"生于"心"。概言之，对王阳明而言，"志"是内在于"心"、发自"心"的一种精神活动。

---

① 《示弟立志说》，《王阳明全集》上，第 290—291 页。
② 《答王天宇》，《王阳明全集》上，第 182 页。
③ 《赠林以吉归省》，《王阳明全集》上，第 254 页。

二、"志"对"心"的影响

"志"虽然出于"心",但"志"作为"心"之坚毅精神、趋向,对"心"具有反动的影响。人不能立志,心态就会散漫,王阳明指出:"今时朋友大患不能立志,是以因循懈弛,散漫度日。"①因此,人必须立志。立志是自立,是出于内心的需求,是自觉自愿,不是外力使然。

王阳明认为,讲求涵养对立志很重要,立志不彻底,不坚毅,必影响求学探索,必影响去除私意。我们来看王阳明与学生之间的一段对话:

> 侃问:"专涵养而不务讲求,将认欲作理。则如之何?"先生曰:"人须是知学讲求,亦只是涵养。不讲求只是涵养之志不切。"曰:"何谓知学?"曰:"且道为何而学?学个甚?"曰:"尝闻先生教。学是学存天理。心之本体即是天理。体认天理,只要自心地无私意。"曰:"如此则只须克去私意便是。又愁甚理欲不明?"曰:"正恐这些私意认不真?"曰:"总是志未切。志切,目视耳听皆在此,安有认不真的道理?'是非之心,人皆有之',不假外求。讲求亦只是体当自心所见,不成去心外别有个见。"②

就是说,知识学习、修行工夫即是涵养,如果不修习追求,则是涵养之志不诚。知学就是学存天理,如果不能去私意而影响体认天理,也是立志不诚。如果立志虔诚坚毅,哪有不能去私意的情况?人天生具是非之心,修习追求只是将本心呈现,如此怎么会有私意?在王阳明看来,由于立志不切,所以不去修习追求,所以不能去除私意,这就是将立志视为知学讲求的根本,反过来说,立志真切,便能知学讲求,便能去私意,从而回到天理。这就是说,立志真切,有助于心之本体的挺立与坚守。

立志可以抗御各种嘲笑、毁谤等,可以坚定自己的善良之心。王阳明说:"维贤温雅,朋友中最为难得,似非微失之弱,恐訑笑之来,不能无动;才为所动,即依阿隐忍,久将沦胥以溺。每到此便须反身,痛自切责。为己之志未能坚定,亦便

---

① 《书顾维贤卷》,《王阳明全集》上,第305页。
② 《传习录上》,《王阳明全集》上,第30—31页。

志气激昂奋发。但知明己之善，立己之诚，以求快足乎己，岂暇顾人非笑指摘？故学者只须责自家为己之志未能坚定，志苟坚定，则非笑诋毁不足动摇，反皆为砥砺切磋之地矣。"① 这里强调了立志的益处，认为只要真正立志，什么非议、毁谤、嘲讽，都可置之不理，甚至可以作为鼓励自己上进的动力。可见，立志可以促进心态积极向上，有益于心态健康。

立志的对象不同，对"心"的影响也不同。王阳明说："志于道德者，功名不足以累其心；志于功名者，富贵不足以累其心。但近世所谓道德，功名而已；所谓功名，富贵而已。'仁人者，正其谊不谋其利，明其道不计其功'。一有谋计之心，则虽正谊明道，亦功利耳。"② 就是说，立志于道德，"心"就不会被功名所累；立志于功名，"心"就不会被富贵所累。也就是说，只要以道德为志，"心"就不会被功名所累。立志可以减轻或者去除累心的事。王阳明说："此事归辞于亲者多矣，其实只是无志。志立得时，良知千事万事只是一事。读书作文，安能累人，人自累于得失耳！"③ 立志，就可将千万件事归为一事，读书作文，怎么会有累？但如果不立志，则必患得患失，自然心累。

立志真切，便无困乏、失意之病。王阳明说："大抵吾人为学紧要大头恼，只是立志。所谓困忘之病，亦只是志欠真切。今好色之人未尝病于困忘，只是一真切耳。自家痛痒，自家须会知得，自家须会搔摩得，既自知得痛痒，自家须不能不搔摩得。佛家谓之'方便法门'，须是自家调停斟酌，他人总难与力，亦更无别法可设也。"④ 立志真切与否，要看立志行为本身，立志要做什么，与立志真切无关，即便做好事，如果行为本身有问题，也是立志有困忘之病。而且，真切与否，自己最清楚，立志是主体的自我行为。好色，是天理，是人自然本能的反应，人皆好好色，恶恶臭，所以不是因为困忘。但是，好色却不能任意，必须抑制引导，所以需要自己处理，自己处理必须立志。好色之心出自"心"，立志也是出自心，这样就可以"以立志之心"治"好色之心"。

如果以天理为志，刻刻不忘，久而凝集心中，即为心体。王阳明说："只念念

---

① 《书顾维贤卷》，《王阳明全集》上，第306页。
② 《与黄诚甫》，《王阳明全集》上，第181页。
③ 《传习录下》，《王阳明全集》上，第114页。
④ 《传习录中》，《王阳明全集》上，第65页。

要存天理，即是立志。能不忘乎此，久则自然心中凝聚，犹道家所谓结圣胎也。此天理之念常存，驯至于美大圣神，亦只从此一念存养扩充去耳。"①如果以天理为志，并能长期坚守，这个"志"就会转化为心体。因此，志对于"心"可能具有改造的功能。立志也是一种持续的功夫，具有发善念、充善念、遏恶念的作用，对"心"的纯洁具有重要意义。知充善念遏恶念者，便是志。善念充满、恶念散去，便是"心"的洁净。以天理为志，立志到成熟，便是"从心所欲而不逾矩"的境界。这就是说，立志对于心的自由具有积极意义。王阳明说："善念存时，即是天理。此念即善，更思何善？此念非恶，更去何恶？此念如树之根芽。立志者长立此善念而已。'从心所欲不逾矩'，只是志到熟处。"②所谓"志到熟处"，就是指长立善念而不懈，无须思去恶，如此便是"从心所欲不逾矩"的境界。

"志"对"心"的影响，也表现在通过知、充、遏对意念的控制上。"志"不仅有"知"的能力，而且有遏制能力，这样的"志"具备认知和行为能力。王阳明说："善念发而知之，而充之。恶念发而知之，而遏之。知与充与遏者，志也。天聪明也。圣人只有此，学者当存此。"③就是说，良知对心态的善恶明察秋毫，善念起知之，恶念起也知之，知恶而止之、知善而扬之，便是"志"。因此，"志"可巩固、升华"知"的成果。"志"对"心"的影响，还表现在能去除欲速助长之心，"以国用之所志向而去其欲速助长之心，循循日进，自当有至"④。

总之，立志能够改善心态。私欲萌发，良知即觉，立良知之志，便可消除客气，便可去私。王阳明说："一有私欲，即便知觉，自然容住不得矣。故凡一毫私欲之萌，只责此志不立，即私欲便退；听一毫客气之动，只责此志不立，即客气便消除。"⑤王阳明认为，立志可以抑制懈怠心、疏忽心、烦躁心、忌妒心、忿恨心、贪婪心、狂傲心、吝啬心等消极心态的萌发。当然，必须做到无一息不立志、无一事不立志。依王阳明的意思，只要立志，所有消极心态统统烟消云散。

---

① 《传习录上》，《王阳明全集》上，第13页。
② 《传习录上》，《王阳明全集》上，第22页。
③ 《传习录上》，《王阳明全集》上，第25页。
④ 《答舒国用》，《王阳明全集》上，第211—212页。
⑤ 《示弟立志说》，《王阳明全集》上，第290页。

三、由"心"立志

既然立志对于"心"有如此大的影响，所以必须立志，但"志"毕竟出于"心"，"志"之立及如何立，与"心"密切关联。如下进一步考察王阳明在这一方面的主张和观点。

首先，"心"以"志"为要。王阳明反复强调了"立志"的重要性。他认为立志是成功的根本，虽然立志并不能保证百分之百的成功，但不立志绝不能成功："立志者，其本也。有有志而无成者矣，未有无志而能有成者也。"① 他从多个方面阐述了"立志是成事之本"的观点。他说："立志用功，如种树然。方其根芽，犹未有干；及其有干，尚未有枝；枝而后叶，叶而后花实。初种根时，只管栽培灌溉，勿作枝想，勿作叶想，勿作花想，勿作实想。悬想何益？但不忘栽培之功，怕没有枝叶花实？"② 王阳明认为，立志好比植树，必须先"种其根"，只有将本根培植好，才能生出枝、叶、花、实。相反，如果种根没有培植好，只在那里空想，则是毫无益处的。王阳明说："今时友朋，美质不无，而有志者绝少。谓圣贤不复可冀，所视以为准的者，不过建功名，炫耀一时，以骇愚夫俗子之观听。呜呼！此身可以为尧、舜，参天地，而自期若此，不亦可哀也乎？故区区于友朋中，每以立志为说。亦知往往有厌其烦者，然卒不能舍是而别有所先。诚以学不立志，如植木无根，生意将无从发端矣。自古及今，有志而无成者则有之，未有无志而能有成者也。"③ 这是强调立志的重要性，认为成功者没有不立志的，志是植于心中的根。"志"是心中最为坚定的精神，良知必须成为志向，志于良知，志于天理，才能纯乎天理。如果不"种其根"，再怎么培壅灌溉亦是枉然。王阳明说："夫学，莫先于立志。志之不立，犹不种其根而徒事培拥灌溉，劳苦无成矣。世之所以因循苟且，随俗习非，而卒归于污下者，凡以志之弗立也。故程子曰：'有求为圣人之志，然后可与共学。'"④ 而且，国家社会之所以祸乱不堪，也是因为颓废堕落，毫无志气，王阳明说："后世大患，尤在无志，故今以立志为说。中间字字句句，莫非立志。

---

① 《寄闻人邦英邦正三》，《王阳明全集》上，第 190 页。
② 《传习录上》，《王阳明全集》上，第 16 页。
③ 《寄张世文》，《王阳明全集》中，第 1103 页。
④ 《示弟立志说》，《王阳明全集》上，第 289 页。

盖终身问学之功，只是立得志而已。"①

"立志"犹如船之舵手，使船在大海中按既定的方向行驶且不漂荡，亦如横勒在马口中的马嚼子，使马在道路上奔跑而不超速。王阳明说："志不立，天下无可成之事，虽百工技艺，未有不本于志者。今学者旷废隳惰，玩岁愒时，而百无所成，皆由于志之未立耳。故立志而圣，则圣矣；立志而贤，则贤矣。志不立，如无舵之舟，无衔之马，漂荡奔逸，终亦何所底乎？昔人有言，使为善而父母怒之，兄弟怨之，宗族乡党贱恶之，如此而不为善可也；为善则父母爱之，兄弟悦之，宗族乡党敬信之，何苦而不为善为君子？使为恶而父母爱之，兄弟悦之，宗族乡党敬信之，如此而为恶可也；为恶则父母怒之，兄弟怨之，宗族乡党贱恶之，何苦而必为恶为小人？诸生念此，亦可以知所立志矣。"②相反，如果不立志，则如无舵之舟而随风漂荡、无衔之马而四处狂奔，怎么可能到达目的地呢？而且，以圣贤为志，还能得到父母兄弟、宗族乡党的支持，何乐而不为呢？这里需要指出的是，既然立志以众人的喜好为根据，必然对个人的独立性产生影响。

其次，由"心"确定所志者。王阳明不仅强调立志的重要性，而且对如何"立好志"进行了思考。他说："夫立志亦不易矣。孔子，圣人也，犹曰：'吾十有五而志于学。三十而立。'立者，志立也。虽至于'不逾矩'，亦志之不逾矩也。"③王阳明以孔子立志为例，说明立志即便到了"不逾矩"的境界，仍然需要"志之不逾矩"，也就是要以"不逾矩"为志。这就是说，"志"是有条件的，立志并非易事。那么，立志该注意哪些事项呢？王阳明认为，"立志"需要对自己所立的志向有所认知，明确所"志"为何。他说："人苟诚有求为圣人之志，则必思圣人之所以为圣人者安在？非以其心之纯乎天理而无人欲之私欤？圣人之所以为圣人，惟以其心之纯乎天理而无人欲，则我之欲为圣人，亦惟在于此心之纯乎天理而无人欲耳。欲此心之纯乎天理而无人欲，则必去人欲而存天理。务去人欲而存天理，则必求所以去人欲而存天理之方。求所以去人欲而存天理之方，则必正诸先觉，考诸古训，而凡所谓学问之功者，然后可得而讲，而亦有所不容已矣。"④立了志，

---

① 《示弟立志说》，《王阳明全集》上，第291页。
② 《教条示龙场诸生·立志》，《王阳明全集》中，第1073页。
③ 《示弟立志说》，《王阳明全集》上，第290页。
④ 《示弟立志说》，《王阳明全集》上，第289页。

要明白所立志需要做什么？如立志做圣人，而圣人之所以为圣人，是因为其心纯乎天理，那么你也必须使自己的心纯乎天理，否则，所立之志为虚。确立志向后，必须诚笃专一，才不会昏乱。王阳明说："志岂可易而视哉！夫志，气之帅也，人之命也，木之根也，水之源也。源不浚则流息，根不植则木枯，命不续则人死，志不立则气昏。是以君子之学，无时无处而不以立志为事。正目而视之，无他见也；倾耳而听之，无他闻也。如猫捕鼠，如鸡覆卵，精神心思凝聚融结，而不复知有其他，然后此志常立，神气精明，义理昭著。"①他认为，"志"是气之统帅，是人之生命，是树木之根，是水之源。可见"立志"多么重要！立志还必须自然而然，不刻意、不勉强。王阳明说："种树者必培其根，种德者必养其心。欲树之长，必于始生时删其繁枝；欲德之盛，必于始学时去夫外好。如外好诗文，则精神日渐漏泄在诗文上去；凡百外好皆然。……我此论学，是无中生有的工夫，诸公须要信得及。只是立志。学者一念为善之志，如树之种，但勿助勿忘，只管培植将去，自然日夜滋长，生气日完，枝叶日茂。树初生时，便抽繁枝，亦须刊落，然后根干能大。初学时亦然，故立志贵专一。"②立志，一念为善之志，好比种树，只管培植。立志是一种功夫，一是要有恒劲，二是要专一，而且必须去掉多余的繁枝。

其三，由"心"坚守所立之"志"。"志"立起来之后，由谁坚守？回答是"心"。人们必然遭遇得失，而得失可能影响所立之"志"。王阳明说："但能立志坚定，随事尽道，不以得失动念，则虽勉习举业，亦自无妨圣贤之学。若是原无求为圣贤之志，虽不业举，日谈道德，亦只成就得务外好高之病而已。此昔人所以有'不患妨功，惟患夺志'之说也。夫谓之夺志，则已有志可夺；倘若未有可夺之志，却又不可以不深思疑省而早图之。"③只要立志坚定，凡事尽力而为，不以得失改变自己的志向，那么即便努力于科举考试，也与圣贤之学没有冲突；但如果本来就缺乏成为圣贤的志向，即便无意科举，且天天高唱道德，那也只能养成好高骛远之病而已。如果立圣人之志，但有私意，那还不是圣人之志。王阳明说：

---

① 《示弟立志说》，《王阳明全集》上，第 290 页。
② 《传习录上》，《王阳明全集》上，第 37 页。
③ 《寄闻人邦英邦正》，《王阳明全集》上，第 189 页。

"汝辈学问不得长进，只是未立志。……难说不立，未是必为圣人之志耳。……你真有圣人之志，良知上更无不尽。良知上留得些子别念挂带，便非必为圣人之志矣。"①这就是说，也许同门中有立志的，但所立不一定是圣人之志，即便立的是圣人之志，如果夹有私意，仍然不是良知，不是真正的立志。因此，立志必须努力去除私意。而去除私意，必须由"心"主导。王阳明说："今焉既知至善之在吾心，而不假于外求，则志有定向，而无支离决裂、错杂纷纭之患矣。无支离决裂、错杂纷纭之患，则心不妄动而能静矣。心不妄动而能静，则其日用之间，从容闲暇而能安矣。能安，则凡一念之发，一事之感，其为至善乎？"②只有"心"坐镇，"志"才有确定的方向，而且不会有支离决裂、错综纷纭之患，从而能静安而达至善。此外，王阳明也认识到，师友间的鼓励有助于立志。他说："故朋友之间，有志者甚可喜，然志之难立而易坠也，则亦深可惧也。吾兄以为何如？宗贤已南还，相见且未有日。京师友朋如贵同年陈佑卿、顾惟贤，其他如汪汝成、梁仲用、王舜卿、苏天秀，皆尝相见。从事于此者，其余尚三四人，吾见与诸友当自识之。自古有志之士，未有不求助于师友。匆匆别来，所欲与吾兄言者百未及一。沿途欹叹雅意，诚切怏怏。相会未卜，惟勇往直前，以遂成此志是望。"③陷于自私，因为未立志；立志不易，而且容易丧失，这是王阳明所担忧的。而且，王阳明主张立志必须表现在行动上，不能只是嘴巴上立志："人之学为圣人也，非有必为圣人之志，虽欲为学，谁为学？有其志矣，而不日用其力以为之，虽欲立志，亦乌在其为志乎！"④

可见，立志对事业的成功，对人生的圆满，对成就圣人之学，都具有根本意义，而且，要真正立志，必须考虑所立志的内容和对象，必须笃定专一，必须去除杂念，必须寻求师友的鼓励，必须落实到实践上，如此，才能处理好"志"对"心"的影响，使"志"积极作用于"心"，恢复心之本体。但所有这一切又都得靠"心"去完成。

---

① 《传习录中》，《王阳明全集》上，第118—119页。
② 《大学问》，《王阳明全集》中，第1068页。
③ 《与戴子良》，《王阳明全集》上，第180页。
④ 《书朱守谐卷》，《王阳明全集》上，第307页。

第四节　知是心之虚灵明觉

在王阳明心学中,"心"的结构也包含"心"与"知"的关系。王阳明对"心"与"知"的关系特别重视,进行了较深入的思考,提出了具有心学特色的"心""知"关系观点。但需要注意的是,阳明心学中的"心""知"关系之"知",有时是"良知",有时是"知识",绝大多数场合是良知。良知兼有认知和德性两种功能,而"心"又分本心和人心,本心与良知是一,因此需要对"心"与"知"的关系做深入具体的考察。

一、"知"在"心"中

"知"与"心"谁先谁后？王阳明继承了前人的观点,认为知觉与情、意一样,也出于"心"。他说:"喜怒哀乐之与思与知觉,皆心之所发。……夫体用一源也,知体之所以为用,则知用之所以为体者矣。虽然,体微而难知也,用显而易见也。"① 既然"知"发于"心",那么从先后、主宾角度看,"知"后于"心"。

其一,从汉语语法表达方式看,"之"是助词,"心"与良知为连属关系,因而"知"属于"心"。王阳明说:"心之良知是谓圣。圣人之学,惟是致此良知而已。"② 类似的表述还有:"知是心之本体。心自然会知:见父自然知孝,见兄自然知弟,见孺子入井自然知恻隐,此便是良知,不假外求。"③ "'致知'云者,非若后儒所谓充广其知识之谓也,致吾心之良知焉耳。"④ 致良知不是充扩知识,"致"不是充扩,"知"不是知识,而是将自己心中的良知把守住、彰显出来,在事物中体现。"本体"的内涵较为丰富,有本貌、本根的意思。作为"心"之本貌,说明"知"就是"心",作为"心"之根本,则是对"心"的规定,但王阳明说"心"自然会"知",

---

① 《答汪石潭内翰》,《王阳明全集》上,第165页。
② 《书魏师孟卷》,《王阳明全集》上,第312页。
③ 《传习录上》,《王阳明全集》上,第7页。
④ 《大学问》,《王阳明全集》中,第1070页。

这就意味着"知"是"心"的功能,也就是说,"知"是"心"发出的本能性认知活动。因此,无论"知"是"心"之本貌,还是"心"之本根,都表明"知"出于"心"。

其二,从"心"之投射的多样性看,就事物而言表现为"理",就处理事件而言表现为"义",从"性"角度而言为善。王阳明说:"夫在物为理,处物为义,在性为善,因所指而异其名,实皆吾之心也。心外无物,心外无事,心外无理,心外无义,心外无善。吾心之处事物,纯乎理而无人伪之杂,谓之善,非在事物有定所之可求也。处物为义,是吾心之得其宜也,义非在外可袭而取也。格者,格此也;致者,致此也,必曰事事物物上求个至善,是离而二之也。"①事物之理、处事之义、人性之善都是"心"的投射,所以都在"心"中。所谓"在物为理",是指"心"处理事物的过程中,纯乎理而无人伪之杂,即是善,因而"善"不是在事物中求得;所谓"处物为义",是指处理事件的过程中合乎"心"之宜,"义"不是偶尔而为可得。由此看,如果"在物为理""处物为义",不在"心"之外,那么"知"必在"心"中。

其三,从作为"心"之郛郭言。中国哲学往往把"心"视为感性、理性形态的储藏场所,王阳明继承了这一观点,认为良知在"心",如果人能够顺"心"中的良知而为,那么做任何事都不会犯错。他说:"然良知之在人心,则万古如一日。苟顺吾心之良知以致之,则所谓不知足而为屦,我知其不为蒉矣。"②王阳明引用《孟子》"知足而为屦,我知其不为蒉"说明自信良知在"心"的重要性。王阳明又说:"夫万事万物之理不外于吾心,而必曰穷天下之理,是殆以吾心之良知为未足,而必外求于天下之广以裨补增益之,是犹析心与理而为二也。夫学、问、思、辨、笃行之功,虽其困勉至于人一己百,而扩充之极,至于尽性知天,亦不过致吾心之良知而已。"③他认为万事万物都在"心"中,"知"是万物万事之一,所谓"吾心之良知未足",所谓"致吾心之良知",都明示良知在"心中"。良知是"吾心之良知",至少从形式上看,良知从属于"心",所以"知"出于"心"。

其四,作为"心"的一种功能看。对中国哲学而言,"知"是"心"的一种功

---

① 《与王纯甫二》,《王阳明全集》上,第175页。
② 《寄邹谦之二》,《王阳明全集》上,第225页。
③ 《传习录中》,《王阳明全集》上,第52页。

能，所以"知"出于"心"。王阳明说："知犹水也，人心之无不知，犹水之无不就下也。"① "心"必有"知"，好比水往下流，"知"是"心"中流出来的水，当然出自"心"。而且，本心明澈，能知是非善恶正邪。王阳明说："本心之明，皎如白日，无有有过而不自知者，但患不能改耳。一念改过，当时即得本心。"② 这就是说，本心明澈，则无过不知，既然"知"是本心明澈之性能，那么"知"必然出于"心"。良知也是"心"之虚灵明觉，"心者身之主也，而心之虚灵明觉，即所谓本然之良知也"③。总之，"心"具有"知"的性能，虚灵明觉，明察是非，因而良知是"心"的一种性能。既然良知属于"心"的性能，那么良知只能出于"心"。

其五，作为感性认知的"知"，必然出自"心"。比如，想吃食物，是因为肚子饿了，肚子饿了即萌生了想吃食物的心理，有了这个心理，才会表现出对食物的"知"，包括明白要吃、可以吃、怎么吃等"知"的内容。因此，作为感性认识的"知"，只能出于"心"。王阳明说："食味之美恶待入口而后知，岂有不待入口而已先知食味之美恶者邪？必有欲行之心，然后知路。欲行之心即是意、即是行之始矣。路岐之险夷必待身亲履历而后知，岂有不待身亲履历而已先知路岐之险夷者邪？'知汤乃饮'，'知衣乃服'，以此例之，皆无可疑。"④ 有想吃食物的心（意念），便知晓食物，想吃食物的心是意念，便是行了，（行）是意念的开始，这是心理学角度的定义。食物的美恶必须靠行（入口）验证，不入口（行）是不可能知道食物美或恶的。如果欲食之心是心态，那就算是潜意识，这种潜意识，是意识的开始。有了潜意识便有去了解事物的冲动，这种认识事物（知）的冲动，源自"心"，而认识食物的美、恶必须是"行"，而"行"的开始就是意，因而心态引出"知"，而"知"受心态影响。

综上所述，王阳明关于"知"出自"心"的观点，从不同的向度展示出来，由表述"知""心"关系的语法结构看，由处理、解决事件的场所看，由作为"知"存在的范围看，由作为"心"之性能或功能看，由作为感性认识活动看，"知"出自"心"。需要指出的是，"知"主要是指"良知"，知识论的"知"也含在其中，

---

① 《书朱守谐卷》，《王阳明全集》上，第 308 页。
② 《寄诸弟》，《王阳明全集》上，第 193 页。
③ 《传习录中》，《王阳明全集》上，第 53 页。
④ 《传习录中》，《王阳明全集》上，第 47 页。

在具体涉及时，需要加以注意。王阳明说："心不是一块血肉，凡知觉处便是心，如耳目之知视听，手足之知痛痒，此知觉便是心也。"① 他所说的"心"主要是从知觉角度说的，但这种知觉并非知识论意义上的，而是道德理性。实际上，无论是作为"心"之性能，还是以"心"为藏身之地，都表明"知"出自"心"。王阳明说："心之明觉处谓之知，知之存主处谓之心，原非有二物。存心便是致知，致知便是存心，亦非有二事。"②"心"之明觉处是"知"，所以"知"是"心"之功能；"知"之存储处是"心"，所以"心"是"知"之房屋。因此，存"心"便是"致知"，"致知"便是存心，但都离不开"心"。

二、"知"是心之本体

如上所述，"知"出于"心"，而王阳明讨论"知"与"心"的关系，主要是从良知与"心"的关系展开。他说："心之所发便是意，意之本体便是知。"③"意"是"心"之所发，"知"是"心"之本体，又是"意"之本体，"知"也是心之觉知判断能力，那么，对"心"会有怎样的影响呢？

在陈述、分析良知对"心"的影响之前，先了解一下阳明心学中良知的性能。良知是圆满无缺的。王阳明指出，如果从心外求理，就是认为"心"之良知未圆满，但良知是圆满无缺的，不能外"心"求理，他强调了良知的绝对性。无须外求，而应该致力于良知的彰显。王阳明说："良知之外，岂复有加于毫末乎？今必曰穷天下之理，而不知反求诸其心，则凡所谓善恶之机，真妄之辨者，舍吾心之良知，亦将何所致其体察乎？"④ 良知是中和的。王阳明认为，良知是至善，即是中、寂、廓然大公，人人具有："性无不善，故知无不良。良知即是未发之中，即是廓然大公，寂然不动之本体，人人之所同具者也。"⑤ 良知是监督器。它无时不在，无处不在，有事无事，无论动静皆有良知："'未发之中'即良知也，无前后内外而浑

---

① 《传习录下》，《王阳明全集》上，第 138 页。
② 《传习录拾遗》，《王阳明全集》下，第 1288 页。
③ 《传习录上》，《王阳明全集》上，第 6 页。
④ 《传习录中》，《王阳明全集》上，第 52 页。
⑤ 《传习录中》，《王阳明全集》上，第 71 页。

然一体者也。有事无事，可以言动静，而良知无分于有事无事也。寂然感通，可以言动静，而良知无分于寂然感通也。动静者，所遇之时，心之本体固无分于动静也。"① 良知是未发之中，无分动静，无分有事无事，心之本体也。"心"循理，不管如何动，都未尝动，"心"从欲，不管如何静，都未尝静，因此，心体之善在于循理。良知是先天的。王阳明说："良知不由见闻而有，而见闻莫非良知之用，故良知不滞于见闻，而亦不离于见闻。……大抵学问功夫只要主意头脑是当，若主意头脑专以致良知为事，则凡多闻多见，莫非致良知之功。盖日用之间，见闻酬酢，虽千头万绪，莫非良知之发用流行，除却见闻酬酢，亦无良知可致矣。故只是一事。"② 可见，良知是绝对至善本体，它不增不减，无处不在、无时不在，它见是非善恶即灿然显现，人人皆有。但不要忘记，这个至善本体不在"心"外，那么，这个至善本体与"心"的关系是怎样的呢？

其一，良知对"心"的影响，表现在对心理活动具有决定作用。王阳明认为，不是良知之"心"，不能思、不能觉，更不可能有睿知。他说："心而非良知，则不能以思与觉矣，又何有于睿知？"③ 思、觉是"心"的心理活动，在王阳明看来，这种心理活动，如果不是出于良知之心，根本不可能展开，因为良知是"心"之本体。这就是说，"心"之本体完好，"思""觉"等心理活动方能正常开展。因此，"心"之"思"这种心理活动，完全受"心"之本体的影响。可见，良知在这里是"心"之本体，而这个"心"之本体对"心"之思等心理活动具有决定性影响。由此看出，良知作为"心"之本体，对"心"具有决定性意义，而良知是善体，这又意味着心理活动必须由善心发出，否则不可能进行。"心"之思与觉，此"心"必须是良知，从功能角度看，良知对"心"之思具有决定性影响。从这个意义上说，王阳明已将"心"视为心态之中枢。从性质角度看，良知是善体，良知对思或觉等心理活动的性质具有决定作用。因此，无论从道德方面，还是从心理层面，基于王阳明论述的分析，良知对"心"的影响是决定性的。

其二，良知对"心"的影响，表现在对心理活动的监视与判断。王阳明说："是非之心，不待虑而知，不待学而能，是故谓之良知。是乃天命之性，吾心之本

---

① 《传习录中》，《王阳明全集》上，第 72 页。
② 《传习录中》，《王阳明全集》上，第 80—81 页。
③ 《答南元善》，《王阳明全集》上，第 235 页。

体，自然灵昭明觉者也。凡意念之发，吾心之良知无有不自知者。其善欤，惟吾心之良知自知之；其不善欤，亦惟吾心之良知自知之。"① 良知是心之本体，具有灵昭明觉的特点，是先天判断是非的标准；意念则是发自"心"的心理活动，但良知对这种心理活动的善恶了如指掌，意念之运行状态、是非善恶，全在良知掌控之中。一方面是心之本体，另一方面是"心"之心理活动，心之本体能够对"心"之心理活动进行监视，辨其善恶。由此，作为"心"之本体的良知监视作为心理活动的"意"，可以认为是"以心治心"，也就是"心"的自我运行、自强调适、自我完善。

其三，良知对"心"的影响，表现在决定情感性质上。王阳明说："知是心之本体。心自然会知：见父自然知孝，见兄自然知弟，见孺子入井自然知恻隐，此便是良知，不假外求。若良知之发，更无私意障碍，即所谓'充其恻隐之心，而仁不可胜用矣'。然在常人不能无私意障碍，所以须用致知格物之功。胜私复理，即心之良知更无障碍，得以充塞流行。便是致其知。知致则意诚。"② 就是说，良知是心之本体，孝悌恻隐皆是情，而作为"心"之本体的良知，能够觉察"情"之正邪善恶。而且，如果能持续以良知监视"情"之运行状态，就能够克去私意，能够诚意，从而回到本心。按照王阳明的观点，情感出于"心"，属于心理活动，良知也属于"心"，但属于心之本体，所以良知察觉"情"，也是"心"的自我运行，是作为心态之本体的良知对作为心理活动的"情"的监视和规定。

其四，良知对"心"的影响，也表现在对思维的规定上。王阳明说："'远虑'不是茫茫荡荡去思虑，只是要存这天理。天理在人心，亘古亘今，无有终始；天理即是良知，千思万虑，只是要致良知。良知愈思愈精明，若不精思，漫然随事应去，良知便粗了。若只着在事上茫茫荡荡去思教做'远虑'，便不免有毁誉、得丧、人欲搀入其中，就是'将迎'了。周公终夜以思，只是'戒慎不睹，恐惧不闻'的功夫；见得时，其气象与'将迎'自别。"③ 孔子讲的"远虑"不是茫茫荡荡地去想，而是要存天理；天理即良知，天理在人心，亘古今无始终。良知是愈思考愈精明，不思考就可能粗陋。如果在事上茫茫荡荡去思叫作远虑，那就不可避免地陷于毁誉、得丧、人欲等而不能自拔，这就是送迎之态了。因此，孔子的远虑、周公

---

① 《大学问》，《王阳明全集》中，第1070页。
② 《传习录上》，《王阳明全集》上，第7页。
③ 《传习录下》，《王阳明全集》上，第124—125页。

的终夜以思，都以存天理为目标，而不是只在事上茫茫荡荡地思，若在事上茫茫荡荡地思，就会陷入毁誉、得丧、人欲等消极心态之中。良知对"思"还具有引导和规范作用。王阳明说："'思曰睿，睿作圣。''心之官则思，思则得之。'思其可少乎？沉空守寂与安排思索，正是自私用智，其为丧失良知，一也。良知是天理之昭明灵觉处，故良知即是天理。思是良知之发用，若是良知发用之思，则所思莫非天理矣。良知发用之思，自然明白简易，良知亦自能知得。若是私意安排之思，自是纷纭劳扰，良知亦自会分别得。盖思之是非邪正，良知无有不自知者。所以认贼作子，正为致知之学不明，不知在良知上体认之耳。"①心必思，但有安排，则是私思，良知发用，则思皆天理，因此，思之邪正，完全由良知决定。

其五，良知对"心"的影响也表现在去"心"之蔽上。王阳明说："性无不善，故知无不良。良知即是未发之中，即是廓然大公，寂然不动之本体，人人之所同具者也。但不能不昏蔽于物欲，故须学以去其昏蔽，然于良知之本体，初不能有加于毫末也。知无不良，而中、寂、大公未能全者，是昏蔽之未尽去，而存之未纯耳。体既良知之体，用即良知之用，宁复有超然于体用之外者乎？"②王阳明认为，第一，良知会被物欲遮蔽，但可通过学习去除昏蔽；第二，学习对良知无有增损；第三，良知本身即是善体，中、寂、大公等，只是因为昏蔽未尽；第四，心之本体之所以昏蔽，是因为物欲，而去物欲要靠学习，但学习并不能使良知增加什么。实际上，学是明良知，使良知明亮，物欲自去。因为无论是善体，还是发用，都是良知。就体而言，良知全纯；就用而言，良知可能被物欲遮蔽，因而需要以良知之体去规范良知之用。良知不纯，不是指良知本身，而是因为物欲遮蔽，也就是说，良知未纯，不是指良知本身不纯，如果良知本身不纯，就没有办法解决这个问题。因此，去"心"之蔽，只有致良知。王阳明说："吾子所谓'气拘物蔽'者，拘此蔽此而已。今欲去此之蔽，不知致力于此，而欲以外求，是犹目之不明者，不务服药调理以治其目，而徒怅怅然求明于其外。明岂可以自外而得哉？任情恣意之害，亦以不能精察天理于此心之良知而已。此诚毫厘千里之谬者，不容于不辨。吾子毋谓其论之太刻也。"③良知不明，是因为气蔽物拘，故须去蔽除拘。而去蔽除拘，只有

---

① 《传习录中》，《王阳明全集》上，第81—82页。
② 《传习录中》，《王阳明全集》上，第70—71页。
③ 《传习录中》，《王阳明全集》上，第52—53页。

求心于良知,若是向外求,就好比治疗眼睛而不服药,却求明于外,眼明是由外而有吗?王阳明以眼明本于己而不求之外,说明良知之明应求之于心而不求之于外。在王阳明看来,心态不健康,乃是气拘物蔽之果,因而去气拘物蔽,才能使心态恢复。心态是心与理的构造,良知是其中的觉知,表现为理,是善心态,这由良知把握,而良知也会被物遮蔽,因而明良知成为心态健康的关键。心与良知是一体,心必须认得良知,发用良知,使心态与良知一致,才可能得到积极健康的心态。

其六,良知对"心"的影响,也表现在除去"心"之累上。王阳明曾与其弟子讨论过这个问题:

> 先生曰:"只要良知真切,虽做举业,不为心累;纵有累亦易觉,克之而已。且如读书时,良知知得强记之心不是,即克去之;有欲速之心不是,即克去之;有夸多斗靡之心不是,即克去之。如此,亦只是终日与圣贤印对,是个纯乎天理之心。任他读书,亦只是调摄此心而已,何累之有?"曰:"虽蒙开示,奈资质庸下,实难免累。窃闻穷通有命,上智之人恐不屑此。不肖为声利牵缠,甘心为此,徒自苦耳。欲屏弃之,又制于亲,不能舍去,奈何?"先生曰:"此事归辞于亲者多矣;其实只是无志。志立得时,良知千事万为只是一事,读书作文安能累人?人自累于得失耳!"因叹曰:"此学不明,不知此处担阁了几多英雄汉!"①

良知真切,便不会有心累。良知是心之本体,存在真切与否问题,只有真切体认良知,才能去心之累。心累,就是心理负担,如忧虑、悲伤等,是心理活动。而良知是心之本体,是心中的善体,这个善体可以治疗心理活动的负面表现。心累是因为人被利欲所诱惑所遮蔽,是缘于外因。良知为什么可以去除心累?良知就是让你不计较,廓然大公,看淡一切,哪还会心累?因此,良知是作为心态结构的善体、灵觉存在。一方面,由于受私欲影响而生心累,另一方面心之本体良知可以去私欲,从而化解心累,如此就意味着"心"可分为善区与恶区,或者本体之善、末用之恶。而良知是处于善区并负责消除恶区。那么,良知如何去私欲呢?良知是心

---

① 《传习录下》,《王阳明全集》上,第114页。

之灵明，拥有发现、监督心态的功能，能够随时体觉"心"之动向，一旦出现负面的心态表现，比如私欲，良知便会紧盯不放；良知是至善本体，拥有此善体，便能在心态上廓然大公，物来顺应，化心累于无形无声。不过，王阳明认为，良知功能的发挥还需要一个前提，那就是人必须信奉良知，将良知作为自己的敬畏和信仰，也就是以良知为志。一旦以良知为志，良知便时时刻刻提醒你，从而去私欲除心累。由王阳明关于"知"可去心累的论述可知，"知"作为"心"结构的元素之一，对于化解心累发挥着内在的关键作用。

其七，良知对"心"的影响，表现在去"心"之偏私上。王阳明说："忿懥几件，人心怎能无得？只是不可有耳！凡人忿懥着了一分意思，便怒得过当，非廓然大公之体了。故'有所忿懥'，便不得其正也。如今于凡忿懥等件，只是个物来顺应，不要着一分意思，便心体廓然大公，得其本体之正了。且如出外见人相斗，其不是的，我心亦怒。然虽怒，却此心廓然，不曾动些子气。如今怒人，亦得如此，方才是正。"① 忿懥、恐惧、好乐、忧患等都是心态或心理，但不能过当，不过当才是正。如何不过当呢？不动气，如何不动气？致良知。王阳明认为，良知之明觉，可以去"心"之私。心有本体，无边无际，由于私欲遮蔽，心之本体不能显露，因而要去私，去私需要念良知，良知是心之本体，所以又回到了心之体。他说："人心是天、渊。心之本体无所不该，原是一个天，只为私欲障碍，则天之本体失了。心之理无穷尽，原是一个渊。只为私欲窒塞，则渊之本体失了。如今念念致良知，将此障碍窒塞一齐去尽，则本体已复，便是天、渊了。"② 心是天、渊，心之本体，可能被私欲遮蔽，只有致良知，才能使私欲尽去，恢复本体，这实际上是以自己力量解决自己的问题。王阳明说："今欲'善恶不思，而心之良知清静自在'，此便有自私自利、将迎意必之心，所以有'不思善、不思恶时用致知之功，则已涉于思善'之患。孟子说'夜气'，亦只是为失其良心之人指出个良心萌动处，使他从此培养将去。今已知得良知明白，常用致知之功，即已不消说'夜气'；却是得兔后不知守兔，而仍去守株，兔将复先之矣。欲求宁静，欲念无生，此正是自私自利、将迎意必之病，是以念愈生而愈不宁静。良知只是一个良知，而善恶自辨，更有何善何恶可思！良知之体本自宁静，今却又添一个求宁静；本自生生，今却又添一个欲无

---

① 《传习录下》，《王阳明全集》上，第 112 页。
② 《传习录下》，《王阳明全集》上，第 109 页。

生；非独圣门致知之功不如此，虽佛氏之学亦未如此将迎意必也。只是一念良知，彻头彻尾，无始无终，即是前念不灭，后念不生。今却欲前念易灭，而后念不生，是佛氏所谓断灭种性，入于槁木死灰之谓矣。"① 欲求欲念，都是自私自利，所以念越生越不得宁静；良知只有一个，良知面前善恶自辨，根本无善无恶可思；良知本宁静、本生生，如再求个静、求个生，则是私意，非圣人之学也。

这里主要讨论对于良知这个善体无须人为地求静求动，因为良知无动无静，如果整天想着"不思善恶而心之良知清净自在"，便是有私意。也就是说，"心"如果整天想着不思善恶来使心之良知清净自在，那也是将迎意必。欲是心理活动，是想获得之意，"善恶不思，而心之良知清静自在"，是一件物事，这个物事的意思是"不思善恶，心之良知便清净自在"，包含一个没有发起的思维活动及其结果。王阳明认为，如果人有了这种欲念，便是自私，而良知本自宁静，无须额外求宁静，如果额外求宁静，便有悖良知本体的特性。良知是心之本体，欲是心之所发，良知本体不动不静，心之所发的欲，表现在良知本体上是多余的，因为良知本体本自纯净圆融至善。良知之光，即可以察"心"之善恶，良知是"心"之天生测量器。王阳明说："良知只是个是非之心，是非只是个好恶，只好恶就尽了是非，只是非就尽了万事万变。"又说："是非两字是个大规矩，巧处则存乎其人。"② 良知只是个是非之心，即良知是判断是非的标准，良知在心中，具有判断是非的功能。

可见，作为"心"之本体的良知，对"心"具有多方面的影响。良知能够影响"心"之心理活动的性质，能够去除"心"之蔽、累、私、恶，等等。但如上所述，良知是心之本体，而良知所影响的"心"的所有方面，都在"心"范围之内，所以这种影响本质上是"心"自我的运行。王阳明说："心者身之主也，而心之虚灵明觉，即所谓本然之良知也。其虚灵明觉之良知，应感而动者谓之意。有知而后有意，无知则无意矣。知非意之体乎？"③ 有良知才有意，无良知则无意，良知是意的本体，也是心的本体；意是心之所发，是心的延伸和形式，所以讲良知与意的关系，就是讲良知与心的关系，只是，意与心是两个波段，而意又是行之始，这个时候，意又将心与行联系起来了。因此，从心理学层面看，良知是心的枢纽，决定意

---

① 《传习录中》，《王阳明全集》上，第 75—76 页。
② 《传习录下》，《王阳明全集》上，第 126 页。
③ 《传习录中》，《王阳明全集》上，第 53 页。

之有无;从善体角度看,良知是心之根核和判官,决定意之有无。同样,作为心之本体的良知影响着作为心理活动的意。良知是"心"之虚明灵觉,虚明灵觉应感而动,即是意,有知才有意,是意之本体。意是心之所发,良知是心之本体,所以心之本体的良知同时是意之本体。这就说明,"心"是一种复杂的精神结构。王阳明说:"集义只是致良知。心得其宜为义,致良知则心得其宜矣。"① 良知是义,致良知则是心得其宜,也就是致良知实现了"心"之所宜。良知是心之本体,是善,因而致良知可以说是实现了"心"之欲求。

三、"心"如何运行"知"

如上考察表明,"知"对"心"有多方面的影响,良知是纯化"心"、守护"心"的根本力量。良知是"心"之明觉处,"心"是良知存储处,"心"之明觉处是"知",所以"知"是"心"之功能;"知"之存储处是"心",所以"心"是"知"之屋厦。因此,存心便是致知,致知便是存心。既然"存心"就是"致知",也就意味着"心"对"知"必然产生影响。不过,良知虽然是心之本体,是心之虚灵明觉,但良知的发用无法离开"心",良知性能的发挥也要由"心"主宰。王阳明说:"只在汝心。循理便是善,动气便是恶。"② 这是说,"循理"与"动气"完全取决于"心"。而且,只要"心"志于良知,则"良知"功能的发挥便不可限量。王阳明说:"你真有圣人之志,良知上更无不尽。良知上留得些子别念挂带,便非必为圣人之志矣。"③ 因此,从这个意义上看,良知于"心"而言,又处于从属地位。这就意味着,必然存在"心"运行"知"的情况。如下即考察"心"运行"知"的具体情形。

1. **"心"之性质对"知"的影响**。"致良知"是王阳明的核心主张:"吾心之良知,即所谓天理也。致吾心良知之天理于事事物物,则事事物物皆得其理矣。致吾心之良知者,致知也。事事物物皆得其理者,格物也。是合心与理而为一者也。"④

---

① 《答董沄萝石》,《王阳明全集》上,第221页。
② 《传习录上》,《王阳明全集》上,第34页。
③ 《传习录下》,《王阳明全集》上,第119页。
④ 《传习录中》,《王阳明全集》上,第51页。

"天理"的发用流行，即将"天理"推致事事物物并体现其中，推致"心"之天理于事物，便是"致知"，"理"体现于事事物物，便是"格物"，此谓"心即理"。王阳明说："理也者，心之条理也。是理也，发之于亲则为孝，发之于君则为忠，发之于朋友则为信。千变万化，至不可穷竭，而莫非发于吾之一心。"①"心"掌控着良知的动向。由于良知对"心"具有根本性影响，所以"心"必须对"致良知"表达关切。那么，"心"是怎样影响"知"的呢？王阳明认为，"心"的品质或状态会对良知产生影响。他说："人孰无根，良知即是天植灵根，自生生不息；但着了私累，把此根戕贼蔽塞，不得发生耳。"②良知是人的天植本根，但如果着了私意，就会闭塞本根，不能生发出来。所谓"着私意"，只能是"心"着私意，"心"着私意必然造成良知的遮蔽，良知不能生发出来，会导致"心"累，影响良知的发用。相反，如果"心"平和，对于万事万物都洞然明白，便回到本心，也就是回到良知。王阳明说："此学不明于世，久矣。而旧闻旧习障蔽缠绕，一旦骤闻吾说，未有不非诋疑议者。然此心之良知，昭然不昧，万古一日。但肯平心易气，而以吾说反之于心，亦未有不洞然明白者。"③只要平心易气，便可反之于心，可恢复良知。在王阳明看来，不同层次的人，其"心"之状态也是有差异的，这种差异对良知的发用会产生直接影响："心之良知是谓圣。圣人之学，惟是致此良知而已。自然而致之者，圣人也；勉然而致之者，贤人也；自蔽自昧而不肯致之者，愚不肖者也。愚不肖者，虽其蔽昧之极，良知又未尝不存也。苟能致之，即与圣人无异矣。"④这就是说，同是致良知，圣人之心是自然而然、贤人之心是勉然而然、愚不肖者之心是自蔽自昧，因而各自的致良知效果是不同的。

  2. "心"之专一对致良知的影响。王阳明认为，良知的发用，需要"心"安，"心"安才能虑，良知才能顺利发用。如果能确知至善在心，笃定专一，那么"心"就能静。"心"静则从容而安，"心"安下来，"心"之良知才能详细地审察之，择之无不精，处之无不当。他说："今焉既知至善之在吾心，而不假于外求，则志有定向，而无支离决裂、错杂纷纭之患矣。无支离决裂、错杂纷纭之患，则心不妄动

---

① 《书诸阳伯卷》，《王阳明全集》上，第308页。
② 《传习录下》，《王阳明全集》上，第115页。
③ 《答以乘宪副》，《王阳明全集》上，第245页。
④ 《书魏师孟卷》，《王阳明全集》上，第312页。

而能静矣。心不妄动而能静，则其日用之间，从容闲暇而能安矣。能安，则凡一念之发，一事之感，其为至善乎？其非至善乎？吾心之良知自有以详审精察之，而能虑矣。能虑则择之无不精，处之无不当，而至善于是乎可得矣。"①首先必须明了至善在心，其次以此为志，笃定不妄，良知才能明察善恶。如此看来，心之本体良知在"心"安静的前提下可以察觉心发出的念头是否至善。因此，"心"能否笃定专一，对致良知有直接影响。王阳明说："依得良知，即无有不是矣。所疑拘于体面，格于事势等患，皆是致良知之心未能诚切专一。若能诚切专一，自无此也。凡作事不能谋始与有轻忽苟且之弊者，亦皆致知之心未能诚一，亦是见得良知未透彻。若见得透彻，即体面事势中，莫非良知之妙用。除却体面事势之外，亦别天良知矣。岂得又为体面所局，事势所格？即已动于私意，非复良知之本然矣。"②在王阳明看来，依良知而行，没有不对的，之所以出现拘于体面、格于事势等问题，皆是致良知之"心"不笃定、不专一，所以良知发用及遭遇的问题，不能离开"心"。而"心"如果能真切笃实，"知"必能明觉精察。王阳明说："知之真切笃实处，便是行；行之明觉精察处，便是知。若知时，其心不能真切笃实，则其知便不能明觉精察，不是知之时只要明觉精察，更不要真切笃实也。行之时，其心不能明觉精察，则其行便不能真切笃实，不是行之时只要真切笃实，更不要明觉精察也。知天地之化育，心体原是如此。乾知大始，心体亦原是如此。"③也就是说，"知""行"是相互规定的，"知"之真切笃实便是"行"，即强调"知"的诚；"行"之明觉精察便是"知"，即强调"行"的明，但如果"心"不真切笃实，"知"就不能明觉精察，此即说，"知"之明觉精察，必须以"心"之真切笃实为前提。既然"知"之性能的充分表现需要"心"之专一为基础，那么，从"知"之性能得以充分表现的条件看，"知"出自"心"。所谓"知天地之化育，心体原是如此；乾知大始，心体亦原是如此"，即在本体层面强调"心"对"知"的主宰作用。

3. 表现在对"心"之二层结构的调整。王阳明认为，"心"有两种形式，一是照心，二是妄心。照心是体，妄心是末，但不是两个"心"，而是一体两面。照心即良知，无处不在，妄心在照心之中，照心在妄心之中，若分照心、妄心，则是

---

① 《大学问》，《王阳明全集》中，第 1068 页。
② 《答魏师说》，《王阳明全集》上，第 242 页。
③ 《答友人问》，《王阳明全集》上，第 234 页。

将"心"一分为二。王阳明说:"'照心非动'者,以其发于本体明觉之自然,而未尝有所动也。有所动即妄矣。'妄心亦照'者,以其本体明觉之自然者,未尝不在于其中,但有所动耳。无所动即照矣。无妄无照,非以妄为照,以照为妄也。照心为照,妄心为妄,是犹有妄有照也。有妄、有照,则犹贰也,贰则息矣。无妄无照则不贰,不贰则不息矣。"① 这里阐述了照心与妄心的关系,其核心观点是照心无时无处不在,即便是妄心,照心亦在其中。"妄心"是"心"动,是恶,所谓"照心"在"妄心"中,即谓"心"之本体部分监视着末用部分。所谓照心非动,是因为其发于本体明觉之自然,而未尝动;妄心非照者,是因为其本体明觉未尝不在其中,但有所动;无妄无照,不是以妄为照、以照为妄,因而照心为照、妄心为妄,则是支离为妄心、照心。由于"照心"就是良知,"妄心"是邪念,所以实际上还是就"心"之两重表现而言。

作为心之本体的良知是恒在的,作为心之所发的妄念则是偶尔出现的。一个是本体意义上的心,天理或良知,是无时无处不在的;一个是末用意义上的心,或隐或显,而作为本体意义上的"心",时刻监视着末用意义上的"心"。王阳明说:"良知者,心之本体,即前所谓恒照者也。心之本体,无起无不起,虽妄念之发,而良知未尝不在,但人不知存,则有时而或放耳。虽昏塞之极,而良知未尝不明,但人不知察,则有时而或蔽耳。虽有时而或放,其体实未尝不在也,存之而已耳;虽有时而或蔽,其体实未尝不明也,察之而已耳。若谓良知亦有起处,则是有时而不在也,非其本体之谓矣。"② 良知即恒照者,是心的本质规定,是心之所以为道心的根据;良知没有所谓起伏终始,即便是妄念发作,良知时刻都在那里,只是人不能觉悟而已,从而导致偶尔丢失;即便昏暗堵塞,良知仍然光明,只是人未能察觉,从而导致偶尔被遮蔽。虽然偶尔丢失,但良知之体恒在,存放于不睹不闻而已;虽然偶尔遮蔽,良知之体仍然光明,明察于不睹不闻而已。如果一定要说良知有起伏,只能说是暂时不在不显,而且不是就本体意义上而言。就是说,良知作为心之本体,其性能是恒在普照,没有丢失、遮蔽之问题。因此,人人应该相信良知的存在,当良知偶尔不在时,不是就本体意义上说的,而是就现象意义上说的,因而良知对"心"而言,是决定性的规定。可见,照心非动是发于本体明觉之自然,

---

① 《传习录中》,《王阳明全集》上,第74页。
② 《传习录中》,《王阳明全集》上,第69页。

妄心亦照，是指本体明觉之自然在人心中，也就是将"心"结构分为两个层次。一个是不动的善体，即所谓照心；一个是运动的妄念，即所谓妄心，妄心中有本体明觉，只是有所动。这与"意"是一致的，"意"并非天然的恶，过或不及才为恶。因此，照心、妄心之说，不过是道心、人心的另一种表达。王阳明说："是有意于求宁静，是以愈不宁静耳。夫妄心则动也，照心非动也；恒照则恒动恒静，天地之所以恒久而不已也。照心固照也，妄心亦照也，其为物不贰，则其生物不息，有刻暂停则息矣，非至诚无息之学矣。"① 妄心即动，照心非动，恒照则恒动恒静，为什么？因为恒照，是天理、良知在主宰，是心之本体，但是，照心固然照，妄心也照，因为照心无处不在。可见，王阳明关于照心、妄心的论述，是将心分为两层，一是照心，一是妄心，照心实际上就是良知，妄心可以名之为"妄知"，但都是"心"，照心是负责"心"善性，妄心则负责"闹事"，是躁动不安之心。因此，必须以照心监督妄心，而照心监督妄心，乃是由"心"主宰。

4. 表现在"心"真切体认良知的存在上。王阳明认为，"心"必须充分体认良知的存在、天理的存在，必须自觉到良知的完满具足，致良知才有可能。王阳明说："孔子九千镒只是尧、舜的，原无彼我，所以谓之圣。只论精一，不论多寡。只要此心纯乎天理处同，便同谓之圣。若是力量气魄，如何尽同得！后儒只在分两上较量，所以流入功利。若除去了此较分两的心，各人尽着自己力量精神，只在此心纯天理上用功，即人人自有，个个圆成，便能大以成大，小以成小，不假外慕，无不具足。此便是实实落落明善诚身的事。后儒不明圣学，不知就自己心地良知良能上体认扩充，却去求知其所不知，求能其所不能，一味只是希高慕大；不知自己是桀、纣心地，动辄要做尧、舜事业。如何做得？"② 如果"心"知其所不知，能其所不能，希高慕大，这就是没有体认到良知的完善具足，以致推良知于事事物物而无功。如果能够体认良知在心，则无处不是良知。王阳明说："人但各以其一隅之见认定，以为道止如此，所以不同。若解向里寻求，见得自己心体，即无时无处不是此道。亘古亘今，无终无始，更有甚同异？心即道，道即天，知心则知道、知天。"③ 从自己心上体认良知或天理，不向外求，"心""道""天"是一，知心、知

---

① 《传习录中》，《王阳明全集》上，第69页。
② 《传习录上》，《王阳明全集》上，第35—36页。
③ 《传习录上》，《王阳明全集》上，第24页。

道、知天，是谁来"知"？当然是"心"。所谓"知心"，就是"心"知"自己"，"心"知道了自己，认清了自己，便意味着认识了道、认知了天。从自己心上体认，其实就是凭自己的良心，从自己的意愿出发，自己怎么想，想什么，从你的角度去想别人，再回到自己，将心比心。王阳明指出，做人无须左顾右盼，自己把握好自己，将自己做好就可以了。因此，不能真切体认天理或良知，就不可能致良知。王阳明总结说："近时同志亦已无不知有致良知之说，然能于此实用功者绝少，皆缘见得良知未真，又将致字看太易了，是以多未有得力处。"①

5. 表现在"心"对良知发用流行的掌管和引导。"心"主宰良知发用流行，影响着良知发用流行全过程。王阳明说："心者身之主也，而心之虚灵明觉，即所谓本然之良知也。其虚灵明觉之良知，应感而动者谓之意。有知而后有意，无知则无意矣。知非意之体乎？意之所用，必有其物，物即事也。如意用于事亲，即事亲为一物；意用于治民，即治民为一物；意用于读书，即读书为一物；意用于听讼，即听讼为一物：凡意之所用，无有无物者，有是意即有是物，无是意即无是物矣。物非意之用乎？"② 良知是心之虚灵明觉，感物而动便有了意，因而良知是意之本体，意之所用，必有其物，物即事；这样，从良知到意再到物事，都出于"心"；而"知"是"意"之本体，物是"意"之用，所以皆为"心"所管控。这个过程中出现问题的环节是"意"，而"意"由"心"所发，良知是"意"之本体，它对"意"的引导，必须由"心"主导。"心"也决定着能否依良知做或不依良知做。王阳明说："所谓'人虽不知，而己所独知'者，此正是吾心良知处。然知得善，却不依这个良知便做去，知得不善，却不依这个良知便不做去，则这个良知便遮蔽了，是不能致知也。吾心良知既不得扩充到底，则善虽知好，不能着实好了；恶虽知恶，不能着实恶了，如何得意诚？故致知者，意诚之本也。然亦不是悬空的致知，致知在实事上格。如意在于为善，便就这件事上去为；意在于去恶，便就这件事上去不为。去恶固是格不正以归于正，为善则不善正了，亦是格不正以归于正也。如此，则吾心良知无私欲蔽了，得以致其极，而意之所发，好善去恶，无有不诚矣。"③ 如果良知知道善，不去做，知道不善，不去灭，便是良知遮蔽，便不

---

① 《与陈惟濬》，《王阳明全集》上，第247页。
② 《传习录中》，《王阳明全集》上，第53—54页。
③ 《传习录下》，《王阳明全集》上，第135—136页。

能致知。"心"中的良知不能扩充到底,那么,虽然知道善好,不能着实为善,虽然知道恶不好,不能着实去恶,如此怎么可能使"意"诚?所以,致知是意诚的根本。但致知也不是悬空的,必须落实到事上。如果意念在于为善,并且就事上努力作为,如果意念在于去恶,并且就事上坚决不作为,这样,就能致良知而无私欲了。良知是心之本体,良知之觉知,由"心"发动;良知知善知恶,亦由"心"使然;依良知所知去为或不为,亦由"心"做主,因此,在这整个过程中,都离不开"心"。

6. "心"循理对"知"的影响才具有决定意义。如上讨论表明,"心"对"知"的影响是全面的、深刻的,但"心"对"知"的影响也是有条件的,是有前提的,这个前提或条件就是"循理"。王阳明说:"动静只是一个。那三更时分,空空静静的,只是存天理,即是如今应事接物的心。如今应事接物的心,亦是循此理,便是那三更时分空空静静的心。"① 三更时分空空静静,但只要天理存,便是应事接物之心。这个应事接物之心,因为遵循天理,才是那三更时分空空静静的心。正是空静之"心",才能安定、专一、笃定、纯洁,才能为致良知扫清保障。因此,"心"遵循"理",才能回到本体。也就是说,"心"循理与否,对"知"的影响具有决定意义。王阳明说:"理无动者也,动即为欲。循理则虽酬酢万变而未尝动也。从欲则虽槁心一念而未尝静也;'动中有静,静中有动',又何疑乎?有事而感通,固可以言动,然而寂然者未尝有增也。无事而寂然,固可以言静,然而感通者未尝有减也。'动而无动,静而无静',又何疑乎?无前后内外而浑然一体,则至诚有息之疑,不待解矣。未发在已发之中,而已发之中未尝别有未发者在;已发在未发之中,而未发之中未尝别有已发者存;是未尝无动静,而不可以动静分者也。"② "理"之有无,决定"心"的状态。而循理实际上是致知,从欲则非致知。因此,一方面,"心"从属于什么,必然对良知产生影响;另一方面,良知如果在"心",或者理在"心",对"心"的动静善恶也会产生影响。因此,心、心体、理、良知之相互影响,属于"心"的自我运动,"心"的自我运动,由于是循"理"而为,所以善恶也就化解了。良知在"心"的自我运行中扮演着重要角色。"良知未发之中,没有前后内外而浑然一体"是什么意思?良知无分于有事无事,即有事无事都有良

---

① 《传习录下》,《王阳明全集》上,第111页。
② 《传习录中》,《王阳明全集》上,第72页。

知在,也无分于寂然感通,即寂然感通皆有良知在,因此,心之本体无分于动静。但关键在于"理",循理,虽酬酢万变,也未尝动;从欲,即便槁心一念,也未尝静。从未发、已发言则是相互含摄的,已发是情,未发是性,性在情中,而情之中未尝有性,情在性中,而性中有情在,这就是强调性情一体,所以无所谓动静。不过,无论是已发还是未发,都由"心"主宰,因此,王阳明所说的性情、动静、未发已发等都在心中。良知自然是未发,是性体,是善。

如上即是王阳明关于"心""知"关系的主要观点。在王阳明关于"知""心"关系的论述中,"知"主要是指良知,即心之本体,也就是心中善的部分,是"心"之善性的规定者;"知"偶尔也指知识论的知识或知觉,在心态结构中则是需要关注的对象,或者纯化的对象。阳明心学中的"知""心"关系,表现为"心"之二层结构的关系。

如上考察表明,"心"与意、情、志、知等都存在密切的关系,王阳明对这四对关系展开了较为系统、深入的思考和讨论,形成了关于心态结构的认识。在王阳明看来,意、情、志、知等无不出自"心",四者对"心"具有特殊的影响和作用,而由"心"统率、运行着意、情、志、知;在"心"结构系统中,意与情、情与志、志与知、知与意、知与情等也彼此发生关系并相互影响,但最终都在"心"中表演。显然,王阳明关于心与情、心与知、心与志关系的论述,基本上呈现出阳明心学对心理心态结构的认识和观念。"意"是"心"之所发,也是心之本体良知所发,良知是"意"之本体,因而良知对"意"具有决定性影响,而"意"也可能遮蔽良知;"情"也是"心"之所发,"情"同样可能遮蔽良知;"志"也是"心"之所发,"志"具有专一笃定的力量,因而"志"于什么,必然有利于所"志"的对象;"知"主要以良知出现,虽然是心之本体,也出于"心",但良知从性质上规定"心",虽然并非完全重合。良知作为觉知与德性的融合体,对于"意""情"都具有决定性影响,当然也被反影响。良知对于"志"同样在性质上具有决定性意义,如果"志"于邪恶,那么这个"志"就转变为消极意义了。但不管如何,意、情、志、知等心理活动,皆由"心"掌控。意、情、志皆受益于"心",也受制于"心",是"心"的表现形式,无疑逃脱不了"心"的控制。而良知,作为善体,虽然与"心"一体,但这个善体仍然需要"心"的护养与管理。无论是作为存放场所,还是作为发用动力,或是作为运行过程中的调适器,"心"都不能缺席。所以王阳明说:"盖身、心、意、知、物者,是其工夫所用之条理,虽亦各有其所,而其实只是一物。"①身、心、意、知、物五者虽各有其所,但本质上是一个东西。而在身、心、意、知、物这个系列中,"心"是唯一的主宰。王阳明说:"耳、目、口、鼻、四肢,身也,非心安能视、听、言、动?心欲视、听、言、动,无耳、目、口、鼻、四肢亦不能,故无心则无身,无身则无心。但指其充塞处言之谓之身,指其主宰处言之谓之心,指心之发动处谓之意,指意之灵明处谓之知,指意之涉着处谓之物:只是一件。意未有悬空的,必着事物,故欲诚意则随意所在某事而格之,去其人欲而归于天理,则良知之在此事者无蔽而得致矣。此便是诚意的功夫。"②在王阳明看来,身、心、意、知、物是一件,因而"心"的主宰不仅表现在"身"上,而且表现发自"心"的所有心理活动上,即所谓"心是指主宰处"。"意"是"心"之发动处,"知"是"意"之灵明处,"物"是意之涉着处,所以是一件,都是"心"的不同面向,都以"心"为中心。在"心"的结构中,对于意、情、志、知而言,"心"是主宰者。因而"心"是非常忙碌、非常操劳的,王阳明说:"人心自是不息。虽在睡梦,此心亦是流动。如天地之化,本无一息之停。然其化生万物,各得其所,却亦自静也。此心虽是流行不息,然其一循天理,却亦自静也。若专在静上用功,恐有喜静恶动之弊。"③"心"忙碌不息,即便身体休息之时,它仍然在忙碌,但要发挥积极作用,必须遵循天理。

概言之,"心"是心态结构的核心,没有"心",就没有由意、情、志、知所组成的心态结构,就没有"心"的运行,因而必须谨守"心",正如王阳明所说:"圣人之心纯乎天理,故无事于学。下是,则心有不存而汩其性,丧其天矣,故必学以存其心。学以存其心者,何求哉?求诸其心而已矣。求诸其心何为哉?谨守其心而已矣。博学也,审问也,慎思也,明辨也,笃行也,皆谨守其心之功也。"④

---

① 《大学问》,《王阳明全集》中,第 1069 页。
② 《传习录下》,《王阳明全集》上,第 103 页。
③ 《传习录拾遗》,《王阳明全集》下,第 1294 页。
④ 《谨斋说》,《王阳明全集》上,第 293—294 页。

第六章　心学的心态功能

所谓心态功能，是指通过心态行为使某物或某事实现它的目的，因而也可说是心态行为所发挥的作用或效能。王阳明心学对心态类型的考察和判断、对心态特点的分析和确定，有助于进一步认识和把握心态的功能，有助于人们确立健康的、积极的心态，从而服务于生命。值得注意的是，王阳明关于心态的认识，没有局限于心态类型、心态特性、心态结构范围，他对心态的功能也予以关注，并展开了系统而深入的考察和分析。那么，王阳明关于心态功能的认识之具体情形如何呢？

第一节　心态的反映功能

心态是主体发出的心理活动，而这种心理活动的发生又以主体与物事接触为前提。王阳明认为"意之所在便是物"，因而心态必然对其所在之"物"有所反映，他说："除了人情事变，则无事矣。喜怒哀乐非人情乎？自视听言动，以至富贵、贫贱、患难、死生，皆事变也。事变亦只在人情里。"[①]"喜、怒、哀、乐"自然是心态，即所谓"人情"；所谓"事变亦只在人情里"，就是认为心态具有反映存在的功能。那么，在王阳明心学中，心态是如何反映"事变"的呢？

[①]《传习录上》，《王阳明全集》上，第17页。

一、心态反映生命状况

所谓心态反映生命状况，是指通过心态认识、把握人的生命状况。人的生命状况究竟是健康，还是衰弱？是旺盛，还是萎靡？是向上，还是下坠？是畅通，还是堵塞？……皆可透过人的心态进行推测、认识和把握。在王阳明心学中，这样的案例极为常见。

1. 心态反映肉体生命状况。一般而言，如果一个人的心态愉悦、乐观，那么其呈现的是身体健康、精力旺盛、朝气蓬勃；相反，如果一个人的心态忧郁、悲观，那么其呈现的必然是身体病弱、无精打采、萎靡不振。在王阳明看来，一个人的心态状况对其身体行为具有直接的影响："君子之学，求以得之于其心，故君子之于射以存其心也。是故慄于其心者其动妄，荡于其心者其视浮，歉于其心者其气馁，忽于其心者其貌惰，傲于其心者其色矜，五者，心之不存也。"① 这就是说，如果君子心态忧虑不安，那么他的动作必定是随意的；如果君子心态摇摆不定，那么他的视线必定是飘浮的；如果君子心态歉疚难安，那么他的气息必定是微弱的；如果君子心态疏忽轻慢，那么他的相貌必定是疏懒的；如果君子内心骄傲，那么他的神色必定是骄矜的。这里的动作、视线、气息、相貌、神色等都是身体行为，既然有怎样的心态，就会出现相应的"身行"，足见心态对于生命的反映直接而准确。

那么，积极的心态所反映的生命状况是怎样的呢？王阳明说："盖其心学纯明，而有以全其万物一体之仁，故其精神流贯，志气通达，而无有乎人己之分，物我之间。譬之一人之身，目视、耳听、手持、足行，以济一身之用。目不耻其无聪，而耳之所涉，目必营焉；足不耻其无执，而手之所探，足必前焉；盖其元气充周，血脉条畅，是以痒疴呼吸，感触神应，有不言而喻之妙。"② 所谓"万物一体之仁"，就是大公无私，就是视人如己，就是无人己、物我之分，是一种积极的心态。这种心态反映的生命气象为什么是生机蓬勃、刚健有力的呢？因为"万物一体"的心态可疏通身体中的气血、可激活身体中的细胞、可振奋身体中的精神，从而使生命呈现畅通无碍、生机盎然、活力四射之气象。

既然积极心态能够帮助我们认识和把握生命状况，那么消极心态也应该可以帮

---

① 《观德亭记》，《王阳明全集》上，第 274 页。
② 《传习录中》，《王阳明全集》上，第 62 页。

助我们认识和把握生命状况。王阳明一生体弱多病，特别是随着年纪的增长，其身体状况越来越差，而这可由他的心态完整、真实地反映出来。王阳明曾表达自己"无用于世"的悲观心态："区区两年来血气亦渐衰，无复用世之志。"①所反映的生命状况是"血气渐衰"。他还曾表达"百念俱息"之心境："朽才病废，百念俱息，忽承重寄，岂复能堪？若恳辞不获，自此将为知己之忧矣，奈何奈何！"②所反映的生命状况是"朽才病废"。也表达过"坐废日月、虚度此生"的无奈心态："自入广来，精神顿衰。虽因病患侵凌，水土不服，要亦中年以后之人，其势亦自然至此，以是怀归之念日切。诚恐坐废日月，上无益于国家，下无以发明此学，竟成虚度此生耳，奈何奈何！"③所反映的生命状况是"精神顿衰、病患侵凌"。还表达过"无复人间意"之绝望心态："仆衰病陋劣，何足以与于斯耶！数年来频罹疾构，痰嗽潮热，日益尪羸，仅存喘息，无复人间意矣。"④所反映的生命状况是"频罹疾构、痰嗽潮热、日益瘦弱、衰病陋劣"。王阳明甚至表达过"非久于人世"的绝望心态："日来呕血，饮食顿减，潮热夜作。自计决非久于人世者，望全始终之爱，使得早还故乡。万一苟延余息，生死肉骨之恩，当何如图报耶？"⑤所反映的生命状况是"日来呕血，饮食顿减，潮热夜作"。无疑，王阳明持续流露的这些"消极心态"，完整呈现了他病痛缠身、日夜煎熬的生命状况！我们不能不被王阳明生命的挺立所震撼！亦不能不为王阳明生命的凄苦而悲悯！

2. 心态反映精神生命状况。这里的精神生命，包括知识生命、情感生命、道德生命。心态反映个体的知识、情感、道德状况，意味着通过心态可以认识、把握个体的精神生命状况。第一，心态对知识生命的反映。一般而言，如果一个人知识丰富，见多识广，那么在很大程度上，他的心胸就会开放包容；相反，如果一个人知识贫乏，视野狭窄，那么他的心胸就会狭隘苛刻。王阳明说："议论好胜，亦是今时学者大病。今学者于道，如管中窥天，少有所见，即自足自是，傲然居之不疑。与人言论，不待其辞之终而已先怀轻忽非笑之意，訑訑之声音颜色，拒人于千里之外。不知有道者从旁视之，方为之竦息汗颜，若无所容。而彼悍然不顾，略无

---

① 《与夏敦夫》，《王阳明全集》上，第 200 页。
② 《与黄宗贤二》，《王阳明全集》中，第 914 页。
③ 《与黄宗贤五》，《王阳明全集》中，第 917 页。
④ 《与霍兀崖宫端》，《王阳明全集》中，第 919 页。
⑤ 《与王晋溪司马》，《王阳明全集》中，第 1112 页。

省觉，斯亦可哀也已！近时同辈中往往亦有是病者，相见时可出此以警励之。"① 就是说，某些人之所以好胜、狂傲，就在于其知识贫乏，孤陋寡闻，见识短浅。因而如果一个人表现出好胜、骄傲心态，那么大致可以判定此人的知识是相对贫乏的，其知识生命是相对贫困的。第二，心态对情感生命的反映。情感是一种复杂且稳定的生理体验，具体表现为喜爱、愤怒、悲伤、仇恨、厌恶等形式。有趣的是，这种生理体验往往可以透过心态加以认识。在王阳明心学中，心态反映情感状况的案例不少。比如，王阳明的学生陆澄，因其儿子病危而痛不欲生，这种心态反映了陆澄对儿子的深厚感情，所谓"父之爱子，自是至情"。王阳明与弟子黄绾感情深厚，这从他希望黄绾为他料理后事的心态可以看出："恐病势日深，归之不及，一生未了心事，石龙其能为我惄然乎？"② 王阳明与湛若水的深厚情感也可从他流露的心态中认识和感受，王阳明说："所幸吾兄道明德立，宗盟有人，用此可以自慰。"③ 这种心态反映彼此之间的感情是怎样的呢？王阳明说："晚得友于甘泉湛子，而后吾之志益坚，毅然若不可遏，则予之资于甘泉多矣。……吾与甘泉友，意之所在，不言而会；论之所及，不约而同；期于斯道，毙而后已者。"④ 因为湛若水而立志更加坚定，而且二人的想法不谋而合、学术主张不约而同，甚至为了共同的志向——传圣人之道，可以死而后已。足见二人感情之深厚。第三，心态对道德生命的反映。想了解一个人的道德生命状况，心态也是参考坐标之一，通过心态可以认识一个人或社会的道德状况。如果一个人表现出虚文相诳心态，那么这个人的道德品质肯定有问题。王阳明说："后世大患，全是士夫以虚文相诳，略不知有诚心实意。流积成风，虽有忠信之质，亦且迷溺其间，不自知觉。是故以之为子则非孝，以之为臣则非忠。"⑤ 如果人的心态是好空疏的文字而长于相互欺骗，那么这个人就不会有诚心，不会有忠心，也就不能尽孝尽忠。如果一个人表现出计谋之心态，那么基本上可以判断这个人的道德品质非常恶劣。王阳明说："志于道德者，功名不足以累其心；志于功名者，富贵不足以累其心。但近世所谓道德，功名而已；所谓功名，富贵而已。'仁人者，正其谊不谋其利，明其道不计其功。'一有谋计之心，则虽正

---

① 《书石川卷》，《王阳明全集》上，第300页。
② 《与黄宗贤五》，《王阳明全集》中，第917页。
③ 《答甘泉》，《王阳明全集》上，第195页。
④ 《别湛甘泉序》，《王阳明全集》上，第257—258页。
⑤ 《寄邹谦之三》，《王阳明全集》上，第228页。

谊明道，亦功利耳。"① 这就是说，如果一个人的所作所为都是出于计谋之心态，那么其所谓以成就美德为志向、以追求功名为志向，本质上都是以富贵为志向，其道德生命状况也就显而易见。

二、心态反映社会状况

人生活在社会网络中，人的社会心态源于与社会的接触，所以社会万象必然由心态反映出来。心态反映社会状况，意味着通过心态可以认识、把握社会情状。社会万象是有序的还是无序的，是颓废的还是兴盛的，是世故的还是讲理的，是开放的还是封闭的，等等，都可以透过个人的心态或社会的心态去认识和把握。

1. 心态对官场状况的反映。在中国古代社会，官场在一定程度上是社会的缩影，官场的状况是中国社会状况的写照。在王阳明心学中，有丰富的心态反映官场状况的案例。王阳明平定朱宸濠叛乱，牺牲了大批将帅、士兵，朝廷应该论功奖赏，但直至八年之后，仍然未能抚恤牺牲或立功的将帅、士兵，王阳明对朝廷的态度和执行力表现出"奈何奈何"之心态，即反映了当时官场的复杂与险恶。王阳明并不反对进入仕途，他曾为学生高中进士兴奋不已，但他对仕途也有着切身的复杂感受，常常表现出对仕途的无奈心态。他指出："人在仕途，比之退处山林时，其工夫之难十倍，非得良友时时警发砥砺，则其平日之所志向，鲜有不潜移默夺，弛然日就于颓靡者。"② 他也将仕途比作烂泥："仕途如烂泥坑，勿入其中，鲜易复出。吾人便是失脚样子，不可不鉴也。"③ 认为一旦陷于仕途，便难以自拔，自己就是不幸的例子。可见王阳明对官场有多么心寒！士人风气日益苟且，那些曾被视为良善的人也都附和趋势，他将自己入仕比喻为"野夫失脚落渡船"："入仕之始，意况未免摇动。如絮在风中，若非黏泥贴网，恐自张主未得。不知诸友却如何？想平时工夫，亦须有得力处耳。野夫失脚落渡船，未知何时得到彼岸。"④ 王阳明还将仕途比喻为"如马行淖田中"："人在仕途，如马行淖田中，纵复驰逸，足起足陷，其在驽

---

① 《与黄诚甫》，《王阳明全集》上，第 181 页。
② 《与黄宗贤》，《王阳明全集》上，第 244 页。
③ 《与黄宗贤七》，《王阳明全集》上，第 172 页。
④ 《与希颜台仲明德尚谦原静》，《王阳明全集》上，第 188 页。

下，坐见沦没耳。"①这种带有调侃的心态，反映了当时官场的现状。不过即便如此，王阳明在任何职位上都非常认真且出色地履行自己的职责。

2. 心态对民生状况的反映。民生是王阳明非常关切的问题，王阳明心学中，其对民生的关切常常由心态表现出来。王阳明治理南赣多年，建立了丰功伟绩，但也经历了千辛万苦。他非常关注民众疾苦，对民众遭受的苦难常常表达自己的忧心，恳请朝廷罢冗员之俸，损不急之赏，止无名之征，节用省费，免除江西之税，他的心态是"上不能会计征敛以足国用，下不能建谋设策以济民穷，徒痛哭流涕"，这种心态所反映的是税收之苛刻冗重，王阳明曾说："今富民则又皆贫民矣！削贫以济贫，犹割心窝肉以啖口，口未饱而身先毙。且又有侵克之毙，又有渔猎之奸，民之赖以生者，不能什一，民之坐而死者，常十九矣。故宽恤之虚文，不若蠲租之实惠；赈济之难及，不若免租之易行。今不免租税，不息诛求，而徒曰宽恤赈济。是夺其口中之食，而曰：'吾将疗汝之饥'；剖其腹肾之肉，而曰：'吾将救汝之死'。凡有血气，皆将不信之矣。"②这种心态反映的是《旱灾疏》中所陈述的现状："据吉安等一十三府所属庐陵等县各申称：'本年自三月至于秋七月不雨，禾苗未及生发，尽行枯死。夏税秋粮，无从办纳，人民愁叹，将及流离。……续该宁王谋反，乘衅鼓乱，传布伪命，优免租税。……就使雨旸时若，江西之民亦已废耕耘之业，事征战之苦；况军旅干旱，一时并作，虽富室大户不免饥馑，下户小民得无转死沟壑，流散四方乎？设或饥寒所迫，征输所苦，人自为乱，将若之何？如蒙乞敕该部，暂将江西正德十四年分税粮通行优免，以救残伤之民，以防变乱之阶。"③江西不仅遭受旱灾，而且遭受宁王叛乱，百姓饥寒交迫，流离失所。在《与王晋溪司马》中，王阳明反复请求王琼救济江西，表现出悲悯、哀求的心态——"伏望悯地方之涂炭，为朝廷深忧远虑，得与速免，以救燃眉，幸甚幸甚！"因为江西真的万分危急，王阳明说："江西之民困苦已极，其间情状，计已传闻，无俟复喋。今骚求既未有艾，钱粮又不得免，其变可立待。去岁首为控奏，既未蒙旨，继为申请，又不得达，今兹事穷势极，只得冒罪复请。"④面对自然灾害给老百姓造成的重大灾难，王

---

① 《与陆原静二》，《王阳明全集》上，第187页。
② 《乞宽免税粮急救民困以弭灾变疏》，《王阳明全集》上，第475页。
③ 《旱灾疏》，《王阳明全集》上，第452页。
④ 《与王晋溪司马》，《王阳明全集》中，第1111页。

阳明抑制不住悲悯之情，这种悲悯心态所反映的，就是老百姓所承受的灾荒、贫穷和祸乱。

3. 心态对科举状况的反映。科举是明朝社会中的重大事务，朝廷选拔人才需要通过科举考试，而要了解明朝特别是王阳明时期的科举状况，也可透过王阳明的心态去认识、去了解。王阳明对科举制度表达过"不亦大可哀乎"的心态，这种心态所反映的科举状况是：诱使人们沉迷词章、好高骛远、漠视圣人。王阳明说："世之学者，承沿其举业词章之习以荒秽戕伐其心，既与圣人尽心之学相背而驰，日骛日远，莫知其所抵极矣。有以心性之说而招之来归者，则顾骇以为禅，而反仇雠视之，不亦大可哀乎！"① 王阳明对科举制度还表现过"人顾明彼而暗此，可不大哀乎"的心态，而这种心态反映的科举现状是："嗟乎！今之时，孰有所谓师云乎哉！今之习技艺者则有师，习举业求声利者则有师，彼诚知技艺之可以得衣食，举业之可以得声利，而希美官爵也。自非诚知己之性分，有急于衣食官爵者，孰肯从而求师哉！夫技艺之不习，不过乏衣食；举业之不习，不过无官爵；己之性分有所蔽悖，是不得为人矣。……今天下波颓风靡，为日已久，何异于病革临绝之时，然又人是己见，莫肯相下求正。故居今之世，非有豪杰独立之士之见性分之不容己，毅然以圣贤之道自任者，莫之从而求师也。"② 人们热衷于科举考试，是因为可获得功名利禄，为了功名利禄可以放弃做人的本分，而以弘扬圣人之学为责任的人便成为稀有之物。王阳明认为举业兴盛后，为师者、为弟子者，都已不知"明人伦"为何物。"夫三代之学，皆所以明人伦，今之学宫皆以'明伦'名堂，则其所以立学者，固未尝非三代意也。然自科举之业盛，士皆驰骛于记诵辞章，而功利得丧分惑其心，于是师之所教，弟子之所学者，遂不复知有明伦之意矣。"③ 举业的害处远不止于诱使人们沉迷辞章，而是导致人们汲汲于私利不能自拔，以致将弘扬圣人之学的伟业忘在九霄云外了。

4. 心态对学术状况的反映。学术同样是明代社会的重大事务，社会发展需要学术推动，而要了解明朝特别是王阳明时期的学术状况，也可透过王阳明心态去认识、去把握。王阳明心学虽然聚集了许多拥趸，成为一个极具影响力的学派，但王

---

① 《重修山阴县学记》，《王阳明全集》上，第287页。
② 《答储柴墟二》，《王阳明全集》中，第896—897页。
③ 《万松书院记》，《王阳明全集》上，第282页。

阳明本人对他那个时代的学术是相当失望的，经常对当时的学术风气、学术质量、学者人品进行批评，表现出的主要是悲观、失望、无奈、愤怒的心态。"今天下波颓风靡，为日已久，何异于病革临绝之时，然又人是己见，莫肯相下求正。故居今之世，非有豪杰独立之士的见性分之不容己，毅然以圣贤之道自任者，莫之从而求师也。"① 在王阳明眼里，当时的学术已是波颓风靡、病革临绝、不可救药，这不能不令王阳明忧心！他渴望有一位豪杰横空出世以拯救当时的学术颓废之状。王阳明"呜呼！心学何由而复明乎"之叹，将其急迫、期待、渴望之心态淋漓尽致地呈现。"圣人既没，心学晦而人伪行，功利、训诂、记诵、辞章之徒纷沓而起，支离决裂，岁盛月新，相沿相袭，各是其非，人心日炽而不复知有道心之微。间有觉其纰缪而略知反本求源者，则又哄然指为禅学而群訾之。呜呼！心学何由而复明乎！"② 王阳明的一声叹息，所反映的学术状况是：心学晦暗，学者虚伪，心系功利，沉迷训诂，热衷记诵，炫耀辞章，思想支离，相互抄袭，掩非饰过，人心浮躁，道心丧失，偶有反省学术疾病者，反而遭到讥笑、嘲讽。面对当时的学术界，王阳明也发出"如何如何"之疑问："后世学术之不明，非为后人聪明识见之不及古人，大抵多由胜心为患，不能取善相下。明明其说之已是矣，而又务为一说以高之，是以其说愈多而惑人愈甚。凡今学术之不明，使后学无所适从，徒以致人之多言者，皆吾党自相求胜之罪也。……若只要自立门户，外假卫道之名，而内行求胜之实，不顾正学之因此而益荒，人心之因此而愈惑，党同伐异，覆短争长，而惟以成其自私自利之谋，仁者之心有所不忍也！……盖今时讲学者，大抵多犯此症，在鄙人亦或有所未免，然不敢不痛自克治也。如何如何？"③ 那么这种疑问之心态所折射的学术状况又是怎样的呢？是学者的争强好胜，是学者的标新立异，是学者的自私自利，是学者的门户之见，是年轻学者的无所适从！

  如上关于心态反映功能的考察，大致可获得如下认识：第一，心态的确具有反映事象的功能，透过心态可以认识、把握事象的状况与特点，从而为解决事象所存在的问题提供帮助；第二，不同性质的心态所反映的事象状况是存在差异的，比如阳光心态反映的事象状况基本上是健康的，阴暗心态反映的事象状况基本上是病

---

① 《答储柴墟二》，《王阳明全集》中，第897页。
② 《重修山阴县学记》，《王阳明全集》上，第286页。
③ 《寄邹谦之五》，《王阳明全集》上，第230—231页。

态的;第三,相同性质的心态,所反映的事象状况的内容不尽相同,比如同是喜悦的心态,但反映的事象内容不尽相同,喜悦心态背后可能是官位升级,也可能是赚了大钱;第四,心态虽然可以反映事象状况,但心态与所反映事象并无直接的因果关系,而只是作为一种认知引导,帮助人们去认识和把握相应的事象状况。因此,我们需要认识心态的反映功能,并且重视这种功能,当我们发现某种心态出现的时候,可对其隐含的事象进行分析和把握,从而制定相应对策进行积极的处理。

第二节 心态的养生功能

这里的养生,不是狭义的肉体之养生,而是指滋养整个生命的养生,包括肉体、精神、品质等。心态作为一种功夫,对于养生具有极为重要的意义。省察是一种时刻反省自己的良好心态,王阳明认为这种心态有助于养生,他说:"省察是有事时存养,存养是无事时省察。"① 无事时反省审察自己,便是存养自己的良知。在王阳明心学中,心态的养生功能也得到了较多的重视。如下从养肉体生命、精神生命、价值生命等方面考察心态的养生功能。

一、心态对肉体生命的养育

《大学》提出"正心诚意修身",心态不正,意念不诚,身体必受影响,或者行为不端,或者身体病痛,这就意味着心态对身体具有养育功能。在王阳明心学中,心态被视为养育身体的最佳方式之一。

1. 心态调养身体。心态愉悦、欢喜、乐观,对于身体病痛具有化解作用。王阳明说:"大抵心病愈则身病亦自易去。纵血气衰弱,未便即除,亦自不能为心患

---

① 《传习录上》,《王阳明全集》上,第17页。

也。"① 这就是说，心态健康则身体健康，即便血气衰弱而不能被根除，只要心态健康，也不足为患。因此，要使心态发挥调养身体的功能，就必须养成和保护健康的心态，即正心。王阳明继承了《大学》中的观点，认为正心、诚意，有助于修身，因而正身必先正心，也就是良好的心态对身体具有积极的影响。王阳明说："故欲修其身者，必在于先正其心也。然心之本体则性也。性无不善，则心之本体本无不正也。何从而用其正之之功乎？盖心之本体本无不正，自其意念发动而后有不正。故欲正其心者，必就其意念之所发而正之，凡其发一念而善也，好之真如好好色；发一念而恶也，恶之真如恶恶臭：则意无不诚，而心可正矣。"② 在王阳明看来，心是身的主宰，但心态分本体与形式，心态之本体如良知、天理，本来即善，心态之形式如意念发动则有不善，因而使心态恢复本善之态，必须就意念处发力、做功夫。当意念之发为善时，则真诚地喜好它；当意念之发为恶时，则真诚地讨厌它；此时意念没有不纯正的，而心态也就恢复到了全善之态，就不会出现忿懥、恐惧、好乐、忧患等不健康心态。心态端正了，由心态主宰的身体，自然不会东倒西歪，不会走向邪恶，反而会得到调养。那么，心态表现形式之一的意念怎么会不正而为恶呢？因为夹带了私意。一旦心态夹有私意，必然影响心气，王阳明说："凡人忿懥着了一分意思，便怒得过当，非廓然大公之体了。故'有所忿懥'，便不得其正也。"③ 就是说，如果怨恨夹有私意，就会怒不可遏，从而伤着身体，所以要使身体得到滋养，就必须先将心态恢复本善。

2. 心态引导身体运行。所谓身体运行，就是指身体气血的运行。王阳明认为，良好心态与不良心态对身体、视力、气色、容貌会产生不同影响："大抵养德养身，只是一事，原静所云'真我'者，果能戒谨不睹，恐惧不闻，而专志于是，则神住气住精住，而仙家所谓长生久视之说，亦在其中矣。"④ 这就是说，如果人能够专注于心态之本体良知，那么身体之神、气、精皆能得到滋养。专注于"万物一体"之心态，那么人之生理就不会被邪念所扰乱，而能畅通无碍、充盈饱满。王阳明说："盖其心学纯明，而有以全其万物一体之仁，故其精神流贯，志气通达，而无有乎

---

① 《寄薛尚谦三》，《王阳明全集》上，第192页。
② 《大学问》，《王阳明全集》中，第1070页。
③ 《传习录下》，《王阳明全集》上，第112页。
④ 《与陆原静》，《王阳明全集》上，第208—209页。

人己之分，物我之间。譬之一人之身，目视，耳听，手持，足行，以济一身之用。目不耻其无聪，而耳之所涉，目必营焉；足不耻其无执，而手之所探，足必前焉；盖其元气充周，血脉条畅，是以痒疴呼吸，感触神应，有不言而喻之妙。"①如能秉持万物一体之念，便可除去私念，从而使精神畅通，气血通达，耳聪目明，四肢行健，即所谓人之生理欣合和畅。而从心态形式之一的"志"来看，其对身体的引导尤为有效。王阳明说："夫志，气之帅也，人之命也，木之根也，水之源也。源不浚则流息，根不植则木枯，命不续则人死，志不立则气昏。是以君子之学，无时无处而不以立志为事。正目而视之，无他见也；倾耳而听之，无他闻也。如猫捕鼠，如鸡覆卵，精神心思凝聚融结，而不复知有其他，然后此志常立，神气精明，义理昭著。"②对身体而言，"志"如木之根、水之源，有源则水流不息，有根则树生长不枯，因而人如立志，便头脑清醒，耳目灵活，神气精明。这就是所谓"扩之以无所竞之心，以平其气"③。

3. 心态舒缓身体压力。 人活着就是忙碌，就是争取生存资源，而资源不仅有限，而且良莠不齐，因而人为了争夺资源必然存在竞争，有竞争便有压力，从而身心受累，此时便需要缓解压力。在王阳明心学中，对心态缓解压力的功能也予以了一定关注，提出了一些具有积极意义的观点。贫穷是人想避免的，富裕是人想得到的，苦难是人想避免的，安逸是人想得到的，但现实生活中，并不是想得到就能得到，想避免就能避免，如此就造成了对身体的压力。王阳明认为，健康的心态对缓解压力非常有效："是良知也者，是所谓'天下之大本'也。致是良知而行，则所谓'天下之达道'也，天地以位，万物以育，将富贵贫贱，患难夷狄，无所入而弗自得也矣。"④就是说，如果能秉持良知以处理富贵贫贱的影响，就能够超越贫贱富贵而自得其乐。为什么秉持良知就能使人"无所入而弗自得"呢？因为良知就是本心、就是天理，就是能视万物为一体，就是能超越人己之隔，就是能目功名利禄为敝屣，也就是一种廓然大公之心态。

科举考试累不累？有没有压力？对任何人来说答案都是肯定的。但是，累不

---

① 《传习录中》，《王阳明全集》上，第62页。
② 《示弟立志说》，《王阳明全集》上，第290页。
③ 《寄杨邃庵阁老二》，《王阳明全集》中，第904页。
④ 《书朱守乾卷》，《王阳明全集》上，第311页。

累、有无压力，还是要看心态如何。王阳明说："只要良知真切，虽做举业，不为心累；纵有累亦易觉，克之而已。且如读书时，良知知得强记之心不是，即克去之；有欲速之心不是，即克去之；有夸多斗靡之心不是，即克去之：如此亦只是终日与圣贤印对，是个纯乎天理之心。任他读书，亦只是调摄此心而已，何累之有？"① 王阳明认为，有人之所以认为读书累、科举考试累，是因为有了私意，他夜以继日地去学习、去准备科举考试，整天想着的是荣华富贵，想着的是升官发财，但荣华富贵、升官发财并非轻而易举之事，所以会觉得非常累、非常辛苦。相反，如果勤奋读书、潜心举业是为了继承、弘扬圣人之学，就不会觉得辛苦了。因为，这个时候你是从良知心态去念书、去参加科举考试，念书、参加科举考试的动机不是私意，不是功名利禄，从而超越小我，怎么会感到累呢？可见，心态对于缓解压力的作用是立竿见影的。王阳明也将心态减压的工夫传授给父老乡亲，他说："告谕父老子弟，今兵荒之余，困苦良甚，其各休养生息，相勉于善。父慈子孝，兄友弟恭，夫和妇从，长惠幼顺，勤俭以守家业，谦和以处乡里，心要平恕，毋怀险谲，事贵含忍，毋轻门争。"② 在兵荒马乱的岁月里，王阳明要求父老乡亲们努力保持宽广、包容、平和的心态，从容地处理身边发生的一切事务，而不会因为心的偏激而慌乱，让自己承受繁重的压力。总之，对王阳明而言，心态健康、阳光、喜悦，对人稀释生命中的压力有着非常切实的效应。他说："欲修身在于体当自家心体，常令廓然大公，无有些子不正处。"③ 这就是说，养生必须注意自己的心态之本体。

二、心态对精神生命的调养

心态本也属精神范畴，这里讨论心态对精神生命的养育，主要是将心态作为一种功夫，探讨心态对自身诸形式的协调及其效应。这里精神生命包括情绪、欲望、人格三个方面，人生而有情绪、欲望、人格，这三者是精神生命的基本要素，其优

---

① 《传习录下》，《王阳明全集》上，第114页。
② 《告谕各府父老子弟》，《王阳明全集》中，第590页。
③ 《传习录下》，《王阳明全集》上，第135页。

劣对于生命具有直接的影响，品质高的生命需要优异的情绪、欲望、人格，而心态对人的情绪、欲望、人格有着直接影响，这种影响当然表现为积极与消极双重性，但这里主要讨论心态对情绪、欲望、人格的积极影响，因为消极影响从相反的角度理解即可。

1. 心态对情绪的调养。一般而言，心态健康，情绪稳定，有益于身体。比如人生病会引发情绪低落，但如果以健康的心态看待生病，情绪就能够得到控制，不会伤害自己的身体。为了调和因学术观点不同而产生的情绪，王阳明希望以宽容心态包容它、化解它。王道是王阳明早年的学生，也是关系密切的学友，但王道因不能接受王阳明的主张而闹情绪，对此王阳明心知肚明。他说："纯甫所问，辞则谦下，而语意之间，实自以为是矣。夫既自以为是，则非求益之心矣。"①王阳明认为，王道的这种偏激情绪需要化解，而化解的方式是良好的心态。对于王道的不理解和批评之情绪，王阳明表现得非常克制："近又见与曰仁书，贬损益至，三复赧然。"②可以想见，王道在写给徐爱的书信中，发泄了对阳明心学的贬损情绪，但王阳明告诉王道："夫趋向同而论学或异，不害其为同也；论学同而趋向或异，不害其为异也。不能积诚躬而徒腾口说，此仆往年之罪，纯甫何尤乎？"③王阳明劝王道应持"道并行而不相悖"的心态：志向同而学问异，不影响其为同；学问同而志向异，不影响其为异。只要志趣相投，学问可以共存。遗憾的是，王阳明的包容，王道并未接受。这说明心态可以对情绪进行调适，但这种调适的效果则需要诸多因素的积极参与。再如，对徐守诚与王舆庵情绪的调养。在对待朱子理学、象山心学态度上，徐守诚与王舆庵都表现为情绪化。王阳明认为，徐、王二人之所以情绪化，与他们偏激的心态有关："今二兄之论，乃若出于求胜者，求胜则是动于气也。动于气，则于义理之正何啻千里，而又何是非之论乎！凡论古人得失，决不可以意度而悬断之。"④在王阳明看来，二人都是意气用事，表现为情绪化，因而二人必须理性、冷静、全面地认识朱子理学和象山心学。他说："然则二兄之论，皆未免于意度也。……夫论学而务以求胜，岂所谓'尊德性'乎？岂所谓'道问学'乎？以某所见，非独吾兄之

---

① 《与王纯甫二》，《王阳明全集》上，第174页。
② 《与王纯甫四》，《王阳明全集》上，第176页。
③ 《与王纯甫四》，《王阳明全集》上，第176页。
④ 《答徐成之》，《王阳明全集》中，第888页。

非象山、舆庵之非晦庵皆失之非,而吾兄之是晦庵、舆庵之是象山,亦皆未得其所以是也。"①二人皆未能全面、准确地把握朱熹、陆九渊思想,其评论完全出于好胜之心,王阳明说:"夫二兄之所信而是者既未尽其所以是,则其所疑而非者亦岂必尽其所以非乎?然而二兄往复之辩不能一反焉,此仆之所以疑其或出于求胜也。一有求胜之心,则已亡其学问之本,而又何以论学为哉!"②由于朱子的"道问学"中有"尊德性"、象山的"尊德性"中有"道问学",因而二人所肯定者并非完全正确、所否定者并非完全错误,只是二人偏激情绪所致。因此,王阳明建议二人首先抛弃好胜心态,代之以理性包容心态,使偏激情绪得以化解。

心态对情绪的调养方式,也包括忍默、收敛、消化等。王阳明说:"凡人言语正到快意时,便截然能忍默得;意气正到发扬时,便翕然能收敛得;愤怒嗜欲正到胜沸时,便廓然能消化得;此非天下之大勇者不能也。然见得良知亲切时,其工夫又自不难。"③所谓"言语正到快意、意气正到发扬、愤怒嗜欲正到胜沸"等,都是情绪,王阳明认为,这些情绪如果任其泛滥,则会对生命造成伤害。因此,他提出要忍默得、收敛得、消化得,而能发挥这三大工夫,还是要归到"见得良知真切"。见得良知真切,便是良知心态,便能将"言语正到快意、意气正到发扬、愤怒嗜欲正到胜沸"时的情绪化解于无形。王阳明不仅有以心态调养情绪的思想,而且身体力行。他的学生朱得之说:"阳明在南都时,有私怨阳明者,诬奏极其丑诋。始见颇怒,旋自省曰:'此不得放过。'掩卷自反,俟其心平气和,再展看,又怒,又掩卷自反。久之真如飘风浮霭,略无芥蒂。是后虽有大毁谤,大利害,皆不为动。"④被人怨恨,被人诋毁,被人诬陷,王阳明不能没有情绪,但他知道,在意他人的眼光,跟随他人的喜好,只会让自己陷于烦躁之中,不如任由他去,自生自灭。王阳明晚年之所以能在遭遇各种毁谤、各种伤害的情境下不为所动,就因为他已经千锤百炼出了廓然无碍之心态。

2. 心态对欲望的调养。欲望是所有动物最原始的、最基本的本能,就人而言,是从心理到身体的一种渴望,是一切动物存在必不可少的需求。欲望无善恶之分,

---

① 《答徐成之》,《王阳明全集》中,第889页。
② 《答徐成之二》,《王阳明全集》中,第890—891页。
③ 《与黄宗贤》,《王阳明全集》上,第244页。
④ 《尤西川纪闻》,《明儒学案》卷二十五,《黄宗羲全集》第七册,浙江古籍出版社2005年版,第686页。

关键在于如何控制、如何获得。为了防止欲望对生命造成伤害，必须进行引导和限制，而心态被视为引导和限制欲望的重要武器。王阳明认为，欲望可能对生命造成伤害，所以主张存理灭欲，即通过保存天理以抵御欲望。而天理是心之本体，亦即良知，因而以心态调养欲望是王阳明心学的重要任务。王阳明说："故凡慕富贵，忧贫贱，欣戚得丧，爱憎取舍之类，皆足以蔽吾聪明睿知之体，而窒吾渊泉时出之用。"① 富贵、贫贱、得失、取舍无不是"欲"，这些"欲"都足以遮蔽我们的聪明、睿思、才智，从而窒息我们的渊深善体的发用，因此，必须对欲望加以引导和限制。那么，如何使欲望合乎人性？由于欲望的伤害在于过与不及，所以心态对欲望的调养，就是使人的欲望合乎中正，而使欲望合乎中正者，只有良知。王阳明说："喜、怒、哀、惧、爱、恶、欲，谓之七情。七者俱是人心合有的，但要认得良知明白。……七情顺其自然之流行，皆是良知之用，不可分别善恶，但不可有所着；七情有着，俱谓之欲，俱为良知之蔽；然才有着时，良知亦自会觉，觉即蔽去，复其体矣！此处能勘得破，方是简易透彻功夫。"② 就是说，只要将良知这个心之本体用于声色货利，便是天理流行，声、色、货、利便是良知之用，也即声、色、货、利等于受到心之本体的浸泡和监督，从而有益于生命成长。

> 问："声、色、货、利，恐良知亦不能无。"先生曰："固然。但初学用功，却须扫除荡涤，勿使留积，则适然来遇，始不为累，自然顺而应之。良知只在声、色、货、利上用功，能致得良知精精明明，毫发无蔽，则声、色、货、利之交，无非天则流行矣。"③

也就是说，只要心之本体良知在场，便可清除一切私心，欲望无过也无不及而进入中和之境，以实现对欲望的调养。王阳明说："如汝心中决知是无有做劫盗的思虑，何也？以汝元无是心也。汝若于货色名利等心，一切皆如不做劫盗之心一般，都消灭了。光光只是心之本体。看有甚闲思虑？此便是'寂然不动'，便是'未发之中'，便是'廓然大公'。自然'感而遂通'，自然'发而中节'，自然'物

---

① 《答南元善》，《王阳明全集》上，第235页。
② 《传习录下》，《王阳明全集》上，第126页。
③ 《传习录下》，《王阳明全集》上，第139页。

来顺应'。"①而欲望被调养得当，自然是"寂然不动""未发之中""廓然大公""感而遂通""发而中节""物来顺应"。因此，努力存天理以扩充善念，是调养欲望的最佳功夫，王阳明说："只念念要存天理，即是立志。能不忘乎此，久则自然心中凝聚，犹道家所谓结圣胎也。此天理之念常存，驯至于美大圣神，亦只从此一念存养扩充去耳。"②"立存天理之志"就是念念存天理，如此，欲望不调养而自养也。

3. 心态对人格的调养。心理学上的人格，是指个体在对己、对人、对事等方面的社会适应行为上的内部倾向性和心理特征，是价值倾向、气质、性格、能力、动机、理想等要素的整合，是一种在动力上具有一致性和连续性的自我，是个体在社会化过程中形成的独特的身心组织。狭义的人格通常是指与个人意识倾向性相关联的气质、性格、爱好等的综合表现，如内向或外向、独立性或依从性等，有时仅指个人的品德、操行。这里主要是指狭义的人格。王阳明心学对人格非常重视，视人格为生命，因而对于人格的滋养与保护给予了较大的关注。

在王阳明心学中，君子就是一种人格，这种人格综合了诸多优秀的、独特的品质，但这优秀的、独特的品质并非天生的，而是需要滋养、培育的。王阳明说："昔之君子，盖有举世非之而不顾，千百世非之而不顾者，亦求其是而已矣。岂以一时毁誉而动其心邪！惟其在我者有未尽，则亦安可遂以人言为尽非？"③君子何以能做到全天下人反对他而不顾？千百世的人反对他而不睬？因为君子具有强大的心脏，这强大的心脏便是"求其是"的心态，由于具备了自得之心、廓然之心，从而能够滋养、挺立那种豪迈的人格。

独立是人格基本品质之一，但独立品质需要相应的心态支援。王阳明说："盖吾良知之体，本自聪明睿知，本自宽裕温柔，本自发强刚毅，本自斋庄中正文理密察，本自溥博渊泉而时出之，本无富贵之可慕，本无贫贱之可忧，本无得丧之可欣戚，爱憎之可取舍。……故凡有道之士，其于慕富贵，忧贫贱，欣戚得丧而取舍爱憎也，若洗目中之尘而拔耳中之楔。其于富贵、贫贱、得丧、爱憎之相值，若飘风浮霭之往来而变化于太虚，而太虚之体，固常廓然其无碍也。"④南大吉是拥有独立

---

① 《传习录上》，《王阳明全集》上，第 25 页。
② 《传习录上》，《王阳明全集》上，第 13 页。
③ 《与陆原静二》，《王阳明全集》上，第 210 页。
④ 《答南元善》，《王阳明全集》上，第 235 页。

人格的杰出代表。但在王阳明看来，南大吉的独立人格与其良知为体的心态是密切关联的。王阳明说人若能觉悟自己的良知，其本有的聪明睿知、宽裕温柔、发强刚毅、斋庄中正、文理密察之心态，就会自然流露出来，从而不会去羡慕富贵，不会忧患贫贱，不会因为得失而欢喜或忧戚，不会没事儿去追求爱和恨。

超越荣辱毁誉是一种难能可贵的品质，如何做到不被毁誉、荣辱左右？健康的心态不仅能滋养人格，而且能挺立人格。王阳明说："毁谤自外来的，虽圣人如何免得？人只贵于自修，若自己实实落落是个圣贤，纵然人都毁他，也说他不着。却若浮云掩日，如何损得日的光明。若自己是个象恭色庄、不坚不介的，纵然没一个人说他，他的恶慝终须一日发露。所以孟子说'有求全之毁，有不虞之誉'，毁誉在外的，安能避得，只要自修何如尔。"① 如何保护自己不被功名利禄所污染？王阳明提出做好自己，就是自修，就是使自己强大，自修就是"致良知"。他说："君子之学，惟求自得，不以毁誉为欣戚，不为世俗较是非，不以荣辱乱所守，不以死生二其心。故夫一凡人誉之而遽以为喜，一凡人毁之而遽以为戚者，凡民也。然而君子之自责则又未尝不过于严也，自修则又未尝不过于力也，夫然后可以遗荣辱，一死生。"② 君子人格的成就与维护，必须是再自责也不为严、再自修也不为过，时时念良知，刻刻思天理，如此使心之本体持续扩充，去污洁垢，驱邪除恶，君子人格不显自彰。王阳明说："使天下之人皆知自致其良知，以相安相养，去其自私自利之蔽，一洗谗妒胜忿之习，以济于大同，则仆之狂病，固将脱然以愈，而终免于丧心之患矣，岂不快哉？"③

三、心态对价值生命的滋养

人生观，是人们在实践中形成的对于人生目的、人生价值、人生道路以及生活方式的总的看法和根本观点，它决定着人们的价值取向、人生道路的选择和具体行为模式。心态是心理状态，心态的良莠对人生观有着直接的影响，这里由幸福观、

---

① 《传习录下》，《王阳明全集》上，第 117 页。
② 《寄云卿》，《王阳明全集补编》，第 147—148 页。
③ 《传习录中》，《王阳明全集》上，第 92 页。

死亡观、价值观三个方面考察心态对人生观的滋养。

1. 心态对幸福观的滋养。幸福观是指人对一种能够长期存在的平和、舒畅的精神状态的根本理解和态度,它涉及人对生活质量的追求、价值的实现以及对社会的贡献等内容。在王阳明心学中,肯定追求人生幸福,倡导为百姓谋求幸福,个人的兴趣爱好、百姓的安居乐业、国家的和平繁荣等,都是王阳明追求的幸福。但是,幸福来之不易,我们不能因为获得幸福而狂妄,也不能因为丧失幸福而过度悲伤,因为这样都会对生命造成伤害,因而建立健康的幸福观就显得非常重要,而要建立健康的幸福观,必须拥有健康的心态。

考之王阳明相关论述,"幸福"所涉及的面非常广泛,包括与友朋切磋学问、学问上的觉悟、良知的发明、尽心为善、传承弘扬圣人之学等,如王阳明所说:"诚得良友相聚会,共进此道,人间更复有何乐!区区在外之荣辱得丧,又足挂之齿牙间哉?"① 又说:"盖将从事于圣人之学,不安于善人而已也,何幸何幸!"② 但即便是这类幸福,也并不是尽如所愿的。王阳明说:"呜呼,士生斯世,而尚何以求圣人之学乎!尚何以论圣人之学乎!士生斯世而欲以为学者,不亦劳苦而繁难乎?不亦拘滞而险艰乎?呜呼,可悲也已!"③ 因此,当幸福感不多或得不到幸福的时候,调整自己的心态便显得特别重要了。

王阳明以觉悟良知为幸福,以拯救天下百姓于水深火热之中为幸福,可是如果不被理解,反而被嘲笑,那该怎样待之呢?他说:"仆诚赖天之灵,偶有见于良知之学,以为必由此而后天下可得而治。是以每念斯民之陷溺,则为之戚然痛心,忘其身之不肖,而思以此救之,亦不自知其量者。天下之人见其若是,遂相与非笑而诋斥之,以为是病狂丧心之人耳。呜呼,是奚足恤哉!吾方疾痛之切体,而暇计人之非笑乎?……呜呼!今之人虽谓仆为病狂丧心之人,亦无不可矣。天下之人皆吾之心也,天下之人犹有病狂者矣,吾安得而非病狂乎?犹有丧心者矣,吾安得而非丧心乎?"④ 王阳明认为,自己所谓救人于水火,好比父亲拯救坠落深渊的儿子而置陷溺之祸于不顾,怎么会理会那些病狂丧心的讥笑呢?而且,天下人便是吾心,如

---

① 《与王纯甫》,《王阳明全集》上,第 174 页。
② 《与戴子良》,《王阳明全集》上,第 179—180 页。
③ 《传习录中》,《王阳明全集》上,第 64 页。
④ 《传习录中》,《王阳明全集》上,第 90—91 页。

果天下人皆病狂，我怎么可能不病狂呢？如果天下人有丧失其心者，我怎么能不丧失我心呢？因此，哪有必要祈求他人理解我呢？只要问心无愧就好了。

王阳明认为，对幸福必须努力追求，没有实现也不后悔，做好自己，自得其乐就好："惟夫求以自快吾心，故凡富贵贫贱、忧戚患难之来，莫非吾所以致知求快之地。苟富贵贫贱、忧戚患难而莫非吾致知求快之地，则亦宁有所谓富贵贫贱、忧戚患难者足以动其中哉？世之人徒知君子之于富贵贫贱、忧戚患难无入而不自得也，而皆以为独能人之所不可及，不知君子之求以自快其心而已矣。"① 如果一个人能够将富贵贫贱、忧戚患难视为"致知求快之地"，那富贵贫贱、忧戚患难怎么能左右其心呢？而君子之所以能做到这点，在于君子追求的是"自快其心"啊！在于君子完全是以内在满足为追求啊！这也是因为"道"在心中："'道固自在，学亦自在，天下信之不为多，一人信之不为少'者，斯固君子'不见是而无闷'之心，岂世之谆谆屑屑者知足以及之乎？乃仆之情，则有大不得已者，存乎其间，而非以计人之信与不信也。"② 与"道"为伴，与"道"相守，与"道"相善，内足而不外求，内乐而不外慕，从而在毁誉荣辱面前潇洒自如："尽把毁誉供一笑，由来饥饱更谁知？"③

幸福主要内涵之一就是尽心做自己想做的事业，孝亲、忠君也只是自己应尽的义务，即便因此而牺牲生命，也无足挂齿。王阳明说："君子之学，求尽吾心焉尔。故其事亲也，求尽吾心之孝，而非以为孝也；事君也，求尽吾心之忠，而非以为忠也。是故夙兴夜寐，非以为勤也；剸繁理剧，非以为能也；嫉邪祛蠹，非以为刚也；规切谏诤，非以为直也；临难死义，非以为节也。吾心有不尽焉，是谓自欺其心；心尽而后，吾之心始自以为快也。"④ 因为这是自己认定的幸福事情，即便被某些人嘲笑、讥讽和不理解，又何足挂齿呢？王阳明说："呜呼！若某者，其尤不量其力，果见其身之危，莫之救以死也矣！夫众方嘻嘻之中，而犹出涕嗟若，举世恬然以趋，而独疾首蹙额以为忧，此其非病狂丧心，殆必诚有大苦者隐于其中，而非天下之至仁，其孰能察之。"⑤ 君子之学的主要任务之一就是"尽心"，"尽心"就

---

① 《题梦槎奇游诗卷》，《王阳明全集》中，第1018页。
② 《传习录中》，《王阳明全集》上，第89页。
③ 《答友人诗》，《王阳明全集补编》，第66页。
④ 《题梦槎奇游诗卷》，《王阳明全集》中，第1018页。
⑤ 《传习录中》，《王阳明全集》上，第88页。

是让自己的所作所为完全出于自愿，没有任何勉强，没有任何私意，坦坦荡荡。可见，王阳明的幸福观之所以未能给其带来消极影响，是因为王阳明对幸福有正确的认知和健康的心态。这种心态不仅滋养着王阳明的幸福观，而且使他的幸福观合理化，从而升华他的幸福观。

2. 心态对死亡观的滋养。死亡观是人类对死亡的本质、价值和意义的根本观点和根本看法，是世界观、人生观的有机构成部分。死亡是所有人逃不过的魔咒，但人都具有趋生避死之心理，所以当人真正面对死亡时，所表现的心态显得非常重要。王阳明非常关注死亡问题，对死亡多次表达主张和观点。他去世之前，有人问他有什么需要交代后人的，他的回答是："此心光明，亦复何言？"① 这个回答学界有多种诠释，但从王阳明生平所呈现的基本精神而言，应该是他对自己一生的总结：坦荡、磊落、无憾。与死亡结合起来，表明他认为自己虽然有些不舍，但自然达观，这与他一生对于功名利禄的态度是完全吻合的。

在遭遇生命具体情形时，王阳明表现出的心态并不完全一致，但都对其死亡观起到了滋养作用。通常情况下，吝惜生命是每个人本有之心态。这种心态在王阳明提及病痛时就会不自觉地流露出来。他曾说："病卧山林，只好修药饵苟延喘息。"② 所谓"修药饵"，是指结合药物和食物的疗法，通过内服的方式摄入能量，以达到轻身益气、健身延年的目的。王阳明告诉黄绾他正在山林养病，但也只是"苟延喘息"而已。其吝惜生命之情显露无遗。在另一封信函中，王阳明说："病躯懒放日久，已成废人；尚可勉强者，惟宜山林之下读书讲学而已。"③ 其中提及自己病体慵懒很久、已成废人，但勉强还能在山林读书讲学，字里行间流露出对生命的吝惜。正是这种吝惜心态，表达了王阳明对生命的珍惜，以及对死亡的婉拒。自然，经历了风风雨雨的王阳明，对于生命虽有吝惜，但仍然持着坦荡自然之心态。王阳明说："圣天子在上，贤公卿在朝，真所谓明良相遇，千载一时。鄙人世受国恩，从大臣之末，固非果于忘世者，平生亦不喜为尚节求名之事，何忍遽言归乎？自度病势，非还故土就旧医，决将日甚一日，难复疗治，不得不然耳。"④ 剿匪平叛，治理

---

① 《年谱三》，《王阳明全集》下，第1463页。
② 《与黄宗贤》，《王阳明全集》上，第245页。
③ 《与郑启范侍御》，《王阳明全集》中，第911页。
④ 《与黄宗贤四》，《王阳明全集》中，第916页。

南赣，日夜忙碌，明知自己病势难以好转，只好一句"不得不然"。其中包含了说不尽的无奈。既然没有力量改变生死的方向，不如顺其自然，不以物喜，不以己悲，不以生欢，不以死哀，修短枯荣，何恋之有？"死也者，人之所不免。名也者，人之所不可期。虽修短枯荣，变态万状，而终必归于一尽。君子亦曰：'朝闻道，夕死可矣。'视若夜旦。其生也奚以喜？其死也奚以悲乎？其视不义之物，若将浼己，又肯从而奔趋之乎？而彼认为己有，变而弗能舍，因以沉酗于其间者，近不出三四年，或八九年，远及一二十年，固已化为尘埃，荡为沙泥矣。而君子之独存者，乃弥久而益辉。呜呼！彼龟鹤之长年，蜉蝣亦何自而知之乎？"① 既然生死自然，执着生死有何意义？王阳明以一种自然而然的心态融释对死亡的吝惜和执念，从而将对死亡的诸种念想化解于生死自然的心态之中。

所以如此，在于人仍有一种生死念头，在于未明"天理分限"，也就是"全体"未有融释，自然不能算是尽性至命之学。王阳明说："学问功夫，于一切声利、嗜好，俱能脱落殆尽，尚有一种生死念头毫发挂带，便于全体有未融释处。人于生死念头，本从生身命根上带来，故不易去。若于此处见得破，透得过，此心全体方是流行无碍，方是尽性至命之学。"② 如果对生死见得破、看得透，也就是"全体融释"。那么，怎样才能做到"全体融释"呢？王阳明对于死亡的心态，并没有停留在生死自然层次，因为生死自然似乎显得比较消极，而以良知为本体的心学怎么可能仅仅是自然而然的被动、消极之心态呢？他说："只为世上人都把生身命子看得太重，不问当死不当死，定要宛转委曲保全，以此把天理却丢去了，忍心害理，何者不为？若违了天理，便与禽兽无异，便偷生在世上百千年，也不过做了千百年的禽兽。学者要于此等处看得明白。比干、龙逢，只为他看得分明，所以能成就得他的仁。"③ 这就是说，如果只是自然地对待死亡，那么与动物无异，只有觉悟天理或良知，成就仁义、成就良知，才是最不朽的死、最壮丽的死，便能用"大死"融释"小死"，从而进入心态最高的境界，也从而全面、彻底超越生死。

可见，王阳明面对死亡表现出不同面向的心态，即表现为吝惜生命、坦荡自然、超越生死三个层次，正是这些不同面向的心态帮助王阳明化解了生死困惑，但

---

① 《祭刘仁徵主事》，《王阳明全集》中，第1141页。
② 《传习录下》，《王阳明全集》上，第123页。
③ 《传习录下》，《王阳明全集》上，第117页。

这些不同面向的心态从根本上说是一体的，吝惜生命心态是从生命主体发出的对自我生命的爱惜与尊重，这种心态虽然是比较低层次的，但也是王阳明面对死亡的真实表现；坦荡自然心态是基于对生命规律的认识形成的，是关于生命知识与死亡观内在关联的认知之结果；超越生死心态则是王阳明认识到生命的意义在于它存在时的精彩，死亡的意义是由存在去诠释的，因而只有以活着的精彩呈现生命的价值，而非生命的时长；因而是关于生命价值真谛的把握从而超越死亡的纠结。这就是王阳明心态对其死亡观的滋养与浸润。

3. 心态对价值观的调养。所谓价值观，是指关于人的生命及其实践活动对社会或人所具有的作用和意义的主张和观点，表现出主观性与选择性、一元性与多样性、稳定性与变易性交合之特点。既然价值观属于主张和观点，即属观念形式，就意味着价值观源自心，因而价值观与心态具有同源性。由心态结构看，价值观相对于心态更具根本意义，但心理状态却常常对价值观产生影响，这种影响主要表现在对价值观的调养上。在王阳明心学中，心态被视为影响价值观的重要因素。立德立功立言是儒家的座右铭，也是儒家的最高价值追求，王阳明也不例外。王阳明曾说："登第恐未为第一等事，或读书学圣贤耳。"[①] "圣人之学，以无我为本，而勇以成之。"[②] 但成为圣人这种理想不仅不容易实现，而且可能经常受挫，这时就需要健康的心态给以慰藉理解。王阳明说："缘人未有真为圣人之志，未免挟有见小欲速之私，则此重学问，极足支吾眼前得过。"[③] 即需要对价值观进行调养。那么心态对价值观的调养功能有怎样的表现呢？

一是对差异价值观的包容。由于价值观的承载者是人，而不同的人价值观并不完全相同，因而如何对待这些千姿百态的价值观便需要智慧。王阳明的主张是包容。王阳明心学虽然为许多人追捧，但也有不认同者，不过王阳明表现的是豁达包容心态。王道是一位典型的阳明心学反对者，但王阳明尽力予以包容，希望求同存异，共进圣人之学。王阳明曾告诉王道，如果志向相同而论学方法存在差异，这并不妨碍彼此为同志；如果论学方法相同但志向存在差异，这并不妨碍彼此的差异；当年我不能自我检讨，都是我没有做好，王道你有什么可忧心的呢？王阳明不仅宽

---

① 《年谱一》，《王阳明全集》下，第 1347 页。
② 《别方叔贤序》，《王阳明全集》上，第 258 页。
③ 《寄邹谦之》，《王阳明全集》上，第 224 页。

容王道的"价值之异",还谦卑地主动承担责任。他还说:"仆窃疑有浮薄之徒,幸吾党间隙,鼓弄交构,增饰其间,未必尽出于纯甫之口。仆非矫为此说,实是故人情厚,不忍以此相疑耳。仆平日之厚纯甫,本非私厚;纵纯甫今日薄我,当亦非私薄。然则仆未尝厚纯甫,纯甫未尝薄仆也,亦何所容心于其间哉!往往见世俗朋友易生嫌隙,以为彼盖苟合于外,而非有性分之契,是以如此,私窃叹悯。自谓吾党数人,纵使散处敌国仇家,当亦断不至是。不谓今日亦有此等议论,此亦惟宜自反自责而已。"① 对于王道在学术价值上的背叛,王阳明仍然表现出惊人的包容心态,他将王道对他的批评、诋毁视为他人的挑拨离间,坚信王道本人不会如此,认为王道与自己有性分之契,并将发生的不愉快的责任完全揽在自己身上。无疑,王阳明对与王道在学术价值上的差异有着清晰的认识,但他表现出的是包容心态。虽然王道没有因此回到王阳明心学队伍中,但为王道学术价值的伸展留下了空间。可见,宽容心态有助于不同性质的价值观的生长。

二是对差异价值观的肯定。佛教、老学的价值观与儒家存在鲜明的差异,在某些方面甚至是完全相悖的,因而遭到许多儒家学者的排斥和批判。但王阳明不仅包容佛教、老学,而且肯定佛教、老学的价值。他说:"今世学者,皆知宗孔孟,贱杨墨,摈释老,圣人之道,若大明于世。然吾纵而求之,圣人不得而见之矣。其能有若墨氏之兼爱者乎?其能有若杨氏之为我者乎?其能有若老氏之清净自守、释氏之究心性命者乎?吾何以杨、墨、老、释之思哉?彼于圣人之道异,然犹有自得也。"② 王阳明认为,墨家的兼爱、杨朱的为我、老子的清净自守、佛教的究心性命,虽然与圣人之道存在差异,但都表现出独到的价值,都有其存在的合理性。佛教、老学不仅有其独到的价值,更有其独到用处:"二氏之用,皆我之用。即吾尽至性命中完养此身,谓之仙;即吾尽性至命中不染世累,谓之佛。但后世儒者不见圣学之全,故与二氏成二见耳。譬之厅堂,三间共为一厅,儒者不知皆我所用,见佛氏则割左边一间与之,见老氏则割右边一间与之,而己则自处中间,皆举一而废百也。圣人与天地民物同体:儒、佛、老、庄皆吾之用,是之谓大道。"③ 王阳明认为,圣人之学的精髓就是以"与天地民物一体"心态,将佛教、老学、庄学,甚至儒学

---

① 《与黄宗贤五》,《王阳明全集》上,第171页。
② 《别湛甘泉序》,《王阳明全集》上,第257页。
③ 《传习录拾遗》,《王阳明全集》下,第1301页。

视为对我有用的学问。因此，佛教与儒学完全可以共存："'觉悟'之说虽有同于释氏，然释氏之说亦自有同于吾儒，而不害其为异者，惟在于几微毫忽之间而已。"①无疑，王阳明这种对所有学问包容、肯定的心态，自然是有助于佛教、老学、庄学、墨家价值观的存活和发展的。

三是支持且赞赏积极价值观。由于价值观的承载主体是人，而不同主体的价值观存在差异，特别是性质的差异，即先进落后的差异。价值观的先进落后对生命的影响完全不同，先进的价值观能给人勇气和力量，鼓励人不断进步；落后的价值观则会消解人的勇气和力量，导致人颓废和堕落。王阳明非常重视价值观的动向，并顺着心态与价值观的关系以心态滋养、挺立价值观。南大吉是阳明心学的绝对拥趸，因为支持、帮助王阳明传播心学，结果遭到小人陷害而被革除官职，但王阳明对南大吉为官为学的优秀价值取向了如指掌，因而王阳明从心态上保护、支持南大吉。王阳明认为南大吉价值观健康，所谓"元善之识见兴趣，则又有出于元亮之上者"，具体表现就是："故凡有道之士，其于慕富贵，忧贫贱，欣戚得丧而取舍爱憎也，若洗目中之尘而拔耳中之楔。其于富贵、贫贱、得丧、爱憎之相值，若飘风浮霭之往来而变化于太虚，而太虚之体，固常廓然其无碍也。"②而这种价值观需要健康的心态滋养和挺立，王阳明说："夫惟有道之士，真有以见其良知之昭明灵觉，圆融洞澈，廓然与太虚而同体。太虚之中，何物不有？而无一物能为太虚之障碍。"③这种心态就是与太虚而同体之良知，也就是心态之本体，这就是南大吉的最高价值："元善今日之所造，其殆庶几于是矣乎！"要求南大吉继续保持这种健康的心态——"元善自爱！元善自爱！"可见，对于王阳明而言，即便是积极的价值观，也需要良好的心态予以支援和滋养。

四是安慰并鼓励消极价值观。既然有积极价值观，自然也有消极价值观，那么如何对待消极的价值观呢？王阳明认为，如果人以功名利禄作为他的价值追求，就是顺从感官所好，就是顺从私意所好，这种价值观违背了人的本真，需要以心态纯化、滋养。王阳明说："世之人从其名之好也，而竞以相高；从其利之好也，而贪以相取；从其心意耳目之好也，而诈以相欺：亦皆自以为从吾所好矣，而岂知吾

---

① 《答徐成之二》，《王阳明全集》中，第890页。
② 《答南元善》，《王阳明全集》上，第235页。
③ 《答南元善》，《王阳明全集》上，第235页。

之所谓真吾者乎！夫吾之所谓真吾者，良知之谓也。父而慈焉，子而孝焉，吾良知所好也；不慈不孝焉，斯恶之矣。言而忠信焉，行而笃敬焉，吾良知所好也；不忠信焉，不笃敬焉，斯恶之矣。故夫名利物欲之好，私吾之好也，天下之所恶也；良知之好，真吾之好也，天下之所同好也。是故从私吾之好，则天下之人皆恶之矣，将心劳日拙而忧苦终身，是之谓物之役。从真吾之好，则天下之人皆好之矣，将家、国、天下，无所处而不当；富贵、贫贱、患难、夷狄，无入而不自得；斯之谓能从吾之所好也矣。"① 所谓以心态纯化，就是以心之本体良知浸染并纯化，心态之本体良知，所追求的是"真吾"所好，"真吾"所好是天下人所同好，是"公好"，也就是廓然无碍之心态。因此，对于以功名利禄之私利为追求的价值观，王阳明认为需要以心态之本体良知去浸染、去化解，从而使消极价值观转换为积极价值观。

五是为各种价值观的释放提供保证。王阳明不仅包容、肯定不同的价值观，而且致力于为各种价值观的释放提供优良的环境。他说："而才能之异或有长于礼乐，长于政教，长于水土播植者，则就其成德，而因使益精其能于学校之中。……其才质之下者，则安其农、工、商、贾之分，各勤其业以相生相养，而无有乎希高慕外之心。其才能之异若皋、夔、稷、契者，则出而各效其能，若一家之务，或营其衣食，或通其有无，或备其器用，集谋并力，以求遂其仰事俯育之愿，惟恐当其事者之或怠而重己之累也。"② 既然人和人、群体与群体之间的价值观是有差异的，而且有其独特的价值和技能，那就必须致力于优越条件的创造，以使各尽其性，各尽其才，各显其能。可见，王阳明不仅认识到健康心态对价值观的培育、践行的意义，而且认识到健康心态对价值观实现的意义。

如上考察表明，王阳明心学中蕴含了丰富的心态对幸福观、死亡观、价值观的养育之思想。王阳明深刻认识到心态与人生观的密切关系，并展开了多角度的思考，揭示了心态与幸福观、死亡观、价值观的内在关联性，肯定了良好心态对于养育幸福观、死亡观、价值观的意义，从而进一步深化了对心态养育功能的认识。

---

① 《从吾道人记》，《王阳明全集》上，第 278—279 页。
② 《传习录中》，《王阳明全集》上，第 61—62 页。

第三节 心态的主宰功能

心态作为一种心理状态，不仅表现为反映功能和养生功能，而且表现为主宰功能。王阳明说："身之主宰便是心，心之所发便是意，意之本体便是知，意之所在便是物。"① 这句话涉及心与身、心与物、心与意的关系。如下就从心与物、心与身、心与意三个向度考察阳明心学中心态的主宰功能之表现。

一、心态对"物"的主宰

这里的"物"包括事，王阳明说："物者，事也，凡意之所发必有其事，意所在之事谓之物。"② 因而王阳明所谓"物"包括了宇宙中的所有物事。那么，心态是如何主宰物事的呢？

1. 万物在心。王阳明说"心外无物"，即万事万物无不在心中，这就意味着物事皆在心态的掌控之中。王阳明说："夫在物为理，处物为义，在性为善，因所指而异其名，实皆吾之心也。心外无物，心外无事，心外无理，心外无义，心外无善。"③ 这就是说，宇宙中的"物""事""理""义""善"，就其本质内容言，都是"心"，都不过是"心"的不同名称而已，因此，物、事、理、义、善等都在"心"中。既然物、事、理、义、善皆"心"之异名，那么学问所求索的物、事、理、义、善之类，本质上都是求索"心"。王阳明说："孟氏所谓'学问之道无他，求其放心而已矣'者，一言以蔽之。故博学者，学此者也；审问者，问此者也；慎思者，思此者也；明辨者，辨此者也；笃行者，行此者也。心外无事，心外无理，故心外无学。"④ 既然博学是学"心"、审问是问"心"、慎思是思"心"、明辨是辨"心"、笃行是行"心"，那就意味着所有的问题皆在"心"中。既然物事皆在"心"中，

---

① 《传习录上》，《王阳明全集》上，第 6 页。
② 《大学问》，《王阳明全集》中，第 1071 页。
③ 《与王纯甫二》，《王阳明全集》上，第 175 页。
④ 《紫阳书院集序》，《王阳明全集》上，第 267 页。

那么物事之"理"自然也在"心"中。王阳明说:"夫物理不外于吾心,外吾心而求物理,无物理矣。"①因而孝亲之"理"便不在"心"外:"心外无物。如吾心发一念孝亲,即孝亲便是物。"②那么,"心外无物"的根据是什么呢?在王阳明看来,万事万物是因为"心"而有:"意之所在便是物。如意在于事亲,即事亲便是一物;意在于事君,即事君便是一物;意在于仁民爱物,即仁民爱物便是一物;意在于视听言动,即视听言动便是一物。所以某说无心外之理,无心外之物。"③由于"意"发自"心",因而如果事亲、事君、仁民、爱物、视听、言动是因为"意"而有,那也就是因"心"而有,即皆在"心"中。王阳明又说:"意之所用,必有其物,物即事也。如意用于事亲,既事亲为一物;意用于治民,即治民为一物;意用于读书,即读书为一物;意用于听讼,即听讼为一物:凡意之所用,无有无物者,有是意即有是物,无是意即无是物矣。"④这里又将治民、读书、听讼等视为"意"之所用的产物,同样意味着治民、读书、听讼等因"心"而有。可见,在王阳明心学中,从"物"到"事"、从自然世界到人文世界、从日用庸常到人伦物理,皆在"心"中,因而他说:"夫万事万物之理不外于吾心。"⑤既然万事万物皆在"心"中,那么"心"自然有了"治理"万事万物的责任,此即"心主宰物事也":"人者,天地万物之心也;心者,天地万物之主也。"⑥那么,心态主宰物事的具体情形是怎样的呢?

2. "心"主宰物事的有无。既然万事万物皆在"心"从而为"心"所主宰,那么,"心"如何主宰物事呢?考之王阳明相关文献,似可由以下几方面认识。

其一,心态决定物事的相状。所谓心态决定物事的相状,是指物事的特性因为"心"而隐显,"心"在则显,"心"不在则隐。

> 我的灵明,便是天地鬼神的主宰。天没有我的灵明,谁去仰他高?地没有我的灵明,谁去俯他深?鬼神没有我的灵明,谁去辨他吉凶灾祥?天地鬼神万

---

① 《传习录中》,《王阳明全集》上,第48页。
② 《传习录上》,《王阳明全集》上,第28页。
③ 《传习录上》,《王阳明全集》上,第6—7页。
④ 《传习录中》,《王阳明全集》上,第53页。
⑤ 《传习录中》,《王阳明全集》上,第52页。
⑥ 《答季明德》,《王阳明全集》上,第238页。

物,离却我的灵明,便没有天地鬼神万物了。我的灵明离却天地鬼神万物,亦没有我的灵明。如此,便是一气流通的,如何与他间隔得?①

天的特性是高,地的特性是深,鬼神的特性是吉凶。但是,如果没有"心"在场作证,那么天之高、地之深、鬼神之吉凶无法得到证明,也就不能认为是存在的。既然天之高、地之深、鬼神之吉凶需要心态的在场与肯定,这就意味着天之高、地之深、鬼神之吉凶的存在与否,皆由心态决定。王阳明还以死去的人为证,认为死去的人没有了灵明,没有了心态,因而天之高、地之深、鬼神之吉凶对死去的人而言,是不存在的,从而说明没有"心",就没有天之高、地之深和鬼神之吉凶,也就是没有物事的相状。

其二,心态决定物事的有无。王阳明认为,盛开在山中的花朵对人而言,存不存在是完全由心态决定的。

> 先生游南镇,一友指岩中花树问曰:"天下无心外之物,如此花树,在深山中自开自落,于我心亦何相关?"先生曰:"你未看此花时,此花与汝心同归于寂。你来看此花时,则此花颜色一时明白起来,便知此花不在你的心外。"②

花儿自开自落于深山,与人心究竟是怎样的关系呢?王阳明认为,盛开在山中的花儿与人是没有联系的,人没来到山中观看此花,那么此花与人心同归于沉寂,而当人来到山中观看此花时,鲜艳花朵便呈现于眼前,因此,山花不在人心之外。既然山花的存在与否由心态决定,而山花就是一种物事,因而在阳明心学中,心态决定物事的有无。

其三,心态对物事的塑造。在王阳明心学中,之所以说心态主宰物事,还在于心态能够对物事进行塑造,将物事品质进行改变。王阳明说:"《大学》之要,诚意而已矣。诚意之功,格物而已矣。诚意之极,止至善而已矣。止至善之则,致知而已矣。正心,复其体也;修身,著其用也。以言乎己,谓之明德;以言乎人,谓之亲民;以言乎天地之间,则备矣。是故至善也者,心之本体也。动而后有不善,

---

① 《传习录下》,《王阳明全集》上,第141页。
② 《传习录下》,《王阳明全集》上,第122页。

而本体之知，未尝不知也。意者，其动也。物者，其事也。至其本体之知，而动无不善。然非即其事而格之，则亦无以致其知。故致知者，诚意之本也。格物者，致知之实也。物格则知致意诚，而有以复其本体，是之谓止至善。"①王阳明认为，"意"是"心"之所发，"意"之所在便是物，物即事，"意"接触物事过程中有善恶，因而需要"诚意"方能保护"心"之纯正。而"诚意"必须借助"格物"，"格物"就是纠正物事之不正以归其正，但良知是"意"之本体，良知才能判断意念之善恶正邪，因而"致知"是"诚意"的根本。这样基于良知的判断、格物的工夫从而使"意"诚，便实现了"正心"。但这套程序实际上都是由良知操控的，也就是由心态之本体操控的，而这是心态决定物事的精彩表现。

需要澄清的是，王阳明"心外无物"论被视为否定客观世界的主观唯心论并不合乎阳明的本意。王阳明所强调的是，如果主观意识（心）未能与特定的客观事物（山花）发生关系，那么客观事物（山花）对于主观意识（心）而言，就是不存在的（同归于寂）。可见，王阳明想阐明的是客观事物（山花）与主观意识（心）之间相互肯定的关系，而强调事物的存在与价值取决于主观意识（心）。自然，依据阳明心学义理，我们还需更进一步，由于主观意识在绝大多数场合并非知识论的"心"，而是心态之本体，也就是良知，因而言"心外无物"，或"你未看此花时，此花与汝心同归于寂"，便是仅局限于价值论意义上的主张了。进而言之，王阳明所谓心态决定物事有无的观点，并不意味着否定客观事物的存在。

3. 心态主宰物事的性质。所谓心态主宰物事的性质，是指心态对物事的是非、美丑、善恶的维护或改变。一般而言，物事的是非、美丑、善恶都是一种客观存在。那么，心态对物事性状的主宰有怎样的具体表现呢？

其一，主宰物事的是非。生活中的物事，总会表现出对错、是非的性质，王阳明认为物事的对错、是非性质是由心态决定的。他说："今二兄之论，乃若出于求胜者。求胜则是动于气也。动于气，则于义理之正何啻千里，而又何是非之论乎！凡论古人得失，决不可以意度而悬断之。"②就是说，徐、王二人之所以对朱子、象山存在是非的争论，在于他们存有好胜心态，意气用事，从而产生对朱熹学说、象山学说之是非的错误判断。因此，判断是非必须求助于心态，王阳明说："子无求

---

① 《大学古本序》，《王阳明全集》上，第 270—271 页。
② 《答徐成之》，《王阳明全集》上，第 888 页。

其是非于讲说，求诸心而安焉者是矣。"①那么，心态又何以能定是非呢？因为心之本体良知是天生的是非标准。王阳明说："良知只是个是非之心，非只是个好恶，只好恶就尽了是非，只是非就尽了万事万变。"②这就是说，良知便是衡量是非的标准，"心"的好恶是客观的，良知之于是非犹如人之好恶，是即是，非即非，天生本有，因而只要良知这个心之本体在场，物事的是非自然呈现，所以说心态决定物事的是非。

其二，心态决定物事的美丑。生活中的物事，也会表现出美丑。王阳明认为，物事的美丑取决于人的心态："尔那一点良知，是尔自家底准则。尔意念着处，他是便知是，非便知非，更瞒他一些不得。尔只不要欺他，实实落落依着他做去，善便存，恶便去。"③心态之本体良知是辨别善恶的准则，犹如明镜，善恶自辨。王阳明说："圣人致知之功至诚无息，其良知之体皦如明镜，略无纤翳。妍媸之来，随物见形，而明镜曾无留染，所谓'情顺万事而无情'也。'无所住而生其心'，佛氏曾有是言，未为非也。明镜之应物，妍者妍，媸者媸，一照而皆真，即是生其心处。妍者妍，媸者媸，一过而不留，即是无所住处。"④美丑随物事而来，在良知照射之下，美丑暴露无遗，既然物事之美丑由良知照察而定，对应良知为美则美、为丑则丑，所以物事的美丑实际上被心态之本体良知所决定。因而只要"诚心"求索，便能获得美丑之真，王阳明说："孰为而无所用乎？是甘苦妍媸之所在也。使无诚心以求之，是谈味论色而已也，又孰从而得甘苦妍媸之真乎？"⑤"四书""五经"之于美丑的判断自然有其价值，但只有以真诚之心求索，才能确定美丑。简言之，心态之本体良知，不仅对善恶具有先天的辨别能力，而且可以决定善恶的存在与否。

其三，心态决定物事的善恶。生活中的物事，总会表现出善恶的性质。但善恶乃心之本体过当与否，王阳明说："至善者，心之本体。本体上才过当些子，便是恶了。不是有一个善，却又有一个恶来相对也。故善、恶只是一物。"⑥因此，"心"

---

① 《赠郑德夫归省序》，《王阳明全集》上，第266页。
② 《传习录下》，《王阳明全集》上，第126页。
③ 《传习录下》，《王阳明全集》上，第105页。
④ 《传习录中》，《王阳明全集》上，第79页。
⑤ 《赠郑德夫归省序》，《王阳明全集》上，第266页。
⑥ 《传习录下》，《王阳明全集》上，第110页。

主宰善恶，也就是使言行合乎本体。王阳明认为，"心"对事物的善恶也表现出主宰性："只在汝心，循理便是善，动气便是恶。"① 但"心"主宰善恶，非"心"之形式主宰善恶："天地生意，花草一般。何曾有善恶之分？子欲观花，则以花为善，以草为恶；如欲用草时，复以草为善矣。此等善恶，皆由汝心好恶所生，故知是错。"② "心"之好恶不能决定善恶，而心态之本体可以决定善恶，王阳明说："凡一念之发，一事之感，其为至善乎？其非至善乎？吾心之良知自有以详审精察之，而能虑矣。能虑则择之无不精，处之无不当，而至善于是乎可得矣。"③ 意念之善恶，良知能详审明察，从而能够精到地做出选择、恰当地处理事务，以臻善。那么，心态之体如何主宰善恶？王阳明说："然至善者，心之本体也。心之本体，那有不善？如今要正心，本体上何处用得功？必就心之发动处才可着力也。心之发动不能无不善，故须就此处着力，便是在诚意。如一念发在好善上，便实实落落去好善，一念发在恶恶上，便实实落落去恶恶。意之所发，既无不诚，则其本体如何有不正的？故欲正其心在诚意。"④ 心态之体即至善，心态之用——意念有善恶，所以需要"诚意"，但"诚意"需要"致知"，也就是致良知，因为"致知"才能认识意念之善恶，所以致知是诚意之根本；但诚意必须格物，格物就是依照良知发现的意之善或恶，去实际地为善，或实际地去恶。如此，也就去恶归善了，也就是正心了。因此，心态对善恶的主宰，表现为心之本体对善的坚守和对恶的抑制。

总之，心态对物事之性状的主宰，表现为多种形式，但心态之本体才是是非、美丑、善恶的绝对标准。这种绝对性表现为一种改变力，所以心态本身是需要注入良知，即心态之体。既然心态之于物事的是非、美丑、善恶都能体现主宰性，也就是心态能决定一个事件的是非、美丑和善恶。

二、心态对"身"的主宰

在王阳明心学中，心态与身体的关系也是被关注的重要内容。王阳明认为，心

---

① 《传习录上》，《王阳明全集》上，第34页。
② 《传习录上》，《王阳明全集》上，第33页。
③ 《大学问》，《王阳明全集》中，第1068页。
④ 《传习录下》，《王阳明全集》上，第135页。

态对身体（五官）有着决定性且复杂的影响。他说："《大学》之所谓'身'，即耳、目、口、鼻、四肢是也。"① 所谓"身"，包括四肢与感官。而"心"对身体具有主宰性："何谓身？心之形体运用之谓也。何谓心？身之灵明主宰之谓也。"② 这是说，"心"具有主宰功能，其主宰的对象就是身体。王阳明说："心者身之主也。"③ 那么，"心"是如何主宰身体的呢？

1. 心态对身体的主宰。在王阳明看来，"心"的任何动静都会影响身体，所谓"牵一发而动全身"。心态对感官的主宰作用，表现在对身体及五官的绝对控制。王阳明说："耳、目、口、鼻、四肢，身也，非心安能视、听、言、动？心欲视、听、言、动，无耳、目、口、鼻、四肢亦不能。故无心则无身，无身则无心。"④ 为什么说"心""身"一体而"心"主宰"身"呢？因为"心"是身体运行的根据，是身体功能发挥的根据，没有"心"，身体不仅不能运行，其任何功能都无法发挥。王阳明说："这视听言动皆是汝心：汝心之视，发窍于目；汝心之听，发窍于耳；汝心之言，发窍于口；汝心之动，发窍于四肢。若无汝心，便无耳目口鼻。所谓汝心，亦不专是那一团血肉。若是那一团血肉，如今已死的人，那一团血肉还在，缘何不能视听言动？所谓汝心，却是那能视听言动的。这个便是性，便是天理。有这个性，才能生这性之生理。便谓之仁。这性之生理，发在目便会视，发在耳便会听，发在口便会言，发在四肢便会动，都只是那天理发生。以其主宰一身，故谓之心。这心之本体，原只是个天理。"⑤ 所谓根据，就是王阳明说的"性""理"。为什么说视、听、言、动皆是"心"呢？王阳明并不是信口开河。生命因"性"而有，"心"是生命进化而代表"性"之灵，其功能表现为指导生命，视、听、言、动是生命存在的表现，因而视、听、言、动必然需要"心"的引导，此即"视听言动皆心"。王阳明言"心"是视听言动的根据，因为"心"源自"性"，"性"是生理，因而作为生理的"性"（心），发在目便能视，发在耳便能听，发在口便能说，发在四肢便能动，所以说"心"是身之主宰。当然，真正主宰身体的是心态之本体，也就是良知或天理或本心。

---

① 《传习录下》，《王阳明全集》上，第135页。
② 《大学问》，《王阳明全集》中，第1069页。
③ 《传习录中》，《王阳明全集》上，第53页。
④ 《传习录下》，《王阳明全集》上，第103页。
⑤ 《传习录上》，《王阳明全集》上，第41页。

那么，心态是如何主宰身体的呢？如《观德亭记》中所云，心态躁动的时候，必然导致身体动作的随意；心态摇摆的时候，必然导致眼神飘忽不定；心态亏缺的时候，必然导致气息微弱；心态粗糙的时候，必然导致相貌懒散；心态骄傲的时候，必然导致神色自负。但如果心态健康，同样会对身体产生直接影响，只是影响的性质完全不同。如果心态端正，就会使身体正直；如果心态恭敬，就会使神情严肃；如果心态平静，就会使呼吸流畅；如果心态专一，就会使视力清明；如果心态通透，就会使人把握时机且理性应对；如果心态纯粹，就会使人谦让守理；如果心态宽广，就会使人成功时不张扬、失败时不气馁。可见，心态对身体影响之直接、之细微、之全面，从而体现了心态对身体具有绝对的主宰性。这种主宰性还表现在对身体血脉、内脏运行的导引上，王阳明说："盖其心学纯明，而有以全其万物一体之仁，故其精神流贯，志气通达，而无有乎人己之分，物我之间。譬之一人之身，目视、耳听、手持、足行，以济一身之用。目不耻其无聪，而耳之所涉，目必营焉；足不耻其无执，而手之所探，足必前焉；盖其元气充周，血脉条畅，是以痒疴呼吸，感触神应，有不言而喻之妙。"① 这就是说，心态不仅主宰着五官、四肢的运行，而且主宰着内脏、血脉的运行，从而使整个生命体呈现一派畅通无碍、生意盎然之气象。

2. 心态对五官四肢的主宰。五官四肢是身体的重要组成部分，因而心态对身体的主宰包含对五官四肢的主宰，那么，心态是如何主宰五官四肢的呢？在阳明心学中，心态对五官四肢的主宰至少有如下表现：

其一，心态是五官四肢运行的根据。王阳明说："心者身之主宰，目虽视而所以视者心也，耳虽听而所以听者心也，口与四肢虽言动而所以言动者心也。故欲修身在于体当自家心体，常令廓然大公，无有些子不正处。主宰一正，则发窍于目，自无非礼之视；发窍于耳，自无非礼之听；发窍于口与四肢，自无非礼之言动；此便是修身在正其心。"② 就是说，眼、耳、口、四肢之所以能发挥自己的功能，之所以运行合乎规范，之所以富有成效，在于心态这部发动机提供动力。

其二，心态决定五官的运行方向。王阳明认为，心态统率五官，好比君主治六卿，五官功能的发挥，完全随心态而舞，心态追逐美艳之色，眼睛便投向美艳之

---

① 《传习录中》，《王阳明全集》上，第62页。
② 《传习录下》，《王阳明全集》上，第135页。

色，心态追逐悦耳之音，耳朵便会追随悦耳之音。他说："人君端拱清穆，六卿分职，天下乃治。心统五官，亦要如此。今眼要视时，心便逐在色上。耳要听时，心便逐在声上。如人君要选官时，便自去坐在吏部。要调军时，便自去坐在兵部。如此，岂惟失却君体？六卿亦皆不得其职。"①因此，心态如果不能履行好自己的职责，那么五官也就不能正常发挥其功能。

其三，心态决定五官能否发挥功能。王阳明说："盖吾之耳而非良知，则不能以听矣，又何有于聪？目而非良知，则不能以视矣，又何有于明？"②心态之本体是良知。王阳明认为，如果耳朵没有良知主宰，则无法发挥其听的功能，自然不能表现其聪明；如果眼睛没有良知主宰，则无法发挥其视的功能，自然就不能表现其明亮；如果心没有良知作为本体，则不能发挥其思考和觉悟的功能，自然就不能表现其睿智；因此，心之本体不仅对五官四肢具有决定性影响，而且对心态的非本体形式诸如思虑、觉悟等也具有主宰性。

其四，心态决定五官功用的性质。王阳明认为，人的感官思维如果没有心态之本体主宰，那么就等同于动物的感官思维，心之本体天理或良知不仅决定心态的性质，也决定着目视、耳听的性质，从而与动物区别开来。他说："大凡人只是此心。此心若能存天理，是个圣贤的心；口虽不能言，耳虽不能听，也是个不能言不能听的圣贤。心若不存天理，是个禽兽的心；口虽能言，耳虽能听，也只是个能言能听的禽兽。"③这就是说，心态之所以重要，在于有其本体，这个本体就是本心，就是天理，就是良知，因为有了良知这个本体，使五官区分为人的五官与动物的五官，心态之所以能改变、优化口、耳、目的性质，在于良知这个本体。概言之，身体感官之所以能发挥自己的功能、调适自己的方向，之所以能合乎规范、保持自己的品质，皆在于心态的主宰，即心态本体的主宰。

3. 心态对行为的主宰。在阳明心学中，也涉及心态对决策和行为的影响，所谓"知是行的主意，行是知的工夫"，王阳明认识到心态对于决策和行为的重要性，王阳明一生中的许多重大行为，都与他的心态密切关联着，他所做出的判断、所决定的行为，都深受其心态影响。下面以三个案例说明之。

---

① 《传习录上》，《王阳明全集》上，第25页。
② 《答南元善》，《王阳明全集》上，第235页。
③ 《谕泰和杨茂》，《王阳明全集》中，第1013页。

其一，心态对接受南赣巡抚任命的影响。王阳明向来身体羸弱，疾病缠身，而南赣的气候不适宜补养身体，而且家中有长辈需要照顾，因而对巡抚南赣的任命心存顾虑，但最终还是接受了朝廷的任命。王阳明说："伏念臣气体羸弱，质性迂疏，聊为口耳之学，本非折冲之才。鸿胪闲散，尚以疾病而不堪；巡抚繁难，岂其精力之可任！但前官以辞疾招议，适踵效尤之嫌；而圣旨以多事为言，恐蹈避难之罪。遂尔冒于负乘，不暇虚于覆悚。黾勉莅事，忽已逾旬。受恩思效，每废寝食。……尚尔一筹之未展，敢云期月而可观？况炎毒旧侵，惧复中于瘴疠，尪衰日积，忧不任于驱驰。心有余而才不逮，足欲进而力不前；徒切感恩之报，莫申效死之诚。臣敢不勉其智之所不足，竭砥砺于己；尽其力之所可为，付利钝于天。亮无补于河岳，亦少至其涓埃。"[①]这段话大致包括三方面意思：第一是陈述接受朝廷任命的诸个要素，其中有有利因素和不利因素：诉说自己体弱多病，谦称自己迂腐且无学问，巡抚工作繁难，自己的精力根本无法应付，前任就是以疾病为由辞任引起议论，我王阳明不能有蹈其覆辙之嫌，圣旨以多事任命，我若抗旨，则必陷入逃避困难之罪；第二是陈述自己无才而得位，谦称自己不称职，但报恩之心时刻系于怀，如果冒着居非其位、才不称职的名声，就会招致祸患，我勤勉处理公务，忽然超过十天，受恩总想报答，所以寝食难安，衰落与旺盛交替，日积月累，使我忧心不能胜任快马快奔；第三是表达了无论如何自己都会努力完成任务的意志，不辜负皇上的信任。因此，无论困难有多大，哪怕是心有余而力不逮，足欲向前但力不足，我都会全力报答皇恩，不必申明舍命报效的诚恳，而且这种报恩明显不会像黄河与嵩山那样高大，甚至小到如细流与微尘，但我都会尽全力去做好。这段话将王阳明的心态非常清晰地陈述出来——王阳明接到巡抚南赣圣旨之后，心态十分复杂，但报答皇恩是王阳明的基本心态，同时兼有谦卑心态、诚实心态、自砺心态，正是这些心态决定了他最终接受朝廷的安排，履职南赣。

其二，心态对做出平定宁王叛乱决定的影响。根据文献记载，朱宸濠谋叛之际，王阳明正遵循朝廷的安排前往福建剿匪，但王阳明听闻宁王密谋叛乱信息时，毅然决定返回江西平叛，因为他意识到这是事关天下兴亡的大事："不意行至中途，遭值宁府反叛。此系国家大变，臣子之义不容舍之而去。"[②]这里讲到"臣子之义不

[①]《谢恩疏》，《王阳明全集》上，第331页。
[②]《乞便道省葬疏》，《王阳明全集》上，第437页。

容舍之而去",可见在王阳明心里,天下远远大于小家,国家远远高于小己。王阳明说:"臣奉前旨,欲遂径往福建。但天下之事莫急于君父之难,若彼顺流东下,万一南都失备,为彼所袭,彼将乘胜北趋,旬月之间,必且动摇京辅。如此,则胜负之算未有所归,此诚天下安危之大机。虑念及此,痛心寒骨,义不忍舍之而去。……臣以弱劣多病,屡疏乞休,况此地方之责,本亦非臣之任。"[1]但是他又说:"臣区区报国血诚上通于天,不辞灭宗之祸,不避形迹之嫌,冒非其任以勤国难,亦望朝廷鉴臣之心。"[2] 就是说,作为臣子,王阳明自信其报国之心必为上天知晓,表示自己不担心招致杀祖灭宗之祸,也不避讳其平叛行为被人猜疑,而这样主动承担职责之外的任务以解救国家危难的行为,希望皇帝能理解他的一片忠心。由此可见,王阳明之所以能对自己本职之外的事务担负起责任,就在于他无惧人误解、无惧断子绝孙,而以国家存亡为神圣使命的心态,他说:"臣虽鄙劣,竭忠效命,以死国事,亦其素所刻心。"[3]

其三,心态对接受总制两广军务任命的影响。王阳明于1521年8月回到家乡绍兴,以教学培养弟子为事,阐发心学思想,同时休息养病。然而天有不测风云,正当他静心休养之时,突然来了一道圣旨,命其总制两广军务,平息思恩、田州两地的叛乱。王阳明好不容易回到家乡休养生息,面对这突如其来的圣旨,他是怎样的心态呢?他说:"今年六月初六日,兵部差官赍文前到臣家,内开奏奉钦依,以两广未靖,命臣总制军务,督同都御史姚镆等勘处者。臣闻命惊惶,莫知攸措。伏自思惟,臣于君命之召,当不俟驾而行,矧兹军旅,何敢言辞?顾臣病患久积,潮热痰嗽,日甚月深,每一发咳,必至顿绝,久始渐苏。乃者谢恩之行,轻舟安卧,尚未敢强,又况兵甲驱劳,岂复堪任。夫委身以图报,臣之本心也。若冒病轻出,至于偾事,死无及矣。"[4]接到总制两广军务的圣旨,王阳明不知所措,但也没有任何迟疑,必须立即应命,虽然身患重病,实在是没有气力胜任,但报答圣恩乃臣之本心。可是如果轻易出山而导致失败,则无法交代。这就是王阳明欲行又止的心态。但显然还是出于对圣旨的敬畏,委屈受命也是巨大荣幸,最终王阳明还是选择

---

[1] 《飞报宁王谋反疏》,《王阳明全集》上,第435页。
[2] 《乞便道省葬疏》,《王阳明全集》上,第437—438页。
[3] 《乞放归田里疏》,《王阳明全集》上,第433页。
[4] 《辞免重任乞恩养病疏》,《王阳明全集》上,第511—512页。

了领旨。他说："兵部移咨到臣，捧读感泣，莫知攸措。伏念世受国恩，粉骨齑骸，亦无能报。又况遭逢明圣，温旨勤拳若是，何能复顾其他。"① 同样是心态决定了王阳明的选择。

总之，就王阳明自己的经历而言，他的每一次决策或行动，都与他的心态密切关联着，可以毫不夸张地说，心态决定了王阳明一生中的重大决策和行动，从而对他的人生产生了直接的影响。

三、心态对"意"的主宰

在王阳明心学中，"意"是被重点关注的观念之一，所谓"心之所发便是意，意之本体便是知"，而"意"有思虑、意识、意念等含义，属于潜在的心理活动。王阳明说："心之虚灵明觉，即所谓本然之良知也。其虚灵明觉之良知应感而动者谓之意。有知而后有意，无知则无意矣。知非意之体乎？"② 这就是说，作为心态之虚明灵觉的良知，对"意"具有主导作用。以下从心态对思维、意识、意念的影响三个向度考察心态对"意"的主宰之情形。

1. 心态对思维的主宰。所谓思维主要指思考、思索的精神活动，这种精神活动的特点是将所获得的表象、概念进行分析、综合、判断和推理，因而是人脑对客观事物间接的、概括的反映，包括分析与综合、比较与分类、抽象与概括等环节。在王阳明心学中，"意"也常常表现为一种思维活动，但作为思维活动的"意"，因出于"心"而不能不受"心"之影响。

其一，心态对思维展开的影响。王阳明认为，思维活动的展开取决于心态，他说："夫学、问、思、辨、笃行之功，虽其困勉至于人一己百，而扩充之极，至于尽性知天，亦不过致吾心之良知而已。良知之外，岂复有加于毫末乎？今必曰穷天下之理，而不知反求诸其心，则凡所谓善恶之机，真妄之辨者，舍吾心之良知，亦将何所致其体察乎？"③ 学、问、思、辨、笃行无不是思维活动或需要思维引导，但

---

① 《赴任谢恩遂陈肤见疏》，《王阳明全集》上，第513页。
② 《传习录中》，《王阳明全集》上，第53页。
③ 《传习录中》，《王阳明全集》上，第52页。

这些思维活动之所以能展开，就在于心态。如果学、问、思、辨的展开，都不是求诸心之本体，那就没有办法辨别其中的善恶、真妄，因而想要通过学、问、思、辨求得天理，就必须求助心态之本体，也就是求诸良知。而《易》所谓"无思无虑"，并非不要思虑的意思，而是说思虑的目标是心之本体，而心之本体天理是寂然不动、感而遂通的，因而千思万虑不过是天理而已。这就是说，思虑无论如何多样、无论如何复杂，皆由心态之本体天理决定。王阳明说："《系》言'何思何虑'，是言所思所虑只是一个天理，更无别思别虑耳，非谓无思无虑也。故曰：'同归而殊途，一致而百虑，天下何思何虑'。云'殊途'，云'百虑'，则岂谓无思无虑邪？心之本体即是天理，天理只是一个，更有何可思虑得？天理原自寂然不动，原自感而遂通，学者用功虽千思万虑，只是要复他本来体用而已，不是以私意去安排思索出来。"① 既然千思万虑不过是天理或良知，而良知或天理是心态之本体，那么思虑的展开必由心态之本体规定。

其二，心态对感性思维的影响。所谓感性思维，是指基于个人的情感和直觉进行思考的一种思维方式，强调对事物的主观体验和情感共鸣，依赖于感觉、经验和直觉等人的主观因素。王阳明认为，感性思维需要心态主导，心态决定感性思维的过程及品质。"谨守其心者，无声之中而常若闻焉，无形之中而常若睹焉。故倾耳而听之，惟恐其或缪也；注目而视之，惟恐其或逸也。是故至微而显，至隐而见，善恶之萌而纤毫莫遁，由其能谨也。谨则存，存则明，明则其察之也精，其存之也一。昧焉而弗知，过焉而弗觉，弗之谨也。故谨守其心，于其善之萌焉，若食之充饱也；若抱赤子而履春冰，惟恐其或陷也；若捧万金之璧而临千仞之崖，惟恐其或坠也；其不善之萌焉，若鸩毒之投于羹也，若虎蛇横集而思所以避之也，若盗贼之侵陵而思所以胜之也。"② 如果能将心态之本体谨慎守护，那么，即便无声时仍然常常听到、即便无形处仍然常常看到。之所以倾耳而听之，只担忧会出差错，之所以注目而视之，只担忧视力分散。因此，能够做到谨守心态之本体，哪怕是最微小反而更加凸显，哪怕是最隐蔽反而更易看见，善恶萌发、微末概不能逃脱。谨守则存心体，心体存则明朗，明朗则照察精微。有些人之所以对吃过的五味而无知，对经历过的事情而无觉，都是因为没有谨慎守护心态之本体。因此，只要能够谨守

---

① 《传习录中》，《王阳明全集》上，第65—66页。
② 《谨斋说》，《王阳明全集》上，第294页。

自己的心态之本体，感性思维就能够正常运行并发挥自己的功能，甚至将自己的功能发挥到极致。质言之，心态之本体是对感性思维的基本保证。

其三，心态对是非判断的影响。判断是思维的主要环节之一，思维过程中对物事的是与非做出结论时，需要进行判断。王阳明认为，物事的是非最终判断皆由"心"决定。

> 曰："是与非孰辨乎？"曰："子无求其是非于讲说，求诸心而安焉者是矣。"曰："心又何以能定是非乎？"曰："无是非之心，非人也。口之于甘苦也，与易牙同；目之于妍媸也，与离娄同；心之于是非也，与圣人同。其有昧焉者，其心之于道，不能如口之于味、目之于色之诚切也，然后私得而蔽之。子务立其诚而已。子惟虑夫心之于道，不能如口之于味、目之于色之诚切也，而何虑夫甘苦妍媸之无辨也乎？"①

王阳明认为，人人皆有是非之心，这个是非之心，就是良知。如果一个人愚昧，其心之于道，就不会如口之于味、目之于色真切，也就是心之本体良知被遮蔽。相反，如果一个人真诚，只专心于道，时刻忧虑心之道不能如口之于味、目之于色真诚恳切，那何须考虑甘苦、美丑之辨呢？王阳明的意思很清楚，就是如果一个人能够专注于心态之本体良知，那么关于物事的是非、美丑、善恶等的论辩和判断都是多余的，因为心态之本体良知决定着物事的是非、善恶、美丑。

其四，心态对思虑效果的影响。王阳明认为，思索不可缺少，但思索需要心态之本体良知的引导，因为有良知的思索，便能保证正确的方向，便能收获积极的效果，且不会陷入邪恶。他说："思其可少乎？沉空守寂与安排思索，正是自私用智，其为丧失良知，一也。良知是天理之昭明灵觉处。故良知即是天理，思是良知之发用。若是良知发用之思，则所思莫非天理矣。良知发用之思，自然明白简易，良知亦自能知得。若是私意安排之思，自是纷纭劳扰，良知亦自会分别得。盖思之是非邪正，良知无有不自知者。"②如果缺失良知的引导，那么思虑方向的正确性便不能得到保证，思虑的效果也必然是消极的，因而必须将良知植入思虑之中。王阳

---

① 《赠郑德夫归省序》，《王阳明全集》上，第266页。
② 《传习录中》，《王阳明全集》上，第81页。

明说:"'出入无时,莫知其乡'。此虽就常人心说,学者亦须是知得心之本体,亦元是如此。则操存功夫,始没病痛。不可便谓出为亡,入为存。若论本体,元是无出无入的。若论出入,则其思虑运用是出。然主宰常昭昭在此,何出之有?既无所出,何入之有?程子所谓腔子,亦只是天理而已。虽终日应酬而不出天理,即是在腔子里。若出天理,斯谓之放,斯谓之亡。"[①]就是说,所谓"出入无时,莫知其乡",并非指思虑像无头的苍蝇漫天乱飞,思虑无论出入,皆由精神主宰,这个精神主宰便是天理,便是良知。心态之本体决定思虑的方向,当思虑出现偏差时,心态本体对心态能够及时调适。而且,心态之本体也能纠正思维之邪,王阳明说:"人若知这良知诀窍,随他多少邪思枉念,这里一觉,都自消融。真个是灵丹一粒,点铁成金。"[②]由此看,心态之本体也能使思维水准提升,而成为睿知。王阳明说:"心而非良知,则不能以思与觉矣,又何有于睿知?"[③]可见,心态对思维的主宰,不仅表现为对思虑展开的影响,也表现为对感性思维的主宰,不仅表现为对是非判断的影响,而且表现为对思维效果的主宰。自然,阳明心学所言心态对思维的主宰,最根本的是心态之本体对思维的主宰。

2. 心态对意识的主宰。阳明心学中"意"的第二个含义就是意识,所谓"意之所在便是物",即接触事物而产生的心理反应和思维活动。而按照心理学的说法,"意识就是我们的觉知状态,包括我们对自身、对外界的环境事件以及自己与外界环境事件关系的觉知"[④]。这个定义认为"意"是与外界环境发生关系而形成的思维活动。因此,阳明心学中的"意",也包括接触客观事物而产生的思维活动,所谓"有知而后有意,知是意之体",即谓良知对意识具有决定性作用。如下考察心态是如何对意识发生影响的。

其一,心态使意识真诚。孝悌之意识,其所为孝或悌,需要良知植入其中,没有良知的孝或悌,是虚伪的孝或悌,而心态之本体决定孝悌的性质。王阳明说:"知是心之本体。心自然会知:见父自然知孝,见兄自然知弟,见孺子入井自然知恻隐,此便是良知,不假外求。若良知之发,更无私意障碍,即所谓'充其恻隐之

[①]《传习录上》,《王阳明全集》上,第20页。
[②]《传习录下》,《王阳明全集》上,第106页。
[③]《答南元善》,《王阳明全集》上,第235页。
[④] 黄希庭、郑涌:《心理学导论》,第170页。

心,而仁不可胜用矣'。然在常人不能无私意障碍,所以须用致知格物之功。胜私复理,即心之良知更无障碍,得以充塞流行,便是致其知。"①如果孝悌夹带私意,那么这种孝悌就是虚伪的,就没有力量,而由良知主导的孝悌,不仅能真诚,而且具有无限的德能。具体到对百姓的关怀意识,也是如此,只有以良知或天理为主导的关怀,才是真诚的关怀,才是能让老百姓感到亲密的、温暖的关怀。王阳明说:"今吾无辜之民,至于阖门相枕藉以死。为民父母,何忍坐视?言之痛心。中夜忧惶,思所以救疗之道,惟在诸父老劝告子弟,兴行孝弟。各念尔骨肉,毋忍背弃。洒扫尔室宇,具尔汤药,时尔饘粥。贫弗能者,官给之药。虽已遣医生老人分行乡井,恐亦虚文无实。父老凡可以佐令之不逮者,悉已见告。有能兴行孝义者,县令当亲拜其庐。凡此灾疫,实由令之不职,乖爱养之道,上干天和,以至于此。"②言及百姓疾苦他不能不痛心,日夜忧虑,想尽办法寻找救治之道,在百姓中推行孝悌。民有病痛,递之以药,民有饥饿,赠之以粮。而且,之所以出现天灾人祸,乃是由于官员玩忽职守、忤逆了爱养之道、违背了自然规律。因此,要真心为百姓安身立命着想,要真心救百姓于水火,要真心让百姓安居乐业,就必须表现真诚的关怀,就必须以良知或天理主导关怀意识。因此,无论怎样的意识,如果要使它真诚,那就必须如《大学》所言"好好色,恶恶臭",这是人之天性,没有任何修饰装扮。王阳明说:"人于寻常好恶,或亦有不真切处,惟是好好色,恶恶臭,则皆是发于真心,自求快足,曾无纤假者。《大学》是就人人好恶真切易见处,指示人以好善恶恶之诚当如是耳,亦只是形容一诚字。"③而这种"好好色,恶恶臭"无瑕之诚,乃在于心态之本体主宰,即良知或天理的主宰。

其二,心态将意识控制在合理范围之内。"爱"是儒家所表达的关心关怀意识,面对不同的对象,儒家的关爱是有等差的,即"爱"的意识并非无原则的,亦非泛滥的。比如,对于人、对于禽兽、对于草木等,虽然都爱着,但"爱"的程度是不一样的,因此,对于不同的事物或人,表达的情意必须是随物事而变的心态。王阳明说:"惟是道理,自有厚薄。比如身是一体,把手足捍头目,岂是偏要薄手足,其道理合如此。禽兽与草木同是爱的,把草木去养禽兽,又忍得?人与禽兽同是爱

---

① 《传习录上》,《王阳明全集》上,第 7 页。
② 《告谕庐陵父老子弟》,《王阳明全集》中,第 1131 页。
③ 《与黄勉之二》,《王阳明全集》上,第 218 页。

的，宰禽兽以养亲与供祭祀、燕宾客，心又忍得？至亲与路人同是爱的，如箪食豆羹，得则生，不得则死，不能两全，宁救至亲，不救路人，心又忍得？这是道理合该如此。及至吾身与至亲，更不得分别彼此厚薄。盖以仁民爱物皆从此出，此处可忍，更无所不忍矣。"① 以草木养禽兽，以禽兽养人，先养亲再养他人，这种亲亲仁民爱物的意识，因为"心忍得"，"心"为什么"忍得"？因为天理如此，天理如此自然是合理心态。因此，是心态之本体良知的植入，才使"爱"的意识有了分寸。心态之本体不仅使"爱"的意识有分寸，而且使"爱"的意识具体化，王阳明说："博爱之说，本与周子之旨无大相远。樊迟问仁，子曰：'爱人。'爱字何尝不可谓之仁欤？昔儒看古人言语，亦多有因人重轻之病，正是此等处耳。然爱之本体固可谓之仁，但亦有爱得是与不是者，须爱得是方是爱之本体，方可谓之仁。若只知博爱而不论是与不是，亦便有差处。"② 博爱固然是好，但也有爱得是与不是的差别，如果对敌人、仇人、恶人也去爱，那就是滥爱，就是没有原则的爱，也就是没有良知的爱，没有天理的爱，爱的本体就是心态之本体，爱由心发出，但会出现是与不是的情形，此时就需要心态之本体良知来监督和规定。

其三，心态可使意识付诸行动。在阳明心学中，"知"的含义极为丰富，在与"行"对应的语境里，"知"也是一种意识，意识作为实践行为的指导，必须与实践行为合一，而只有心态本体良知保证"知"（意识）与实践合一。王阳明认为，由于人们将意识与实践分为两件事，所以忽视意识，这样就导致当恶的意识或动机萌发就放任自流，从而使这种邪恶意识转化为现实的邪恶。因此，王阳明主张将意识视为实践，从而关注、监督意识的性质及其运行。他说："今人学问，只因知行分作两件，故有一念发动，虽是不善，然却未曾行，便不去禁止。我今说个'知行合一'，正要人晓得一念发动处便即是行了。发动处有不善，就将这不善的念克倒了。须要彻根彻底，不使那一念不善潜伏在胸中。此是我立言宗旨。"③ 而要做到使邪恶意识不成为现实的恶，就必须监督并使这种意识性质为人们所认识，进而使正善意识与实践合一，而这需要心态本体良知的主导。王阳明说："若知时，其心不能真切笃实，则其知便不能明觉精察；不是知之时只要明觉精察，更不要真切笃实也。

---

① 《传习录下》，《王阳明全集》上，第 122—123 页。
② 《与黄勉之二》，《王阳明全集》上，第 217 页。
③ 《传习录下》，《王阳明全集》上，第 109—110 页。

行之时,其心不能明觉精察,则其行便不能真切笃实;不是行之时只要真切笃实,更不要明觉精察也。"① 意识见诸行动并成就积极效果,心态之本体乃其户枢也。

3. 心态对意念的主宰。这里的意念主要是指心理活动过程中所产生的思维形式,包括念头、主意、动机等,意念表现为抽象的、无形的形式。在现实生活中,意念对人们的决策、实践和创造都起着重要的作用。王阳明心学中,意念是王阳明关注的一个重点。王阳明认为,意念是"心"之所发,所谓"心之所发便是意",也是"心"接触事物而生者,所谓"凡应物起念处,皆谓之意",也是良知应感而动者,所谓"其虚灵明觉之良知应感而动者,谓之意"。这就是说,"意"发自"心"而与"物"接触而生,但有善恶,而良知是意念的本体,这实际上意味着,"心"对意念具有绝对的主宰作用。那么,心态之于意念的主宰作用有怎样的表现呢?

其一,心态对意念性质的判断。王阳明认为,意念的善恶,只能由良知判断:"则凡一念之发,一事之感,其为至善乎?其非至善乎?吾心之良知自有以详审精察之,而能虑矣。能虑则择之无不精,处之无不当,而至善于是乎可得矣。"② 由于意念有善恶,那么由谁来判定意念的善恶呢?王阳明回答是良知。良知能精察意念的善恶,如果不能真诚地好善恶恶,则是以恶为善。王阳明说:"意与良知当分别明白。凡应物起念处,皆谓之意。意则有是有非,能知得意之是与非者,则谓之良知。依得良知,即无有不是矣。"③ 只要良知在场,意念的是非善恶也就无处可逃。那么,心态之本体良知是如何辨别意念善恶的呢?王阳明说:"今欲别善恶以诚其意,惟在致其良知之所知焉尔。何则?意念之发,吾心之良知既知其为善矣,使其不能诚有以好之,而复背而去之,则是以善为恶,而自昧其知善之良知矣。意念之所发,吾之良知既知其为不善矣,使其不能诚有以恶之,而覆蹈而为之,则是以恶为善,而自昧其知恶之良知矣。若是,则虽曰知之,犹不知也,意其可得而诚乎!今于良知之善恶者,无不诚好而诚恶之,则不自欺其良知而意可诚也已。"④ 意念发动,良知便能察知它的善恶,如果良知已经提醒意念存在邪恶但仍然不改,那么这

---

① 《答友人问》,《王阳明全集》上,第234页。
② 《大学问》,《王阳明全集》中,第1068页。
③ 《答魏师说》,《王阳明全集》上,第242页。
④ 《大学问》,《王阳明全集》中,第1070—1071页。

种意念就是自昧其良知。也就是说，良知是意念的本体，良知与意念是一，因而意念的任何风吹草动，良知都是能发觉的。因此，心态之本体对于意念性质是了如指掌的。

其二，心态对意念运行的监视。王阳明认为，心态之本体具有监督意念的功能，意念的变化运行，皆在良知掌握之中。意念的善与不善，逃不过良知的眼睛。"尔那一点良知，是尔自家底准则。尔意念着处，他是便知是，非便知非，更瞒他一些不得。尔只不要欺他，实实落落依着他做去，善便存，恶便去，他这里何等稳当快乐。此便是格物的真诀，致知的实功。若不靠着这些真机，如何去格物？我亦近年体贴出来如此分明，初犹疑只依他恐有不足，精细看无些小欠阙。"[1] 良知何以能监督意念活动？由于良知是善体，自带光芒，所以意念之邪恶根本欺骗不了它，想蒙混过关是不可能的，因而意念不如乖乖听话，遵循良知的指导。良知对意念的监督，具体表现为省、察、克、治功夫，即对意念进行反省、精察、抑制、化解。王阳明说："只悬空静守，如槁木死灰，亦无用，须教他省察克治。省察克治之功，则无时而可间，如去盗贼，须有个扫除廓清之意。无事时，将好色、好货、好名等私欲逐一追究搜寻出来，定要拔去病根，永不复起，方始为快。常如猫之捕鼠，一眼看着，一耳听着，才有一念萌动，即与克去，斩钉截铁，不可姑容与他方便。不可窝藏，不可放他出路，方是真实用功，方能扫除廓清。到得无私可克，自有端拱时在。"[2] 作为心态本体的良知，有知善知恶之功能，但这种功能必须体现在省、察、克、治功夫上，从而将良知的精察功夫全面化、细致化。因此，良知照察意念，真妄了然，王阳明说："良知者，心之本体，即前所谓恒照者也。心之本体，无起无不起，虽妄念之发，而良知未尝不在，但人不知存，则有时而或放耳。"[3] 由于良知是心态之本体，而意念是心态之用，因而良知对意念的观察与引导属于心态系统内部的自我完善。王阳明说："是乃天命之性，吾心之本体，自然灵昭明觉者也。凡意念之发，吾心之良知无有不自知者。其善欤，惟吾心之良知自知之；其不善欤，亦惟吾心之良知自知之；是皆无所与于他人者也。故虽小人之为不善，既已无所不至，然其见君子，则必厌然掩其不善，而著其善者，是亦可以见其良知之有不容

---

[1] 《传习录下》，《王阳明全集》上，第105页。
[2] 《传习录上》，《王阳明全集》上，第18页。
[3] 《传习录中》，《王阳明全集》上，第69页。

于自昧者也。"① 作为心态之用的意念，在心态系统中地位、功能与心态之本体的良知是完全不同的，良知对于意念具有绝对的主宰地位。

其三，心态之体足以化恶念为善念。心态之本体对于意念的主宰也表现在将恶念转化为善念上。王阳明认为，心之本体无所谓善恶，本心的过或不及，才有善恶，意念的善恶，便是意念丧失了本体良知，逸出了良知的管辖范围，或过或不及。王阳明说："盖心之本体本无不正，自其意念发动而后有不正。故欲正其心者，必就其意念之所发而正之，凡其发一念而善也，好之真如好好色；发一念而恶也，恶之真如恶恶臭；则意无不诚，而心可正矣。"② 意念处出现邪恶，所以必须就意念做文章，如是善念，必须好而求之，若是恶念，必须恶而弃之，如此，"诚意"便是化恶为善之急务。但凡有私意萌发，就必须"正之"，以心态之本体良知去私意。王阳明说："'格物'如孟子'大人格君心'之'格'，是去其心之不正，以全其本体之正。但意念所在，即要去其不正以全其正，即无时无处不是存天理，即是穷理，天理即是'明德'，穷理即是'明明德'。"③ 去心之不正以全本体之正，就是去意念之不正，去意念之不正，便是存天理。如此，便实现了去恶存善，便回到心之本体："既去恶念，便是善念，便复心之本体矣。譬如日光，被云来遮蔽，云去，光已复矣。若恶念既去，又要存个善念，即是日光之中添燃一灯。"④

其四，心态之志对意念的主宰。如上所言，"志"是一种专注性精神力量，在心态体系中对其他心理形式或意识形式有着重要的影响。特别是"志"与良知的结合，其对意念的影响具有根本性意义。王阳明认为，立志就是专心为学的心理和精神："故立志者，为学之心也；为学者，立志之事也。"⑤ 这种专心为学的心理和精神，对于意念的抑制具有决定性意义。只要立志存天理，意念就有善无恶："善念存时，即是天理。此念即善，更思何善？此念非恶，更去何恶？此念如树之根芽，立志者长立此善念而已。'从心所欲不逾矩'，只是志到熟处。"⑥ 就是说，只要长期立善念之志，恶念自然消失而善念自然显现。比如，自觉地专注充盈善念，自觉地

---

① 《大学问》，《王阳明全集》中，第 1070 页。
② 《大学问》，《王阳明全集》中，第 1070 页。
③ 《传习录上》，《王阳明全集》上，第 7 页。
④ 《传习录下》，《王阳明全集》上，第 112—113 页。
⑤ 《书朱守谐卷》，《王阳明全集》上，第 307 页。
⑥ 《传习录上》，《王阳明全集》上，第 22 页。

全心遏制恶念，都是志于学的表现，王阳明说："善念发而知之，而充之；恶念发而知之，而遏之。知与充与遏者，志也。"①因而立志有助于充善息恶。立志就是每时每刻存天理，如此便会凝结善念，并由此持续地存养、扩充善念。王阳明说："只念念要存天理，即是立志。能不忘乎此，久则自然心中凝聚，犹道家所谓结圣胎也。此天理之念常存，驯至于美大圣神，亦只从此一念存养扩充去耳。"②立志之所以能主宰意念，化恶念为善念，就在于心态的持续专注专一，从而迫使感官专注专一，跟踪意念的变化，随时发现问题，从而消除私意私念。王阳明说："夫志，气之帅也，人之命也，木之根也，水之源也。源不浚则流息，根不植则木枯，命不续则人死，志不立则气昏。是以君子之学，无时无处而不以立志为事。正目而视之，无他见也；倾耳而听之，无他闻也。如猫捕鼠，如鸡覆卵，精神心思凝聚融结，而不复知有其他，然后此志常立，神气精明，义理昭著。一有私欲，即便知觉，自然容住不得矣。故凡一毫私欲之萌，只责此志不立，即私欲便退；听一毫客气之动，只责此志不立，即客气便消除。"③眼、耳都是用于发现判断善恶的初步手段，但作为感官的目、耳显然是不可靠的，而且容易懈怠、摇摆，因而需要坚韧的精神、专一的心理，也就是需要立志，而所立之"志"是良知，那就是意念善恶正邪的最终判断根据，也是彻底铲除恶的根据。可见，心态之专一精神，对于化恶念为善念具有特殊的价值。

由于"意"出于心，不管这个"意"是思维，还是意识，抑或意念，都不能不受心态的影响。心态对于"意"的影响，不仅影响"意"的展开，也影响"意"的运行，还影响"意"的效果，甚至影响"意"的性质，因而必须关注心态对"意"影响的复杂性，从而使"意"能够发挥其积极功能。

以上从心与物关系、心与身关系、心与意关系三个向度，详细、深入地考察了阳明心学中的心态主宰功能。阳明心学中的心态对于物事的主宰，具体表现为决定物事的有无、决定物事的性质以及对物事的塑造等方面，心态对于物事的主宰不仅意味着对物事的存在具有决定性影响，而且表现为对物事的改变或改善，因而可以充分利用心态的功能来影响物事。但是，阳明心学中的心态主宰物事绝非对物事客

---

① 《传习录上》，《王阳明全集》上，第25页。
② 《传习录上》，《王阳明全集》上，第13页。
③ 《示弟立志说》，《王阳明全集》上，第290页。

观性的否定，而是强调客观物事的价值与主体的关联性。心态对于身体的主宰，具体表现在对身体运行的主宰、对五官四肢的主宰、对行动决策的主宰，特别是表现在作为身体运行的根据、影响身体运行的方向、身体功能的发挥及其性质等，从而较为系统、深入地呈现了身心的复杂关系。心态对意识的主宰，具体表现为三个方面：一是对思维的展开、对是非的判断、对思维效果的影响等；二是对意识性质的规定、对意识运行范围的合理控制、促使意识行动化等；三是对意念性质的判断、跟踪监督意念、化恶念为善念等。心态对意识的主宰，涉及意、情、志、知（良知）等心态系统中的诸要素，因而心态对"意"的主宰，实际上是心态系统中诸要素之间关系的自我协调和优化，在这种主宰与被主宰、调适与被调适的关系中，诸种心态要素或形式都扮演着各自的角色，而心态之本体是最根本、最核心的主宰者，正是心态之本体良知或天理的存在，使阳明心学的心态思想成为有机性、生命性心态思想体系。

第七章 心学的心态分析

有人问钱德洪，你老师王阳明选择人才有什么诀窍吗？钱德洪的回答是：

> 吾师用人，不专取其才，而先信其心。其心可托，其才自为我用。世人喜用人之才，而不察其心，其才止足以自利其身已矣，故无成功。①

钱德洪告诉提问之人，王阳明选拔人才时并非专门以才能为标准，而是先考察被选者的"心"，如果其"心"可靠，其才自可用，如果不明其"心"，即便其才华横溢，也只能有益于其个人。如此看来，王阳明选人用人的前提，是对被选者的"心"的全面了解和把握，足见阳明对"心"的重视。黄宗羲顺势点评了一句："愚谓此言是用才之诀也。然人之心地不明，如何察得人心术？"② 钱德洪、黄宗羲的意思应该是，王阳明之所以对人心有准确的把握，就在于王阳明"心地明"，即良知在心。人人有良知，但"百姓日用而不知"，王阳明因"心地明"而通之、明之。可见，王阳明对于心理心态的分析的确有高妙之处。考之王阳明文献，王阳明对于心态的分析，涉及心理动机、心理过程、心理机制、心理阶梯、心理状态、心理现象、心理需要、心理暗示、心理环境等内容，留下了丰富的实践经验，并在此基础上提出了极具价值的心理分析理论。

---

① 《钱德洪语录诗文辑佚》，《徐爱 钱德洪 董沄集》，第140页。
② 《钱德洪语录诗文辑佚》，《徐爱 钱德洪 董沄集》，第140页。

第一节　与人相处的心态

人是社会的存在，人与人之间必有交往，交往以"心"为基本方式，而"心"之运行复杂多变，往往导致不能相向而行，从而阻碍"心"的交流，因而必须对"心"的运行予以严密的观察、疏通，以提高人与人交往、相处的舒适度。王阳明不仅重视对人心理活动的观察，而且开展了心理分析实践，并提出了一些有价值的观念和方法。

一、自咎心

所谓自咎，指自己责备自己。《左传》云："中置，自咎曰：'岂将军食之，而有不足？'是以再叹。"（《左传·昭公二十八年》）"自咎"即自责、归罪于己。北齐颜之推谓："自咎自责，贯心刻髓。"（《颜氏家训·终制》）在与人交往相处中，王阳明将"自咎心"应用得出神入化。

与人相处的心态必须自咎。与人相处是人生存的基本方式之一，但要使人在相处中感到畅通、愉悦，必须具备良好的心理或心态，而自咎就是非常重要的一种心态。王阳明说："斯须不敬鄙慢人，造次不谨放僻成。反观而内照，虚己以受人。言勿伤于烦易，志勿惰于因循。勿以亡而为有，勿以虚而为盈。勿遂非而文过，勿务外而徇名。温温恭人，允惟基德。堂堂张也，难与为仁。卓尔在如愚之回，一贯乃质鲁之参。终身可行惟一恕，三年之功ző一矜。不贵其辩贵其讷，不患其钝患其轻。惟龟焉而时敏，乃暗然而日新。"[①] 这是王阳明对于同志的"训话"，在这简短的训话中，自咎之心无处不在。首先，在与他人相处中，如果你有片刻缺乏恭敬，就会表现为对他人的轻视怠慢；如果你鲁莽而忽略道德，就会导致对方肆意作恶；因而你要时刻反省检讨，谦虚接受他人的意见，从而修复、融洽彼此的关系。其次，在与人言谈的时候，切忌琐碎轻率，因为琐碎轻率会导致对方心烦；在立志

---

① 《铭一首》，《王阳明全集》中，第 1137—1138 页。

向的时候，不可拖拉懒惰，因为志向懒惰会引起他人反感；不能以失去当作拥有，以空虚冒顶充盈，因为这样会导致他人失去对你的信任；更不能掩饰自己的过失，亦不能唯利是图，因为这样不仅会毁灭自己，而且会失去所有关系。因此，必须保持温和，对人恭敬，所作所为以道德为根本。王阳明还以子张、颜回、曾参为例，重申谦虚内敛、自我反省在与人相处时的重要性。不难体会到，王阳明这段话蕴含了丰富的、深刻的心理学原理。

王阳明指出，哪怕是朋友相处，也必须做到"自咎"。一般而言，人都有朋友，但与朋友相处之道非常重要，太亲密不行，太疏远也不行，所谓"近之则不逊，远之则怨"，因而要从心理上注意与朋友相处的方法。朋友是比较亲密的人，那么，该如何相处呢？王阳明说："责善，朋友之道，然须忠告而善道之。悉其忠爱，致其婉曲，使彼闻之而可从，绎之而可改，有所感而无所怒，乃为善耳。若先暴白其过恶，痛毁极诋，使无所容，彼将发其愧耻愤恨之心，虽欲降以相从，而势有所不能，是激之而使为恶矣。故凡讦人之短，攻发人之阴私，以沽直者，皆不可以言责善。虽然，我以是而施于人不可也。人以是而加诸我，凡攻我之失者，皆我师也，安可以不乐受而心感之乎？某于道未有所得，其学卤莽耳。谬为诸生相从于此，每终夜以思，恶且未免，况于过乎？人谓事师无犯无隐，而遂谓师无可谏，非也。谏师之道，直不至于犯，而婉不至于隐耳。使吾而是也，因得以明其是；吾而非也，因得以去其非：盖教学相长也。"① 王阳明开宗明义，"责善"是朋友之道。那么如何"责善"呢？尽自己忠诚爱护之心，尽量用温和委婉的态度讲道理，使朋友听到它就能够接受，深思出道理后不仅能够改过，而且感激你却没有任何埋怨，这是最佳的与朋友相处之道。也就是说，必须用朋友能够接受的方式提醒他的错误，从而使之主动改正错误的同时还感谢你。相反，如果随意地暴露朋友的过错，且严肃地批评他，使他颜面扫地、无地自容，那么，他将怀恨在心，即便表面上接受了你的批评，内心却根本不服，并因此被激怒继续作恶，最终与你分道扬镳。这就是未能对人的心理有准确认识和把握的结果。所以，凡是以当面揭发他人短处、暴露他人隐私换取正直名声的人，都无法和他谈论要求朋友为善的道理。

不过，王阳明说如果他人用这种态度对待他自己，他的反应则是另一番情形：

---

① 《教条示龙场诸生·责善》，《王阳明全集》中，第 1074—1075 页。

凡是攻击我过失的人，都是我的老师，怎么可以不乐意接受且内心感激他呢？有人说，侍奉老师不可以冒犯，也不可以隐讳不说，因此就说老师没有可以劝谏的地方，这是不对的。劝谏老师的方法，要坦直却不至于恶言冒犯，要用委婉的态度而不至于隐讳不说。假使我是对的，能够因此清楚我是对的，假使我是错的，能够因此明白并改正我的错误，这是教者、学者彼此应该遵守的互相规劝方式啊！这样彼此才会有长进啊！可见，王阳明不仅注意到与朋友相处时朋友的心理变化，从而提出了非常细微有效的相处方式，而且认识到这种细微有效的方式又因对象不同而变化，我对朋友必须遵守这种方式，但朋友以这种方式对待我，我的态度则是虚心接受、自我反省。也就是说，王阳明的"责善"，是因人而异而非千篇一律的。这也表明，王阳明对己要求严厉，对他人要求宽松，都是基于心理心态的考虑。因而在如何与朋友相处方面，王阳明仍然表现了对自我检讨之自咎心的认识和重视。

面对过错的心态需要自咎。大凡人都免不了有过错，关键是如何面对自己犯下的过错。子贡说："君子之过也，如日月之食焉。过也人皆见之，更也人皆仰之。"（《论语·子张》）《左传》云："人谁无过？过而能改，善莫大焉。"（《左传·宣公二年》）这两句话都强调了"改过"的重要性，一个人犯了错误能主动改正，便是自我检讨、自我责备的优异心态的表现。王阳明也非常关注人们面对错误的心态。他说："夫过者，自大贤所不免，然不害其卒为大贤者，为其能改也。故不贵于无过，而贵于能改过。诸生自思平日亦有缺于廉耻忠信之行者乎？亦有薄于孝友之道，陷于狡诈偷刻之习者乎？诸生殆不至于此。不幸或有之，皆其不知而误蹈，素无师友之讲习规饬也。诸生试内省，万一有近于是者，固亦不可以不痛自悔咎。然亦不当以此自歉，遂馁于改过从善之心。但能一旦脱然洗涤旧染，虽昔为寇盗，今日不害为君子矣。若曰吾昔已如此，今虽改过而从善，将人不信我，且无赎于前过，反怀羞涩凝沮，而甘心于污浊终焉，则吾亦绝望尔矣。"① 如何面对过错？王阳明是这样分析的：过错人人都有，所以没有必要因为过错而有心理负担，人的可贵之处，不在于没有过错，而在于能改正过错；不过，各位扪心自问，平时是否疏于廉耻忠信之行、薄于孝友之道、陷于狡诈偷刻之习呢？这一问，问得所有人心惊肉跳；但王阳明又说大家或不至于此，或不幸偶然犯错，而且是由于无知而误蹈、

---

① 《改过》，《王阳明全集》中，第1074页。

无师友之讲习，这样，大家紧张的心理又放松下来；因此，大家万一出现了这种情况，只要反省自咎以洗涤旧染就可以，即使昔日做过寇盗，也不影响今日为君子，这样又给人以温暖和希望；而如果老是想着自己不光彩的过去，认为自己即便改正过错，人们也不会信任自己，从而自暴自弃，那只能令我感到极度失望了。不难看出，王阳明对于人有过错的心理做了非常细致的分析，而最大特点是"自咎"，也就是处处自我责备、自我检讨。有了过错，人都有错，自我鼓励；有过错即改，自我迁善；时刻反省自己有无过错，一旦不小心有了过错，这种过错都是各种原因引起，所以也没有必要耿耿于怀；只要改过迁善，仍然是个君子。这些都将王阳明关于面对过错时所需心态的思想淋漓尽致地展示出来。

王阳明对人心理、心态的考察和把握，也表现在其个人的交往实践中。王道，字纯甫，山东武城人。正德六年（1511）进士。王阳明在京时，曾与王道往来甚密，经常给他真诚的指引和建议。后来两人分别后，王道对阳明心学产生怀疑，逐渐疏远王阳明，甚至诽谤和诋毁阳明心学。黄绾，字宗贤，浙江台州府黄岩县洞黄人，弘治十八年（1505）进士。黄绾得知王道诋毁阳明心学，便从中调和。王阳明回复黄绾，谈论王道背叛、贬损自己之事，但王阳明此时还非常克制，字里行间蕴含了丰富的心理学思想。王阳明说："书来，及纯甫事，恳恳不一而足，足知朋友忠爱之至。世衰俗降，友朋中虽平日最所爱敬者，亦多改头换面，持两端之说，以希俗取容，意思殊为衰飒可悯。若吾兄真可谓信道之笃而执德之弘矣，何幸何幸！仆在留都，与纯甫住密迩，或一月一见，或间月不一见，辄有所规切，皆发于诚爱恳恻，中心未尝怀纤毫较计。纯甫或有所疏外，此心直可质诸鬼神。其后纯甫转官北上，始觉其有恝然者。寻亦痛自悔责，以为吾人相与，岂宜有如此芥蒂，却是堕入世间较计坑陷中，亦成何等胸次！当下冰消雾释矣。其后人言屡屡而至，至有为我愤辞厉色者。仆皆惟以前意处之，实是未忍一日而忘纯甫。盖平日相爱之极，情之所钟，自如此也。旬日间复有相知自北京来，备传纯甫所论。仆窃疑有浮薄之徒，幸吾党间隙，鼓弄交构，增饰其间，未必尽出于纯甫之口。仆非矫为此说，实是故人情厚，不忍以此相疑耳。仆平日之厚纯甫，本非私厚；纵纯甫今日薄我，当亦非私薄。然则仆未尝厚纯甫，纯甫未尝薄仆也，亦何所容心于其间哉！往往见世俗朋友易生嫌隙，以为彼盖苟合于外，而非有性分之契，是以如此，私窃叹悯。自谓吾党数人，纵使散处敌国仇家，当亦断不至是。不谓今日亦有此等议论，此亦惟宜自反自责而已。孟子云：'爱人不亲反其仁，行有不得者，皆反求诸己。'自非履涉亲切，应未识斯言味永而意恳也。"①这封信主要内容有：第一，为王道的"变节"提供了一个大背景、大前提，那就是"世衰俗降"。此即说，在这样世道日衰、人心不古的时代，王道所为在所难免。显然，王道读到此语，应该不会抵触，因为王阳明没有怪罪他。第二，回忆往年与王道的交往，自认为与他是非常亲密友好的同志，经常面晤交流，没有任何隔阂，相互劝勉。王道读到此，应该会回忆起那段往事，无论是喜还是忧，都不能否定。第三，认为王道之所以疏远自己，批评、诋毁心学，是在王道北上、两人分别之后发生的事情，因而可能是有人从中挑拨离间，那些恶言非王道本意。王道读到此，又会作何感想？至少不会有心理压力，如果认同王阳明的话，可以毫无心理负担地与王阳明重归于好。第四，王阳明说他之所以这样分析判断，在于系念旧情，不想质疑他与王道曾经纯洁的友情。王道读到此，是否有所醒悟呢？有所感动呢？第五，但是，王阳明与王道的友情，是建立在"公"基础上的，厚他是因为"公"，薄他也是因为"公"，都是出于对圣人之学的追求，不是私人恩怨。王道读到此，是否认识到其中的用意呢？既然彼此是因为"公"而产生裂缝，那就不应该影响彼此的私人情感。第六，王阳明聊着聊着，不由感慨，既为同志，即便是散处敌国，也不宜转变为这个样子：无底线地攻击、诋毁。王道读到此，是否会产生共鸣呢？第七，无论如何，王阳明仍然从自己身上找毛病，强调自己要不断检讨和反省，哪里做错了，立即纠正。以上是王阳明对黄绾陈述王道从认同心学转变为诋毁心学的过程。在这封信里，王阳明并没有怨恨王道，反而是处处为王道开脱，如文中提及的社会环境、别有用心之人挑拨离间和王阳明自己的不足，从而为对方可能的转变提供了条件；王阳明也提及，即便是彼此的厚薄、相互批评，也都是为了圣人之学，并非私人恩怨，从而又为王道可能的转变或保持友好提供了前提；王阳明最后将王道对自己的攻击和诋毁归于自己的过错，认为自己需要检讨、反省，这就为王道可能反省以"改邪归正"做出了榜样。可以说，王阳明对于王道的行为所做出的分析，处处考虑到王道的心理，其思考之细密之深刻之全面，是十分罕见的。非常遗憾的是，王道始终没有回头。

---

① 《与黄宗贤五》，《王阳明全集》上，第 170—171 页。

诚如上封信所言，王阳明与王道虽然私人感情很好，但仍然是"公"，如果在圣人之学面前产生冲突，那绝对不能暧昧、妥协。再看王阳明与王道的直接交流，王阳明就没有这么客气了。王阳明说："纯甫所问，辞则谦下，而语意之间，实自以为是矣。夫既自以为是，则非求益之心矣。吾初不欲答，恐答之亦无所入也。故前书因发其端，以俟明春渡江而悉。既而思之，人生聚散无常，纯甫之自是，盖其心尚有所惑而然，亦非自知其非而又故为自是以要我者，吾何可以遂已？故复备举其说以告纯甫。……纯甫平日徒知存心之说，而未尝实加克治之功，故未能动静合一，而遇事辄有纷扰之患。今乃能推究若此，必以渐悟往日之堕空虚矣。故曰纯甫近来用功得力处在此。然已失之支离外驰而不觉矣。夫心主于身，性具于心，善原于性，孟子之言性善是也。善即吾之性，无形体可指，无方所可定，无岂自为一物，可从何处得来者乎？故曰受病处亦在此。纯甫之意，盖未察夫圣门之实学，而尚狃于后世之训诂，以为事事物物，各有至善，必须从事事物物求个至善，而后谓之明善，故有'原从何处得来，今在何处'之语。纯甫之心，殆亦疑我之或堕于空虚也，故假是说以发我之蔽。吾亦非不知感纯甫此意，其实不然也。"① 这里就毫不留情地指出王道的错误，并与之讨论心学的真谛。首先，明确指出王道表面上谦下，实际上自傲；其次，在学问上没有半点含糊，批评王道仍然昧于圣人之学的精髓，没有领悟心学真谛，但仍然耐心地劝说，指出王道只是遭受迷惑而已。最后，这种批评，王阳明本是不应这么直接的，他将王道视为与自己一样境界的人，结果王道根本接受不了。这又证明了王阳明前面所言，对不同的人言善方式也要有不同。可见，王阳明在大是大非面前没有半点含糊，虽然他也会讲究方法策略。遗憾的是，面对王阳明苦口婆心、仁至义尽的劝说，王道似乎毫无反应，而且仍然不断攻击阳明心学，这让王阳明失望至极。王阳明给王道的最后一封信云："屡得汪叔宪书，又两得纯甫书，备悉相念之厚，感愧多矣！近又见与曰仁书，贬损益至，三复赧然。夫趋向同而论学或异，不害其为同也；论学同而趋向或异，不害其为异也。不能积诚反躬而徒腾口说，此仆往年之罪，纯甫何尤乎？因便布此区区，临楮倾念无已。"② 虽然王道对王阳明心学"贬损益至"，但王阳明还是耐心地讲道理，告诉王道论学或同或异，纯属正常；而且自责以往不能诚信反省且信口开河，承

---

① 《与王纯甫二》，《王阳明全集》上，第 174—175 页。
② 《与王纯甫四》，《王阳明全集》上，第 176 页。

认是自己的过错,纯甫担忧什么呢?所以陈述寥寥数句,面对信纸倾述无限思念。文字中已经透出王阳明的失望、愤怒,但他仍然非常委婉。这就是王阳明的心理艺术。王道虽然并不能被"感动",但作为血肉之躯,王阳明的话无疑会在他的心里激荡许久。

以上案例展示了王阳明对与人处世的心理分析及其所主张的基本观念,其基本观念就是时刻检讨自己、反省自己,通过自我检讨、自我反省,加之对人心理活动的把握,从而努力实现一种和谐的人际关系。

二、谦下心

所谓谦下,就是指自矮,放下身段,以获得对方的好感、接受。老子非常看重谦下的意义,认识到谦下是一种能够帮助人取得成功的心理工夫。《道德经》云:"夫唯不争,故天下莫能与之争。"(《道德经》第二十二章)不与人争锋,则人莫能与之争。在万物之下,方能为万物之王,《道德经》云:"江海所以能为百谷王者,以其善下之,故能为百谷王。"(《道德经》第六十六章)王阳明似乎继承了老子的"谦下"理念,他说:"凡朋友必须自我求之,自我下之,乃能有益。若悻悻自高自大,胜己必不屑就,而日与汙下同归矣。"[①] 如果对"谦下"的心理意义有着深刻认识,能熟练地应用谦下心理,不仅可以让对方感觉舒服,而且可以为自己争得利益。

与人讨论学问需要谦下。王阳明非常注意谦下之德,与他论学的人众多,三教九流,不一而足,但无论与谁论学,王阳明都注意降低自己身份,把自己放在不显眼的位置。比如与亲密同志湛若水论学,王阳明说:"来简勤勤训责仆以久无请益,此吾兄爱仆之厚,仆之罪也。此心同,此理同,苟知用力于此,虽百虑殊途,同归一致。不然,虽字字而证,句句而求,其始也毫厘,其末也千里。老兄造诣之深,涵养之久,仆何敢望?至共向往直前,以求必得乎此之志,则有不约而契、不求而合者。其间所见,时或不能无小异,然吾兄既不屑屑于仆,而仆亦不以汲汲于

---

① 《与弟书》,《王阳明全集补编》,第145页。

兄者。正以志向既同，如两人同适京都，虽所由之途间有迂直，知其异日之归终同耳。向在龙江舟次，亦尝进其《大学》旧本及格物诸说，兄时未以为然，而仆亦遂置不复强聒者，知兄之不久自当释然于此也。乃今果获所愿，喜跃何可言！昆仑之源，有时而伏流，终必达于海也。仆窭人也，虽获夜光之璧，人将不信，必且以谓其为妄为伪。金璧入于猗顿之室，自此至宝得以昭明天下，仆亦免于遗璧之罪矣。虽然，是喻犹二也。夜光之璧，外求而得也；此则于吾所固有，无待于外也，偶遗忘之耳；未尝遗忘也，偶蒙翳之耳。"① 王阳明与湛若水是私交极好的同志，但学术观点也不是完全一致，多少存在一些差异。王阳明是怎样处理与湛若水关系的呢？湛若水责怪王阳明与他联系不多，王阳明视为湛若水爱他，并自以为罪过；赞颂湛若水造诣深、涵养久；言与湛氏在学术上不约而契、不求而合；彼此间的小异，完全可以求同存异；言及两人曾经为《大学》版本与格物诸说意见不一，但搁置争议，湛若水到后来终于接受王阳明的观点；王阳明自谦为贫乏之人，是借助他人的光而已，所以人都不信任他，而以他为虚妄；强调光本固有，非来自外，之所以不能显，是被遮蔽也。不难看出，王阳明讨论与湛若水观点异同，做足了心理功夫，最大特点是自矮、谦卑。

与同志湛若水论学是如此，与学生论学也是如此。比如与邹守益论学，邹守益虽然是王阳明十分器重的学生之一，但毕竟是学生辈，可王阳明在邹守益面前也表现为谦下。王阳明认为自己与某些儒者一样，沾上了坐井观天、随波逐流、骄傲狂妄的毛病，他说："若某之不肖，盖亦尝陷溺于其间者几年，伥伥然既自以为是矣。赖天之灵，偶有悟于良知之学，然后悔其向之所为者，固包藏祸机，作伪于外，而心劳日拙者也。十余年来，虽痛自洗剔创艾，而病根深痼，萌蘖时生。所幸良知在我，操得其要，譬犹舟之得舵，虽惊风巨浪颠沛不无，尚犹得免于倾覆者也。"② 王阳明谦称"不肖"，只是由于觉悟到良知之学，且日夜用功，自省自洗自察，才避免陷入好高骛远、诳己诳人之渊。在另一封信中，王阳明认为自己也微有好胜争强、自立门户之念，需要深刻检讨以克服："若只要自立门户，外假卫道之名，而内行求胜之实，不顾正学之因此而益荒，人心之因此而愈惑，党同伐异，覆短争长，而惟以成其自私自利之谋，仁者之心有所不忍也！甘泉之意，未必由此，因事

---

① 《答甘泉》，《王阳明全集》上，第194—195页。
② 《寄邹谦之四》，《王阳明全集》上，第229页。

感触，辄漫及之。盖今时讲学者，大抵多犯此症，在鄙人亦或有所未免，然不敢不痛自克治也。如何如何？"①可见，即便在学生面前，王阳明也表现得非常谦卑。对王阳明而言，其最大的心愿是弘扬良知之学，因而为了良知之学的弘扬，他一方面揭露某些儒者的负面心态，进而遗憾地告诉邹守益自己也难免染上同样的毛病，一方面又表明自己在改正这些毛病方面的努力。邹守益本来就尊敬王阳明，面对先生的谦下，其心态不可能不受影响，从而在传播良知学上奋发努力。

在与朋友讨论学问时，王阳明同样是谦下的心态。他说："凡鄙人所谓致良知之说，与今之所谓体认天理之说，本亦无大相远，但微有直截迂曲之差耳。譬之种植，致良知者，是培其根本之生意而达之枝叶者也；体认天理者，是茂其枝叶之生意而求以复之根本者也。然培其根本之生意，固自有以达之枝叶矣；欲茂其枝叶之生意，亦安能舍根本而别有生意可以茂之枝叶之间者乎？吾兄忠信近道之资既自出于侪辈之上，近见胡正人，备谈吾兄平日工夫又皆笃实恳切，非若世之徇名远迹而徒以支离于其外者。只如此用力不已，自当循循有至，所谓殊途而同归者也。亦奚必改途易业，而别求所谓为学之方乎！惟吾兄益就平日用工得力处进步不息，譬之适京都者，始在偏州僻壤，未免经历于傍蹊曲径之中，苟志往不懈，未有不达于通衢大路者也。"②在这封写给毛宪的信里，王阳明首先是自称"鄙人"，其次是将自己主张的"致良知"之说与"体认天理"说视为各有所长之论，再次是赞许毛宪"近道之资既自出于侪辈之上"，而且为人"笃实恳切"，坚信对方必"达于通衢大路"。这些话都将王阳明的谦下品质表现得淋漓尽致。1527 年，王阳明已是著名的学术领袖，他的心学已风靡全国，为成千上万的人所追逐，其出类拔萃的道德品质与聪慧才能早已被实践证明，因此说，王阳明对毛宪所说，完全是"谦下"品质的表现。当然，王阳明之所以能如此，在于他对人的心理特质的了解和把握，因为这种"谦下"的姿态，对方不仅会愉快地接纳，而且会按照王阳明指引的方向努力。

在与族人亲戚讨论学问时，王阳明照样保持了谦下的品质。他说："某之于道，虽亦略有所见，未敢尽以为是也；其于后儒之说，虽亦时有异同，未敢尽以为非也。朋友之来问者，皆相爱者也，何敢以不尽吾所见！正期体之于心，务期真有所

---

① 《寄邹谦之五》，《王阳明全集》上，第230—231页。
② 《与毛古庵宪副》，《王阳明全集》上，第243—244页。

见其孰是孰非而身发明之,庶有益于斯道也。"① 王阳明族叔王克彰,号石川,是王阳明族中长辈,却甘就王阳明弟子之列,但与人辩论学术时,争强好胜、意气用事,并且标榜门户,自以为是。王阳明对王克彰的品性非常了解,所以表现得格外谦卑。王阳明称自己于圣人之道,只是"略有所见",而于后儒之说虽有不同,但并非一概否定;对于朋友,则是相亲相爱,全力将自己所知与大家分享;主张用心体会彼此的观点,定然期望能真有所得,亲身探明不同观点的是非,这样才有益于圣人之道。这再一次呈现了王阳明的"谦下"品质,正是这种品质令争强好胜的王克彰愉悦地接受了王阳明所陈述的道理。

与人相处打交道需要谦下。王阳明认为,与人相处打交道也需要保持"谦下"的品质。他说:"故予切望诸君勿以予之去留为聚散。或五六日、八九日,虽有俗事相妨,亦须破冗一会于此。务在诱掖奖劝,砥砺切磋,使道德仁义之习日亲日近,则世利纷华之染亦日远日疏,所谓'相观而善,百工居肆以成其事'者也。相会之时,尤须虚心逊志,相亲相敬。大抵朋友之交以相下为益。或议论未合,要在从容涵育,相感以诚,不得动气求胜,长傲遂非。务在默而成之,不言而信。其或矜己之长,攻人之短,粗心浮气,矫以沽名,讦以为直,扶胜心而行愤嫉,以圮族败群为志,则虽日讲时习于此,亦无益矣。"② 这是王阳明暂时离开而为弟子们所作的安排,主要内容为:第一,大家在一起时,必须彼此诱掖奖劝,砥砺切磋,使践行道德仁义的习惯日益接近,使势利纷华之染日益远离;第二,必须虚心逊志,相亲相敬,朋友之交相互谦让,这样会使彼此受益;第三,彼此议论或观点,或有不合,则要坦诚包容,求同存异,非要分出个高低胜负来不可,这样就会助长傲气;第四,如果以己之长攻人之短,心粗气浮,以攻击别人来显示自己正直,带着好胜之心而行愤怒妒忌,以毁坏族群为志向,那么,即便每天都在这里讲会论学,也毫无意义可言。可见,王阳明告诉弟子们彼此相处的根本法则是"相下"为益,就是把自己身段放低,谦虚地向人学习,这样才能收到彼此增益的积极效果,人际关系也自然和谐融洽。

如果与人相处,争强好胜,狂妄自大,如井底之蛙,没有听人把话说完就在那里嘲笑,拒人千里之外,最终只会落个自讨没趣的下场。王阳明说:"议论好胜,

---

① 《书石川卷》,《王阳明全集》上,第 300—301 页。
② 《书中天阁勉诸生》,《王阳明全集》上,第 310—311 页。

亦是今时学者大病。今学者于道，如管中窥天，少有所见，即自足自是，傲然居之不疑。与人言论，不待其辞之终而已先怀轻忽非笑之意，诎诎之声音颜色，拒人于千里之外。不知有道者从旁视之，方为之竦息汗颜，若无所容；而彼悍然不顾，略无省觉，斯亦可哀也已！近时同辈中往往亦有是病者，相见时可出此以警励之。"① 这段话中，王阳明将"谦下"与狂傲对比讨论，狂傲之人因其狂傲而不自知，所以被人耻笑也若无其事，谦下之人则自谦自明，所以泰然自若。因此，王阳明将"谦"视为治疗"傲"的良药："今人病痛，大段只是傲。千罪百恶，皆从傲上来。……象之不仁，丹朱之不肖，皆只是一'傲'字，便结果了一生，做个极恶大罪的人，更无解救得处。汝曹为学，先要除此病根，方才有地步可进。'傲'之反为'谦'。'谦'字便是对症之药。非但是外貌卑逊，须是中心恭敬，撙节退让，常见自己不是，真能虚己受人。"②

遭遇不同的心理情绪需要谦下。生活中，我们都可能遭遇无法预料的情绪，怒者、悲者、狂者、喜者，等等，王阳明认为，不管遭遇怎样的情绪，不管你喜好不喜好，都应该保持一种自谦心。他说："盖余素性乐交平直守分之人，但遇盛气者，不觉委靡退让，不能自壮；又遇多能巧言者，自觉迟钝，虽明知彼之非仁，而不能无自惭之意。此病何也？此皆未免有外重内轻之患。若平日能集义，则浩然之气至大至刚，充塞天地，自然富贵不能淫，贫贱不能移，威武不能屈；自然能知人之言，而凡诐淫邪遁之词，皆无所施于前矣，况肯自以为惭乎！集义只是致其良知，心得其宜之谓义，致良知则心得其宜矣。"③ 为什么遇到盛气者，就自觉萎靡呢？遇到巧言者，就自觉迟钝呢？因为自信不够，因为没有集义。集义不到位，所以不能自谦，有了谦下之心，就不会被任何情形所影响。心态发生变化，在于信心不足，信心不足在于心无良知。因为有重外轻内之患，才不能理直气壮地面对心态不健康之人，但坚守良知，保持自谦，就可以化解所遭遇的消极情绪的伤害。因此，如果对方蛮横而不守信，不能虚心陈述事情，再加上我们在议论时因求胜心切、心浮气躁而表现得过于偏激，所以他们嘲笑、惊惧是可以理解的，我们应该检讨自己，而不能怪罪于他人。责怪对方，不如反省自己。王阳明说："彼既先横不信之念，莫

---

① 《书石川卷》，《王阳明全集》上，第300页。
② 《书正宪扇》，《王阳明全集》上，第311页。
③ 《批董萝石日省录》，《王阳明全集补编》，第210页。

肯虚心讲究，加以吾侪议论之间或为胜心浮气所乘，未免过为矫激，则固宜其非笑而骇惑矣。此吾侪之责，未可专以罪彼为也。"① 就是说，即便是他人有错，自己也要操持谦下之态。

有杨生思元者求学于王阳明，归时请王阳明指出他的毛病所在："夫子之教，思元既略闻之。惧不克任，请所以砭其疾者而书诸绅。"王阳明非常诚恳地告诉他说："子强明者也，警敏者也。强明者病于矜高，是故亢而不能下；警敏者病于浅陋，是故浮而不能实。砭子之疾，其谦默乎！谦则虚，虚则无不容，是故受而不溢，德斯聚矣；默则慎，慎则无不密，是故积而愈坚，诚斯立矣。彼少得而自盈者，不知谦者也；少见而自炫者，不知默者也。自盈者吾必恶之，自炫者吾必耻之。而人有不我恶者乎？有不我耻者乎？故君子之观人而必自省也。其谦默乎！"② 王阳明指出杨思元有强明、警敏两个优点，但强明由于矜高，所以高亢不能就下，警敏由于浅陋，所以轻浮而不能敦实。王阳明由此告诉杨思元治疗其矜高、浅陋之病的方法，就是做到"谦默"。谦必虚，虚则无不容，因而容受而不会溢出，众德皆聚于此；默则慎重，慎重则缜密，缜密则坚强，坚强则立诚。因此，那种收获少却自以为盈满的人，不知道何谓"谦"，那种见识短而自我炫耀的人，不懂得何谓"默"。自盈者令我讨厌，自炫者让我羞耻，那么，人之中有不令我讨厌的吗，有不令我羞耻的吗？当然有，那些具有"谦默"品质的人便是。因此，君子看人必须自我反省，察其是否谦默。这就是告诉人们，当不幸地遭受负面、极端情绪时，维持"谦下"品质是非常重要的。

三、同理心

同理心（Empathy），亦译为"设身处地理解""感情移入""神入""共感""共情"。泛指心理换位、将心比心，亦即设身处地地对他人的情绪、情感、需要、观念的觉知、把握与理解，主要体现在情绪自控、换位思考、倾听能力以及表达尊重等与情商相关的方面。王阳明对与人交往实践的分析，较多地表现出同理

---

① 《与陆原静二》，《王阳明全集》上，第210页。
② 《书杨思元卷》，《王阳明全集》上，第304页。

心方法。

王阳明认为,为学做人都必须真诚,为学不诚,其道不明;为人不诚,只是虚妄。他说:"道之不明,皆由吾辈明之于口而不明之于身,是以徒腾颊舌,未能不言而信。要在立诚而已。向日谦虚之说,其病端亦起于不诚。使能如好好色,如恶恶臭,亦安有不谦不虚时邪?"① 为什么圣人之道不明于天下?因为我们有些人只能在嘴巴上讲说圣人之道,而不能将圣人之道身体力行。因此,每个人都应立诚于心、见诚于行,如此才能谦下,才能实事求是。"诚"是人与人之间沟通的基础,如果你以诚待人,人必以诚待你,就能站在彼此的立场思考彼此。"同理心"必须以"是"为根据,"是"就是真实、公正,是论学的根据,是判断是非的准则。王阳明说:"近幸同志如甘泉、如吾兄者,相与切磋讲求,颇有端绪。而吾兄忽复牵滞文义若此,吾又将谁望乎?君子论学,固惟是之从,非以必同为贵。至于入门下手处,则有不容于不辩者,所谓毫厘之差千里之谬矣。致知格物,甘泉之说与仆尚微有异,然不害其为大同。若吾兄之说,似又与甘泉异矣。"② 这是谈方献夫与自己学问的异同,认为方献夫的观念与自己的主张存在距离,但即便如此,论学以"是"为根据,非以"同"为贵。因为"是"是人们应该共同遵循的原则,判断人的品质必须以真实、公正为前提,从而成为不同的人能够顺畅交流的通行证。所以它是同理心的基础。在此基础上,王阳明没有彻底否认对方,而是以自己的期许激励对方。对方虽然有不足,但我还是对你充满希望,因为彼此共同遵循"是"的原则,从而让对方在"同理"的前提下接受而改善自己。

教育人需要同理心。王阳明认为,教育人必须注意对方心理,根据对方心理状况进行沟通,否则不仅不能获得理想的结果,反而会引来不满。"前辈之于后进,无不欲其入于善,则其规切砥砺之间,亦容有直情过当者,却恐后学未易承当得起。既不我德,反以我为仇者,有矣,往往无益而有损。故莫若且就其力量之所可及者诱掖奖劝之。"③ 就是说,前辈绝大多数是希望晚辈不断进步而臻于善的,但如果鼓励晚辈时出现过当而令晚辈不舒服,这样晚辈不仅不认为前辈有恩于我,反而以前辈为仇敌,那么这样做就没有好处,倒不如根据晚辈的实际情况教育他、奖

---

① 《与朱守忠》,《王阳明全集》上,第 201 页。
② 《答方叔贤》,《王阳明全集》上,第 205—206 页。
③ 《与杨仕鸣二》,《王阳明全集》上,第 208 页。

掖他。也就是以"同理心"教育他,这样,对方可能容易接受。王阳明的这番经验或许与王道的交往有关,出自其内心真实感受。可见,如何教导后进,亦得讲究方法,也要从心理心态上认真考虑。

批评他人也要有同理心。王阳明认为,人家虽然犯了错,也必须站在对方的角度去思考,对方批评我,肯定有他的原因和道理,因而必须搞清楚原因,而不能不分青红皂白地反击。王阳明说:"然则今日之多口,孰非吾侪动心忍性、砥砺切磋之地乎!且彼议论之兴,非必有所私怨于我,彼其为说,亦将自以为卫夫道也。况其说本自出于先儒之绪论,固各有所凭据,而吾侪之言骤异于昔,反若凿空杜撰者。乃不知圣人之学本来如是,而流传失真,先儒之论所以日益支离,则亦由后学沿习乖谬积渐所致。"① 这就是强调站在对方立场理解对方,也叫同情地理解,对方并不一定是针对我个人,可能也是出于卫道之目的,如此将"私情""公理化",似乎更能获得积极的效果。

判断是非善恶需要同理心。王阳明认为,人之于善恶,如同好好色,恶恶臭,人同此心,心同此理,所以必须以同理心判断、处理善恶。王阳明说:"为善之人,非独其宗族亲戚爱之,朋友乡党敬之,虽鬼神亦阴相之。为恶之人,非独其宗族亲戚恶之,朋友乡党怨之,虽鬼神亦阴殛之。故'积善之家,必有余庆,积不善之家,必有余殃'。见人之为善,我必爱之;我能为善,人岂有不爱我者乎?见人之为不善,我必恶之;我苟为不善,人岂有不恶我者乎?故凶人之为不善,至于陨身亡家而不悟者,由其不能自反也。"② 既然人同好善、同恶恶,那么,人都必喜爱为善之人,必厌恶为恶之人,因此,要获得他人对你的爱,就必须言善、行善。善善相应,恶恶相应,是同理心的基础。既然善善相应,那么就必须从善的角度去理解对方。

要以同理心方法分析盗贼的心理。王阳明认为,人人都以偷盗抢掠为耻,盗贼也不例外,这就是盗贼与普通人的同理心。王阳明说:"良知在人,随你如何不能泯灭,虽盗贼亦自知不当为盗,唤他作贼,他还忸怩。"③ 足见他对盗贼的心理有准确的认知和把握。所以,他在具体的剿匪实践中充分发挥了自己的专长,他在《告

---

① 《与陆原静二》,《王阳明全集》上,第 210 页。
② 《谕俗四条》,《王阳明全集》中,第 1010 页。
③ 《传习录下》,《王阳明全集》上,第 105 页。

谕浰头巢贼》中说:"夫人情之所共耻者,莫过于身被为盗贼之名;人心之所共愤者,莫甚于身遭劫掠之苦。今使有人骂尔等为盗,尔必怫然而怒。尔等岂可心恶其名而身蹈其实?又使有人焚尔室庐,劫尔财货,掠尔妻女,尔必怀恨切骨,宁死必报。尔等以是加人,人其有不怨者乎?人同此心,尔宁独不知;乃必欲为此,其间想亦有不得已者,或是为官府所迫,或是为大户所侵,一时错起念头,误入其中,后遂不敢出。此等苦情,亦甚可悯。然亦皆由尔等悔悟不切。"① 王阳明先是将人人皆有耻辱之心的基本心理摆出来,凸显对方所为遭人唾弃,从而使对方心理防线崩溃。借着提醒对方,一个人最可耻的事情莫过于被贴上盗贼的标签,一个人最愤怒的事情莫过于被抢掠,若有人骂你为盗,若有人抢掠你家,你乐意吗?你必怀恨在心,宁死也要报仇。这样的发问就令盗贼无地自容。最后,王阳明站在对方的角度考虑,理解他们落草为寇都是迫不得已。既然官府都认为盗贼是不得已,有自己的难处,那么他们接受招安就一定能减轻罪行,从而为对方准备好了投降的台阶。可见,什么人人厌恶盗贼,以之为耻,什么谁家愿意遭受抢劫,什么落山为寇实属不得已,误入其中,什么你们误为贼寇后,个个后悔不已……这些都是灵魂拷问,都是山贼积压在心里的沉重负担,如今都被王阳明一席话切中要害,正是他们所想所思,从而化解了山贼的忧虑。这就是同理心方法应用之奇效。

以上从自咎心、谦下心、同理心三个方面展示了王阳明在人际交往方面所表现出的心理心态智慧,王阳明不仅善于观察、思考人际交往时的心理心态活动,而且善于总结其中的经验并提出自己的主张和看法,从而形成了他关于人际交往的心态思想和智慧。

第二节 面对色利的心态

人不能活在声色名利之外,但对声色名利追求不当必然影响身心健康,因此,

---

① 《告谕浰头巢贼》,《王阳明全集》中,第 623 页。

儒家之于声色名利的主张非常明确，如孟子说："富贵不能淫，贫贱不能移，威武不能屈"（《孟子·滕文公下》）。就是要求不为富贵、贫贱、威武所动，坚守自己的人格。王阳明继承了儒家的基本观念，对于应当持怎样的心态面对声色名利，他提出了非常有价值的主张和观点。

一、回避心

作为心理学概念，回避心理产生的主观因素是：过分自信，甚至自负，需求日益增长，而又得不到满足。回避心理有三种：第一种，出于趋利避害的回避；第二种，继承来自家庭造成的自卑模式下的回避；第三种，创伤性回避。因此，回避是一种惯性的心理障碍，是一种自我保护的防御机制，通过认知疗法，更新自己的观念和认知，是可以得到改善的。这是心理学对于"回避心理"的解释，偏消极。中国古代思想中有一个词与回避心理类似，那就是"息事"。"息事"的意思是平息事端。《后汉书·鲁恭传》云："刺史、太守不深惟忧民息事之原，进良退残之化，因以盛夏征召农人，拘对考验，连滞无已。"梅曾亮云："由前之说，可以息事；由后之说，可以保利。"（清·梅曾亮《书棚民事》）与回避比较，"息事"似乎更加主动，但本质上都是大事化小、小事化了的行为策略。因此，这里的"回避心"主要指人面对功名利禄所表现出的心态，而且主要是从积极的意义上使用，即将回避作为协调关系从而保护自己的一种方式。王阳明认为，面对功名利禄采取回避心态，是极为重要的，也是极为有益的。

无辩止谤。这是王阳明与学生陆澄言及自己平叛后所造成的"恶劣"影响，谦称自己连累了同志，但并不希望同志因为自己的"祸"而引发争端，而是希望"无辩止谤"，即通过回避的方式平息争论。他说："某不孝不忠，延祸先人，酷罚未敷，致兹多口，亦其宜然。乃劳贤者触冒忌讳，为之辩雪，雅承道谊之爱，深切恳至，甚非不肖孤之所敢望也。'无辩止谤'，尝闻昔人之教矣，况今何止于是！四方英杰以讲学异同之故，议论方兴，吾侪可胜辩乎？惟当反求诸己，苟其言而是欤，吾斯尚有所未信欤，则当务求其是，不得辄是己而非人也。使其言而非欤，吾斯既已自信欤，则当益致其践履之实，以务求于自慊，所谓'默而成之，不言而信'者也。"① 他还认为，无休止地争辩学问异同，不会有胜利者，因此每个人不如反省自己，检讨自己的主张之是非，是则是之，非则非之。这的确是一种很有效的"止谤"方式，拳头再有力量，如果打在空气上，自然会因感到无趣而自止。然后强调自我反思，检讨自己的问题，对的必须坚持，不对的就改正。

那么，为什么不加以辩论来止谤呢？王阳明说："人之是非毁誉，如水之湿，如火之热，久之必见，岂能终掩其实者？故有其事，不可辩也；无其事，不必辩也。无其事而辩之，是自谤也；有其事而辩之，是益增己之恶而甚人之怒也；皆非所以自修而平物也。今主上圣明无比，洞察隐微，在位诸公皆兢兢守正奉法，京师事体与往时大有不同。故二君今日之事，惟宜安静自处，以听其来顺受之而已耳。天下事往往多有求荣而反辱、求得而反失者，在傍人视之甚明，及身当其事，则冥行而罔觉，何也？荣誉得失交战于其中，是以迷惑而不能自定耳。"② 在王阳明看来，是非毁誉好比水之湿、火之热，迟早会为人所知，是无法掩盖的，因此，如果有是非毁誉，无须辩，如果没有是非毁誉，则不必辩；没有是非毁誉而辩，是自己诽谤自己，有是非毁誉而辩，只能增加自己的恶；这些都不是通过自我修养以平息事件的上策。因此，大家不如安静自处，以任其来而顺受之。既然是非毁誉的发生是无法控制的，既然是非毁誉的有无，辩与不辩都不会产生实质性影响，既然为是非毁誉争辩反而会增加自己的邪恶，那么，当然应该放弃所有无谓的争辩。可见，王阳明对于是非毁誉的态度完全是一种自然而然但并不消极的心态。

安于中伤。生活在社会中，难免被人诋毁、中伤，那么该如何应对呢？王阳明的妙方是"安之而已"："君子与小人居，决无苟同之理，不幸势穷理极而为彼所中伤，则安之而已。处之未尽于道，或过于疾恶，或伤于愤激，无益于事，而致彼之怨恨仇毒，则皆君子之过也。昔人有言：'事之无害于义者，从俗可也。'君子岂轻于从俗，独不以异俗为心耳。'与恶人居，如以朝衣朝冠坐于涂炭者'，伯夷之清也。'虽袒裼裸裎于我侧，彼焉能浼我哉？'柳下惠之和也。君子以变化气质为学，则惠之和，似亦执事之所宜从者。不以三公易其介，彼固未尝无伯夷之清也。'德輶如毛，民鲜克举之。''我仪图之，惟仲山甫举之。'爱莫助之，仆于执事之谓矣。正人难得，正学难明，流俗难变，直道难容。临笔惘然，如有所失。言不尽意，惟

---

① 《与陆原静二》，《王阳明全集》上，第209—210页。
② 《答伍汝真金宪》，《王阳明全集补编》，第204—205页。

心亮。"①人活在世上，难免被误解、被中伤、被嘲笑，如果处理不好，付出的代价可能更大。那应该怎么办呢？王阳明的态度是"安之"，就是不要理睬它，任其自生自灭。王阳明认为，如果你理睬那些中伤，甚至耿耿于怀，那么对方就会更加来劲，而且增益仇恨；如果处事中和，不偏激，只要良知在心，哪怕是与恶人同处一地，也不会污染到你。处于污浊之世，如何保持自己的纯洁，是一个考验每个人能力、品性的问题。面对芜杂的社会，王阳明似乎感到无奈，但最后三个字"惟心亮"，内涵丰富深邃！我的"心"如有不明不妥，请以心亮之。"亮"即明彻、包容、理解，因而"心亮"不仅是明，更应该是大德、厚德的表现。可见，面对中伤，王阳明提出的是"大事化小，小事化了"的原则，也就是安之放任的原则，因为他认识到这样做才合乎人的心理特点，才会产生积极效果。

静默免是非。语言是人的基本生存方式，王阳明自然不会否认语言，关键是如何言语，而相比于言语，不言语自然更加保险，正所谓"沉默是金"。来看王阳明与一位聋哑人的笔谈，看王阳明如何说明"静默"的重要："你口不能言是非，你耳不能听是非，你心还能知是非否？（答曰：'知是非。'）如此，你口虽不如人，你耳虽不如人，你心还与人一般。（茂时首肯拱谢。）大凡人只是此心。此心若能存天理，是个圣贤的心；口虽不能言，耳虽不能听，也是个不能言不能听的圣贤。心若不存天理，是个禽兽的心；口虽能言，耳虽能听，也只是个能言能听的禽兽。（茂时扣胸指天。）你如今于父母，但尽你心的孝；于兄长，但尽你心的敬；于乡党邻里、宗族亲戚，但尽你心的谦和恭顺。见人怠慢，不要嗔怪；见人财利，不要贪图；但在里面行你那是的心，莫行你那非的心。纵使外面人说你是，也不须听；说你不是，也不须听。（茂时首肯拜谢。）你口不能言是非，省了多少闲是非；你耳不能听是非，省了多少闲是非。凡说是非，便生是非，生烦恼；听是非，便添是非，添烦恼。你口不能说，你耳不能听，省了多少闲是非，省了多少闲烦恼，你比别人到快活自在了许多。（茂时扣胸指天蹙地。）我如今教你但终日行你的心，不消口里说；但终日听你的心，不消耳里听。（茂时顿首再拜而已。）"②在王阳明看来，能说能听是导致是非的原因之一，如果一个人既不能说又不能听，那么是非就跟他无关，也就不受是非困扰。王阳明以此来开解聋哑人杨茂。而且，不能说、不能听

---

① 《与胡伯忠》，《王阳明全集》上，第180—181页。
② 《谕泰和杨茂》，《王阳明全集》中，第1013页。

并不影响聋哑人成为圣人,因为成为圣人的关键是看"心是否纯乎天理","心纯乎天理"即为圣,这与耳能听、口能说没有关系,如果耳能听、口能说,但心不纯,永远成不了圣人。这就让聋哑人更加觉得口不能说、耳不能听无所谓了。因此,不能听、不能说不仅可以免于是非烦恼,而且有助于成为圣人。因此,对于是非之处置,王阳明的主张是不言语,就是静默,但并非放弃对天理的坚守,因为天理才是是非的最终裁判。由此看出,王阳明认识到感官是麻烦的制造者,所以主张对感官作用的控制和引导,但其中表现出王阳明对于是非的心态——尽可能回避——不言语、不理睬以免于是非。

自信免是非。王阳明提及在留都(南京)时,人们互相说对方的坏话,弄得人心惶惶,人人自危,面对如此情形,该怎么处置呢?他说:"往年驾在留都,左右交谮某于武庙。当时祸且不测,僚属咸危惧,谓群疑若此,宜图所以自解者。某曰:'君子不求天下之信己也,自信而已。吾方求以自信之不暇,而暇求人之信己乎?'某于执事为世交,执事之心,某素能信之,而顾以相讯若此,岂亦犹有未能自信也乎?虽然,执事之心,又焉有所不自信者!至于防范之外,意料所不及,若校人之于子产者,亦安能保其必无。则执事之恳恳以询于仆,固君子之严于自治,宜如此也。"① 王阳明认为,但凡君子,不应该要求天下人都信自己,而应该自信,我自信都忙不过来,哪有时间要求他人信我呢?我与老兄为世交,向来相信老兄,却质询如此,难道还有不自信的地方吗?虽然如此,难道吾兄还有不自信之地方吗?至于防范之外、意料所不及,好比子产被校人所骗,那也是有可能的。意思是作为善良的人偶尔被骗也是难免的,但这并不影响该有的自信,因为自信可以帮人远离是非。可见,王阳明强调自信的意义,不要在意他人的看法,表现出他对人心理的认识。

二、自励心

自励,意思是自我鼓励以增强自信的行为。如《后汉书·袁安传》云:"闻之

---

① 《答友人》,《王阳明全集》上,第 231 页。

者皆感激自励。"又如《新五代史·南唐世家》云:"(李)昪,独好学,接礼儒者,能自励为勤俭,以宽仁为政,民稍誉之。"王阳明非常重视"自励心",不仅将成功视为一种经验,而且将失败视为一种鞭策、鼓励自己的教训。

以荣辱为砥砺之地。荣誉是人之所好,可以激励人奋发向上,但如果遭受侮辱和诋毁该怎么办?王阳明认为可以作为激励自己上进的精神:"君子之学,务求在己而已。毁誉荣辱之来,非独不以动其心,且资之以为切磋砥砺之地。故君子无入而不自得,正以其无入而非学也。若夫闻誉而喜,闻毁而戚,则将惶惶于外,惟日之不足矣,其何以为君子!"①在王阳明看来,人很难不为毁誉荣辱动心,但不应该因为荣誉而狂喜,不应该因为诋毁而气馁,而应将毁誉荣辱都当作鞭策、鼓励自己努力上进的精神动力,如此才能做到无论处于什么境地都可以安然自得,都可以视为学习的机会,这样才称得上君子。自我砥砺,就是自我鼓励以增强自信,属于健康心态。当人面对不同的情形,特别是对自己不利的情形时,这种心态非常重要,它可以帮助人摆脱精神上的困境。据文献记载,王阳明平定朱宸濠之乱,立下奇功,但为小人所忌,诋毁纷纷,但王阳明不仅能泰然自若,还将其化作"进德之资":"道之不明,几百年矣,赖天之灵,偶有所见,不自量力,冒非其任,诚不忍此学昧昧于世,苟可尽其心焉,虽轻身舍生,亦所不避,况于非笑诋毁之微乎!夫非笑诋毁,君子非独不之避,因人之非笑诋毁而益以自省自励焉,则固莫非进德之资也。"②为国家立下奇功,反遭人诋毁、陷害,王阳明竟然坦荡面对,将他人的是非诋毁当成自省自励的契机,作为提升自我道德水准的根据。这是多么豪迈的心态!

以非笑为自新之机。王阳明认为,对人而言,立志可以抗御各种嘲笑毁谤;对己而言,立志可以坚定自己的善良之心,而立志就是树立坚定的志向以勉励自己。他说:"维贤温雅,朋友中最为难得,似亦微失之弱,恐诋笑之来,不能无动;才为所动,即依阿隐忍,久将沦胥以溺。每到此便须反身,痛自切责。为己之志未能坚定,亦便志气激昂奋发。但知明己之善,立己之诚,以求快足乎己,岂暇顾人非笑指摘?故学者只须责自家为己之志未能坚定,志苟坚定,则非笑诋毁不足动摇,

---

① 《答友人》,《王阳明全集》上,第231页。
② 《与聂双江先生书》,《王阳明全集补编》,第230页。

反皆为砥砺切磋之地矣。"① 诋毁、嘲笑，人不能为其所动，但如果阿谀隐忍，时间久了便会沦丧以致被淹没，此时必须反省，痛切自咎，这样即便立志不坚，亦能激昂奋发。只要一心尽显本有之善，树立诚信，追求快乐以满足自我，哪有时间理睬他人的诽谤、嘲笑呢？因此，学者要做的是检讨自己的志向是否坚定，如果志向坚定，是非、诋毁、嘲笑根本不能动摇你，反而可以成为自己的锻炼修养之地。因此，要将是非毁誉作为警切砥砺之地，这样才不致流于心劳日拙。王阳明说："夫学者既立有必为圣人之志，只消就自己良知明觉处朴实头致了去，自然循循日有所至，原无许多门面折数也。外面是非毁誉，亦好资之以为警切砥砺之地，却不得以此稍动其心，便将流于心劳日拙而不自知矣。"② 毁是人之所恶，誉是人之所好，二者的出没都会牵动人心，普通人与毁誉俯仰，是因为没有认识到毁誉的本质。王阳明认为，毁誉实际上是人心的一种反应，对于这种反应，如果采取顺应的方式，对人心有利，如果采取逆反的方式，则有害于人心，因而与其对毁誉耿耿于怀，不如化为吾用。

自励心源自良知。显然，面对功名利禄、是非毁誉，王阳明提出了许多具有实效的方式，不过在他看来，这些方式如果不是建立在良知基础上，那么也未必有效。就是说，如果人能以良知为其所好，则必然看淡名利。良知要求认识到善在我，以存良知、用良知为善，当然就必须排斥名利，从而以"致良知"克服名利的诱惑。王阳明说："世之人从其名之好也，而竞以相高；从其利之好也，而贪以相取；从其心意耳目之好也，而诈以相欺；亦皆自以为从吾所好矣。而岂知吾之所谓真吾者乎！夫吾之所谓真吾者，良知之谓也。父而慈焉，子而孝焉，吾良知所好也；不慈不孝焉，斯恶之矣。言而忠信焉，行而笃敬焉，吾良知所好也；不忠信焉，不笃敬焉，斯恶之矣。故夫名利物欲之好，私吾之好也，天下之所恶也；良知之好，真吾之好也，天下之所同好也。是故从私吾之好，则天下之人皆恶之矣，将心劳日拙而忧苦终身，是之谓物之役。从真吾之好，则天下之人皆好之矣，将家、国、天下，无所处而不当；富贵、贫贱、患难、夷狄，无入而不自得；斯之谓能从吾之所好也矣。"③ 在王阳明看来，世人好名好利，好心意耳目所好，所以竞相争

---

① 《书顾惟贤卷》，《王阳明全集》上，第306页。
② 《答刘内重》，《王阳明全集》上，第219页。
③ 《从吾道人记》，《王阳明全集》上，第278—279页。

夺，但这不是"真我"，"真我"就是良知。良知所好，是父慈子孝之类德性，如果不慈不孝，良知必厌恶；言有忠信，行有笃敬，是良知所好，不忠信、不笃敬，是良知所恶。因此，良知所好，才是"真吾"所好，是天下人所同好，而"私吾"之好，为天下人所恶，必导致心劳日拙而忧苦终身。而从"真吾"之好，为天下人所好，从而无论家、国、天下，无所处而不当，富贵、贫贱、患难、夷狄，无入而不自得。可见，所谓良知所好，是美好品德，是天下大公，无一毫私欲，因而不会为富贵、贫贱、患难、夷狄所俘获。可见，自信自励自善之心的源泉是良知，良知洞察而超越，以"真吾"为追求，所以不会为外物所左右。在王阳明这里，自励心是面对各种毁誉、嘲笑而对自我的激励，是源自对正、反资源的深切理解和利用，从而成为化解消极因素的健康心态。

三、自慊心

自慊，即自足、自快、自乐。如《礼记》云："所谓诚其意者，毋自欺也。如恶恶臭，如好好色，此之谓自谦。"（《礼记·大学》）朱熹说："谦，读为慊。……慊，快也，足也。……以自快足于己。"① 王阳明继承了"自慊"思想，成为他崇尚的品质之一。

面对质疑而自慊。遭到质疑怎么办？王阳明认为必须自信自知，他说："君子不蕲人之信也，自信而已；不蕲人之知也，自知而已。"② 君子不祈求他人信任自己，也不祈求他人知道自己，只要自信自知就可以了。坚定了自信自知的立场，面对赞誉就不会受宠若惊，就不会手忙脚乱，就不会六神无主，而能自得自在、泰然自若。王阳明说："若夫君子之为善，则仰不愧，俯不怍；明无人非，幽无鬼责，优优荡荡，心逸日休。宗族称其孝，乡党称其弟。言而人莫不信，行而人莫不悦。所谓无入而不自得也，亦何乐如之！"③ 做人光明正大，无有愧疚，表现为自慊品质，那么，就会受到人人赞扬，言而人信，行而人悦，所以无入而不自得，还有什

---

① （宋）朱熹：《大学章句》，《四书章句集注》，第 7 页。
② 《答舒国用》，《王阳明全集》上，第 213 页。
③ 《为善最乐文》，《王阳明全集》中，第 1019 页。

么比这更令人快乐的呢？而面对学界同行的质疑，王阳明既能委婉地表达自己的想法，坚守自己的学术观点，又将对方的质疑视为对自己的帮助，并表示感谢。王阳明说："执事所以教，反复数百言，皆以未悉鄙人'格物'之说；若鄙说一明，则此数百言皆可以不待辨说而释然无滞，故今不敢缕缕，以滋琐屑之渎，然鄙脱非面陈口析，断亦未能了了于纸笔间也。嗟乎！执事所以开导启迪于我者，可谓恳到详切矣，人之爱我，宁有如执事者乎！仆虽甚愚下，宁不知所感刻佩服。然而不敢遽舍其中心之诚然而姑以听受云者，正不敢有负于深爱，亦思有以报之耳。秋尽东还，必求一面，以卒所请，千万终教！"①对于罗钦顺的质疑，王阳明并没有"硬刚"，而是感谢罗钦顺予以的启发，甚至说没有比罗钦顺更爱他的人，但告诉对方对自己认定的道理的坚持，正是对罗钦顺质疑的最好回报。不难感受到，王阳明的文字里，尽是自慊，但柔中带刚。

面对贫富而自慊。即便富贵贫贱、忧戚患难是人所不能离者，也必须以最佳的心态对待，而最佳的心态就是自慊。王阳明说："君子之学，求尽吾心焉尔。故其事亲也，求尽吾心之孝，而非以为孝也；事君也，求尽吾心之忠，而非以为忠也。是故夙兴夜寐，非以为勤也；剸繁理剧，非以为能也；嫉邪祛蠹，非以为刚也；规切谏诤，非以为直也；临难死义，非以为节也。吾心有不尽焉，是谓自欺其心，心尽而后，吾之心始自以为快也。惟夫求以自快吾心，故凡富贵贫贱、忧戚患难之来，莫非吾所以致知求快之地。苟富贵贫贱、忧戚患难而莫非吾致知求快之地，则亦宁有所谓富贵贫贱、忧戚患难者足以动其中哉？世之人徒知君子之于富贵贫贱、忧戚患难无入而不自得也，而皆以为独能人之所不可及，不知君子之求以自快其心而已矣。"②君子之学是求"尽心"，心尽方为快活，那什么是"尽心"？"尽心"就是：凡富贵贫贱、忧戚患难之来，无不是我致良知求快乐的所在。也就是说，君子的快活是建立在对富贵贫贱、忧戚患难的克服、消解上。而能够使自己的心快乐，什么富贵贫贱、忧戚患难等，不过是人致良知求快乐之地。可见，面对富贵贫贱、忧戚患难，王阳明的主张不是逃避，不是沉溺，而是顺应而胜之。王阳明心学的境界就是以化解所有阴暗雾霾为追求为快乐。如果一个人能够将富贵贫贱、忧戚患难视为"致知求快之地"，那富贵贫贱、忧戚患难怎么能左

---

① 《传习录中》，《王阳明全集》上，第88—89页。
② 《题梦槎奇游诗卷》，《王阳明全集》中，第1018页。

右其心、烦扰其神呢？而君子之所以能做到这一点，在于君子追求的只是"自快其心"啊！

面对毁誉而自慊。王阳明认为，虽然人人都喜爱荣誉，但荣誉不应该是人最关心的。他说："来尔同志，古训尔陈。惟古为学，在求放心。心苟或放，学乃徒勤。勿忧文辞之不富，惟虑此心之未纯；勿忧名誉之不显，惟虑此心之或湮。"① 人所应该忧虑和关心的，不是文辞的虚华，也不是声名的远大，而是此心是否纯洁，此心是否被遮蔽。因此，王阳明主张不以一时毁誉动其心，不以荣辱动其志："诸君病于相信相爱之过，好而不知其恶，遂乃共成今日纷纷之议，皆不肖之罪也。虽然，昔之君子，盖有举世非之而不顾，千百世非之而不顾者，亦求其是而已矣。岂以一时毁誉而动其心邪！惟其在我者有未尽，则亦安可遂以人言为尽非？……凡今争辩学术之士，亦必有志于学者也，未可以其异己而遂有所疏外。是非之心，人皆有之，彼其但蔽于积习，故于吾说卒未易解。就如诸君初闻鄙说时，其间宁无非笑诋毁之者？久而释然以悟，甚至反有激为过当之论者矣。又安知今日相诋之力，不为异时相信之深者乎！"② 王阳明将学界的争论归于自己的失误，但是，作为君子，应该做到所有人反对他都能置之不理、千百世的人反对也不当回事之境界，因为君子所求的是真理，是客观事实，是公正。怎么能以一时的毁誉动摇自己的内心呢？而且，当下的争论者中也还是有志于学的，不能一概地排斥他、疏远他。人都有是非之心，但由于蔽于积习而不能理解我的学问，就好比你们当初不理解我的学说一样，不是也有人诋毁我的学问吗？但慢慢理解之后又走向另一个极端，怎么能断定当下那些还没理解我学说的人未来不深信甚至不崇尚我的学说呢？因此，对我的学问有误解之人，要包容，误解肯定是有原因的，因此不能因为这样的情况就将他们视为异己而排斥。王阳明如此对待不认同自己学说的人，对方听到会作何感想？对方即便不赞同阳明学说，应该也不至于"怀恨在心"，而弟子们听到后，难道不能体会到自慊心的重要吗？

总之，自慊心是王阳明提倡的面对声色名利、贫贱富贵、毁誉荣辱所应持的心态，其核心思想就是，无论你面对诱惑的、喜悦的还是艰难的事情，都永远立足于自己，自我快乐、自我满足，而不为身外任何诱惑所左右。

---

① 《铭一首》，《王阳明全集》中，第1137页。
② 《与陆原静二》，《王阳明全集》上，第210—211页。

第三节　心态分析实践

在王阳明看来，任何问题的解决，从"心"入手是首选办法，他曾说："盖用兵之法，伐谋为先；处夷之道，攻心为上。"既然掌握"心"如此重要，那就需要进行心理分析。无论是日常交往中，还是治理社会实践中，王阳明都广泛而有效地使用了心理分析方法。一次，王阳明问被擒的土匪头子是用什么妙招将那些人聚集在一起的，土匪头子谢志珊将其中的秘诀告诉了他：

> 酋长谢志珊就擒，先生问曰："汝何得党类之众若此？"志珊曰："亦不容易。"曰："何？"曰："平生见世上好汉，断不轻易放过；多方钩致之，或纵其酒，或助其急，待其相德，与之吐实，无不应矣。"先生退语门人曰："吾儒一生求朋友之益，岂异是哉？"①

其秘诀便是："多方钩致之，或纵其酒，或助其急，待其相德，与之吐实，无不应矣。"多方设法以招致麾下，这个"多方"便是：或纵其酒，投其所好，让好酒者满足；救人于急难之中，使其感动；与之交心，培养互信，陈述其真情。王阳明听罢拍案叫绝，要求弟子们好好学习、体会。事实上，王阳明治理南赣时期，在与各色人诸如贼匪、官员、百姓、朋友、学生等打交道的过程中，表现出敏锐的心理洞察力、缜密的心理分析力，形成了丰富而独特的心理分析经验。以下从王阳明关于心理动机、心理过程、心理环境、心理过程、心理需要、心理暗示等方面，考察王阳明在心理心态分析方面的实践和成果。

一、心理动机与心理过程

1. 关于心理动机。 动机是指一个人内在的驱动力，它能够促使人们去追求某种

---

① 《年谱一》，《王阳明全集》下，第1376页。

目标。心理性动机（psychological motive）是和心理需要相联系的动机。心理性动机有不同层次，是人类以非生理性需要为基础所产生的行为动机。人类的心理性动机远多于生理性动机，并且十分多样化，例如，兴趣、好奇、贪心、立德、立功、立言等是心理性动机，求学、求胜、求利、交友、恋爱、求婚、成家等，也是心理性动机。王阳明对于心理动机非常重视，他提出的"一念发动处便是行"，说明他对心理动机有专门的关注和思考。

王阳明对于心理动机似乎有特别的认识，在他看来，心理动机是现实行为的源头，因而必须关注、跟踪心理动机的变化。他说："我今说个'知行合一'，正要人晓得一念发动处便即是行了。发动处有不善，就将这不善的念克倒了。须要彻根彻底不使那一念不善潜伏在胸中。此是我立言宗旨。"[①] 为什么倡导"知行合一"，并将其视为"立言宗旨"？因为人们常常不注意心理动机的善恶，对于动机之恶不作为、不抑制，从而导致现实中的危害，所以要求人们关注心理动机，从而将恶的动机消灭在萌发之前。这就要求全神贯注，时时刻刻跟踪心理变化。王阳明说："一眼看着，一耳听着，才有一念萌动，即与克去。斩钉截铁，不可姑容与他方便，不可窝藏，不可放他出路，方是真实用功，方能扫除廓清。"[②] 一旦发现心理动机出现恶的苗头，立即捕杀，不给它任何萌发的机会。

可见，王阳明对于把握心理动机的意义有着清晰的认识，所以能得心应手地应用到他的社会治理和军事实践中。王阳明曾仔细分析跟随朱宸濠叛乱之人的心理。

> 光谓德洪曰：昔夫子写杨公火牌将发时，雷济问曰："宁王见此恐未必信。"曰："不信，可疑否？"对曰："疑则不免。"夫子笑曰："得渠一疑，彼之大事去矣。"既而欢曰："宸濠行无道，残害百姓，今虽一时从逆者众，必非本心，徒以威劫利诱，苟一时之合耳。纵使奋兵前去，我以问罪之师徐蹑其后，顺逆之势既判，胜负预可知也。但贼兵早越一方，遂破残一方民命，虎儿出柙，收之遂难。为今之计，只是迟留宸濠一日不出，则天下实收一日之福。"[③]

---

① 《传习录下》，《王阳明全集》上，第109—110页。
② 《传习录上》，《王阳明全集》上，第18页。
③ （明）钱德洪：《征宸濠反问遗事》，《王阳明全集补编》，第259页。

这是王阳明在平息朱宸濠叛乱前的心理分析。王阳明认为，那些追随朱宸濠的人不是出于本心，或是被威逼利诱，或是奔着发家致富而来，乃乌合之众，因此，如果派兵剿杀，使之感受到得失，甚至生命安全都遭受威胁，便会离朱宸濠而去。因此，只要派兵镇压，很快就能歼灭之。这就表明，王阳明对追随朱宸濠的那些人的心理动机有准确的把握，他以此为基础制定作战方案，最终取得了胜利。

王阳明对于山贼的心理动机也有非常细致的把握。为了给对方转善提供条件，他指出对方成为贼匪有客观的原因，同时强调不能没有进行教化就杀人。他说："况闻尔等亦多大家子弟，其间固有识达事势，颇知义理者。自吾至此，未尝遣一人抚谕尔等，岂可遽尔兴师剪灭，是亦近于不教而杀，异日吾终有憾于心。"[①] 称山贼都是大家子弟，都达事势、知义理，这虽然有给对方戴高帽子之嫌，但迎合山贼的心理，山贼听了心里舒服，从而为山贼投降设置台阶。又说我并不一定非杀你们不可，不教而杀不是我的心愿，因而如果没有对你们进行教化而杀了你们，我将会有终身遗憾。这就令山贼不得不想：哦，原来你不仅不滥杀我们，还为我们提供弃暗投明的机会，那我们确实要好好考虑。可见，王阳明对于贼匪心理动机的认识和把握是非常准确的。

刘内重是王阳明的一个学生，他可能自视甚高，瞧不起比自己低下的愚贱之人，误解比自己高明的智贵之人，王阳明对这位学生的心理似乎了如指掌。他说："内重强刚笃实，自是任道之器，然于此等处尚须与谦之从容一商量，又当有见也。眼前路径须放开阔，才好容人来往，若太拘窄，恐自己亦无展足之地矣。圣人之行，初不远于人情。鲁人猎较，孔子亦猎较。乡人傩，朝服而立于阼阶。难言之互乡，亦与进其童子。在当时固不能无惑之者矣。子见南子，子路且有不悦。夫子到此如何更与子路说得是非？只好矢之而已。何也？若要说见南子是，得多少气力来说？且若依着子路认个不是，则子路终身不识圣人之心，此学终将不明矣。此等苦心处，惟颜子便能识得，故曰'于吾言无所不悦'。此正是大头脑处，区区举似内重，亦欲内重谦虚其心，宏大其量，去人我之见，绝意必之私，则此大头脑处，……内重有进道之资，而微失之于隘。吾固不敢避饰非自是之嫌，而叨叨至此，内重宜悉此意，弗徒求之言语之间可也。"[②] 王阳明对刘内重心理动机进行了详细的

[①]《告谕浰头巢贼》，《王阳明全集》中，第622—623页。
[②]《答刘内重》，《王阳明全集》上，第219—220页。

分析，指出他自认为是圣人之学的继承人，而且看不起低于自己的人。王阳明举了两个典故启发刘内重，所谓"鲁国人民狩猎较量，孔子也会狩猎较量"，所谓"乡村人民傩舞，孔子穿着朝服而站立东边台阶"，是指圣人并不远离普通人，所以不要有高人一等的动机；所谓"子见南子"，是指圣人的动机需要用善意去理解，所以不要有胡乱猜测人的动机。他认为刘内重有进道之资，但微失于隘。不难看出，王阳明对刘内重的心理是了如指掌的。而王阳明所举典故，也反映了他对于把握动机的重视。所谓"谦虚其心，宏大其量，去人我之见，绝意必之私"，就是提醒刘内重：既不能看不起低于自己的人，也不能误解高于自己的人，与他人相处，不能以己度人，不能有"意必之私"，而应全面、客观地认识、把握人的心理动机。

2. 关于心理过程。心理过程是指在客观事物的作用下，心理活动在一定时间内发生、发展的过程，通常包括认知过程、情绪情感过程和意志过程三个方面。认知过程指人以感知、记忆、思维等形式反映客观事物的性质和联系的过程；情绪情感过程是指人对客观事物的某种态度体验；意志过程是指人有意识地克服各种困难以达到一定目标的过程。三者有各自发生发展的过程，但并非完全独立，而是统一心理过程中的不同方面。王阳明对心理过程的认识和分析也有突出的表现。

王阳明认为，注意心理动向，跟踪心理变化过程，对人进行教育，可以收获事半功倍的效果。他说："故凡居今之时，且须随机导引，因事启沃，宽心平气以薰陶之，俟其感发兴起，而后开之以其说，是故为力易而收效溥。不然，将有扞格不胜之患，而且为君子爱人之累。不知尊意以为何如耶？"① 王阳明观察到的心理活动过程是：开始根据某事启动，宽心平气熏陶之，等待感发时而兴起，进而以讲说表达展开，心理活动过程便清晰地呈现出来，基于此对人进行启发、引导，不仅花的功夫小，而且收效广博丰厚。但如果不对心理活动过程做周全把握，则会导致彼此抵触，甚且成为君子爱人之累。就是说，如果不能全面、准确认识、把握心理活动的过程，就无法依照心理活动过程进行引导。

王阳明还根据人的年龄对心理过程进行了分析，认为人的心态随着年龄的变化而变化。他说："人方少时，精神意气既足鼓舞，而身家之累尚未切心，故用力颇易。迨其渐长，世累日深，而精神意气亦日渐以减，然能汲汲奋志于学，则犹

---

① 《寄李道夫》，《王阳明全集》上，第186页。

尚可有为。至于四十五十，即如下山之日，渐以微灭，不复可挽矣。故孔子云：'四十五十而无闻焉，斯亦不足畏也已。'又曰：'及其老也，血气既衰，戒之在得。'吾亦近来实见此病，故亦切切预为弟辈言之。宜及时勉力，毋使过时而徒悔也。"① 就是说，年少时，人精神焕发而无身家之累，所以心理纯粹而清爽；随着年龄的增长，人精神意气逐渐衰弱，但心理仍然阳光健康；到了四十、五十岁，精神便成江河日下之势，心理也逐渐失去往日之光；王阳明告诫诸位弟弟，在自己心理尚处于积极向上的青年时期，就应该珍惜光阴，及时努力，免得后悔。

王阳明经常与贼匪交手，擅长分析贼匪的心理活动过程。他说："盗贼之性虽皆凶顽，固亦未尝不畏诛讨。夫惟为之而诛讨不及，又从而招抚之，然后肆无所忌。盖招抚之议，但可偶行于无辜胁从之民，而不可常行于长恶怙终（谓凭恃奸诈终不改过）之寇；可一施于回心向化之徒，而不可屡施于随招随叛之党。南赣之盗，其始也，被害之民恃官府之威令，犹或聚众而与之角，鸣之于官；而有司者以为既招抚之，则皆置之不问。盗贼习知官府之不彼与也，益从而仇胁之。民不任其苦，知官府之不足恃，亦遂靡然而从贼。由是，盗贼益无所畏，而出劫日频，知官府之必将己招也；百姓益无所恃，而从贼日众，知官府之必不能为己地也。夫平良有冤苦无伸，而盗贼乃无求不遂；为民者困征输之剧，而为盗者获犒赏之勤；则亦何苦而不彼从乎？是故近贼者为之战守，远贼者为之乡导；处城郭者为之交援，在官府者为之间谍；其始出于避祸，其卒也从而利之。故曰'盗贼之日滋，由于招抚之太滥'者，此也。"② 王阳明由"招抚"分析贼匪越来越多的原因，他认为，贼匪是人，也怕死；诛讨未成功却招抚他们，他们必然更加肆无忌惮；被害之民与贼匪战斗，但官府不闻不问，贼匪威胁平民，而官府不能为平民撑腰，他们只好从贼了。这样，贼匪有恃无恐，百姓从贼日众。而且，贼匪的日子越过越滋润，平民百姓却越来越贫苦，平民百姓看到贼匪比他们活得好，自然也就从贼去了。在这里，王阳明对贼匪的心理过程与官府的关系、平民的心理过程与贼匪的关系，都做了非常仔细的考察和分析，从而将贼匪何以为贼匪的心理过程、平民之所以转为贼匪的心理过程全面、清晰地呈现出来。

---

① 《寄诸弟》，《王阳明全集》上，第 193 页。
② 《申明赏罚以励人心疏》，《王阳明全集》上，第 342—343 页。

二、心理环境与心理需要

1. 关于心理环境。心理环境是指某一时刻与个体有关的所有心理上的环境因素。行为主义者认为，心理环境的特征基本上是物理的、客观方面的；格式塔理论家认为，心理环境包括意象、想象和记忆方面的因素；精神分析思想家认为，心理环境包括潜意识元素、动机等，亦称"准环境""准事实"。本节的讨论所及心理环境定义涵盖上述三个方面。

每个人都会有过错，如果因为他的过错就放弃利用他的才能是非常可惜的。王阳明说："何谓舍短以用长？臣惟人之才能，自非圣贤，有所长必有所短，有所明必有所蔽。而人之常情亦必有所惩于前，而后有所警于后。吴起杀妻，忍人也，而称名将；陈平受金，贪夫也，而称谋臣；管仲被囚而建霸，孟明三北而成功，顾上之所以驾驭而鼓动之者何如耳。故曰：用人之仁，去其贪；用人之智，去其诈；用人之勇，去其怒。夫求才于仓卒艰难之际，而必欲拘于规矩绳墨之中，吾知其必不克矣。臣尝闻诸道路之言，曩者边关将士以骁勇强悍称者，多以过失罪名摈弃于闲散之地。夫有过失罪名，其在平居无事，诚不可使处于人上；至于今日之多事，则彼之骁勇强悍，亦诚有足用也。且被摈弃之久，必且悔艾前非，以思奋励；今诚委以数千之众，使得立功自赎，彼又素熟于边事，加之以积惯之余，其与不习地利、志图保守者，功宜相远矣。古人有言：'使功不如使过'，是所谓'使过'也。"① 如何用人所长而舍其所短？王阳明认为必须有所舍有所取，用人所长而舍人所短，不能以人所短而否定人所长。他还列举吴起、陈平、管仲、孟明的事例，强调用人必须取长去短。而且指出，那些边关将士往往以骁勇强悍著称，却因为过失罪名而被摈弃于闲散之地，但如果这些有过失的将士得到重新使用，必会悔艾前非而思奋励，如果委以重任，给他们立功自赎的机会，加之这些将士又熟悉边关之事，积久惯熟，肯定比那些不熟悉地利、志图保守的人强多了。这里具体讨论的是出兵边关之事。王阳明提出应该使用那些对边关事务熟悉的将士，哪怕他们过去犯过错误；这些人因为有过过失，给他们赎罪的机会，必然非常勇猛；这些人对边关事务非常专业，能够熟练地处理相关事宜，从而夺取战争的胜利。王阳明用

---

① 《陈言边务疏》，《王阳明全集》上，第318页。

了一系列"心理环境"说服皇上固化心理——有过失者不用；又对那些有过失将士的"心理环境"有准确的把握，表现出他对心理环境的重视。显然，这条文献再一次显示了王阳明的心理分析能力、洞察力和全面考察、处理问题的技巧。

一种心理的发生需要提供相应的心理环境，王阳明对此有清晰的认识。他说："何谓敷恩以激怒？臣闻杀敌者，怒也。今师方失利，士气消沮；三边之戍，其死亡者非其父母子弟，则其宗族亲戚也。今诚抚其疮痍，问其疾苦，恤其孤寡，振其空乏，其死者皆无怨尤，则生者自宜感动。然后简其强壮，宣以国恩，喻以房仇，明以天伦，激以大义；悬赏以鼓其勇，暴恶以深其怒；痛心疾首，日夜淬砺；务与之俱杀父兄之仇，以报朝廷之德。则我之兵势日张，士气日奋，而区区丑虏有不足破者矣。"①就是说，要激发士兵杀敌的勇气，就必须提供心理环境，这个心理环境就是"敷恩"。"敷恩"的具体内容便是，抚慰士兵伤痛，关心士兵疾苦，照顾好老人小孩，使其空乏之气得以振奋。在此基础上，悬赏以鼓励他们的勇气，曝恶以加深他们的仇恨使之痛心疾首，从而日夜训练，为己报杀亲之仇，为国报朝廷之德。这样，我们的军队就拥有了健康向上的心理，能够振奋斗志，就会不怕牺牲、一往无前，那么破敌不在话下。

王阳明还利用对心理环境的分析，将山贼的恶一一呈现，摧垮对方心理防线。他说："莅任之始，即闻尔等积年流劫乡村，杀害良善，民之被害来告者，月无虚日。"②王阳明对山贼喊话：我对你们的恶行已经了如指掌，自我上任以来，老百姓告状的络绎不绝，从无停止，告发你们为非作歹，杀害良善，弄得民不聊生。既然山贼的犯罪事实都被官方所掌握，那么还是老老实实地认罪吧。这就将山贼的心理环境——作恶做了通报，使对方产生恐惧心理。王阳明也将对方的实力清晰地摆出来，同时列举案例告知对方根本不值一击，从而构造了一个令山贼恐惧的心理环境。他说："本欲即调大兵剿除尔等，随往福建督征漳寇，意待回军之日剿荡巢穴。后因漳寇即平，纪验斩获功次七千六百有余，审知当时倡恶之贼不过四五十人，党恶之徒不过四千余众，其余多系一时被胁，不觉惨然兴哀。因念尔等巢穴之内，亦岂无胁从之人。"③将掌握的对方底细如实告知对方——你们的所有情况全在我掌握

---

① 《陈言边务疏》，《王阳明全集》上，第 320 页。
② 《告谕浰头巢贼》，《王阳明全集》中，第 622 页。
③ 《告谕浰头巢贼》，《王阳明全集》中，第 622 页。

之中，从而分化贼寇数量和力量。王阳明告诉对方：你们中间真正的贼寇很少，多数人都是被逼的。这种心理分化太厉害了：孤立一小部分人。同时将平定漳寇的经验故意告知对方：漳州叛乱者，发起人不过四五十人，跟随者不过四千余人，剩下的都是被胁迫者，很快就被剿灭了。有的山贼心想——我就是被逼的，即便我不是被逼的，我也说是被逼的。这样给山贼留下自脱空间：我若受降，便可得到宽待处理。这就是王阳明的"兵不厌诈"之计，其心理分析可谓精妙。

2. 关于心理需要。心理需要是指源于遗传的、先天的生理需要，后逐渐独立于生理需要。主要有三类：（1）探索、好奇需要，亦称好奇驱力、探索驱力，如幼儿对新事物表现出的兴奋，是注视、抚摸、吸吮、摇打等行为的驱力。（2）成就需要，指个体对自己认为重要的或有价值的工作，力求达到完美程度的内在驱力。（3）亲和需要，指渴求获得关心、友谊、爱情以及别人的许可与接受、支持与合作等的内在驱力。王阳明对于心理需要的分析也很熟练，通过对心理进行分析达到所要的结果。

王阳明明确指出山贼的心理需要，而这些心理需要是所有山贼都希望得到的。他指出，安居乐业，本分做人，这是所有人都希望的，盗贼也希望过安居乐业的日子。但如果不本分做人，而是为非作歹，必遭法律严惩，怎么可能过上安稳的日子呢？他说："尔等各安生理，父老教训子弟，头目人等抚缉下人，俱要勤尔农业，守尔门户，爱尔身命，保尔室家，孝顺尔父母，抚养尔子孙，无有为善而不蒙福，无有为恶而不受殃，毋以众暴寡，毋以强凌弱，尔等务兴礼义之习，永为良善之民。子弟群小中或有不遵教诲，出外生事为非者，父老头目即与执送官府，明正典刑，一则彰明尔等为善去恶之诚，一则剪除莨莠，免致延蔓，贻累尔等良善。……所恨才识短浅，虽怀爱民之心，未有爱民之政。近因督征象湖、可塘诸处贼巢，悉已擒斩扫荡，住军于此，当兹春耕，甚欲亲至尔等所居乡村，面问疾苦；又恐跟随人众，或至劳扰尔民，特遣官耆谕告，及以布匹颁赐父老头目人等，见吾勤勤抚恤之心。余人众多，不能遍及，各宜体悉此意。"① 勤劳种地以丰收，蹲守门户以安居，爱惜自己生命，保护自己家室，孝顺自己父母，抚养自己子孙，这不是人人的心理需要吗？不要以众暴寡，不要以强凌弱，农闲之余致力于礼义之习，做个普通本分

---

① 《告谕新民》，《王阳明全集》中，第 598 页。

的百姓，这不是人人的期盼吗？表彰你们为善去恶之心，剪除杂草以免延蔓，防止贻累良善，这不是所有人的希望吗？这都是人之心理需要啊！可见，王阳明对人的心理需要及其重要意义认识得清清楚楚。

王阳明考虑得非常周到，只要山贼受降，就满足山贼的心理需要。他说："若各贼果能改恶迁善，实心向化，今日来投，今日即待以良善，即开其自新之路，决不追既往之恶；尔等即可以此意传告开喻之，我官府亦未尝有必欲杀彼之心。若彼贼果有相引来投者，亦就实心抚安招来之，量给盐米，为之经纪生业，亦就为之选立酋长，使有统率，毋令涣散。一面清查侵占田土，开立里甲，以息日后之争；禁约良民，毋使乘机报复，以激其变。如农夫之植嘉禾而去莨莠，深耕易耨，芸菑灌溉，专心一事，勤诚无惰，必有秋获。夫善者益知所劝，则助恶者日衰；恶者益知所惩，则向善者益众；此抚柔之道，而非专有恃于兵甲者也。"①只要改过迁善，决不追究以往的罪恶；如果决定投奔官府，官府将在生活、工作等方面予以安排；协调社会关系，发展生产，使改善投奔之人都能过上和谐幸福的生活。可见，王阳明所提供的心理需要，为山贼解决了后顾之忧。一般情况下，不接受者是很少的。

王阳明认识到，给山贼改善机会，回归后当良民看待，不追究以往所犯的罪恶，这不就是山贼的心理需要吗？他说："若能听吾言改行从善，吾即视尔为良民，抚尔如赤子，更不追咎尔等既往之罪。如叶芳、梅南春、王受、谢钺辈，吾今只与良民一概看待，尔等岂不闻知？尔等若习性已成，难更改动，亦由尔等任意为之。"②为山贼规划未来，使对方看到希望；又针对那些头目予以特殊安排，满足他们需要，使山贼对未来有信心。王阳明又说："吾今特遣人抚谕尔等，赐尔等牛、酒、银两、布匹，与尔妻子，其余人多不能通及，各与晓谕一道。尔等好自为谋，吾言已无不尽，吾心已无不尽。如此而尔等不听，非我负尔，乃尔负我，我则可以无憾矣。呜呼！民吾同胞，尔等皆吾赤子，吾终不能抚恤尔等而至于杀尔，痛哉痛哉！兴言至此，不觉泪下。"③这就想得更具体了。为投降的贼匪解决生活中的具体困难，吃的、穿的、用的，一应俱全，还辅之情感牌——想到杀你们，我不觉泪下。山贼闻此，能不戚戚焉？

---

① 《绥柔流贼》，《王阳明全集》中，第721—722页。
② 《告谕浰头巢贼》，《王阳明全集》中，第624页。
③ 《告谕浰头巢贼》，《王阳明全集》中，第624—625页。

三、心理暗示与心理战术

1. 关于心理暗示。心理暗示是指人接受外界或他人的愿望、观念、情绪、判断、态度影响的心理特点，是人们日常生活中常见的心理现象。心理学家巴甫洛夫认为：暗示是人类最简单、最典型的条件反射。从心理机制上讲，它是一种被主观意愿肯定的假设，不一定有根据，但由于主观上已肯定了它的存在，心理上便竭力趋向于这项内容。心理暗示分为自我暗示与他人暗示两种。自我暗示是指自己的显意识不断重复，迫使潜意识接受显意识的思考内容从而得到改变。这样，自己的心理（心理活动）可以给自己的人格（潜意识）施加某种影响，改变自己的个性与人格。王阳明心学中，心理暗示也是其常用的心理分析方法。

王阳明故意透露自己对山贼兵力掌握的情况，暗示山贼无力抵抗。他说："故今特遣人告谕尔等，勿自谓兵力之强，更有兵力强者，勿自谓巢穴之险，更有巢穴险者，今皆悉已诛灭无存。尔等岂不闻见？"[①]今天特别派人告谕你们，千万不要以为自己兵力强大，还有比你们兵力更强大的，不要以为你们的巢穴地处险要，还有比你们拥有更险要的巢穴的，不都被我们消灭了吗？从而暗示山贼不要负隅反抗，不要抱侥幸心理。王阳明还通过分析山贼处境的险恶，令山贼不得不认真思考，对山贼应该如何选择做心理暗示。他说："闻尔等辛苦为贼，所得苦亦不多，其间尚有衣食不充者。何不以尔为贼之勤苦精力，而用之于耕农，运之于商贾，可以坐致饶富而安享逸乐，放心纵意，游观城市之中，优游田野之内。岂如今日，担惊受怕，出则畏官避仇，入则防诛惧剿，潜形遁迹，忧苦终身；卒之身灭家破，妻子戮辱，亦有何好？尔等好自思量。"[②]王阳明将两种截然相反的处境摆在山贼面前，令对方身处其境，不能不思考如何选择。王阳明分析说，你们辛苦为贼，所得有限，甚至有衣食不足的，不如以为贼之勤苦精力用之于耕农，运之于商贾，可以坐致饶富而安享逸乐，而且放心纵意，游观城市之中，优游田野之内，这样多好啊！哪像今天这个样子，担惊受怕，出则畏官避仇，入则防诛惧剿，潜形遁迹，忧苦终身，最终导致身灭家破，妻子戮辱，有什么值得开心的呢？王阳明的劝说，是明显的心理暗示，但山贼并不一定按照王阳明的意志走，而王阳明的这种努力，苦口婆心，

---

① 《告谕浰头巢贼》，《王阳明全集》中，第623页。
② 《告谕浰头巢贼》，《王阳明全集》中，第624页。

仁心拳拳，淋漓尽致地体现了儒家的情怀。王阳明以强大实力作为讲道理的资本，给山贼心理暗示，如果山贼不就范，就施与重拳。王阳明说："吾南调两广之狼达，西调湖、湘之土兵，亲率大军围尔巢穴，一年不尽至于两年，两年不尽至于三年。尔之财力有限，吾之兵粮无穷，纵尔等皆为有翼之虎，谅亦不能逃于天地之外。"①他将自己统率的兵力一五一十地告知山贼，人员众多，军需充足，强大无敌，而且可以打持久战，如果你们不迷途知返，白白耗下去，很快就弹尽粮绝，插翅难飞。你们还是好自为之吧！

王阳明指出两条路让山贼选择：一是投降，二是顽抗到底。他暗示山贼，只要从善回归就不会遭到杀戮。王阳明说："尔等当初去从贼时，乃是生人寻死路，尚且要去便去；今欲改行从善，乃是死人求生路，乃反不敢，何也？若尔等肯如当初去从贼时，拼死出来，求要改行从善，我官府岂有必要杀汝之理？尔等久习恶毒，忍于杀人，心多猜疑。岂知我上人之心，无故杀一鸡犬，尚且不忍；况于人命关天，若轻易杀之，冥冥之中，断有还报，殃祸及于子孙，何苦而必欲为此。我每为尔等思念及此，辄至于终夜不能安寝，亦无非欲为尔等寻一生路。惟是尔等冥顽不化，然后不得已而兴兵，此则非我杀之，乃天杀之也。今谓我全无杀尔之心，亦是诳尔；若谓我必欲杀尔，又非吾之本心。"②王阳明告诉山贼，顽抗到底是死路，投降返民是活路，正常的人都会选择活路，你们自己选；官府并非必然要剿杀你们，但你们为非作歹、残害百姓，破坏社会稳定，那么剿灭你们是天意。即便如此，我还是夜不能寐，不忍心剿杀你们，所以剿杀你们并非出于我本心。为了不让我遭到良心的谴责，你们还是投降吧！

灭了横水、左溪、桶冈的山贼后，一天王阳明设宴请学生们吃饭。《年谱》云："先生大征既上捷，一日，设酒食劳诸生，且曰：'以此相报。'诸生瞿然问故。先生曰：'始吾登堂，每有赏罚，不敢肆，常恐有愧诸君。比与诸君相对久之，尚觉前此赏罚犹未也，于是思求其过以改之。直至登堂行事，与诸君相对时无少增损，方始心安。此即诸君之助，固不必事事烦口齿为也。'诸生闻言，愈省各畏。"③王阳明说，设此宴是为了报答你们，学生们听罢大惊，问何故如此？王阳明解释说：

---

① 《告谕浰头巢贼》，《王阳明全集》中，第624页。
② 《告谕浰头巢贼》，《王阳明全集》中，第623页。
③ 《年谱一》，《王阳明全集》下，第1385—1386页。

我平时给你们讲的那些道理，都怕你们觉得我只是说大道理，都怕你们认为我说是一回事，做又是一回事。我面对赏罚的时候，非常小心谨慎，因为你们就是我的镜子。与你们相处久了，我在你们面前坦坦荡荡，再没有这种忧虑的时候，才发现作为老师的我自己的境界提升了。我能不好好感谢你们吗？没有你们在我身边，我怎么能有这种成长、这种进步呢？这段话的核心是讲学生作为王阳明的镜子，促使王阳明进步。可是，王阳明为什么要这样说呢？实际上是暗示学生们也应该言行一致，踏踏实实为人做事。所谓"不必事事烦口齿也"，懂了就行——诸生闻言，愈省各畏。

2. 关于心理战术。心理战术（心理刺激）（psychological tactics），是指运动竞赛中克敌制胜的心理策略和方法。即抓住对方的弱点和不足，打乱对方部署，击溃对方信心，同时建立自我心理优势，促进自我的身体和技术、战术水平的发挥，取得比赛的成功。可以说，王阳明上述关于心理动机、心理过程、心理环境、心理需要、心理暗示等方面的分析，都属于心理战术的应用。这里再以一段文献强化我们对王阳明心理分析实践的认识。王阳明说："近日抚州同知陆俸来禀，尔等尚有可悯之情，各怀求生之愿，故特委同陆俸亲赍本院告谕，往谕尔等父老子弟，因而查照本院十家牌式，通行编排晓谕，使各民互相劝戒纠察，痛惩已往之恶，共为维新之民。尔等父老子弟，其间知识明达者盍亦深思熟虑之：世岂有不纳粮，不当差，与官府相对背抗，而可以长久无事终免于诛戮者乎？世岂有恃顽树党，结怨构仇，劫众拒捕，不伏其辜，而可以长久无事终免于诛戮者乎？就使尔等各有子弟奴仆，与尔抗拒背逆若此，尔等当何以处之？夫宁王宸濠挟奸雄之资，借宗室之势，谋为不轨，积十余年诱聚海内巨寇猾贼，动以万计，夺其财力甲兵之强，自以为无敌于天下矣，一旦称乱举事，本院奉朝廷威令，兴一旅之师，不旬日而破灭之，如虏匹雏。尔辈纵顽梗凶悍，自以为孰与宸濠？吾若声汝之罪，不过令一偏裨，领众数百，立齑粉尔辈如几上肉耳。顾念尔等皆吾赤子，其始本无背叛之谋，止因规利争忿，肆恶长奸，日迷日陷，遂至于此。夫父母之于子，岂有必欲杀之心；惟其悖逆乱常之甚，将至于覆宗灭户，不得已而后置之法；苟有改化之机，父母之办，又未尝不欲生全之也。"[1]这是一篇写给顽民的告谕，其中内容大概是：有人向我禀

---

[1] 《告谕顽民》，《王阳明全集》中，第680—681页

告,说你们尚有可怜之情,求生之愿,所以我先行用牌谕对你们进行教化;你们知道,从未有与官府对抗而长久的山贼,从未有作恶多端而不遭受惩罚的贼寇,你们好好想想;如果你们遭遇自己的子弟抗拒背叛,你们能容忍吗?你们不知道宁王朱宸濠叛乱的下场吗?强如朱宸濠都是那样凄惨的结局,你们根本没有宁王的实力,你们好好想想吧!这段话中的心理战术用得非常高妙。其一,听说你们的想法,从心理动机上抓住山贼的心。其二,肯定山贼本来也是赤子,起初并未有背叛之心,只是因为利益纷争而迷途,但即便如此,父母从未有杀子之心,都想保全子女的生命。这会引起山贼的心理共鸣。其三,明确告诉山贼,与官府对抗没有出路,许多事例都证明了这一点,这就提醒山贼认真思考自己的未来。其四,把宁王朱宸濠因叛乱而毁灭的例子拿出来,则会对山贼心理产生极大震撼,想到自己可怕的命运。因此,王阳明的这些心理分析,令人心烦意乱、无所适从,也令人恐惧万分,又必须做出认真的应对。

如上讨论表明,王阳明在心理心态分析上的确表现出了特殊的技巧和很大的成效。王阳明大弟子王畿说:"浸幽浸昌,浸微浸著,风动雷行,使天下靡然而从之,非其有得于人心之同然,安能舍彼取此,确然自信而不惑也哉?"[①]这句话所透露的意思是,王阳明之所以能够吸引天下学者风靡而至,且舍取自如而自信不惑,就在于能够"有得于人心之同然",也就是王阳明能够将内在于人们心中的良知点拨,从而使此"心"彼"心"贯通无碍。无疑,王畿的话明确地传递了这样的信息:王阳明非常擅长抓住人的心理,在把握、疏导人心理的技巧方面,运用自如,有着极高的造诣。我们知道,王畿等弟子在王阳明身边侍奉多年,他的评价应该具有可信性。

---

① (明)王畿:《阳明先生年谱序》,《王畿集》,第340页。

第八章 心学的心态疗法

王阳明对心态的分析和研究，目的在于使心态由阴暗转为阳光、由消极转为积极、由邪恶转为正善。而要实现这个目标，就必须制定行之有效的、可操作的方法。由于心态的多样性、复杂性、微妙性，因而制定的治疗方法，也必须是具体的、有针对性的。王阳明在继承前贤相关思想基础上，基于自己对心态问题的体验，提出了丰富且有实效的治疗消极心态的方法。

第一节 诚意疗法

"诚意"最早见于《大学》："所谓诚其意者，毋自欺也。如恶恶臭，如好好色，此之谓自谦。故君子必慎其独也！"（《大学》第七章）"诚意"就是使意念真诚，不要自己欺骗自己，要像厌恶腐臭、喜爱美色一样诚实无妄，如此才叫自足自乐，因此，品德高尚的人独处时必须谨慎小心。可见，"诚意"是一种修行工夫，其最大特质是诚信无欺、自省自察、息邪于未萌，因而对私欲、邪恶具有本能的拒斥。"意"是心之所发，因而"诚意"就是对"心"的保护，从而成为一种心态治疗方法。那么，王阳明是如何应用"诚意"疗法的呢？

一、"诚意"之为工夫

王阳明不仅很早就关注"诚"这一工夫，而且一直推崇这一工夫，将"诚"视为重要的正心工夫。1503 年，王阳明说："天道虽远，至诚而不动者，未之有也！"①就是说，若能做到"至诚"，哪怕是遥远的天道也将被感动。自此，"诚"进入王阳明思想世界并逐渐居于特殊位置。1508 年，王阳明说："圣人感人心而天下和平，至诚发见也。"②圣人感化人心而致天下和平是"至诚"之德的表现，换言之，"至诚"能够产生让圣人感化人心并致天下太平的效应。1511 年，王阳明说："是故非专则不能以精，非精则不能以明，非明则不能以诚，故曰'惟精惟一'。精，精也；专，一也。精则明矣，明则诚矣。是故明精之为也；诚一之基也。一，天下之大本也；精，天下之大用也。"③即是说，有了"诚"才能有"一"，有了"一"才能"精"，有了"精"才能"明"，"一"是天下大本，而"诚"是"一"的根基。1512 年，王阳明说："孔子告颜渊'克己复礼为仁'，孟轲氏谓'万物皆备于我''反身而诚'。夫己克而诚，固无待乎其外也。"④人如能够约束自己而慎独，那就能够完善自我而无须向外求索。1513 年，王阳明说："夫诚者，无妄之谓。诚身之诚，则欲其无妄之谓。诚之之功，则明善是也。"⑤"诚"即"无妄"，"诚身"是"明善"，"诚"是可以使"身"本真无邪、纯洁至善的修行工夫。1514 年，王阳明说："鄙意但谓君子之学以诚意为主。格物致知者，诚意之功也。"⑥"诚意"是君子之学的主脑，格物致知不过是"诚意"的手段或工夫。1515 年，王阳明说："意未有悬空的，必着事物，故欲诚意则随意所在某事而格之，去其人欲而归于天理，则良知之在此事者无蔽而得致矣。此便是诚意的功夫。"⑦"意"之所在即事物，因而所谓"诚意"必须是随意之所在的物事去"格"，以除去私欲回到天理。这就是说，"诚意"也要有明确的对象，即"意"之所在的物事，但事实上，"意"之所在

---

① 《答佟太守求雨》，《王阳明全集》中，第 882 页。
② 《五经臆说》，《王阳明全集》中，第 1077 页。
③ 《送宗伯乔白岩序》，《王阳明全集》上，第 255 页。
④ 《别黄宗贤归天台序》，《王阳明全集》上，第 260 页。
⑤ 《与王纯甫二》，《王阳明全集》上，第 175 页。
⑥ 《答王天宇二》，《王阳明全集》上，第 183 页。
⑦ 《传习录下》，《王阳明全集》上，第 103 页。

之物事的是非对错因"意"而起，所以，"诚意"工夫仍然是在"意"上用功，所以"诚意"工夫必表现为"谨慎恐惧"，必表现为"格物致知"。那么，"诚意"究竟是怎样的工夫呢？王阳明说："教人为学，不可执一偏。初学时心猿意马，拴缚不定，其所思虑多是人欲一边，故且教之静坐息思虑。久之，俟其心意稍定。只悬空静守，如槁木死灰，亦无用。须教他省察克治。省察克治之功，则无时而可间，如去盗贼，须有个扫除廓清之意。无事时，将好色好货好名等私，逐一追究搜寻出来，定要拔去病根，永不复起，方始为快。"[①] 概言之，诚意工夫就是省察克治。省，即反省、慎独；察，即明察、监视；克治，即抑制、灭杀。由这段话可以看出，"诚意"作为工夫含有三层意思，首先是"静坐思虑"，也就是静时动时持续反省；其次是"精觉明察"，也就是静时动时持续监视；其三是"克抑剿灭"，也就是静时动时随时剿灭。

二、自省与明察

作为工夫的"诚意"，首先表现为对意念的反省。意念是"心"的表现形式，当其为意念时，表现为有欲求的观念形式。虽然此时的意念仍然处于初始状态，但需要不断自省，以把握意念的性质走向。

1. **"诚意"之为反省工夫**。"诚意"之为反省工夫即是对心体的自觉体当。王阳明说："欲修身，便是要目非礼勿视，耳非礼勿听，口非礼勿言，四肢非礼勿动。要修这个身，身上如何用得工夫？心者身之主宰，目虽视而所以视者心也，耳虽听而所以听者心也，口与四肢虽言、动而所以言、动者心也，故欲修身在于体当自家心体，常令廓然大公，无有些子不正处。主宰一正，则发窍于目，自无非礼之视；发窍于耳，自无非礼之听；发窍于口与四肢，自无非礼之言、动；此便是修身在正其心。"[②] 所谓"修身"，是指面对不合乎礼之情形，目、耳、口、四肢皆不为所动。但如何在身上用工夫？由于"身"由"心"主宰，目虽视，耳虽听，口虽言，四肢虽动，但之所以视、听、言、动者，皆因为"心"。也就是说，目、耳、口、四肢

---

① 《传习录上》，《王阳明全集》上，第18页。
② 《传习录下》，《王阳明全集》上，第135页。

功能的发挥，都取决于"心"。因此，修身在于"体当自家心体"，使其廓然大公，无有不正。心体正，发窍于目、耳、口、四肢，则无不合礼者。就是说，身之耳、目、口、四肢之修，关键在于正心，心如不正，身必邪。因此，反省"身"归于反省"心"，对"心"不断反省，使"心"廓然大公，"身"也必然归于"正"。因此，"修身"便是诚意，王阳明说："修身工夫只是诚意。就诚意中体当自己心体，常令廓然大公，便是正心。"① 由于"正心"才能"修身"，而"正心"通过"诚意"才能实现，因此，"修身"工夫自然也只是"诚意"了。而"诚意"工夫中体当自家心体，方能"正心"，那如何"体当自家心体"？就是要持续反省心体，从而维护心体的廓然大公。因此，"诚意"诉诸对自家心体的体当，而体当即体会、体知、体觉，因而"诚意"是一种内省工夫。

"诚意"反省工夫，即是谨慎独知之处。王阳明说："只是一个工夫，无事时固是独知，有事时亦是独知。人若不知于此独知之地用力，只在人所共知处用功，便是作伪，便是'见君子而后厌然'。此独知处便是诚的萌芽，此处不论善念恶念，更无虚假，一是百是，一错百错，正是王霸、义利、诚伪、善恶界头。于此一立立定，便是端本澄源，便是立诚。古人许多诚身的工夫，精神命脉全体只在此处。真是莫见莫显，无时无处，无终无始，只是此个工夫。今若又分戒惧为己所不知，即工夫便支离，亦有间断。既戒惧即是知，己若不知，是谁戒惧？如此见解，便要流入断灭禅定。"② 所谓"独知"，是知人所不知，只有自己一人知，在只有一人知的情况下，需要慎独工夫，谨慎地照顾自己"独知"之境地。王阳明认为，"独知"必须表现在任何时候、任何地点，谨慎一人独知之地，才是"诚"的萌芽，因此，无论善念、恶念，一是百是，一错百错，是正邪、善恶、是非的边界，所以是"立诚"。戒惧、慎独一体，戒惧即慎独，慎独即戒惧，因为独知时即戒惧。王阳明说："戒惧亦是念。戒惧之念，无时可息。若戒惧之心稍有不存，不是昏聩，便已流入恶念。自朝至暮，自少至老，若要无念，即是己不知，此除是昏睡，除是槁木死灰。"③ 因此，戒谨恐惧不分动静，充满生机，即是本体之念，也就是中正，就是仁，王阳明说："无欲故静，是'静亦定，动亦定'的'定'字，主其本体也。戒惧之

---

① 《大学古本傍释》，《王阳明全集》下，第1318页。
② 《传习录上》，《王阳明全集》上，第39—40页。
③ 《传习录上》，《王阳明全集》上，第39—40页。

念,是活泼泼地,此是天机不息处,所谓'维天之命,于穆不已',一息便是死。非本体之念,即是私念。"① 如此,私念去除而复归心之本体。因此王阳明说:"诚意只是慎独工夫,只在格物上用,犹《中庸》之'戒惧'也。君子小人之分,只是能诚意与不能诚意。"② 质言之,"诚意"表现为戒慎恐惧,戒慎恐惧于不睹不闻,自然包括"独知"之处,即在任何情境下都持续自我反省,从而回归心之本体,所以诚意之反省工夫,亦是本体之念。

2. "诚意"之为明察工夫。"诚意"的明察工夫,表现为对意念运行的跟踪、监视。意念接触"物"便可能生发邪恶,所以,需要对意念的运行加以跟踪和监视。"诚意"之明察工夫便负责这一艰巨任务。王阳明认为,"意"之发必有善恶,是善是恶需要明察和判断:"然意之所发,有善有恶,不有以明其善恶之分,亦将真妄错杂,虽欲诚之,不可得而诚矣。"③ 这是说,"意"由"心"发出后即表现为善恶,因而需要对"意"进行分辨,这样"诚意"才有的放矢,才有目标。因此,"诚意"工夫便表现为对"意"的明觉精察。王阳明说:"然至善者,心之本体也。心之本体,那有不善?如今要正心,本体上何处用得功?必就心之发动处才可着力也。心之发动不能无不善,故须就此处着力,便是在诚意。如一念发在好善上,便实实落落去好善;一念发在恶恶上,便实实落落去恶恶。意之所发,既无不诚,则其本体如何有不正的?故欲正其心在诚意。工夫到诚意,始有着落处。然诚意之本,又在于致知也。所谓'人虽不知,而己所独知'者,此正是吾心良知处。然知得善,却不依这个良知便做去,知得不善,却不依这个良知便不做去,则这个良知便遮蔽了,是不能致知也。吾心良知既不得扩充到底,则善虽知好,不能着实好了;恶虽知恶,不能着实恶了,如何得意诚?故致知者,意诚之本也。"④ 在王阳明看来,心之本体是至善,因而"正心"无须在本体上用功;但作为"心"发动处的"意"必然表现出恶的性质,因而需要对"意"加以纯化,也就是"诚意",而纯化"意"的前提是对"意"的性质进行把握。而能对"意"的性质进行觉知、把握的只有良知。根

---

① 《传习录下》,《王阳明全集》上,第104页。
② 《大学古本傍释》,《王阳明全集》下,第1316—1317页。
③ 《大学问》,《王阳明全集》中,第1070页。
④ 《传习录下》,《王阳明全集》上,第135—136页。

据良知所知之善去做，或根据所知之恶不去做，也就是"诚意"。良知对"意"的性质有了正确认识和判断，进而为善去恶，便是"诚意"。正是在这个意义上说"致知"是"诚意"之本体，"诚意"在于"致知"。而"致知"意味着对"意"的跟踪、监视。

那么，良知是如何监视"意"的呢？其一是良知自知。王阳明说："良知者，孟子所谓'是非之心，人皆有之'者也。是非之心，不待虑而知，不待学而能，是故谓之良知。是乃天命之性，吾心之本体，自然灵昭明觉者也。凡意念之发，吾心之良知无有不自知者。其善欤，惟吾心之良知自知之；其不善欤，亦惟吾心之良知自知之；是皆无所与于他人者也。"① 就是说，"意"发出后有善恶，虽然是一种难于捉摸的心理，但良知能够认识它、辨别它、把握它，而且，良知自知与他人无关，完全是自主自发的。其二，良知自知必须"心安"。王阳明说："心不妄动而能静，则其日用之间，从容闲暇而能安矣。能安，则凡一念之发，一事之感，其为至善乎？其非至善乎？吾心之良知自有以详审精察之，而能虑矣。能虑则择之无不精，处之无不当，而至善于是乎可得矣。"② 这就是说，"心"若躁动不安，必影响良知对"意"之性质的鉴别和判断，只有在"心安"的前提下，良知才能审察意念之善恶，从而对"意"之性质进行辨别和判断。其三，良知必须全神贯注。监视"意"，良知不能有片刻松懈，要像猫捕鼠一样，紧盯不舍。王阳明说："常如猫之捕鼠，一眼看着，一耳听着，才有一念萌动，即与克去。"③ 可见，"诚意"作为养育、保护心态的工夫，也表现在对"意"的明觉精察上，只有对"意"之性质有准确的把握，才能做最佳的处理。王阳明说："《书》所谓'无有作好作恶'，方是本体。所以说'有所忿懥好乐，则不得其正'。正心只是诚意工夫里面体当自家心体，常要鉴空衡平，这便是未发之中。"④ 所谓"鉴空衡平"，就是明察持平，就是对"意"进行监视、跟踪，勿使邪念萌发，以维护廓然大公之心体。

---

① 《大学问》，《王阳明全集》中，第 1070 页。
② 《大学问》，《王阳明全集》中，第 1068 页。
③ 《传习录上》，《王阳明全集》上，第 18 页。
④ 《传习录上》，《王阳明全集》上，第 39 页。

三、存理与去私

如上所论,"诚意"之自省、明察工夫,都是为了对意念进行监视,如果发现"意"表现出"恶"的倾向,就必须采取措施,抑之以转恶为善。王阳明说:"意念之发,吾心之良知既知其为善矣,使其不能诚有以好之,而复背而去之,则是以善为恶,而自昧其知善之良知矣。意念之所发,吾之良知既知其为不善矣,使其不能诚有以恶之,而复蹈而为之,则是以恶为善,而自昧其知恶之良知矣。若是,则虽曰知之,犹不知也,意其可得而诚乎?今于良知之善恶者,无不诚好而诚恶之,则不自欺其良知而意可诚也已。"①"良知"具有精觉明察的能力,可以辨认出"意"之善恶,进而依"良知"所知为善去恶,这就是"诚意"。那么,"诚意"之克治工夫又有怎样的具体表现呢?

1. 正其不正以归于正。王阳明认为,意之所在便是物,物即事,意念接触事物处如出现不善,就必须将此不善格去,所以格物就是格事,便是正其不正以归于正:"物者,事也,凡意之所发必有其事,意所在之事谓之物。格者,正也,正其不正以归于正之谓也。正其不正者,去恶之谓也。归于正者,为善之谓也。夫是之谓格。……良知所知之善,虽诚欲好之矣,苟不即其意之所在之物而实有以为之,则是物有未格,而好之之意犹为未诚也。良知所知之恶,虽诚欲恶之矣,苟不即其意之所在之物而实有以去之,则是物有未格,而恶之之意犹为未诚也。今焉于其良知所知之善者,即其意之所之之物而实为之,无有乎不尽。于其良知所知之恶者,即其意之所在之物而实去之,无有乎不尽。然后物无不格,吾良知之所知者无有亏缺障蔽,而得以极其至矣。夫然后吾心快然无复有余憾而自谦矣,夫然后意之所发者,始无自欺而可以谓之诚矣。"②王阳明释"格"为"正",意之所在之事便是物,因而"格物"便是"正事","正事"是正"意"接触事物时发生的"恶",所以是"正其不正以归于正"。既然是"正意念之恶以归善",自然是"诚意"。但"诚意"必须诉诸"致知","致知"就是,如果知善好善,但不根据"意"之所在之物而实际地去做,那就意味着物有未格,而好善之意犹为未诚;如果知恶恶恶,但不根据意之所在之物而实际地去除,则意味着

---

① 《大学问》,《王阳明全集》中,第 1070—1071 页。
② 《大学问》,《王阳明全集》中,第 1071 页。

物有未格，而恶恶之意犹为未诚。因此，只有根据良知所知之恶，即其意之所在之物而实去之，不遗留一丝空间，然后吾心快然、无有遗憾而自慊，此才叫"意诚"。意诚则心正，则心态健康，所以王阳明说："'格物'如孟子'大人格君心'之'格'。是去其心之不正，以全其本体之正。但意念所在，即要去其不正，以全其正，即无时无处不是存天理。"① 可见，"诚意"之克治工夫，就是正其不正以归于正。

2. 从实际物事中去恶归善。由于"意"所涉处为物为事，因而"意"从来就没有悬空的；既然"意"之所涉者都是物事，那么"诚意"自然也须随"意"所在之事而格而致，才能去人欲存天理。换言之，"去人欲存天理"正是"诚意"所要做的实事。王阳明说："意未有悬空的，必着事物，故欲诚意，则随意所在某事而格之，去其人欲而归于理，则良知之在此事者，无蔽而得致矣。此便是诚意的功夫。"② 就是说，"诚意"应该就着"意"所涉事物诸如事亲、治民、读书、听讼等解决问题，不能事亲的要他遵守孝道，不能治民的要他为民造福，不能读书的要他读经修德，不能听讼的要他公正办案。王阳明说："我何尝教尔离了簿书讼狱悬空去讲学？尔既有官司之事，便从官司的事上为学，才是真格物。如问一词讼，不可因其应对无状，起个怒心；不可因他言语圆转，生个喜心；不可恶其嘱托，加意治之；不可因其请求，屈意从之；不可因自己事务烦冗，随意苟且断之；不可因旁人潜毁罗织，随人意思处之：这许多意思皆私，只尔自知，须精细省察克治，惟恐此心有一毫偏倚，枉人是非，这便是格物致知。"③ 就是说，判案过程中出现了任何私意，就着判案的具体环节去除私意，而且毫不手软，歼灭殆尽。王阳明说："斩钉截铁，不可姑容与他方便，不可窝藏，不可放他出路，方是真实用功，方能扫除廓清。到得无私可克，自有端拱时在。"④

3. 循天理以去私意。"诚意"之克治工夫也表现为"循天理"。由于天理与私

---

① 《传习录上》，《王阳明全集》上，第 7 页。
② 《传习录下》，《王阳明全集》上，第 103 页。
③ 《传习录下》，《王阳明全集》上，第 107—108 页。
④ 《传习录上》，《王阳明全集》上，第 18 页。

意完全对立,因而出现一毫私意,便不可能"诚意",因而"诚意"之克治工夫,即意味着循天理、克私意。王阳明说:"却是诚意,不是私意。诚意只是循天理。虽是循天理,亦着不得一分意。故有所忿懥好乐,则不得其正,须是廓然大公,方是心之本体。知此即知未发之中。"① 只有私意清除得干干净净,廓然大公,心之本体才能再现。王阳明认为,"诚意"就是要"心"纯乎天理而无一毫私人之欲,而《大学》之格物致知、《中庸》之戒慎恐惧,正是克治私欲以回到天理的工夫。他说:"必欲此心纯乎天理,而无一毫人欲之私,此作圣之功也。必欲此心纯乎天理,而无一毫人欲之私,非防于未萌之先,而克于方萌之际不能也。防于未萌之先,而克于方萌之际,此正《中庸》'戒慎恐惧'、《大学》'致知格物'之功,舍此之外,无别功矣。"② "心"遵循天理便是诚意,因为天理或良知在心,便是本体,私意自行消散。

概言之,"诚意"作为治疗消极心态的工夫,首先需要反省,反省意念是否存在走向邪恶的迹象;其次需要明察,察知意念运行轨迹及其性质表现;最后需要克治,对邪恶、消极心态进行彻底捕杀,如此便能存天理,恢复心体之本然。王阳明说:"初学必须思省察克治,即是思诚,只思一个天理,到得天理纯全,便是何思何虑矣。"③ 既然"诚意"工夫之自省、明察、克治的落实,意味着"意诚",从而保护、澄明心体,所以从保护心态角度言,"诚意"是正心工夫的落脚处。王阳明说:"故欲正其心在诚意。工夫到诚意,始有着落处。"④ 正是基于此,王阳明将圣人之学归结为一个"诚"字:"故圣人之学,只是一诚而已。"⑤ 足见"诚意"分量之重。亦如阳明后学孙应鳌所言:"诚意者,圣学之所以通人己、合内外、该本末、贯始终者也。"⑥

---

① 《传习录上》,《王阳明全集》上,第34页。
② 《传习录中》,《王阳明全集》上,第74—75页。
③ 《传习录上》,《王阳明全集》上,第18页。
④ 《传习录下》,《王阳明全集》上,第135页。
⑤ 《传习录下》,《王阳明全集》上,第111页。
⑥ (明)孙应鳌:《四书近语》卷一,《孙应鳌文集》,贵州教育出版社1996年版,第166页。

第二节 立志疗法

诚如上述,"志"本义为意念、心情,是心态系统中的重要形式。当某种意念、心情强化时,就成为愿望、志向,这是"志"意义的引申,也是"志"最常用的意义。"志"由"志向"又引申出多种含义。王阳明认识到"志"的特殊内涵及功能,将立志视为治疗消极心态的重要方法,多向地、深入地发掘了立志对于心态治疗的意义。

一、立志以存善心

所谓"存心",是指"存本体之心",是指"存天理",为什么说立志可以存心,存天理?

其一,立志可使心态专一。

> 守谐问为学,予曰:"立志而已。"问立志,予曰:"为学而已。"守谐未达。予曰:"人之学为圣人也,非有必为圣人之志,虽欲为学,谁为学?有其志矣,而不日用其力以为之,虽欲立志,亦乌在其为志乎!故立志者,为学之心也;为学者,立志之事也。譬之弈焉,弈者,其事也;'专心致志'者,其心一也;'以为鸿鹄将至'者,其心二也;'惟弈秋之为听',其事专也;'思援弓缴而射之',其事分也。"①

之所以为学,是学为圣人,也就是以成为圣人为志向,即立志为圣人。既然立志成为圣人,那么所有心思都落在成为圣人这件事上,从而将"心"集中于一点。好比下棋,必须一心一意,不能三心二意。但专心致志又不能悬空,必须表现在实际的努力作为,实际的努力作为必然强化一心一意,从而防止"心"散乱。因此,

---

① 《书朱守谐卷》,《王阳明全集》上,第307页。

立志意味着专心致志，将散乱的"心"收集在一起，从而防治消极心态的出现。

其二，立志可使心态平和。王阳明说："君子之于射也，内志正，外体直，持弓矢审固，而后可以言中。故古者射以观德。德也者，得之于其心也。君子之学，求以得之于其心，故君子之于射以存其心也。是故慄于其心者其动妄，荡于其心者其视浮，歉于其心者其气馁，忽于其心者其貌惰，傲于其心者其色矜，五者，心之不存也。不存也者，不学也。君子之学于射，以存其心也。是故心端则体正，心敬则容肃，心平则气舒，心专则视审，心通故时而理，心纯故让而恪，心宏故胜而不张、负而不弛。七者备而君子之德成。君子无所不用其学也，于射见之矣。故曰：'为人君者，以为君鹄；为人臣者，以为臣鹄；为人父者，以为父鹄；为人子者，以为子鹄。'射也者，射己之鹄也；鹄也者，心也，各射己之心也，各得其心而已。"① 这是以射箭为例说明立志对于"心"的重要性。王阳明指出，射箭活动常常使一个人的品德展现无遗，而一个人的品德内在于"心"。君子之学的任务不过是求德于其"心"，因而君子可以通过射箭活动以存其"心"。那么，君子如何通过射箭活动"存心"呢？首先必须认识到，那些消极、负面心态对于射箭活动的影响，内心躁动不安的人，其动作必定是随意的；内心摇摆不定的人，其视线必定是飘浮的；内心惭愧的人，其气息必定是微弱的；粗枝大叶的人，其相貌必定是疏懒的；内心傲慢的人，其神色必定是骄矜的。此五种情形，就是失去本心造成的。之所以丧失本心，是因为没有专心致志地学习。而专心致志地学习，就能保留本心，具体表现为：内心端正，身体就会正直；内心恭敬，神情就会严肃；内心平静，呼吸就会舒畅；内心专注，视力就会清晰；内心通透，所以能把握时机而作出处理；内心单纯，所以能谦让并严格遵守规矩；内心宽广，所以成功时不会张扬，失败时不会松懈。如果这七者都具备了，那么君子的品德也就形成了。所谓心端、心平、心专、心通、心纯、心宏等，皆是积极、健康之心态。这是因为立志射箭，所以有所收获。因此，作为别人的君王，就要以君王的标准为志向；作为别人的臣民，就要以臣民的标准为志向；作为别人的父亲，就要以父亲的标准为志向；作为别人的子女，就要以子女的标准为志向，如此才会表现出积极的心态。

其三，立志可以培植本根。王阳明认为，立志犹如培植本根，此本根就是天

---

① 《观德亭记》，《王阳明全集》上，第274—275页。

理，因而立志就是以存天理为志，便是建立健康心态的基础。王阳明说："夫学，莫先于立志。志之不立，犹不种其根而徒事培拥灌溉，劳苦无成矣。世之所以因循苟且，随俗习非，而卒归于污下者，凡以志之弗立也。故程子曰：'有求为圣人之志，然后可与共学。'人苟诚有求为圣人之志，则必思圣人之所以为圣人者安在？非以其心之纯乎天理而无人欲之私欤？圣人之所以为圣人，惟以其心之纯乎天理而无人欲，则我之欲为圣人，亦惟在于此心之纯乎天理而无人欲耳。欲此心之纯乎天理而无人欲，则必去人欲而存天理。务去人欲而存天理，则必求所以去人欲而存天理之方。求所以去人欲而存天理之方，则必正诸先觉，考诸古训，而凡所谓学问之功者，然后可得而讲。而亦有所不容已矣。"[①] 既然是以成为圣人为志向，那就意味着要思考圣人之所以为圣人的原因。圣人之所以为圣人，乃是使此心纯乎天理，而要使此心纯乎天理，就必须去人欲。人欲去则心明，也就是心态健康。因此，立志之为培植本根，所以培植本根者，就是天理，就是本心，所以立志以存心。

郭庆跟随王阳明学习一年后告别王阳明回老家，临行前请王阳明赠言以为勉励。王阳明的赠言是："君子之于学也，犹农夫之于田也，既善其嘉种矣，又深耕易耨，去其螟蟊，时其灌溉，早作而夜思，皇皇惟嘉种之是忧也，而后可望于有秋。夫志犹种也，学问思辨而笃行之，是耕耨灌溉以求于有秋也。志之弗端，是莨稗也。志端矣，而功之弗继，是五谷之弗熟，弗如莨稗也。吾尝见子之求嘉种矣，然犹惧其或莨稗也，见子之勤耕耨矣，然犹惧其莨稗之弗如也。夫农，春种而秋成，时也。由志学而至于立，自春而徂夏也，由立而至于不惑，去夏而秋矣。已过其时，犹种之未定，不亦大可惧乎？过时之学，非人一己百，未之敢望，而犹或作辍焉，不亦大可哀乎？从吾游者众矣，虽开说之多，未有出于立志者。故吾于子之行，卒不能舍是而别有所说。子亦可以无疑于用力之方矣。"[②] 王阳明将立志比喻为农夫种地，首先必须选好种子，因为种子决定一切，种子优良，加之耕耨灌溉便可指望收获。因此，志向不端直，则为莨稗，不可指望；志向端直，如不努力，还不如莨稗。由志学而立，好比自春而夏，由立而不惑，好比由夏而秋，其间都需要持之以恒的努力。也就是说，立志必须立端直之志，这是根本，但还必须为这个"端直之志"不懈努力，才可能实现志向。王阳明说："持此不懈，即吾立志之说矣。

---

① 《示弟立志说》，《王阳明全集》上，第289页。
② 《赠郭善甫归省序》，《王阳明全集》上，第265页。

'源泉混混，不舍昼夜，盈科而后进。放乎四海，有本者如是。'立志者，其本也。有有志而无成者矣，未有无志而能有成者也。"① 立志之所以为成就万事之本，乃在于其种根之特性。

二、立志以去异心

这里的"异心"，主要是指背离公众之心和公义之心。人而为群，便有差异之心；人而有私，必有差异之心。差异之心是普遍而客观的存在，而且对生命而言表现为消极面向。那么，为何要消除"异心"呢？由于"异心"不利于团结，不利于凝聚力量克服困难，所以必须克服"异心"。那么，立志之对于"异心"是如何去除的呢？

首先，立志以筑同心。一般而言，人各有志，心态也各不相同，此属客观情形。但不同心态的存在，也会造成心态之间的争斗，从而使心态恶化。因此，立志以除异心是十分必要的。王阳明认为，只要大家所立之志同，即便不在一起，其心也是相同的，从而有利于筑起共同心态。"君等虽别，不出在天地间，苟同此志，吾亦可以忘形似矣。"② 这是王阳明对问学者说的一番话。王阳明谆谆教导即将别离的学生们，你们虽然从此别去，各奔东西，但无论你们在哪里，如果都能坚守共同的志向，那么记住你们的形象并不很重要。王阳明一方面安慰辞别的朋友，另一方面强调只要大家拥有共同的志向，即便远在天边，大家的心仍然是相通的，如同在一起一样，忘记音容笑貌又有什么关系呢？这就是说，只要大家拥有共同的志向，便可拥有一样的心态。王阳明说："正以志向既同，如两人同适京都，虽所由之途间有迂直，知其异日之归终同耳。"③ 如果人们立了相同的志，即便走岔了路，最终还是会走到一起。

其次，立志以除异心。王阳明认为，儒家先圣所言，虽然各自为说，但不谋而合，因为讲的是一个"道"，也就是皆以"道"为志，所以"心"同。王阳明

---

① 《寄闻人邦英邦正三》，《王阳明全集》上，第190页。
② 《传习录下》，《王阳明全集》上，第134页。
③ 《答甘泉》，《王阳明全集》上，第195页。

说:"自古圣贤因时立教,虽若不同,其用功大指无或少异。《书》谓'惟精惟一',《易》谓'敬以直内,义以方外',孔子谓'格致诚正,博文约礼',曾子谓'忠恕',子思谓'尊德性而道问学',孟子谓'集义养气,求其放心',虽若人自为说,有不可强同者,而求其要领归宿,合若符契。何者?夫道一而已,道同则心同,心同则学同,其卒不同者,皆邪说也。后世大患,尤在无志,故今以立志为说。中间字字句句,莫非立志。盖终身问学之功,只是立得志而已。"① 后世之所以出现大患,就在于没有立志,没有立追求圣人之道的志向,各怀其心,彼此互贬、彼此相残,因此,必须立志,以圣人之学为志,以成就圣人为志,如此方能合异为同。王阳明说:"人于寻常好恶,或亦有不真切处,惟是好好色,恶恶臭,则皆是发于真心,自求快足,曾无纤假者。《大学》是就人人好恶真切易见处,指示人以好善恶恶之诚当如是耳,亦只是形容一诚字。今若又于好色字上生如许意见,却未免有执指为月之病。昔人多有为一字一句所牵蔽,遂致错解圣经者,正是此症候耳,不可不察也。"② 对于好色恶臭,为什么有人表现得不真切,就是没有将"好好色,恶恶臭"作为志向,从而在好色字上生出许多意见,而立志意味着真切心诚,所以能消除异心。

其三,立志以化解私心。生活在世上的人,难免生发消极心态,但消极心积郁久了,必对人身心产生伤害,所以也必须尽快地、彻底地清除之。王阳明说:"立志之说,已近烦渎,然为知己言,竟亦不能舍是也。志于道德者,功名不足以累其心;志于功名者,富贵不足以累其心。但近世所谓道德,功名而已;所谓功名,富贵而已。'仁人者,正其谊不谋其利,明其道不计其功。'一有谋计之心,则虽正谊明道,亦功利耳。"③ 就是说,一个人以道德为志向,就不会被功名累其心,一个人以功名为志向,就不会被富贵累其心。但是现在,道德不是道德,而是功名,功名不是功名,而是富贵,原因何在?在于没有真正立志,没有真正立以道德为追求的志向,因为有些人所谓道德、所谓功名,都出于"谋计之心",也就是出于私心,出于私心的道德行为、功名成就,皆非君子之志也。既然立志有助于私心的化解,那就应该努力立志,他说:"夫谓之夺志,则已有志可夺;倘若未有可夺之志,却

---

① 《示弟立志说》,《王阳明全集》上,第290—291页。
② 《与黄勉之二》,《王阳明全集》上,第228页。
③ 《与黄诚甫》,《王阳明全集》上,第181页。

又不可以不深思疑省而早图之。每念贤弟资质之美，未尝不切拳拳。夫美质难得而易坏，至道难闻而易失，盛年难遇而易过，习俗难革而易流。昆玉勉之！"①求仕做官是每个平民子弟的理想，但想为仕而不参加科举考试，则是不尽人事徒责天命，岂有此理？如果立志坚定，不因得失动摇，那么即便勉强参加科举考试，亦不妨碍求圣贤之学。如果没有求为圣贤的志向，即便不参加科举考试，整天谈道德，亦只能养成好高骛远之病而已。因此，任何事情最可怕的就是失去志向。有志可夺，说明尚有希望，如果无志可夺，则须深刻反省而尽早立志。因为只有这样，才能确立求为圣贤之心。

总之，由于立志具有合同去异的功能，所以对相异之心、自私之心都有治疗效果。立志可以化解异心，使异心为同，立志可以化解私心，转私心为公心。可见，立志对于健康心态的确立具有非常重要的意义。

三、立志以去邪心

生活在世上的人，难免被邪恶之心侵袭，邪恶之心即消极心态、阴暗心态，对人及社会都会产生严重的伤害，因而必须进行抵御。王阳明认为，立志是抵御邪恶之心的有效办法。那么，立志是如何抵御邪恶之心的呢？

其一，立志以转丑心为美心。王阳明认为，立志可以将丑陋之心转化为美善之心。他说："维贤以予将远去，持此卷求书警戒之辞。只此'警戒'二字，便是予所最叮咛者。今时朋友大患不能立志，是以因循懈弛，散漫度日。若立志，则警戒之意当自有不容已。故警戒者，立志之辅。能警戒，则学问思辨之功、切磋琢磨之益，将日新又新，沛然莫之能御矣。……维贤温雅，朋友中最为难得，似非微失之弱，恐诋笑之来，不能无动；才为所动，即依阿隐忍，久将沦胥以溺。每到此便须反身，痛自切责。为己之志未能坚定，亦便志气激昂奋发。但知明己之善，立己之诚，以求快足乎己，岂暇顾人非笑指摘？故学者只须责自家为己之志未能坚定，志苟坚定，则非笑诋毁不足动摇，反皆为砥砺切磋之地矣。今时人多言人之非毁亦

---

① 《寄闻人邦英邦正》，《王阳明全集》上，第189页。

当顾恤，此皆随俗习非之久，相沿其说，莫知以为非。不知里许尽是私意，为害不小，不可以不察也。"① 警戒固然重要，但没有立志，警戒丝毫发挥不了作用，因为警戒是形式，是立志的辅助；在是非混淆、善恶不分的社会中，立志才能不受污染而挺立；生活中不可避免地会遭遇诋毁、嘲讽、忌妒等，但立志可以抵御这些"客气"，而且能够将这些丑陋的、低劣的行为转化为磨砺自己的机会和动力。可见，立志完全可以将消极心态转化为积极心态，将丑陋之心转化为美善之心。

其二，立志以化解颓废心。王阳明认为，立志能够使人志气高昂，不断追求进步；不立志，则可能导致意志消沉，无事可成；因此，立志是成就事功的前提。他说："志不立，天下无可成之事，虽百工技艺，未有不本于志者。今学者旷废隳惰，玩岁愒时，而百无所成，皆由于志之未立耳。故立志而圣，则圣矣；立志而贤，则贤矣。志不立，如无舵之舟，无衔之马，漂荡奔逸，终亦何所底乎？昔人有言，使为善而父母怒之，兄弟怨之，宗族乡党贱恶之，如此而不为善可也；为善则父母爱之，兄弟悦之，宗族乡党敬信之，何苦而不为善为君子？使为恶而父母爱之，兄弟悦之，宗族乡党敬信之，如此而为恶可也；为恶则父母怒之，兄弟怨之，宗族乡党贱恶之，何苦而必为恶为小人？诸生念此，亦可以知所立志矣。"② 人的堕落、贪图安逸，旷废时日，无所事事，皆因没有立志，立志而圣则圣、立志而贤则贤，这是有了立志目标，便可达到；立志，好比漂在海上的船有了舵，好比把握船方向的舵手，好比系住马的缰绳。如果为善，父母怒之，兄弟怨之，宗族乡党贱恶之，如此不为善也就罢了，但如果为善，父母爱之，兄弟悦之，宗族乡党敬信之，何苦而不为善为君子？而为善通常都是为人所爱。如果为恶，父母爱之，兄弟悦之，宗族乡党敬信之，如此而为恶也就罢了，但如果为恶，父母怒之，兄弟怨之，宗族乡党贱恶之，何苦而必为恶为小人？而为恶通常都是为人所怨。如此，也就知道应该立什么志了。

其三，立志以消除邪恶心。王阳明认为，人难免生私心、邪心，而立志有助于私心、邪心的消除。他说："一有私欲，即便知觉，自然容住不得矣。故凡一毫私欲之萌，只责此志不立，即私欲便退；听一毫客气之动，只责此志不立，即客气便消除。或怠心生，责此志，即不怠；忽心生，责此志，即不忽；懆心生，责此志，

---

① 《书顾维贤卷》，《王阳明全集》上，第305—306页。
② 《教条示龙场诸生·立志》，《王阳明全集》中，第1073页。

即不惙；妒心生，责此志，即不妒；忿心生，责此志，即不忿；贪心生，责此志，即不贪；傲心生，责此志，即不傲；吝心生，责此志，即不吝。盖无一息而非立志责志之时，无一事而非立志责志之地。故责志之功，其于去人欲，有如烈火之燎毛，太阳一出，而魍魉潜消也。"① 就是说，人有私欲，是因为没有立志，因而只要自觉立志，私欲立即退去。因此，怠心、忽心、惙心、妒心、忿心、贪心、傲心、吝心等邪恶之心萌生，只要自觉到是因为相应的志向未立、从而树立相应的志向，便可以去除这些邪恶之心态。因此，没有一息不是立志责志之时，也没有一事而不是立志责志之地，这样就令邪恶之心态无处可藏。

四、如何立志？

如上讨论表明，立志对于消极心态的治疗的确具有实际的作用。立志不仅可以存本心，也可化异心，而且可以去邪心，从而保护、养育健康阳光的心态。但是，立志做到这点也是有讲究的，并非任何立志都能发挥积极作用，都能有利于心态的健康。王阳明在关于立志如何治疗消极心态的阐述中，已程度不同地涉及，这里再予以集中概述。

其一，立志必须持之以恒。王阳明认为，立志固然重要，但如果三心二意，今天立一个志，明天立一个志，是不会有积极结果的。立志贵在坚持、持续。他说："夫立志亦不易矣。孔子，圣人也，犹曰：'吾十有五而志于学。三十而立。'立者，志立也。虽至于'不逾矩'，亦志之不逾矩也。志岂可易而视哉！夫志，气之帅也，人之命也，木之根也，水之源也。源不浚则流息，根不植则木枯，命不续则人死，志不立则气昏。是以君子之学，无时无处而不以立志为事。"② 孔子都说立志不容易，而且，志是气之统帅，是人之命，是木之根，是水之源，源枯而流息，根槁而木萎，命断则人死，志不立则气昏，因此，君子时时刻刻都必须以立志为事。

其二，立志必须精诚笃定。王阳明认为，立志必须出于本心，表现为诚恳笃定，而非当作儿戏。王阳明说："已立志为君子，自当从事于学。凡学之不勤，必

---

① 《示弟立志说》，《王阳明全集》上，第290页。
② 《示弟立志说》，《王阳明全集》上，第290页。

其志之尚未笃也。从吾游者，不以聪慧警捷为高，而以勤确谦抑为上。诸生试观侪辈之中，苟有虚而为盈，无而为有，讳己之不能，忌人之有善，自矜自是，大言欺人者，使其人资禀虽甚超迈，侪辈之中，有弗疾恶之者乎？有弗鄙贱之者乎？彼固将以欺人，人果遂为所欺，有弗窃笑之者乎？苟有谦默自持，无能自处，笃志力行，勤学好问，称人之善，而咎己之失，从人之长，而明己之短，忠信乐易，表里一致者，使其人资禀虽甚鲁钝，侪辈之中，有弗称慕之者乎？彼固以无能自处，而不求上人，人果遂以彼为无能，有弗敬尚之者乎？诸生观此，亦可以知所从事于学矣。"①就是说，有些人以成为君子为志向，但在学习君子的实践中表现得很懒散，这就说明其所立之志不诚。如果一个人诚心于其志、笃定于其志，那么他就会认真反省、检讨自己，从而修正心态上的不足，发扬心态上的优点，从而成就阳光健康的心态。王阳明说："正目而视之，无他见也；倾耳而听之，无他闻也。如猫捕鼠，如鸡覆卵，精神心思凝聚融结，而不复知有其他，然后此志常立，神气精明，义理昭著。"②立志诚笃，就不会被任何外在东西所干扰，就能专心致志，精神凝结，义理昭著，"心"斯光明。

其三，立志必须知行合一。王阳明认为，立志不能停留在嘴巴上，不能空疏，必须将所立之志落到实处，如此才算立志。如果所立之志是天理，是圣人，是君子，而且也能精诚笃定，就能对心态产生积极影响；但如果所立之志不能体现在实际行为中，那么这个志就立得没有意义，也就不会对心态产生积极影响。王阳明说："是非之心，知也，人皆有之。子无患其无知，惟患不肯知耳；无患其知之未至，惟患不致其知耳。故曰：'知之非艰行之惟艰。'今执途之人而告之以凡为仁义之事，彼皆能知其为善也；告之以凡为不仁不义之事，彼皆能知其为不善也。途之人皆能知之，而子有弗知乎？如知其为善也，致其知为善之知而必为之，则知至矣；如知其为不善也，致其知为不善之知而必不为之，则知至矣。知犹水也，人心之无不知，犹水之无不就下也；决而行之，无有不就下者。决而行之者，致知之谓也。此吾所谓知行合一者也。"③人皆有是非之心，所以担心的不是有没有知，而是能不能"致知"，所谓"致知"，就是将自己信奉的善、良知、天理或本心诉诸

---

① 《教条示龙场诸生·勤学》，《王阳明全集》中，第 1073—1074 页。
② 《示弟立志说》，《王阳明全集》上，第 290 页。
③ 《书朱守谐卷》，《王阳明全集》上，第 308 页。

实践，当良知或天理成为人的实践内容，其心自然光明、善良，如此，立志便有了着落。

其四，立志必须立善之志。王阳明强调立志的重要，但更强调立志的对象和内容的纯善性，因为所立之"志"不同，成就自然有异，他说："天下之人，志轮而轮焉，志裘而裘焉，志巫医而巫医焉，志其事而弗成者，吾未之见也。轮、裘、巫医遍天下，求圣人之学者间数百年而弗一二见，为其事之难欤？亦其志之难欤？弗志其事而能有成者，吾亦未之见也。"①因而在王阳明提倡立的"志"中，包括志于圣人之学、志于圣人、志于君子、志于良知、志于天理等，也就是说，王阳明非常注重立志的内容，在他看来，如果立志的内容不健康，那么这个"志"还不如不立。他说："只念念要存天理，即是立志。能不忘乎此，久则自然心中凝聚，犹道家所谓结圣胎也。此天理之念常存，驯至于美大圣神，亦只从此一念存养扩充去耳。"②所谓立志，必须以天理为"志"，如此便能臻于圣神之境界，并能由此扩充于无际。他还说："善念存时，即是天理。此念即善，更思何善？此念非恶，更去何恶？此念如树之根芽。立志者长立此善念而已。'从心所欲不逾矩'，只是志到熟处。"③所谓"志到熟处"，就是指长立善念而不懈，无须思去恶，因为以天理为"志"，"恶"自然逃散得无影无踪，如此便是"从心所欲不逾矩"境界。因为善念在心，心即廓然大公，心态自明。这就是说，立志的对象或内容具有决定性作用，王阳明说："好色，则一心在好色上，好货则一心在好货上。可以为主一乎？是所谓逐物。非主一也。主一是专主一个天理。"④所谓"主一"，就是主天理或良知，因为好做恶事也可专一，所以，专一本身是技术，不是本体，天理才是本体，良知才是本体，所以必须以良知为志、以天理为志，天理或良知决定技术和方式。王阳明说："然谓举业与圣人之学相戾者，非也。程子云：'心苟不忘，则虽应接俗事，莫非实学，无非道也。'而况于举业乎？谓举业与圣人之学不相度者，亦非也，程子云：'心苟忘之，则虽终身由之，只是俗事。'而况于举业乎？忘与不忘之间不能以发，要在深思默识所指谓不忘者果何事耶，知此则知学

---

① 《赠林以吉归省序》，《王阳明全集》上，第254页。
② 《传习录上》，《王阳明全集》上，第13页。
③ 《传习录上》，《王阳明全集》上，第22页。
④ 《传习录上》，《王阳明全集》上，第12—13页。

矣。"①所谓"心苟不忘",就是指无论做什么事,只要所立的志是良知或天理,俗事亦为实学,如果所立的志不是良知或天理,实学亦为俗事。可见,立志的对象或内容是至关重要的。

总之,"志"出于心,是心之所之,是心之凝集、坚毅、刚强、不渝之心理精神,这种心理精神成长于心,因而必然对"心"发生积极作用,具体表现为存本心、去异心、除邪心,从而对心的结构、心的性质产生影响。心态是心理状态,"志"也是一种心理状态,而且基本上是一种积极、阳光的心理状态,因而有助于心态的改善。

第三节 言善疗法

诚如本书第一章所言,言善是儒家处理人际关系的优良传统和重要智慧。《易传》云:"同心之言,其臭如兰。"(《易传·系辞上》)情投意合之言,如兰草那样芬芳、高雅,为人所喜爱。孟子说:"以善养人,然后能服天下,天下不心服而王者,未之有也。"(《孟子·离娄下》)即谓可通过"善"的教化而一统天下。王阳明继承了这一特殊智慧,并将其广泛地诉诸人际关系的处理、协调之中,他说:"圣贤处末世,待人应物,有时而委曲,其道未尝不直也。若己为君子而使人为小人,亦非仁人忠恕恻怛之心。"②就是说,待人接物,虽然时有委曲,但所坚守的"道"仍然平直公正,如果自己是君子而使他人为小人,则非仁人忠恕恻怛之心,即无论何时何地,都应该以"善"待人,不能有"小人"之心。可以说,在阳明心学中,"心"之所之,"善"必在焉,故"言善"既为王阳明的生存方式,又为其为人处世的准则。

---

① 《寄闻人邦英邦正二》,《王阳明全集》上,第189—190页。
② 《寄希渊》,《王阳明全集》上,第177页。

一、扬人之美以美心

在王阳明看来，肯定、称赞他人的优点，好比蜂蜜，使人甘之如饴，从而感化人心而使之喜悦，呈现积极健康、阳光的心态。作为受千万学者追随的思想家，王阳明为了鼓励后学，为了使人心态平和、健康，从不吝啬向他人传递善念。

邹守益是王阳明的学生，王阳明对邹守益的称赞、肯定毫不吝啬。比如，称赞邹守益学有其本、博大精深，且涉历弥久、工夫精明："谦之之学，既以得其大原，近想涉历弥久，则功夫当益精明矣。"① 再如，肯定邹守益"德闻日至"，毫不掩饰对邹守益的喜爱，并对与邹守益的重新相聚充满期待。王阳明说："别后德闻日至，虽不相面，嘉慰殊深。近来此意见得益亲切，国裳亦已笃信，得谦之更一来，愈当沛然矣。"② 作为老师的王阳明，对学生的学问、能力、人品如此毫无保留地肯定、赞美，能不在邹守益心里产生积极的反应？陆澄是王阳明另一位爱徒，王阳明对他的赞美，也是"无所不用其极"。王阳明说："自曰仁没后，吾道益孤，致望原静者亦不浅。子夏，圣门高弟，曾子数其失，则曰：'吾过矣！吾离群而索居，亦已久矣！'夫离群索居之在昔贤，已不能无过，况吾侪乎？以澄之英敏，自应未即摧堕。山间切磋砥砺，还复几人？深造自得，便间亦可为写寄否？"③ "曰仁"即徐爱，王阳明的妹夫，不幸早逝。王阳明认为，徐爱去世后，其所倡心学倍感孤独，幸好还有陆澄。王阳明将陆澄比作子夏，建议陆澄不要离群索居，赞其"英敏"，努力向上，工夫造诣日深，并要求陆澄与自己分享修行心得。陆澄受到先生如此"知遇"，不能不受宠若惊。

王阳明对于普通关系的学生、朋友，也都是以"善"待之。比如，称赞路迎才质之美、行为忠信，且具坚定的圣人之志，不为任何外在因素所动摇，德日进，业日广。王阳明说："以宾阳才质之美，行之以忠信，坚其必为圣人之志，勿为时议所摇，近名所动，吾见其德日进而业日广矣。"④ 路迎听闻此语，自然喜不自禁。对陈杰，王阳明称赞其"天资笃厚、所造当必大异于畴昔"，同时鼓励陈杰多与同志

---

① 《寄邹谦之》，《王阳明全集》上，第 224 页。
② 《与邹谦之》，《王阳明全集》上，第 199 页。
③ 《与陆原静二》，《王阳明全集》上，第 187 页。
④ 《答路宾阳》，《王阳明全集》上，第 214 页。

切磋,如此便能日进其学。王阳明说:"别久矣。虽彼此音问阔疏,而消息动静时时及闻。国英天资笃厚,加以静养日久,其所造当必大异于畴昔,惜无因一面叩之耳。凡人之学,不日进者必日退。譬诸草木,生意日滋,则日益畅茂;苟生意日息,则亦日就衰落矣。国英之于此学,且十余年矣,其日益畅茂者乎?其日就衰落者乎?君子之学,非有同志之友日相规切,则亦易以悠悠度日,而无有乎激励警发之益。山中友朋,亦有以此学日相讲求者乎?孔子云:'德之不修,学之不讲,是吾忧也。'而况于吾侪乎哉?"① 王阳明一方面肯定、赞扬陈杰的优秀,另一方面要求陈杰认识到自己进步之真实情形。王阳明这是通过表扬以鼓励他人继续追求进步。再如对王应鹏,王阳明了解到其平日用功,非常喜慰,且表示认识王应鹏是其一大收获。他说:"书来,见平日为学用功之概,深用喜慰!今之时,能稍有志圣贤之学,已不可多见;况又果能实用其力者,是岂易得哉!辱推拟过当,诚有所不敢居;然求善自辅,则鄙心实亦未尝不切切也。今乃又得吾天宇,其为喜幸可腾言哉!"② 王阳明对于认识王应鹏,喜形于色,认为殊为难得。在另一封给王应鹏的信中,王阳明赞其忠信、才敏、沉潜,由此为圣人之学,必成豪杰之士:"天宇诚忠信者也,才敏而沉潜者也。于是乎慨然有志于圣贤之学,非豪杰之士能然哉!"③ 面对如此肯定、赞扬,王应鹏不能不感到无比自豪。对徐守诚,王阳明称赞其人独立不阿,有自己的立场,不为外物所动,不随波逐流。他说:"自人之失其所好,仁之难成也久矣。向吾成之在乡党中,刻厉自立,众皆非笑,以为迂腐,成之不为少变。仆时虽稍知爱敬,不从众非笑,然尚未知成之之难得如此也。今知成之难得,则又不获夕相与,岂非大可憾欤!"④ 肯定徐守诚为人非常难得,同时以不能与徐守诚朝夕相处为憾。徐守诚读到此语,必坚持其所为,同时感恩王阳明之知遇和鼓励。对汪俊,王阳明称赞其学问博大、聪明超特、深潜缜密、唯是是求、言之无讳。王阳明说:"今学如吾兄,聪明超特如吾兄,深潜缜密如吾兄,而犹有未悉如此,何邪?吾兄之心,非若世之立异自高者,要在求其是而已,故敢言之无讳。有所未尽,不惜教诲;不有益于兄,必有益于我也。"⑤ 且谦称汪俊所言,对提升自己

---

① 《与陈国英》,《王阳明全集》上,第197页。
② 《答王天宇》,《王阳明全集》上,第182页。
③ 《书王天宇卷》,《王阳明全集》上,第302页。
④ 《答徐成之》,《王阳明全集》上,第163页。
⑤ 《答汪石潭内翰》,《王阳明全集》上,第166页。

有益。汪俊读到这些"甜言蜜语",能不欣喜若狂而又自勉自励?

在诸多扬人之长的案例中,最为引人瞩目的可能是王阳明对王琼的"奉承"。王阳明说:"伏惟明公德学政事高一世,守仁晚进,虽未获亲炙,而私淑之心已非一日。……生惟君子之于天下,非知善言之为难,而能用善之为难。舜在深山之中,与木石居,鹿豕游,其所以异于深山之野人者几希。舜亦何以异于人哉?至其闻一善言,见一善行,沛然若决江河,莫之能御,然后见其与世之人相去甚远耳。今天下知谋才辩之士,其所思虑谋猷,亦无以大相远者。然多蔽而不知,或虽知而不能用,或虽用而不相决,雷同附和。求其的然真见,其孰为可行,孰为不可行,孰为似迂而实切,孰为似是而实非,断然施之于用,如神医之用药,寒暑虚实,惟意所投,而莫不有以曲中其机,此非有明睿之资,正大之学,刚直之气,其孰能与于此? 若此者,岂惟后世之所难能,虽古之名世大臣,盖亦未之多闻也。守仁每诵明公之所论奏,见其洞察之明,刚果之断,妙应无方之知,灿然剖析之有条,而正大光明之学,凛然理义之莫犯,未尝不拱手起诵,歆仰叹服。自其识事以来,见世之名公巨卿,负盛望于当代者,其所论列,在寻常亦有可观。至于当大疑,临大利害,得丧毁誉,眩瞀于前,力不能正,即依违两可,掩覆文饰,以幸无事,求其卓然之见,浩然之气,沛然之词,如明公之片言者,无有矣。在其平时,明公虽已自有以异于人,人固犹若无以大异者,必至于是,而后见其相去之甚远也。守仁耻为佞词以谀人,若明公者,古之所谓社稷大臣,负王佐之才,临大节而不可夺者,非明公其谁欤!守仁后进于劣,何幸辱在驱策之末。"① 王阳明首先表达对王琼的崇敬之心,认为王琼的德、学、政、事都是超一流,都值得自己学习。王阳明甚至将王琼比作舜帝,指出同时代人或蔽而不知,或知而不能用,或用而不相决,雷同附和,但王琼与众不同,不仅没有这些缺点,而且超越了古代许多名世大臣。王阳明谈到拜读王琼论奏的感受时,称其洞察之明,刚果之断,妙应无方之知,灿然剖析之有条,而正大光明之学,凛然理义之莫犯,令王阳明情不自禁地虔诚地诵读而叹服。王阳明还说,自从自己懂得事理以后,所见负盛望于当代的名公巨卿,他们的议论的确亦有可观之处,但在面对大疑、大利害、得丧毁誉之事时,常常迷乱于前,当力不能正时,则依违两可,掩覆文饰,以侥幸无事,因而要从他们那里求卓然之

---

① 《与王晋溪司马》,《王阳明全集》中,第 1103—1108 页。

见、浩然之气、沛然之词是不可能的。因此，像您这样完美的人是没有的。这就将王琼捧上天了。由此我们可以再一次领略到王阳明"言善"的高超技艺。不过，如果读者不知道这是王阳明所写，或许会认为是古今马屁文章天花板之一。但如果了解到王阳明与王琼的私下关系，就会有更平实的认识。据文献记载，王琼对王阳明有知遇之恩，而王琼本人也的确才华横溢，所以此信应该是王阳明正常的心理表达，正常地表达了王阳明所倡导的"言善"，并将这个"善"传递给了王琼，王琼自然会开心得意，也会因此对王阳明更加爱护和帮助。但客观论之，王阳明之于王琼的"言善"，在一定程度上超出了"底线"，某些用词不能不令人肉麻。

如果说以上是"直面言善"，那么以下就属于"曲线言善"。所谓"曲线言善"，是指借助他人、他物将善意传递给对方，或谓"绕弯赞美他人"。这种方式似乎效果更好。王阳明自然对此也是信手拈来。杨骥与王阳明学生薛侃游，王阳明在给薛侃的信中高度赞扬杨骥杀身成仁的品质，同时也表扬杨仕鸣、陈海涯，薛侃将王阳明的"甜言蜜语"转告这三人，他们必喜不自禁。王阳明说："仕德之学，未敢便以为至，即其信道之笃，临死不贰，眼前曾有几人？所云'心心相持，如髡如钳'，正恐同辈中亦未见有能如此者也。书来，谓仕鸣、海崖大进此学，近得数友皆有根力，处久当能发挥。幸甚！闻之喜而不寐也。海崖为谁氏？便中寄知之。"[①] 王阳明是心学领袖，受到无数人膜拜，此三人也以拜王阳明为师而自豪，因而王阳明的表扬自然能够鼓励他们更加奋发努力。为了鼓励弟子不断进步，王阳明常常在"背后"称赞、肯定。比如对邹守益，王阳明说："曾子所谓'以能问于不能，以多问于寡，有若无，实若虚，犯而不校'，若谦之者，良近之矣。"[②] 这是邹守益刚离开不久，王阳明就在其他同门面前称赞邹守益接近曾子。再如对方献夫，王阳明在给湛若水的信中，肯定方献夫，认为他进步神速，出类拔萃，不可限量，为海内诸友中所罕见。他说："叔贤所进超卓，海内诸友实罕其俦。同处西樵，又资丽泽，所造可量乎！"[③] 当湛若水将王阳明所言"善"转给方献夫时，方氏不能不兴奋不已。再如对梁焯，王阳明在给杨骥、薛侃的信中，称赞梁焯才高质美，可以

---

① 《寄薛尚谦》，《王阳明全集》上，第223页。
② 《传习录下》，《王阳明全集》上，第132—133页。
③ 《答甘泉》，《王阳明全集》上，第195页。

共学，王阳明说："日孚美质，诚可与共学，此时计已发舟。"① 当杨骥、薛侃将王阳明的"善言"传递给梁焯时，梁氏闻之自然会心花怒放。

更有意思的是，在写给陆澄的文章中，王阳明竟然引用他人之口表扬陆澄。阳明说："陆清伯澄归归安，与其友二三子论绎所学，赠处焉。二三子或曰：'清伯之学日进矣。始吾见清伯，其气扬扬然若浮云，其言滔滔然若流波；今而日默默尔，日慊慊尔，日雍雍尔，日休休尔；有大径庭焉。以是知其进也。'或曰：'清伯始见夫子，一月一至；既而旬一至；又既而五六日三四日而一至；又既而迁居于夫子之傍；后乃请于夫子扫庑下之室而旦暮侍焉。夫德莫淑于尊贤，学莫遒于亲师。故趋权门者日进于势，游市肆者日进于利。清伯于夫子之道日加亲附焉。吾未遑其他，即是，可以知其学之进也矣。'清伯曰：'有是哉？澄则以为日退也。澄闻夫子之教而茫然，已而歆然，忽耿然而疑，已而大疑焉，又闪然大骇，乃忽闯然若有睹也。当是时，则亦几有所益焉。自是且数月，盖悠焉游焉，业不加修焉，反而求焉，伥伥然，颓颓然，昏蔽扩而愈进，私累息而愈兴，众妄攻而愈固，如上滩之舟，屡失屡下，力挽而不能前，以为日退也。'"② 王阳明在文中引用同门称赞陆澄的话，称其学业日进，也有同门说陆澄拜见王阳明，从一月一见到旦暮侍奉，陆澄的行为正是"德莫淑于尊贤，学莫遒于亲师"，所以说陆澄学业日进。陆澄读到此言估计是喜出望外吧！不过他还是故作镇静，认为自己学业日退呢！无疑，王阳明这种"言善"的方式既巧妙，效果亦神奇。

二、勿揭人短以护心

言善，是将善意传递给对方，使对方愉悦接受从而对其心理产生积极影响，进而成就健康心态。这就意味着，言恶必然对人的心理产生消极的影响，而形成消极心态。因此，勿言人之恶，也就是勿揭人之短，对人的心态具有保护作用。王阳明对此也有独特的认识。

在王阳明看来，揭人之短，会令人感到羞愧、耻辱、气愤，无脸面对人。王阳

---

① 《与杨仕德薛尚谦》，《王阳明全集》上，第189页。
② 《赠陆清伯归省序》，《王阳明全集》上，第263页。

明说:"责善,朋友之道,然须忠告而善道之。悉其忠爱,致其婉曲,使彼闻之而可从,绎之而可改,有所感而无所怨,乃为善耳。若先暴白其过恶,痛毁极诋,使无所容,彼将发其愧耻愤恨之心,虽欲降以相从,而势有所不能,是激之而使为恶矣。故凡讦人之短,攻发人之阴私以沽直者,皆不可以言责善。虽然,我以是而施于人不可也。"①所谓"责善",即劝勉从善、为善,乃朋友之道。但其核心内涵是,必须尽自己忠诚爱护的心意,尽量用温和委婉的态度,使朋友听到它就能够接受,悟出道理后就能够改过,不仅对你没有埋怨,反而感激你,这是最佳的与朋友相处之道。相反,如果随意揭露朋友的过错,且严肃地批评他,使他颜面扫地而无地自容,那么,他将怀恨在心,即便表面上接受了你的批评,他的内心也根本不服,甚至会因此激怒他继续作恶,而与你分道扬镳。所以,凡是以揭发他人短处、攻击他人隐私换取正直名声的人,都无法和他谈论要求朋友为善的道理,因为这种人根本就不明白"言善"的真谛。

揭人之短,也会招致埋怨、仇恨。王阳明说:"君子与小人居,决无苟同之理,不幸势穷理极而为彼所中伤,则安之而已。处之未尽于道,或过于疾恶,或伤于愤激,无益于事,而致彼之怨恨仇毒,则皆君子之过也。昔人有言:'事之无害于义者,从俗可也。'君子岂轻于从俗,独不以异俗为心耳。'与恶人居,如以朝衣朝冠坐于涂炭者',伯夷之清也。'虽袒裼裸裎于我侧,彼焉能浼我哉?'柳下惠之和也。君子以变化气质为学,则惠之和,似亦执事之所宜从者。不以三公易其介,彼固未尝无伯夷之清也。"②这是对如何处理与小人关系提出的建议。王阳明认为,小人是以背后伤害人为特点的,小人从不跟你讲道理,因此,如果不幸被小人中伤,也必须大事化小、小事化了。因为,如果处理与小人关系不合中道,过分地疾恶小人,或者因激愤而受到伤害,都无益于事,反而招致小人埋怨、憎恨、仇视,那就是君子之的过错了。因此,王阳明主张,如果不影响自己践行仁义,跟大部分人保持一致就行了。实际上,君子岂会轻易从俗,只要内心不从俗就可以了。王阳明还援引典故以强调凡事能忍则忍的处理方式,比如,"立在恶人的朝廷里,与恶人言,好比穿戴着朝服朝冠坐在泥路炭灰上"的伯夷,也好比"即使你露臂赤身地站在我旁边,也不能玷污我"的柳下惠,也就是说,只要能保持自己节操之明洁,就可以不

---

① 《教条示龙场诸生·责善》,《王阳明全集》中,第 1074—1075 页。
② 《与胡伯忠》,《王阳明全集》上,第 180—181 页。

与俗心计较。总之，对王阳明而言，哪怕是小人，王阳明也认为要说好听的话，要说甜蜜的话，不要顶撞他，不要揭其短，只有这样，才能养成平和、阳光、积极的心态。

揭人之短，会使人愈加消极。王阳明说："相会之时，尤须虚心逊志，相亲相敬。大抵朋友之交以相下为益。或议论未合，要在从容涵育，相感以诚，不得动气求胜，长傲遂非。务在默而成之，不言而信。其或矜己之长，攻人之短，粗心浮气，矫以沽名，讦以为直，扶胜心而行愤嫉，以圮族败群为志，则虽日讲时习于此，亦无益矣。诸君念之念之！"① 就是说，与朋友交往，必须虚心、亲敬、谦卑，即便观点相左，也应包容，诚心相对，而不能意气用事，狂傲不羁。如果恃才傲物，揭人之短，沽名钓誉，以曲为直，那只能助长好胜之心、憎恨之心、嫉妒之心，以致圮族败群。因此，揭人之短不仅不能使对方接受你的建议，反而会刺激对方，致使对方心态失衡，我行我素。

揭人之短，会使人更加恶劣。王阳明说："先儒之学得有浅深，则其为言亦不能无同异。学者惟当反之于心，不必苟求其同，亦不必故求其异，要在于是而已。今学者于先儒之说苟有未合，不妨致思。思之而终有不同，固亦未为甚害，但不当因此而遂加非毁，则其为罪大矣。同志中往往似有此病，故特及之。程先生云：'贤且学他是处，未须论他不是处。'此言最可以自警。见贤思齐焉，见不贤而内自省，则不至于责人已甚，而自治严矣。议论好胜，亦是今时学者大病。今学者于道，如管中窥天，少有所见，即自足自是，傲然居之不疑。与人言论，不待其辞之终而已先怀轻忽非笑之意，訑訑之声音颜色，拒人于千里之外。不知有道者从旁视之，方为之竦息汗颜，若无所容；而彼悍然不顾，略无省觉，斯亦可哀也已！近时同辈中往往亦有是病者，相见时可出此以警励之。"② 这是强调，为学有同异，不能因为"异"就反对人家、贬低人家，而是要以真理为标准。如果不分青红皂白地指责人家，结果会很糟糕。王阳明引用先贤"贤且学他是处，未须论他不是处"之语，见不贤而自省，而不去指责人家。但现实生活中，某些人不等人家说完就表现出轻蔑嘲笑之意、沾沾自喜而拒人于千里之外之态。如果这样，必然导致对方心理失衡，根本不会接受你的教育，心态也得不到改善。

---

① 《书中天阁勉诸生》，《王阳明全集》上，第310—311页。
② 《书石川卷》，《王阳明全集》上，第300页。

既然揭人之短会导致更多的消极心态出现，会导致心态恶化，会导致更复杂、更严重的心态问题，那么揭人之短自然不是君子与人为善之心。王阳明说："凡朋友问难，纵有浅近粗疏，或露才扬己，皆是病发。当因其病而药之可也，不可便怀鄙薄之心，非君子与人为善之心矣。"①这就是说，朋友们在一起辩论时，难免有深有浅、有粗有细、有是有非，或者有人急于露才、自我颂扬，等等，都是毛病发作，当时便顺势对症下药是可以的，只是不可怀有鄙薄的心。如果怀有鄙薄之心，就不是君子"与人为善"之心了。王阳明要求君子对待小人的方式和态度，就是无论粗细、深浅，都不应显摆自己的才能，因为这样不仅暴露了自己心态不健康，而且会导致朋友心态出问题，应当根据朋友的问题进行针对性治疗，不可怀有鄙视朋友之心，要与人为善。质言之，即便遭遇粗浅之人，也不能怀鄙薄之心，因为轻视之心必导致更恶劣、更消极的心态出现。因而王阳明要求人们必须谨慎，他说："掩人之善而袭以为己长，讦人之私而窃以为己直。"②这都是不友善的表现，都是言恶而非言善，都是不利于心态健康的。

三、矮己抬人以安心

王阳明言善的另一种方式，就是通过降低自己的身段以抬高对方，使对方愉快地接受自己的"善意"而调适自己的心态。王阳明曾经告诫杨思元说："砭子之疾，其谦默乎！谦则虚，虚则无不容，是故受而不溢，德斯聚矣；默则慎，慎则无不密，是故积而愈坚，诚斯立矣。"③针对杨思元的自盈、自炫，王阳明认为需要治之以谦默，所谓"谦"，就是谦虚，所谓"默"，就是慎重，本质上就是一种自矮的方式。而这种"自矮"的方式是王阳明用来安顿心态的常用手段。

宣扬他人优点、矮化自己，可以鼓励他人。王阳明说："希颜之深潜，守忠之明敏，曰仁之温恭，皆予所不逮。三子者，徒以一日之长视予以先辈，予亦居之而弗辞。非能有加也，姑欲假三子者而为之证，遂忘其非有也。而三子者，亦姑欲

---

① 《传习录下》，《王阳明全集》上，第115页。
② 《传习录中》，《王阳明全集》上，第90页。
③ 《书杨思元卷》，《王阳明全集》上，第304页。

假予而存师友之饩羊,不谓其不可也。当是之时,其相与也,亦渺乎难哉!"①这是说,蔡宗兖的深沉不露,朱节的明敏干练,徐爱的温良恭敬,都是我所不具备的。这三人仅因为我有一点比他们强的地方,就把我当成老师,我也就坦然受之了。不是说这样就有多好,而是想用这三位来验证一下师友之道,因此也就不在意是否妥当了。而这三位也借着我来实现师友这个形式,也不能说就不行。在当时那个环境下,我们互相这么做,也是相当不容易。蔡宗兖、朱节、徐爱都是王阳明的学生,王阳明竟然说他们三人的优点为自己所不及,而且表示三子以他为师并非自己能力有多强,他是以三子来鼓励自己以改善自己的不足。王阳明如此"恭维"学生,既不失身份,又令三人开心而继续努力。

湛若水与王阳明是志同道合的朋友,关系亲密,学问各有所长,但王阳明仍然不遗余力地抬举好友。王阳明说:"晚得友于甘泉湛子,而后吾之志益坚,毅然若不可遏,则予之资于甘泉多矣。甘泉之学,务求自得者也。世未之能知其知者,且疑其为禅。诚禅也,吾犹未得而见,而况其所志卓尔若此。则如甘泉者,非圣人之徒欤!多言又乌足病也!夫多言不足以病甘泉,与甘泉之不为多言病也,吾信之。吾与甘泉友,意之所在,不言而会;论之所及,不约而同;期于斯道,毙而后已者。今日之别,吾容无言。夫惟圣人之学难明而易惑,习俗之降愈下而益不可回,任重道远,虽已无俟于言,顾复于吾心,若有不容已也。则甘泉亦岂以予言为赘乎?"②这段文字的主要意思有:湛若水对自己的进步有很大的帮助,无论是志向,还是学问;湛若水的学问乃自得之学,是圣人之学,与禅有天渊之别;湛若水的气象、学问,都充分显示其乃圣人之徒;在学术主张上,湛若水与我常常是不谋而合,共进圣人之道。这些"交心",温馨而甜蜜,既赞扬了湛若水,又非常自然得体,湛若水闻此自然是很欣慰的。

方献夫官位在王阳明之上,但方献夫礼敬王阳明,拜他为师,目王阳明为先觉,而王阳明也是"礼尚往来",高度赞美方献夫。王阳明说:"予始与叔贤为僚,叔贤以郎中故,事位吾上。及其学之每变,而礼予日恭,卒乃自称门生而待予以先觉。此非脱去世俗之见,超然于无我者,不能也。虽横渠子之勇撤皋比,亦何以加于此!独愧予之非其人,而何以当之!夫以叔贤之善变,而进之以无我之勇,其于

---

① 《别三子序》,《王阳明全集》上,第252—253页。
② 《别湛甘泉序》,《王阳明全集》上,第257—258页。

圣人之道也何有。斯道也,绝响于世余三百年矣。叔贤之美有若是,是以乐为吾觉道之。"① 王阳明表扬方氏拜自己为师是"脱去世俗之见,超然于无我",将方献夫等同张载,但称自己不如二程兄弟;认为方献夫的无我之勇,足以弘扬圣人之道;对接续圣人之道充满希望,因为有方献夫,所以很高兴向诸道友推荐方献夫。无疑,方氏读到这些"如兰之言",自然开心无比,再接再厉。但显然,王阳明的这番操作,也不声不响地肯定了自己。由此,足见王阳明对心理技巧的掌握出神入化。

林俊为人刚直敢谏,廉正忠诚,疾恶如仇,爱才如渴,以礼进退,始终一节,是明成化、弘治、正德、嘉靖四朝的元老。王阳明对这位长辈极为钦佩、敬仰。王阳明说:"执事孝友之行,渊博之学,俊伟之才,正大之气,忠贞之节。某自弱冠从家君于京师,幸接比邻,又获与令弟相往复,其时固已熟闻习见,心悦而诚服矣。第以薄劣之资,未敢数数有请。其后执事德益盛,望益隆,功业益显,地益远,某企仰益切,虽欲忘其薄劣,一至君子之庭,以濡咳唾之余,又益不可得矣。执事中遭谗嫉,退处丘园,天下之士,凡有知识,莫不为之扼腕不平,思一致其勤惓。而况某素切向慕者,当如何为心?顾终岁奔走于山夷海僚之区,力不任重,日不暇给,无由一申起居,徒时时于交游士夫间,窃执事之动履消息。皆以为人不堪其忧愤,而执事处之恬然,从容礼乐之间,与平居无异。《易》所谓'时困而德辨,身退而道亨',于执事见之矣。圣天子维新政化,复起执事,寄之股肱,诚以慰天下之望。此盖宗社生民之庆,不独知游之幸,善类之光而已也。"② 王阳明先言其小时候,自家与林俊家为邻,便了解到林氏行以孝友、学之渊博、才之俊伟、气之正大、节之忠贞,自己已是心悦诚服,但自觉鄙劣,未敢请益;次言林俊建功立业之后,道德益盛、声望日隆、功业显赫,相隔甚远,但我王阳明企仰之心更加殷切;再言林俊也为小人忌妒、排挤,但天下有知识者莫不为其打抱不平;后言林俊奔走于山夷海僚之区,艰难困苦,人不堪其忧,他却处之恬然,从容礼乐之间,以见其道德之高尚;如今朝廷再度起用他,担纲天下大事,不仅是知心好友之荣幸,善良者之荣光,更是万民之庆啊!王阳明的这些"甜言蜜语",对林俊而言,似乎并无溢美,因为林氏为人为事本来就是如此。不过,王阳明的美言肯定有益于林氏保

---

① 《别方叔贤序》,《王阳明全集》上,第258页。
② 《与林见素》,《王阳明全集》中,第1114—1115页。

持好积极、健康的心态，更加努力地工作，坚持其良好的品质，为社会做出更多贡献。当然，根据王阳明的陈述，林俊曾对王阳明有恩："正欲作一书，略序其前后倾企纡郁未伸之怀，并致其欢欣庆忭之意，值时归省老亲，冗病交集，尚尔未能。而区区一时侥幸之功，连年屈辱之志，乃蒙为之申理，诱掖过情，而褒赏逾分，又特遣人驰报慰谕。此固执事平日与人为善之素心，大公无我之盛节，顾浅陋卑劣，其将何以承之乎！"①林俊曾为王阳明的冤屈昭雪，并爱护奖掖王阳明，还特地派人前来慰问。这份恩情，王阳明自然不会遗忘。

郑洛书，字启范，进士出身，曾任上海县知县。王阳明对郑洛书也是大为赞赏："某愚不自量，痛此学之不讲，而窃有志于发明之。自以劣弱，思得天下之豪杰相与扶持砥砺，庶几其能有成，故每闻海内之高明特达，忠信而刚毅者，即欣慕爱乐，不啻骨肉之亲。以是于吾启范虽未及一面之识，而心孚神契，已如白首之道交者，亦数年矣。每得封事读之，其间乃有齿及不肖者，则又为之赧颜汗背，促踏不安。古之君子，耻有其名而无其实。吾于启范，惟切劘之是望，乃不考其实，而过情以誉于朝，异时苟有不称，将使启范为失言矣，如之何而可！不肖志虽切于求学，而质本迂狂疏谬，招尤速谤，自其所宜。近者复闻二三君子以不肖之故，相与愤争力辩于铄金销骨之地，至于冲锋冒刃而弗顾，仆何以当此哉！二三君子之心，岂不如青天白日，谁得而瑕泽之者！顾仆自反，亦何敢自谓无愧！则不肖之躯，将不免为轻云薄雾于二三君子矣，如之何而可！"②首先言自己愚不自量，劣弱无能，但向往与天下之豪杰相互扶持砥砺，或可有所成就，所以每次听闻海内之高明特达、忠信而刚毅者，无不欣慕爱乐，而视为骨肉之亲，郑启范便是我一直神往之人；虽然我们未曾有一面之识，但心孚神契已有很长时间了。古之君子，都能耻有其名而无其实，因而对于启范，希望我们彼此切磋相正，如果不考察实际情形，以浮夸之情誉于朝廷，哪一天被发现名不副实，则必使启范陷于失言之人，那就麻烦大了！我志向虽切于求学，但资质迂狂疏谬，招致毁谤，自其所宜即可。近日又听说有些人因为我而陷于激烈争论，相互攻击，使人无以自存，甚至于冲锋冒刃而不顾，我王阳明何能当此呀？可见，王阳明非常委婉地称赞了郑洛书，将对方置于自己之上，从而使对方接受自己的"美言"，而养成良好心态。

① 《与林见素》，《王阳明全集》中，第1115页。
② 《与郑启范侍御》，《王阳明全集》中，第911页。

王尧卿已辞去官职，许多人都赠别留言，他特地找到王阳明，希望他能够指点迷津。王阳明说："终南王尧卿为谏官三月，以病致其事而去，交游之赠言者以十数，而犹乞言于予。甚哉，吾党之多言也！夫言日茂而行益荒，吾欲无言也久矣。自学术之不明，世之君子以名为实。凡今之所谓务乎其实，皆其务乎其名者也，可无察乎！尧卿之行，人皆以为高矣；才，人皆以为美矣；学，人皆以为博矣。是可以无察乎！自喜于一节者，不足兴进于全德之地；求免于乡人者，不可以语于圣贤之途。气浮者，其志不确；心粗者，其造不深；外夸者，其中日陋。"①王阳明指出，有些人太喜欢说话了！话说得越多，实事做得反而越少，我想要少说话已经很久了。但是尧卿既然要我说几句，不说也不太好。我要说的是，尧卿所作所为，大家都觉得很高明！尧卿的才能，大家都在夸赞；尧卿的学问，大家都觉得渊博。那尧卿你自己能不好好省察一下吗！如果自己满足于某个部分做得好，就不足以进入道德浑然的境界了；如果只是想要被乡党之人认可，就无法告诉他圣人之道了。气质轻浮的人，他的志向就很难确立；心粗的人，他为学的造诣是很难精深的；外在夸夸其谈的人，他的内在就会日益鄙陋。对于王尧卿的"请言"，虽然王阳明不愿讲太多，但还是讲了一些动听的话，那就是品高、才美、学博，并鼓励王尧卿不能"自喜于一节，不能求免于乡人"，从而在赞美中得到提升。

黄绾与王阳明亦师亦友，王阳明之于黄绾，常常是喜形于色，对黄绾赞不绝口。他说："守仁幼不知学，陷溺于邪僻者二十年。疾疢之余，求诸孔子、子思、孟轲之言，而恍若有见，其非守仁之能也。宗贤于我，自为童子，即知弃去举业，励志圣贤之学。循世儒之说而穷之，愈勤而益难，非宗贤之罪也。学之难易失得也有原，吾尝为宗贤言之。宗贤于吾言，犹渴而饮，无弗入也，每见其溢于面。今既豁然，吾党之良，莫有及者。谢病去，不忍予别而需予言。夫言之而莫予听，倡之而莫予和，自今失吾助矣！吾则忍于宗贤之别而容无言乎？"②首先跟黄绾透露自己年幼时"不知学，陷溺于邪僻"，求圣人之学不得，这样一下子就拉近了与黄绾的距离；进而肯定黄绾立志拜自己为师的行为，但又强调为学不易，肯定黄绾的好学之心；肯定黄绾乐于接受自己的教诲，如饥似渴，且表现在面容上；称赞黄绾之优秀乃同志中出类拔萃者，是志同道合的朋友，可以彼此切磋、相互成长，因而

---

① 《赠王尧卿序》，《王阳明全集》上，第255—256页。
② 《别黄宗贤归天台序》，《王阳明全集》上，第260页。

黄绾即将返乡，等于丧失了我的左膀右臂啊！王阳明之言，听来真切、动情、感人，黄绾也不能不为此感动，从而表现出积极向上的心态。

　　王阳明的言善，也常表现在将伟大理想实现的希望寄托在对方身上，以使对方深受鼓舞，热血沸腾。比如，将"警发昏惰"寄希望于邹守益，王阳明说："以谦之精神力量，又以有觉于良知，自当如江河之注海，沛然无复能有为之障碍者矣！默成深造之余，必有日新之得，可以警发昏惰者，便间不惜款款示及之。"① 得到王阳明的如此肯定和赞扬，邹守益自然很开心，对先生的期望也是责无旁贷，必然乐意宣传良知学。再如，将"未来发挥斯道以兴来者"的希望寄托给陆澄，表彰陆澄的好学之心、勤学之志，认为陆澄可以成为后学的引路人。王阳明说："书来，知贵恙已平复，甚喜！书中勤勤问学，惟恐失坠，足知进修之志不怠，又甚喜！异时发挥斯道，使来者有所兴起，非吾子谁望乎？"② 陆澄得获如此大的鼓励，被老师寄予厚望，能不心潮澎湃吗？再如将"圣人之学的复兴"寄希望于黄宗明。王阳明说："诚甫之足，自当一日千里，任重道远，吾非诚甫谁望邪！临别数语，彼此暗然；终能不忘，乃为深爱。"③ 称赞黄宗明能一日千里，弘扬圣人之学任重道远，明确说"非诚甫还能指望谁呢"。虽然这样的话对许多学生、道友都说过，但黄宗明读到如此谆谆教导，既诚惶诚恐，又心花怒放吧。

　　如上讨论表明，王阳明不仅认识到"善言"对于心态治疗的积极意义，而且将言善疗法应用到日常生活中，表现为扬人之长、勿揭人短、矮已升人等具体而有效的方式，使"言善"的效应得到更为具体的落实，使"善"融入人心，促使"心"发生化学反应，从而改善"心"的性质和结构，以养育平和、阳光、向上的心态。因此，王阳明要求时刻监视善恶的相状，若是"善"则大力宣扬并使之贯通于人心，若是"恶"则立即剿灭使之永不出现。王阳明说："学以存其心者，何求哉？求诸其心而已矣。求诸其心何为哉？谨守其心而已矣。博学也，审问也，慎思也，明辨也，笃行也，皆谨守其心之功也。谨守其心者无声之中而常若闻焉，无形之中而常若睹焉。故倾耳而听之，惟恐其或缪也；注目而视之，惟恐其或逸也。是故至微而显，至隐而见，善恶之萌而纤毫莫遁，由其能谨也。谨则存，存则明；明则其

---

① 《寄邹谦之四》，《王阳明全集》上，第230页。
② 《与陆原静》，《王阳明全集》上，第186页。
③ 《与黄诚甫》，《王阳明全集》上，第181页。

察之也精，其存之也一。昧焉而弗知，过焉而弗觉，弗之谨也已。故谨守其心，于其善之萌焉，若食之充饱也；若抱赤子而履春冰，惟恐其或陷也；若捧万金之璧而临千仞之崖，惟恐其或坠也；其不善之萌焉，若鸩毒之投于羹也，若虎蛇横集而思所以避之也，若盗贼之侵陵而思所以胜之也。古之君子所以凝至道而成盛德，未有不由于斯者。虽尧、舜、文王之圣，然且兢兢业业，而况于学者乎！"[1] 心学的目标是谨守其心，而谨守其心，就必须关注善、恶的运行，就必须慎重、恰当、勇敢地扬善去恶，以保护、养育健康的心态，即便尧、舜、文王之圣，亦且兢兢业业以谨守其心，何况吾等凡人呢！

第四节　致知疗法

"诚意"的本体是致知，也就是致良知；"立志"必须以天理为志、以良知为志，才能发挥治疗心态的作用；"言善"之言所以善，善即理义，即天理，理义悦我心，犹刍豢之悦我口，理义亦良知也；因此，王阳明心态治疗法最终可归结为"致良知"。王阳明说："区区所论致知二字，乃是孔门正法眼藏，于此见得真的，直是建诸天地而不悖，质诸鬼神而无疑，考诸三王而不谬，百世以俟圣人而不惑！知此者，方谓之知道；得此者，方谓之有德。异此而学，即谓之异端；离此而说，即谓之邪说；迷此而行，即谓之冥行。虽千魔万怪，眩瞀变幻于前，自当触之而碎，迎之而解，如太阳一出，而鬼魅魍魉自无所逃其形矣。"[2] "良知"是圣人之学的核心，横贯古今东西而不坠，是解决一切问题的钥匙，是驱散一切黑暗的火把，因此，"致良知"自然是治疗所有问题心态的妙方。另一方面，之所以出现各种消极心态，是因为良知被遮蔽。王阳明说："后世良知之学不明，天下之人用其私智以相比轧，是以人各有心，……外假仁义之名，而内以行其自私自利之实，诡辞以阿

---

[1] 《谨斋说》，《王阳明全集》上，第294页。
[2] 《与杨仕鸣》，《王阳明全集》上，第207页。

俗，矫行以干誉，掩人之善而袭以为己长，讦人之私而窃以为己直，忿以相胜而犹谓之徇义，险以相倾而犹谓之疾恶，妒贤忌能而犹自以为公是非，恣情纵欲而犹自以为同好恶。"① 就是说，由于良知被遮蔽，虚伪、自私、诡诈、从俗、追誉、损人、好胜、忌妒、恣情、纵欲等心态纷至沓来、肆意飞舞，这就意味着"致良知"可以使消极心态遁形匿迹，可以成为化解消极心态的力量。那么，"致良知"是如何在治疗消极心态上表现自己威力的呢？

一、精察心态之微

自《尚书》言"人心惟危，道心惟微"，"心"之运行踪迹就被关注。如荀子说："'人心之危，道心之微。'危微之几，惟明君子而后能知之。故人心譬如盘水，正错而勿动，则湛浊在下，而清明在上，则足以见须眉而察理矣。微风过之，湛浊动乎下，清明乱于上，则不可以得大形之正也。心亦如是矣。"（《荀子·解蔽》）即为明君才能认识、掌握"心"危微之几，"心"如盘中的水，清浊更替，所以需要观察、监视。王阳明继承了对"心"进行观察、监视的传统，只不过认为，观察、监视"心"的方式是"致良知"。

良知具有自知的功能。王阳明说："良知者，心之本体，即前所谓恒照者也。"② 所谓"恒照"，即无时不照、无处不照，而能"恒照"者为良知，因而良知具有普遍照彻之性能。而人丧失良知时，便是照彻性能的丧失，从而导致消极心态的出现，即"妄心"，"妄心"虽然亦有"照"的功能，却是私心杂念。王阳明说："心之虚灵明觉，即所谓本然之良知也。其虚灵明觉之良知，应感而动者谓之意。有知而后有意，无知则无意矣。"③ "良知"是"心"之本体，是"心之虚灵明觉"，"意"是"心"之所发，也就是"心"的运行，"良知应感而动者谓之意"，这样，就为良知观察、监视"意"确定了本体性基础。有了这种本体性基础，良知自然随时都成了"心"的精察者、监视者。那么，良知是怎样发挥它的精察、

---

① 《传习录中》，《王阳明全集》上，第90页。
② 《传习录中》，《王阳明全集》上，第69页。
③ 《传习录中》，《王阳明全集》上，第53页。

监视作用呢？

所谓"人心惟危"，心态既是微妙的，也是危险的，潜伏不露而变化莫测，有隐微之性。而致良知可以精察"心"之微妙。王阳明认为，"心"的存在形式，可分为静与动两种，静是"心"的本体形式，动则是"心"的末用形式，但实际上，动中有静、静中有动，起伏不定，而相循于无穷，所以精察"心"不能分动静阶段，而是一以贯之。因而，求静之心实际上还是动，恶动之心实际上并非静，而是看其有欲无欲，有欲则为动，无欲必是静，既然循理无欲是心之静，由于"理"之虚灵明觉是良知，那么这就说明良知对于"心"的精察、跟踪和监视，良知是心之本体，也是心之明觉，因而心之动静皆良知也，亦即良知监视"心"之运行了。王阳明说："心一而已。静，其体也，而复求静根焉，是挠其体也；动，其用也，而惧其易动焉，是废其用也。故求静之心即动也，恶动之心非静也，是之谓动亦动，静亦动，将迎起伏，相寻于无穷矣。故循理之谓静，从欲之谓动。欲也者，非必声色货利外诱也，有心之私皆欲也。故循理焉，虽酬酢万变，皆静也。濂溪所谓'主静'，无欲之谓也，是谓集义者也。从欲焉，虽心斋坐忘，亦动也。告子之强制，正助之谓也，是外义者也。"① "心"有动有静，静是体，动是用，皆"心"之本有者，因而求静之心、恶动之心都是不可取的。因此，求静之心实际上是躁动，而恶动之心并不是真正的静，这是因为动中有静、静中有动而往复无穷。"心"依"理"而行就是静，从"欲"而行则是动，因此，并非有声色货利外诱才叫作"欲"，只要有"私心"便是"欲"。而有了从私欲之心，即便是心斋坐忘，也还是躁动。这种认识，皆是良知觉知、监视的结果。

消极心态无不偷偷摸摸，遮遮掩掩，见不得阳光，有鬼祟之性，而良知能够精察它的变化，掌握它的行踪。王阳明说："凡人言语正到快意时，便截然能忍默得；意气正到发扬时，便翕然能收敛得；愤怒嗜欲正到腾沸时，便廓然能消化得；此非天下之大勇者不能也。然见得良知亲切时，其工夫又自不难。缘此数病，良知之所本无，只因良知昏昧蔽塞而后有，若良知一提醒时，即如白日一出，而魍魉自消矣。"② 言语快意、意气发扬、愤怒沸腾等是"心"的外在表现形式，是心态的表

---

① 《答伦彦式》，《王阳明全集》上，第 203—204 页。
② 《与黄宗贤》，《王阳明全集》上，第 244 页。

现,但王阳明认为,言语快意时必须忍默得,意气发扬时必须收敛得,愤怒沸腾时必须消化得,也就是说,心态必须中和、平衡。如何做到?致良知。因为良知本无这些病象,只是因为昏昧蔽塞,所以,只要良知发出它的光芒,客气自散,心自光明,哪来这些负面心态?也就是说,"良知"如发出万丈光芒的太阳,可穷尽一切寓所,可穿透所有黑暗,可明察一切动向,让鬼祟之心无处可藏。因此,若能谨守"良知",便是"心态"光明。王阳明说:"喜、怒、哀、惧、爱、恶、欲,谓之七情,七者俱是人心合有的,但要认得良知明白。比如日光,亦不可指着方所;一隙通明,皆是日光所在;虽云雾四塞,太虚中色象可辨,亦是日光不灭处,不可以云能蔽日,教天不要生云。七情顺其自然之流行,皆是良知之用,不可分别善恶,但不可有所着;七情有着,俱谓之欲,俱为良知之蔽。然才有着时,良知亦自会觉,觉即蔽去,复其体矣。"①"情"是"心"动而有,是"心"运行之形式,所谓顺"理"而行,就是依"良知"而行,就是"良知"的发用,因而"心"必然光明;但是,"情"为人本具之性,不可执着,执着即偏至,偏至之"情"便是"欲",即生阴暗之心。此时便需要良知的警醒,"良知"觉悟,犹如日出而霾散,"情"即合乎心之本体,回归健康的"心态"。

王阳明指出,心态之不可测性也表现在为所欲为、肆无忌惮上,而承担监督、约束任务的,还是"致良知"。他说:"良知犹主人翁,私欲犹豪奴悍婢。主人翁沉疴在床,奴婢便敢擅作威福,家不可以言齐矣。若主人翁服药治病,渐渐痊可,略知检束,奴婢亦自渐听指挥。及沉疴脱体,起来摆布,谁敢有不受约束者哉?良知昏迷,众欲乱行;良知精明,众欲消化,亦犹是也。"②这段话说得形象生动。正常情形下,奴婢对主人都是唯唯诺诺、百依百顺的;但如果主人患病在床,奴婢就不老实了,就会伺机为非作歹;若主人病愈,奴婢马上又变得温顺、规矩、老实,听从主人指挥。"良知"好比主人,只要健康,就可以监视、管理好心态,不给它钻空子、不给它机会胡来。因而"良知"精明而众欲消失,其心态必廓然大公。

---

① 《传习录下》,《王阳明全集》上,第 126 页。
② 《传习录拾遗》,《王阳明全集》下,第 1286—1287 页。

二、清除心态之垢

王阳明说:"君子之学以明其心。其心本无昧也,而欲为之蔽,习为之害。故去蔽与害而明复,匪自外得也。心犹水也,污入之而流浊;犹鉴也,垢积之而光昧。"① 当认识到"心"的邪恶是因为私欲遮蔽的时候,清洗"心"之污垢便成为中国哲学的重要任务,《管子》云:"洁其宫,阙其门。"(《管子·心术上》)王阳明继承了"洗心"的观念,不过其主张的"洗心"方式是致良知。

消极心态一般是因为"藏污纳垢",而伤害心态的"污垢"是"习心"。何谓"习心"?程颢说:"盖良知良能元不丧失,以昔日习心未除,却须存习此心,久则可夺旧习。"② 又如张载说:"寤所以知新于耳目,梦所以缘旧于习心。"③ 一般解释为"通过耳闻目见所得的意念",但这种解释显然不足以说明"习心"在这个语句中的意涵,因为良知并不排斥感官认识,甚至是良知之用,因为作为遮蔽本体的"习心",必然具有"落后性""邪恶性",因而解释为满足于表面、自我、尚旧的心理习惯,可能较为合适。王阳明说:"人心本体原是明莹无滞的,原是个未发之中。利根之人一悟本体,即是功夫,人己内外,一齐俱透了。其次不免有习心在,本体受蔽,故且教在意念上实落为善去恶。功夫熟后,渣滓去得尽时,本体亦明尽了。……人有习心,不教他在良知上实用为善去恶功夫,只去悬空想个本体,一切事为俱不着实,不过养成一个虚寂。此个病痛不是小小,不可不早说破。"④ 就是说,人心本体原是明莹无滞的,但由于不良的习性,即表面的、自我的、尚旧的心理习惯,遮蔽了心之本体的光芒,从而转变为消极"心态"。因此,只有去除遮蔽心体上的"习心",才能恢复本心。而要去除"习心",必须教人在良知上自觉,在良知上实用为善去恶功夫。依王阳明,伤害"心"的"污垢"也有意念上的邪恶。王阳明说:"意之所发,既无不诚,则其本体如何有不正的?故欲正其心在诚意。工夫到诚意,始有着落处。然诚意之本,又在于致知也。所谓'人虽不知,而己所独知'者,此正是吾心良知处。然知得善,却不依这个良知便做去,知得不善,却不

---

① 《别黄宗贤归天台序》,《王阳明全集》上,第260页。
② 《二程遗书》卷二上,《二程集》第一册,第17页。
③ (宋)张载:《正蒙·动物篇》,《张载集》,第20页。
④ 《传习录下》,《王阳明全集》上,第133—134页。

依这个良知便不去做，则这个良知便遮蔽了，是不能致知也。吾心良知既不能扩充到底，则善虽知好，不能着实好了，恶虽知恶，不能着实恶了，如何得意诚？故致知者，意诚之本也。"①"意"有是非善恶，"意"是"心"之所发，因而"意"之恶也就是"心"之恶，也就意味着心态转变阴暗，因而"诚意"便成为去除意念上的污垢，而去除意念上的污垢必须"致良知"；"致良知"就是监督"意"的动向，引其为善去恶，所以是"正其不正以归于正"，致知是"诚意"的根本。因此，"致良知"就是"正心"，就是回到心之本体，使"心态"重现光明。

伤害"心"的"污垢"也表现为心理的疾病。"心"的运行表现出违背心理规律的混乱之象，这些心理的混乱之象，对心态的影响也是极为严重的。王阳明说："彼其或从好于外道诡异之说，投情于诗酒山水技艺之乐，又或奋发于意气，感激于愤悱，牵溺于嗜好，有待于物以相胜，是以去彼取此而后能。及其所之既倦，意衡心郁，情随事移，则忧愁悲苦随之而作。果能捐富贵，轻利害，弃爵禄，快然终身，无入而不自得已乎？夫惟有道之士，真有以见其良知之昭明灵觉，圆融洞澈，廓然与太虚而同体。太虚之中，何物不有？而无一物能为太虚之障碍。盖吾良知之体，本自聪明睿知，本自宽裕温柔，本自发强刚毅，本自斋庄中正、文理密察，本自溥博渊泉而时出之，本无富贵之可慕，本无贫贱之可忧，本无得丧之可欣戚，爱憎之可取舍。"②王阳明指出，有一种人热衷于外道诡异之说，投情于诗酒山水技艺之乐，或奋发于意气，感激于愤悱，牵溺于嗜好，有待于物以相胜，似乎可以去邪存善。但当他们对自己的行为感到厌倦、意衡心郁、情随事移之时，忧愁悲苦便随之发作。可见，这些人显然做不到"快然终身，无入而不自得"。那怎样才能做到呢？当然是"致良知"。为什么？因为"良知"聪明睿知、宽裕温柔、发强刚毅、斋庄中正、文理密察，聚万善于一身，犹如溥博渊泉而喷出，廓然大公，哪有富贵可慕、贫贱可忧、得丧可欣戚、爱憎可取舍呢？哪有这些抑郁、愁悲、愤懑之心呢？用牟宗三的话就是："凡此皆须凭借内在道德性之本心以及本心所自给之普遍法则（天理）以消除之或转化之。"③所谓"内在道德性之本心"就是"良知"，以之融释郁结在心态上的乌云。

---

① 《传习录下》，《王阳明全集》上，第 135—136 页。
② 《答南元善》，《王阳明全集》上，第 234—235 页。
③ 牟宗三：《心体与性体》上册，上海古籍出版社 1999 年版，第 560 页。

王阳明认为，习心、恶念、心理混乱等，都是心态不健康的原因。而化解这些问题的办法，就是"致良知"。因而无论圣人凡人，无论何种心态，只要能够"知学为道"，良知在心，觉醒良知，无论怎样的遮蔽心态的污垢，都必然烟消云散。王阳明说："性一而已。仁、义、礼、知，性之性也；聪、明、睿、知，性之质也；喜、怒、哀、乐，性之情也；私欲、客气，性之蔽也。质有清浊，故情有过不及，而蔽有浅深也。私欲、客气，一病两痛，非二物也。张、黄、诸葛及韩、范诸公，皆天质之美，自多暗合道妙，虽未可尽谓之知学，尽谓之闻道，然亦自其有学，违道不远者也；使其闻学知道，即伊、傅、周、邵矣。若文中子则又不可谓之不知学者，其书虽多出于其徒，亦多有未是处，然其大略则亦居然可见，但今相去辽远，无有的然凭证，不可悬断其所至矣。夫良知即是道。良知之在人心，不但圣贤，虽常人亦无不如此，若无有物欲牵蔽，但循着良知发用流行将去，即无不是道。但在常人多为物欲牵蔽，不能循得良知。如数公者，天质既自清明，自少物欲为之牵蔽，则其良知之发用流行处，自然是多，自然违道不远。学者学循此良知而已，谓之知学，只是知得专在学循良知。"①王阳明认为，"性"分为三，仁义礼智，性之性；聪明睿知，性之质；喜怒哀乐，性之情；另有伤害"性"的私欲、客气。不同人物，其性、质、情有别，但若能"知学为道"，皆可为善业。然而，良知即是道，良知在人心，非独圣贤也。如果遵循良知发用流行而为，常人与贤明不同，贤明少物欲，但还是有物欲，常人多物欲，但都要致良知，才能消除物欲的伤害，私欲去则心自清明。

三、养育心态之体

既然心体本善，因而可以进行养育，既然遮蔽心体的私欲可以清洗，那么清洗之后的心体也需要养育，因而养心也成了儒学的主题。孟子说："养心莫善于寡欲。"(《孟子·尽心下》) 王阳明完全继承了孟子的养心思想，其"致良知"治疗心态的方式，正是孟子"立大体"工夫的传承。

---

① 《传习录中》，《王阳明全集》上，第77—78页。

消极心态患得患失，斤斤计较，有狂躁之性。如何平抑此狂躁之心？"致良知"。王阳明说："诸君只要常常怀个'遁世无闷，不见是而无闷'之心，依此良知忍耐做去，不管人非笑，不管人毁谤，不管人荣辱，任他功夫有进有退，我只是这致良知的主宰不息，久久自然有得力处，一切外事亦自能不动。"①"遁世而无闷，不见是而无闷"出自《易传》，大致意思是，隐遁世间而不感到苦闷，不被世人认同也不感到苦闷。这是一种超脱心态。有了这种超脱心态，面对嘲笑、毁谤、侮辱等都能置之不理。而拥有超脱之心态，必须遵循良知而为，以良知融入于心，使"心"的性质实现善化，一万物，等有无。"良知"何以能"平抑"计较而躁动的心态呢？因为良知是理义的融合与升华。王阳明说："义者，宜也，心得其宜之谓义。能致良知，则心得其宜矣，故'集义'亦只是致良知。君子之酬酢万变，当行则行，当止则止，当生则生，当死则死，斟酌调停，无非是致其良知，以求自慊而已。"②所谓"义"，就是适宜、平和，因而"致良知"就是行其所行、止其所止，就是生死自然。王阳明说："若平日能集义，则浩然之气至大至公，充塞天地，自然富贵不能淫，贫贱不能移，威武不能屈；自然能知人之言，而凡诐淫邪遁之词皆无所施于前矣。况肯自以为慊乎！集义只是致良知。心得其宜为义，致良知则心得其宜矣。"③致良知也就是"集义"，"心"之平和、舒适，便是"义"。因此，如能致良知，"心"即不躁而平静。

阳明心学认为，心体本善，有了本善的心体，就拥有了无穷的善力，但心之本体常被声、色、名、利所遮蔽而不能正常发用流行，不能显其光明，因而需要"良知"的供养，以培植心体。王阳明说："是故至善也者，心之本体也。动而后有不善，而本体之知，未尝不知也。意者，其动也；物者，其事也。致其本体之知，而动无不善。然非即其事而格之，则亦无以致其知。故致知者，诚意之本也；格物者，致知之实也。物格则知致意诚，而有以复其本体，是之谓止至善。"④心之本体良知本无不善，但心动便可能出现不善。这样就出现了两种情形，一是未发的心态，一是已发的心态。未发的心态虽然至善，但需要滋养培育，已发的心态，不

---

① 《传习录下》，《王阳明全集》上，第115页。
② 《传习录中》，《王阳明全集》上，第82页。
③ 《答董沄萝石》，《王阳明全集》上，第221页。
④ 《大学古本序》，《王阳明全集》上，第271页。

仅需要养育，还要监视、规范。未发的心态，良知陪伴，已发的心态，良知净化，以回心之本体。因此，"心"不管是动，还是静，都必须由良知监护、养育。因此，"致良知"就是反身向内，就是从根本上对心态进行滋养，就是培植本体之心。王阳明说："凡鄙人所谓致良知之说，与今之所谓体认天理之说，本亦无大相远，但微有直截迂曲之差耳。譬之种植，致良知者，是培其根本之生意而达之枝叶者也；体认天理者，是茂其枝叶之生意而求以复之根本者也。然培其根本之生意，固自有以达之枝叶矣；欲茂其枝叶之生意，亦安能舍根本而别有生意可以茂之枝叶之间者乎？"① 由于良知汇集了所有的理义，集中了所有善，因而良知是肥沃的土壤，营养丰富，从而滋补"心"的不足，从根基上对"心"进行养育。"心"得到良知的滋养，自然是善态盎然，自然是廓然大公，自然是天下至乐！王阳明说："夫日近儒臣，讲论道德，涵泳义理，以培养本原，开发志意。则耳目日以聪明，血气日以和畅，穷天地之化，尽万物之情，忧游泮涣，以与古先神圣为伍，此亦天下之至乐矣。"② 虽然，致良知是养育心态的根本药方，但由于问题心态的多样性、复杂性、神秘性，致良知并非铁板一块，致良知的根本特点之一，就是灵活性，主张根据环境条件推行良知治疗法。王阳明说："圣贤论学，多是随时就事，虽言若人殊，而要其工夫头脑若合符节。"③ 那么，如何有效地"致良知"呢？王阳明说："夫良医之治病，随其疾之虚实、强弱、寒热、内外，而斟酌加减。调理补泄之要，在去病而已。初无一定之方，不问证候之如何，而必使人人服之也。君子养心之学，亦何以异于是！元道自量其受病之深浅，气血之强弱，自可如其所云者而斟酌为之，亦自无伤。且专欲绝世故，屏思虑，偏于虚静，则恐既已养成空寂之性，虽欲勿流于空寂，不可得矣。大抵治病虽无一定之方，而以去病为主，则是一定之法。若但知随病用药，而不知因药发病，其失一而已矣。"④ 也就是说，以良知养心，必须根据消极心态的实际状况开方子，由于每个人的心病深浅不一、强弱不同，因而必须对症下药才能真正使心态得到养育。相反，如果绝世故、屏思虑，是无法治疗好消极心态的，反而会堕于空寂。因此，治疗消极心态虽然没有固定的方法，但目的都是将

---

① 《与毛古庵宪副》，《王阳明全集》上，第 243—244 页。
② 《自劾不职以明圣治事疏》，《王阳明全集》中，第 1119 页。
③ 《传习录中》，《王阳明全集》上，第 95 页。
④ 《与刘元道》，《王阳明全集》上，第 213 页。

生病的心态治好，这是共同的。王阳明认为不能只知道因病用药，还要知道因药引发病是更为麻烦的，也就是说，用错了药比随病用药更可怕。因此，绝世故、屏思虑，不仅不能治好有病之心态，而且有害于心态的正常运行。

总之，"致良知"对于问题心态的治疗，表现为能够全面地、准确地跟踪、把握心态运行状况，表现为全面地、彻底地清除心中的污垢，表现为从根本上养育心态，从而使之平和、至善。由于良知是善体与觉知的结合，是心态结构中善的核心板块，这种具有明察精觉的良知，如果能够时时处处保持它的光明，那么心体之善必能得到保护，心体之善被遮蔽也能揭开，因此，王阳明是基于对良知属性、功能的觉悟，才主张以"致良知"治疗问题心态。换言之，王阳明的主张是建立在"人文的客观性"基础上的。

结　语

总之，王阳明对于心态问题的思考不仅系统，而且深入，涉及诸多心理学问题，表现出了较高的水准。作为儒学史的一个新阶段，作为儒学发展新形态，蕴含了丰富且深刻的启示。

一、儒学解决问题的心态向度

本书的研究表明，儒学之于心理、心态问题的关注从未停止，对于心态类型、心态特点、心态结构、心态性质、心态功能、心态治疗方法等，展开了持续的、深入的探讨，而且提出了许多真知灼见。王阳明继承了儒学这一传统，明确标举圣人之学即是"心学"，他说："圣人之学，心学也。尧、舜、禹之相授受曰：'人心惟危，道心惟微，惟精惟一，允执厥中。'此心学之源也。中也者，道心之谓也；道心精一之谓仁，所谓中也。孔孟之学，惟务求仁，盖精一之传也。"[①] 虽然王阳明将"心学"视为儒家正统，但圣人之学即"心学"的标举，也意味着圣人之学的问题可由"心学"向度去思考、去解决，而"心学"的向度内含了心理、心态的向度。

1. 成圣必须心态纯洁。成圣问题是儒学的根本问题之一。在传统儒学中，成圣需要烦琐的工夫和多种指标，未经长期的工夫修炼，未能满足必要条件，都不可能成圣。那么，王阳明是怎样看待成圣的呢？他说："圣人之所以为圣，只是其心纯乎天理，而无人欲之杂。……所以为圣者，在纯乎天理而不在才力也。故虽凡人而

---

① 《象山文集序》，《王阳明全集》上，第 273 页。

肯为学，使此心纯乎天理，则亦可为圣人犹一两之金比之万镒，分两虽悬绝，而其到足色处可以无愧。故曰'人皆可以为尧、舜'者以此。学者学圣人，不过是去人欲而存天理耳，犹炼金而求其足色。"① 就是说，一个人成为圣人的唯一条件，就是"其心纯乎天理而无人欲之杂"。因此，一个人成圣与否不在他的才华和能力，而在"其心是否纯乎天理"，也就是看他的"心"是否纯是天理而无人欲杂乎其中。而做到"心纯乎天理"的工夫是："欲此心之纯乎天理而无人欲，则必去人欲而存天理。务去人欲而存天理，则必求所以去人欲而存天理之方。求所以去人欲而存天理之方，则必正诸先觉，考诸古训，而凡所谓学问之功者，然后可得而讲，而亦有所不容已矣。"② 所谓"先觉古训"，不过是"惟先觉之为听"，不过是"'五经''四书'之为学"，而"先觉古训"包含了许多工夫，王阳明说："学是学去人欲，存天理。从事于去人欲存天理，则自正。诸先觉考诸古训，自下许多问辨、思索、存省、克治工夫，然不过欲去此心之人欲，存吾心之天理耳。"③ 但不管工夫有多少，最后都归结到"立志"，王阳明说："故凡一毫私欲之萌，只责此志不立，即私欲便退；听一毫客气之动，只责此志不立，即客气便消除。"④ 既然成圣就是使"心纯乎天理而无人欲之杂"，既然做到"心纯乎天理而无人欲之杂"，在于"立志"，而"立志"是坚定地、专一地显发"心"之善体即良知，即可去私欲，"志"是"心"之所之，因而在王阳明这里，成圣问题被视为"纯洁心态"的问题，他说："只在汝心。循理便是善，动气便是恶。"⑤ 即"心"以天理为"志"，以致良知为志，便可去私欲，便可成圣。

2. **立功必须心态美善**。成就事功是儒家追求的理想，但对事功的判断，不是事功的大小显赫，而是心态是否纯正。王阳明说："只为世人分心与理为二，故便有许多病痛。如五伯攘夷狄，尊周室，都是一个私心，使不当理，人却说他做得当理，只心有未纯，往往悦慕其所为，要来外面做得好看，却与心全不相干。分心与理为二，其流至于伯道之伪而不自知。故我说个心即理，要使知心理是一个，便来

---

① 《传习录上》，《王阳明全集》上，第31—32页。
② 《示弟立志说》，《王阳明全集》上，第289页。
③ 《传习录上》，《王阳明全集》上，第36页。
④ 《示弟立志说》，《王阳明全集》上，第289页。
⑤ 《传习录上》，《王阳明全集》上，第34页。

心上做工夫，不去袭义于外，便是王道之真。此我立言宗旨。"① "五伯"指春秋时期的齐桓公、晋文公、宋襄公、楚庄公、秦穆公五个霸主。春秋时代，周天子的地位已日趋衰微，但名义上仍然是诸侯的共主。"五伯"等大国为了争取诸侯的领导权，在周天子主持会盟期间，都以"尊王室""攘夷狄"相号召，但实际上各怀鬼胎。因而在王阳明看来，"五伯"的事功都是出于私心，出于私心的事功也就是"不当理"，"不当理"的事功，不管多么显赫，不管多么惊人，都是需要批判和否定的。这就是说，事功的肯定与否定，必须是"心"无私，既然事功的肯定与否定取决于"心"是否"当理"，因而保证"心纯乎理"是前提基础，而保证"心纯乎理"，自然也只有依靠"心"自我调适，因此可以说，王阳明是将事功的褒贬毁誉归于心态性质之状况。

3. 天人一体必须心态和谐。协调人与自然关系，是儒家又一基本课题。孟子的"万物皆备于我"，《周易》的"明天道察民故"，荀子的"天人相分"，等等，都是关于处理天人关系的主张。《周易》、荀子都偏向天人相分，孟子更注重天人合一。那么，王阳明处理天人关系的主张是怎样的呢？可以说，王阳明完全继承了孟子的思路，并发扬光大。在王阳明看来，"心"外无物、无事、无理，因此，人与自然关系的解决可以归于"心"。人与自然关系本来就是一个有机的生命体，所以认识不到或否认人与自然之一体关系，在于"心有私"。王阳明说："及其动于欲，蔽于私，而利害相攻，忿怒相激，则将戕物圮类，无所不为，其甚至有骨肉相残者，而一体之仁亡矣。是故苟无私欲之蔽，则虽小人之心，而其一体之仁犹大人也；一有私欲之蔽，则虽大人之心，而其分隔隘陋犹小人矣。故夫为大人之学者，亦惟去其私欲之蔽，以明其明德，复其天地万物一体之本然而已耳。"② 既然是因为"心有私"，才产生隔阂，人与万物一体的认知便消失，因而必须解决"心有私"的问题。而解决"心有私"就是去除"心"之私。那么，如何去除"心"之私呢？王阳明认为必须诉诸"至诚"工夫："圣人亦只是至诚无息而已，其工夫只是时习。时习之要，只是谨独。谨独即是致良知。"③ 所谓"至诚无息"，便是"时习"，而"时习"，便是"谨独"，"谨独"就是"慎独"，就是独处时谨慎不苟。即一个人独处时，小

---

① 《传习录下》，《王阳明全集》上，第137—138页。
② 《大学问》，《王阳明全集》中，第1066页。
③ 《与黄勉之二》，《王阳明全集》上，第217页。

心谨慎，随时戒备，自觉控制自己的欲望，无须他人监督。王阳明说："戒慎不睹，恐惧不闻，是心不可无也。有所恐惧，有所忧患，是私心不可有也。尧舜之兢兢业业，文王之小心翼翼，皆敬畏之谓也，皆出乎其心体之自然也。出乎心体，非有所为而为之者，自然之谓也。"①既然做到"戒慎恐惧"，不能离于"心"，既然尧、舜、文王之敬畏戒慎不睹、恐惧不闻，是出乎心体之自然，因此说，去除"心"之私，仍然仰仗"心"本身。王阳明说："夫苟有必为圣人之志，然后能加为己谨独之功。能加为己谨独之功，然后于天理人欲之辨日精日密，而于古人论学之得失，孰为支离，孰为空寂，孰为似是而非，孰为似诚而伪，不待辩说而自明。何者？其心必欲实有诸己也。必欲实有诸己，则殊途而同归，其非且伪者，自不得而强入。"②只要"心"做好自己，"必实有诸己"，便可彻底去"私"。既然去私必须借助"慎独"，而慎独必须是"心"的自我觉悟，去"私"便能做到人与万物为一体，那当然可以说，王阳明将人与自然关系的处理归结于心态问题了。

4. 名色之益害在于一心。儒家并不一般地反对声色功名利禄，但对声色功名利禄持警惕之心，认为人如果处理不好与声色功名利禄的关系，就必然对人的生命产生消极影响，因而儒家提出了诸多抑制、克服声色功名利禄影响的方法与措施。如孔子说"不义而富且贵，于我如浮云"，孟子说"富贵不能淫，贫贱不能移，威武不能屈"，周敦颐说"惩忿窒欲、迁善改过而后至"，朱熹说"不以一毫私利自蔽，不以一毫私欲自累"，等等。王阳明也继承了儒家警惕、去除声色功名利禄的优良传统，对处理声色功名利禄的影响提出了自己的解决方式。他说："虽未相着，然平日好色、好利、好名之心，原未尝无；既未尝无，即谓之有；既谓之有，则亦不可谓无偏倚。……须是平日好色、好利、好名等项一应私心，扫除荡涤，无复纤毫留滞，而此心全体廓然，纯是天理，方可谓之喜怒哀乐'未发之中'，方是天下之'大本'。"③所谓好色、好利、好名之心，就是"心"有了"偏倚"，因而要扶正"心"之偏倚，必须去私心，扫除荡涤，不存纤毫留滞，使心全体廓然。但是，如何去私心呢？必须使"此心纯乎天理"，王阳明说："必欲此心纯乎天理，而无一毫人欲之私，非防于未萌之先，而克于方萌之际不能也。防于未萌之先，而克于方

---

① 《答舒国用》，《王阳明全集》上，第212—213页。
② 《书汪进之卷》，《王阳明全集》中，第1127页。
③ 《传习录上》，《王阳明全集》上，第27页。

萌之际，此正《中庸》'戒慎恐惧'、《大学》'致知格物'之功，舍此之外，无别功矣。"①而要做到使"此心纯乎天理"，必须"防于未萌之先，而克于方萌之际"，而要做到"防于未萌之先，而克于方萌之际"，又必须具备戒慎恐惧、致知格物的工夫。而"戒慎恐惧"就是："戒惧亦是念。戒惧之念，无时可息。若戒惧之心稍有不存，不是昏聩，便已流入恶念。"②所谓"戒慎恐惧"就是一个"念"字，这个戒惧之念稍有不存，不昏聩便流入恶，那如何"存"？就是时时刻刻保持戒惧之心。既然要时时刻刻保持戒惧之心，唯有"心"去执行，否则就是"槁木死灰"。所谓"致知格物"则是："致知者，意诚之本也；……如意在于为善，便就这件事上去为；意在于去恶，便就这件事上去不为。去恶固是格不正以归于正，为善则不善正了，亦是格不正以归于正也。如此，则吾心良知无私欲蔽了，得以致其极，而意之所发，好善、去恶，无有不诚矣。"③即是说，格物致知是"诚意"的根本，但"致知"必须体现在实际的事为上，也就是根据"意"判断去恶为善。基于"意"判断去恶为善，就是"格其不正以归于正"，就是去心中之恶、存心中之善。而"意"乃"心之所发"，因而"意"之所为皆是"心"之所为，所以"诚意"便是"正心"，非"心"谁能"诚意"？所以"格物致知"亦是"心"之所为。质言之，"戒慎恐惧""致知格物"归根到底皆是"心"的工夫。至于富贵贫贱荣辱忧戚，王阳明视为"求得心快乐之地"："惟夫求以自快吾心，故凡富贵贫贱、忧戚患难之来，莫非吾所以致知求快之地。苟富贵贫贱、忧戚患难而莫非吾致知求快之地，则亦宁有所谓富贵贫贱、忧戚患难者足以动其中哉？"④所谓"快其心"，就是从心态上淡化富贵贫贱，就是从心态上超越忧戚患难。概言之，王阳明处理声色功名利禄问题，也是归于"心"的问题，若心态健康，声色功名利禄自不可伤害也。

5."六经"乃"心"之记籍。儒家以经典为本，经典是儒家立说的基础，所谓"儒家者流，……游文于六经之中"（《汉书·艺文志》），所谓"道在六经，何可它求"，朱熹说："经既通，自无事于解。借经以通乎理耳。理得，则无俟乎经。"⑤与朱熹同时代的陆九渊提出"六经皆我注脚"的主张，认为"六经"是"明心"的工

---

① 《传习录中》，《王阳明全集》上，第74—75页。
② 《传习录上》，《王阳明全集》上，第40页。
③ 《传习录下》，《王阳明全集》上，第136页。
④ 《题梦槎奇游诗卷》，《王阳明全集》中，第1018页。
⑤ 《朱子语类》卷十一，《朱子全书》第十四册，第350页。

具。王阳明继承了陆九渊的主张,认为经典的功能和任务是"明心""正心",因而"六经"不过是记载"心"的文献。他说:"《易》也者,志吾心之阴阳消息者也;《书》也者,志吾心之纪纲政事者也;《诗》也者,志吾心之歌咏性情者也;《礼》也者,志吾心之条理节文者也;《乐》也者,志吾心之欣喜和平者也;《春秋》也者,志吾心之诚伪邪正者也。"[1]既然,"六经"所作在明心体,因而"六经"只是记载"心"的书而已,因而"六经"之内容无不在"心"中。王阳明说:"故'六经'者,吾心之记籍也;而'六经'之实则具于吾心,犹之产业库藏之实积,种种色色,具存于其家。其记籍者,特名状数目而已。"[2]因此,"六经"不过明"心体":"盖'四书''五经'不过说这心体,这心体即所谓道。"[3]不过是"正人心":"圣人述'六经',只是要正人心。只是要存天理,去人欲。"[4]因此,"六经"所记载者只能是"道心"。这样,基于"心即理"之思路,"六经"被定性为"心之记籍"。那么,对于"心之记籍"怎样解释?"心即理"即"心外无理",因而显然不能到"心"外求"理",而应反身向内,如此便确定了解释的方向。王阳明说:"须于心体上用功。凡明不得,行不去,须反在自心上体当即可通。"[5]可见,王阳明虽然并不否认"心即道",但显然更倾向于将"四书""五经"视为"本心"的记籍,而且强调从"心体"上用功,以通晓经典,换言之,"四书""五经"的性质是记载"心体"的文本,因而可以"心体"贯通"四书""五经",而"四书""五经"本来并无独立的价值,所谓"万理由来吾具足,'六经'原只是阶梯"[6]。其价值皆由"心"之性质所决定。因此说,王阳明也将经典的性质、功能归于心态问题。

解决问题归于心态问题之特点,也可以从王阳明在与同志交往、社会治理、剿匪平叛中应用心理方法的实践表现出来。比如,王阳明与学生或朋友交往中,在与各色人交往中,基本上都保持平和心态,甚至是友善心态,尽可能鼓励且让对方喜悦,从而乐于接受自己的主张和观点,这与王阳明注重对心理心态的把握是密切关联的。他说:"前辈之于后进,无不欲其入于善,则其规切砥励之间,亦容有直情

---

[1] 《稽山书院尊经阁记》,《王阳明全集》上,第284页。
[2] 《稽山书院尊经阁记》,《王阳明全集》上,第284页。
[3] 《传习录上》,《王阳明全集》上,第17页。
[4] 《传习录上》,《王阳明全集》上,第10页。
[5] 《传习录上》,《王阳明全集》上,第17页。
[6] 《林汝桓以二诗寄次韵为别》,《王阳明全集》中,第866页。

过当者，却恐后学未易承当得起。既不我德，反以我为仇者，有矣，往往无益而有损。故莫若且就其力量之所可及者诱掖奖劝之。"①认为人更愿意接受悦心的话，因而应该基于这种心态就着人的优点鼓励之。比如，王阳明谈及与蔡宗兖、朱节、徐爱三人的交往，首先言结交师友的重要，对自己有帮助，继而言三位师友的优秀，正是自己不足，再言自己与三位是相得益彰的关系。三位皆是学生辈，王阳明如此平易近人且嘉许满满，自然会巩固他们的师友关系。再如，王阳明认为儿童教育必须注重心态规律："大抵童子之情，乐嬉游而惮拘检，如草木之始萌芽，舒畅之则条达，摧挠之则衰痿。今教童子，必使其趋向鼓舞，中心喜悦，则其进自不能已。譬之时雨春风，沾被卉木，莫不萌动发越，自然日长月化。……凡此皆所以顺导其志意，调理其性情，潜消其鄙吝，默化其粗顽，日使之渐于礼义而不苦其难，入于中和而不知其故，是盖先王立教之微意也。"②儿童心理就是"乐嬉游而惮拘检"，所以必须根据儿童的心理心态进行教育，才能使之健康成长。再如，在社会治理中，王阳明制定的许多规章制度，都含有丰富的心理学思想。在《告谕新民》中，王阳明提醒民众，没有为善而不蒙福，没有为恶而不遭殃，我王阳明只是为了大家的幸福而工作，希望大家安居乐业，但本人才疏学浅，还望大家理解、照顾。王阳明的说法很接地气，容易与民众产生共鸣，容易感染人，从而得到大家的拥护。在与贼匪打交道中，其心理智慧表现得更为鲜明、更为卓越。儒家对于叛乱或扰乱社会的行为，是反对的，孔子反对"犯上作乱"。王阳明当然也是反对的，王阳明应用心理方法处理乱匪问题。在《绥柔流贼》中，王阳明一方面向山贼保证，如果投降迁善，他决不追究既往之恶，而且分给粮食，安排工作。山贼害怕被追究既往的罪行，顾虑投降后的生计，这是正常的心理负担，如今如释重负，并充满期待。可见，王阳明对于贼匪的劝降，也是非常注重从心理、心态上做工作的，表现了高超的心理艺术。

在王阳明这里，儒学问题都被归于心学问题，儒学问题的解决都被归于心理心态问题的解决，他说："只在汝心。循理便是善，动气便是恶。"③王阳明之所以对心态的特点与多样性展开探讨，是希望对心态问题有全面、准确的把握；对心态的

---

① 《与杨仕鸣二》，《王阳明全集》上，第208页。
② 《传习录中》，《王阳明全集》上，第99—100页。
③ 《传习录上》，《王阳明全集》上，第34页。

危害进行揭示与认知,是希望对心态问题有严肃的态度和自觉意识;分析心态发生的原因,为治疗心态问题寻找治疗方法,则是将心态问题的解决落实于具体的实践中。在王阳明看来,心态问题处理好了,其他问题便迎刃而解,因而他鼓励人们充分发挥自己的"心力":"各人尽着自己力量精神,只在此心纯天理上用功,即人人自有,个个圆成,便能大以成大,小以成小。不假外慕,无不具足。"[①]因而可以认为,王阳明心学是儒学问题的心理化、心态化,将问题心理化、心态化处理,这是一种新的尝试,具有重要的思想史意义。但显然,把问题仅仅归于心理、心态问题是不够的,因而,在探讨问题心理化、心态化解决的同时,王阳明也相应地提出了其他相关的处理方式或方法。

二、儒学新形态——心学心态学

虽然先秦儒家并没有系统地思考"心态"问题,更没有提出关于"心态"的学说,但孔子、孟子、荀子都程度不同地涉及"心态"问题,比如,孔子说:"众恶之,必察焉;众好之,必察焉。"(《论语·卫灵公》)对于人们的喜好厌恶之心必须有准确的了解和把握。《大学》云:"所谓修身在正其心者,身有所忿懥,则不得其正,有所恐惧,则不得其正,有所好乐,则不得其正,有所忧患,则不得其正。"(《大学》第八章)"心态"决定人的行为,因而端正"心态"具有根本意义。孟子说:"存乎人者,莫良于眸子。眸子不能掩其恶。胸中正,则眸子瞭焉;胸中不正,则眸子眊焉。听其言也,观其眸子,人焉廋哉?"(《孟子·离娄上》)眼睛是心灵的窗户,观察和把握一个人的心态,可通过观察他的眼睛实现。总之,心正则身正,心斜则身歪,因而必须正心。正如本书所展示的,在儒学史上,对"心"的性质、"心"的特点、"心"的功能、"心"的结构等都有过一定程度的讨论,并提出了一系列独特且深刻的观点。所以,"心态"问题的确是儒家关注的重大课题之一。虽然儒家从来没有停止对"心"的关注和讨论,而且提出过一系列颇有启发、颇具价值的观点,但并没有全面、深入、集中地展开对心态问题的思考,进而形成系统

---

① 《传习录上》,《王阳明全集》上,第35—36页。

的理论或学说。庆幸的是，这个工作在王阳明这里得到了落实。如本书研究所示，王阳明基于自身生命体验，自觉或不自觉地对心态问题做了非常系统、细致、深入的思考，并形成了一系列独特的观点，从而表现出一种新形态——心态儒学。

1. **对诸心理、心态现象展开了分析、研究**。本书研究表明，王阳明关于心理、心态的思考，涉及面极广，诸如心理动机、心理过程、心理状态、心理需要、心理暗示、心理环境等，分析了心理动机的复杂性与多样性，描述了心理过程的曲折性，揭示了心理状态的丰富性，考察了心理需要的多重性，认识到心理环境的作用和意义，运用心理暗示方法去解决复杂的心态问题。王阳明说："静上用功固好，但终自有弊。人心自是不息。虽在睡梦，此心亦是流动。如天地之化，本无一息之停。然其化生万物，各得其所，却亦自静也。此心虽是流行不息，然其一循天理，却亦自静也。若专在静上用功，恐有喜静恶动之弊。"① 王阳明这些方面的思考，即便以现代心理学观之，也表明其对心理、心态现象的认识已达到较高水准。

2. **对心态结构进行了较广泛的探讨和深入的研究**。王阳明将"心"分为"知""意""情""志"四个层次，认为"知""意""情""志"皆出于"心"，是"心"的表现形式。"知"既有认知向度，又有道德向度，作为认知向度，是"心"的认识性能，作为道德向度，是"心"之善体，分别与"心"保持着密切而多向度的关联。"意"是"心"发出的观念形式，微妙难测，可能表现出善恶性质，所以"心"必须予以监视、引导，也就是说，心态健康可以归为对"意"的管理与纯洁，即所谓"诚意"。"情"也是"心"的表现形式，主要是心理活动的表现，所谓喜、怒、哀、乐、欲等，是"心"的情感表现，感性而直观，比较容易认识和把握，从而为健康心态的培养提供心理状况的参考。"志"是"心"之坚定、勇毅、专一品质，所以是一种精神形式，"志"可以左右"心"的方向，可以使"心"保持刚正、光明、专注、向上，当然，"志"之品质的实行，还是需要"心"来把控。在王阳明关于"心"之结构的论述中，"知""意""情""志"被视为基本要素，"知"代表"心"的认知向度，"意"代表"心"的意识向度，"情"代表"心"的情感向度，"志"代表"心"的精神向度，四者从不同方面展示"心"之活动状况，而又总揽于"心"。王阳明说："心也者，吾所得于天地之理也，无间于天人，无分于古

---

① 《传习录拾遗》，《王阳明全集》下，第1294页。

今。苟尽吾心以求焉，则不中不远矣。"① 只有"尽吾心以求"，与"天理"的距离即便不能完全同一，也不会偏离太远。

3. 对心态性质展开了独特的论述和分析。本书研究表明，王阳明继承了前人关于心态性质的讨论，并做了较大程度的推进。诚如本书所述，自《尚书》"人心""道心"之说后，这种关于"心"性质结构的观念便一直流行于儒家思想史中。《管子》、荀子、董仲舒、韩愈、二程、张载、朱子等，无不继承了"心"为人心、道心的说法，但都强调是"一心"。这就是说，人心、道心不是单独存在的"心"，而是"心"之两种形式。按照《尚书》的论述，"人心惟危，道心惟微"，即言"人心"隐含着走向恶的倾向，是一种可能性，并非现实的恶。《管子》云："心以藏心，心之中又有心焉。"（《管子·内业》）即明确指出"心"有二层结构，荀子则认为，所有人的感性、理性活动，皆为"心"所使。他说："欲不及而动过之，心使之也。"（《荀子·正名》）就是说，人的言行举止，皆由"心"主宰。朱熹说："人只有两般心：一个是是底心，一个是不是底心。只是才知得这是个不是底心，只这知得不是底心底心，便是是底心。便将这知得不是底心去治那不是底心。知得不是底心便是主，那不是底心便是客。便将这个做主去治那个客，便常守定这个知得不是底心做主，莫要放失，更那别讨个心来唤做是底心！"② 所谓"以'是底心'治'不是底心'"，就是明确认为"心"中含有"是底心和不是底心"，而且一个是主，一个是次。概言之，王阳明以前，关于"心"内含着两种性质不同的"心"，以及"以道心治人心"观念已为多数儒者所认同并发展。本书的讨论表明，王阳明继承了前人的基本主张，并做了很大的推进。王阳明认为，"心"可分为两个面向：一是纯于"理"即为心之本体，即所谓道心，此"心"是无善无恶的天、渊，因而"心"所发出的"意"必为"善"；二是纯于"气"即为人心，此心可善可恶、可是可非。就"意"而言，是"心"与"物"接触者，其善恶是非的产生须与"物"接触，但是非善恶与"物"无关。由于"良知"是"心"之本体，因而对由其发出的"意"有完全的掌控，所谓"知是意之本体"，即"良知"是"心"监督"意"的裁判。可见，王阳明不仅将"心态"视为一种由"心""良知""意"等要素构成的心理结构，而且将"心态"视为一种动态的心理活动，既有对"心态"发生、展开、变化

---

① 《答徐成之二》，《王阳明全集》中，第891页。
② 《朱子语类》卷十七，《朱子全书》第十四册，第577页。

和结束的描述，也有对不同性质"心态"的互动与矛盾的分析。

4. 对心态问题发生的原因、心态的类型、心态的特点、心态的危害、心态疗法等，展开了广泛且深入的讨论。 王阳明对于心态问题的讨论，不仅对心理现象展开了分析，对心理结构进行了深入的探讨，而且对心态发生的原因、心态的类型、心态的特点、问题心态的危害、心态的治疗方法等展开了全面、深入的讨论，尤为值得关注的是，王阳明在他治理、教学、平叛的实践中广泛地应用了心理学方法，基于对心态的分析，提出了解决方案。王阳明认为，心态现象的发生原因至少有三个方面：一是利欲，人们为了私欲私利而萌发好胜、骄傲、妒忌、放荡等心态，为了公义而萌发平和、友善、健康、积极的心态；二是心理因素，是指人们心态问题的出现，是纯粹的心理原因，比如喜怒哀乐等，并非利欲或认识水平问题，偏颇心态、闭塞心态、抑郁心态等，都是可能导致心态出现问题的心理原因；三是认识方面，就是指由于知识结构、认知能力的限制，从而产生消极心态，比如，狂妄自大心态、自我保守心态、不思进取心态、怀疑心态等，都与主体自身的素质有关。王阳明认为，心态类型是丰富多彩的，最为简单的是消极心态和积极心态，而消极心态可分为不同类型，积极心态也可分为不同类型，还有从心态发生原因区分的认知心态、情感心态、利欲心态。心态类型的划分，对于培育健康心态、化解消极心态具有积极意义。王阳明认为，心态具有微妙性、变易性、一体性等特点，微妙性是指心态运行的不可测性，变易性是指心态形式与性质的变动不居，一体性是心态结构的模式，这些特点的揭示为全面认识心态本貌、从而为处理心态问题提供了参考。王阳明对于问题心态的危害也进行了深入的分析，认为负面心态对于人的言行、聪明、事业，以及人际关系、学术进步、伦理道德等，都会产生消极影响，躁动之心引发言行错乱，妒忌之心蒙蔽人的聪明，放荡之心影响事业成功，唯利是求之心导致争端，好胜之心引发学术不公，骄傲之心导致伦理道德的破坏。尤为难能可贵的是，王阳明提出了一系列行之有效的治疗消极心态的方法，如诚意治疗法、立志治疗法、言善治疗法、致知治疗法等。诚意治疗法，强调从意念入手治疗心态问题，立志治疗法强调树立健康志向对消极心态治疗的意义，言善治疗法主张通过传递善给对方从而改善对方的心态，致知治疗法则要求通过良知的觉悟、监督和融释以实现对消极心态的治疗。致知治疗法是诚意疗法、立志疗法、言善疗法的综合与核心，诚意必须以良知为标准、立志必须以良知为志向、言善所言之善是良知，也就是说，对王阳明而言，"致良知"是治疗问题心态最为根本的方法，最为核心的方法，若无致良知，其他治疗方法都毫无成效。所以王阳明将"致良知治心态"之法视为圣人之学的正法眼藏，是名副其实的："但知得轻傲处，便是良知；致此良知，除却轻傲，便是格物。致知二字，是千古圣学之秘，向在虔时终日论此，同志中尚多有未彻。近于古本序中改数语，颇发此意，然见者往往亦不能察。今寄一纸，幸熟味！此是孔门正法眼藏，从前儒者多不曾悟到，故其说卒入于支离。"[①]的确，认得良知，信得良知，哪有什么声色利欲，哪有什么荣华富贵，哪有什么生老病死？而是"心怀之而超越之"。总之，王阳明关于"心态"问题的思考及其形成的学说，的确具有令人惊讶的觉悟和认知，亦是令人惊叹的心理学成就，不仅形成了宏观的理论架构，而且提出了微观的智慧思考，从而成为具有独特义理系统且自洽的心态理论体系，成为儒学史上一个新的学说形态——"心学心态学"。

三、王阳明心态思想的多重意义

王阳明心态思想的发掘与研究，从学术上言，不仅表明儒学问题在这里得已由一个新的向度展开，而且形成了一种新的儒学形态；从实践上言，王阳明心态思想与观念对于认识、处理心态问题具有丰富的、深刻的启示意义。

1. 心态问题是严肃的社会问题。心态的微妙性、复杂性意味着心态问题难以认识和把握，从而给个人和社会带来困扰；心态的多样性意味着人们的心态难以统一，从而给个人和社会带来冲突；而当负面心态表现得既复杂又多样的时候，则意味着必然给个体和社会带来严重危害。因此，必须致力于心态问题的分析和研究，寻找心态问题萌发的原因，特别是负面心态发生的原因，准确判断、把握心态的变化与特点；必须区分、包容不同的心态，根据心态问题具体的情形制定相应的方案；必须认清负面心态危害的严重性，从而断然采取有效措施绝灭之，不能因为负面心态属于"意识"而轻忽之。不容乐观的是，王阳明所言心态的复杂性、多样性、危害性仍然普遍存在于我们的生活中，诸如贪婪心态、躺平心态、妒忌心态、

---

① 《寄薛尚谦》，《王阳明全集》上，第222—223页。

厌世心态、从众心态、仇富心态、损人心态、逆反心态、冷漠心态等,都在消极地影响着每个人的生活,影响着社会的发展,因而王阳明关于心态复杂性、多样性和危害性的判断,显示出极强的警醒意义。只有消灭了负面的、消极的、阴暗的心态,才会出现正面的、积极的、阳光的心态,我们当然希望社会充满正面的、积极的、阳光的心态,因为这种心态能为我们带来愉悦的生活、高效的工作和健康的发展。因此,对于心态问题务必严肃认真,不能有苟容曲从之心。

2. 消极心态的化解需要综合方法。王阳明心态思想的另一个重要启示,就是提出了诚意、立志、言善、致良知等四种治疗负面心态的方法,每种方法各有其特殊性,诚意是通过"纯洁意念"的方式,立志是通过"树立志向"的方式,言善是通过"语言传善"的方式,致良知是通过"使心良知化"的方式,从而由不同角度对负面心态实行诊治和化解。与此同时,这些方式都是与"心"贯通而契合"心"的,因为诚意是以"理义"纯化意念、立志是以"理义"为志、言善是以"理义"为善、致良知是以"理义"为良知,因而"理义悦吾心"即谓"心"好诚意、好志向、好善言、好良知,从而意味着这些方式因为与"心"相契而切实有效。因此,就心态问题复杂性而言,其发生的原因具有综合性,所以必须针对综合性因素寻找方案;心态问题的微妙性、复杂性,也需要多管齐下,而非以单一方式解决;王阳明提出的多种治疗方式,诸如诚意、立志、言善、致良知,都有其特殊的价值。因此,消极心态问题的化解,是一个需要综合多种方法共同处理的课题。这就提醒我们,如果要化解当今中国社会中的负面心态,一是务必使化解方式与心态问题相契,不能将心态问题模糊化而胡乱应对,二是务必采用多种方式以对心态问题展开综合诊治,不能将心态问题单一化而草率处理。

3. 消极心态的化解必须体现良知的双重内涵。王阳明虽然提出了多种治疗负面心态的方式,但最终归为"致良知"。然而谁"致良知"?王阳明说:"人心是天、渊。心之本体无所不该,原是一个天,只为私欲障碍,则天之本体失了。心之理无穷尽,原是一个渊,只为私欲窒塞,则渊之本体失了。如今念念致良知,将此障碍窒塞一齐去尽,则本体已复,便是天、渊了。"① 就是说,心之本体本就广袤无垠、廓然无碍,但因私欲窒塞而生隔阂,因而必须去除私欲,而去除私欲必须"念念致

---

① 《传习录下》,《王阳明全集》上,第109页。

良知",谁念念致良知?当然只有"心",王阳明说:"是故君子之学,惟求得其心。虽至于位天地,育万物,未有出于吾心之外也。"① 万事不在"心"外,因而"心"如果缺席,便无以"致良知",当然也不能去除私欲,从而不能化解负面心态。这就是"以心治心"。所谓"以心治心",就是持续地、坚定地、专一地、艺术地宣讲"致良知",实现以心通心、以心感心、以心纯心、以心善心,使"良知"深植心田而重新成为"心之本体",从而在精神上完成对负面心态的化解。但光有这些精神食粮似乎是不够的,物质上的滋养,对于心态问题的解决也具有至关重要的作用,王阳明的"良知"是"体",其"用"为"亲民",他说:"明明德者,立其天地万物一体之体也。亲民者,达其天地万物一体之用也。故明明德必在于亲民,而亲民乃所以明其明德也。"② 这就意味着,王阳明"以心治心"化解负面心态的方式内具了另一个向度,即发展经济、增长物质财富、实现社会稳定的向度。他说:"臣惟财者民之心也,财散则民聚;民者邦之本也,本固则邦宁。故文帝以赐租致富乐之效,太宗以裕民成给足之风。"③ 就是说,经济的发展、财富的增长、生活的富裕也是化解负面心态、培育健康心态的良方。因此,负面心态的化解,必须精神和物质双管齐下,才能获得理想效果,也才能建立和培育起平和、阳光、向上的心态。这是王阳明心学在解决心态问题上的内在逻辑。

4. 阳明心学处理心态问题之特点。诚如上述,王阳明对于负面心态极为关注,提出了独特且有成效的治疗方法。那么,王阳明处理心态问题具有怎样的特点呢?其一,心态的"体用"结构。在王阳明看来,心态是"体"与"用"的结合,其"体"是良知、是天理、是本心,其"用"是发用、是表现、是运行,"心"之用可善可恶,因而在心态上表现为"负心态"或"正心态"。他说:"良知是天理之昭明灵觉处,故良知即是天理。思是良知之发用,若是良知发用之思,则所思莫非天理矣。良知发用之思,自然明白简易,良知亦自能知得。若是私意安排之思,自是纷纭劳扰,良知亦自会分别得。盖思之是非邪正,良知无有不自知者。"④ 因此治疗问题心态,实际上是对"用"的治疗,王阳明说:"盖心之本体本无不正,自其

---

① 《紫阳书院集序》,《王阳明全集》上,第267页。
② 《大学问》,《王阳明全集》中,第1067页。
③ 《计处地方疏》,《王阳明全集》上,第476页。
④ 《传习录中》,《王阳明全集》上,第81页。

意念发动而后有不正。故欲正其心者，必就其意念之所发而正之，凡其发一念而善也，好之真如好好色；发一念而恶也，恶之真如恶恶臭；则意无不诚，而心可正矣。"①其二，一多并举而归于本。基于"心"之用亦即心态形式的多样性，王阳明根据人的心理特点，提出了不同的且行之有效的治疗问题心态的方式，所谓诚意、立志、言善、致良知等，但诚意必须是以良知去纯化意念，立志必须是以天理或良知为志，言善必须是言天理或良知之善，致良知必须是以良知检测意之善恶。因此，保持积极健康心态与化解消极邪恶心态，都必须以致良知为根本。王阳明说："天理原自寂然不动，原自感而遂通，学者用功，虽千思万虑，只是要复他本来体用而已。"②这就是一多并举而归于本，此"本"便是良知。其三，"心"的自我调适。"良知"是心之体，"良知"可以清晰地察知心态之状况，可以严密地管控心态之骄恣，可以全面地照射心态之阴暗，可以真诚地荡涤心态之污垢，可以彻底地融化心态之抑郁，可以宽缓地平和心态之躁动，可以悉心地培植心态之本体，如此，人之心态所以能"遁世无闷，不见是而无闷"，不为声色所诱，不为名利所累，超越一切而廓然无碍、物来顺应，是"致良知"使然，所谓"以心治心"。王阳明说："心之本体那有不善？如今要正心，本体上何处用得功？必就心之发动处才可着力也。心之发动不能无不善，故须就此处着力，便是在诚意。"③"心"之自我调适，就是心之本体对心之发用的主宰和纠偏，王阳明说："至善者，心之本体。本体上才过当些子，便是恶了。不是有一个善，却又有一个恶来相对也。故善、恶只是一物。"④熊十力对此有准确的觉悟，他说："儒者言克己，若不反求天理之心，天理之心即是本心或本体。将仗谁去克得己来？……没有天理为主于中，凭谁去察识己私？凭谁去克？大本不立，而能克去己私巨敌，无是事也。船山平生极诋阳明，于此却归阳明而不自觉。阳明良知，即天理之心也，即先立大本也。"⑤因此，"心学心态学"处理问题心态所表现出的特点，便是基于"心"之体用结构、采用多种方式、以心之本体良知主宰、引导"心"之用，从而臻于廓然无碍之心境。

王阳明自信"吾心光明"，但他深知是不够的，因为还需致力于"他心光明"，

---

① 《大学问》，《王阳明全集》中，第1070页。
② 《传习录中》，《王阳明全集》上，第65—66页。
③ 《传习录下》，《王阳明全集》上，第135页。
④ 《传习录下》，《王阳明全集》上，第110页。
⑤ 《熊十力全集》第三卷，湖北教育出版社2001年版，第416页。

他说:"道之不明,几百年矣,赖天之灵,偶有所见,不自量力,冒非其任,诚不忍此学昧昧于世,苟可尽其心焉,虽轻身舍生,亦所不避,况于非笑诋毁,君子非独不之避,因人之非笑诋毁而益以自省自励焉,则固莫非进德之资也。"①王阳明认识到圣人之道的式微、良知的放逐所带来的严重危机,但他也很自信,因为他自任良知,对圣人之学表现出无所畏惧的担当精神,大道在心,毁誉荣辱无足挂齿。"今诚得豪杰同志之士扶持匡翼,共明良知之学于天下,使天下之人皆知自致其良知,以相安相养,去其自私自利之蔽,一洗谗、妒、胜、忿之习,以济于大同,则仆之狂病,固将脱然以愈,而终免于丧心之患矣,岂不快哉!"②王阳明是真正具有廓然大公心态之君子,而他关于心态问题的探索和思考,与其独特的人格魅力一样,于吾人又何尝不是"砥砺之地"呢?

---

① 《与聂双江先生书》,《王阳明全集补编》,第 230 页。
② 《传习录中》,《王阳明全集》上,第 92 页。

参考文献

吴光、钱明等编校:《王阳明全集》,上海古籍出版社2017年版。
束景南:《王阳明年谱长编》,上海古籍出版社2017年版。
束景南:《王阳明佚文辑考编年》,上海古籍出版社2015年版。
束景南等辑编:《王阳明全集补编》,上海古籍出版社2018年版。
陈荣捷:《王阳明〈传习录〉详注集评》,重庆出版社2017年版。
缪天绶选注,王延模校订:《明儒学案》,商务印书馆2022年版。
《元山文选》,收入沈乃文主编:《明别集丛刊》第一辑,第七十六册,黄山书社2013年版。
陈椰编校:《薛侃集》,上海古籍出版社2014年版。
吴震编校整理:《王畿集》,凤凰出版社2007年版。
张宏敏编校:《黄绾集》,上海古籍出版社2014年版。
董平编校整理:《邹守益集》,凤凰出版社2007年版。
吴可为编校整理:《聂豹集》,凤凰出版社2007年版。
钱明编校整理:《徐爱 钱德洪 董沄集》,凤凰出版社2007年版。
李似珍点校整理:《南大吉集》,西北大学出版社2014年版。
陈祝生等校点:《王心斋全集》,江苏教育出版社2001年版。
钱穆:《中国学术思想史论丛》卷七,安徽教育出版社2004年版。
唐文治著,虞万里导读,张靖伟整理:《唐文治国学演讲录》,上海交通大学出版社2017年版。
贺麟:《贺麟选集》,吉林人民出版社2005年版。

牟宗三:《心体与性体》,上海古籍出版社1999年版。

蔡仁厚:《王阳明哲学》,九州出版社2013年版。

吴光主编:《阳明学综论》,中国人民大学出版社2009年版。

钱明:《浙中王学研究》,中国人民大学出版社2009年版。

钱明:《阳明学的形成与发展》,江苏古籍出版社2002年版。

吴震:《阳明后学研究》,上海人民出版社2003年版。

张学智:《心学论集》,中国社会科学出版社2006年版。

汪学群:《吾心自有光明月——王阳明思想原论》,中国社会科学出版社2017年版。

陈来:《有无之境——王阳明哲学的精神》,人民出版社1991年版。

杨国荣:《心学之思——王阳明哲学的阐释》,生活·读书·新知三联书店1997年版。

董平:《王阳明的生活世界——通往圣人之路》,商务印书馆2018年版。

张海燕:《王阳明心学与西方思想研究》,人民出版社2022年版。

[加]秦家懿:《王阳明》,生活·读书·新知三联书店2011年版。

王传龙:《阳明心学流衍考》,厦门大学出版社2015年版。

[日]忽滑谷快天:《王阳明与禅学》,李庆保译,时代文艺出版社2018年版。

[日]荒木见悟:《阳明学的位相》,焦堃、陈晓杰等译,江苏人民出版社2022年版。

[日]冈田武彦:《王阳明大传——知行合一的心学智慧》,杨田等译,钱明审校,重庆出版社2015年版。

[瑞士]耿宁:《心的现象——耿宁心性现象学研究文集》,倪梁康等译,商务印书馆2012年版。

朱承:《信念与教化——阳明后学的政治哲学》,上海人民出版社2018年版。

朱承:《治心与治世——王阳明哲学的政治向度》,上海人民出版社2008年版。

陈立胜:《王阳明"万物一体"论——从"身—体"的立场看》,华东师范大学出版社2008年版。

黄明同主编:《心学与心理建设》,社会科学文献出版社2017年版。

张祥浩:《王守仁评传》,南京大学出版社1997年版。

任文利:《心学的形上学问题探本》,中州古籍出版社2005年版。

焦堃:《阳明心学与明代内阁政治》,中华书局2021年版。

左东岭:《王学与中晚明士人心态》,人民文学出版社2000年版。

赵士林:《心灵学问——王阳明心学》,云南人民出版社1997年版。

[瑞士]荣格:《心理类型学》,吴康等译,华岳文艺出版社1989年版。

[美]亚伯拉罕·马斯洛:《动机与人格》,许金声、程朝翔译,华夏出版社1987年版。

[美]亚伯拉罕·马斯洛:《人性能达到的境界》,曹晓慧等译,世界图书出版有限公司北京分公司2019年版。

郝强编著:《世界上最完美的心态学》,新世界出版社2011年版。

潘菽、高觉敷主编:《中国古代心理学思想研究》,江西人民出版社1983年版。

黄希庭、郑涌:《心理学导论》(第三版),人民出版社2018年版。

燕国材、杨鑫辉、朱永新等编:《中国心理学史资料选编》(第一至第四卷),人民教育出版社1988—1990年版。

叶浩生主编:《西方心理学的历史与体系》,人民教育出版社2014年版。

杨鑫辉:《医心之道——中国传统心理治疗学》,山东教育出版社2012年版。

斯摩尔编著:《心态》,地震出版社2002年版。

燕国材:《中国心理学史》,浙江教育出版社1998年版。

吴维库:《阳光心态》,机械工业出版社2019年版。

朱宝荣:《心理哲学》,复旦大学出版社2004年版。

徐晓虹:《"阳明心学"之心理学辨析》,《宁波大学学报(教育科学版)》2016年第6期。

曾钟德:《阳明心学的心理学体系》,《心理医生》2018年第5期。

卢奇飞、郝文卓:《心理学视域下王阳明的知行合一哲学思想探析》,《重庆科技学院学报》2012年第16期。

余德慧:《心学:中国本我心理学的开展》,《本土心理学研究》(台北)第15期,2001年。

翁开诚:《当Carl Rogers遇上了王阳明:心学对人文心理与治疗知行合一的启发》,《应用心理研究》(台北)第23期,2004年。

陈复:《智慧咨询的理念与实作：阳明心学对心理咨询的启发》,《贵阳学院学报》2019 年第 3 期。

刘兆吉:《王守仁的心理学思想》,《西南师范学院学报》1984 年第 2 期。

何德宽:《心理教育是阳明一生践履"成圣"的主线——王阳明心理教育思想初探》,《贵州民族学院学报》2003 年第 4 期。

汪水芳、张丛林:《心理暗示：王阳明心学的方法论》,《广西社会科学》2006 年第 3 期。

王启康:《王阳明良知与致良知学说中的心理学问题》,《南京师大学报》2012 年第 1 期。

陈佳铭:《Frankl 意义治疗法的人生观与王阳明的圣人观》,《应用伦理研究通讯》(台北)第 11 期,1999 年。

刘滨:《心学之"乐"与心理咨询》,厦门大学硕士学位论文,2007 年。

汪水芳:《王阳明心学方法论——心理暗示研究》,中国科学技术大学硕士学位论文,2006 年。

后　记

"王阳明心态思想研究"终于告一段落。本书共八章，第一章梳理王阳明之前中国哲学史上关于"心"涵义的认知和界定，涉及"心"的分类、结构、特点、功能等，做了一定程度的发掘和梳理，并对消极心态治疗的方式进行了归纳和评析。第二章分析了王阳明重视心态问题的原因，包括：王阳明所处社会历史背景、王阳明对消极心态危害及其原因的认识和忧虑，中国哲学关注心态问题的传统，王阳明跌宕起伏的生命历程对其关注心态现象的影响。第三章分辨心学的心态类型，这个讨论主要基于心态发生的成因来展开和确定，包括利欲心态、情感形态、知识心态、性质形态等。第四章讨论心学的心态特点，认为心态具有微妙性、变易性、一体性等特点。第五章探讨心学的心态结构，主要对心与意、心与情、心与志、心与知的关系展开了一定程度的探索，并对心态的层次和体系进行了尝试性分析与评述。第六章对心学的心态功能展开了讨论，包括心态的反映功能、养生功能、主宰功能等。第七章对王阳明的心态分析实践展开了发掘和探讨，借助丰富的案例，呈现了王阳明对心态分析与判断的生动实践。第八章探讨心学的心态治疗方法，包括诚意疗法、立志疗法、言善疗法、致知疗法等。最后是结语，基于全书讨论，着重谈了三个问题：一是儒学解决问题的心态向度，即认为在王阳明心学中，表现出一种将儒学问题归为心态问题的倾向；二是认为在王阳明心学中，儒学表现为一种新形态，即心学心态学形态，这启示我们：儒学或许存在一种心态向度的思想脉络；三是肯定王阳明心态思想的多种意义和价值，认为王阳明心态思想既具有深邃的学术价值，又具有强烈的现实意义。

任何事件都不会无缘无故地发生，"王阳明心态思想研究"之所以成为我的学术兴趣和研究任务，得益于与贵阳孔学堂的缘分及其支持。2017 年 8 月，我赴贵阳参加学术会议，其间，孔学堂书局的编辑张发贤先生谈到其负责编辑的《孔学堂》杂志如何能得到南京大学 CSSCI 中心关注的问题，我建议他们找一些事务与南京大学合作。其中他就提到希望南京大学的老师参与孔学堂专项课题的申报，并希望我本人也申报孔学堂的重大项目专项。诚如"导言"所述，自 2016 年 4 月以来，我思考"王阳明心态问题"已一年有余，便准备以"王阳明心态思想研究"为题申报。在申请这个课题过程中，我曾向孔学堂学术委员会主任郭齐勇先生汇报，郭老师知悉我的大体思路后非常支持，并给予鼓励，令我深感温暖和鼓舞。2017 年 10 月 13 日，我赴贵阳孔学堂参加"当代新儒学与心学传统暨第十二届当代新儒学国际学术会议"。当天晚上，肖立斌主任与张发贤编审来到我的住处，就课题研究内容进行了广泛且深入的交流，我也将申请书交给了孔学堂。

自从"王阳明心态思想研究"进入我的心灵，"王阳明心态思想"便与我形影不离。这里略述学思轨迹。2016 年 9 月 10—30 日，应孔学堂邀请，我在孔学堂做了 20 天的研修，其间对"阳明心学心态"问题持续地进行了初步思考。9 月 15 日，"上午整了整《王阳明心学的心态关切》一文，将心态殊相稍作分别和整理"；9 月 18 日，"今天做的唯一一件事是继续整理《王阳明心学的心态关切》一文，主要是重新整理阳明关于消极心态的类型，并对阳明心学何以为'心态'之学进行调整和解释"；9 月 19 日，"早晨起来，继续整理《王阳明心学的心态关切》一文，比较顺畅"，"下午继续思考《王阳明心学的心态关切》一文"；9 月 21 日，"继续整理《王阳明心学的心态关切》一文，大致的框架出来了，但还需要具体、细致、深入的思考和研究，估计仍需一段时间"。

2017 年 7 月，我赴东京大学访问，其间继续思考"阳明心学心态"问题。7 月 10 日，"今天足不出户，全力修改完善《王阳明心学的心态向度》一文，过了一遍，大体上还可以，再修改修改就可以杀青了。这个问题的研究仍然是非常有意思的"；7 月 26 日，"今天足不出户。再次修改了《王阳明心学的心态向度》一文，这应该是阳明心学研究中的重要成果，它可以开拓新思路，将阳明心学研究从'心即理''知行合一''致良知''万物一体'的框架中解放出来。此外，'心'与'情'、'心'与'意'、'心'与'知'、'心'与'志'以及'心'之结构等，都是王阳明关注的问题"。（《王阳明心学的心态向度》后来发表在《河北学刊》2018 年第 6 期，中国人民大学《复印报刊资料·中国哲学》2019年第2期转摘。）

  需要提及的是，在研究、写作本书的同时，我阅读了大量西方的心理学著作，西方心理学学说的丰富、深邃以及发展速度令我震惊不已，但更令我惊讶的是，王阳明心学中蕴含了丰富的类似西方心理学的思想观念，比如，关于心理现象的发生原因、心理类型、心理特点、心理结构、心理功能、心理治疗方法等。可以说，王阳明心态思想不仅具有独特性，而且表现出普世性。但在写作本书过程中，我并没有将西方心理学的思想或原理与王阳明心态思想进行附比，以凸显阳明心学心态的"合法"和价值，而是较为独立地论述、凸显王阳明心态思想的内容、结构、特质等，从而保持王阳明心态思想的纯粹性、本土性、特殊性。同时，希望有兴趣者在本书的基础上，进一步深挖阳明心态思想的真谛。

  本书写到最后，其实心情并没有呈现如同平常时的喜悦，反而是有些沉重，几百年前王阳明的悲观、绝望之呐喊似乎仍然回响在我们耳边，多么希望这种悲观、绝望之呐喊永远成为历史！王阳明说："呜呼，士生斯世，而尚何以求圣人之学乎！尚何以论圣人之学乎！士生斯世，而欲以为学者，不亦劳苦而繁难乎！不亦拘滞而险艰乎！呜呼，可悲也已！所幸天理之在人心，终有所不可泯，而良知之明，万古一日，则其闻吾拔本塞源之论，必有恻然而悲，戚然而痛，愤然而起，沛然若决江河，而有所不可御者矣。非夫豪杰之士，无所待而兴起者，吾谁与望乎？"（《传习录中》，《王阳明全集》上，第64页。）其所以悲观与绝望，因为他深爱着这片土地，因而他不忍大明朝腐烂不堪，因为他期待血亲同胞的觉醒！本书虽然系统地发掘、整理和展示了王阳明心态思想，拓展了阳明心学的研究空间，显示出其独到的学术价值和现实意义，但在更多情形下这种拓展还属于尝试性的，因而我更希望读者朋友能从中寻找到足以滋养、升华自我的精神营养。

  作为一项学术研究实践，本书肯定存在这样那样的不足，敬请方家不吝指教。

2024年9月6日
于仙林道场